DESESTATIZAÇÕES

Privatizações, delegações,
desinvestimentos e parcerias

ALÉCIA PAOLUCCI NOGUEIRA BICALHO

Prefácio
Tarcísio Gomes de Freitas

DESESTATIZAÇÕES

Privatizações, delegações, desinvestimentos e parcerias

2ª edição revista e ampliada

Belo Horizonte

2023

© 2019 Editora Fórum Ltda.
2023 2ª edição

É proibida a reprodução total ou parcial desta obra, por qualquer meio eletrônico, inclusive por processos xerográficos, sem autorização expressa do Editor.

Conselho Editorial

Adilson Abreu Dallari
Alécia Paolucci Nogueira Bicalho
Alexandre Coutinho Pagliarini
André Ramos Tavares
Carlos Ayres Britto
Carlos Mário da Silva Velloso
Cármen Lúcia Antunes Rocha
Cesar Augusto Guimarães Pereira
Clovis Beznos
Cristiana Fortini
Dinorá Adelaide Musetti Grotti
Diogo de Figueiredo Moreira Neto (in memoriam)
Egon Bockmann Moreira
Emerson Gabardo
Fabrício Motta
Fernando Rossi
Flávio Henrique Unes Pereira
Floriano de Azevedo Marques Neto
Gustavo Justino de Oliveira
Inês Virgínia Prado Soares
Jorge Ulisses Jacoby Fernandes
Juarez Freitas
Luciano Ferraz
Lúcio Delfino
Marcia Carla Pereira Ribeiro
Márcio Cammarosano
Marcos Ehrhardt Jr.
Maria Sylvia Zanella Di Pietro
Ney José de Freitas
Oswaldo Othon de Pontes Saraiva Filho
Paulo Modesto
Romeu Felipe Bacellar Filho
Sérgio Guerra
Walber de Moura Agra

FÓRUM
CONHECIMENTO JURÍDICO

Luís Cláudio Rodrigues Ferreira
Presidente e Editor

Coordenação editorial: Leonardo Eustáquio Siqueira Araújo
Aline Sobreira de Oliveira

Rua Paulo Ribeiro Bastos, 211 – Jardim Atlântico – CEP 31710-430
Belo Horizonte – Minas Gerais – Tel.: (31) 99412.0131
www.editoraforum.com.br – editoraforum@editoraforum.com.br

Técnica. Empenho. Zelo. Esses foram alguns dos cuidados aplicados na edição desta obra. No entanto, podem ocorrer erros de impressão, digitação ou mesmo restar alguma dúvida conceitual. Caso se constate algo assim, solicitamos a gentileza de nos comunicar através do *e-mail* editorial@editoraforum.com.br para que possamos esclarecer, no que couber. A sua contribuição é muito importante para mantermos a excelência editorial. A Editora Fórum agradece a sua contribuição.

Dados Internacionais de Catalogação na Publicação (CIP) de acordo com ISBD

B583d	Bicalho, Alécia Paolucci Nogueira Desestatizações: privatizações, delegações, desinvestimentos e parcerias / Alécia Paolucci Nogueira Bicalho. - 2. ed. - Belo Horizonte : Fórum, 2023. 453 p. ; 14,5cm x 21,5cm. ISBN: 978-65-5518-520-1 1. Direito. 2. Direito administrativo. 3. Desestatização. 4. Privatização. 5. Delegação. 6. Empresa estatal. 7. Alienação de ativos. 8. Privatização. 9. Estatais. 10. Desinvestimento. 11. Privatização. 12. Concessão. 13. Desestatização. I. Título.
2023-387	CDD: 341.3 CDU: 342.9

Elaborado por Vagner Rodolfo da Silva - CRB-8/9410

Informação bibliográfica deste livro, conforme a NBR 6023:2018 da Associação Brasileira de Normas Técnicas (ABNT):

BICALHO, Alécia Paolucci Nogueira. *Desestatizações*: privatizações, delegações, desinvestimentos e parcerias. 2. ed. Belo Horizonte: Fórum, 2023. 453 p. ISBN 978-65-5518-520-1.

Dedico este livro à memória do professor Carlos Pinto Coelho Motta, que, com a doçura, o desprendimento, o entusiasmo e a mineiridade que definiam sua personalidade, mostrou-me o caminho do direito administrativo.

Sua lembrança me inspirou a persistir na irrenunciável missão de honrar nossa história profissional.

Quanta saudade, meu mestre e amigo!

SUMÁRIO

PREFÁCIO
Tarcísio Gomes de Freitas.. 13

APRESENTAÇÃO.. 15

CAPÍTULO 1
FUNDAMENTOS E MECANISMOS DA ATUAÇÃO ESTATAL 17

1.1	Introdução	17
1.2	A sazonalidade da presença estatal na economia e as desestatizações	21
1.3	Transições a partir de 2016: Programa de Parcerias de Investimentos (PPI) e Lei de Responsabilidade das Empresas Estatais..	26
1.4	Funções administrativas estatais...	32
1.5	Desconcentração e descentralização	36
1.6	Empresas estatais...	39
1.6.1	Origens e percurso histórico das estatais brasileiras...............	39
1.6.2	Definição e estrutura das empresas estatais	46
1.6.3	Espécies de empresas estatais..	50
1.6.3.1	Empresas públicas	50
1.6.3.2	Sociedades de economia mista	53
1.6.3.3	Empresas controladas e subsidiárias	56
1.7	Empresas participadas	57
1.7.1	Gênese e histórico das empresas participadas.........................	58
1.7.2	A questão do controle nas sociedades coparticipadas	65
1.7.3	Controle externo dos tribunais de contas e as sociedades coparticipadas	79
1.8	Regime jurídico e procedimentalização das parcerias societárias..	86
1.8.1	Pressupostos das parcerias diretas por oportunidade de negócios e a disputa	86
1.8.2	Enquadramento legal das parcerias diretas e inviabilidade de competição	91

1.9	Relação entre as parcerias e os desinvestimentos sob a ótica do TCU	99
1.10	Fluxo decisório das oportunidades de negócios e governança	102

CAPÍTULO 2
O ATUAL AMBIENTE DAS ESTATAIS BRASILEIRAS 109

2.1	O Estado-Empresário. Ações legislativas relevantes a partir de 2013	109
2.2	O reposicionamento das empresas estatais federais	115
2.3	A Lei nº 13.303/2016: eixos temáticos	118
2.4	Abrangência da Lei de Responsabilidade das Estatais	119
2.5	Regras de transição	122
2.6	Governança nas empresas estatais	123
2.6.1	Nota sobre a governança corporativa	123
2.6.1.1	Definição	123
2.6.1.2	Princípios	124
2.6.1.3	Agentes e estrutura de governança	125
2.6.2	Estruturas de governança das empresas estatais	127
2.6.3	Indicação dos administradores	128
2.6.4	Requisitos de transparência	131
2.6.5	Estruturas, práticas de gestão de riscos e controle interno	132
2.6.6	Órgãos internos	133
2.6.7	Aplicação da Lei Anticorrupção	136
2.6.8	Governança corporativa e controle indireto das empresas estatais	138
2.7	Licitações e contratos na Lei nº 13.303/2016. A lacuna histórica da lei própria das empresas estatais e as dificuldades culturais da transição para um novo regime	141
2.8	A simbiose entre os regimes licitatórios contratuais da Lei nº 13.303/2016 e do Regime Diferenciado de Contratações (RDC), consolidada na Lei nº 14.133/2021	145
2.9	Notas sobre o regime de licitações e contratos nas empresas estatais	152
2.9.1	A obrigação de licitar, sua inaplicabilidade e os casos de dispensa e de inexigibilidade	152
2.9.2	Procedimento da licitação	155
2.10	Contratos	164
2.10.1	Regimes contratuais	164
2.10.2	Responsabilidade objetiva do contratado	167
2.10.3	Obras e serviços de engenharia	172

CAPÍTULO 3
MODELOS DE RETRAÇÃO DA PRESENÇA ESTATAL NA ECONOMIA E PARCERIAS 181

3.1	Função instrumental das desestatizações na retração do Estado na economia	181
3.2	Programa Nacional de Desestatização (PND)	182
3.2.1	Conteúdo do PND de 1990	182
3.2.2	Pavimentação legislativa do PND de 1997	184
3.2.3	Fundamentos e objetivos do PND	188
3.3	Conteúdo da desestatização segundo o PND – Lei nº 9.491/1997	189
3.3.1	Conceito de desestatização e sua relação com a privatização	189
3.3.2	Objetos do PND e modalidades operacionais de desestatizações	195
3.4	Regimes jurídicos das desestatizações	199
3.4.1	Privatizações	202
3.4.1.1	Alienação de controle e pulverização de ações	203
3.4.1.2	Aumento de capital com renúncia ou cessão de direitos de subscrição	204
3.4.2	Dissolução de sociedade ou desativação de empreendimentos seguida de alienação dos ativos	206
3.4.3	Alienação, arrendamento, locação, comodato ou cessão de bens e instalações e aforamento, remição de foro, permuta, cessão, concessão de direito real de uso resolúvel	208
3.4.3.1	Alienação	211
3.4.3.2	Locação	213
3.4.3.3	Arrendamento	213
3.4.3.4	Comodato	214
3.4.3.5	Aforamento	214
3.4.3.6	Remição de foro	215
3.4.3.7	Permuta	215
3.4.3.8	Cessão e concessão de uso (de bens e instalações)	215
3.4.3.9	Nota sobre a dação em pagamento nas desestatizações e desinvestimentos	216
3.4.4	Concessão, permissão ou autorização de serviços públicos	222
3.4.5	Nota sobre as concessões dos serviços públicos de saneamento básico. Regionalização, prestação integrada e as empresas estatais	230
3.4.5.1	Fundamentos da prestação integrada dos serviços de saneamento básico	231

3.4.5.2	Modalidades de prestação integrada..	237
3.4.5.3	Proposições de arranjos inovadores e as empresas estatais	242
3.4.5.4	Conclusões...	247

CAPÍTULO 4
OS DESINVESTIMENTOS NAS EMPRESAS ESTATAIS............................ 249

4.1	Natureza das operações de desinvestimentos	249
4.2	Os desinvestimentos e as desestatizações...................................	254
4.3	Fundamentos objetivos dos desinvestimentos	261
4.4	Os desinvestimentos e a questão da autorização legislativa. Construção jurisprudencial..	268
4.4.1	A jurisprudência do Tribunal de Contas da União	268
4.4.2	A jurisprudência do Supremo Tribunal Federal.........................	283
4.5	Alienação de participação acionária em empresa investida: desinvestimento para extinção de parceria societária................	292
4.5.1	Os direitos de sócio no desinvestimento de participação acionária	293
4.5.2	Procedimento competitivo × venda direta.................................	296
4.6	Tratamento do leilão deserto	311

CAPÍTULO 5
OS DESINVESTIMENTOS NA PRÁTICA 317

5.1	A sistemática para desinvestimentos de ativos e empresas do sistema Petrobras	317
5.1.1	A representação da SeinfraPetróleo. A sistemática revisada e os Acórdãos nº 442-08/17 e 477-07/19 do Plenário do TCU	318
5.1.2	Base legal da sistemática...	320
5.1.3	O tratamento da transparência	320
5.1.4	O sigilo	321
5.1.5	A escolha de potenciais compradores	321
5.1.6	Sistema eletrônico	321
5.1.7	Alteração do objeto dos desinvestimentos no curso do procedimento	321
5.1.8	Aprovação pelos órgãos deliberativos...	323
5.1.9	A escolha do assessor financeiro	324
5.1.10	Perguntas e respostas	324
5.1.11	Conclusões...	325
5.2	A sistemática de desinvestimentos da Caixa Econômica Federal...	331

5.3	Análise da sistemática de desinvestimentos em SPE da Eletrobras pelo Tribunal de Contas da União	334
5.4	O regime especial de desinvestimento de ativos do Decreto nº 9.188/2017	339
5.4.1	Base legal e abrangência	340
5.4.2	Objeto e objetivos	343
5.4.3	Caráter facultativo e hipóteses de não aplicação	346
5.4.4	Rito procedimental dos desinvestimentos	348
5.4.4.1	Aprovações internas	348
5.4.4.2	Regras gerais	350
5.4.4.3	Seleção dos interessados	351
5.4.4.4	Fases do procedimento	352
5.4.4.5	Fase externa	354
5.4.4.6	Efeitos da adesão ao regime especial em relação aos normativos internos	356
5.4.4.7	Fiscalização	360
5.5	O papel do TCU nas desestatizações. Instrução Normativa nº 81/2018	361

REFERÊNCIAS 367

ANEXOS

ANEXO A
LEI Nº 13.303, DE 30 DE JUNHO DE 2016 381

ANEXO B
LEI Nº 9.491, DE 9 DE SETEMBRO DE 1997 419

ANEXO C
LEI Nº 13.334, DE 13 DE SETEMBRO DE 2016 431

ANEXO D
DECRETO Nº 9.188, DE 1º DE NOVEMBRO DE 2017 439

ANEXO E
INSTRUÇÃO NORMATIVA Nº 81, DE 20 DE JUNHO DE 2018 447

PREFÁCIO

O convite da autora para prefaciar este livro terá decorrido da sinergia observada em nossas interações profissionais, entre seus entendimentos e minhas próprias convicções na área das contratações públicas.

Quando Alécia Bicalho lançou a 2ª edição de seu *Comentários ao Regime Diferenciado de Contratações – RDC*, eu ocupava o cargo de diretor-geral do DNIT.

As experiências iniciais na implementação do regime de contratação integrada introduzido pela Lei nº 12.462/2011 e pioneiramente adotado nas contratações na esfera federal foi um dos grandes desafios enfrentados na área pública àquela época, ocasião em que tive o livro da autora como valiosa referência.

O consenso sobre a eficácia dos contratos de resultado na vertente do controle finalístico foi sempre presente nos debates de que participamos sobre o tema das contratações públicas.

O tema escolhido pela autora para este livro – as desestatizações, materializadas nos processos de privatizações, delegações, desinvestimentos e parcerias – é atual e extremamente oportuno neste momento do cenário da infraestrutura nacional.

O êxito observado nos projetos iniciados em 2016 pelo Programa de Parcerias de Investimentos, cuja equipe integrei como secretário de Coordenação de Projetos até assumir o Ministério da Infraestrutura em 2019, é reflexo de um planejamento estruturado, reforçado pelo empenho conjunto dos Poderes Executivo e Legislativo, sobretudo o Tribunal de Contas da União.

Rotinas foram simplificadas, assimetrias aplainadas, mantendo-se o foco nos resultados, na economicidade, na finalidade, num incessante trabalho de aperfeiçoamento dos regimes e de sua regulação.

A interação entre os setores público e privado é uma crescente tendência nesse ambiente, seja no desenvolvimento da infraestrutura terrestre, na eficiência produtiva das empresas estatais ou em qualquer atividade em que a atuação concertada público-privada apresente ganhos de qualidade aos cidadãos e a perspectiva do estabelecimento de um legado à comunidade.

Nesse terreno, o conhecimento acadêmico da autora se soma à sua sólida experiência profissional vivenciada nas contratações públicas em sua extensa trajetória de atuação iniciada ao lado do professor Carlos Pinto Coelho Motta, calcada na então nova ordem constitucional de 1988.

Este livro é resultado dessa conjunção prática e teórica, registrada com perspicácia e qualidade técnica, além da criatividade que marca os trabalhos da autora.

O leitor encontrará nesta obra consistente conteúdo analítico sobre as desestatizações, em suas diversas vertentes, pavimentado por essa vivência e permeado pelo olhar retrospectivo da evolução dos institutos no tempo.

No capítulo 1, o leitor é situado sobre os fundamentos e técnicas da descentralização, o papel histórico das empresas estatais, a questão do controle acionário compartilhado e as técnicas acionárias e contratuais utilizadas pelo Estado-Empresário, além das bases do reposicionamento estratégico das empresas estatais a partir de 2016. O capítulo 2 aborda o ambiente de governança e de contratações dessas empresas e traz um tópico sobre a simbiose evolutiva observada entre os regimes da Lei de Responsabilidade das Empresas Estatais, do Regime Diferenciado de Contratações e da Lei nº 14.133/21. No capítulo 3, a autora examina as diferenças entre os fundamentos do Programa Nacional de Desestatização (PND) de 1990 e 1997 – nesse capítulo, são estudadas as modalidades operacionais do PND. Os capítulos 4 e 5 são dedicados aos aspectos normativos e práticos dos desinvestimentos de ativos das empresas estatais.

Enfim, a leitura trará ao leitor uma visão ampla e enriquecedora dos fundamentos e dos mecanismos utilizados pelo Estado na revisão de seu modo de atuação na economia e nas relações de parceria travadas com o particular a propósito dos empreendimentos relacionados à infraestrutura.

Tarcísio Gomes de Freitas
Governador do Estado de São Paulo. Ex-Ministro da Infraestrutura. Formado pelo Instituto Militar de Engenharia. Bacharel em Ciências Militares pela Academia Militar das Agulhas Negras. Ex-Secretário de Coordenação de Projetos do Programa de Parcerias de Investimentos (PPI). Ex-Diretor-Executivo e Diretor-Geral do Departamento Nacional de Infraestrutura de Transportes (DNIT).

APRESENTAÇÃO

As engrenagens utilizadas pelo Estado para gerir a máquina estatal, segundo as diretrizes concebidas pelo constituinte de 1988, submetem-se a constantes rearranjos ditados pelos fatores sociais, políticos, econômicos, ideológicos e culturais vigentes em cada momento histórico.

O organismo complexo constituído pela Administração Pública tem suas bases periodicamente revisitadas a partir de abordagens renovadas voltadas ao eficaz atendimento das demandas coletivas, sociais e estatais.

Os cenários criados de tempos em tempos por força de movimentos típicos aos períodos de alternância governamental refletem as prioridades de cada momento e um processo dinâmico de maturação e reconfiguração das estruturas de Estado.

No Brasil, a crescente necessidade de ampliação do campo de atuação concertada entre os setores público e privado é um fenômeno estrutural, e não meramente contingencial.

A evolução legislativa traz uma plêiade de alternativas jurídicas criativas destinadas a atender aos desafios da melhoria da condição de vida dos cidadãos e dos processos de reequilíbrio da máquina pública e do déficit fiscal, além da modulação da presença do Estado na economia, mediante o enxugamento dos excessos ineficientes e a perspectiva da concentração de esforços estatais eficientes em setores sensíveis e essenciais.

A partir de 2016, a face mais aparente da atuação estatal direta na economia – as empresas estatais – passou a ocupar posição central entre essas reflexões estratégicas, na linha gerencial.

As desestatizações voltaram ao centro do debate político com especial vigor durante as campanhas para os pleitos eleitorais de 2018, como sói ocorrer nos momentos de renovação das políticas públicas.

As medidas anunciadas pelos governos então sinalizavam para o prenúncio, de fato notado, de uma nova rodada histórica de reposicionamento da presença estatal na economia a partir de 2019, com implementação prosseguida nos anos seguintes.

Este livro, escrito sem pretensões doutrinárias, reúne análises sobre os aspectos jurídicos mais atuais relacionados aos processos desenvolvidos no ambiente das desestatizações, como gênero do qual são espécies as privatizações, as delegações, os desinvestimentos e as parcerias, que protagonizam as reestruturações do atuar estatal na condição de ferramentas de resolutividade desses projetos, com eficácia hoje potencializada pela nova ordem jurídica a que as empresas estatais passaram a se submeter, a Lei nº 13.303/2016.

Agradeço ao Cescon, Barrieu, Flesch e Barreto Advogados pelo apoio recebido no processo de produção da 1ª edição deste trabalho. A convivência com os profissionais do escritório me proporcionou experiências ricas nos terrenos do direito societário e do mercado de capitais, e um novo olhar sobre a intercessão existente entre essas disciplinas e o direito administrativo.

Essa renovada vivência do encontro entre os direitos público e privado permitiu-me resgatar com alegria memórias dos meus tempos de estudo do direito societário no mestrado cursado na Universidade Federal de Minas Gerais – UFMG, sob a orientação do professor Osmar Brina Correa Lima, grande personalidade, modelo de temperança e de intelectualidade criativa, a quem presto esta oportuna e carinhosa homenagem póstuma.

Finalmente, agradeço em especial a Luís Cláudio Rodrigues Ferreira, pela parceria e empenho na 2ª edição deste livro, com a qualidade e marca de excelência presentes nos trabalhos editados pela Editora Fórum.

A autora.

CAPÍTULO 1

FUNDAMENTOS E MECANISMOS DA ATUAÇÃO ESTATAL

1.1 Introdução

A crescente interação entre os setores público e privado se firmou nos últimos anos como um dos vetores do desenvolvimento do direito administrativo contemporâneo.

Essa tendência pode ser percebida pela evolução legislativa da disciplina, que reflete o empenho na construção de soluções jurídicas variadas aplicáveis à implementação de parcerias com a iniciativa privada, além de um ambiente de negócios favorável à sustentabilidade e à segurança jurídica dessas relações cooperativas.

Em 2011, Carlos Pinto Coelho Motta já comentava essa perspectiva afirmando que os conteúdos do cenário jurídico-administrativo brasileiro apontavam, então, para três temas evidenciadores de desenvolvimentos no campo conceitual da disciplina e correlatas tendências em sua área de aplicação: (i) maior preocupação com a efetividade dos princípios preconizados na Constituição Federal, traduzida nos esforços para a melhoria do gasto público mediante a implementação de uma disciplina fiscal cuja maior expressão é a Lei de Responsabilidade Fiscal; (ii) complexificação das formas de controle externo da Administração Pública; e (iii) incremento dos mecanismos de cooperação entre o público e o privado.[1]

---

[1] MOTTA, Carlos Pinto Coelho. *Eficácia nas concessões, permissões e parcerias*. 2. ed. Belo Horizonte: Del Rey, 2011. p. 7-8.

Augusto Neves Dal Pozzo situa bem a relevância dessa mais intensa interação público-privada na construção do chamado direito administrativo da infraestrutura, cuja provisão se situa, segundo o autor, além da "candente dicotomia entre o Estado Liberal e o Estado Social".[2]

Citando Brett Frischmann, para quem as infraestruturas são ponto de partida para o pleno desenvolvimento econômico e social de uma sociedade, o autor sustenta que sua consistente disponibilização constitui um denominador comum do próprio Estado Moderno, desvinculado das ideologias contrapostas segundo a *ratio* dos modelos clássicos de Estado Mínimo, liberal, ou Interventor, de caráter social.[3]

As relações público-privadas são vetor fundamental de resolutividade desse ideal de desenvolvimento, cuja realização pressupõe uma constante alternância colaborativa no protagonismo público ou privado, cada um desses setores desempenhando seus objetivos sociais e empresariais perante a sociedade, com maior ou menor ênfase, em cada tempo e momento histórico.

O sistema legal fornece uma plêiade de alternativas e de regimes jurídicos instrumentais aos processos de reequilíbrio da máquina pública e do déficit fiscal mediante enxugamento dos excessos, quando necessário, em busca da maior eficiência estatal.

As ferramentas de parcerias público-privadas permitem ao Estado concentrar seus esforços em setores sensíveis nos quais sua presença é efetivamente essencial, em linha com o modelo econômico formalmente eleito pelo constituinte de 1988, do Estado subsidiário, além de obter a máxima eficiência em suas empresas, quando atua no domínio econômico em regime de monopólio ou *a latere* da iniciativa privada.

O presente estudo aborda esta conjuntura: os meios pelos quais o Estado potencializa a eficácia na execução de suas funções, atuando diretamente como Estado-Empresário por suas empresas estatais; em regime de cooperação com a iniciativa privada, nas delegações e parcerias societárias ou contratuais; ou, em última instância, alienando integralmente ao particular suas estruturas empresariais e respectivas atividades, com retração de sua presença na economia, via privatização ou dissolução de empresas estatais.

---

[2] DAL POZZO, Augusto Neves. *O direito administrativo da infraestrutura*. São Paulo: Editora Contracorrente, 2020. p. 47.
[3] *Idem, ibidem.*

Este livro nasceu num momento em que a atuação estatal e, especificamente, as empresas estatais federais passavam por um amplo processo de reposicionamento de seus objetivos e desígnios empresariais em busca de maior eficiência.

Nos anos de 2017 e 2018, várias medidas foram adotadas nesse terreno na esfera federal como reflexo das Leis nº 13.303/2016, que consagrou novo tratamento legislativo às empresas estatais, e 13.334/2016, a Lei do Programa de Parcerias de Investimentos (PPI), que ampliou e fortaleceu a interação entre o Estado e a iniciativa privada por meio da celebração de contratos de parceria e de outras medidas de desestatização.

Os processos de reorganização societária e de vendas de ativos levadas a efeito por estatais federais de grande porte naquela ocasião fizeram com que fossem revisitados pelo Supremo Tribunal Federal e pelo Tribunal de Contas da União dois temas antigos, vistos então sob uma "nova" ótica: o conteúdo jurídico dos processos de alienação de ativos de empresas estatais e suas subsidiárias – os chamados desinvestimentos –, acompanhado de reorganizações societárias, *vis-à-vis* às privatizações.

Essas discussões foram motivadas inicialmente pela *Sistemática para desinvestimentos de ativos e empresas do Sistema Petrobras S.A*, cujo texto foi submetido a diversas adequações indicadas no célebre Acórdão nº 442/2017 – TCU – Plenário.[4]

Entre outros registros, o tribunal recomendou ao Poder Executivo, então, que elaborasse disciplina própria regulamentando o procedimento de desinvestimentos nas estatais federais, cujo texto sobreveio no Decreto nº 9.188/2017, que estabeleceu "regras de transparência, governança e boas práticas de mercado para a adoção de regime especial de desinvestimentos de ativos pelas sociedades de economia mista federais e suas subsidiárias".[5]

O normativo causou grande repercussão nos meios jurídico, econômico e político, e teve sua constitucionalidade examinada pelo

---

[4] O acompanhamento do processo de desinvestimentos da Petrobras foi prosseguido no Acórdão nº 477/2019 – TCU – Plenário.

[5] Seguido pelo Decreto nº 9.355/2018, que estabelece "regras de governança, transparência e boas práticas de mercado para a cessão de direitos de exploração, desenvolvimento e produção de petróleo, gás natural e outros hidrocarbonetos fluidos pela Petróleo Brasileiro S.A. - Petrobras, na forma estabelecida no art. 29, no art. 61, caput e §1º, e art. 63, da Lei nº 9.478, de 6 de agosto de 1997, e no art. 31 da Lei nº 12.351, de 22 de dezembro de 2010".

Supremo Tribunal Federal, por arrastamento, no julgamento das ADIs de que foi alvo a própria Lei nº 13.303/2016.[6]

Na mesma ocasião, a Eletrobras alienou suas participações acionárias detidas em setenta sociedades de propósito específico, com procedimentos também pautados em sistemática própria, igualmente norteada por tais referências, pelas recomendações do TCU e pelo Decreto nº 9.188/2017.

Essas operações trouxeram à baila a discussão sobre a natureza dessas vendas de ativos e seus processos de reorganização societária instrumentais, assim questionados: esses desinvestimentos seriam de fato "meras" alienações inerentes à gestão de portfólio de investimentos e de ativos das companhias, e assim conduzidos por legítimas decisões e atos *interna corporis*, ou estariam a caracterizar privatizações desacompanhadas das necessárias autorizações legislativas?

Em determinado momento, as intrincadas estruturas e operações societárias comumente utilizadas nos negócios corporativos dessas empresas trouxeram o questionamento sobre se poderia estar havendo um possível fatiamento de seus ativos, patrimônio e empreendimentos, com realocação em subsidiárias e participadas, e subsequente alienação, com o propósito de esvaziamento das empresas *holdings* para, na prática, culminar numa privatização por vias transversas, à revelia de autorização legislativa.

Em síntese, esses processos de saída de investimentos – que levam a presença estatal a outros campos da economia de mercado, ainda que na condição de Estado-Empresário – suscitaram amplos debates sobre seu real alcance e conceito em relação aos institutos das desestatizações e, mais especificamente, das privatizações das próprias empresas.

Partindo das narrativas contrapostas nos debates ocorridos em diversos foros naquela oportunidade, o presente estudo tem especial interesse em investigar as nuances da relação existente entre esses eventos de cunho empresarial e econômico – os investimentos e desinvestimentos de caráter gerencial das empresas estatais – e o conteúdo legal das desestatizações, notadamente, das privatizações.

---

[6] ADI nº 5.624 e apensadas, ADIs nº 5.846, 5.924 e 6.029.

1.2 A sazonalidade da presença estatal na economia e as desestatizações

Em que pese a saudável superação no Estado Moderno dos conceitos econômicos polarizados de Estado Liberal e Estado Social, como bem propõe Augusto Dal Pozzo,[7] é certo que o constituinte de 1998 elegeu como modelo econômico brasileiro o capitalismo liberal.

Consectários dessa escolha, os princípios econômicos da livre concorrência e da livre iniciativa conferem à iniciativa privada o protagonismo na atividade econômica, enquanto cabe ao Estado um papel subsidiário, compreendido no exercício das funções de *normatização, regulação, fiscalização, fomento* e *planejamento*.

A expressão *falha de mercado*, usada na teoria econômica para designar a incapacidade do setor privado de suprir as demandas econômico-sociais e justificar a presença estatal na economia, deve ser compreendida numa dimensão ampla, não como um fenômeno isolado e estático, mas como resultado de movimentos cíclicos naturais ditados pelas variações dos cenários do mercado e da economia, em cada momento da história.

A assiduidade da presença do Estado no mercado como prestador de bens e serviços – sempre orientada, lembre-se, pelos pressupostos constitucionais dos imperativos da segurança nacional e do relevante interesse coletivo – é determinada pelo ritmo dessas atualizações, das necessidades da sociedade, das conformações e reconfigurações da realidade econômica, além de sua capacidade de autogestão e fiscal.

Tanto a iniciativa privada quanto o Estado estão permanentemente expostos a aspectos voláteis e contingências dinâmicas de naturezas diversas, que afetam ambos os setores, público e privado, cada qual a seu modo, operando-se ora a falha de mercado, ora aquela de Estado.

Esse movimento intermitente exige replanejamentos periódicos da quantidade e da qualidade da presença estatal na economia, sempre com atenção às balizas constitucionais.

Nessa perspectiva, também a constante revisão dos resultados de desempenho dos empreendimentos estatais é poder-dever do controlador das empresas públicas e das sociedades de economia mista.

---

[7] DAL POZZO, Augusto Neves. *O direito administrativo da infraestrutura*. São Paulo: Editora Contracorrente, 2020. p. 47.

Essa tarefa é inerente à gestão eficiente das empresas estatais, cujo esforço deve se direcionar ao aperfeiçoamento da eficiência dos investimentos realizados pelo Estado por meio de suas estruturas empresariais, como de resto refletido nas exigências de governança corporativa introduzidas pelo legislador da Lei nº 13.303/2016.

Esse exercício de atualização da realidade da eficiência estatal em suas empresas retrata ainda um necessário realinhamento com o art. 173 da Constituição Federal, repetido no art. 27 da Lei nº 13.303/2016, que atribui às empresas do Estado a função social de realizar o interesse coletivo ou atender ao imperativo da segurança nacional expresso no instrumento que tenha autorizado sua criação.

Esse exercício deve ser conduzido, conforme se apresentem as demandas de cada momento (social, econômico, fiscal), a partir da perspectiva do melhor e mais amplo aproveitamento – em prol da eficiência *estatal* ou *corporativa* – de todas as alternativas possíveis de desestatização: delegações e parcerias para coatuação ou coparticipação; ou, no extremo, privatização ou extinção de empresas estatais.

O sistema legal e a prática na aplicação dos institutos de regência das delegações e parcerias tiveram consistente evolução nos últimos anos, com lições apreendidas a partir de erros passados, sobretudo os contratos de infraestrutura, que constituíram plataformas de aprendizado a partir das quais muito se depurou sobre temas sensíveis ao êxito das relações cooperativas de longo prazo.[8]

Já no plano corporativo, a aplicação da Lei nº 13.303/2016 não alcançou semelhante nível de maturidade, tendo exigido esforços especialmente no aculturamento do acionista controlador, do controle externo e de *stakeholders* que talvez ainda não tenham se adaptado a uma "nova" maneira de se relacionar com as estatais e seus padrões de governança mais evoluídos.

Abstraindo de ideologias, a perspectiva de redesenho da atuação dessas empresas, a partir da revisão do papel do acionista controlador, é tarefa fundamental no constante processo de (re)organização estatal e no bom funcionamento da máquina pública, com vistas ao melhor aproveitamento dos recursos estatais em prol da sociedade.

---

[8] Apenas para ilustrar, podem ser citados os ajustes em temas de reequilíbrio dos contratos, com norteamento por cláusulas de alocação de riscos em matriz; e a mitigação dos excessos cometidos na atuação do controle externo e outros mecanismos de ampliação da segurança jurídica, como a previsão contratual de mecanismos de prevenção e resolução adequada de controvérsias, arbitragem, DRBs.

Da mesma forma, o melhor aproveitamento dos recursos dessas empresas é papel de seus administradores, como função inerente à sua gestão, hoje fortemente tutelada pela Lei de Responsabilidade das Empresas Estatais.

Em 1989, Hely Lopes Meirelles alertava para dois aspectos de especial preocupação acadêmica: o recorrente desrespeito pelo Estado aos limites constitucionais autorizativos da criação de empresas estatais e a necessidade de controles mais eficazes sobre essas entidades. Em um olhar visto hoje como retrospectivo, o professor comentava o desbordamento da ordem constitucional, conforme segue:

> O objeto da sociedade de economia mista tanto pode ser um serviço público ou de utilidade pública, como uma atividade econômica empresarial. Quando for serviço público ou de utilidade pública a sua liberdade operacional é ampla e irrestrita; quando for atividade econômica fica limitada aos preceitos constitucionais da subsidiariedade e da não competitividade com a iniciativa privada, sujeitando-se às normas aplicáveis às empresas congêneres particulares e ao regime tributário comum, pois é dever do Estado dar preferência, estímulo e apoio à iniciativa privada para o desempenho de atividade econômica (Constituição da República, art. 173 e §§). Entretanto, a realidade vem demonstrando que as empresas estatais estão sendo criadas com desrespeito aos mandamentos constitucionais, invadindo a área reservada ao empresariado particular e fazendo-lhe aberta concorrência desleal. Urge que se ponha um paradeiro a essa conduta inconstitucional e prejudicial à economia privada.[9]

Ao tratar dos antecedentes históricos do surgimento das estatais brasileiras em conhecida obra sobre o tema, Marcos Bemquerer comenta como na maioria dos casos o Estado não teve sucesso como empresário, apresentando dificuldades devido à forma com que essas empresas eram geridas – como o próprio Estado –, o que neutralizou as vantagens de sua criação, da competitividade, eficácia, rentabilidade e economicidade.[10]

---

[9] MEIRELLES, Hely Lopes. *Direito administrativo brasileiro*. 14. ed. São Paulo: Revista dos Tribunais, 1989. p. 327.

[10] Recorre-se, a título de síntese panorâmica recapitulativa, ao trabalho de Marcos Bemquerer, em que o autor apresenta a sequência cronológica da criação das estatais brasileiras, as *public corporations* surgidas na fase estatizante da economia brasileira, com regime jurídico de direito privado, inaugurada com a criação do Banco do Brasil, em 1808, e do novo Banco do Brasil, em 1833. Em etapa seguinte, a partir de 1939, um novo fluxo estatizante trouxe o Instituto Nacional de Resseguros do Brasil (1939), a Companhia Siderúrgica Nacional – CSN (1941),

Historicamente, essas empresas também foram contaminadas por vícios que as afetaram com uma gestão empresarial improdutiva, como o subsídio de tarifas, o nepotismo, além de alta politização.[11]

De lá para cá, o cenário não melhorou muito, e há trabalho pela frente, como demonstraram as pautas apresentadas pelos então representantes do governo federal no passado recente.[12]

A crise instalada em 2008 forçou os setores empresariais a remodelarem suas estratégias e a recorrerem a medidas de reestruturação direcionadas a mitigar perdas para sobreviver num cenário de severa instabilidade.

No setor público, os efeitos da desestabilização econômica e fiscal foram agravados pela Operação Lava Jato, cujo epicentro expôs a fragilidade da gestão da maior estatal federal, distanciada do modelo gerencial propugnado em 1998.

A pergunta se repete: até onde o Estado deve e tem condições de intervir no domínio econômico atuando diretamente na oferta de bens e serviços, e quando deve considerar as alternativas das parcerias e privatizações?

Sob a perspectiva do Estado-Empresário, o controle de resultados das empresas estatais deve estar vinculado a um planejamento transparente, objetivo, voltado à melhor gestão de seus recursos, patrimônio, investimentos e correlatos desinvestimentos, em respeito à natureza empresarial dessas entidades, conforme o tratamento enfim conferido ao tema pela legislação infraconstitucional, com vinte anos de atraso.

A se considerar que as estatais, além de "estatais", são organismos corporativos, empresariais, submetidos a maior controle de governança a partir de 2016, é intolerável que essas empresas sejam usadas, como vimos no passado recente, de forma desvirtuada de seus propósitos,

---

a Companhia Vale do Rio Doce (1942), a Companhia Nacional Álcalis (1943), a Companhia Hidrelétrica do São Francisco (1945), a Fábrica Nacional de Motores – FNM (1946), o Banco de Crédito da Amazônia (1950), a Petrobras (1953), a Novacap (1956), a RFFSA (1957) e a Eletrobras (1957). Houve também a transformação de órgãos e autarquias em empresas governamentais, como no caso dos Correios (1969), a CEF (1969); das décadas de 1960 e 1970, citem-se ainda Siderbras, Nuclebras, Portobras, Telebras (BEMQUERER, Marcos. *O regime jurídico das empresas estatais após a Emenda Constitucional nº 19/1998*. Belo Horizonte: Fórum, 2012. p. 103).

[11] BEMQUERER, Marcos. *O regime jurídico das empresas estatais após a Emenda Constitucional nº 19/1998*. Belo Horizonte: Fórum, 2012. p. 103.

[12] 2019 Latin American Investment Conference, Salim Mattar, Secretário Especial de Desestatização e Desinvestimentos, 29.1.2019, e exposição do Exmo. Sr. Ministro da Infraestrutura, Tarcísio Gomes de Freitas, realizada perante a Comissão de Serviços de Infraestrutura do Senado Federal, de 26.2.2019 (mimeo).

conduzindo a prejuízos de gestão inaceitáveis em qualquer ambiente empresarial, menos ainda diante da natureza pública dos recursos por elas gerenciados.

É fundamental rever constantemente a missão do Estado como tal e como Estado-Empresário para (re)orientar sua atuação no estrito benefício da sociedade, do "cidadão-acionista", na expressão de um dos maiores empresários brasileiros, Jorge Gerdau Johannpeter.

Essa atividade parte necessariamente da reavaliação do desempenho e dos propósitos das empresas estatais e, assim, deságua, necessariamente, na avaliação das perspectivas de aplicação das técnicas de desestatização e de gestão empresarial disponibilizadas pela legislação pátria.

Não raro nos momentos de renovação política, as desestatizações são anunciadas como pauta de uma política governamental[13] orientada pelo princípio da finalidade, voltada à redução dos excessos observados na manutenção de algumas empresas e, sobretudo, aos propósitos de sua eficientização.

Essa sazonalidade da presença ou retração do Estado na economia[14] por vezes é também condição de (re)equilíbrio das contas públicas, cuja estabilidade é princípio do Estado Democrático de Direito, tutelado pela Lei Complementar nº 101/2000, que instituiu a *responsividade* fiscal voltada ao alcance e à manutenção da estabilidade orçamentária dos entes políticos, mediante o planejamento orientado para o controle do poder de gasto do Estado.

As desestatizações podem ser estudadas sob vertentes multidisciplinares, com predomínio da ciência econômica e das finanças públicas.

Sob a ótica jurídico-constitucional, esses processos reconduzem o Estado à sua função na ordem econômica, de normatizador e regulador, delimitada pelo art. 174 da Constituição Federal. Sob a ótica

---

[13] Sobre o assunto, *vide* o elucidativo artigo de RYDLEWSKI, Carlos. Área econômica do governo articula desestatização, mas privatizações se mostram complexas. *Valor*, ano 19, n. 954, p. 10-15, 15 mar. 2019. Suplemento Eu & Fim de Semana.

[14] Alexandre Santos de Aragão atribui à hiperaceleração do tempo inerente à modernidade (compressão espaço-temporal) a redução dos períodos do movimento pendular da relação do Estado com a economia. Segundo o autor, esses lapsos temporais têm sido mais curtos e deixado de ser sucessivos para se tornarem concomitantes, o que não deixa de ser um paradoxo (SANTOS, Alexandre Aragão. Considerações sobre as relações do Estado e do direito na economia. *In*: WALD, Arnoldo; JUSTEN FILHO, Marçal; PEREIRA, César Augusto Guimarães (Coord.). *O direito administrativo na atualidade*: estudos em homenagem ao centenário de Hely Lopes Meirelles (1917-2017). São Paulo: Malheiros, 2017. p. 106).

empresarial, representam o exercício da boa qualidade da gestão dos recursos do Estado-Empresário.

1.3 Transições a partir de 2016: Programa de Parcerias de Investimentos (PPI) e Lei de Responsabilidade das Empresas Estatais

No Brasil, o ano de 2016 foi especialmente marcante para as relações de cooperação entre o setor público e a iniciativa privada, e para as empresas estatais.

O movimento desestatizante foi reforçado no fomento às parcerias pela Lei nº 13.334/2016, que instituiu o Programa de Parcerias de Investimentos (PPI), destinado a ampliar e fortalecer a interação entre os setores público e privado por meio "da celebração de contratos de parceria para a execução de empreendimentos públicos de infraestrutura e de outras medidas de desestatização".[15]

O legislador reiterou ali os modelos associativos clássicos dos regimes jurídicos das concessões comum, patrocinada e administrativa, além da permissão de serviço público, do arrendamento de bem público e da concessão de direito real, e foi além ao integrar a esses institutos uma definição de maior espectro, consolidada nos contratos de parceria,[16] para abranger também "outros negócios público-privados que, em função de seu caráter estratégico e de sua complexidade, especificidade, volume de investimentos, longo prazo, riscos ou incertezas envolvidos, adotem estrutura jurídica semelhante".

Foram trazidas para o âmbito do PPI as parcerias público-privadas, aqui referidas *lato sensu*, compreendendo: (i) os empreendimentos públicos de infraestrutura em execução ou a serem executados por meio

---

[15] A implementação dessas parcerias ficou a cargo do Conselho do Programa de Parcerias de Investimentos da Presidência da República (CPPI), que passou a exercer as funções atribuídas pela Lei nº 11.079/2004 ao órgão gestor de parcerias público-privadas federais; ao Conselho Nacional de Integração de Políticas de Transportes (Conit), pela Lei nº 10.233/2001; e ao Conselho Nacional de Desestatização (CND), pela Lei nº 9.491/1997.

[16] Por ocasião da edição da Medida Provisória nº 727/2016, posteriormente convertida na Lei do PPI, Alexandre Wagner Nester comentou que esse conceito ampliado de *contratos de parceria* impunha um novo paradigma às relações público-privadas, sinalizando para o retorno do Estado regulador e a orientação dessas "parcerias pela mesma lógica estabelecida pelo 'antigo' Programa Nacional de Desestatização de 1997" (NESTER, Alexandre Wagner. A MP 727/16: será o retorno do estado regulador? *Migalhas*, 13 jun. 2016. Disponível em: https://www.migalhas.com.br/dePeso/16,MI240574,101048-A+MP+72716+sera+o+retorno+do+estado+regulador. Acesso em: 9 jan. 2018).

de contratos de parceria celebrados pela Administração Pública direta e indireta da União; e (ii) os empreendimentos públicos de infraestrutura que, por delegação ou com o fomento da União, sejam executados por meio de contratos de parceria celebrados pela Administração Pública direta ou indireta dos estados, do Distrito Federal ou dos municípios.

A Lei do PPI integra ao programa, ainda, "as demais medidas do Programa Nacional de Desestatização a que se refere a Lei nº 9.491/1997", indicadas nos arts. 2º, §1º e suas alíneas, e 4º e seus incisos:

- concessões, permissões ou autorizações de serviços públicos;
- privatizações *stricto sensu* mediante alienação de participação societária, inclusive controle, abertura de capital, ou seu aumento, com renúncia ou cessão de direitos de subscrição;
- transferência ou outorga de direitos sobre bens móveis e imóveis da União mediante alienação, arrendamento, locação, comodato ou cessão de bens e instalações;
- aforamento, remição de foro, permuta, cessão, concessão de direito real de uso resolúvel e alienação mediante venda de bens imóveis de domínio da União; e
- dissolução de sociedades ou desativação parcial de seus empreendimentos, com a consequente alienação de seus ativos.

Além da ampliação e fomento desse quadro de medidas desestatizantes, a Lei nº 13.303/2016, chamada Lei de Responsabilidade das Empresas Estatais, contemporânea àquela do PPI, inaugurou um novo ciclo especificamente para essas empresas, que passaram a conviver num ambiente de governança destinado a agregar-lhes qualidade de gestão parametrizada pelas melhores práticas empresariais adotadas pela iniciativa privada.

A alta politização, a baixa profissionalização e a carência de técnicas de gestão empresarial geraram conhecidas disfunções nas estatais brasileiras, observadas notadamente na pouca nitidez do papel de seu acionista controlador, na falta de autonomia gerencial de seus dirigentes e, em alguns casos, até mesmo em pouca clareza quanto à missão, às metas e à própria função dessas empresas.

Essa realidade consolidou-se no tempo, em grande medida, em razão do recorrente excesso de ingerência do acionista controlador nessas empresas, prática que remonta às origens de uma política tradicionalmente paternalista e certa naturalidade quanto ao fato de as estatais serem geridas por quadros compostos por indicações políticas normalmente desvinculadas de critérios técnicos.[17]

As consequências dessa realidade estrutural e os danos sofridos pelas empresas administradas nesse ambiente dispensam maiores digressões. Esse estado de coisas chegou a um patamar intolerável no episódio Petrobras, que flagrou o uso das estatais como instrumento de governo, e não de Estado.

Era inconcebível que essas empresas permanecessem à míngua de instrumentos de governança corporativa que lhes assegurassem condições de competitividade e transparência em seus objetivos institucionais e que cumprissem os desígnios da Emenda Constitucional nº 19/1998.

Não fosse pela necessidade premente de extirpar a má prática do uso político das estatais e aperfeiçoar seus controles, outras circunstâncias já demandavam, há muito tempo, um reforço no aprimoramento da governança corporativa dessas entidades, na linha da eficiência.[18]

Dentre essas, pode ser citada como, talvez, a mais relevante a necessidade de equilibrar as prerrogativas privadas e as finalidades públicas das empresas estatais com vistas ao aproveitamento dos largos horizontes de sua atuação negocial concertada com o setor privado. Daí a imposição de uma gestão de qualidade que conjugasse ética empresarial, eficiência administrativa e mecanismos de transparência e de

---

[17] Bernardo Strobel comentou com propriedade que este é justamente o ponto de ruptura da nova lei, o "fortalecimento das estatais como entes autônomos, em que o Estado controlador deve orientar seu poder de modo a prestigiar os fins estatutários que justificaram a criação da empresa, em detrimento de suas conveniências políticas" (GUIMARÃES, Bernardo Strobel. A nova Lei das Estatais e seu caráter original. *Revista Zênite ILC*, Curitiba, n. 271, set. 2016. p. 877).

[18] Um exemplo que pode ser citado sobre as consequências do despreparo de uma empresa estatal para protagonizar uma relação societária ativa com o setor privado é o caso da Infraero, detentora de 49% das ações, entre outras, da sociedade de propósito específico que administra(va) o Aeroporto de Viracopos. A estatal experimentou ali, por exemplo, restrições financeiras que comprometeram sua capacidade de acompanhar o acionista privado na realização dos aportes, mas as dificuldades se tornaram mais nítidas em razão da falta de mecanismos de governança que aparelhassem a empresa a controlar as operações realizadas pela SPE com partes relacionadas da empresa controladora. O relatório anual de 2017 das atividades da Infraero reflete os avanços observados na estrutura de governança da companhia, em observância à nova lei, que, contudo, parecem ter chegado tarde demais (INFRAERO. *Relatório anual – 2017*. Disponível em: https://www4.infraero.gov.br/media/674585/relatorio_anual_2017.pdf. Acesso em: 24 jan. 2019). *O Globo* divulgou a intenção da companhia de vender 49% do capital por meio de uma oferta inicial de ações (IPO, na sigla em inglês) ou a venda para um sócio estratégico (INFRAERO planeja venda de 49% do capital por R$14 bi, diz presidente da estatal. *O Globo*, 14 ago. 2018. Disponível em: https://oglobo.globo.com/economia/infraero-planeja-venda-de-49-do-capital-por-14-bi-diz-presidente-da-estatal-22977382. Acesso em: 18 dez. 2018).

controle capazes de criar nessas empresas um ambiente favorável à realização de seus objetivos, com resultados definidos a partir de metas claras e com desempenho acompanhado via canais de denúncias e de prestação de contas.

Mais do que novas leis e controles – já bastante reforçados pelo constituinte de 1988 e bem protagonizados pelos agentes ali nomeados –, a administração gerencial exige essa migração para uma gestão técnica com planejamento estratégico e tático. Por isso, a Lei das Estatais veio reforçar essa necessária mudança de padrão gerencial orientada para a melhoria da atuação dessas empresas – e de seu acionista controlador – no desempenho de suas missões institucionais e societárias.

Em linhas gerais, a lei impõe nitidez a um planejamento a ser desenvolvido em compatibilidade com os objetivos institucionais dessas empresas e acompanhado por mecanismos de transparência e anticorrupção instrumentais à avaliação e controle de seus resultados.

Esse salto qualitativo teve também outro viés: agregar segurança jurídica e estabilidade às relações travadas pelas empresas estatais com a iniciativa privada no fluxo corporativo quotidiano de investimentos e desinvestimentos. Daí a pertinência da abordagem neste trabalho do ambiente em que essas empresas foram posicionadas a partir da promulgação da Lei de Responsabilidade das Empresas Estatais, simultaneamente à instituição do PPI e, não por coincidência, contemporaneamente à Lei nº 12.846/2013, a Lei Anticorrupção.

Com essas medidas legislativas, aliadas a circunstâncias de cunho econômico, a partir de 2016 o Executivo Federal deflagrou uma nova etapa de reavaliação dos resultados e dos propósitos e, assim, dos próprios rumos de suas empresas, de forma vinculada, em alguns casos, a privatizações propriamente ditas e, em outros, a processos de desinvestimentos destinados a conferir-lhes melhor desempenho de operação, sem afastamento estatal integral, ou seja, com medidas de cunho estritamente empresarial.

Como organismos empresariais que são, é desejável – e assim quis o legislador de 2016 – que (re)avaliações dessa natureza ocorram de tempos em tempos como processos naturais e rotineiros, a partir dos desígnios e da análise de *performance* das empresas estatais, de forma desvinculada de ideologias e livre de vieses políticos.

Nesse contexto, as empresas estatais de todas as esferas da Federação vêm enfrentando desde 2016 os desafios impostos pela Lei de Responsabilidade das Empresas Estatais, que dificulta ao Estado acionista operá-las de forma permissiva e ineficiente.

Mais do que a adaptação formal dos estatutos sociais aos comandos de governança corporativa do Título I da Lei nº 13.303/2016 e a elaboração dos regulamentos de licitações e contratos segundo as diretrizes do Título II, as estatais vêm sendo desafiadas à formação das rotinas de funcionamento eficaz desses mecanismos.

Consectário desse "novo" ambiente para que foram realocadas, sob o aspecto legal, essas empresas foram submetidas nos anos seguintes à promulgação da lei, aos influxos de processos de reorganização vinculados à reavaliação do papel do acionista estatal numa perspectiva política, fiscal, e da capacidade de autogestão da Administração Pública no cenário e condições de mercado do país.

Dentre os fatos relevantes ocorridos em 2016, no ano de promulgação da Lei nº 13.303/2016, a Secretaria de Coordenação e Governança das Empresas Estatais (Sest), em conjunto com a Comissão Interministerial de Governança Corporativa e de Administração de Participações Societárias da União (CGPAR) (2007), lançou ações voltadas à análise do desempenho e das expectativas governamentais relacionadas às estatais federais, propondo uma ampla agenda de reordenação dessas empresas.

Foram então gestados processos de porte, de reorganização societária e de desinvestimentos em ativos, como aqueles já mencionados, conduzidos pela Petrobras e pela Eletrobras nos anos de 2017 e 2018, destinados, entre outras finalidades, a tornar as empresas mais enxutas, mantê-las em seu *core business*, melhorar sua situação financeira e seus resultados, com redução de alavancagem e do múltiplo "dívida líquida/ EBITDA", além de evitar aportes financeiros pela União, contribuindo para o equilíbrio fiscal.[19]

Em palestra proferida na ocasião a respeito da *reestruturação produtiva e societária* das estatais federais, o então secretário de Coordenação e Governança das Empresas Estatais, Fernando Antônio Ribeiro Soares, apresentou as alternativas de mercado estudadas para a reorganização

---

[19] No caso da Eletrobras, os desinvestimentos integraram parte do planejamento de preparação da empresa para sua posterior desestatização, via capitalização por aumento de capital sem subscrição da União, nos termos da Lei nº 14.182/2021, ocorrida em 14 de junho de 2022, na B3. Disponível em: https://eletrobras.com/pt/Lists/noticias/ExibeNoticias.aspx?ID=1262.

societária dessas empresas: a abertura de capital, as parcerias estratégicas, as operações de incorporação, fusão e cisão, e os desinvestimentos.[20]

O secretário arrematou sua exposição enfatizando a natureza eminentemente técnico-empresarial desses processos, cuja implementação não se identificava com "meras" desestatizações, sendo mais bem definidos como operações estruturadas destinadas a agregar valor às empresas estatais e a garantir-lhes sustentabilidade, conforme diretrizes então apresentadas.[21]

Destacou, então, a *índole produtiva* das reestruturações desenhadas, afirmando que:

> Não se trata de um "novo anos 1990"; todas as operações são estruturadas; objetivam conduzir as empresas estatais para o seu *core-business*, considerando a política pública de sua criação, bem como a evolução do mercado; trata-se de um conceito *lato-sensu* de desestatização.[22]

Nos anos seguintes a 2018, a União, os estados e os municípios conduziram inúmeros processos de desestatização, com diversos rearranjos na disponibilização de infraestrutura e serviços públicos, com a participação do setor privado.

---

[20] Palestra proferida no seminário Práticas de Gestão de Pessoas nas Empresas Estatais Federais, Ministério do Planejamento, Desenvolvimento e Gestão, Brasília – DF, dezembro de 2016 (*Revista das Estatais*, Brasília, v. 1, jan. 2017. p. 10 e ss. Disponível em: http://www.planejamento.gov.br/assuntos/empresas-estatais/arquivos/revista-das-estatais/view. Acesso em: 23 ago. 2017).

[21] *Revista das Estatais*, Brasília, v. 1, jan. 2017. p. 10 e ss. Disponível em: http://www.planejamento.gov.br/assuntos/empresas-estatais/arquivos/revista-das-estatais/view. Acesso em: 23 ago. 2017. "O cenário fiscal, com a produção de déficits e aumento da dívida pública, impõe a necessidade de reestruturação de todo o Governo, inclusive das empresas estatais. [...] Necessária reorganização da participação da União nas estatais federais brasileiras: (i) geração de receitas e resultados; (ii) redução de custos e aumento da produtividade; (iii) privilegiar a participação estratégica do estado na economia – falhas e lacunas de mercado; e (iv) sustentabilidade. Ações de aperfeiçoamento e de desempenho adotam as seguintes premissas: (i) visão de longo prazo e não somente a geração de receitas extraordinárias; (ii) contribuição para a melhoria do resultado fiscal; (iii) aperfeiçoamento de marcos regulatórios setoriais; (iv) análise da política pública que gerou a empresa estatal; e (v) análise do mercado e do setor (indústria) da empresa estatal."

[22] *Revista das Estatais*, Brasília, v. 1, jan. 2017. p. 10 e ss. Disponível em: http://www.planejamento.gov.br/assuntos/empresas-estatais/arquivos/revista-das-estatais/view. Acesso em: 23 ago. 2017.

Os modelos utilizados alcançaram ora apenas o próprio serviço, com delegação, e em outros casos a própria estatal como sua prestadora, com privatização.[23]

1.4 Funções administrativas estatais

A compreensão desses processos de rearranjo estrutural parte necessariamente, ainda que de forma panorâmica no contexto deste estudo, da compreensão da própria razão de ser da existência do Estado e de seus desígnios.

A chamada Constituição Cidadã consagrou a transição do regime militar repressor para um Estado de ordem social, refletindo uma ampla ressignificação de parâmetros pautados na valorização da dignidade da pessoa humana, conforme assegurada pelo amplo rol de direitos e garantias individuais outorgados ao cidadão em sede constitucional.

O ministro Luís Roberto Barroso comenta que, dentre as mudanças de paradigmas trazidas pela Constituição Federal de 1988, a partir da superação de concepções do pensamento jurídico clássico consolidadas no final do século XIX, destacam-se o protagonismo do direito público nas relações em geral e a centralidade da Constituição como fundamento de toda interpretação jurídica.[24]

O direito administrativo cresceu de lá para cá, sobretudo porque é do Estado a função de cimentar esses alicerces da República Federativa do Brasil, produzidos em novas bases constitucionais, pautados na soberania, na cidadania, nos valores sociais do trabalho e da livre iniciativa, no pluralismo político, segundo os direitos fundamentais que os orientam em sede constitucional.

Sob o aspecto técnico-jurídico, essa missão constitucional conferida ao Estado – do desempenho da *função administrativa* – é compreendida como a gestão dos interesses públicos e privados pelos

---

[23] O *site* do BNDES traz o histórico dos processos realizados e em andamento nas esferas federal, estadual e municipal, relacionados à desestatização via delegação de serviços públicos nos diversos setores da infraestrutura (aeroportuário, rodoviário, portuário, saneamento, iluminação pública), bem como às privatizações (CASAL, CEDAE, entre outras, com destaque, na esfera federal, à capitalização da ELETROBRAS, ocorrida em junho de 2022). Disponível em: https://www.bndes.gov.br/wps/portal/site/home/transparencia/desestatizacao/processos-encerrados/Privatizacao-Federais-PND#.

[24] BARROSO, Luís Roberto. *O novo direito constitucional brasileiro*: contribuições para a construção teórica e prática da jurisdição constitucional no Brasil. 1. reimpr. Belo Horizonte: Fórum, 2013. p. 36.

entes da Federação, em tudo que não se referir às funções legislativa e jurisdicional.

A doutrina de direito administrativo apresenta classificações variadas e não exaustivas das diversas funções administrativas do Estado, em conformidade com o amplo plexo de competências atribuídas à Administração Pública, cujas atividades podem se manifestar de forma sobreposta e simultânea, ou autônoma.

Marcos Juruena Villela Souto indica a classificação das atividades administrativas, conforme encadeadas por Diogo Figueiredo Moreira Neto, em cinco ordens: o *poder de polícia*, que legitima a limitação de atividades individuais em prol do interesse coletivo; os *serviços públicos*, cuja prestação se destina ao atendimento concreto das necessidades sociais (ex.: transportes, água, luz); o *ordenamento econômico*, que compreende a disciplina das atividades de produção, circulação e consumo das riquezas, enquanto o *ordenamento social* deve orientar o desenvolvimento social com sentido de amparo ao homem (ex.: fundações de amparo a menores e idosos); e o *fomento público*, que se identifica na colocação de instrumentos para o desenvolvimento econômico e o progresso sociocultural (ex.: incentivos fiscais, subsídios, financiamentos).[25]

Marçal Justen Filho traça a seguinte classificação das funções administrativas: *conformadora ou ordenadora*, identificada no conjunto de poderes de editar regras, produzir decisões e promover sua execução concreta com vistas à promoção da harmonia social e à conciliação das liberdades e dos direitos individuais; *regulatória*, relacionada aos poderes para disciplinar setores empresariais dispondo sobre a conduta coletiva e individual; de *fomento*, relacionada à competência de aplicar recursos públicos e orientar o uso dos recursos privados com vistas ao desenvolvimento de atividades econômicas; *prestacional*, expressa nos poderes necessários a promover a satisfação concreta de necessidades coletivas relacionadas aos direitos fundamentais e identificada pela prestação dos serviços públicos, que, como pondera o autor, pode abranger também a intervenção direta do Estado no domínio econômico, conforme o art. 173 da Constituição Federal; e de *controle*, identificada nos poderes de verificação da correção formal e material da atuação dos próprios órgãos estatais.[26]

---

[25] SOUTO, Marcos Juruena Villela. *Desestatização*: privatização, concessões, terceirizações e regulação. 4. ed. Lumen Juris: Rio de Janeiro, 2001. p. 3-4.
[26] JUSTEN FILHO, Marçal. *Curso de direito administrativo*. 13. ed. São Paulo: Revista dos Tribunais; Thomson Reuters, 2018. p. 36.

A Administração Pública, em seu sentido subjetivo, é justamente o conjunto formado pelos órgãos e pessoas que efetivamente desempenham essas atividades, conforme a estrutura constitucional, em observância aos princípios da legalidade, publicidade, impessoalidade e moralidade, a que a Reforma Administrativa de 1998 agregou a eficiência. Compõe-se, portanto, dos entes federados (União, estados, Distrito Federal e municípios, e suas respectivas estruturas orgânicas internas, que formam a Administração Pública direta) e das entidades que integram a Administração Pública indireta, as autarquias, fundações, empresas públicas e sociedades de economia mista.

Sob o aspecto econômico, a função administrativa a ser desempenhada por esse conjunto de organismos estatais foi delimitada pelo constituinte de 1988 em linha com as feições do Estado subsidiário, conforme arts. 1º, inc. I, e 170 da Carta Magna.

Esses dispositivos consignam a opção pelo modelo de economia capitalista, em regime de livre iniciativa e livre concorrência, conferindo ao setor privado o protagonismo na exploração da atividade econômica, e reservando ao Estado uma faixa de atuação de caráter suplementar.

O art. 174 trata da intervenção estatal indireta, segundo a qual o Estado deve atuar como agente normativo e regulador da atividade econômica, mediante o exercício das funções de fiscalização, incentivo e planejamento, para ordenar o comportamento dos agentes econômicos, sem atuar nas atividades econômicas, exceto quando o particular não suprir as demandas sociais de forma satisfatória. O constituinte de 1988 ampliou a possibilidade de atuação estatal direta no domínio econômico, antes permitida em sede constitucional somente para os fins de subsidiar a iniciativa privada nas *falhas de mercado*.[27]

---

[27] *Vide* seguintes dispositivos constitucionais: "Art. 163. Às empresas privadas compete preferencialmente, com o estímulo e apoio do Estado, organizar e explorar as atividades econômicas. §1º Somente para suplementar a iniciativa privada, o Estado organizará e explorará diretamente atividade econômica. §2º Na exploração, pelo Estado, da atividade econômica, as empresas públicas, as autarquias e sociedades de economia mista reger-se-ão pelas normas aplicáveis às empresas privadas, inclusive quanto ao direito do trabalho e das obrigações. §3º A empresa pública que explorar atividade não monopolizada ficará sujeita ao mesmo regime tributário aplicável às empresas privadas" (Constituição de 1967). "Art. 170. Às emprêsas privadas compete, preferencialmente, com o estímulo e o apoio do Estado, organizar e explorar as atividades econômicas. §1º Apenas em caráter suplementar da iniciativa privada o Estado organizará e explorará diretamente a atividade econômica. §2º Na exploração, pelo Estado, da atividade econômica, as emprêsas públicas e as sociedades de economia mista reger-se-ão pelas normas aplicáveis às emprêsas privadas, inclusive quanto ao direito do trabalho e ao das obrigações. §3º A emprêsa pública que explorar

A atuação direta compreende a presença estatal ativa na economia, produzindo bens ou prestando serviços, em regime de concorrência com a iniciativa privada ou de monopólio, conforme o caso, o que o Estado realiza por meio de suas empresas, as estatais.

Essa intervenção deve ser autorizada por lei que a reconheça necessária aos imperativos da segurança nacional ou ao atendimento de relevante interesse coletivo, nos limites do permissivo constitucional do art. 173 da Constituição Federal: "Ressalvados os casos previstos nesta Constituição, a exploração direta de atividade econômica pelo Estado só será permitida quando necessária aos imperativos da segurança nacional ou a relevante interesse coletivo, conforme definidos em lei".

Como forma de materializar esses pressupostos, o art. 37, XIX, determina que: "Somente por lei específica poderá ser criada autarquia e autorizada a instituição de empresa pública, de sociedade de economia mista e de fundação, cabendo à lei complementar, neste último caso, definir as áreas de sua atuação".

Embora hoje seus limites estejam cada vez mais rarefeitos, o constituinte distinguiu as empresas que executam atividade econômica de natureza privada daquelas que prestam serviço público, segundo os parâmetros dos arts. 173 e 175 da Constituição Federal.

Se a atividade desenvolvida for atribuída ao Estado na qualidade de serviço público, terá raiz constitucional no art. 175, com regime jurídico de delegação pelas Leis nº 8.987/1995, 9.074/1995 ou 11.079/2004, conforme o caso. A estatal que desempenha serviço público é entidade da Administração Pública indireta, concessionária de serviço público para tanto instituída por lei.

Ao exercer atividade econômica por meio de empresa estatal, ao abrigo do art. 173, o Estado submeter-se-á às normas de direito privado, como consignado no inciso II do §1º do dispositivo, que prevê, nesse caso, a "sujeição ao regime jurídico próprio das empresas privadas, inclusive quanto aos direitos e obrigações civis, comerciais, trabalhistas e tributários". Essas empresas também não poderão gozar de privilégios fiscais não extensivos às do setor privado (§2º).

O nivelamento de regimes jurídicos em relação às empresas privadas e a personalidade jurídica de direito privado são essenciais

---

atividade não monopolizada ficará sujeita ao mesmo regime tributário aplicável às emprêsas privadas" (diploma constitucional instituído pela Emenda Constitucional nº 1/69).

à manutenção de condições isonômicas de concorrência de mercado entre os setores público e privado atuantes no domínio econômico.

1.5 Desconcentração e descentralização

As estruturas operacionais que compõem as engrenagens necessárias ao desempenho das atividades administrativas inerentes à realização das funções estatais são concebidas por técnicas gerenciais, dentre as quais a *desconcentração* e a *descentralização*, formando a Administração Pública direta e indireta, respectivamente.

A atividade administrativa será centralizada sempre que for desempenhada pelo próprio Estado, por meio do "conjunto orgânico que lhe compõe a intimidade", assim compreendida a atuação direta dos órgãos ou unidades, "que são simples repartições interiores de sua pessoa, e que por isso dele não se distinguem".[28]

A *desconcentração* parte desse estado de coisas, fixando-se no âmbito de uma mesma pessoa jurídica, em cuja "privacidade" ocorre a "distribuição interna de plexos de competências"[29] em razão da matéria, da hierarquia e do território.

O instituto é compreendido como a "repartição de funções entre os vários órgãos – despersonalizados – de uma mesma Administração, sem quebra de hierarquia".[30]

Segundo Maria Sylvia Zanella Di Pietro, a finalidade precípua da desconcentração é descongestionar, "tirar do centro um volume grande de atribuições, para permitir o seu mais adequado e racional desempenho" através da outorga de atribuições administrativas "aos vários órgãos que compõem a hierarquia, criando-se uma relação de coordenação e subordinação entre uns e outros".[31] No entanto, esse processo ocorre necessariamente nos limites da própria pessoa jurídica, do ente que efetiva a desconcentração de atribuições no âmbito

---

[28] BANDEIRA DE MELLO, Celso Antônio. *Curso de direito administrativo*. 27. ed. São Paulo: Malheiros, 2010. p. 149-150.
[29] BANDEIRA DE MELLO, Celso Antônio. *Curso de direito administrativo*. 27. ed. São Paulo: Malheiros, 2010. p. 150-151.
[30] MEIRELLES, Hely Lopes. *Direito administrativo brasileiro*. 35. ed. São Paulo: Malheiros, 2009. p. 751-752.
[31] DI PIETRO, Maria Sylvia Zanella. *Direito administrativo*. 34. ed. Rio de Janeiro: Forense, 2021. p. 531.

de sua estrutura interna, cujo arcabouço orgânico compõe a chamada Administração direta.

Já a *descentralização* se materializa pelo trespasse do exercício da atividade administrativa à pessoa ou pessoas distintas do Estado, situadas nos limites externos da Administração Pública direta.

Segundo abalizada síntese de Hely Lopes Meirelles, "descentralizar, em sentido comum, é afastar do centro; descentralizar, em sentido jurídico-administrativo, é atribuir a outrem poderes da Administração".[32]

A descentralização pressupõe uma pluralidade de pessoas jurídicas envolvidas por uma relação de transferência de atribuições da pessoa originariamente titular de certa atividade, um ente federado, para outra ou outras pessoas, que ficam investidas dos poderes de administração com o objetivo de executar uma atividade pública, ou de utilidade pública, agindo por outorga ou delegação, em nome próprio.[33]

A descentralização é observada nas empresas estatais, nas delegações de serviços públicos referidas no art. 175 da Constituição Federal; na delegação de competências, nos termos dos arts. 11 e 12 do Decreto-Lei nº 200/1967; e na execução indireta, realizada mediante contratos de parcerias com particulares.[34]

Os efeitos práticos desse instituto identificam-se pelas autarquias e fundações, e especificamente, no que interessa para o âmbito deste estudo, pelas empresas estatais, com criação norteada pelas balizas constitucionais acima abordadas.

---

[32] MEIRELLES, Hely Lopes. *Direito administrativo brasileiro*. 35. ed. São Paulo: Malheiros, 2009. p. 751. *Vide* BICALHO, Alécia Paolucci Nogueira; GONÇALVES, Andreia Barroso. Organização administrativa brasileira. *In*: MOTTA, Carlos Pinto Coelho (Coord.). *Curso prático de direito administrativo*. 3. ed. Belo Horizonte: Del Rey, 2011. p. 59-105. Sobre as modalidades de descentralização, *vide* DI PIETRO, Maria Sylvia Zanella. *Direito administrativo, cit.*, p. 53-70.

[33] Os arts. 6º e 10º, §1º, do Decreto-Lei nº 200/67 definiram a forma de atuação descentralizada para a Administração Pública Federal, instrumentalizada "dentro dos quadros da Administração Federal, distinguindo-se claramente o nível de direção do de execução" (na verdade, está-se diante de clara hipótese de *desconcentração*); "da Administração Federal para as unidades federadas, quando estejam devidamente aparelhadas e mediante convênio" (simples instrumento de colaboração entre os entes da Federação), e "da Administração Federal para a órbita privada, mediante contratos ou concessões". Apenas a última hipótese consiste em mecanismo de descentralização administrativa. Essa impropriedade evidentemente não retira destes instrumentos a relevância para o direito administrativo, dado que se constituem importantes meios para tornar mais eficaz e operacional a realização das competências relativas às diversas funções administrativas.

[34] Essas seriam "técnicas de descongestionamento administrativo" que se aproximam ora da desconcentração, ora da descentralização, conforme suas características (MEIRELLES, Hely Lopes. *Direito administrativo brasileiro*. 35. ed. São Paulo: Malheiros, 2009. p. 346).

Isso explica por que o estudo das desestatizações como técnica de descentralização administrativa deve partir da compreensão desses veículos que operam o capitalismo de Estado, identificados nessas estruturas orgânicas empresariais integradas à Administração Pública indireta, com regime jurídico determinado pelos arts. 37, incs. XIX e XX, e 173 da Constituição Federal:[35] as empresas estatais, assim compreendidas as empresas públicas, as sociedades de economia mista e suas controladas e subsidiárias.

É no seio desse aparato empresarial que o Estado promove a reordenação de sua presença na economia e sua reestruturação produtiva, donde essas empresas constituem não exclusiva, mas precipuamente, o *sujeito foco das desestatizações*, no contexto cuja análise se propõe neste trabalho.

Além disso, segundo a ótica corporativa em que operam, é no seio dessas empresas que ocorrem os investimentos e os correspondentes desinvestimentos – não necessariamente vinculados à privatização da empresa, nos quadrantes dessa política governamental desestatizante, conforme erigida pela Lei do Programa Nacional de Desestatização (PND), a Lei nº 9.497/1997.

Como será comentado adiante, abrem-se duas perspectivas autônomas relacionadas às medidas mais extensas de desestatização ou àquelas mais localizadas no microambiente corporativo, de desinvestimentos: de um lado, o *Estado* pode desestatizar suas empresas, com esteio em programa de governo que expresse os desígnios do PND; de outro, as próprias *empresas estatais* podem realizar seus desinvestimentos sem vinculação com aquela política de governo.

Partindo da constatação de que as estatais são típicos instrumentos de realização de investimento estatal, examinaremos, entre outros aspectos dos desinvestimentos conduzidos por essas empresas, enquanto processos de alienação de ativos: em que circunstâncias suas causas e consequências se circunscrevem à economia empresarial, na condição de atos *interna corporis* de gestão de portfólio de ativos; e quando, por seus específicos fundamentos, tais processos podem se identificar com a desestatização *stricto sensu* e adquirir *aparentes feições* de privatização a exigirem rito próprio e, sobretudo, prévia autorização legislativa.

---

[35] O art. 175 da Constituição Federal, que cuida da prestação direta ou indireta dos serviços públicos, é abordado à parte da estrutura empresarial estatal.

1.6 Empresas estatais

Assim compreendidas as funções estatais e visitados os ambientes em que estas se desenvolvem, passamos a explorar seu instrumento de execução que ora nos interessa especificamente: as empresas estatais.

1.6.1 Origens e percurso histórico das estatais brasileiras

Os fatos sociais ocorridos ao longo da história vêm impondo constantes mudanças estruturais no atuar estatal e na modulação da presença do Estado na economia.

A economia local dos feudos da Idade Média foi sucedida pelo Estado absolutista, centralizador, com o poder concentrado nas mãos do soberano e alto grau de intervenção estatal na economia.

Na fase seguinte, a economia liberal-burguesa considerava o Estado um mal necessário, cuja atuação deveria se pautar no princípio da neutralidade, com limitada intervenção econômico-social.

A crise do capitalismo, do início do século XX, deflagrada com a quebra da Bolsa de Valores de Nova Iorque, em 1929, disseminou na Europa as doutrinas totalitárias do nazismo, fascismo e stalinismo, que, transvestidas de modernidade, precipitaram um forte movimento anticapitalista, agravando o processo de desagregação dos países europeus, que culminou numa das passagens mais dramáticas da história mundial.

Com a predominância da doutrina macroeconômica keynesiana nas políticas econômicas revolucionárias defendidas pelos neoclássicos, contrárias aos mercados livres, o intervencionismo estatal se impôs com potência como a tábua de salvação, a alternativa capaz de aplacar os danos imputados à economia capitalista causados mais precisamente pelas duas grandes guerras mundiais, de 1914-1918 e 1939-1945.

O Estado econômico, prestacional, do bem-estar social foi marcado pela forte intervenção estatal direcionada a atender à demanda da sociedade por ações positivas na melhoria da qualidade de vida, com objetivos de justiça social.

Esse Estado intervencionista demandava instrumentos ágeis e flexíveis que lhe permitissem intervir na ordem econômica para desempenhar seu papel de provedor à sociedade de bens e serviços na promoção do desenvolvimento econômico, suprindo a incapacidade da iniciativa privada de fazê-lo. Esse projeto seria viabilizado por meio de grandes estruturas empresariais, as *state owned enterprises (SOE)*, empresas estatais.[36]

No Brasil, o golpe de 1937, conduzido com o apoio das Forças Armadas, marcou o início da ditadura, com Getúlio Vargas no comando do Estado Novo.

Em 1942, a cooperação brasileira com os Estados Unidos, com a cessão da base naval de Natal, e o estreitamento dos laços diplomáticos entre os dois países renderam ao Brasil a chance de desenhar o projeto de industrialização gestado pela Aliança Liberal de 1930.

O desenvolvimento da indústria siderúrgica nacional era ação prioritária como parte do compromisso assumido por Vargas com os militares em troca do suporte recebido no golpe.[37]

No mesmo ano de 1942, o *Export-Import Bank* financiou a criação da Companhia Vale do Rio Doce para exploração de minério de ferro. Foi construída a Usina Siderúrgica de Volta Redonda e já então traçada uma política para o petróleo, com iniciativas que lançaram a campanha nacionalista "O Petróleo é Nosso", de 1950, e as bases para a criação da Petrobras, concretizada poucos anos após pela Lei nº 2.004, de 03.10.1953.[38]

Em 1954, a companhia iniciaria suas operações como empresa estatal detentora do monopólio de exploração do petróleo. Na mesma época, no segundo governo Vargas, democraticamente eleito para o período de 1951-1954, Getúlio implantou as medidas de fomento do setor elétrico, que futuramente viabilizariam a criação da Eletrobras.

O presidente Vargas foi o responsável pela implantação do marco do ideário nacional-desenvolvimentista que partia da intervenção estatal em atividades consideradas de interesse nacional e da priorização das indústrias e dos investimentos com vistas à diversificação do mercado interno.

Assim, começaram a surgir as estatais brasileiras, num crescendo entre os anos de 1930 e 1950, quando foram criadas várias empresas em setores estratégicos, com a missão de realizar o desenvolvimento

---

[36] OECD. *Privatisation in the 21st Century*: recent experiences of OECD countries. Report on Good Practices. Paris: OECD, jan. 2009. Disponível em: https://www.oecd.org/daf/ca/corporategovernanceofstate-ownedenterprises/48476423.pdf. Acesso em: 22 jan. 2019.

[37] SCHWARCZ, Lilia M.; STARLING, Heloísa. *Brasil*: uma biografia. 1. ed. São Paulo: Companhia das Letras, 2015. p. 372-373.

[38] Revogada pela Lei nº 9.478/1997.

nacional via aceleração do processo de industrialização por substituição de importações.³⁹

A ambiciosa proposta do presidente Juscelino Kubitschek, dos "cinquenta anos em cinco", tinha como premissas uma mudança estrutural e a alavancagem da capacidade produtiva nacional.

O Plano de Metas de 1956 refletiu um programa de larga escala destinado a implementar uma agenda positiva voltada ao crescimento acelerado e ao processo de industrialização, com ênfase no setor industrial de bens de consumo duráveis e na expansão da malha rodoviária do país.

Essa fase do desenvolvimento econômico atingiu seu ápice nas décadas de 1960 e 1970, com a criação de mais estatais.

As estatais foram integradas à Administração Pública indireta com modelo orgânico derivado do direito empresarial e personalidade jurídica de direito privado que as habilitavam a atuar com a liberdade compatível e mediante o uso de instrumentos flexíveis de gestão inerentes à sua finalidade institucional e roupagem societária.

No Estado administrativo, o Estado brasileiro lançou mão desse núcleo operacional constituído por suas empresas estatais para a promoção do desenvolvimento industrial, assumindo pesado papel no setor produtivo de bens e serviços.⁴⁰ O conjunto de estatais criadas nos anos 1950 possibilitou largos passos na concretização do grande projeto de industrialização dos anos 1960 e seguintes.

Entre 1966 e 1976, foram criadas inúmeras empresas públicas, fundações e autarquias, e o setor paraestatal semi-independente se agigantava. A reação contrária ao modelo estatizante surgiria anos depois, já no ambiente da pós-redemocratização, e culminaria com as privatizações da década de 1990.

Àquela altura, vigia o Decreto-Lei nº 200/1967, com a redação dada pelo Decreto-Lei nº 900/1969, pautado nos princípios de *descentralização*

---

[39] *Vide* FERREIRA, Sérgio de Andréa, História e regime constitucional da atividade empresarial estatal. *In*: FERRAZ, Sérgio (Org.). *Comentários sobre a Lei das Estatais*. São Paulo: Malheiros, 2019. p. 13-41.

[40] Aquele momento foi fundamental para a evolução da máquina pública brasileira. Foram implantadas técnicas gerenciais e de organização da Administração Pública burocrática no modelo weberiano, que profissionaliza, dá parâmetros de gestão de pessoal e implanta processos organizados para atingir objetivos determinados. O governo JK mobilizou núcleos ótimos e depurou a Administração burocrática, que representou o primeiro modelo estruturado de Administração Pública no Brasil, rendendo-lhe o título de melhor burocracia estatal da América Latina. O projeto de desenvolvimento nacional só foi implementado graças ao empenho e à competência daquela burocracia brasileira.

administrativa e de *delegação de competência*, que, segundo Bresser Pereira, marcou o primeiro momento da administração gerencial no Brasil.⁴¹

No entanto, a prática demonstrou que o decreto não alcançou as finalidades para que havia sido cunhado ou, talvez, o país não estivesse estruturado sob o ponto de vista das administrações locais para o pleno aproveitamento dos benefícios da administração gerencial descentralizada.

Enquanto isso, na Europa dos anos 1980, o modelo estatal keynesiano do Estado providência começava a dar sinais de esgotamento, e Margaret Thatcher admitia a falta de condições econômicas para custeá-lo. Iniciava-se a era do neoliberalismo, marco histórico do desmonte gradual do *welfare state* inglês a partir da política de privatização das empresas públicas e da expansão das *public-private partnerships*.

A reação ao intervencionismo estatal excessivo se manifestou num retorno às revoluções liberais e no movimento social na linha de limitar a atuação estatal até o ponto em que a sociedade não se bastasse. Nessa fase, foram aceitos os paradigmas do Estado do bem-estar social, com viés reformulado, temperado pela busca da eficiência de gastos e de atuação estatal.

O curso da história tendeu para a busca de um equilíbrio pautado na atualização das vivências e na redefinição do papel do Estado na política econômica, com ênfase na defesa da concorrência, assegurando

---

41 As reformas administrativas relevantes ocorridas no percurso da história brasileira ora brevemente visitado podem ser resumidas conforme segue: (i) fase da Administração burocrática dos anos 1930; (ii) desenvolvimentista, entre 1967-1969; (iii) chamada minirreforma implementada pela Constituição Federal de 1988; e (iv) Estado gerencial dos anos 1995-1999, com destaque às Emendas Constitucionais nº 6 e 9, de 1995, e 19 e 20, de 1998. Os ciclos de reformas da Administração Pública brasileira se iniciaram nos anos 1930 e 1940, na esteira então em voga nos países desenvolvidos, do modelo taylorista, weberiano, fayoliano, voltado à Administração Pública gerencial. Em seus primórdios, no governo Vargas, e protagonizadas pelo Departamento Administrativo do Serviço Público (DASP), as reformas tiveram ênfase na estrutura da administração de pessoal e do serviço público. Em 1952, foram retomados os esforços de modernização, com ênfase na estrutura da Administração Pública (órgãos de assessoria da Presidência da República, ministérios), além do planejamento e modernização de seu funcionamento. As ideias centrais desses projetos – consolidadas no Substitutivo nº 3.463/1953, do deputado Gustavo Capanema, passando pelos governos Getúlio (1953), Café Filho (1954) e Kubitschek (1956) – culminaram no Decreto nº 200/1967. A Reforma do Estado e do Aparelho do Estado, de autoria do ministro Bresser Pereira, o chamado Plano Diretor do Mare, afinal convertida na Emenda Constitucional nº 19/1998, (re)introduziu entre os princípios da Administração a eficiência, forçando uma transição para a Administração Pública gerencial, na trilha de uma gestão explícita e diretamente voltada para o interesse público, sem confusão com o interesse do próprio Estado (ou de fortalecimento do Estado, leia-se "governo"), e para o controle de resultados, além da eliminação dos excessos formais e anacrônicos do modelo burocrático tradicional.

e disciplinando os mercados e desempenhando uma intervenção indireta de estímulo como agente fomentador e condicionante regulador.

No Brasil, uma vez concretizado o processo de redemocratização, a Constituição Federal de 1988, inspirada no modelo econômico da Constituição de Weimar, de 1919, adotou o modelo capitalista da livre iniciativa e livre concorrência, designando ao Estado a função de regulador e fiscalizador.

Entre os anos 1995 e 1999, as influências das ideologias neoliberais de globalização na linha de redução do tamanho e do custo do Estado, somadas à crise fiscal e à falta de recursos para investimentos, geraram uma reação ao excesso de Estado que se materializou nas privatizações do governo Fernando Henrique Cardoso.

Esse não foi um processo puramente ideológico, mas se vinculou também à debilitada capacidade gerencial do Estado e à escassez de recursos devido à severa crise fiscal então enfrentada.

Nesse período, a Constituição foi objeto de alterações significativas na linha da globalização, com abertura ao capital estrangeiro e ampliação dos instrumentos de parcerias entre os setores público e privado.

Em 1995, a Emenda Constitucional nº 6 eliminou a discriminação dos empreendimentos em função da origem de seu capital, e a Emenda Constitucional nº 9, efetivada em sede infraconstitucional pela Lei nº 9.478/1997, que revogou a Lei nº 2004/1953, alterou a redação do art. 177, §§1º e 2º, da Constituição para reorientar e flexibilizar o monopólio estatal sobre a atividade econômica de exploração de petróleo e do gás natural nas áreas estratégicas e do pré-sal.[42]

A Emenda Constitucional nº 19/1998 alterou os arts. 37, inc. XXVII, e 173, §1º, inc. III, da Carta Magna para: (i) determinar que a lei estabelecesse o estatuto jurídico das empresas públicas, das sociedades de economia mista e de suas subsidiárias exploradoras da atividade econômica de produção ou comercialização de bens ou de prestação de serviços;[43] e (ii) fixar a raiz constitucional do regime jurídico das licitações e contratos dessas empresas, fazendo seu corte distintivo em relação àquele adotado pelas administrações direta, autárquica e

---

[42] São áreas estratégicas as regiões de interesse para o desenvolvimento nacional caracterizadas pelo baixo risco exploratório e elevado potencial de produção, localizadas ou não na área do pré-sal.

[43] BORGES, Alice Maria Gonzalez. O estatuto jurídico das empresas estatais na Emenda Constitucional nº 19/98. *RDA – Revista de Direito Administrativo*, Rio de Janeiro, v. 217, p. 1-12, jul./set. 1999. p. 10-11.

fundacional dos entes da Federação, com raiz no art. 37, inc. XXI, da Constituição, efetivado pela Lei nº 8.666/1993.

Várias estatais foram vendidas ou submetidas a novo regime jurídico determinado pela emenda constitucional, operando conforme clássica dicotomia constitucional: prestadoras de serviços públicos e exploradoras de atividade econômica.

A partir desse momento, o Brasil entrou no paradigma pós-burocrático – um meio-termo entre administração burocrática e gerencial –, mas nunca abandonou o patrimonialismo e o clientelismo.[44]

Alice Gonzalez Borges comentou o conjunto de dispositivos definidos pela Emenda Constitucional nº 19/1998 advindo da "[...] nova filosofia da administração pública gerencial, gerada sob o impacto de novos acontecimentos, novas condições históricas, econômicas e sociais, que não tinham sido bastante refletidas pelo constituinte de 1988".[45]

No entanto, a concepção pretendida pela reforma administrativa sob o aspecto da eficiência administrativa não vingou, e chegou-se ao reconhecimento do uso político, eleitoreiro, além de ruinoso, de uma das maiores estatais nacionais, que, a seu turno, expôs em efeito cascata toda uma gama de disfunções do sistema, e à constatação do que o ilustre tributarista Sacha Calmon Navarro Coelho identificou como os mais graves problemas nacionais: o excesso de leis e de burocracia, e o excesso de Estado.[46]

As estatais não perfizeram a transição preconizada em 1998, da administração pública patrimonialista e burocrática para aquela

---

[44] O patrimonialismo pode ser definido pela confusão da coisa pública/interesse público com o soberano; a estrutura de poder (função da Administração) se revela na satisfação do soberano, tendo como características o nepotismo, o clientelismo e o fisiologismo. Por sua vez, no clientelismo, as contratações do Estado sempre recaem nos mesmos prestadores e fornecedores, "amigos" do soberano.

[45] BORGES, Alice Maria Gonzalez. O estatuto jurídico das empresas estatais na Emenda Constitucional nº 19/98. *RDA – Revista de Direito Administrativo*, Rio de Janeiro, v. 217, p. 1-12, jul./set. 1999. p. 10.

[46] O professor Sacha Calmon Navarro Coelho comenta que o problema é o "excesso absurdo da presença do Estado em si mesmo, nas suas atribuições e competências e na sua interferência na economia, a ponto de parecermos um Estado semisocialista e, por isso, não causa espanto nossa situação. O Estado não resolve os problemas, é a causa deles, ou seja, o problema é o Estado. Ele é, virou moda dizer – a mãe de todos os problemas". E passa a elencar os bens da União, suas competências legislativas e diversos aspectos do que critica como excesso constitucional de Estado (COELHO, Sacha Calmon Navarro. Levando o país a sério. *Blog do Sacha*, 3 maio 2017. Disponível em: http://blogdosacha.com.br/coluna-opiniao/levando-o-pais-a-serio/).

gerencial, pautada por desígnios de eficiência e eficácia, com controle de resultados.

A história mostra que essas empresas permaneceram administradas segundo modelos gerenciais contaminados, acomodadas em grande parte à condição de instrumentos de realização de objetivos político-governamentais, e não propriamente estatais.

Foi assim que, no passado recente, as estatais personificaram ícones das estruturas de um *Estado em crise*, que, ao invés de provedor e garantidor do bem-estar público, torna-se "um parasita" da população, preocupado apenas com a própria sobrevivência, exigindo cada vez mais e dando menos em troca.[47]

A Lei nº 13.303/2016 veio como forma de corrigir essa distorção com ferramentas de governança destinadas a recuperar a eficiência empresarial – e moral – das empresas estatais brasileiras.

Por outro lado, os movimentos de reposicionamento do Estado nos limites de suas funções constitucionais, conforme definidas pelo constituinte, com redução de suas estruturas, devem ser interpretados livres de vieses políticos, mas como um fato econômico natural ao Estado como organismo dinâmico e, portanto, como instrumento de eficiência estatal.

O debate entre os modelos do Estado robusto e mínimo não cessa. Mais recentemente, têm ganhado força ao redor do mundo os movimentos de reestatização, como registrado em publicações e discussões parlamentares no Brasil.[48]

---

[47] BAUMAN, Zygmunt; BORDONI, Carlo. *Estado de crise*. Tradução de Renato Aguiar. 1. ed. Rio de Janeiro: Zahar, 2016. p. 11-77.

[48] *Vide*: "De acordo com uma pesquisa publicada pela Transnational Institute (TNI) – centro de estudos em democracia e sustentabilidade baseado na Holanda – pelo menos 1.408 serviços foram criados ou reestatizados no mundo nos últimos anos. Alemanha (4ª maior economia do planeta) puxa a fila, com 411 casos. Em seguida vem os Estados Unidos (que, erroneamente, as pessoas acreditam que seria um país de Estado mínimo), com 230 casos (principalmente em serviços de água e telecomunicações). A França (156 casos), a Espanha (119) e o Reino Unido (110 casos) também se destacam" (REESTATIZAR é uma tendência dos países desenvolvidos (mas o Brasil vai na contramão). *SINTEC-RS*, 06 out. 2021. Disponível em: https://sintec-rs.com.br/reestatizar-e-uma-tendencia-dos-paises-desenvolvidos-mas-o-brasil-vai-na-contramao/. Acesso em: 28 nov. 2022). "A Comissão de Direitos Humanos e Legislação Participativa (CDH) lançou em audiência pública o livro 'O Futuro é Público', que mostra o movimento mundial de reestatização de empresas que prestam serviços essenciais, como saneamento e saúde. O senador Paulo Paim (PT-RS) e participantes criticaram os projetos do governo federal de privatizar empresas como Petrobras e Correios" (BORGES, Iara Farias. *CDH discutiu as privatizações brasileiras e a reestatização no mundo*. 13 jun. 2022. Disponível em: https://www12.senado.leg.br/radio/1/noticia/2022/06/13/cdh-discutiu-as-privatizacoes-brasileiras-e-a-reestatizacao-no-mundo. Acesso em: 28 nov. 2022). "Novo

1.6.2 Definição e estrutura das empresas estatais

Empresas estatais são ferramentas da intervenção estatal excepcional na economia com criação autorizada por lei, nos termos do art. 37, inc. XIX, e nos limites do art. 173 da Constituição, para atendimento a imperativos da segurança nacional ou a relevante interesse coletivo.

O desdobramento dessas estruturas estatais empresariais *holdings* em controladas, subsidiárias, além de sua participação no capital de outras empresas, públicas ou privadas, é autorizado em condições similares, mas distintas, nos termos do inc. XX do mesmo art. 37, segundo o qual "depende de autorização legislativa, em cada caso, a criação de subsidiárias das entidades mencionadas no inciso anterior, assim como a participação de qualquer delas em empresa privada".

A Lei nº 13.303/2016 efetivou esses comandos constitucionais nos §§1º e 2º de seu art. 2º:

> Art. 2º A exploração de atividade econômica pelo Estado será exercida por meio de empresa pública, de sociedade de economia mista e de suas subsidiárias.
> §1º A constituição de empresa pública ou de sociedade de economia mista dependerá de prévia autorização legal que indique, de forma clara, relevante interesse coletivo ou imperativo de segurança nacional, nos termos do *caput* do art. 173 da Constituição Federal.
> §2º Depende de autorização legislativa a criação de subsidiárias de empresa pública e de sociedade de economia mista, assim como a participação de qualquer delas em empresa privada, cujo objeto social deve estar relacionado ao da investidora, nos termos do inciso XX do art. 37 da Constituição Federal.
> (...).

No primeiro caso (criação da própria empresa), exige-se lei específica; no segundo (subsidiárias e participadas), lei genérica, como se comentará mais adiante no exame das decisões do Supremo Tribunal Federal sobre o tema.

Congresso faz PT desistir do plano de reestatizar a Eletrobras. Na avaliação dos petistas, há prioridades muito maiores para gastar o capital político" (DI CUNTO, Raphael; RITTNER, Daniel. Novo Congresso faz PT desistir do plano de reestatizar a Eletrobras. *Valor Econômico*, 27 out. 2022. Disponível em: https://valor.globo.com/politica/eleicoes-2022/noticia/2022/10/27/novo-congresso-faz-pt-desistir-do-plano-de-reestatizar-a-eletrobras.ghtml. Acesso em: 28 nov. 2022).

Além da atuação no domínio econômico para os fins do art. 173, o Estado pode atuar diretamente na economia, ainda, para a prestação dos serviços públicos, com amparo no fundamento constitucional do art. 175 da Carta Magna: "Incumbe ao Poder Público, na forma da lei, diretamente ou sob regime de concessão ou permissão, sempre através de licitação, a prestação de serviços públicos [...]".

O regime jurídico do serviço público admite ao ente federado detentor da respectiva competência prestá-lo diretamente ou desestatizá-lo, delegando sua prestação a terceiro.

Esse trespasse de funções estatais relevantes para execução pelo particular deve se dar em condições "reguladas", de forma que, quanto menor o grau de intervenção estatal direta, tanto maior deve ser o controle normativo.[49]

Por fim, há situações em que não será conveniente encarregar o particular do exercício de determinadas atividades e, nesses casos, o Estado atuará de forma monopolística, seja porque sua execução não é viável pela iniciativa privada, seja porque esta não realizaria certos valores e direitos fundamentais cuja tutela é encargo estatal.[50]

Pelas razões já mencionadas, dentre as entidades da Administração Pública indireta utilizadas pelo Estado como veículos dessa atuação direta, interessam-nos especificamente as empresas estatais,[51] definidas por Maria Sylvia Zanella Di Pietro como todas as:

> Sociedades, civis ou comerciais de que o Estado tenha o controle acionário, abrangendo a empresa pública, a sociedade de economia mista e outras empresas que não tenham essa natureza e às quais a Constituição faz referência, em vários dispositivos, como categoria à parte (art. 37, XVII, 71, II, 165, §5º, II).[52]

Para Hely Lopes Meirelles:

---

[49] JUSTEN FILHO, Marçal. *Curso de direito administrativo*. 13. ed. São Paulo: Revista dos Tribunais; Thomson Reuters, 2018. p. 39-40.
[50] JUSTEN FILHO, Marçal. *Curso de direito administrativo*. 13. ed. São Paulo: Revista dos Tribunais; Thomson Reuters, 2018. p. 36.
[51] BICALHO, Alécia Paolucci Nogueira; GONÇALVES, Andreia Barroso. Organização administrativa brasileira. *In*: MOTTA, Carlos Pinto Coelho (Coord.). *Curso prático de direito administrativo*. 3. ed. Belo Horizonte: Del Rey, 2011. p. 83.
[52] DI PIETRO, Maria Sylvia Zanella. *Direito administrativo*. 21. ed. São Paulo: Atlas, 2008. p. 421.

> As empresas estatais são pessoas jurídicas de direito privado cuja criação é autorizada por lei específica [...], com patrimônio público ou misto, para a prestação de serviço público ou para a execução de atividade econômica de natureza privada. Serviço público, no caso, entendido no seu sentido genérico, abrangendo também a realização de obras (estradas, edifícios, casas populares etc.). Na verdade, as empresas estatais são instrumentos do Estado para a consecução de seus fins, seja para atendimento das necessidades mais imediatas da população (serviços públicos), seja por motivos de segurança nacional ou por relevante interesse coletivo (atividade econômica). A personalidade jurídica de direito privado é apenas a forma adotada para lhes assegurar melhores condições de eficiência, mas em tudo e por tudo ficam sujeitas aos princípios básicos da Administração Pública. Bem por isso, são consideradas como integrantes da Administração indireta do Estado.[53]

Segundo Lúcia Valle Figueiredo:

> As empresas estatais são formas de atuação da Administração Pública, quer para a prestação de serviços públicos, quando expressamente autorizadas por lei, quer para a intervenção na atividade econômica, nas balizas estreitas do art. 173 da Constituição da República.[54]

Portanto, a atuação estatal direta deve ser analisada sob a ótica das empresas públicas, das sociedades de economia mista e de suas controladas e subsidiárias.

Ao regulamentar a Lei nº 13.303/2016, o art. 2º do Decreto nº 8.945/2016 trouxe as seguintes definições:

- empresa estatal: entidade dotada de personalidade jurídica de direito privado, cuja maioria do capital votante pertença direta ou indiretamente à União;
- empresa pública: empresa estatal cuja maioria do capital votante pertença diretamente à União e cujo capital social seja constituído de recursos provenientes exclusivamente do setor público;

---

[53] MEIRELLES, Hely Lopes. *Direito administrativo brasileiro*. 35. ed. São Paulo: Malheiros, 2009. p. 363.
[54] FIGUEIREDO, Lúcia Valle. *Curso de direito administrativo*. 6. ed. São Paulo: Malheiros, 2003. p. 110. Sobre controle nas estatais, vide: DUTRA, Pedro Paulo de Almeida. *Controle de empresas estatais*. São Paulo: Saraiva, 1991.

- sociedade de economia mista: empresa estatal cuja maioria das ações com direito a voto pertença diretamente à União e cujo capital social admite a participação do setor privado;
- subsidiária: empresa estatal cuja maioria das ações com direito a voto pertença direta ou indiretamente a empresa pública ou a sociedade de economia mista; Incluem-se no inciso IV do caput as subsidiárias integrais e as demais sociedades em que a empresa estatal detenha o controle acionário majoritário, inclusive as sociedades de propósito específico.
- conglomerado estatal: conjunto de empresas estatais formado por uma empresa pública ou uma sociedade de economia mista e as suas respectivas subsidiárias;
- sociedade privada: entidade dotada de personalidade jurídica de direito privado, com patrimônio próprio e cuja maioria do capital votante não pertença direta ou indiretamente à União, a Estado, ao Distrito Federal ou a Município; e

Essas espécies de empresas estatais serão examinadas nos subtópicos seguintes.

Sobre essas estruturas, fixe-se de início que, a despeito do adjetivo que as qualifica como estatais, sua estrutura societária, seu regime jurídico e sua forma de atuação concorrencial na economia de mercado as qualificam como organismos empresariais autônomos, com personalidade jurídica própria, situados nos limites externos da intimidade orgânica de seu acionista controlador, o Estado, e com ele não se confundem.

As estatais são a via de entrada do Estado na economia, cujos objetivos se desdobram em duas finalidades essenciais: aquela socioinstitucional e política e, como decorrência legal de seu tipo societário de sociedade anônima, o bom desempenho corporativo.

Como anotado, essas empresas não apenas se regem formalmente pelo regime jurídico de direito privado, como não gozam de privilégios em relação à iniciativa privada. Por isso, além de perseguirem a realização das finalidades públicas que justifiquem sua criação, as empresas estatais devem efetivamente operar segundo padrões corporativos na busca de resultados e da realização do melhor desempenho operacional e econômico-financeiro, conforme as diretrizes consolidadas pela Lei nº 13.303/2016.

Como ocorre em qualquer organismo empresarial, também nas empresas estatais essa atuação em regime de mercado envolve ações permanentes – conforme o cenário sempre dinâmico vigente a cada tempo e momento – relacionadas à gestão de seus ativos, bens, direitos, patrimônio, em linha com seus objetivos e planejamento estratégico, além do permanente monitoramento por seus administradores das escolhas corporativas capazes de lhes assegurar os melhores resultados.

Nessa atividade, os investimentos realizados pelas empresas estatais identificam também ações voltadas à realização de seus fins mercantis corporativos e não comportam categorização direta, automática ou por extensão, como ações de repercussões "estatizantes" – ainda que o Estado ali figure para fins de indução ao setor ou atividade em que ocorre sua implementação.

Além disso, no mais das vezes, esses empreendimentos são programados em etapas, com previsão de entrada (investimento) e saída (desinvestimento), conforme seu ciclo e nível de maturação e outras circunstâncias corporativas e de mercado determinantes de seus melhores resultados.

O objetivo desta breve contextualização é a correta apreensão dos propósitos da conduta proativa do Estado na economia e dos desígnios, ambiente e forma de atuação de suas estruturas empresariais.

A partir disso, fica mais fácil compreender a lógica dos institutos utilizados no caminho inverso, que pode ser trilhado pelo Estado em suas empresas com objetivos distintos, conforme sejam motivados por ações políticas públicas vinculadas a *programas de governo*; ou *gerenciais*, relacionadas às rotinas de operação e gestão das empresas estatais.

O exame de conteúdo desses conceitos, em especial as peculiaridades dos desinvestimentos, *vis-à-vis* às desestatizações, é o objetivo central deste estudo, que desdobrará esses temas nos capítulos seguintes.

1.6.3 Espécies de empresas estatais

1.6.3.1 Empresas públicas

O art. 3º, *caput* e parágrafo único, da Lei nº 13.303/2016 define empresa pública como a entidade dotada de personalidade jurídica de direito privado, com criação autorizada por lei, patrimônio próprio e capital social integralmente detido pela União, pelos estados, pelo Distrito Federal ou pelos municípios.

Desde que a maioria do capital votante permaneça em propriedade da União, do estado, do Distrito Federal ou do município, será admitida a participação no capital da empresa pública de outras pessoas jurídicas de direito público interno, bem como de entidades da Administração indireta da União, dos estados, do Distrito Federal e dos municípios.[55]

Lúcia Valle Figueiredo define empresa pública como uma das formas:

> De atuação da União, Estados e Municípios, criada e extinta apenas por lei, para prestação de serviços públicos ou para intervenção na ordem econômica, dentro dos limites constitucionais e submissa, em boa parte, ao regime jurídico administrativo, com capitais exclusivamente estatais.[56]

Conceituam-na, ainda, Hely Lopes Meirelles e Celso Antônio Bandeira de Mello, respectivamente, nos seguintes termos:

> Empresas públicas são pessoas jurídicas de direito privado, instituídas pelo Poder Público mediante autorização de lei específica, com capital exclusiva-mente público, para a prestação de serviço público ou a realização de atividade econômica de relevante interesse coletivo, nos moldes da iniciativa particular, podendo revestir qualquer forma e organização empresarial.[57]

Deve-se entender que empresa pública federal é a pessoa jurídica criada por lei como instrumento de ação do Estado, com personalidade de direito privado, mas submetida a certas regras especiais decorrentes de ser coadjuvante da ação governamental, constituída sob quaisquer das formas admitidas em Direito e cujo capital seja formado unicamente por recursos de pessoas de Direito Público interno ou de pessoas de

---

[55] O Decreto-Lei nº 200/67 incluiu as empresas públicas entre as entidades da Administração indireta da União, conceituando-as como: "[...] entidade dotada de personalidade jurídica de direito privado, com patrimônio próprio e capital exclusivo da União, criada por lei para a exploração de atividade econômica que o Govêrno seja levado a exercer por fôrça de contingência ou de conveniência administrativa podendo revestir-se de qualquer das formas admitidas em direito" (art. 5º, inc. II, com a redação dada pelo Decreto-Lei nº 900/69, excluindo do texto originário a possibilidade de integração com patrimônio "de suas entidades da Administração Indireta").

[56] FIGUEIREDO, Lúcia Valle. *Curso de direito administrativo*. 6. ed. São Paulo: Malheiros, 2003. p. 111.

[57] MEIRELLES, Hely Lopes. *Direito administrativo brasileiro*. 35. ed. São Paulo: Malheiros, 2009. p. 370.

suas Administrações indiretas, com predominância acionária residente na esfera federal.[58]

As pessoas políticas detêm competência para organizar seus próprios serviços mediante os instrumentos necessários à sua execução centralizada ou descentralizada, conforme arts. 25, §2º, e 30, inc. V, da Constituição Federal. Os estados-membros e os municípios são livres para criar e administrar suas empresas públicas, em conformidade a suas normas próprias de organização político-administrativa.

Essa autonomia vincula-se à norma constitucional da exigência de prévia autorização legal específica para a criação dessas estruturas empresariais (art. 37, inc. XIX, da Constituição), como acima anotado.

Os traços marcantes dessas sociedades são a instituição, organização e controle pelo poder público competente, com capital exclusivamente público, proveniente de uma ou mais entidades, além da personalidade jurídica de direito privado.

As empresas públicas distinguem-se da autarquia e da fundação pública porque, enquanto essa última detém competências relativas às atividades eminentemente públicas extraídas do feixe de competências do ente federado que a criou, aquela primeira tem por objeto a exploração de atividade econômica ou a prestação de serviços públicos, nos termos, respectivamente, dos arts. 173 e 175 da Constituição Federal, além de personalidade jurídica de direito privado.

A distinção dessas empresas em relação às sociedades de economia mista identifica-se na vedação à participação de capital privado em sua estrutura acionária, além da prerrogativa de adoção de quaisquer formas societárias admitidas pela lei.

Nas sociedades de economia mista, a participação do capital privado em sua estrutura acionária é de sua própria gênese, garantido o controle estatal; essas empresas devem adotar exclusivamente a forma de sociedade anônima.

---

[58] O professor Celso Antônio esclarece que, a despeito de não ser essa a definição que lhe confere o Decreto-Lei nº 200, com a redação alterada pelo Decreto-Lei nº 900, é a que se tem de adotar por imposição lógica decorrente do próprio direito positivo brasileiro. Nesse sentido, o autor dedica alguns tópicos de sua obra a apontar a impropriedade do conceito legal das empresas públicas (BANDEIRA DE MELLO, Celso Antônio. *Curso de direito administrativo*. 27. ed. São Paulo: Malheiros, 2010. p. 187-192).

1.6.3.2 Sociedades de economia mista

O art. 4º da Lei nº 13.303/2016 conceitua sociedade de economia mista como entidade dotada de personalidade jurídica de direito privado com criação autorizada por lei, sob a forma de sociedade anônima, cujas ações com direito a voto pertençam, em sua maioria, à União, aos estados, ao Distrito Federal, aos municípios ou à entidade da Administração indireta.

Lúcia Valle Figueiredo define essas estruturas empresariais sob a ótica técnico-constitucional, como segue:

> Sociedade de economia mista, também autorizada sua criação por lei, é forma de cometimento estatal, para prestação de serviços públicos ou para intervenção no domínio econômico dentro do confinamento constitucional, revestindo-se da forma de sociedade anônima, mas submissa, em boa parte, mercê do art. 37 do texto constitucional, ao regime jurídico administrativo.[59]

Hely Lopes Meirelles destaca o caráter híbrido das sociedades de economia mista e a simbiose em que ali convivem os empreendimentos particular e público:

> Inegável, assim, o caráter híbrido da sociedade de economia mista, que, associando o capital particular ao investimento público, erige-se em entidades de direito privado, mas realiza determinadas atividades de interesse estatal, por delegação do Poder Público. Concilia-se desse modo, a estrutura das empresas privadas, com os objetivos de interesse público. Vivem, portanto, em simbiose, o empreendimento particular com o amparo estatal.[60]

---

[59] FIGUEIREDO, Lúcia Valle. *Curso de direito administrativo*. 6. ed. São Paulo: Malheiros, 2003. p. 111. *Vide* ainda a definição de Hely Lopes Meirelles: "As sociedades de economia mista são pessoas jurídicas de direito privado, com participação do Poder Público e de particulares no seu capital e na sua administração, para a realização de atividade econômica ou serviço público outorgado pelo Estado. Revestem a forma das empresas particulares, admitem lucro e regem-se pelas normas das sociedades mercantis, com as adaptações impostas pelas leis que autorizarem sua criação e funcionamento. São entidades que integram a Administração indireta do Estado, como instrumentos de descentralização de seus serviços (em sentido amplo: serviços, obras, atividades)" (MEIRELLES, Hely Lopes. *Direito administrativo brasileiro*. 35. ed. São Paulo: Malheiros, 2009. p. 373).

[60] MEIRELLES, Hely Lopes. *Direito administrativo brasileiro*. 35. ed. São Paulo: Malheiros, 2009. p. 324.

Em sua visão sempre ampliada, o professor combatia a interpretação restritiva desse tipo de entidade como mera conjugação de capitais públicos e privados, já que a participação estatal comporta formas diversas, não limitadas ao aspecto financeiro – atributo que muitas vezes assegura a necessária atratividade ao setor privado.

Em sua lição, Hely destacava como essenciais a associação e a participação ativa do Estado e do particular nessas empresas, no capital ou na sua direção, ou seja, elementos do Estado, com aqueles do indivíduo, que podem se traduzir em participação pecuniária, técnica, administrativa, científica ou cultural, ou seja, a conjugação do público e do privado na "economia interna da companhia, na mais ampla acepção do vocábulo".[61]

Segundo o professor, nem sempre o capital se identifica como elemento propulsor das atividades societárias, pois o "fomento estatal, através de incentivos oficiais ou ajuda técnica poderá ser tão eficiente e decisivo para o sucesso de determinadas empresas, como a ajuda financeira na constituição de seu capital".[62]

Dentre os requisitos identificadores da sociedade de economia mista, destaca-se a característica indissociável a seu tipo societário: objeto de natureza mercantil e a persecução de lucro, conforme art. 2º da Lei nº 6.404/1976.[63]

Como anotado, o objetivo dessas companhias se desdobrará sempre em duas finalidades centrais, aquela socioinstitucional e política, e a obtenção de resultados, como característica intrínseca ao tipo societário das sociedades anônimas.

Celso Antônio Bandeira de Mello adverte que não se trata de essas sociedades:

> Assumirem fetichisticamente sua personalidade de direito privado – imaginando-se e agindo segundo o pressuposto de que tal regime poderia proporcionar-lhes desenvoltura equivalente à dos sujeitos cujo modelo serviu-lhes de parâmetro para sua criação – mas sim de exercitar

---

[61] MEIRELLES, Hely Lopes. *Direito administrativo brasileiro*. 35. ed. São Paulo: Malheiros, 2009. p. 324.

[62] MEIRELLES, Hely Lopes. *Direito administrativo brasileiro*. 35. ed. São Paulo: Malheiros, 2009. p. 324.

[63] Lei nº 6.404/1976: "Art. 2º Pode ser objeto da companhia qualquer empresa de fim lucrativo, não contrário à lei, à ordem pública e aos bons costumes. §1º Qualquer que seja seu objeto, a companhia é mercantil e se rege pelas leis e usos do comércio". Destaque-se, inclusive, regramento específico previsto nos arts. 235 a 240 da mesma lei.

suas prerrogativas privadas legítimas num ambiente equilibrado de governança corporativa voltada ao cumprimento de seus fins.[64]

Modesto Carvalhosa alerta, referindo-se às sociedades de economia mista, que "esse rigoroso equilíbrio é condição que não pode ser descumprida, sob pena de estar a sociedade de economia mista fraudando seus objetivos ao mesmo tempo institucionais e contratuais".[65]

O ponto de equilíbrio desse aparente conflito originário observado no âmago dessas empresas – entre sua função social e sua finalidade lucrativa[66] – foi reforçado com os instrumentos da estrutura de governança instituída pela Lei nº 13.303/2016.

As técnicas eficientes de gestão e de controle pautadas num sistema moderno de governança corporativa são atributos fundamentais à segurança jurídica necessária ao avanço das relações público-privadas estabelecidas em torno das empresas estatais por força dos processos de privatizações, delegações, parcerias societárias, investimentos e desinvestimentos.

Da mesma forma, essas técnicas gerenciais são atributos de eficiência do desempenho das empresas estatais, o que, entre outras condições, envolve a liberdade de orientar sua atuação, além da gestão de seus ativos, segundo as melhores práticas e oportunidades de mercado, em linha com seu planejamento estratégico.

---

[64] *Apud* BICALHO, Alécia Paolucci Nogueira; GONÇALVES, Andreia Barroso. Organização administrativa brasileira. *In*: MOTTA, Carlos Pinto Coelho (Coord.). *Curso prático de direito administrativo*. 3. ed. Belo Horizonte: Del Rey, 2011. p. 90. A Bolsa de Valores de São Paulo lançou, em 02.04.2015, o Programa de Aprimoramento da Governança Corporativa de Empresas Estatais, promovido pela BM&FBovespa com apoio da CVM (CVM. *Programa de Aprimoramento da Governança Corporativa de Empresas Estatais*. Disponível em: http://www.cvm.gov.br/menu/acesso_informacao/institucional/apresentacoes/20150402-lancamento-programa-gov-corporativa-bolsa-discursopte.html. Acesso em: 18 set. 2017).

[65] BICALHO, Alécia Paolucci Nogueira; GONÇALVES, Andreia Barroso. Organização administrativa brasileira. *In*: MOTTA, Carlos Pinto Coelho (Coord.). *Curso prático de direito administrativo*. 3. ed. Belo Horizonte: Del Rey, 2011. p. 89.

[66] Sobre a conciliação das funções – estatal e lucrativa – da empresa estatal, *vide* excelente monografia de Fernando Antônio Ribeiro Soares e Leonardo Raupp Bocorny intitulada Fundamentos jurídicos e econômicos para a legitimidade das empresas estatais: uma análise sobre o art. 173 da Constituição Federal de 1988 e o princípio da transitoriedade. *In*: PINTO JUNIOR, Mario Engler; MASTROBUONO, Cristina M. Wagner; MEGNA, Bruno Lopes (Coord.). *Empresas Estatais – Regime Jurídico e Experiência Prática na vigência da Lei n. 13.303/2016*. São Paulo: Almedina, 2022. p. 57-91.

1.6.3.3 Empresas controladas e subsidiárias

A Lei nº 6.404/1976 define subsidiária integral, em seu art. 251, como tipo autônomo de companhia cujo único acionista é a sociedade brasileira.

A Lei nº 13.303/2016 adotou a expressão *subsidiária* como sinônimo de sociedade *controlada* pelas empresas públicas e sociedades de economia mista.

Segundo José Edwaldo Tavares Borba, apenas as sociedades sob controle majoritário da empresa *holding* "desfrutam de condição de permanência compatível com a regra do art. 2º, segundo a qual 'a exploração de atividade econômica pelo Estado será exercida por meio de empresa pública, sociedade de economia mista e de suas subsidiárias'".[67]

Esse raciocínio é desdobrado na definição do art. 2º, inc. IV, do Decreto nº 8.945/2016, que define subsidiária como a empresa estatal cuja maioria das ações com direito de voto pertença direta ou indiretamente à empresa pública ou à sociedade de economia mista.[68]

Isso se justifica porque, na condição de instrumento de atuação do Estado-Empresário, essas empresas – controladas e subsidiárias – devem ter uma estabilidade que somente o controle majoritário é capaz de lhes assegurar.

Mas essa caracterização não é tão simples quanto pode parecer.

A distinção entre as empresas *subsidiárias* e *controladas*, de um lado, e as *participadas* – adiante abordadas –, de outro, reside na polêmica sobre os critérios distintivos da natureza dessas empresas – os controles formal e material, conforme os vem interpretando a jurisprudência do TCU, consolidada nos Acórdãos nº 1.220/2016, 3.230/2020 e 2.706/2022, todos do Plenário.

A correta identificação da natureza da empresa decorrente de parceria societária público-privada é abordada na jurisprudência do TCU sob perspectivas diversas, a partir dos critérios de controle mencionados, haja vista as configurações possíveis de capital e de poder decisório, via arranjos societários complexos, inclusive de controle compartilhado, com ou sem preponderância de um parceiro sobre o outro.

Apenas para ilustrar o tema, no Acórdão nº 1.220/2016 – TCU – Plenário o tribunal decidiu pela inaplicabilidade de institutos de direito

---

[67] BORBA, José Edwaldo Tavares. *Direito societário*. 15. ed. São Paulo: Atlas, 2017. p. 509.
[68] BORBA, José Edwaldo Tavares. *Direito societário*. 15. ed. São Paulo: Atlas, 2017. p. 509.

público – no caso, a inexigibilidade de licitação – às empresas em que o parceiro público tenha participação minoritária em termos formais e materiais, ou seja, de capital e de influência dominante nos negócios. Essa seria a genuína empresa participada, como analisado no Acórdão nº 3.230/2020.

Já no Acórdão nº 2.760/2022, o tribunal examinou a possível desconfiguração escamoteada de uma controlada estatal nas parcerias em que o parceiro público detenha a maior parte do capital total – e, assim, parte substancial do risco – e o parceiro privado possua a maioria do capital votante.

Sob a ótica estritamente do controle formal, em aparência essa seria uma empresa integralmente privada, haja vista a posição de controle dominante do sócio privado, a despeito do controle nominal em mãos da estatal, como vem interpretando o tribunal. A complexidade dessa situação se aprofunda quando a unidade técnica considera que a transferência da gestão de bens públicos para o setor privado, mantendo-se o maior risco dessa gestão com o setor público – que detém a maioria do capital total –, viola o princípio da indisponibilidade dos bens públicos. A SecexFinanças busca criar critério objetivo – da *minoria do capital social total* – para que o controle material possa ser desconfigurado e, assim, não haja afronta ao aludido princípio. A base desse entendimento é que a estatal somente poderia "perder o interesse" em deter o controle se conservasse menos que 50% das ações ordinárias (ON) e preferenciais (PN), em conjunto.

Todas essas nuances relacionadas ao enquadramento das empresas controladas e participadas serão abordadas nos tópicos seguintes, à luz da jurisprudência do TCU.

1.7 Empresas participadas

As chamadas *empresas participadas, investidas, empresas público-privadas, coparticipadas* ou *semipúblicas* constituem uma entre as várias espécies de *investimentos* realizados pelo Estado-Empresário, que, nesse caso, se une ao setor privado em parceria societária na busca da realização de fins comuns, com objetivos corporativos, econômicos ou de fomento, via junção de capital, recursos e esforços conjuntos.

Em breves linhas, essas empresas formadas de capital público e privado se diferenciam das sociedades de economia mista porque seu controle acionário não pertence ao Estado, mas ao particular.

1.7.1 Gênese e histórico das empresas participadas

A prática vinha demonstrando a necessidade de viabilizar outros tipos de parcerias, além dos instrumentos tradicionais, especificamente entre as empresas estatais e o setor privado, com vistas ao estabelecimento de empreendimentos conjuntos.

As *parcerias societárias* ou *contratuais* vinham sendo defendidas pela doutrina como veículo útil a esse tipo de coinvestimento, bem antes de sua introdução no mundo jurídico pela Lei nº 13.303/2016,[69] regulamentada pelo Decreto nº 8.945/2016.[70]

Assim, a Lei das Estatais quebrou um tabu no relacionamento entre empresas públicas e privadas em seus empreendimentos conjuntos – para além das fronteiras das sociedades de economia mista – e, nesse plano, legitimou às estatais um atuar efetivamente corporativo "com e junto" ao setor privado, de forma mais consentânea com o ambiente de negócios e a realidade empresarial vivenciada por essas empresas.

Diz-se para além das sociedades de economia mista porque essas empresas são genuinamente privadas, com controle acionário não estatal, mas sempre detido pelo sócio privado.

Caso o poder seja *compartilhado* entre os acionistas público e privado, não deve haver preponderância do acionista estatal no exercício de comando da empresa, o que a submeteria às formas de controle a que se sujeitam as próprias estatais. Esse tema será tratado no tópico seguinte.

O Estado-Empresário foi assim autorizado em sede legislativa a trafegar com maior liberdade em seus empreendimentos conjuntos com o setor privado, utilizando-se de formas associativas aptas a atenderem a uma diversidade de situações no plano da desestatização *lato sensu*,

---

[69] Em 27.06.2018, o ministro Ricardo Lewandowski, do Supremo Tribunal Federal, concedeu medida cautelar nos autos da ADI nº 5.264 – posteriormente revogada – conferindo interpretação conforme a Constituição de vários de seus dispositivos. Esse tema será comentado no capítulo 3, mais adiante.

[70] A regulamentação foi prosseguida nas esferas estaduais nos seguintes decretos: Alagoas, Decreto nº 52.555, de 14.03.2017; Bahia, Decreto nº 17.302, de 17.12.2016; Ceará, Decreto nº 32.112, de 23.12.2016; Distrito Federal, Decreto nº 37.967, de 20.1.2017; Goiás, Decreto nº 8.801, de 10.11.2016; Mato Grosso, Decreto nº 793, de 28.12.2016; Minas Gerais, Decreto nº 47.105, de 16.12.2016, e Decreto nº 47.154, de 20.02.2017; São Paulo, Decreto nº 62.349, de 26.12.2016; Pará, Decreto nº 1.667, de 27.12.2016; Paraíba, Decreto nº 37.337, de 12.04.2017; Paraná, Decreto nº 6.263, de 20.02.2017; Pernambuco, Decreto nº 43.984, de 27.12.2016; Rio de Janeiro, Decreto nº 45.877, 29.12.2016; Rio Grande do Norte, Decreto nº 26.633, de 09.02.2017; Rio Grande do Sul, Decreto nº 53.433, de 17.12.2017; Santa Catarina, Decreto nº 1.007, de 20.12.2016; Sergipe: Decreto nº 30.623, de 27.04.2017.

via parcerias societárias ou contratuais, além das operações realizadas no mercado de capitais.

Essa proposição consolida importante vetor de fomento às empresas estatais, porque simplifica seu acesso a modelos de negócios variados, conjugando a capacidade de governança, gestão, financiamento e operativa do setor privado com as utilidades de interesse público que cabem ao Estado prover – tudo num ambiente estável de segurança jurídica proporcionado pelos instrumentos de governança corporativa introduzidos pela lei e incorporados pelas respectivas gestões.[71]

A Lei nº 13.303/2016 trouxe disciplina nova e adequada a esses arranjos público-privados.

O art. 28, §3º, inc. II, e §4º da Lei de Responsabilidade das Empresas Estatais excetua a realização de procedimento licitatório "nos casos em que a escolha do parceiro esteja associada a suas características particulares, vinculada a oportunidades de negócio definidas e específicas, justificada a inviabilidade de procedimento competitivo".

Qualificam-se como oportunidades de negócio "a formação e a extinção de parcerias e outras formas associativas, societárias ou contratuais, a aquisição e a alienação de participação em sociedades e outras formas associativas, societárias ou contratuais e as operações realizadas no âmbito do mercado de capitais, respeitada a regulação pelo respectivo órgão competente".[72]

Está aí o núcleo legal autorizativo de um modelo de negócios público-privado do qual, de poucos anos para cá, a doutrina tem se ocupado: o fenômeno societário das *sociedades participadas* ou *sociedades de capital público-privado*,[73] como vêm sendo designadas as empresas privadas das quais o Estado participa como acionista minoritário.

---

[71] BICALHO, Alécia Paolucci Nogueira. Lei de Responsabilidade das Estatais: fomento e perspectivas às estatais prestadoras de serviço público de saneamento básico. *Revista de Direito Administrativo Contemporâneo*, São Paulo, ano 4, v. 27, p. 211-236, nov./dez. 2016. Vide LUNA, Guilherme et al. (Dir.). Coordenação de Saneamento Básico do Conselho Federal da Ordem dos Advogados do Brasil (Gestão 2011-2016) (Org.). *Saneamento básico*: temas fundamentais, propostas e desafios. São Paulo: Lumen Juris, 2017; colaboramos na obra conjunta tratando do tema.

[72] As formas de extinção das parcerias societárias serão tratadas no capítulo 4, a propósito dos desinvestimentos das empresas estatais.

[73] Dentre os excelentes trabalhos existentes sobre o tema, um dos pioneiros foi a tese de doutoramento do professor Rafael Wallbach Schwind, publicada com o título de *O Estado acionista – Empresas estatais e empresas privadas com participação estatal* (São Paulo: Almedina, 2017), e a obra de Carolina Barros Fidalgo, *O Estado empresário* (São Paulo: Almedina, 2017).

As empresas investidas funcionam como veículo de realização dos objetivos sociais da empresa estatal, podendo ser utilizadas como braços operacionais e mecanismos úteis à realização de seus fins, num sistema de execução descentralizada,[74] mediante integração à estrutura acionária da empresa privada, da própria *holding* ou de empresa por ela controlada, já existente ou criada para os fins específicos da parceria.

A presença do Estado nessas empresas pode ter finalidades diversas: participação fomentadora, instrumental operativa ou, ainda, funções conformadora, planificadora, fiscalizadora, entre outras que a justifiquem.

Outras vezes, a técnica pode ser adotada como contingência da aderência a normas regulatórias, por exemplo, no setor de seguros, cuja legislação veda que os sócios de empresa de corretagem sejam também sócios diretos de sociedade seguradora.[75]

Em outros casos, as empresas pública e privada se unem em razão de sinergias operacionais e institucionais que potencializem sua atuação de mercado, como sói ocorrer no setor de saneamento básico;[76] ou ainda como forma de manter uma posição estatal acionária no âmbito de um processo de desestatização, como ocorreu no modelo de "privatizações híbridas" utilizado no passado, no primeiro bloco de concessões aeroportuárias.[77]

Esse tipo de investimento pode ser realizado diretamente no próprio capital da empresa ou indiretamente, via fundos de investimentos gestores de carteiras de empresas investidas às quais o Estado-Empresário pode assim se associar numa atividade de fomento a determinado tipo de atividade ou setor.

As empresas coparticipadas refletem a modificação por que passa o Estado brasileiro, comentada por Luciano Ferraz citando o jurista português Moreira Vital ao se referir ao *poliformismo organizatório* da Administração Pública, imposto pelas diversas formas de atuação do Estado, consoante as necessidades de cada tempo, e partindo-se do

---

[74] ARAGÃO, Alexandre Santos de. Empresa público-privada. *Revista dos Tribunais*, v. 890, 2009. p. 33-68.

[75] Conforme art. 17 da Lei nº 4.594/64 e art. 21 da Circular Susep nº 519/15.

[76] *Vide* BICALHO, Alécia Paolucci Nogueira. Lei de Responsabilidade das Estatais: fomento e perspectivas às estatais prestadoras de serviço público de saneamento básico. *Boletim de Licitações e Contratos – BLC*, maio 2017. p. 401 e ss.; e JUSTEN FILHO, Marçal. A contratação sem licitação nas empresas estatais. *In*: JUSTEN FILHO, Marçal (Org.). *Estatuto Jurídico das Empresas Estatais*: Lei nº 13.303/2016 – Lei das Estatais. São Paulo: RT, 2016. p. 197-299; 303.

[77] Referimo-nos às concessionárias de aeroportos nas quais a Infraero manteve 49% do capital.

reconhecimento da existência de um processo contínuo de reformulação e reconfiguração na estrutura do processo orgânico decisório da Administração Pública.[78]

O autor cita Paulo Otero, segundo o qual a temática é essencialmente permeada por uma "interpretação do direito privado na operatividade do direito administrativo, com o recurso à formatação de figuras híbridas que não aceitam categorização nos tipos comuns das entidades públicas".[79]

Esse encontro do capital público e privado no ambiente empresarial, com regime jurídico distinto daquele aplicável às sociedades de economia mista e suas subsidiárias, tem permissivo no art. 37, inc. XX, da Constituição, prosseguido pelo art. 2º, §2º, da Lei nº 13.303/2016, que autoriza as estatais a criarem subsidiárias ou a participarem do capital de empresas privadas.

José Edwaldo Tavares Borba alerta que a exigência de correlação entre o objeto social das empresas – investida e investidora – estaria em confronto e extrapola o comando constitucional, que não exige essa particularidade.[80]

De toda forma, o art. 28, §3º, inc. II, e §4º da Lei nº 13.303/2016 vem reconhecer o ponto de não retorno do Estado-Empresário, enfim legitimado em sede legislativa a trafegar em seus negócios mediante formas variadas de associação com setor privado, destinadas a atender à diversidade de situações no plano dos investimentos, desinvestimentos e desestatizações, ampliadas pelas parcerias societárias ou contratuais.

Trata-se de perspectiva adicional abordada por Rafael Wallbach Schwind, identificada no engajamento da estrutura estatal diretamente na exploração de atividades econômicas mediante participação do Estado como sócio de empresas privadas que não integram a Administração Pública.

---

[78] FERRAZ, Luciano. Além da sociedade de economia mista. *RDA – Revista de Direito Administrativo*, Rio de Janeiro, v. 266, p. 49-68, maio/ago. 2014. Em seu trabalho, o autor analisa as parcerias societárias entre Estado e setor privado no Brasil, ultrapassando as clássicas figuras do Decreto-Lei nº 200/1967 e abordando as perspectivas de conformação de novas modelagens, com diferentes formas e estruturas. Destaca que, pautado no contexto da governança corporativa, o Estado está autorizado a firmar acordos com acionistas privados, com alteração da participação estatal na entidade afetando suas responsabilidades, direção e controle societário.

[79] FERRAZ, Luciano. Além da sociedade de economia mista. *RDA – Revista de Direito Administrativo*, Rio de Janeiro, v. 266, p. 49-68, maio/ago. 2014. p. 52.

[80] BORBA, José Edwaldo Tavares. *Direito societário*. 15. ed. São Paulo: Atlas, 2017. p. 507.

Na introdução de seu belíssimo trabalho, Rafael Wallbach Schwind discorre sobre a utilidade da perspectiva sob foco, conforme seguinte trecho, que merece ser transcrito:

> 3. A participação do Estado como sócio de empresas pode se prestar ao desempenho de uma série de finalidades de interesse estatal.
> Pode consistir numa modelagem de *fomento*, pela qual o Estado emprega recursos em uma empresa privada, assumindo a condição de sócio para garantir que os objetivos buscados com o investimento estatal sejam alcançados. A presença do Estado, além de contribuir com o aporte de capital, confere maior respeitabilidade e segurança ao empreendimento, fazendo com que a sociedade empresária tenha maior facilidade no desenvolvimento de certos negócios. Pode ser uma sistemática pela qual empresas públicas e sociedades de economia mista ou suas subsidiárias se associam a entes privados para *desenvolver de modo mais eficiente uma atividade econômica específica*. O ente estatal assumirá a condição de sócio e, ainda que sem preponderância no exercício do poder de controle, deterá alguma parcela de poder no interior do arranjo societário. Pode ainda se tratar de uma modelagem útil ao desempenho de *serviços públicos ou outras atividades que dependam de um contrato de concessão com o poder público*. Nesse caso, um ente estatal integrará o quadro de sócios da empresa concessionária, o que permite não só uma redução da assimetria de informações entre o poder público e o parceiro privado, mas também possibilita ganhos econômicos ao sócio estatal na exploração daquela atividade. Trata-se do modelo adotado nas licitações para a concessão de aeroportos, em que a Infraero passou a ser titular, em princípio, de 49% do capital social das concessionárias. Arranjo semelhante ocorre nos contratos de partilha para a exploração dos campos do pré-sal, em que não ocorrerá a constituição propriamente dita de uma empresa privada com um sócio estatal, mas haverá a estruturação de um consórcio integrado pelos licitantes vencedores, o qual contará obrigatoriamente com a participação da Petrobras e da PPSA e terá um funcionamento muito semelhante ao de uma empresa privada, regulado pelo artigo 279 da Lei nº 6.404. A maleabilidade do mecanismo da participação societária do Estado é uma importante característica dessa figura, o que a torna útil ao desempenho de uma série de atividades distintas.
> 4. O fenômeno não deixa de representar uma espécie de parceria público-privada. Após a realização de diversas privatizações principalmente a partir da década de 1990, constatou-se que a participação direta do Estado na economia ainda é uma sistemática útil, que não pode simplesmente ser abandonada. Contudo, é necessário que o engajamento empresarial do Estado seja eficiente e considere a possibilidade da conjunção de esforços entre os setores público e privado. Esse contexto conduz à realização de parcerias de natureza societária, em que o Estado

contribui de alguma forma para o desempenho de uma atividade, compartilhando a direção do empreendimento com o setor privado de forma mais intensa do que ocorre, por exemplo, nas sociedades de economia mista.[81]

O autor conclui a apresentação de sua tese abordando o que denomina *técnica acionária*: a técnica de intervenção do Estado no domínio econômico como aquela "pela qual o Estado emprega o seu apoio institucional e econômico em parcerias público-privadas de natureza societária, como mecanismo orientador de certas condutas consideradas desejáveis pelo Estado na ordem econômica".[82]

Esse tipo de conjugação de capitais públicos e privados no âmbito de sociedades comerciais advém da própria plataforma das sociedades de economia mista, revisitada pelo legislador para consagrar a tendência da ampliação desse formato de negócio público-privado como mais uma alternativa de modelo do atuar conjunto desses setores.

No direito privado, a hipótese tem base legal no §3º do art. 2º da Lei nº 6.404/1976,[83] que confere às sociedades anônimas a prerrogativa de participar de outras sociedades, mesmo que não previsto em seu estatuto, como meio de realizar o objeto social da companhia ou para fins de obtenção de benefícios fiscais.

Ana Carolina Rodrigues e Felipe Taufik Daud historiam o processo evolutivo que abriu espaço para a proposição desse "novo" modelo institucional focado na necessidade do aporte de parâmetros renovados de interação entre empresas estatais e privadas, e arrematam a propósito do tema:

---

[81] SCHWIND, Rafael Wallbach. *Participação estatal em empresas privadas*: as "empresas público-privadas". Orientadora: Professora Titular Maria Sylvia Zanella Di Pietro. Tese (Doutorado) – Faculdade de Direito da Universidade de São Paulo, São Paulo, 2014. p. 1. Este trabalho do autor foi publicado em 2017: SCHWIND, Rafael Wallbach. *O Estado acionista*: empresas estatais e empresas privadas com participação estatal. São Paulo: Almedina, 2017.

[82] SCHWIND, Rafael Wallbach. *Participação estatal em empresas privadas*: as "empresas público-privadas". Orientadora: Professora Titular Maria Sylvia Zanella Di Pietro. Tese (Doutorado) – Faculdade de Direito da Universidade de São Paulo, São Paulo, 2014. p. 1. Este trabalho do autor foi publicado em 2017: SCHWIND, Rafael Wallbach. *O Estado acionista* – Empresas estatais e empresas privadas com participação estatal. São Paulo: Almedina, 2017.

[83] Lei nº 6.404/76: "Art. 2º Pode ser objeto da companhia qualquer empresa de fim lucrativo, não contrário à lei, à ordem pública e aos bons costumes. [...] §3º A companhia pode ter por objeto participar de outras sociedades; ainda que não prevista no estatuto, a participação é facultada como meio de realizar o objeto social, ou para beneficiar-se de incentivos fiscais".

Trata-se fundamentalmente de uma redefinição na forma como se percebe o papel do Estado, identificando-se que os limites de eficiência do mercado não se resolvem com o abandono do protagonismo privado, nem com o estatismo tradicional, mas sim com a participação indutiva do Estado, cooperando com agentes privados.[84]

Os autores destacam que, nesse ambiente globalizado, é necessário técnicas de consensualidade, contratualização, agilidade e adaptabilidade, com ênfase, em especial, no princípio da finalidade na tutela do interesse público e sua acomodação em relação à legalidade e tipicidade; enfim, uma era pautada por novos paradigmas, dentre os quais a negociação via acordos e parcerias.[85]

Essa tendência foi confirmada pela já citada Lei nº 13.334/2016, que criou o Programa de Parcerias de Investimentos (PPI), destinado à ampliação e fortalecimento da interação entre o Estado e a iniciativa privada por meio da celebração de contratos de parceria para a execução de empreendimentos públicos de infraestrutura e de outras medidas de desestatização.

Atente-se para a amplitude e diversificação dos modelos de parceria alcançados pelos contratos de que trata a Lei do PPI: concessão comum, patrocinada, administrativa, regida por legislação setorial, permissão de serviço público, arrendamento de bem público, concessão de direito real e os "outros negócios público-privados que, em função de seu caráter estratégico e de sua complexidade, especificidade, volume de investimentos, longo prazo, riscos ou incertezas envolvidos, adotem estrutura semelhante".

A atuação das estatais em conjunto com as empresas privadas surge assim reformulada num ambiente ampliado de parcerias, nos moldes das parcerias societárias, via arranjos variados, como sua participação minoritária em empresas privadas.

A participação da empresa *holding* ou de suas subsidiárias em empresa privada deve ser permitida por lei, como exigem os arts. 37, inc. XX, da Constituição e 2º, §2º, da Lei nº 13.303/2016.[86] Em geral, essa

---

[84] RODRIGUES, Ana Carolina; DAUD, Felipe Taufik. O Estado como acionista minoritário. *Revista de Direito Público da Economia – RDPE*, Belo Horizonte, ano 10, n. 40, out./dez. 2012.

[85] CARVALHO, Gabriela. A nova Administração Pública e o direito administrativo. *Fórum Administrativo – FA*, Belo Horizonte, ano 14, n. 158, abr. 2014. p. 37-48.

[86] Art. 2º A exploração de atividade econômica pelo Estado será exercida por meio de empresa pública, de sociedade de economia mista e de suas subsidiárias. (...) §2º Depende de autorização legislativa a criação de subsidiárias de empresa pública e de sociedade de

autorização já vem expressa na própria lei de criação da empresa,[87] exceto no caso das instituições financeiras.

A autorização legal é dispensada nos casos de "operações de tesouraria, adjudicação de ações em garantia e participações autorizadas pelo Conselho de Administração em linha com o plano de negócios da empresa pública, da sociedade de economia mista e de suas respectivas subsidiárias" (§3º do mesmo art. 2º).

1.7.2 A questão do controle nas sociedades coparticipadas

Como visto, as empresas públicas, as sociedades de economia mista e suas controladas e subsidiárias são espécies do gênero sociedade estatal, pessoas jurídicas de direito privado sob o controle direto ou indireto de ente federativo.

Já as empresas participadas são empresas privadas que, a despeito de contarem com participação estatal em seu capital, não se confundem com as controladas e subsidiárias das estatais, não integram a Administração Pública indireta e não se subordinam às normas de direito público a que aquelas se submetem.[88]

Carolina Barros Fidalgo explora a inexistência de vínculo das empresas participadas com a Administração Pública e cita os entendimentos de Mário Engler, Nuno Cunha Rodrigues, Alexandre Santos de Aragão e Paulo Otero para afastar quaisquer dúvidas quanto à sua possível submissão ao regime de direito público.[89]

---

economia mista, assim como a participação de qualquer delas em empresa privada, cujo objeto social deve estar relacionado ao da investidora, nos termos do inciso XX do art. 37 da Constituição Federal.

[87] *Vide*, a título de exemplo, a Lei nº 13.262/2016, que autorizou, até 31.12.2018, o Banco do Brasil S.A. e a Caixa Econômica Federal a constituírem subsidiárias e adquirirem participação nos termos e condições previstos no art. 2º da Lei nº 11.908/2009: "Art. 1º O Banco do Brasil S.A. e a Caixa Econômica Federal, diretamente ou por intermédio de suas subsidiárias, poderão constituir ou adquirir participação em empresas, inclusive no ramo de tecnologia da informação, nos termos e condições previstos no art. 2º da Lei nº 11.908, de 3 de março de 2009. §1º A autorização prevista no caput é válida até 31 de dezembro de 2018". *Vide* ainda Medida Provisória (MP) nº 995, de 07.08.2020, que autorizou as subsidiárias da CEF constituírem outras subsidiárias, inclusive pela incorporação de ações de outras sociedades empresariais, além de adquirirem controle societário ou participação societária em sociedades empresariais privadas.

[88] *Vide* ainda FERRAZ, Luciano; MOTTA, Fabrício. Empresas estatais e suas subsidiárias – Requisitos constitucionais para a transferência do controle acionário. *Int. Públ. – IP*, Belo Horizonte, ano 20, n. 112, p. 15-35, nov./dez. 2018. p. 30.

[89] FIDALGO, Carolina Barros. *O Estado empresário*. São Paulo: Almedina, 2017. p. 388-390.

A característica típica das empresas participadas é a preponderância de poder concentrado nas mãos do acionista privado, o que afasta o possível enquadramento dessas empresas no rol das empresas estatais e confirma sua natureza privada, como destacou o relator do Acórdão nº 1.220/2016 – TCU – Plenário, ministro Bruno Dantas:

> 74. Vale repisar que, apesar de ter como sócio um ente integrante da Administração Pública e de existirem recursos de origem pública no seu capital, a empresa público-privada não se subordina ao regime de direito público. Nem sequer integra a Administração Indireta, sendo que o sócio estatal não tem preponderância no seu controle. O simples fato de haver participação estatal na empresa público-privada não conferirá à sociedade qualquer vantagem perante o poder público. Na qualidade de pessoa jurídica de direito privado que não integra a Administração Pública, a empresa privada com participação estatal deve atuar em pé de igualdade com toda a iniciativa privada.[90]

A relação entre os acionistas público e privado no âmbito dessas empresas submete-se integralmente ao regime de direito privado da Lei nº 6.404/1976 e à regulamentação do mercado de capitais, convivendo seus sócios em condições de igualdade, numa relação comercial típica e negociada, como destaca Rafael Wallbach Schwind:

> Os poderes do sócio estatal no âmbito intrassocietário serão apenas aqueles expressamente reconhecidos pela legislação societária, pelo estatuto e por eventuais acordos de acionistas ou ações de classe especial. [...] A entidade pública participante assume a condição de sócio da sociedade comercial participada, relacionando-se com esta nos mesmos termos gerais em que se processam, em geral, as relações entre sócios e sociedades comerciais.[91]

Ocorre que os diversos arranjos societários possíveis no âmbito dessas empresas nem sempre facilitam a identificação do controlador, podendo gerar dúvidas sobre se a participação acionária estatal considerada relevante, que leve o acionista público a integrar o bloco de controle por força de acordo de acionistas, seria critério apto a caracterizar o compartilhamento de controle com o investidor privado, em que

---

[90] Acórdão nº 1.220/2016 – Plenário. Rel. Min. Bruno Dantas, sessão de 18.05.2016.
[91] SCHWIND, Rafael Wallbach. *O Estado acionista*: empresas estatais e empresas privadas com participação estatal. São Paulo: Almedina, 2017. p. 308 e nota de rodapé 440.

termos este seria equilibrado; e, nesta hipótese, se a empresa poderia ser de alguma forma alcançada pelo regime de direito público.

Sob o aspecto do direito societário, à luz do art. 116 da Lei das Sociedades Anônimas,[92] a quantidade de ações detidas pelo acionista está longe de ser critério isolado e suficiente a determinar a existência ou não de poder de controle nas empresas – e, portanto, do Estado, na empresa participada, em cujo âmbito pode haver maior ou menor grau de influência dominante, mesmo por parte do acionista nominalmente minoritário.

No campo do direito público, as interpretações sobre o controle se contrapõem em torno da definição contida (i) no Decreto-Lei nº 200/1967,[93] que o define como nominal e formal, a partir da quantidade de ações com direito a voto (50% mais uma das ações); (ii) no art. 116 da Lei nº 6.404/1976, que identifica o controle com o direito à maioria dos votos ao poder de eleger os administradores e ao uso efetivo dessas prerrogativas;[94] e (iii) na Lei nº 13.303/2016, que não definiu objetivamente qual conceito deve prevalecer, tendendo para o conceito do decreto-lei, de metade mais uma ação, como se colhe do art. 4º,[95] na mesma linha do art. 2º, inc. II, da Lei de Responsabilidade Fiscal e do art. 2º, inc. VI, do Decreto nº 8.945/2016.[96]

---

[92] Lei nº 6.404/76: "Art. 116. Entende-se por acionista controlador a pessoa, natural ou jurídica, ou o grupo de pessoas vinculadas por acordo de voto, ou sob controle comum, que: a) é titular de direitos de sócio que lhe assegurem, de modo permanente, a maioria dos votos nas deliberações da assembléia-geral e o poder de eleger a maioria dos administradores da companhia; e b) usa efetivamente seu poder para dirigir as atividades sociais e orientar o funcionamento dos órgãos da companhia. Parágrafo único. O acionista controlador deve usar o poder com o fim de fazer a companhia realizar o seu objeto e cumprir sua função social, e tem deveres e responsabilidades para com os demais acionistas da empresa, os que nela trabalham e para com a comunidade em que atua, cujos direitos e interesses deve lealmente respeitar e atender".

[93] Decreto-Lei nº 200/1967: "Art. 5º Para os fins desta lei, considera-se: [...] III - Sociedade de Economia Mista – a entidade dotada de personalidade jurídica de direito privado, criada por lei para a exploração de atividade econômica, sob a forma de sociedade anônima, cujas ações com direito a voto pertençam em sua maioria à União ou a entidade da Administração Indireta. (Redação dada pelo Decreto-Lei nº 900, de 1969)".

[94] Vide STJ. 4ª Turma. REsp nº 556.265/RJ. Min. Barros Monteiro. DJ, 13 fev. 2006.

[95] Lei nº 13.303/2016: "Art. 4º Sociedade de economia mista é a entidade dotada de personalidade jurídica de direito privado, com criação autorizada por lei, sob a forma de sociedade anônima, cujas ações com direito a voto pertençam em sua maioria à União, aos Estados, ao Distrito Federal, aos Municípios ou a entidade da administração indireta".

[96] Lei Complementar nº 101/2000: "Art. 2º Para os efeitos desta Lei Complementar, entende-se como: [...] II - empresa controlada: sociedade cuja maioria do capital social com direito a voto pertença, direta ou indiretamente, a ente da Federação". Decreto nº 8.945/16: "Art. 2º Para os fins deste Decreto, considera-se: [...] VI - sociedade privada – entidade dotada de personalidade jurídica de direito privado, com patrimônio próprio e cuja maioria do capital

Por outro, o art. 7º "recorda" da expressa aplicação às estatais da Lei nº 6.404/1976[97] como "reconhecimento" de seu regime jurídico de direito privado.

Portanto, com mais razão, considerando a natureza *estritamente privada* das empresas participadas, o referencial para a identificação do controle deve ser a regra do direito societário, consignada no art. 116 da Lei das Sociedades Anônimas.

Nesse sentido, o que define o controle da empresa não é a quantidade de ações detidas, pois, mesmo na condição de acionista (quantitativamente) minoritária, a estatal pode vir a integrar o bloco de controle, compartilhando-o com o acionista privado por força de acordo de acionistas, e agir como controladora de fato e de direito, caso tenha preponderância no exercício do poder de comando da empresa.

---

votante não pertença direta ou indiretamente à União, a Estado, ao Distrito Federal ou a Município". Essa disposição do decreto foi reputada ilegal pelo Tribunal de Contas da União no Acórdão nº 2.706/2022. *Vide*: "[...] No caso específico do Decreto 8.945/16, ao aprofundar os preceitos doutrinários e jurisprudenciais acerca dessa modalidade de ato normativo, apurou-se a ilegalidade do art. 2º, IV do Decreto 8.945/16, como pode ser visto no item 3.3 especificamente dedicado a tratar sobre o referido Decreto no Relatório de Acompanhamento. 60. Em resumo, evidenciou-se que o Decreto 8.945/16 seria enquadrado como um decreto regulamentar ou de execução, que visa a fiel execução da lei. Uma das características dessa modalidade de decreto consiste no fato de serem atos normativos derivados, uma vez que, como a própria nomenclatura indica, derivam da lei. Assim, não podem inovar a ordem jurídica, pois a sua ratio é explicitar ou complementar a lei. Nesse contexto, verifica-se que, consoante o §2º do art. 242 da Lei 6.404/76, combinado com o §6º do art. 1º e art. 7º da Lei 13.303/16, as subsidiárias, por serem sociedades controladas por uma empresa estatal, seriam 'a sociedade na qual a controladora, diretamente ou através de outras controladas, é titular de direitos de sócio que lhe assegurem, de modo permanente, preponderância nas deliberações sociais e o poder de eleger a maioria dos administradores' (§2º do art. 242 da Lei 6.404/76). 61. Assim, conforme já demonstrado, a Lei das S/A estabelece um critério material ou fático de controle societário, de modo que é, juridicamente viável, ocorrer o controle mesmo para quem detenha participação acionária minoritária, seja via acordo de acionistas ou outro arranjo societário, conforme o caso concreto. Em consequência, a maioria do capital social votante é apenas uma das formas de controle acionário admitidas pelo direito societário administrativo. 62. *Destarte, o Decreto 8.945/16, ao estabelecer o critério formal de controle, caracterizado pela maioria das ações votantes, limitou ilegalmente o alcance da Lei 6.404/76, vez que, além do controle via titularidade de capital majoritário, a lei societária admite outras formas de controle, mesmo para quem detenha participação minoritária, conforme já demonstrado.* Em outras palavras, o mencionado Decreto, ao se limitar apenas ao critério da majoritariedade do capital, acabou por proibir que o controle das subsidiárias ocorra nas demais situações fáticas admitidas pela Lei das Sociedades Anônimas. Dessa forma, tal Decreto se caracteriza um ato normativo citra legem, vez que o Poder Executivo, no seu múnus regulamentar, restringiu ilegalmente a amplitude da lei societária" (g.n.).

[97] Art. 7º Aplicam-se a todas as empresas públicas, as sociedades de economia mista de capital fechado e as suas subsidiárias as disposições da Lei nº 6.404, de 15 de dezembro de 1976, e as normas da Comissão de Valores Mobiliários sobre escrituração e elaboração de demonstrações financeiras, inclusive a obrigatoriedade de auditoria independente por auditor registrado nesse órgão.

O contrário também é verdade e pode ocorrer: o fato de a empresa estatal deter a maioria nominal das ações de uma empresa público-privada não a conduz automaticamente à condição de controlada, o que depende do efetivo exercício de poder de comando, em linha com a definição de controle contida no art. 116 da Lei das SAs.

Numa situação de controle compartilhado, a condição de superioridade no exercício do poder de controle da empresa apenas poderá ser concretamente apurada a partir dos instrumentos societários, conforme estes garantam (ou não) ao sócio estatal (ou privado) efetiva preponderância, sempre em linha com a definição de controle trazida pelo dispositivo citado, a LSA.

Esses arranjos societários que conferem direitos aos acionistas, conforme a classe de ações por eles detidas, são capazes de revelar que, embora possa ser titular da maioria nominal das ações, o acionista estatal não tem superioridade no efetivo exercício do poder de controle da empresa, não agindo de forma autônoma em relação ao acionista privado em providências como eleição dos administradores, alteração do estatuto social, decisões sobre liquidação, recuperação, falência e deliberações sobre matérias de competência estatutária da assembleia geral.

Em cada caso concreto, essas informações indicarão a real posição dos acionistas – público ou privado – em relação ao comando "compartilhado" da empresa, ou seja, sobre a intenção clara dos sócios na acomodação pretendida de equilíbrio do exercício do poder no âmbito da companhia, visado no compartilhamento: a preponderância (ou não) de uns sobre os outros na condução dos negócios sociais da empresa.

Não havendo superioridade de comando do acionista estatal, a empresa não pode ser considerada uma estatal controlada – diretamente pela estatal sua sócia ou, indiretamente, pelo acionista estatal, controlador desta.

Nessas circunstâncias, a empresa não se submete às normas de direito público, dentre as quais a obrigação de prestar contas ao Tribunal de Contas competente para a fiscalização da estatal, sua investidora.

Esse cotejo do real do conteúdo do controle compartilhado deve considerar os seguintes critérios objetivos, acima mencionados, em linha com a definição legal de controle contida no art. 116 da Lei das Sociedades Anônimas: (i) a permanente maioria nas deliberações da assembleia geral; (ii) o poder de eleger a maioria dos administradores; e (iii) a efetiva direção das atividades operacionais da gestão da empresa.

Essa é a definição de controle para fins de sua identificação factual no caso de seu compartilhamento no seio de empresa privada participada.

Vale dizer: a superioridade estatal no comando da companhia não pode ser constatada por inferência ou dedução, a partir do critério isolado da quantidade nominal de ações detidas pelo sócio estatal e de forma abstraída da natureza e dos direitos inerentes a cada classe de ações, sob a ótica da preponderância (ou não) do efetivo poder estatal em sua gestão.

Por isso, não há como confundir uma empresa participada com uma sociedade de economia mista, integrante da Administração Pública indireta, mesmo no caso de controle compartilhado: na primeira, tanto a maioria nominal do capital quanto o controle (art. 116 da LSA) são permanentemente atribuídos ao sócio público, enquanto na segunda não há controle estatal direto ou indireto, ainda que compartilhado com o sócio privado, exceto no caso de efetiva preponderância de comando do sócio estatal.

Enfim, a caracterização do controle compartilhado é literal: os acionistas devem exercê-lo efetivamente em conjunto, em bloco, sem preponderância de uns ou outros, como destaca a doutrina:

> Vale ressaltar que nem sempre, na *joint venture*, a participação é minoritária, podendo haver também controle compartilhado entre o sócio estatal e o privado, mediante celebração de acordo de acionistas ou mesmo da detenção de *golden shares*. O controle compartilhado é aquele no qual os dois atributos do controle (poder de eleger a maioria dos administradores e preponderância nas deliberações sociais) são exercidos por bloco de controle composto por sócios independentes, mas que isoladamente não detém o poder de controle. De acordo com Luiz Gastão Paes de Barros, "somente há que se falar em controle conjunto ou compartilhado quando o grupo de controle exerce as prerrogativas e as responsabilidade que incumbem ao acionista controlador de forma coletiva, e quando as pessoas que constituem tal grupo agem e respondem como se fossem uma só pessoa, sem que, cada uma, por si só, possa ser caracterizada como acionista controlador".[98]

Na 13ª edição de seu *Curso de direito administrativo*, de 2018, Marçal Justen Filho registrou sua mudança de posicionamento sobre

---

[98] FIDALGO, Carolina Barros. *O Estado empresário*. São Paulo: Almedina, 2017. p. 394-395.

o tema, em relação ao entendimento adotado em edições anteriores, consignando que "não se enquadram na categoria de sociedades estatais as sociedades destinadas ao desempenho de atividades puramente privadas, com participação minoritária do poder público, mesmo que o ente estatal integre o grupo de controle".[99]

O Tribunal de Contas da União posicionou-se inicialmente sobre o assunto no Processo de Tomada de Contas nº TC 029.884/2012-8, em que analisou a sociedade de propósito específico MGHSPE Empreendimentos e Participações S/A, constituída pela Caixa Econômica Federal e pela IBM, com controle compartilhado.

Naquela oportunidade, o tribunal decidiu que o compartilhamento ali formalizado não era suficiente para caracterizar a empresa como controlada ou subsidiária da CEF, de forma a justificar sua contratação direta com fundamento na dispensa de licitação prevista no art. 24, inc. XXIII, da Lei nº 8.666/1993.[100]

No mesmo acórdão, foi destacado o fato de que o poder de controle não decorre apenas da propriedade das ações e que "o indicativo essencial de exercício de poder no interior da empresa diz respeito à preponderância no exercício do poder de controle (poder para eleger a maioria dos administradores ou o domínio nas deliberações sociais)".

Segundo o relator:

(...) para resolver a polêmica, é necessário perquirir como se configura o poder de controle na nova companhia, em que medida essas novas empresas são controladas pelo estado e quais os efeitos da parcela de controle exercido. Tudo isso para aquilatar se tais empresas integram ou não a Administração Pública, ou seja, se sobre elas incidem mecanismos de direito público ou privado e quais as implicações do regime jurídico cabível.[101]

E ressaltou:

Se a participação de um sócio estatal afetasse a natureza privada da nova companhia e causasse sua sujeição ao regime de direito público, sua atuação seria malograda. A aplicação do regime de direito público

---

[99] JUSTEN FILHO, Marçal. *Curso de direito administrativo*. 13. ed. São Paulo: Revista dos Tribunais; Thomson Reuters, 2018. p. 166.
[100] Acórdão nº 1.220/2016 – Plenário. Rel. Min. Bruno Dantas, sessão de 18.05.2016.
[101] Acórdão nº 1.220/2016 – Plenário. Rel. Min. Bruno Dantas, sessão de 18.05.2016.

também ocasionaria a desnaturação da empresa público privada e colocaria em xeque sua própria necessidade e existência.[102]

Assim, o tribunal decidiu, a partir da adequada perspectiva do que seja "controle", na linha ora comentada, que:

> Baseado na correta concepção de controle, no sentido de que "emprega-se a expressão poder de controle no direito empresarial como aptidão para comandar em última instância as atividades empresariais, impondo-lhe os rumos, diretivas e orientações", bem como que "(...) pacífico na doutrina é que *o poder de controle em uma empresa não decorre apenas da propriedade das ações*", correta a conclusão de que "*a mera participação minoritária, sem que o poder de controle seja exercido pelo Estado, não é capaz de atrair para as empresas público-privadas as regras de direito público que tornam híbrido o regime aplicável às empresas estatais integrantes da Administração Indireta*".[103] (g.n.)

A partir dessa afirmação, o tribunal entendeu que a empresa participada apenas poderá ser considerada estatal de fato caso a *estrutura de compartilhamento de poder* demonstre eventual preponderância do Estado em sua condução e controle:

> [...] 3. Ao celebrar um acordo de acionistas, o Estado poderá integrar o grupo de controle e, nesse sentido, exercerá uma parcela de controle na sociedade. [...] 4. O exercício pelo Estado da preponderância do poder de controle numa empresa público-privada importa na sua caracterização como uma sociedade de economia mista de fato.[104]

---

[102] *Idem, ibidem.*
[103] *Idem, ibidem.*
[104] Acórdão nº 1.220/2016 – Plenário. Rel. Min. Bruno Dantas, sessão de 18.05.2016. EMENTA: ACOMPANHAMENTO. AQUISIÇÃO DE PARTICIPAÇÃO ACIONÁRIA EM EMPRESA PRIVADA. IMPOSSIBILIDADE DE CONTRATAÇÃO DIRETA DE EMPRESA COM PARTICIPAÇÃO ESTATAL MINORITÁRIA CONTROLADA POR ACORDO DE ACIONISTAS. VÍCIO NO MOTIVO. ASSINATURA DE PRAZO PARA ANULAÇÃO DA AQUISIÇÃO. 1. O poder de controle em uma empresa não decorre apenas da propriedade das ações. O indicativo essencial de exercício de poder no interior da empresa diz respeito à preponderância no exercício do poder de controle (poder para eleger a maioria dos administradores ou o domínio nas deliberações sociais). (...) 4. *O exercício pelo Estado da preponderância do poder de controle numa empresa público-privada importa na sua caracterização como uma sociedade de economia mista de fato. O Estado não pode adotar técnicas societárias com a finalidade de burlar o regime constitucional aplicável às empresas estatais.* 5. Para fins de aplicação do art. 24, inciso XXIII, da Lei 8.666/1993, *entende-se por controlada a empresa em que a União direta ou indiretamente, detenha a preponderância do poder de controle (seja pela propriedade da maioria do capital social com direito a voto ou pela titularidade de direitos de sócio que que lhe assegurem o domínio nas deliberações sociais ou o poder de eleger a maioria dos administradores).* (...) (g.n.). O

Portanto, o tribunal entendeu que, no controle compartilhado de empresa público-privada, a preponderância de poder não é representada pelo número nominal de ações detidas, sendo necessário identificar a estrutura de controle a partir de um binômio: atos societários e poder de decisão e gestão dos acionistas privado e estatal.

A preponderância de poderes decisórios e de gestão da empresa estatal em relação ao sócio privado, conforme balizas do art. 116 da Lei nº 6.404/1976, poderá conduzir a empresa ao ambiente estatal.

O tema voltou a ser examinado pelo TCU, com aprofundamento, no Acórdão nº 3.230/2020 – Plenário, de 02.12.2020, versando sobre *relatório de levantamento – parcerias estratégicas do conglomerado do Banco do Brasil S.A.*:

> V.10 - Risco relativo à configuração de desestatização parcial
> 253. Usualmente, na formação de parcerias com setor privado, o controle do capital votante da nova empresa remanesce com o parceiro privado, de modo que tal empresa não integre a Administração Pública, não se submeta às mesmas regras da estatal, se mantendo estritamente enquadrada no regime de direito privado.
> 254. Nessa condição, conforme citações contidas no voto do Ministro Bruno Dantas de autoria de Rafael Schwind (Acórdão 1.220/2016-TCU-Plenário), o sócio estatal na nova empresa deverá se submeter a todos os limites que se aplicam a qualquer sócio privado, não podendo dispor de prerrogativas públicas no âmbito interno de tal empresa. A intenção é que se forme uma paridade no vínculo associativo, implicando ausência de poderes jurídicos diferenciados do sócio público em face do sócio privado.
> 255. Como mencionado no citado voto do Min. Bruno Dantas, utiliza-se, usualmente, o instrumento do acordo de acionistas, para viabilizar mecanismos para que o sócio público possa influenciar os rumos da nova companhia, a fim de que ela atinja os objetivos que serviram de fundamento para que o Estado se associasse ao empreendimento. Segundo Rafael Schwind (Participação estatal em empresas privadas: as "empresas público-privadas"; tese de doutorado em direito; São Paulo: USP, 2014):
> "Tais mecanismos serão, em regra, o direito de eleger determinados conselheiros, a previsão de que deverá haver unanimidade em torno da aprovação de certas matérias - o que equivale a conceder ao Estado um

---

tema vem sendo examinado pelo tribunal nos seguintes acórdãos referenciados em voto do ministro André Luis de Carvalho no Acórdão nº 1.344/2015: acórdãos nº 392/2002 – TCU – Plenário, 29/2003, 425/2003, 426/2003, 670/2003, 548/2004, 221/2005, 689/2006, 102/2007, 399/2008, 156/2009, 69/2010, 373/2011, 2.609/2011, 157/2012, 1.461/2012, todos do Plenário (*apud* FIDALGO, Carolina Barros. *O Estado empresário*. São Paulo: Almedina, 2017. p. 422).

direito de veto -, bem como a previsão de certas restrições à circulação de ações. (...)

Assim, o acordo de acionistas firmado entre o sócio estatal e o sócio privado garantirá que o Estado, *mesmo não tendo preponderância no controle da empresa, irá dispor de condições para influenciar determinadas decisões.* Ainda que se trate de um instrumento de direito societário, terá objetivos nitidamente regulatórios. As prerrogativas previstas em favor do sócio estatal no acordo de acionistas são ao mesmo tempo mecanismos para o cumprimento de objetivos buscados pelo Estado e decorrência do apoio institucional aplicado pelo Estado no empreendimento. (...)

Em termos teóricos, a utilização de um *acordo de acionistas* no âmbito de uma empresa público-privada reforça a constatação de que se trata de uma *verdadeira parceria público-privada,* de natureza societária, entre o Estado e a iniciativa privada, que se associam em torno de um empreendimento comum. Em vez de se valer de mecanismos impositivos, o Estado, em uma empresa público-privada, deverá negociar suas posições com o sócio privado.

Esse relacionamento de natureza societária se dará exatamente *nos mesmos termos que ocorre em qualquer empresa privada.* Nem poderia ser diferente, uma vez *que a empresa público-privada não integra a estrutura estatal,* e *o Estado não tem preponderância no exercício do controle societário* da companhia. Ao optar pela constituição de uma empresa público-privada em lugar de outros possíveis arranjos de intervenção na ordem econômica, o Estado faz uma opção consciente pelos mecanismos de direito privado, o que significa abrir mão de uma série de prerrogativas que eventualmente teria por outros meios." (Grifos inseridos)

256. *Configurada dessa forma, sem que o poder de controle seja exercido pelo Estado, as contratações dessa empresa não serão submetidas à licitação e os seus empregados não serão contratados mediante a realização de concurso público.* (g.n.).

Em decisão posterior, o tribunal fixou definitivamente seu entendimento sobre o tema no Acórdão nº 2.706/2022 – *leading case* – nos seguintes termos, a partir do conceito de controle material:

40. De forma clara e objetiva, podemos resumir as conclusões aventadas nos autos da seguinte maneira:

i - o art. 7º da Lei das Estatais estabelece, em regra, que os ditames da Lei 6.404/1976 devem ser aplicados às empresas públicas, sociedades de economia e suas subsidiárias;

ii - a Lei 6.404/1976, por sua vez, determina que a figura do "acionista controlador" não está limitada ao agente que detém o controle formal traduzido pela maioria das ações com direito a voto, mas também inclui

a pessoa ou o grupo de pessoas que detém o controle material de uma sociedade, nos termos do art. 116 e do §2º do art. 243 da referida Lei;
iii - portanto, quando uma empresa pública, sociedade de economia mista ou subsidiária constituir uma parceria estratégica com sócio(s) privado(s), para identificar o estatuto jurídico aplicável a nova companhia, deve-se considerar não só o controle formal, como também o controle material dessa nova empresa.
iv - o controle material, por sua vez, nos termos art. 116 da Lei 6.404/1976, será caracterizado quando o ente estatal, sozinho ou em grupo com outras pessoas físicas ou jurídicas da sociedade, mesmo sem deter a maioria das ações com direito a voto, for titular de direitos de sócio que lhe assegure, de modo permanente, a maioria dos votos nas deliberações da assembleia-geral e o poder de eleger a maioria dos administradores da companhia, e use efetivamente seu poder para dirigir as atividades sociais e orientar o funcionamento dos órgãos da companhia.
v - o entendimento descrito acima deve ser complementado com a ciência de que estará em desconformidade com o princípio da indisponibilidade dos bens públicos qualquer estruturação societária de parcerias estratégicas em que uma empresa pública, sociedade de econômica mista ou suas subsidiárias tenham a posse da maioria do capital total da nova companhia e, ao mesmo tempo, não garantam minimamente o controle material compartilhado dessa nova empresa.
41. Por fim, cabe reforçar que para analisar a existência de controle material, naturalmente, deve-se avaliar casos concretos e os seus respectivos acordos de acionistas. Quanto ao caso concreto destes autos, o controle material estaria identificado na antiga estruturação da vertical Adquirência, pois foi apurado que Caixa Cartões e o sócio privado formariam um grupo que lhes garantiria o poder de eleger a maioria dos administradores da companhia e o poder para dirigir as atividades sociais e orientar o funcionamento dos órgãos da companhia.[105]

Ficou assim assentado que apenas quanto à empresa-mãe o legislador delimitou expressamente a forma como deve ser identificado o controle do ente federado: pelo critério da maioria do capital com direito a voto. Já para subsidiárias, o controle acionário pode ser identificado também por influência dominante, conforme conceito do direito societário, via Lei nº 6.404/76. Portanto:

146. Em suma, após analisar a oitiva da Caixa, entendeu-se que as considerações apresentadas não afastam as conclusões levantadas no

---

[105] Acórdão nº 2.706/2022 – Plenário, 07.12.2022.

Relatório de Acompanhamento sobre a aplicação do art. 116 e do §2º do art. 243 da Lei 6.404/76 às subsidiárias, tendo por base o art. 7º combinado com o §6º do art. 1º da Lei das Estatais. Em outras palavras, concluiu-se que a noção de 'subsidiárias' para os fins do art. 37 combinado com o §1º do art. 173 da Constituição Federal, no contexto normativo da organização do Estado, não pode ser considerada aquela constante do art. 5º do Decreto-lei 200/67 e do art. 4º da Lei 13.303/16, que prevê a maioria do capital votante, mas, sim, *aquela resultante do art. 116 e do §2º do art. 243 da Lei 6.404/76, específica sobre o tema das sociedades anônimas, tendo por base o art. 7º combinado com o §6º do art. 1º da Lei das Estatais, que optou em remeter o critério de controle das subsidiárias para o direito societário.* (g.n.)

E assim, o tribunal determinou no mesmo Acórdão nº 2.706/2022:

9.1. dar ciência à Caixa Econômica Federal, nos termos do art. 9º, inciso II, da Resolução-TCU 315/2020, de que o conceito de controle material estabelecido no art. 116, c/c art. 243, §2º, da Lei 6.404/1976, deve ser aplicado às subsidiárias, inclusive *Joint Ventures* firmadas por meio de parcerias estratégicas com o setor privado, com o objetivo de verificar a existência de poder de controle do ente estatal, mesmo que compartilhado;
9.2. determinar à Secretaria-Geral de Controle Externo que crie grupo de trabalho, em conjunto com atores externos, em especial, o Ministério da Economia, com vistas a:
9.2.1. definir critérios objetivos para a identificação da existência de influência dominante de uma empresa estatal em um grupo societário na qual possua participação minoritária nas ações com direito a voto;
9.3. encaminhar cópia da presente decisão à Casa Civil da Presidência da República e ao Ministério da Economia, para que avaliem a conveniência e oportunidade de:
9.3.1. revisar as definições do art. 2º do Decreto 8.945/2016, tendo em vista o cenário de aprimoramento dos conceitos societários afetos às parcerias estratégicas firmadas pelas empresas estatais;

No julgamento, o relator, ministro Bruno Dantas, destacou a percepção de estar se diferenciando mais claramente – mesmo que ainda refém de alto grau de subjetividade – os três diferentes tipos de arranjos societários derivados da parceria entre uma estatal e empresas privadas:

101. aquele em que o ente estatal possui a *maioria do capital votante*: nesse caso não há qualquer dúvida de que se trata de subsidiária, estando estritamente sujeita aos institutos de direito público previstos na Lei das Estatais e demais normativos (procedimento licitatório, contratação

de pessoal por concurso público e prestação de contas aos órgãos de controle);

102. aquele em que o ente estatal possui a *minoria do capital votante*, porém dispõe de instrumentos de controle que denotam sua *influência dominante* sobre a empresa resultante dessa parceria: nessa situação, tais entidades deverão atender ao interesse público para o qual foram criadas e se sujeitar aos princípios da administração pública;

103. aquele em que o ente estatal possui a *minoria do capital votante* e *não* dispõe de qualquer instrumento de controle que denote sua *influência dominante* sobre a empresa resultante dessa parceria: nessa situação, o regime jurídico a ser aplicado é integralmente privado, sujeitando-se essas empresas somente à Lei das S.A., não se lhes aplicando os princípios da administração pública.

No entanto, a investigação sobre o tema não se encerra por aqui. Alexandre Santos de Aragão entende que mesmo as empresas participadas nas quais a estatal tenha influência dominante, ainda que sem deter a maioria das ações com direito a voto e ainda que essas empresas não possam ser equiparadas às estatais e submetidas à Lei de Responsabilidade das Empresas Estatais e às regras aplicáveis à Administração Pública indireta (*e.g.* licitação, concurso, controles financeiro-orçamentários e correlatos), devem observância aos princípios da Administração Pública, com eficácia positiva ou negativa.[106]

E a Comissão de Valores Mobiliários manifestou-se sobre a aplicação das disposições da Lei das Estatais à empresa participada – no caso, a Light – a propósito dos critérios de elegibilidade dos administradores.

Em decisão do colegiado, de 27.12.2016, a CVM entendeu que as empresas participadas: (i) não se enquadram nas definições do Decreto-Lei nº 200/1967, conforme alterado, cujo art. 4º define Administração Pública direta e indireta (composta pelas autarquias, fundações, empresas públicas e sociedades de economia mista); (ii) estão excluídas da abrangência da Lei nº 13.303/2016, que alcança as subsidiárias das estatais e as sociedades de propósito específico controladas por empresas públicas ou por sociedades de economia mista; (iii) não são pessoa jurídica política dos entes federados; e (iv) não exercem função administrativa.

---

[106] ARAGÃO, Alexandre Santos de. *Empresas estatais, o regime jurídico das empresas públicas e sociedades de economia mista*: de acordo com a Lei 13.303/2016. Rio de Janeiro: Forense, 2017. p. 136-147.

Apesar disso, o relator desse processo da CVM entendeu que caberia interpretação teleológica do art. 17 da Lei nº 13.303/2016 e que, ainda que a Light não se submeta à mencionada lei, deveria observância às regras de governança e não poderia indicar integrante de comitê eleitoral em campanha, como vedado pelo dispositivo cujos destinatários seriam as empresas controladas, subsidiárias e também aquelas participadas.[107]

Após essa decisão, o Decreto nº 8.945/2016 regulamentou a Lei nº 13.303/2016, indicando posicionamento distinto nos arts. 28 a 41, que trazem requisitos legais mais restritivos à indicação dos membros do conselho de administração, conselho fiscal, da diretoria e do comitê estatutário de auditoria das empresas com faturamento acima de 90 milhões; o art. 58 traz requisitos menos rígidos para as indicações da União ou de suas empresas estatais nas participações minoritárias em empresas privadas sob foco.[108]

Contudo, recorrendo a precedentes da CVM, o relator acompanhou a conclusão da SEP quanto à ilegalidade da indicação dos conselheiros fiscais, em face dos arts. 162, §2º, e 147, §1º, da Lei nº 6.404/1976, aplicáveis aos poderes, deveres e responsabilidades, aos requisitos e impedimentos para investidura e à remuneração dos conselheiros fiscais da companhia, combinados com os arts. 17, §2º, inc. I, e 26 da Lei nº 13.303/2016.[109]

Não bastaram para superar a discussão nem a regra acima mencionada, do Decreto nº 8.945/2016, nem o fato de o legislador da Lei nº 13.303/2016 haver delimitado sua incidência às empresas públicas, às sociedades de economia e suas subsidiárias (art. 1º, *caput*) – tratando em apartado das empresas com coparticipação acionária do Estado (§6º) e fixando a obrigação do acionista público quanto à adoção, no dever de fiscalizar, de práticas de governança e controle proporcionais à relevância, à materialidade e aos riscos do negócio do qual as estatais

---

[107] CVM – Pedido de interrupção do curso de prazo de antecedência de convocação de Assembleia Geral Extraordinária – Light S.A. Reg. nº 0476/16. Rel. SEP, j. 27.12.2016, public. 27.12.2016.

[108] *Vide* ainda FERRAZ, Luciano; MOTTA, Fabrício. Empresas estatais e suas subsidiárias – Requisitos constitucionais para a transferência do controle acionário. *Int. Públ. – IP*, Belo Horizonte, ano 20, n. 112, p. 15-35, nov./dez. 2018. p. 32.

[109] CVM. *Processo Administrativo Sancionador CVM nº RJ2014/14763* – Voto. Disponível em: http://www.cvm.gov.br/export/sites/cvm/decisoes/anexos/2018/20180426/1021__Voto_DHM.pdf. Acesso em: 12 dez. 2018.

e suas subsidiárias participem, segundo as condições elencadas no §7º do mesmo dispositivo.

Nesse precedente, a CVM adotou o entendimento mais rigoroso para, nesse aspecto e tema, tratar a coparticipada como se estatal fosse.

De toda forma, a despeito de sua competência legal e por força da hierarquia das normas, cabe à CVM compatibilizar seu entendimento com o Decreto nº 8.945/2016, como alerta Luciano Ferraz invocando lição de Celso Antonio Bandeira de Mello.[110]

Enfim, as empresas participadas são empresas privadas, e o fato de a estatal integrar seu bloco de controle, sem exercer predominância de poder em relação ao acionista privado, ainda que detenha a maioria percentual de ações, não deve afetar essa condição. A empresa não se submete às regras de direito público – dentre as quais a obrigação de prestar contas aos Tribunais de Contas – por mera decorrência do quantitativo de ações detidas ou do controle compartilhado com o sócio privado.

Foi como assentou o TCU no Acórdão nº 2.706/2022: o critério de controle de uma subsidiária de uma estatal, ante a ausência de sua definição na Lei nº 13.303/16, é o da influência dominante – em razão do poder de eleger a maioria dos administradores e de ter a preponderância nas deliberações sociais, conforme previsto no art. 116 e no §2º do art. 243 da Lei das Sociedades Anônimas –, e não o do capital majoritário votante, previsto expressamente para as sociedades de economia mista.

Esse critério material foi o mesmo, em essência, adotado no Acórdão nº 1.220/2016 – Plenário.

1.7.3 Controle externo dos tribunais de contas e as sociedades coparticipadas

A consequência dessa realidade vai atingir situações práticas de ampla extensão quanto à competência dos tribunais em relação às

---

[110] "(...) nesse particular, o regulamento *cerceia a liberdade de comportamentos dos órgãos e agentes administrativos, para além dos cerceios da lei, impondo, destarte, padrões de conduta que correspondem aos critérios administrativos a serem obrigatoriamente observados na aplicação da lei aos casos particulares*" (BANDEIRA DE MELLO, Celso Antônio. *Curso de direito administrativo*. 32. ed. São Paulo: Malheiros, 2014. p. 360). FERRAZ, Luciano. Regulamentação da Lei das Estatais coloca em xeque posição da CVM. Disponível em: https://www.conjur.com.br/2017-fev-02/interesse-publico-regulamentacao-lei-estatais-coloca-xeque-posicao-cvm. Acesso em: 12 dez. 2022.

empresas nas quais a estatal figure como não controladora, por ausência de preponderância no caso de controle compartilhado com o sócio privado.

Referimo-nos à não aplicação a essas empresas da tutela jurídica típica do direito público – e seu correlato plexo de competências, como é o caso da fiscalização e do julgamento de contas pelo Tribunal de Contas da União –, absolutamente estranha ao regime privado das típicas empresas participadas.

Se a presença estatal na intimidade acionária dessas empresas, sem preponderância de poder, não lhes confere prerrogativas públicas – como consignado nos precedentes paradigmas acima visitados – do TCU e, assim, não se lhes comunicam os benefícios inerentes ao regime jurídico de direito público, a que apenas as estatais fazem jus, não se justifica que sejam essas empresas alcançadas pelos ônus correlatos. Ou seja: se a empresa e seus acionistas não gozam dos bônus, também não hão de suportar os ônus.

Segundo Carlos Maximiliano, "deve o direito ser interpretado inteligentemente, e não de modo a que a ordem legal envolva um absurdo, prescreva inconveniências, vá ter a conclusões inconsistentes ou impossíveis".[111]

Entendimento contrário encerraria patente incongruência lógico-jurídica: a inadmissível ruptura da paridade de tratamento das empresas participadas, sob a ótica das repercussões da presença estatal em sua intimidade acionária. Ou seja, como a face estatal da investidora não se manifesta positivamente no âmago de suas participadas, também não haverá de se manifestar negativamente para impor a essas empresas e seus acionistas as contingências de um regime jurídico de direito público que não lhes diz respeito – justamente por não gozarem *vis-à-vis* dos benefícios relacionados às prerrogativas públicas, que lhes são interditadas.

Essa necessária reciprocidade é decorrência do entendimento do próprio Tribunal de Contas da União sobre os efeitos da presença estatal nessas empresas – já comentado – e pode ser sintetizada na singeleza do seguinte adágio do mesmo hermeneuta acima citado:

Qui sentit onus, sentire debet commodum, et contra.

---

[111] MAXIMILIANO, Carlos. *Hermenêutica e aplicação do direito*. 2. ed. Porto Alegre: Livraria do Globo, 1933. p. 183.

Quem suporta ônus, deve gozar as vantagens respectivas – "pertence o cômodo a quem sofre o incômodo". O adágio conclui – *et contra*: "e inversamente", isto é – os que têm direito ao cômodo, devem sofrer os incômodos que lhe estão anexos, ou do mesmo decorrem.[112] (g.n.)

Dentre os ônus legais nesse contexto intoleráveis perfilham-se as competências dos órgãos de controle externo para julgar as contas e se imiscuir em seus negócios.

Sob esse influxo, essa simetria se impõe ainda sob outra vertente.

A Constituição Federal e a legislação tutelam, em uma mesma medida, de um lado, o ato jurídico perfeito e a propriedade privada, e, de outro, a gestão dos recursos públicos.

Todos esses valores jurídicos devem ser considerados equitativamente sob a vertente integrada dos conceitos situados na sempre sensível – em que pese hoje desmistificada – zona de intercessão entre o direito público e o direito privado.

Numa face, o sistema legal assegura a validade da relação jurídica regularmente constituída por força de instrumento amparado no direito das obrigações e no direito societário: o acordo de acionistas.

O artigo 5º, incisos LIV e XXXVI, da Constituição Federal assegura proteção ao contrato, ato jurídico perfeito, e à propriedade, cuja constrição condiciona ao devido processo legal. O Livro III, Título I, da Lei nº 10.406/2002 (Código Civil) indica os requisitos de validade dos negócios jurídicos, e o artigo 118 da Lei nº 6.404/1976 trata do acordo de acionistas e de sua instrumentalidade no âmbito das sociedades anônimas.

Pois bem. O mesmo sistema jurídico-constitucional prevê as medidas protetivas do erário público, com seus pertinentes controles sobre os bens e direitos da Administração Pública, além da submissão de seus agentes à fiscalização e à prestação e julgamento de contas pelos tribunais de contas.

Nesse contexto, descortinam-se algumas proposições a respeito da competência dos tribunais de contas para atuarem sobre as relações empresariais entabuladas pelas empresas estatais em parceria societária com o particular, com obrigações lastreadas em acordo de acionistas.

A jurisprudência do TCU demonstra que a presença da estatal na intimidade acionária de empresa participada *de per si* não faz valer

---

[112] MAXIMILIANO, Carlos. *Idem*, tópico 305, p. 250.

a máxima vetusta segundo a qual o Estado tudo o que toca publiciza, sendo insuficiente a alçar a empresa participada – e, por óbvio, seu acionista privado – à condição de "entes fiscalizáveis" no âmbito da competência dos tribunais de contas.

Com paralelismo no mesmo racional, o conteúdo das obrigações contratadas entre os acionistas no âmbito de acordo de acionistas não é passível de revisão por esses tribunais, cuja competência sobre a estatal é norteada pelos limites da governança, ou seja, por um *controle finalístico*.

As razões de decidir sobre obrigações negociadas e formalizadas com o sócio estatal são decorrências de típico ato de gestão exercido na adequada latitude da competência outorgada aos gestores da investidora estatal, com fluxo decisório fundado em análises técnicas, financeiras e empresariais dos órgãos estatutários competentes das empresas estatais, como previsto em seus sistemas de governança corporativa.

Não é razoável cogitar de possível competência das cortes de contas, por exemplo, para anular um contrato de direito privado – como um acordo de acionistas –, o que seria reservado ao Judiciário. E mais: a ordem constitucional não outorga aos tribunais de contas competência para – mesmo que reflexamente, como decorrência do controle exercido sobre a estatal – impor restrições aos direitos patrimoniais de particular amparados em ato jurídico perfeito.

O sistema legal pátrio não prevê essa modalidade colateral de constrição do patrimônio privado pelos tribunais de contas, tendente à supressão de direitos contratados em acordo de acionistas com parceiro societário de empresa estatal, terceiro de boa-fé.

As medidas protetivas do erário não podem reverberar indiscriminadamente, à custa de outros valores objeto de proteção de idêntica estatura constitucional em relação àqueles de que os tribunais de contas são guardiães e fiscais. Ambos gozam da mesma deferência constitucional, donde o extravasamento da atuação do controle para alcançar terceiros externos à Administração Pública nas relações societárias travadas com empresa estatal deve ser sopesado.

Em reforço a essas realidades, alia-se todo um ferramental jurídico hoje consolidado na renovação do direito administrativo pátrio como instrumento de resolutividade das demandas sociais e do reposicionamento do Estado ao papel que lhe designou o constituinte de 1988 – de atuação subsidiária na economia – ditados pela crescente dinamização das relações público-privadas.

Proliferam-se as leis, que nada mais são do que o retrato da realidade de seu tempo, voltadas a aportar substância jurídica de fomento às parcerias desse gênero.

Jamais se falou tanto em segurança jurídica, confiança legítima e expressões aparentadas, que acenam ao investidor privado a solidez da construção de um sistema de lídimos esteios ao estabelecimento de suas relações com o poder público, hoje fundadas nas vertentes da contratualização e da consensualidade.

O direito administrativo pátrio espanou o mofo de suas origens francesas.

Também o *modus operandi* do controle externo teve seu protagonismo garantido nessa pauta de arejamento de dogmas, que a essa altura já alcança, inclusive, a própria ressignificação das competências alargadas, conferidas aos tribunais de contas pelos artigos 70 e seguintes da Carta Magna de 1988.

Essa realidade encontra sua mais genuína expressão nas inovações introduzidas pelos artigos 20 a 30 acrescidos ao Decreto-Lei nº 4.657/1942, a Lei de Introdução ao Direito Brasileiro (LINDB), pela Lei nº 13.655/2018, e sua regulamentação prosseguida no Decreto nº 9.830/2019, que baniu de vez os etéreos chavões da supremacia do interesse público sobre o privado e as decisões ocas fundadas em princípios e valores jurídicos abstratos.[113]

Há muito, a legalidade estrita cedeu lugar à juridicidade e, desde então, as decisões dos tribunais de contas e do Poder Judiciário devem se nortear pelo vetor da *responsividade*, segundo a vertente do racional decisório reverente e *consequencialista*.

A alteração legislativa atendeu a uma necessária modernização de conceitos destinada a agregar solidez às bases sob as quais se formam e se estabilizam as relações jurídicas travadas entre o Estado e os particulares.

No ambiente das empresas estatais, a Lei nº 13.303/2016 enfim compatibilizou o tratamento legal dedicado a essas empresas em relação às suas feições constitucionais e ao seu caráter empresarial.

---

[113] Ao prestigiar o princípio da confiança legítima, este conjunto de dispositivos impõe a aferição das consequências práticas das decisões dos órgãos de controle, à luz das alternativas possíveis, bem como sobre as condições de reposicionamento da ordem contratual, dos direitos mútuos dos contraentes e da sociedade, potencialmente afetados por seu conteúdo. *Vide* CUNHA FILHO, Alexandre Jorge Carneiro; ISSA, Rafael Hamze; SCHWIND, Rafael Wallbach (Coord.). *A Lei de Introdução às Normas do Direito Brasileiro – Anotada:* Decreto-Lei nº 4.657, de 4 de setembro de 1942. São Paulo: Quartier Latin, 2019, v. 2.

Os esforços rumo à desverticalização das relações público-privadas encerram, portanto, também uma ressignificação da função dos órgãos de controle, sem cujo eco todo esse rearranjo teria sua eficácia comprometida.

Não se ignora em absoluto a estabilização da jurisprudência do Tribunal de Contas da União sobre a competência da corte para o julgamento de contas de terceiros particulares que causem dano ao erário, conforme decidido no incidente de uniformização de jurisprudência relatado pela ministra Ana Arraes no Acórdão nº 321/2019 – Plenário, de 20.02.2019.

Apenas é necessário separar o joio do trigo e não encaçapar todos numa mesma condição sem a verificação da efetiva concorrência dos elementos autorizativos do enquadramento, em cada caso concreto, às circunstâncias a que aludem os artigos 70, parágrafo único, e 71, inciso II, da Constituição Federal e as disposições da Lei nº 8.443/1992.

Ao se integrar (legitimamente) a um negócio puramente privado, a empresa estatal se despe de seu manto público e das prerrogativas que o regime de direito público lhe confere, ali comparecendo *à paisana*, em igualdade de condições com o particular, com o objetivo de explorar atividade econômica – e não de exercer múnus público *stricto sensu*.

Também a investida não passa a gozar de quaisquer privilégios em razão da mera presença estatal em seu interior. Nada justifica, portanto, que a empresa e, menos ainda, seu acionista controlador, um particular, venham a sofrer os reveses de um controle externo a que não estão submetidos por força de lei.

A empresa investida e o sócio não estatal não atraem para si a tutela fiscalizatória que a Constituição Federal reservou à Administração Pública, seus agentes, seus atos e contratos administrativos – manifestações externas do desempenho de funções públicas totalmente estranhas à empresa privada participada.

Trata-se de uma via de mão dupla em que os transeuntes – públicos e privados – devem ser posicionados com coerência, à luz da paridade dos regimes e competências a que efetivamente devem ser submetidos, por previsão constitucional e legal.

Contudo, o Tribunal de Contas da União reafirmou sua competência nesses casos, sempre balizada pelo dano ao erário, conforme consolidado em uniformização de jurisprudência quanto à competência para o julgamento de contas de particulares, conforme Acórdão nº 321/2019 – TCU – Plenário,[114] assim sintetizado:

> O Tribunal de Contas da União (TCU) não julga contas de particulares que descumpram contratos apenas porque tenham vínculo com a administração pública. Para esse julgamento, é necessário que a pessoa tenha causado dano ao erário em ato ou contrato administrativo sujeito ao Controle Externo. O entendimento decorre de uniformização de jurisprudência decidida pelo Plenário da Corte de Contas em 20/2/2019. Assim, não compete ao Tribunal atuar nas questões de interesse exclusivamente privado que não envolvam o resguardo do interesse público. O simples descumprimento de cláusula contratual pelo particular, por exemplo, que não importe dano ao erário, deve ser tratado pela própria Administração, mediante ação judicial ou utilização dos instrumentos previstos na legislação.
> Para a relatora do processo, ministra Ana Arraes, "não é papel do TCU substituir a Administração ou o Poder Judiciário, sob o risco de tratar de competências alheias". Ou seja, um particular que atue sob o regime de direito privado e não diretamente na gestão da coisa pública, deve responder perante o Tribunal apenas quando causar dano aos cofres públicos na execução de ações derivadas de ato, contrato administrativo ou instrumento semelhante sujeito ao Controle Externo.[115]

O Tribunal de Contas da União foi rigoroso ao fixar o seguinte precedente especificamente sobre a posição do particular acionista de empresa participada, e esta própria, em relação ao julgamento de contas:

> 37. Com relação às preliminares suscitadas pela entidade ouvida em oitiva (...), a competência do Tribunal de Contas da União acerca das relações jurídicas aqui tratadas está fixada em norma constitucional (CF, art. 70; 71, IX e X) e legal (art. 1º, §1º e art. 45 da Lei 8.443/1992). 37.1. Ademais, como está sobejamente demonstrado nos itens a seguir, os vícios de motivação por ocasião da celebração dos Acordos de Acionistas (2012 e 2017) são de tal magnitude que se demonstram insanáveis. 37.2. O negócio jurídico firmado em 5/6/2017 não observou o Princípio da Função Social do Contrato. O Acordo de Acionistas de 2017 se identifica com a conceito de "convenção", no sentido exarado no parágrafo único do art. 2.035, do CC/2002: "Parágrafo único. Nenhuma convenção prevalecerá se contrariar preceitos de ordem pública, tais como os estabelecidos

---

[114] Processo TC nº 013.967/2012-6, 20.02.2019.
[115] Disponível em: https://portal.tcu.gov.br/imprensa/noticias/tcu-firma-entendimento-sobre-sua-competencia-no-julgamento-de-contas-de-particulares.htm. Acesso em: 19 dez. 2022.

por este Código para assegurar a função social da propriedade e dos contratos." 37.31.4.4.4 Regime jurídico e procedimentalização das parcerias societárias.[116]

O raciocínio fundou-se, em síntese, em sua competência constitucional e na função social do contrato ou, no caso, do acordo de acionistas.

1.8 Regime jurídico e procedimentalização das parcerias societárias

Como analisado nos tópicos anteriores, a possibilidade de as empresas estatais se integrarem ao capital de empresas privadas depende de lei, conforme determinado pelo art. 37, inc. XX, da Constituição e pelo art. 2º, §2º, da Lei nº 13.303/2016.

O regime jurídico da *formação* e *extinção* de parcerias societárias está previsto no art. 28, §3º, inc. II combinado com §4º da Lei nº 13.303/2016, que "dispensa" a licitação nos casos em que a escolha do parceiro esteja associada a suas características particulares vinculadas a *oportunidades de negócio* definidas e específicas, que justifiquem a inviabilidade de procedimento competitivo.

Atendida essa condicionante, segue-se para o enquadramento da situação concreta – de potencial parceria societária – à hipótese legal da oportunidade de negócios, conforme erigida no §3º, inc. II c/c §4º do art. 28 da lei.

1.8.1 Pressupostos das parcerias diretas por oportunidade de negócios e a disputa

As oportunidades de negócio têm ampla conotação, compreendendo:

> A formação e a extinção de parcerias e outras formas associativas, societárias ou contratuais, a aquisição e a alienação de participação em sociedades e outras formas associativas, societárias ou contratuais e as operações realizadas no âmbito do mercado de capitais, respeitada a regulação pelo respectivo órgão competente.

---

[116] Acórdão nº 2.086/2021 – Plenário.

Cuidaremos neste momento da *formação* desses arranjos, deixando as peculiaridades de sua *extinção* para o capítulo 4, em abordagem específica sobre os desinvestimentos.

A Lei nº 13.303/2016 criou três hipóteses de contratação sem licitação pelas empresas estatais.[117]

A primeira delas situa-se justamente nesse bloco de dispositivos, que inovam no mundo jurídico ao se traduzirem na hipótese de *inaplicabilidade da licitação por inviabilidade de competição*, nos casos de parcerias societárias ou contratuais lastreadas em oportunidade de negócios:

> Art. 28. (...)
> §3º São as empresas públicas e as sociedades de economia mista dispensadas da observância dos dispositivos deste Capítulo nas seguintes situações:
> II - nos casos em que a escolha do parceiro esteja associada a suas características particulares, vinculada a oportunidades de negócio definidas e específicas, justificada a inviabilidade de procedimento competitivo.

As demais hipóteses de contratação sem licitação são identificadas nas conhecidas *contratações diretas* fundadas em: (i) *dispensa*, nos casos elencados nos incs. I a XVIII do art. 29; e (ii) *inexigibilidade*, vinculada à inviabilidade (típica) de competição, conforme *caput* do art. 30, ou motivada pelos eventos indicados nos incs. I e II do mesmo dispositivo.

Já antes da promulgação da Lei de Responsabilidade das Empresas Estatais, comentamos a existência de forte corrente doutrinária na linha então sinalizada, da não realização de licitação como solução legítima à proposição das empresas coparticipadas, geradas por oportunidades de negócios.[118]

Naquela ocasião, interpretamos que a ausência de regramentos legais específicos sobre o *modus operandi* a ser observado pelas estatais na definição de seus sócios privados teria decorrido de opção do legislador no sentido de não restringir onde o regime próprio das estatais não o fez, pois, na condição de contingente necessário à boa condução de seus negócios, a lei não haveria de criar regramentos

---

[117] O tratamento das licitações e contratos na Lei das Estatais será comentado no capítulo 2 adiante.
[118] BICALHO, Alécia Paolucci Nogueira. Serviços públicos de saneamento básico – Condições de resolutividade das parceiras societárias entre o Poder Público e a iniciativa privada. *Parecer*, set. 2015. Mimeo.

potencialmente incongruentes com a flexibilidade do regime privado conferido às estatais.

Entre outros fundamentos legitimadores dessa interpretação, vislumbra-se o fato de que o princípio da licitação instituído pelo art. 37, inc. XXI, da Constituição Federal aplica-se quando a Administração Pública contrata obras, serviços, compras, alienações, ou seja, sempre que, demandando uma de tais prestações, busque um particular executor, fornecedor, adquirente, um prestador de determinada utilidade demandada pela empresa, que figura na relação na qualidade de tomadora.

Nessa perspectiva, a licitação tem caráter instrumental na busca da seleção da melhor proposta para o atendimento de determinada prestação a ser contratada pela Administração Pública para sua própria fruição, conforme a demanda posta na licitação, e de vínculo contratual temporário.

Essa noção não é compatível com as oportunidades de negócios relacionadas às parcerias societárias e contratuais, que não traduzem tais feições prestacionais materializadas via licitação, mesmo porque, como alerta Marçal Justen Filho, "a referência a soluções societárias ou contratuais compreende a pactuação de contratos de natureza associativa, com cunho organizacional. O exemplo mais evidente é o contrato de consórcio empresarial, previsto no art. 278 da Lei 6.404/76".[119]

Outro fator e característica situacionais e decisivos quanto ao cabimento ou não do certame licitatório é a possibilidade de o objeto ser disputado por competidores em oposição, sob a forma de lances ou propostas – e que seja, efetivamente, *intercambiável*.

O postulado ínsito ao regime republicano da realização pela Administração Pública de procedimento competitivo isonômico como antecedente da contratação nem sempre encontra suas condições de instalação, que pressupõe a presença dessas características situacionais: primeira, como anotado, que o objeto possa ser disputado por competidores em oposição, sob a forma de lances ou propostas; segunda, que os participantes preencham os requisitos limítrofes para habilitação; e,

---

[119] Essas soluções devem ter por finalidade a criação de estruturas de natureza organizacional empreendedora. Marçal Justen Filho destaca que mesmo a referência ao aspecto contratual não autoriza a aplicação do dispositivo para a formalização, por exemplo, de contratos bilaterais, compreendendo uma prestação por um dos contraentes, mediante correlata remuneração (JUSTEN FILHO, Marçal. A contratação sem licitação nas empresas estatais. *In*: JUSTEN FILHO, Marçal (Org.). *Estatuto Jurídico das Empresas Estatais*: Lei nº 13.303/2016 – Lei das Estatais. São Paulo: RT, 2016. p. 302-303).

finalmente, que o participante mais bem classificado ofereça vantagem ao órgão licitador na contratação do objeto.

A primeira dessas características é notadamente decisiva. É indispensável para a abertura de um processo licitatório que o objeto a ser contratado seja, efetivamente, intercambiável.

O sentido da expressão *intercambiável* é de permuta, de troca, alternatividade; tem a conotação de multiplicidade, de pluralidade de ofertas. Um objeto em oferta deve ser, em essência, semelhante a outro. Para que um objeto seja intercambiável, é preciso que, no universo mercadológico, existam inúmeras versões similares daquele objeto; é preciso que cada competidor tenha a possibilidade de fornecer um objeto equivalente aos outros em disputa.

Se um objeto é único, no sentido de especial, específico, "mais adequado do que", em sua espécie, se possui características peculiares e individualizadas, simplesmente não é factível a licitação. Nesse sentido, clássica é a afirmativa de Celso Antônio Bandeira de Mello: "São licitáveis objetos que possam ser fornecidos por mais de uma pessoa, uma vez que a licitação impõe disputa, concorrência entre ofertantes. [...] Só se licitam bens homogêneos, intercambiáveis, equivalentes. Não se licitam coisas desiguais".[120]

Na maioria dos casos, as peculiaridades inerentes à perspectiva de uma oportunidade de negócio não são licitáveis, porque encerram condições e proposições próprias, únicas e específicas da empresa potencial parceira, considerada sua capacidade de empreendedorismo, de concepção, de negociação e de disposição para a assunção de riscos. Além disso, a exposição da oportunidade do negócio à seleção pública poderia carregar o potencial de colocar em risco o próprio negócio e as vantagens que ordinariamente geraria à estatal, caso não fosse publicizado e licitado.

Sob essa ótica, uma disputa pública que represente dano circunstancial aos interesses da estatal e às condições do negócio traduziria, por decorrência lógica, maior lesão aos princípios da Administração Pública aos quais a estatal deve atender – em especial, a finalidade e a eficiência – do que sua ausência talvez pudesse implicar à isonomia, publicidade e impessoalidade.

---

[120] BANDEIRA DE MELLO, Celso Antônio. *Licitação*. São Paulo: Revista dos Tribunais, 1980. p. 15. *Vide* ainda, do mesmo autor: *Curso de direito administrativo*. São Paulo: Malheiros, 2000. p. 467-469.

Outras contradições lógicas a serem consideradas nesse contexto podem estar localizadas nas intercorrências vislumbradas na fase interna, preparatória da licitação, como:

(i) a estatal deve preparar um projeto próprio, sem considerar os aportes de um possível parceiro (ainda desconhecido) e as peculiaridades do projeto específico estruturado que este próprio poderia lhe apresentar, com base nas premissas da empresa, condizentes com as condições específicas por ela detidas, de natureza técnica, intelectual, negocial, financeira, entre outras;

(ii) a estatal deve desenvolver seus próprios estudos e levantamentos segundo as feições nesse contexto (in)definidas para o negócio, ou seja, sem contar com a presença de um potencial parceiro (ainda desconhecido) e as especificidades do projeto por este elaborado; para tanto, a empresa deverá arcar integralmente com os respectivos custos financeiros e temporais;

(iii) o nível de detalhamento do objeto da licitação deve ser tal que não comprometa a necessária reserva do negócio, já que haverá o risco de os potenciais licitantes se tornarem, por via transversa, futuros concorrentes nos negócios apresentados na licitação; e

(iv) a publicidade quanto ao perfil dos parceiros buscados poderia surtir efeitos negativos sobre os interesses de mercado e de concorrentes menos simpáticos ou aptos a responder ao chamado de possível associação societária com a estatal.

Agregue-se a isso que, a depender da atividade *core* da estatal, na etapa seguinte, de julgamento, ao obter as propostas solicitadas ao mercado, a empresa passaria a contar com uma vantagem competitiva, em tese indevida, porque conheceria a estrutura de negócio, suas margens, entre outras informações de caráter comercial detidas pelos proponentes, que podem vir a ser seus futuros concorrentes em situação de desvantagem de mercado caso não se tornem seus parceiros em decorrência da licitação.

Para que a oportunidade de negócio seja licitável, esses atributos negociais devem ser intercambiáveis; caso contrário, não se caracterizarão a "dispensa ou a inexigibilidade" de licitação que embasam a não realização do certame de forma atrelada às pertinentes justificativas organizadas em processo instruído segundo ritualística própria, típica do regime de direito público, conforme §3º do art. 30 da Lei nº 13.303/2016.

1.8.2 Enquadramento legal das parcerias diretas e inviabilidade de competição

O art. 28, §3º, inc. II c/c §4º da Lei nº 13.303/2016 conferiu especial tratamento a esses arranjos societários das *oportunidades de negócios*, criando alternativa inovadora de *parceria direta*, tecnicamente não enquadrada nem como dispensa, nem inexigibilidade, mas compreendida como uma hipótese de *não incidência* do princípio da licitação, como sustenta Marçal Justen Filho.

Segundo o autor, o dispositivo teria criado uma figura atípica – a *inaplicabilidade da licitação*[121] – não identificável com a dispensa e inexigibilidade, e que prescindiria das clássicas e pormenorizadas justificativas, no sentido litúrgico demandado por esses outros institutos. A figura seria uma construção sem precedentes na legislação de direito público aplicável às empresas estatais.

O autor comenta a semelhança entre o art. 29, inc. XVIII, da Lei de Responsabilidade das Empresas Estatais e o art. 17, inc. II, alíneas "c", "d" e "e" da Lei nº 8.666/1993 para concluir que a hipótese prevista no citado inciso já está, também, por decorrência lógica, abarcada pelo art. 28 da lei. Ou seja, a disciplina do art. 28 é o mais e se refere à inaplicabilidade de licitação, enquanto aquela do art. 29 é o menos e compreende uma hipótese de dispensa de licitação:

> 13.19 *As contratações de ações e outros bens (art. 29, XVIII)* A redação do dispositivo é parcialmente equivalente à do art. 17, II, *c*, *d* e *e*, da Lei 8.666/93. A dispensa de licitação compreende operações (aquisição e alienação) de bens móveis, abrangendo ações e outros valores mobiliários e títulos de crédito. [...]
> Mas a hipótese já se encontra, rigorosamente, abrangida no conceito de inaplicabilidade de licitação. Nesse caso não existe licitação por força do previsto no art. 28, §3º, I, da mesma Lei 13.303/2016. [...]
> Então, selecionar um parceiro para empreendimentos futuros não é uma decisão que possa ser subordinada a um procedimento licitatório. Sob esse prisma, poderia aludir-se à inviabilidade de competição. Mas a Lei das

---

[121] JUSTEN FILHO, Marçal. A contratação sem licitação nas empresas estatais. *In*: JUSTEN FILHO, Marçal (Org.). *Estatuto Jurídico das Empresas Estatais*: Lei nº 13.303/2016 – Lei das Estatais. São Paulo: RT, 2016. p. 197-299; 315-316.

Estatais reputou que essa hipótese apresentava tamanha peculiaridade que poderia ser enquadrada num conceito próprio e diferenciado, consistente na ausência de cabimento da licitação.[122]

Joel de Menezes Niebuhr também defende a autonomia da norma em relação às figuras da dispensa e da inexigibilidade de licitação – contratações diretas – e sustenta que as parcerias vinculadas a oportunidades de negócios não se enquadram tecnicamente nos conceitos desses institutos, mas que possuem regime jurídico totalmente privado, livre da ritualística inerente às contratações daquela natureza. O autor retoma esse propósito ao sempre sensível tema da postura do controle externo diante do assunto, com o seguinte enfoque:

> A consequência prática é que o processo de formação da contratação no âmbito das oportunidades de negócio deve seguir modelos privados, as regras de governança de cada uma das estatais, sem a obrigação de prestar obediências às normas formais e procedimentais típicas do direito público, o que deve ser apreendido pelos órgãos de controle. O controle, nesse prisma, deve avaliar se existem normas de governança aceitáveis, de acordo com as práticas de mercado.[123]

Também Alexandre dos Santos Aragão comenta a latitude do enquadramento das operações passíveis de serem conduzidas pelas estatais segundo o conceito de oportunidade de negócios, com processualização específica do art. 28, sustentando que a hipótese seria de "inexigibilidade genérica".[124]

O fato de a lei empregar o vocábulo *dispensada* no §3º do art. 28 e de exigir na parte final do inc. II do mesmo §3º a *configuração factual de inviabilidade de competição* como fundamento de juridicidade da aplicação do regime de *parcerias diretas* não transmuta a hipótese em dispensa ou inexigibilidade de licitação, nos sentidos tradicionais desses institutos.

---

[122] JUSTEN FILHO, Marçal. A contratação sem licitação nas empresas estatais. *In*: JUSTEN FILHO, Marçal (Org.). *Estatuto Jurídico das Empresas Estatais*: Lei nº 13.303/2016 – Lei das Estatais. São Paulo: RT, 2016. p. 305.

[123] NIEBUHR, Joel Menezes. O regime jurídico das oportunidades de negócios para as estatais. *In*: WALD, Arnoldo; JUSTEN FILHO, Marçal; PEREIRA, Cesar Augusto Guimarães (Org.). *O direito administrativo na atualidade* – Estudos em homenagem ao centenário de Hely Lopes Meirelles (1917-2017). São Paulo: Malheiros, 2017. p. 582-583.

[124] ARAGÃO, Alexandre Santos de. *Empresas estatais, o regime jurídico das empresas públicas e sociedades de economia mista* – De acordo com a Lei 13.303/2016. Rio de Janeiro: Forense, 2017. p. 252.

Essa parece uma leitura reducionista da liberdade que o legislador quis conferir às empresas estatais em suas atividades dessa natureza, na linha construída pela doutrina nos últimos anos com base na experiência prática desses negócios de cunho empresarial de natureza societária, cuja dinâmica é incompatível com a regra geral da disputa, sob a ótica publicista.

Em razão de seu perfil, esses negócios tendem a ser únicos a seu modo, envolvendo uma gama de fatores não intercambiáveis, encerrando uma inviabilidade presumida de competição.[125]

Além disso, como dito, a posição ocupada pela empresa *vis-à-vis* ao particular, no contexto das *parcerias*, é absolutamente distinta daquela das hipóteses de *contratação direta*.

Naquelas primeiras, empresa e particular estão lado a lado, realizando um empreendimento conjunto, uma *joint venture*, seguindo a mesma lógica, *mutatis mutandis*, dos convênios. Já nas contratações amparadas em dispensa ou inexigibilidade de licitação, como dito, as posições são, em geral, contrapostas e prestacionais.

De toda forma, a justificativa da *inviabilidade de competição* exigida pela parte final do inc. II do §3º do art. 28 deve ser compreendida, contextualizada e motivada, caso a caso, segundo a adequada latitude conceitual dos empreendimentos societários; e sua procedimentalização não deve se vincular à estreita liturgia aplicável às contratações diretas.

Em sede de jurisprudência, de saída o Tribunal de Contas da União não comungou do entendimento a respeito da inaplicabilidade de licitação e enquadrou as oportunidades de negócios no instituto da "dispensa" de licitação.[126]

---

[125] "Entendo que a inviabilidade de procedimento competitivo pode ser presumida na formação de parcerias, já que essas não são homogêneas entre si, e seu objeto e formatação pressupõem etapa dialógica que envolve interação, cooperação e negociação com as empresas privadas. Nessa linha, eventuais sondagens, consultas e chamamentos junto ao mercado não devem ser reputadas como corolário de uma suposta viabilidade de competição, mas, sim, como forma de se qualificar a motivação da própria oportunidade de negócio e das características particulares do parceiro privado (...)" (SANTOS NETO, Raul Dias dos. *Formação de parcerias empresariais entre estatais e empresas privadas*. Dissertação apresentada à Escola de Direito de São Paulo da Fundação Getúlio Vargas, como requisito para a obtenção do título de Mestre em Direito. Campo do conhecimento: Direito Público Orientadora: Vera Cristina Caspari Monteiro. São Paulo, 2022. Disponível em: https://bibliotecadigital.fgv.br/dspace;handle/bitstream/handle/10438/31858/Disserta%C3%A7%C3%A3o%20de%20Mestrado%20-%20Vers%C3%A3o%20Final%20-%20Raul%20Dias%20dos%20Santos%20Neto.pdf?sequence=5).

[126] *Vide* relatório no Processo TC nº 031.986/2017-0, que remete ao voto condutor do Acórdão nº 2.645/2017 – TCU – Plenário e item 259 da conclusão.

Em algumas oportunidades, o tribunal reiterou seu entendimento contrariamente à tese da inaplicabilidade de licitação, destacando que a regra é sempre a licitação, que será *dispensada* nos casos de oportunidades de negócios, desde que *justificada sua inviabilidade*, como se observa do seguinte julgado, que vale a pena transcrever:

> 89. O legislador não dispensou de forma incondicional as estatais de licitar nos casos considerados como oportunidades de negócio, explicitados no §4º da Lei 13.303/2016. Ele determinou aos gestores, mesmo quando da identificação de situações consideradas como oportunidades de negócios, que justifiquem a inviabilidade de realização de procedimento competitivo. Em outras palavras, a licitação permanece como regra mesmo nos casos de oportunidades de negócio, sendo excetuada apenas quando da inviabilidade de procedimento competitivo.
>
> 90. Não se trata de liberalidade concedida ao gestor, no sentido de optar ou não pelo procedimento competitivo. Tampouco há dispensa integral de promoção de competição entre eventuais interessados. Diferentemente do posicionamento do memorando aqui analisado, pela inaplicabilidade de licitação, a regra estabelecida pela Lei das Estatais abre a possibilidade de escolha de parceiros, em oportunidades de negócios, porém impõe que se justifique a inviabilidade de competição nesses casos. Assim, a regra impõe a competição; não sendo viável, exige justificativa.
>
> 91. Dessa forma, o posicionamento pela inaplicabilidade de licitação nos casos que venham a ser classificados como oportunidades de negócio vai de encontro ao estabelecido na parte final do art. 28, §3º, inciso II, da Lei 13.303/2016. Nesse sentido, da necessária justificativa quanto à inviabilidade de competição, se deu o posicionamento constante do Relatório que antecedeu ao Voto condutor do Acórdão 2.645/2017-TCU-Plenário, de autoria do Ministro Relator José Múcio Monteiro, conforme abaixo:
>
> 147. Embora o §3º do art. 28 do Estatuto trate de licitação dispensada, o inciso II do §3º, na verdade, trata de inexigibilidade de licitação, pois no final do inciso II consta a expressão "justificada a inviabilidade de procedimento competitivo".
>
> 148. No dispositivo citado (inciso II do §3º do art. 28 da Lei 13.303/2016), é dispensada a licitação entre empresa pública ou sociedade de economia mista nos casos em que a escolha do parceiro esteja associada a suas características particulares, vinculada a oportunidades de negócio definidas e específicas, justificada a inviabilidade de procedimento competitivo.
>
> 149. No §4º do art. 28 é explicitado que se consideram "oportunidades de negócio", a que se refere o inciso II do §3º, a formação e a extinção de parcerias e outras formas associativas, societárias ou contratuais, a aquisição e a alienação de participação em sociedades e outras formas

associativas, societárias ou contratuais e as operações realizadas no âmbito do mercado de capitais, respeitada a regulação pelo respectivo órgão competente.
150. A combinação do art. 28, §3º, inciso II, com o §4º do mesmo artigo da Lei 13.303/2016 concede alto grau de discricionariedade às empresas públicas e às sociedades de economia (sic) que avaliarão, com parâmetros ainda imprecisos, se as características particulares de parceiros em potencial e oportunidades de negócio definidas e específicas poderão justificar a inviabilidade de procedimento competitivo.
151. Entretanto, como foi apontado no parágrafo 147 desta instrução, no final do inciso II do §3º do art. 28 é explicitada a necessidade de se justificar a inviabilidade de competição. Portanto, a empresa pública ou sociedade de economia mista somente poderá contratar empresa para prover produtos ou serviços com base nos dispositivos citados (Lei 13.303/2016, art. 28, §3, inciso II c/c §4º) se for caracterizada a inviabilidade de competição.[127]

Contudo, encerrar o instituto na estreiteza das clássicas contratações diretas conduz a uma leitura reducionista da liberdade que o legislador quis conferir às empresas estatais precisamente nos negócios dessa natureza e na linha construída pela doutrina ao longo dos últimos anos.

Da forma posta pelo TCU, a aferição das condições concretas da inviabilidade de competição deve se submeter ao crivo do controle externo, frustrando a discricionariedade gerencial dos administradores e a intenção do legislador ao criar o conteúdo dessa nova hipótese legal de não utilização de licitação.

A jurisprudência do tribunal[128] vem se consolidando na linha de exigir *motivação para a comprovação da inviabilidade de competição*, o que tem gerado críticas da doutrina:

> Ao condicionar que a contratação nos moldes do artigo 28 só ocorrerá se for caracterizada, a inviabilidade, o Tribunal potencializa a justificativa necessária e prevista naquele mesmo dispositivo e a coloca como um valor de aprovação, que evidentemente só ocorrerá mediante exercício do controle externo a chancelar ou não a justificativa apresentada para se beneficiar da inaplicabilidade de licitação. Daí afirmar-se que o próprio Tribunal esvazia a discricionariedade que apontou, pois tira do

---

[127] Acórdão nº 1765-29/18 – TCU – Plenário.
[128] *Vide* relatório no Processo TC nº 031.986/2017-0, que remete ao voto condutor do Acórdão nº 2.645/2017 – TCU – Plenário e item 259 da conclusão.

administrador a avaliação dos conceitos técnicos para identificar uma benéfica oportunidade de negócios, condicionando-se à necessidade de comprovar a inaplicabilidade do regime licitatório (CHAGAS, Gabriel Costa Pinheiro. *A discricionariedade administrativa nas empresas estatais*. São Paulo: Editora Contracorrente, 2021. p. 223-224).[129]

Segundo o tribunal, é preciso aferir a ocorrência dos *critérios* aptos a justificarem a inviabilidade em cada caso concreto.

Dentre os critérios de determinação da especial condição apta a fundamentar as parcerias diretas, a doutrina já assentou que a *affectio societatis* não é fundamento do afastamento automático da licitação, isso porque a própria *affectio societatis* – que não é, regra geral, argumento lógico, dada a natureza desses empreendimentos – poderia ser objetivada em critérios voltados à disputa licitatória, como a experiência tecnológica, a nacionalidade do controlador, o setor de atuação ou a correlação com outros empreendimentos e contratos; daí que o mero investimento financeiro não justifica o afastamento da licitação, e a *affectio* nesse contexto só caberia quando se apresentar como requisito essencial para a consecução do interesse público:

> É possível cogitar a existência de quesitos como (i) contratos anteriores entre a Administração e determinada empresa; (ii) qualidade da execução de contratos anteriormente celebrados; (iii) quantidade e natureza de penalidades já cominadas em outros contratos administrativos celebrados; (iv) exigência de capacidade financeira mínima.[130]

Essa afirmativa faz sentido se tomada a expressão segundo seu conceito clássico, mas a *affectio* deve ser compreendida hoje sob uma vertente mais sofisticada, em linha com as feições dos negócios societários contemporâneos.

Referimo-nos às condições peculiares inerentes a uma *affectio negocial*, compreendida de forma teleológica e finalística, pautada em critérios objetivos relacionados ao empreendimento, como ganhos de produtividade, compensação por reequilíbrios eventualmente pendentes por força de relações contratuais já existentes com o parceiro, entre outros elementos considerados sob a ótica cooperativa e à luz dos princípios da eficiência, da economicidade e da *vantajosidade*.

---

[129] *Apud* SANTOS NETO, Raul Dias dos. *Formação de parcerias...*, cit., p. 97.
[130] FIDALGO, Carolina Barros. *O Estado empresário*. São Paulo: Almedina, 2017. p. 447.

A mera colaboração financeira não traduz esse conteúdo apto a afastar a disputa. Esses elementos devem ter índole colaborativa empreendedora, ativa, duradoura, concretamente voltada a finalidades públicas realizáveis pelo Estado-Empresário em parceria societária perene com a iniciativa privada.

Carolina Barros Fidalgo indica algumas balizas para esses quesitos a serem apreciadas com vista a se definir pela realização de licitação ou pela formalização direta da parceria, como "(i) exigências de flexibilidade, sigilo e celeridade presentes em determinados casos concretos e/ou (ii) exigências da exploração de atividade econômica por empresa estatal em regime de concorrência".[131]

A autora cita Floriano de Azevedo Marques ao se referir à hipótese de impossibilidade de definição adequada do objeto a ser licitado em virtude de sua complexidade e da realidade comercial subjacente e informa que a Comissão Europeia também reconhece essa necessidade, tendo se manifestado no sentido de que nem sempre a licitação é a melhor opção, sobretudo em parcerias que envolvam empreendimentos complexos, já que:

> (i) esses procedimentos [licitatórios] são normalmente designados para operar sob condições de certeza: (ii) eles proíbem consultas e comunicações informais entre as partes (o que é essencial para o desenvolvimento das parcerias); (iii) eles estão focados no menor preço, enquanto PPPs podem também visar outros fatores; (iv) eles obrigam as especificações da licitação a serem completas e, portanto, deixam pouco espaço para variações.[132]

Por outro lado, a mesma autora acima citada registra seu entendimento no sentido de que efetivamente haverá casos em que a licitação será cabível, donde a parceria que afaste o procedimento deverá ser fundamentada em requisitos objetivos aptos a comprovar a inviabilidade de aferição de elementos objetivos para a seleção no caso concreto, que não poderá se basear em fundamentos genéricos; caso possível, a disputa

---

[131] FIDALGO, Carolina Barros. *O Estado empresário*. São Paulo: Almedina, 2017. p. 451-452.
[132] FIDALGO, Carolina Barros. *O Estado empresário*. São Paulo: Almedina, 2017. p. 451-452. Rafael Wallbach Schwind propõe a sistematização da matéria em SCHWIND, Rafael Wallbach. *O Estado acionista*: empresas estatais e empresas privadas com participação estatal. São Paulo: Almedina, 2017. p. 255. Sobre o tema, *vide* ainda JUSTEN FILHO, Marçal. A contratação sem licitação nas empresas estatais. *In*: JUSTEN FILHO, Marçal (Org.). *Estatuto Jurídico das Empresas Estatais*: Lei nº 13.303/2016 – Lei das Estatais. São Paulo: RT, 2016. p. 305.

deverá ser realizada, como sói ocorrer nas contratações de parcerias público-privadas, mediante licitação, concurso ou chamamento para a constituição de nova empresa, em parceria com a iniciativa privada.[133]

Os Enunciados nº 27 e 30 da I Jornada de Direito Administrativo fornecem os subsídios para a adequada inteligência da expressão "inviabilidade de competição", no contexto da lei:

> Enunciado nº 27 da I JDA: "A contratação para celebração de oportunidade de negócios, conforme prevista pelo art. 28, §3º, II, e §4º da Lei n. 13.303/2016 deverá ser avaliada de acordo com as práticas do setor de atuação da empresa estatal. A menção à inviabilidade de competição para concretização da oportunidade de negócios deve ser entendida como impossibilidade de comparação objetiva, no caso das propostas de parceria e de reestruturação societária e como desnecessidade de procedimento competitivo, quando a oportunidade puder ser ofertada a todos os interessados".
>
> Enunciado nº 30 da I JDA: "A "inviabilidade de procedimento competitivo" prevista no art. 28, §3º, inc. II, da Lei 13.303/2016 não significa que, para a configuração de uma oportunidade de negócio, somente poderá haver apenas um interessado em estabelecer uma parceria com a empresa estatal. É possível que, mesmo diante de mais de um interessado, esteja configurada a inviabilidade de procedimento competitivo.

Segundo esses *inputs*, a inviabilidade de competição relacionada às oportunidades de negócios encerra (i) a impossibilidade de comparação objetiva, no caso das propostas de parceria e de reestruturação societária; e (ii) a desnecessidade de procedimento competitivo quando a oportunidade puder ser ofertada a todos os interessados e, assim, a desnecessidade de interessado único.

No passado recente, as dúvidas sobre o tema surgiram mais destacadamente a propósito do adequado enquadramento e das regras procedimentais para a *extinção* de parcerias, no contexto dos *desinvestimentos*, com ênfase na caracterização da inviabilidade de competição, a propósito das oportunidades de negócios.

---

[133] FIDALGO, Carolina Barros. *O Estado empresário*. São Paulo: Almedina, 2017. p. 447.

1.9 Relação entre as parcerias e os desinvestimentos sob a ótica do TCU

O Tribunal de Contas da União examinou a extinção de parcerias societárias no início do acompanhamento dos processos de desinvestimentos da Petrobras e da Eletrobras.

Como consignado no Acórdão nº 442/2017, o tribunal não fixou regime definitivo, mas alternativo, a ser adotado à luz do caso concreto: (i) havendo possibilidade de competição, devem ser adotadas as normas das respectivas sistemáticas de desinvestimento, mediante processo seletivo pautado no Decreto nº 9.188/2017; ou (ii) sendo comprovadas a ocorrência e a motivação da inviabilidade de competição, poderá ser utilizada a "inexigibilidade" prevista no §3º, inc. II, do art. 28 da Lei nº 13.303/2016.

Assim o TCU entendeu, quanto aos processos de extinção de parcerias societárias, que nem todas as alienações de participações acionárias seriam enquadráveis na hipótese de "inexigibilidade" construída pelo tribunal a partir do §3º, inc. II, do art. 28, condicionada à inviabilidade de competição por "extinção direta", mas de desinvestimentos, com desfazimento via processo competitivo previsto nas sistemáticas a partir do Decreto nº 9.188/2017.

Como desdobramento desse *decisum*, no acompanhamento dos desinvestimentos da carteira da Petrobras, a fiscalização examinou o projeto de *formação* de parceria da Lotus com a estatal chinesa National Petroleum Corporation International para conclusão do Complexo Petroquímico do Rio de Janeiro e revitalização do *cluster* de Marlim.

No Acórdão nº 477/2019 – Plenário, a SeinfraPetróleo externou seu entendimento no sentido de que a *formação de parcerias estratégicas* se enquadra na hipótese de inexigibilidade de licitação, não se submetendo às regras da sistemática de desinvestimentos por processo competitivo:

> 9. As Parcerias Estratégicas são *operações firmadas com parceiros estratégicos, vinculadas a oportunidades de negócio definidas e específicas e que envolvam compartilhamento de tecnologia, de expertise, sinergias e/ou infraestrutura com a cessão ou transferência parcial de bens ou direitos referentes a participação em Empresa/Ativo*, desde que a Petrobras mantenha o controle na participação no negócio ou Empresa/Ativo. Por suas características particulares, as parcerias estratégicas se enquadram em inexigibilidade de licitação e não se submetem às regras da Sistemática de Desinvestimentos (peça 19, arquivo: sistemática de desinvestimento).

10. Os Projetos de Desinvestimento seguem o rito previsto na sistemática e visam à transferência de titularidade, total ou parcial de bens e/ou direitos pertencentes à Petrobras ou às empresas integrantes do Sistema Petrobras relacionados à Empresa/Ativo (peça 19, arquivo: sistemática de desinvestimento). São compostos pelas fases descritas a seguir e ilustradas na figura 1: (...).[134]

No Acórdão nº 3.230/2020 – Plenário, o tribunal examinou o processo de parcerias estratégicas e desinvestimentos do Banco do Brasil (com ajustes atendidos, conforme Acórdão nº 1.644/2021), *vis-à-vis* aos riscos de diversas naturezas ali apurados em relação à estrutura de formação das parcerias do BB.[135]

O tribunal destacou dentre os riscos relevantes às estatais, em geral, nesses processos, justamente o "risco relativo à motivação insuficiente para enquadramento da inviabilidade de procedimento competitivo para realização da parceria estratégica":

Item V - RISCOS GERAIS E REQUISITOS LEGAIS PARA FORMAÇÃO DE PARCERIAS ESTRATÉGICAS POR EMPRESAS ESTATAIS
V.1 - Distinção entre desestatização, desinvestimento e formação de parceria por meio de alienação de controle;
V.2 - Risco relativo à ausência de autorização legislativa para formação de parcerias estratégicas;
V.2.1 - Ausência de alinhamento com o plano de negócios da estatal;
V.2.2 - Ausência de aprovação formal pelo Conselho de Administração da estatal;
V.3 - Risco relativo ao processo decisório de formação de parcerias (fragilidade dos mecanismos de governança da estatal);

---

[134] Acórdão nº 477/2019 – TCU – Plenário, Rel. Min. Aroldo Cedraz, Plenário, Data de julgamento: 13.03.2019, p. 3. Sobre a construção jurisprudencial do TCU, a respeito do tema *vide* ainda SANTOS NETO, Raul Dias dos. *Formação de parcerias..., cit.*. No estudo, o autor analisa os casos da Petrobras, Eletrobras, CEF, Telebras, ECT, BB e BNDES relacionados a parcerias e desinvestimentos realizados por essas estatais e analisados pelo TCU, juntamente com as respectivas normas procedimentais por elas adotadas para esses processos, cuja construção teve forte influxo dos entendimentos, recomendações e determinações da Corte de Contas.

[135] *Item IV - RISCOS DA SISTEMÁTICA DE FORMAÇÃO DE PARCERIAS ESTRATÉGICAS DO BANCO DO BRASIL*
IV.1 - Risco relativo à contratação por inexigibilidade de licitação de serviços técnicos especializados;
IV.2 - Risco relativo à condução de pontos relevantes do processo pelo assessor financeiro;
IV.3 - Risco relativo à ausência de metodologia de projetos na sistemática do BB;
IV.4 - Risco relativo ao baixo poder de influência das instâncias superiores do BB em etapas essenciais;
IV.5 - Risco relativo à ausência de previsão na sistemática do BB de anuência do Ministério da Economia (Decreto 1.091/1994);

V.4 - Risco relativo à motivação insuficiente para enquadramento da inviabilidade de procedimento competitivo para realização da parceria estratégica;
V.5 - Risco de não configuração de associação da parceria estratégica;
V.6 - Risco de irregularidades na contratação direta (dispensa de licitação) da associação formada;
V.7 - Risco de onerosidade excessiva no acordo de associação, acordo de acionistas e outros documentos societários da parceria;
V.8 - Risco relativo à ausência de prévia manifestação do Ministério da Economia na realização de parceria estratégica;
V.9 - Risco relativo à ausência de autorização do órgão regulador para bancos públicos;
V.10 - Risco relativo à configuração de desestatização parcial;[136]

Já no Acórdão nº 1.744/2021 – Plenário, o tribunal examinou – ora sob outra ótica, do *conceito*, propriamente dito, de *oportunidade de negócio* – o processo de desestatização do Serviço Federal de Processamento de Dados (Serpro), incluído no Plano Nacional de Desestatização (PND) pelo Decreto nº 10.206/2020, sob a condução do Banco Nacional de Desenvolvimento Econômico e Social (BNDES), e considerou: (i) legal o fundamento de validade da Resolução nº 3.592/2020 e, assim, juridicamente possível a inaplicabilidade de licitação na espécie de contratação relacionada especificamente ao objeto social (art. 28, §3º, I, da Lei nº 13.303/2016) para fundamentar a adoção de rito próprio de competição para a contratação de consultores técnicos especializados para o processo de desestatização; e (ii) juridicamente inviável a utilização do instituto de inaplicabilidade de licitação prevista no art. 28, §3º, II, da Lei nº 13.303/2016 para fundamentar a contratação de consultores técnicos especializados.[137]

Segundo o tribunal, a natureza da parceria alcançada pelo art. 28, §3º, II, da Lei nº 13.303/2016 "deve ter caráter perene, maior nível de comprometimento e identidade de interesses societários entre os parceiros", exigindo a "comunhão de objetos sociais, demonstração de singularidade do parceiro frente ao empreendimento, motivação para

---

[136] AC nº 3.230/2020 – Plenário, relator Ministro Bruno Dantas, sessão 02.12.2020.
[137] A Resolução nº 3.592/2020 – BNDES aprova o regulamento de contratações relativas à estruturação de projetos e de medidas de desestatização com fundamento de validade no art. 28, §3º, I e II, da Lei nº 13.303/2016 (Lei das Estatais). Acórdão nº 1.744/2021 – Plenário, relator Ministro Walton Alencar, 21.07.2021.

escolha e ponderação de custos e benefícios da atuação em parceria, frente a outras opções disponíveis".

Esse conjunto de características é incompatível ao compartilhamento de riscos e à remuneração variável adotada na contratação dos serviços de consultoria jurídica, que não se acomodam à hipótese legal de oportunidade de negócio para os fins de afastar o procedimento competitivo.[138]

1.10 Fluxo decisório das oportunidades de negócios e governança

Como visto, nas oportunidades de negócio, a situação criada pelo art. 28, §3º, inc. II será de *não incidência do princípio da licitação*, hipótese autônoma em relação às clássicas figuras da dispensa e da inexigibilidade. Isso não significa que as escolhas dos parceiros sejam guiadas por uma liberdade absoluta, mas que sejam processualizadas segundo as regras de governança típicas do regime de direito privado, pautadas em premissas complexas, mais diversificadas e menos estreitas do que aquelas exigidas nas contratações diretas.

No que se refere à procedimentalização propriamente dita, as *contratações diretas* típicas ou clássicas – dispensa e inexigibilidade – devem ser documentadas em processo instruído com os elementos indicados nos incs. I a III do §3º do art. 30 da Lei nº 13.303/2016: (i) caracterização da situação emergencial ou calamitosa que justifique a dispensa, quando for o caso; (ii) razão da escolha do fornecedor ou do executante; e (iii) justificativa do preço.

Diferentemente, por decorrência lógica do art. 28, as *parcerias diretas* não se submetem à mesma processualística dessas contratações diretas, pois a natureza jurídica e a "processualidade" inerente ao conteúdo da instrução processual exigida pelo §3º do art. 30 não se amoldam às oportunidades de negócios, como visto.

A processualização da formação e extinção de parcerias societárias e contratuais por oportunidade de negócios está em franca construção, que vem demandando regência ora pelo art. 28, §3º, II (hipótese

---

[138] *Vide* ainda Parecer nº 00220/2020/CONJUR-CGU/CGU/AGU. Disponível em: https://www.google.com/search?q=Parecer+00220%2F2020%2FCONJUR-CGU%2FCGU%2FAGU.&rlz=1C1SQJL_enBR891BR892&oq=Parecer+00220%2F2020%2FCONJUR-CGU%2FCGU%2FAGU.&aqs=chrome..69i57j0i30i546l2j0i546l3.630j0j15&sourceid=chrome&ie=UTF-8.

autônoma de inaplicabilidade de licitação), ora pelo art. 29, *caput*, inciso XVIII (hipótese própria de dispensa de licitação), ambos objetos de tratamento pelo Decreto nº 9.188/2017, que, à luz desses dispositivos, estabelece regras de *governança, transparência e boas práticas de mercado para a adoção de regime especial de desinvestimento de ativos pelas sociedades de economia mista federais*.

Independentemente da regência ser adotada, essas formações e extinções de parcerias societárias devem ser apoiadas por *decisões estruturadas* dos administradores das empresas, com fluxo decisório técnico-empresarial de autorização da realização desses (como de quaisquer) investimentos.

Essas decisões devem ser refletidas e informadas, pautadas em análises de consistência, qualidade, econômico-financeiras, direitos, obrigações e riscos assumidos, cláusulas de acordos de acionistas, entre outros dados a serem considerados.

Em termos objetivos, o investimento – e desinvestimento – em parceria societária deve ser precedido, por exemplo, de estudo técnico detalhado da oportunidade, com análise da viabilidade econômico-financeira do projeto, matriz de riscos e de atribuição de riscos, além da compatibilidade com o planejamento estratégico da empresa e seu estatuto social.

Na contratação direta por oportunidade de negócio, com base no art. 28, §3º, II da Lei nº 13.303/2016, deve ser (i) detalhada a oportunidade de negócio específica e definida; (ii) demonstrada a vantajosidade buscada, por meio de avaliação econômico-financeira da oportunidade de negócio; (iii) justificada a escolha do parceiro, destacando suas características particulares e os fundamentos de sua vinculação à oportunidade de negócio; (iv) justificada a inviabilidade de procedimento competitivo; (v) demais justificativas pertinentes. Essa fundamentação deve vir da área técnica. Daí a importância da aderência desses investimentos por oportunidade de negócios às políticas corporativas de participações societárias ou, de forma ampla, às políticas corporativas de investimentos de cada empresa.[139]

---

[139] A título de exemplo, *vide* PETROBRAS. *Síntese das Políticas de Investimentos 2019 – 2023 Aprovadas pelo Conselho Deliberativo*, conforme Ata nº 626, item 5, de 12 de dezembro de 2018. Disponível em: https://www.petros.com.br/cs/groups/public/documents/documento/xziw/mjnf/~edisp/pol_invest_2019_2023_res.pdf. Cada empresa adota seu próprio sistema. Veja-se que o Regulamento de Licitações e Contratos da Petrobras não traz regramento para formação das parcerias, mas o documento PIPESP é detalhado quanto aos critérios e ritos aplicáveis enquadrando a parceria como inexigibilidade de licitação, em razão da

Essas políticas devem estabelecer diretrizes (i) para a participação da empresa, direta, em cotas/ações de outras companhias, ou indireta, via fundos de investimentos ou outras modalidades de investimento indireto, e em outros empreendimentos empresariais; (ii) para as práticas de governança corporativa a serem observadas pelas empresas investidas e pelos gestores e administradores de fundos de investimento, além das ações de acompanhamento a serem realizadas pela estatal, contemplando no mínimo as disposições do §7º do art. 1º da Lei nº 13.303/2016.

Em observância à nitidez e transparência do controle de resultados que permeia toda a lei, o dispositivo citado traz o regime de governança próprio a ser adotado pelas empresas investidoras sobre suas investidas, no exercício do dever de fiscalizar, mediante práticas de governança e de controle proporcionais à relevância, à materialidade e aos riscos do negócio do qual participem, conforme as diretrizes ali indicadas:

> Art. 1º (...)
> §7º Na participação em sociedade empresarial em que a empresa pública, a sociedade de economia mista e suas subsidiárias não detenham o controle acionário, essas deverão adotar, no dever de fiscalizar, práticas de governança e controle proporcionais à relevância, à materialidade e aos riscos do negócio do qual são partícipes, considerando, para esse fim:
> I - documentos e informações estratégicos do negócio e demais relatórios e informações produzidos por força de acordo de acionistas e de Lei

---

singularidade. *Vide* sobre o tema SANTOS NETO, Raul. *Formação de parcerias empresariais...*, cit. Disponível em: https://bibliotecadigital.fgv.br/dspace;handle/bitstream/handle/10438/31858/Disserta%C3%A7%C3%A3o%20de%20Mestrado%20-%20Vers%C3%A3o%20Final%20-%20Raul%20Dias%20dos%20Santos%20Neto.pdf?sequence=5. Sobre investimentos em geral, *vide* algumas referências de critérios para a análise prévia da decisão sobre a realização de investimentos diretos ou por meio de subsidiárias/controladas: elaboração de plano de negócios com descrição detalhada do negócio, mercado de atuação, produtos e serviços, estratégia, investimento esperado, fontes de recurso, resultados econômico-financeiros e sociais esperados, projeções financeiras (demonstração de resultado, fluxo de caixa, balanço, se houver), *valuation*, TIR; riscos e sua alocação em matriz, impactos socioambientais e externalidades a serem geradas. Essas informações devem ser analisadas pela área técnica cujas conclusões devem considerar, além da viabilidade econômico-financeira do projeto, a aderência ao planejamento estratégico, objeto social, missão e valores da empresa. Poderão ser considerados, ainda, os seguintes critérios para seleção e avaliação dos investimentos: (i) necessidade aos imperativos da segurança nacional ou a relevante interesse coletivo, conforme definidos em lei; (ii) viabilidade econômica; (iii) atratividade econômico-financeira; (iv) tempo para gerar resultados e suas projeções; (v) diferencial competitivo; (vi) modelo de negócio; (vii) estratégia de saída; (viii) retorno financeiro; (ix) equipe multidisciplinar com capacidade de gestão. A decisão de investir deve considerar ainda fatores negociais (condições, valores, prazos, entre outros considerados relevantes).

considerados essenciais para a defesa de seus interesses na sociedade empresarial investida;

II - relatório de execução do orçamento e de realização de investimentos programados pela sociedade, inclusive quanto ao alinhamento dos custos orçados e dos realizados com os custos de mercado;

III - informe sobre execução da política de transações com partes relacionadas;

IV - análise das condições de alavancagem financeira da sociedade;

V - avaliação de inversões financeiras e de processos relevantes de alienação de bens móveis e imóveis da sociedade;

VI - relatório de risco das contratações para execução de obras, fornecimento de bens e prestação de serviços relevantes para os interesses da investidora;

VII - informe sobre execução de projetos relevantes para os interesses da investidora;

VIII - relatório de cumprimento, nos negócios da sociedade, de condicionantes socioambientais estabelecidas pelos órgãos ambientais;

IX - avaliação das necessidades de novos aportes na sociedade e dos possíveis riscos de redução da rentabilidade esperada do negócio;

X - qualquer outro relatório, documento ou informação produzido pela sociedade empresarial investida considerado relevante para o cumprimento do comando constante do caput.

O Tribunal de Contas da União traçou recomendações e determinações à CEF na análise de fiscalização, na modalidade acompanhamento, dos desinvestimentos da estatal, com foco no processo de parcerias estratégicas da Caixa Cartões *Holding*, com o objetivo de analisar a legalidade e legitimidade dos processos de formação dessas parcerias quanto à natureza jurídica das novas *joint ventures* (JV) e a outros aspectos societários:

> 9.2.2. aperfeiçoar os mecanismos de controle, de fiscalização, de gestão e de governança nas parcerias estratégicas entre empresas estatais e empresas privadas, com vistas a evitar a burla aos normativos e princípios da administração pública vigentes, em conformidade com o previsto no §7º, do art. 1º, da Lei 13.303/2016;[140]

No que se refere à governança dos fundos de investimentos nos quais as estatais tenham investimentos, recomenda-se que contemple

---

[140] Acórdão nº 2.706/2022 – TCU – Plenário.

as exigências destes, junto às empresas investidas que compõem suas carteiras, relacionadas:

- à adoção de boas práticas de governança corporativa, de forma a assegurar a implementação dos princípios da transparência, da equidade, da prestação de contas e da responsabilidade corporativa na gestão dos negócios;[141]
- à adoção de práticas que garantam a execução de princípios e normas dispostas do Código Anbima de Administração de Recursos de Terceiros;
- ao estímulo às investidas para a adoção de padrões ASG[142] na condução da gestão, prestigiando as boas práticas ambientais, sociais e de governança;
- à adoção pelos fundos e investidas de regras para garantir a observância da Lei Geral de Proteção de Dados – Lei nº 13.709/2018.

Em ambos os casos, as boas práticas corporativas indicam uma série de obrigações a serem atendidas pelas empresas investidas e fundos de investimento para definição pelo ingresso no investimento, tais como: (i) atender às condições e requisitos para participação da seleção e avaliação de oportunidades de investimento oferecidas; (ii) elaborar plano de negócio contendo as informações essenciais a orientar a avaliação do potencial investimento; (iii) providenciar todos os documentos demandados, necessários à análise do investimento; (iv) adotar as melhores práticas de governança corporativa, em compatibilidade com seu porte e setor de atuação, conforme parâmetros do IBGC.

Em síntese conclusiva, assim como ocorre nos desinvestimentos, também no caso dos investimentos via *formação* de parcerias, a gênese desses negócios impõe que a tutela do controle externo sobre as estatais observe diretrizes de governança corporativa, isso porque a decisão de formação – e extinção por desinvestimento – de parceria societária é

---

[141] Princípios da governança corporativa conforme "Código das Melhores Práticas de Governança Corporativa" do Instituto Brasileiro de Governança Corporativa (IBGC). Disponível em: https://www.ibgc.org.br/blog/principios-de-governanca-corporativa. O instituto divulgou audiência pública para a coleta de contribuições à revisão da 6ª edição do código. Período de consulta de 29.11.2022 a 31.01.2023. Disponível em: https://www.ibgc.org.br/destaques/audiencia-publica. Acesso em: 30 nov. 2022.

[142] Sobre ESG e a padronização de métricas de monitoramento da reputação da empresa com investidores e demais *stakeholders*, veja-se: https://ibgc.org.br/blog/indicadores-esg-conselhos-artigos.

ato *interna corporis* de gestão de portfólio, lastreado no planejamento estratégico da empresa, a ser executado segundo suas políticas, com resultados monitorados em função das metas projetadas, e *não do conteúdo de mérito* das parcerias.

As premissas e métricas em torno das parcerias societárias devem estar refletidas nos resultados da empresa estatal investidora.

Está aí um tema capaz de abrir muitas discussões quanto à necessária adaptabilidade do controle externo às práticas empresariais das empresas estatais, na linha do controle finalístico, como comentamos adiante, no capítulo 2, em abordagem à *governança corporativa e controle indireto das empresas estatais*.

CAPÍTULO 2

O ATUAL AMBIENTE DAS ESTATAIS BRASILEIRAS

2.1 O Estado-Empresário. Ações legislativas relevantes a partir de 2013

No capítulo 1, abordamos o modelo econômico adotado pela Constituição de 1988 em linha com as feições do Estado subsidiário, conforme os arts. 1º, inc. I, e 170.

O modelo de economia capitalista em regime de livre iniciativa e livre concorrência confere ao setor privado o protagonismo na atividade econômica e, ao Estado, uma atuação de caráter suplementar, nos moldes do art. 174.

A intervenção estatal deve ser indireta, cabendo ao Estado atuar como agente normativo e regulador da atividade econômica, nas funções de fiscalização, incentivo e planejamento, para a ordenação do comportamento dos agentes econômicos.

Essa intervenção é autorizada por lei que a reconheça necessária aos imperativos da segurança nacional ou ao atendimento de relevante interesse coletivo, nos limites do permissivo constitucional do art. 173 da Carta Magna.

As empresas públicas, as sociedades de economia mista, suas controladas e subsidiárias, além da participação minoritária em empresas privadas, materializam o aparato empresarial utilizado para realizar essa atuação estatal direta na economia.

Foi justamente nesse núcleo estatal que, a partir de 2013, o cidadão brasileiro assistiu a uma série de acontecimentos que refletiram a dura visão de um Estado depredado, incapaz de proporcionar a ordem e o progresso estampados como *slogan* em nossa bandeira.

A mídia expôs velozmente as informações sobre o verdadeiro *tsunami* da crise nacional, que não poupou ingredientes, instalando-se em todas as frentes: política, fiscal, econômica, social. Antes de tudo, a crise foi moral, ética e cívica.

Os representantes eleitos assumiram com desconcertante naturalidade o hábito de manejar egoisticamente seus poderes conferidos pelo povo, subvertendo a seu bel-prazer o conteúdo do interesse público tutelado pela ordem constitucional.

Com raras exceções, nossos governantes deturparam seu papel e prerrogativas e, assim, aqueles próprios do Estado, que deixou de atuar finalisticamente para se tornar mero – e potente – instrumento de poder maquiavelicamente a serviço do governo.[143]

Esses mandos e desmandos tiveram sua mais dramática expressão no esquema de corrupção descortinado pela força-tarefa da Operação Lava Jato, localizado na maior estatal brasileira, que, nesse episódio, logrou a proeza de quase aniquilar e que comprovou o uso da empresa como um aparato destinado à manutenção do poder e ao enriquecimento pessoal.

No entanto, a letargia legislativa opera contra as diretrizes evolutivas do sistema, definidas pelo constituinte, e o processo legislativo vive no encalço dos fatos e seus momentos sociais, o que, na Europa, se acentuou no Estado de Direito na órbita do Estado providência, como analisa Jacques Chevallier.[144]

---

[143] GUIMARÃES, Bernardo Strobel. A nova Lei das Estatais e seu caráter original. *Revista Zênite ILC*, Curitiba, n. 271, set. 2016. p. 877.

[144] CHEVALLIER, Jacques. *O Estado de direito*. Tradução de Antônio Araldo Ferraz Dal Pozzo e Augusto Neves Dal Pozzo. Belo Horizonte: Fórum, 2013. p. 82. Traçando um paralelo com o cenário brasileiro, remete-se ao comentário do jurista, que analisa a tendência de textos legais cada vez menos genéricos e não longevos, cada vez mais especiais, de acentuado conteúdo técnico e detalhista – além de regularmente em atraso –, o que compromete sua criação e perenidade no tempo e no espaço. E anota que a necessidade de ajustes incessantes, sob pena de obsolescência, é um fenômeno decorrente da vontade ou da necessidade de fixar de perto a realidade social. Nesse contexto, vários aspectos das "providências de Estado" indicadas entre as diretrizes da reforma de 1967 não encontraram seu rumo até hoje, das quais pode ser citada a *avaliação de desempenho do servidor*, cujo tratamento do decreto-lei – prosseguido na Constituição de 1988 – ainda não se materializou. O tema é objeto do Projeto de Lei Complementar nº 248/1998, que regulamenta o inc. III do §1º do art. 41 e o art. 247 da CF/1988 (tramitação em 08.09.2017, apresentação do requerimento de inclusão na ordem do dia da Câmara dos Deputados) (CÂMARA DOS DEPUTADOS. *PLP nº 248/1998*. Disponível em: https://www.camara.gov.br/proposicoesWeb/fichadetramitacao?idProposicao=21616#marcacao-conteudo-portal. Acesso em: 27 dez. 2018).

No Brasil, muitas iniciativas legislativas relevantes resultaram de pressões externas provenientes de acordos formalizados com organismos multilaterais, como providências de inserção do país na economia globalizada, o que não tira o mérito deles e, menos ainda, a utilidade. Foi o caso, por exemplo, da Lei Complementar nº 101/2000, a Lei de Responsabilidade Fiscal, que instituiu a *responsividade fiscal do gestor público* – marco inicial da mudança de eixo do tratamento da coisa pública no país.[145]

Confirmando seu caráter predominantemente reativo, o Legislativo pátrio precisou aquecer suas atividades para dar respostas à sociedade diante da crise de grandes proporções que eclodiu em movimentos de rua em todo o país a partir de 2013.[146]

Iniciou-se então um movimento legislativo voltado à reordenação do eixo regulatório e de moralização da atuação das empresas estatais, iniciado em 2013 pela Lei Anticorrupção e seguido anos após pela Lei de Responsabilidade das Empresas Estatais.

A Lei nº 12.846/2013 sacolejou a realidade de todas as empresas brasileiras ao impor-lhes a responsabilidade objetiva pela prática de

---

[145] Naquela ocasião, instituições internacionais fomentaram em todo o mundo a criação de legislações pautadas no controle de despesas e endividamento, seguindo recomendações do FMI, do Banco Mundial e da OCDE. No Brasil, o objetivo da então nova lei foi bem ilustrado por Diogo de Figueiredo Moreira Neto ao afirmar que a LRF caracterizava uma mudança de hábitos, marcando a "desejável passagem do patrimonialismo demagógico para o gerenciamento democrático" (MOREIRA NETO, Diogo de Figueiredo. A Lei de Responsabilidade Fiscal e seus princípios jurídicos. *RDA – Revista de Direito Administrativo*, Rio de Janeiro, v. 221, p. 71-93, jul./set. 2000). Outros textos legais de fundamental importância para o acervo do direito administrativo devem ser citados: Lei nº 4.320/1964 (normas gerais para elaboração e controle dos orçamentos e balanços dos entes federativos); Lei nº 4.717/1965 (ação popular); Decreto-Lei nº 200/1967; Lei nº 7.347/1984 (ação civil pública); arts. 37 e 70, *caput*, da CF/1988, com destaque à Emenda Constitucional nº 19/1998, que reformou a gestão pública e reconstitucionalizou o art. 241; Lei nº 11.107/2005 (consórcios públicos); Lei nº 8.443/1992 (Lei Orgânica do TCU); Lei nº 8.666/1993 (licitações e contratos); Lei nº 10.520/2002 (pregão); Lei nº 12.462/2011 (RDC); Lei nº 9.784/1999 (processo administrativo federal); Lei nº 10.257/2001 (Estatuto da Cidade); Lei nº 12.016/2009 (Nova Lei do Mandado de Segurança); Lei nº 12.527/2016 (acesso à informação).

[146] Diogo de Figueiredo Moreira Neto comentou esse período como segue: "O clamor das ruas, que desde 2013 tem sido cada vez mais intenso, deve ser entendido como um significativo alerta, com sentido de uma cobrança popular pela adoção de políticas públicas articuladas – ou seja, de providências de Estado e não de meros anúncios de providências cosméticas de governo, nas quais sempre sobrevém o desmedido acúmulo de novas leis, a somarem-se ao arsenal legislativo existente e pouco operante, que não é mais que um ridículo arremedo de progresso, pois, como já nos advertia Cícero há mais de dois milênios – *plurimae legis corruptíssima republica* – em tradução livre, quanto mais leis mais corrupta a república – pois o excesso de leis acaba por banalizá-las e torná-las mais fácil e impunemente transgredidas [...]" (MOREIRA NETO, Diogo Figueiredo. Corrupção, democracia e aparelhamento partidário do Estado. *RDA – Revista de Direito Administrativo*, Rio de Janeiro, v. 273, p. 485, set./dez. 2016).

atos contra a Administração Pública, inserindo-as de forma irreversível no universo do *compliance*.

Em março do ano seguinte, teve início a Operação Lava Jato.

A Lei Anticorrupção foi juntar-se à legislação preexistente sobre contratações públicas e improbidade administrativa para construir um intrincado sistema de condutas e sanções aplicáveis às pessoas físicas e jurídicas, em sede administrativa e judicial, a propósito de suas relações com o poder público. Isso pode ser notado na leitura conjunta das condutas descritas no art. 5º e nas sanções (administrativas) previstas no art. 6º, e (judiciais) indicadas no art. 19 da Lei nº 12.846/2013; das sanções administrativas previstas nos arts. 87, incs. I a IV, e 88, e dos crimes e das penas previstos nos arts. 89 a 99 da Lei nº 8.666/1993, atuais arts. 155, 156 e 178 da Lei nº 14.133/2021; das condutas indicadas nos arts. 9º, 10, 11, e correlatas sanções, indicadas no art. 12, incs. I a IV, respectivamente, da Lei nº 8.429/1992; e do art. 47 da Lei nº 12.462/2011, do Regime Diferenciado de Contratações.[147]

Anote-se à margem que, nesse cipoal de textos legais, o legislador se descuidou de preparar o terreno para viabilizar a aplicação dos institutos saneadores da *leniência* e da *colaboração premiada*, com atempada adequação do art. 17, §1º, da Lei de Improbidade Administrativa – que vedava a transação na ação de improbidade.

Ao se omitir em conformar os diversos centros de competência de controle externo aptos a conduzir esses acordos, conciliando e integrando seus efeitos, a lei gerou uma insegurança jurídica que praticamente esvaziou o propósito conformador e saneador do instituto, e o remédio foi mais forte do que a doença, com desgastes para as empresas e para as instituições democráticas.

Buscando mitigar os efeitos do caos jurídico que se instaurou em torno do assunto, o Conselho Nacional do Ministério Público (CNMP) assentou interpretação no art. 1º, §2º, da Resolução nº 179/2017 para autorizar a celebração de compromissos de ajustamento de conduta na esfera de improbidade administrativa, sem prejuízo do ressarcimento ao erário e da aplicação de uma ou algumas das sanções previstas em lei, de acordo com a conduta ou ato praticado.[148]

---

[147] Lei nº 14.133/2016: "Art. 193. Revogam-se: I - os arts. 89 a 108 da Lei nº 8.666, de 21 de junho de 1993, na data de publicação desta Lei; II - a Lei nº 8.666, de 21 de junho de 1993, a Lei nº 10.520, de 17 de julho de 2002, e os arts. 1º a 47-A da Lei nº 12.462, de 4 de agosto de 2011, após decorridos 2 (dois) anos da publicação oficial desta Lei".

[148] A interpretação gramatical do art. 17, §1º, da LIA foi questionada em iniciativa do Ministério Público, haja vista suas soluções incoerentes com a realidade, especialmente à luz da LAC, conforme tese sintetizada em excelente artigo da lavra do promotor de Justiça Landolfo

A reforma da LIA pela Lei nº 14.230/2021 enfim corrigiu essa impropriedade para ajustar seu texto à realidade do tema, pós-Lava Jato, revogando o citado §1º do art. 17. Contudo, ao tempo da revogação, o dano – às empresas e ao próprio Estado – gerado pela desastrada aplicação do instituto da leniência já havia se consumado.

Além disso, há autores que não consideram o termo de ajustamento de conduta como transação, que pressupõe sacrifício bilateral, com concessões recíprocas, enquanto o TAC seria algo como uma renúncia ou submissão, em que há o sacrifício unilateral do particular, uma autocomposição, exatamente como ocorre nas hipóteses de ressarcimento ao erário e na reparação ambiental.

Ainda nesse tema específico, outro exemplo que pode ser citado sobre as consequências do desalinhamento mencionado foi a ausência de tratamento elucidativo sobre os efeitos da sucessão societária na empresa ré em ação de improbidade – a teor do que previram os §§1º e 2º do art. 4º da Lei Anticorrupção.[149]

Andrade, de 11.04.2018: "[...] atual cenário, em que a negociação das consequências penais de um ilícito é autorizada por vários diplomas legais, mesmo nas infrações penais mais graves, não mais há razão para a proibição da negociação das sanções cíveis da LIA. Em vista da regra da coerência, faz-se necessário eliminar do microssistema de tutela do patrimônio público essa antinomia entre o art. 17, §1º, da LIA, que veda a negociação na esfera de improbidade administrativa, e as outras normas supradestacadas, que autorizam tal negociação, inclusive na esfera penal. O próprio êxito da colaboração premiada ou do acordo de leniência firmados no âmbito da persecução penal ou do processo administrativo pode ficar comprometido se a autoincriminação numa instância, em troca de um benefício, puder implicar responsabilização integral na esfera de improbidade administrativa. Daí ser correto concluir que o art. 17, §1º, da Lei 8.429/1992 foi derrogado tacitamente por incompatibilidade lógica com as leis que regem os acordos de colaboração (Lei 9.807/1999, Lei 9.613/1998, Convenção de Palermo, Convenção de Mérida, Lei 12.850/2013 e Lei 12.846/2013) em outras instâncias de responsabilização, integrantes do mesmo microssistema de tutela do patrimônio público. Essa solução, aliás, guarda consonância com a regra estatuída no art. 2º, §1º, da Lei de Introdução às Normas do Direito Brasileiro, segundo a qual 'a lei posterior revoga a anterior quando expressamente o declare, quando seja com ela incompatível ou quando regule inteiramente a matéria de que tratava a lei anterior'". O promotor critica apenas o fato de o CNMP não ter trazido parâmetros procedimentais e "materiais a serem observados nesse tipo de ajuste, em ordem a padronizar, em todo o território nacional, as negociações conduzidas pelo Ministério Público nessa seara. Alguns Ministérios Públicos estaduais, por meio de seus Conselhos Superiores, já regulamentaram a celebração de compromissos de ajustamento de conduta na esfera de improbidade administrativa, caso do Ministério Público do Estado do Paraná (Resolução 01/2017 – CSMP) e do Ministério Público do Estado de Minas Gerais (Resolução 03/2017 – CSMP)" (ANDRADE, Landolfo. Autocomposição na esfera de improbidade administrativa. *Genjurídico*, 11 abr. 2018. Disponível em: http://genjuridico.com.br/2018/04/11/autocomposicao-na-esfera-de-improbidade-administrativa/. Acesso em: 31 dez. 2018).

[149] Segundo o art. 4º da LAC, a responsabilidade da pessoa jurídica subsiste na hipótese de alteração contratual, transformação, incorporação, fusão ou cisão societária. Nas hipóteses de fusão e incorporação, a responsabilidade da sucessora será restrita à obrigação de pagamento de multa e reparação integral do dano causado, até o limite do patrimônio transferido, não

Retomando as ações legislativas impulsionadas pelos movimentos sociais a partir de 2013, em setembro de 2015 o então presidente do Senado lançou um pacote de projetos prioritários – a Agenda Brasil[150] – contendo uma série de proposições legislativas destinadas à modernização de importantes estruturas estatais, com o objetivo de incentivar a retomada do crescimento econômico do país, cuja pauta ficou a cargo da Comissão Especial do Desenvolvimento Nacional.

Integrou esse portfólio reformista o Projeto de Lei do Senado nº 52/2013, que culminou na Lei nº 13.848/2019, que dispõe sobre a gestão, a organização e o controle social das agências reguladoras, voltado à despolitização e profissionalização das agências.

Outro projeto relevante que se encontrava então em avançada fase de tramitação ao momento de fechamento da 1ª edição deste livro é o Projeto de Lei nº 1.292/1995, da Câmara, que resultou na nova Lei de Licitações e Contratos da Administração Pública direta (Lei nº 14.133/2021), que revogou as leis de Licitações (Lei nº 8.666/1993), do Pregão (Lei nº 10.520/2001) e do RDC (Lei nº 12.462/2011) e consolidou aspectos positivos dessa legislação, com inovações.

Para o que interessa especificamente a este trabalho, o destaque fica no PLS nº 555/2015 (PL nº 4.918/2016), que deu origem à Lei nº 13.303/2016, a qual efetivou o art. 173, §1º, inc. III, da Constituição, em atenção às matérias elencadas nos incs. I a V, conforme redação dada pela Reforma Administrativa de 1998, e dispôs sobre o estatuto jurídico da empresa pública, da sociedade de economia mista e de suas subsidiárias, no âmbito da União, dos estados, do Distrito Federal e dos municípios.

Nesse percurso, o ano de 2016 marcou o início de uma nova etapa da história do atuar estatal brasileiro, com o Estado instado a rever o

---

lhe sendo aplicáveis as demais sanções previstas na lei decorrentes de atos e fatos ocorridos antes da data da fusão ou incorporação, exceto no caso de simulação ou evidente intuito de fraude, devidamente comprovados. De acordo com o §2º, as controladoras, controladas, coligadas ou, no âmbito do respectivo contrato, as consorciadas serão solidariamente responsáveis pela prática dos atos previstos na lei, restringindo-se tal responsabilidade à obrigação de pagamento de multa e reparação integral do dano causado. Já o art. 8º da LIA fixa a sucessão *lato sensu*, sob o aspecto cível, prevendo que o sucessor daquele que causar lesão ao patrimônio público ou se enriquecer ilicitamente fica sujeito às cominações da lei "até o limite do valor da herança". Não houve a inserção na LIA de um detalhamento que alcançasse a sucessão especificamente sob a ótica das operações societárias – que, diga-se, se proliferaram após a instauração da Operação Lava Jato.

[150] AGENDA Brasil. *Senado Federal*, 12 ago. 2015. Disponível em: https://www12.senado.leg.br/noticias/materias/2015/08/12/agenda-brasil. Acesso em: 28 dez. 2018.

papel de suas empresas estatais e de sua própria função como acionista controlador, segundo as balizas da ordem constitucional.

Nesse aspecto, a Operação Lava Jato potencializou a ressignificação dos deveres do administrador público, de eficiência, da boa administração e da economicidade, em compatibilidade com os arts. 37, *caput*, e 70 da Constituição Federal.

Esse movimento de reordenação produtiva e moral alavancado pelas leis Anticorrupção e de Responsabilidade das Empresas Estatais instalou-se originariamente no ambiente das empresas estatais.

2.2 O reposicionamento das empresas estatais federais

Uma combinação de elementos notados no período comentado levou o governo federal, a partir de 2016, a rever o papel de suas empresas estatais na busca de eficiência empresarial, considerando suas reais capacidades de gestão e financeiras, além dos objetivos de redução do tamanho e do custo da máquina pública.

Nesse ambiente, foi revisitada a política de investimentos dessas empresas, dando início a um novo ciclo de desestatizações, a partir de processos motivados por decisões governamentais, e de gestão empresarial dentro do próprio ambiente das empresas.

As atividades a esse respeito conduzidas pela Sest – Secretaria de Coordenação e Governança das Empresas Estatais desde 2016 até o final do governo Michel Temer estão consolidadas no material disponibilizado pelo Ministério do Planejamento, Desenvolvimento e Gestão – Transição de Governo 2018-2019 – Informações Estratégicas.[151]

A Sest reporta ali as seguintes atividades realizadas no período indicado:

(i) análise das vantagens das modalidades de privatização *versus* liquidação das distribuidoras de energia da Eletrobras, visando à melhoria dos resultados da *holding* para possibilitar

---

[151] O material disponibilizado pelo Ministério do Planejamento, Desenvolvimento e Gestão – Transição de Governo 2018-2019 – Informações Estratégicas contém as atividades e diagnósticos realizados pela Sest, apontando os riscos e medidas mitigadoras – Capítulo 13 – Panorama e Perspectivas das Estatais. O capítulo 14 trata da privatização da Eletrobras. Como ali registrado, entre 2016 e setembro de 2018 as empresas estatais federais foram reduzidas de 154 para 138, por cinco processos de incorporação, duas liquidações, uma extinção, e oito vendas (p. 147, 149 e 159) (MINISTÉRIO DO PLANEJAMENTO, DESENVOLVIMENTO E GESTÃO. *Relatórios estratégicos*. Disponível em: http://www.planejamento.gov.br/transicao/relatorios-estrategicos. Acesso em: 27 dez. 2018).

a distribuição de dividendos e minimizar ou evitar a necessidade de aportes da União;

(ii) elaboração do Decreto nº 9.188/2017, que trata do regime especial de desinvestimento de sociedades de economia mista, além da análise técnica dos referidos processos de desinvestimentos visando à redução do nível de alavancagem dessas empresas e à concentração de seus esforços em seu *core business*;

(iii) elaboração do Decreto nº 9.355/2018, que estabelece regras de governança, transparência e boas práticas de mercado para a cessão de direitos de exploração, desenvolvimento e produção de petróleo, gás natural e outros hidrocarbonetos fluidos pela Petrobras, permitindo uma gestão mais eficiente e transparente do portfólio de ativos da companhia;[152]

(iv) sustentação técnica aos processos de desinvestimentos da Eletrobras (sociedades de propósito específico – SPE de geração eólica e transmissão) e Petrobras, aprovados em seus planos de negócios, que visam trazer as empresas estatais para seus *core business*, reduzir a alavancagem financeira, melhorar os resultados empresariais e trazer maior eficiência para esses conglomerados;

(v) apresentação de subsídios para fundamentar a defesa da União na ADIn nº 5.624/DF, que restringiu as hipóteses de as empresas estatais promoverem venda de ativos de forma mais célere e empresarial, com relação a aspectos econômico-financeiros;

(vi) publicação das Resoluções CGPAR nº 21, 22 e 23, de 2018;

(vii) coordenação da elaboração do Projeto de Lei nº 9215/2017, de autoria do Executivo, em tramitação na Câmara, e decreto regulamentador, que dispõem sobre a verificação do atributo da dependência e disciplinam o Plano de Recuperação e Melhoria Empresarial (PRME), aplicável às empresas estatais federais.

---

[152] O decreto teve sua aplicação suspensa por liminar concedida em 19.12.2018 pelo ministro Marco Aurélio, do Supremo Tribunal Federal, na ADIn nº 5.942 do Distrito Federal; a cautelar foi cassada pelo ministro Dias Toffoli em 14.01.2019, restabelecendo a validade do decreto. A ação teve o pedido julgado improcedente em julgamento de 13.10.2020 (publicação em 08.02.2021). Disponível em: https://jurisprudencia.stf.jus.br/pages/search?base=acordaos&pesquisa_inteiro_teor=false&sinonimo=true&plural=true&radicais=false&buscaExata=true&page=1&pageSize=10&queryString=adi%205942&sort=_score&sortBy=desc. Acesso em: 28 nov. 2022.

A natureza e o porte das relações travadas com o investidor privado e o ritmo dos avanços tecnológicos e das ferramentas de gestão não comportam uma postura leniente e ineficiente por parte do controlador estatal. Portanto, nesse campo, as inovações legislativas e as providências acima relatadas deram novas luzes ao controle de desempenho e de resultados das estatais, de seus administradores, e, em última instância, à eficiência do próprio acionista controlador, de forma a mitigar o risco de desvirtuamento dessas dispendiosas estruturas e seu uso distorcido como ferramentas governamentais e políticas.

A Operação Lava Jato expôs a corrupção institucionalizada e o comércio eleitoreiro, numa dinâmica de práticas criminosas convergentes à sustentação de um sistema em franco desmantelamento que se instalou especificamente no ambiente das empresas estatais.

Paradoxalmente, a operação mudou o eixo do país para melhor, colocando-o na trilha da atualização gerencial e da superação de cacoetes culturais, reeditando o "Muda Brasil"[153] numa sociedade globalizada e digitalizada, que soube cobrar das instituições judiciais e policiais uma atuação, disseminando um surto de urgente moralização no Brasil.

Dentre as respostas legislativas a esses eventos, a Lei nº 13.303/2016 veio preencher uma lacuna de vinte anos na efetivação da ordem constitucional de adoção nas empresas estatais de um controle de eficiência afinado com a realidade contemporânea, pautado nas melhores práticas, e cujos mecanismos de governança devem permitir a conciliação do controle institucional do aspecto estatal dessas empresas com aquele administrativo, decorrente de sua paraestatalidade.

Essas perspectivas positivas são motivadas, em especial, pelo protagonismo exercido pela governança corporativa no âmbito da lei, com seus processos e rotinas típicos da administração empresarial, objetivos nítidos e planejados para a condução das finalidades públicas das empresas estatais, tudo isso apresentado de forma transparente para permitir a verificação dos resultados alcançados.

O sistema retrata um modelo avançado de *controle indireto* dessas empresas, em cujo contexto exsurgem ressignificados – sob a ótica finalística – os controles exercidos pelo Tribunal de Contas da União e pela Comissão de Valores Mobiliários, por força das Leis nº 6.404/1976 e 6.385/1976, especialmente sobre as companhias abertas.

---

[153] Discurso do deputado Ulysses Guimarães na promulgação da Constituição de 1988.

2.3 A Lei nº 13.303/2016: eixos temáticos

Os fatos demonstraram que os desvios ocorridos na Petrobras não poderiam ser atribuídos ao Regulamento do Procedimento Licitatório Simplificado, mas à carência de técnicas empresariais profissionais e ao excesso de liberdade na gestão da empresa.[154]

A Lei nº 13.303/2016 ajustou essa distorção ao conferir às empresas estatais os instrumentos de *governança corporativa* e de *compliance* necessários para que elas perfaçam a transição preconizada em 1998 para a administração gerencial, com gestão eficaz e transparente, e controle de resultados.

Esses mecanismos de *responsividade* empresarial partem da despolitização e da profissionalização dos quadros dessas empresas. Era preciso desintoxicar as estatais dos vícios instalados no exercício do controle acionário estatal, impregnado dos cacoetes políticos da Administração Pública burocrática típica da primeira metade do século XX, apegada à tradição da cultura patrimonialista.

A lei iniciou esse processo de reorganização conceitual ao efetivar a norma constitucional de conteúdo programático do §1º do art. 173 da Constituição Federal, que determina o estabelecimento, por lei, do estatuto jurídico das empresas estatais e de suas subsidiárias, que dispusesse sobre: (i) sua função social e formas de fiscalização pelo Estado e pela sociedade; (ii) a sujeição ao regime jurídico próprio das empresas privadas, inclusive quanto aos direitos e obrigações civis, comerciais, trabalhistas e tributários; (iii) licitação e contratação de obras, serviços, compras e alienações, observados os princípios da Administração Pública; (iv) a constituição e o funcionamento dos conselhos de administração e fiscal, com a participação de acionistas minoritários; e (v) os mandatos, a avaliação de desempenho e a responsabilidade dos administradores.

A lei é estruturada em dois eixos temáticos, cujo ponto alto está nas normas de *governança corporativa* do Título I, distribuídas em três capítulos: *disposições preliminares* (arts. 1º ao 4º, Capítulo I); *regime societário da empresa pública e da sociedade de economia mista* (arts. 5º a 26, Capítulo II); e *função social da empresa pública e da sociedade de economia mista* (art. 27, Capítulo III).

---

[154] JACOBY FERNANDES, Murilo Queiroz Melo. Lei nº 13.303/2016: novas regras de licitações e contratos para as estatais. *Revista Síntese – Licitações, Contratos e Convênios*, ano VI, n. 34, p. 9-13, ago./set. 2016.

O Título II dispõe sobre as *licitações* (arts. 28 a 67, Capítulo I); os *contratos* (arts. 68 a 84, Capítulo II); e a *fiscalização pelo Estado e pela sociedade* (arts. 85 a 90, Capítulo III). O Título III traz as disposições finais e transitórias (arts. 91 a 97).

A lei tutela a um só tempo a empresa e o acionista controlador.

As regras sobre governança corporativa incorporam à administração das empresas estatais a tônica das melhores técnicas privadas, conjugando ética empresarial e eficiência de gestão, com o acompanhamento da eficácia de desempenho, da empresa e do acionista controlador, por meio de mecanismos transparentes de controle, efetivado via canais de denúncia e de prestação de contas.

2.4 Abrangência da Lei de Responsabilidade das Estatais

A Lei nº 13.303/2016 aplica-se às empresas públicas e às sociedades de economia mista e suas subsidiárias de todas as esferas da federação, na condição de lei geral, transitiva direta.[155]

As regras de governança corporativa aplicam-se a todas as estatais, inclusive às dependentes.[156]

Excluem-se de seus comandos – e em termos, conforme art. 1º, §1º – apenas as empresas com receita operacional bruta inferior a

---

[155] Essa abrangência da lei despertou polêmicas diante da ausência de previsão constitucional da competência exclusiva da União para legislar sobre o tema, como pontuado por Egon Bockmann Moreira na crítica formulada à incidência multifederativa geral da lei, e da redação do art. 173, §1º, da Constituição Federal – conforme redação da Emenda Constitucional nº 19/1998 –, que não lhe teria conferido essa amplitude; e destaca que não se trata de competência legislativa excepcional, mas, sim, do conteúdo da lei vindoura, de forma que a hipótese não se insere no art. 22 da Constituição, que elenca a competência privativa da União, nem no art. 24, cuja competência concorrente não autorizaria a edição de lei nacional sobre empresas estatais (MOREIRA, Egon Bockmann. Duas polêmicas da nova Lei de Responsabilidade das Empresas Estatais: conflito federativo e direito intertemporal. *Gazeta do Povo*, 4 jul. 2016. Disponível em: http://www.gazetadopovo.com.br/vida-publica/justica-e-direito/colunistas/egon-bockmann-moreira/duas-polemicas-da-nova-lei-de-responsabilidade-das-empresas-estatais-conflito-federativo-e-direito-intertemporal-3lzym9s4gpos25w70xdeeovxj. Acesso em: 20 set. 2016). Esse é um dos temas questionados nas seguintes ADIn em curso no Supremo Tribunal Federal: nº 5.624 MC/DF, da Federação Nacional das Associações do Pessoal da Caixa Econômica Federal (Feanee) e da Confederação Nacional dos Trabalhadores do Ramo Financeiro (Contarf/CUT); nº 5.846/DF, do Partido Comunista Brasileiro (PCdoB); e nº 5.924/DF, do governador do estado de Minas Gerais.

[156] *Vide* BICALHO, Alécia Paolucci Nogueira. A interpretação do conceito de empresa estatal dependente na Lei de Responsabilidade Fiscal. *FCGP*, ano 1, n. 3, mar. 2002; e BICALHO, Alécia Paolucci Nogueira; GONÇALVES, Andreia Barroso. Organização administrativa brasileira. *In*: MOTTA, Carlos Pinto Coelho (Coord.). *Curso prático de direito administrativo*. 3. ed. Belo Horizonte: Del Rey, 2011. p. 70.

noventa milhões de reais, conforme regulamentação dos Executivos locais, observadas as diretrizes da lei federal.[157]

Também se submetem à Lei de Responsabilidade das Empresas Estatais as empresas públicas e as sociedades de economia mista que participem de consórcio constituído nos termos do art. 279 da Lei nº 6.404/1976 na condição de operadora, bem como as sociedades de propósito específico por elas controladas.[158]

A evolução da atuação das empresas estatais vem tornando cada vez mais tênue a linha distintiva da clássica dicotomia entre as estatais prestadoras de serviços públicos e as exploradoras de atividade econômica,[159] embora a doutrina e o próprio Supremo Tribunal Federal tenham tradicionalmente consolidado a necessidade de tratamentos legais distintos, a partir da interpretação do §1º do art. 173 da Constituição.[160]

---

[157] A regulamentação local, aparentemente facultativa, transmuta-se em obrigatória logo adiante, no §4º, pois, não sendo referidos atos editados no prazo de cento e oitenta dias a partir da publicação da lei, as empresas se submeterão às regras de governança previstas no Título I e, de qualquer forma, aos arts. 2º a 8º (*normas estatutárias sobre criação, controles obrigatórios, governança e transparência*); art. 11 (*vedação à empresa pública quanto ao lançamento de debêntures ou outros títulos ou valores mobiliários, conversíveis em ações e emissão de partes beneficiárias*); art. 12 (*dever das estatais quanto à divulgação da remuneração de seus administradores e de adequar constantemente suas práticas ao Código de Conduta e Integridade e a outras regras de boa prática de governança corporativa*); e art. 27 (*observância à sua função social de realização do interesse coletivo ou de atendimento a imperativo da segurança nacional expressa no instrumento de autorização legal para a sua criação*). Em Minas Gerais, o Decreto nº 47.154/2017 definiu que o "cálculo da receita operacional bruta levará em conta as receitas informadas nas demonstrações financeiras do exercício social anterior, decorrentes exclusivamente da comercialização de bens e da prestação de serviços compreendidos no objeto da empresa estatal" (art. 50, que deu nova redação ao art. 1º do Decreto nº 47.105/2016). Não faria o menor sentido incluir na base de cálculo as receitas recebidas pela empresa dependente do ente controlador para pagamento de despesas com pessoal, de custeio em geral ou de capital (art. 2º, III, da LRF).

[158] Esse tema tem sido objeto de constante acompanhamento pelo Tribunal de Contas da União desde a "privatização híbrida" da Infraero, vinculada às desestatizações dos primeiros aeroportos nacionais, cujas concessões foram assumidas por SPEs com participação acionária conjunta da estatal e de empresas privadas. *Vide* a respeito do tema os inúmeros problemas detectados no AC-1865-28/16-P, relatado pelo ministro Augusto Nardes, relacionado à "Auditoria operacional. Avaliação da atuação da Infraero e da Anac no acompanhamento dos contratos de concessões aeroportuárias. Monitoramento do acórdão 548/2014-TCU-Plenário".

[159] *Vide* sobre o assunto JUSTEN FILHO, Marçal. Empresas estatais e a superação da dicotomia na prestação de serviço público/Exploração da atividade econômica. In: FIGUEIREDO, Marcelo; PONTES FILHO, Valmir (Org.). *Estudos de direito público em homenagem a Celso Antônio Bandeira de Mello*. São Paulo: Malheiros, 2006. p. 403-423.

[160] Em trabalho publicado em 1999, Alice Gonzalez Borges recomendava, em relação à lei então vindoura, que se respeitassem no estatuto dessas empresas suas diferenças estruturais para o efeito da abrangência das normas sobre licitações e contratos, estabelecendo-se um divisor de águas. No entanto, a assimetria não foi considerada no tratamento legal dedicado às

De toda forma, a inteligência do art. 1º da Lei de Responsabilidade das Empresas Estatais, proposta por alguns autores, como Marçal Justen Filho, conduziria à conclusão de que a lei seria aplicável às empresas exploradoras de atividade econômica e às prestadoras de serviços públicos, desde que estejam atuando em condições de mercado, em competição com as empresas privadas. Não sendo este o caso, a estatal prestadora de serviços públicos deveria observar o regime da Lei de Licitações em suas licitações e contratos.[161]

Outra corrente doutrinária entende que o dispositivo confere tratamento legal uniforme às estatais exploradoras de atividade econômica e às prestadoras de serviço público, eliminando a dicotomia de segregação em função da atividade exercida e tratando todas as estatais por regras horizontalizadas e homogêneas sob os aspectos societários, de governança corporativa, e no que tange às suas licitações e contratos.[162]

No tocante ao regime licitatório, a própria Lei nº 14.133/2021 – nova Lei de Licitações e Contratos – foi expressa quanto à sua inaplicabilidade às empresas públicas, às sociedades de economia mista e às subsidiárias, regidas pela Lei nº 13.303/2016, ressalvado o disposto no art. 178; conforme o art. 185, aplicam-se aos contratos celebrados por essas empresas as disposições do Capítulo II-B do Título XI da Parte

---

estatais, e a lei não fez distinções em função da natureza das atividades desempenhadas por essas empresas (BORGES, Alice Maria Gonzalez. O estatuto jurídico das empresas estatais na Emenda Constitucional nº 19/98. *RDA – Revista de Direito Administrativo*, Rio de Janeiro, v. 217, p. 1-12, jul./set. 1999. p. 10-11). Atualmente, não há consenso doutrinário sobre a distinção, diante da complexidade das atividades desempenhadas por essas empresas, que inviabilizam essa categorização. *Vide*, a propósito: MOTTA, Fabrício. Lei de Licitações de Estatais peca pelo excesso de regras. *Conjur*, 21 jul. 2016. Disponível em: https://www.conjur.com.br/2016-jul-21/interesse-publico-lei-licitacoes-estatais-peca-excesso-regras. Acesso em: 30 abr. 2017; FECURI, Ana Cristina. A nova Lei das Estatais: aspectos gerais licitatórios. *In*: DAL POZZO, Augusto; MARTINS, Ricardo Marcondes (Coord.). *Estatuto Jurídico das Empresas Estatais*. São Paulo: Contracorrente, 2018. p. 181. Ricardo Marcondes Martins destaca como tem sido perceptível nas obras doutrinárias mais recentes o fortalecimento da corrente contrária à dicotomia de regimes jurídicos, em contraposição ao que se defendeu por décadas na PUC-SP, conforme lições de Geraldo Ataliba e Celso Antônio Bandeira de Mello. Engrossando o coro da nova tendência, o autor cita Alexandre dos Santos Aragão e Carolina Barros Fidalgo (MARTINS, Ricardo Marcondes. Estatuto das empresas estatais à luz da Constituição. *In*: DAL POZZO, Augusto; MARTINS, Ricardo Marcondes Martins (Coord.). *Estatuto Jurídico das Empresas Estatais*. São Paulo: Contracorrente, 2018. p. 52).

[161] JUSTEN FILHO, Marçal. *Comentários à Lei de Licitações e Contratos Administrativos*. 17. ed. São Paulo: Revista dos Tribunais, 2016. p. 54.

[162] É o pensamento de diversos autores da PUC-SP, como consolidado em recente obra conjunta, nas monografias de Augusto Neves Dal Pozzo, Renan Marcondes Facchinatto, Ana Cristina Fecuri e Fernanda Neves Vieira Machado (DAL POZZO, Augusto; MARTINS, Ricardo Marcondes Martins (Coord.). *Estatuto Jurídico das Empresas Estatais*. São Paulo: Contracorrente, 2018. p. 181).

Especial do Decreto-Lei nº 2.848, de 7 de dezembro de 1940 (Código Penal).

A regência jurídica das empresas estatais apresenta uma particularidade já bem comentada em tópico anterior, decorrente de seu hibridismo, que conflui para a submissão simultânea a duas disciplinas do direito – o societário e o administrativo –, culminando no que Alexandre dos Santos Aragão chama *direito administrativo societário*, sub-ramo do direito, comum a ambas as disciplinas.

Segundo o autor, seu regime jurídico de direito privado societário e as preocupações de interesse público – ambos os temas permeando a Lei nº 13.303/2016 – fazem com que o regime dessas empresas seja atípico, como sintetiza:

> O que possui de Direito Societário não é, em sua maior parte, exatamente idêntico ao que é aplicável às empresas da iniciativa privada, e o que possui de Direito Administrativo por ser uma entidade da Administração indireta, também sofre sérias alterações, sobretudo, se a estatal for independente do orçamento público e atuar em concorrência de mercado.[163]

O equilíbrio entre suas funções estatais instrumentais e seu tipo societário, além da atuação empresarial em regime de mercado, exige dessas empresas e daqueles que com elas se relacionam, especialmente dos órgãos de controle, permanente atenção à necessária conciliação de ambas as disciplinas em seu tratamento legal.

2.5 Regras de transição

O art. 91 da lei conferiu o prazo de 24 (vinte e quatro) meses para que as estatais constituídas anteriormente à sua vigência adequassem seus estatutos às regras de *governança corporativa* e *compliance*, e editassem seus regulamentos próprios de licitações e contratos.

O art. 71, §1º, do Decreto nº 8.945/2016 fixou esse prazo para até 30.06.2018. O *caput* do dispositivo determinou a *autoaplicabilidade* da lei, exceto no que se referisse às matérias indicadas nos incs. I a VI.

Em suma: até 30.06.2018, as estatais tiveram as alternativas de, em suas contratações e alienações, aplicarem a lei nova, nos casos em

---

[163] ARAGÃO, Alexandre Santos. Direito administrativo societário: uma introdução. *In*: FERRAZ, Sérgio (Coord.). *Comentários sobre a lei das estatais*. São Paulo: Malheiros, 2019. p. 42.

que os procedimentos não envolvessem as matérias dependentes de regulamento, ou se valerem, então, da Lei nº 8.666/1993 para os procedimentos iniciados e os contratos celebrados no interregno até junho, ou até que a empresa dispusesse de regulamento, o que ocorresse primeiro.

2.6 Governança nas empresas estatais

2.6.1 Nota sobre a governança corporativa

2.6.1.1 Definição

Como anotado, o ponto alto da Lei nº 13.303/2016 é a governança corporativa.

Na revisão da 6ª edição do *Código das Melhores Práticas de Governança Corporativa* – atualmente em audiência pública para coleta de contribuições –, o Instituto Brasileiro de Governança Corporativa (IBGC) define governança corporativa como segue:

> *Governança corporativa* é o sistema formado por princípios, regras, estruturas e processos pelo qual as organizações são dirigidas e monitoradas, com vistas à geração de *valor* sustentável no *longo prazo* para a organização, seus sócios e a sociedade em geral. Esse sistema baliza a atuação dos agentes de governança e suas relações com as demais partes interessadas. Será bem-sucedido se amparado no *propósito, valores* e *cultura* da organização e na busca pelo equilíbrio entre as demandas de todas as partes interessadas e os impactos da organização para a *sociedade em geral* e o *meio ambiente*. (Grifos do original)[164]

Desvendar a morfologia da governança corporativa, a partir dessa definição, facilita a compreensão de sua dinâmica de funcionamento e propósitos.

Primeiro, entenda-se: governança é um *sistema*; um sistema dinâmico integrado por *elementos* cujo conjunto faz operar suas engrenagens.

Governança não se traduz numa compilação de regras formais, de "códigos e políticas", mas num sistema composto pelos seguintes elementos: (i) *princípios*; (ii) *regras*; (iii) *estruturas*; e (iv) *processos*.

---

[164] Período de consulta de 29.11.2022 a 31.01.2023. Disponível em: https://www.ibgc.org.br/destaques/audiencia-publica. Acesso em: 30 nov. 2022.

O objetivo desse sistema assim composto é *orientar* a forma como as organizações devem ser *dirigidas* e *monitoradas*, norteando a *atuação* dos agentes de governança e suas relações com os diversos *stakeholders*.

Já a finalidade desse sistema consiste em *gerar valor sustentável* e *perene* para a *organização*, os *sócios* e a *sociedade*.

O sucesso da governança depende de seu funcionamento, em aderência aos *propósitos*, *valores* e *cultura organizacional* próprios de cada empresa, aliado à busca pelo *equilíbrio* entre as diversas demandas em torno da organização e seus *impactos* para a sociedade e o meio ambiente.

Hoje um dos temas mais recorrentes, objeto de atenção pelas companhias e seus administradores, são os aspectos do tripé que constitui a chamada "governança ambiental, social e corporativa", designada pela sigla *ESG – Environmental, Social and Corporate Governance*.

No ambiente corporativo atual, não há como se alienar em relação a esse tema fundamental à proteção e geração de valor das organizações.[165]

2.6.1.2 Princípios

São princípios da governança corporativa: (i) integridade; (ii) transparência; (iii) equidade; (iv) responsabilidade (*accountability*); e (v) sustentabilidade.

O Código de Melhores Práticas de GC do IBGC define cada um desses princípios na proposta de sua 6ª edição, como segue:

> *Integridade*: Para além de atuar em conformidade com as leis e regulamentos, os agentes de governança devem promover o contínuo aprimoramento da ética na organização, por meio da prática inequívoca e visível da coerência entre pensamento, discurso e ação, da lealdade à organização e da imparcialidade, evitando decisões sob a influência de conflitos de interesse.
>
> *Transparência*: Consiste em disponibilizar para as partes interessadas informações verdadeiras, coerentes, claras e relevantes, sejam elas positivas ou negativas, e não apenas aquelas exigidas por leis ou regulamentos. Não deve restringir-se ao desempenho econômico-financeiro, contemplando também os demais fatores que norteiam a ação gerencial e que conduzem à preservação e à geração de valor sustentável no longo

---

[165] Sobre ESG e a padronização de métricas de monitoramento da reputação da empresa com investidores e demais *stakeholders*, veja-se: https://ibgc.org.br/blog/indicadores-esg-conselhos-artigos.

prazo para a organização. A promoção da transparência favorece o desenvolvimento dos negócios e estimula um ambiente de confiança no relacionamento com todas as partes interessadas.

Equidade: Caracteriza-se pelo tratamento justo de todos os sócios e demais partes interessadas, levando em consideração seus direitos, deveres, necessidades, interesses e expectativas, como indivíduos ou coletivamente. A equidade pressupõe uma abordagem diferenciada conforme as relações e demandas de cada parte interessada com a organização, motivada pelo senso de justiça, respeito, diversidade, inclusão, pluralismo e igualdade de direitos e oportunidades.

*Responsabilidade (*Accountability*)*: Os agentes de governança devem desempenhar suas funções com diligência, independência e com vistas à geração de valor sustentável no longo prazo, assumindo a responsabilidade individual pelas consequências de seus atos e omissões. Além disso, devem prestar contas de sua atuação de modo claro, conciso, compreensível e tempestivo, cientes de que suas decisões podem não apenas responsabilizá-los individualmente, como impactar a organização e suas partes interessadas.

Sustentabilidade: Os agentes de governança devem zelar pela viabilidade econômico-financeira da organização, reduzir as externalidades negativas de seus negócios e operações e aumentar as positivas, levando em consideração, no seu modelo de negócios, os diversos capitais (financeiro, manufaturado, intelectual, humano, social, natural, reputacional etc.) no curto, médio e longo prazos. Nessa perspectiva, compreende-se que as organizações atuam em uma relação de interdependência com os ecossistemas social, econômico e ambiental, fortalecendo seu protagonismo e responsabilidades perante a sociedade.[166]

Esses princípios são materializados e operados pelos agentes integrados à estrutura orgânica da empresa.

2.6.1.3 Agentes e estrutura de governança

Os agentes que compõem e operam o sistema de governança corporativa são os indivíduos pertencentes ou ligados à organização, engajados em suas variadas estruturas orgânicas, conforme suas funções institucionais: sócios, conselheiros de administração, conselheiros fiscais, auditores, diretores, *governance officers* e membros de comitês de assessoramento ao conselho. Os agentes de governança "são os

---

[166] Disponível em: https://www.ibgc.org.br/destaques/audiencia-publica. Acesso em: 30 nov. 2022.

guardiões dos princípios de governança corporativa e protagonistas no exercício das melhores práticas, devendo guiar suas decisões pelos princípios de governança e o propósito da organização".[167]

O quadro abaixo ilustra a posição de cada um dos agentes e dá uma noção da natureza da relação destes entre si, dentro da estrutura de governança de uma organização.

Quadro 1 – Estrutura de governança corporativa

Fonte: IBGC, *cit.*

---
[167] *Idem, ibidem.*

2.6.2 Estruturas de governança das empresas estatais

O art. 6º da Lei de Responsabilidade das Estatais traz as regras estatutárias obrigatórias a todas as estatais, dando o contorno da governança corporativa[168] materializada no conteúdo dos seguintes mecanismos de eficiência de gestão, transparência e controles destinados a modernizar a administração dessas empresas: (i) governança corporativa; (ii) transparência; (iii) estrutura, práticas de gestão de riscos e de controle interno; (iv) composição da administração; e (v) mecanismos de proteção aos acionistas.[169]

Dentre as normas gerais, o art. 5º reitera o tipo societário a ser obrigatoriamente adotado pelas sociedades de economia mista, de

---

[168] Vide Instrução Normativa Conjunta do Ministério do Planejamento e da Controladoria Geral da União nº 1/2016, que dispõe sobre controles internos, gestão de riscos e governança no âmbito do Executivo Federal; Resolução nº 18/2016 da Comissão Interministerial de Governança Corporativa e de Administração de Participações Societárias da União (CGPAR), sobre políticas de conformidade e gerenciamento de riscos em compatibilidade com seu porte, natureza e atividades desenvolvidas; e Referencial Básico de Governança aplicável a órgãos e entidades da Administração Pública, 2ª versão, de 2014 (Portaria TCU nº 25, de 01.01.2014); Referencial para Avaliação da Governança do Centro de Governo, de 2016. Inspirado na governança corporativa, o TCU tem cumprido importante papel de controle da governança pública por meio dos levantamentos de governança (das políticas públicas) em setores diversos, por exemplo: em 2013, segurança pública estadual; em 2014, aquisições em todas as esferas de governo; em 2015, foi feito um levantamento de governança de âmbito nacional, com análise sistêmica das oportunidades de melhoria. Atuação conjunta dos TC do Brasil e recomendações aos órgãos governantes superiores (Acórdão nº 1.273/2015); em 2016, tecnologia da informação; ainda em 2016, governança da Política Nacional de Resíduos Sólidos (Acórdão nº 2.512/2016-P), que abordou a gestão de resíduos sólidos nacionalmente.

[169] O cumprimento da efetividade desse conjunto de providências é acompanhado com regularidade em diversas frentes de fiscalização. Vide, por exemplo, o Acórdão nº 2.604/2018 – TCU – Plenário, de 14.11.2018, que trata da auditoria operacional coordenada pela Seccor. "Avaliação dos controles de prevenção e detecção relacionados à fraude e à corrupção de 287 instituições federais em face dos respectivos poderes econômicos e de regulação. Mapa de exposição com o status de cada unidade. Elevada exposição ao risco de fraude e corrupção. Fragilidades nos sistemas de integridade. Alto índice de instituições ainda em níveis iniciais de gestão de riscos e controles internos. Ausência ou deficiência dos modelos de dados abertos. Transparência e *accountability*. Ausência de critérios mínimos e objetivos para indicação de dirigentes nas instituições federais. Publicação do mapa de exposição. Determinações. Recomendações." O Ministério do Planejamento, Desenvolvimento e Gestão divulgou os resultados do IG-SEST 3º Ciclo. Ao contrário dos 1º e 2º ciclos, que deram ênfase em conformidade, este último passou a ter um viés de efetividade. Noticia-se ali uma média geral de 7,0, e seis estatais com nota 10 (Banco do Brasil, BB DTVM, BB Seguridade, Eletrobras, EMGEA e Petrobras) (IG-SEST. *Planejamento divulga resultado do 3º ciclo de avaliação das estatais federais*. Disponível em: http://www.planejamento.gov.br/ igsest. Acesso em: 25 jan. 2019). Vide ainda NARDES, João Augusto; ALTOUNIAN, Claudio Sarian; VIEIRA, Luís Afonso Gomes. *Governança pública*: o desafio do Brasil. 2. ed. Belo Horizonte: Fórum, 2016. p. 153; e NARDES, Augusto. *Da governança à esperança*. 1. reimpr. Belo Horizonte: Fórum, 2018.

sociedades anônimas submetidas ao regime da Lei nº 6.404/1976, exceto nas hipóteses de derrogações específicas da própria Lei nº 13.303/2016.[170]

O art. 10 do Decreto nº 8.945/2016, por exemplo, excepciona a aplicação da Lei das Sociedades Anônimas à sociedade de economia mista no que se refere (i) à quantidade mínima de membros do conselho de administração; (ii) ao prazo de atuação dos membros do conselho fiscal; e (iii) às pessoas aptas a propor ação de reparação por abuso do poder de controle e prazo prescricional para sua propositura.

Buscando talvez uniformizar os regimes societários e homogeneizar as regras de funcionamento das empresas estatais, o art. 11 do decreto determina que a empresa pública adotará preferencialmente a forma de sociedade anônima, que, contudo, é obrigatória para suas subsidiárias.

As empresas públicas, sociedades de economia mista de capital fechado e suas subsidiárias submetem-se também ao regime da Lei das Sociedades Anônimas e devem observar as normas da Comissão de Valores Mobiliários sobre escrituração e elaboração de demonstrações financeiras, inclusive a obrigatoriedade de auditoria independente por auditor registrado.

2.6.3 Indicação dos administradores

O art. 17 da lei reduziu drasticamente o espaço do acionista controlador para realizar indicações políticas desvinculadas de critérios técnicos para os cargos de membro do conselho de administração e diretoria (inclusive presidente, diretor-geral e diretor-presidente).

A juridicidade da aprovação dessas indicações pelo conselho de administração condiciona-se à comprovação documental pelo indicado do atendimento de requisitos objetivos, positivos, de natureza profissional e acadêmica, relacionados à experiência profissional mínima; formação acadêmica compatível com o cargo; não enquadramento nas hipóteses de inelegibilidade; além de reputação ilibada e notório conhecimento.

Além de atender a essas condições, o indicado deve apresentar autodeclaração[171] versando sobre seu não enquadramento nas vedações

---

[170] Sobre a acomodação entre as normas das Leis nº 6.404/1976 e 13.303/2016, *vide* BORBA, José Edwaldo Tavares. *Direito societário*. 15. ed. São Paulo: Atlas, 2017. p. 494.

[171] Sobre o aspecto formal do cumprimento dessas etapas, *vide* Portaria nº 3, de 30.09.2016, da Sest, e Resolução nº 15, da CGPAR, de 10.05.2016, que estabelecem os procedimentos

subjetivas relacionadas basicamente às hipóteses de conflito de interesses, parametrizadas pela Lei nº 12.813/2013: (i) representante do órgão regulador ao qual a empresa esteja sujeita: (ii) ministro de Estado; (iii) secretário de Estado; (iv) secretário municipal; (v) titular de cargo sem vínculo permanente com o serviço público, de natureza especial ou de direção e assessoramento superior na Administração Pública; (vi) dirigente estatutário de partido político; (vii) titular de mandato no Poder Legislativo de qualquer ente da federação, ainda que licenciado do cargo; (viii) pessoa que tenha atuado, nos últimos 36 (trinta e seis) meses anteriores, como participante de estrutura decisória de partido político ou em trabalho vinculado à organização, estruturação e realização de campanha eleitoral;[172] (ix) pessoa que exerça cargo em organização sindical; (x) pessoa que tenha firmado contrato ou parceria, como fornecedor ou comprador, demandante ou ofertante, de bens ou serviços de qualquer natureza, com a pessoa político-administrativa controladora da empresa pública ou da sociedade de economia mista, ou com a própria empresa ou sociedade, em período inferior a 3 (três)

---

operacionais para verificação de requisitos e violações dos representantes do Ministério do Planejamento, Desenvolvimento e Gestão em conselhos de administração e fiscal das empresas estatais e diretorias das entidades vinculadas ao ministério.

[172] Ao tempo do fechamento desta edição, o art. 17, §2º, incisos I e II, da Lei nº 13.303/2016 estava sendo questionado perante o Supremo Tribunal Federal na ADI nº 7.331, ajuizada pelo Partido Comunista do Brasil (PCdoB). Em 16.03.2023, o ministro Lewandowski concedeu liminar para suspender a restrição à indicação de conselheiros e diretores de estatais que sejam titulares de cargos de natureza especial ou de direção e assessoramento superior na Administração Pública (ministros de Estado, secretários estaduais e municipais) ou que tenham atuado na estrutura de partido político ou em campanha eleitoral nos três anos anteriores. O ministro entendeu que a previsão viola os princípios constitucionais da isonomia, da proporcionalidade e da razoabilidade. Em relação à quarentena para as pessoas que atuaram na estrutura decisória de partido ou em campanha eleitoral, o ministro fixou interpretação no sentido da necessidade apenas do afastamento das atividades diretivas, considerando desarrazoado o prazo de três anos para a vedação. A liminar ainda deverá ser referendada pelo Plenário Virtual da Corte (https://portal.stf.jus.br/noticias/verNoticiaDetalhe.asp?idConteudo=504156&ori=1. Acesso em: 17 mar. 2023). Também se encontra em tramitação no Senado Federal o Projeto de Lei nº 2.896-A, de 2022, aprovado pela Câmara dos Deputados em 13.12.2022, que altera as Leis nº 13.303/2016 e 9.986/2000. O referido projeto altera a atual redação do art. 17, §2º, inciso II, da Lei das Estatais – e seu correspondente art. 8º-A, inciso II, da Lei das Agências Reguladoras –, que veda a indicação para o Conselho de Administração e para a Diretoria das empresas estatais "de pessoa que atuou, nos últimos 36 (trinta e seis) meses, como participante de estrutura decisória de partido político ou em trabalho vinculado a organização, estruturação e realização de campanha eleitoral" para "pessoa que atue como participante de estrutura decisória de partido político ou em trabalho vinculado à organização, estruturação e realização de campanha eleitoral"; e acrescenta ao mesmo art. 17 o §6º, que exclui essa vedação caso a pessoa comprove seu "desligamento da atividade incompatível com antecedência mínima de 30 (trinta) dias em relação à posse como membros de conselhos da administração".

anos antes da data de nomeação; e (xi) pessoa que tenha ou possa ter qualquer forma de conflito de interesse com a pessoa político-administrativa controladora da empresa pública ou da sociedade de economia mista ou com a própria empresa ou sociedade.

Os impedimentos indicados nos itens (i) a (vi) aplicam-se aos parentes consanguíneos ou afins até o terceiro grau das pessoas ali mencionadas.

A verificação de conformidade do processo relacionado à política de indicação ficará a cargo de comitê estatutário – Comitê de Elegibilidade –, a ser criado com a finalidade específica de auxiliar o controlador na avaliação do cumprimento dos requisitos legais, e cujas recomendações constituirão fundamento de aprovação ou recusa motivada, pelo conselho, das indicações por aquele realizadas.

Sobre esse tema, o Colegiado da Comissão de Valores Mobiliários negou provimento ao recurso interposto pelo estado de Santa Catarina contra o Ofício de Alerta nº 10/2017/CVM/SEP/GEA-3, por meio do qual a Superintendência de Relações com Empresas (SEP) havia alertado o estado sobre seu entendimento quanto à irregularidade observada na eleição de membros do Conselho de Administração das Centrais Elétricas de Santa Catarina S.A. (Celesc) na AGOE de 28.04.2017.

Na decisão, o colegiado confirmou a competência da CVM para a aplicação da Lei nº 13.303/2016; a incidência imediata das vedações do art. 17, §2º; e a inaplicabilidade do decreto local que contrariava disposição da lei federal.[173]

---

[173] PROC. SEI nº 19957.003858/2017-10, Reg. nº 0820/17 Rel. DHM, 09.10.2018. "Em relação ao mérito do recurso, a Gerência de Acompanhamento de Empresas 3 – GEA-3, divisão interna da SEP, concluiu que: (i) a CVM possui competência para fiscalizar o cumprimento do art. 17 da Lei das Estatais, e o citado art. 85 versa meramente sobre regras de celebração de contratos pela companhia, tendo em vista sua localização em capítulo próprio; (ii) não há prazo de adaptação para o art. 17 da Lei das Estatais, assim como há precedente tanto da CVM quanto do judiciário no sentido da aplicação imediata do referido artigo; (iii) o Decreto Federal nº 8.945/16 regulamenta a Lei das Estatais somente no âmbito federal e, portanto, suas regras não se aplicam à CELESC, sociedade de economia estadual. Ademais, o art. 66 do referido decreto define que os administradores empossados até a véspera de 01.07.16 poderão permanecer em seus cargos, a denotar que o art. 17 é aplicável desde a referida data; (iv) a antinomia jurídica no presente caso é irreconciliável, pois as normas em questão definem comandos que se contradizem, visto que aplicar o disposto no Decreto Estadual nº 1.025/16 resultaria em violação à Lei nº 13.303/16. Diante disso, a CVM deveria atentar à hierarquia normativa e priorizar o cumprimento da lei em face do ato normativo estadual, o que não implicaria revogação ou anulação; (v) os tribunais superiores, assim como o STF, têm reconhecido a possibilidade de o Poder Executivo afastar a aplicação de lei que fundamentemente considere inconstitucional, sem intervenção do Judiciário; assim, de forma análoga, a CVM poderia deixar de aplicar regulamento estadual para evitar que norma hierarquicamente superior fosse violada; e (vi) a fiscalização das sociedades de

2.6.4 Requisitos de transparência

Os requisitos mínimos de transparência a serem adotados nas empresas estatais estão previstos no art. 8º da lei e compreendem a elaboração e divulgação na internet, de forma permanente, cumulativa e atualizada, de:

(i) carta anual de governança corporativa do conselho de administração consolidando a explicitação dos compromissos de consecução de políticas públicas assumidas pela empresa em atendimento ao interesse coletivo ou ao imperativo de segurança nacional que tenha justificado a autorização para sua criação, com definição clara dos recursos a serem empregues para tal fim, bem como dos impactos econômico-financeiros de sua consecução, aferíveis por meio de indicadores objetivos; tais informações devem constar de documento escrito único, redigido em linguagem clara e direta, que habilite terceiros a acompanhar a tutela do interesse público representado pelas estatais e deve se manifestar por meio do alinhamento entre os objetivos da empresa e aqueles das políticas públicas implementadas (incs. I e VIII);

(ii) adequação do estatuto social à autorização legislativa de criação da empresa (inc. II);

(iii) política de transações com partes relacionadas, segundo os requisitos de competitividade, conformidade, transparência, equidade e comutatividade, que deverá ser revista no mínimo anualmente e aprovada pelo conselho de administração (inc. VII);

(iv) política de remuneração e de distribuição de dividendos (inc. V);

(v) relatório anual integrado ou de sustentabilidade (inc. IX);

(vi) política de divulgação de informações relevantes sobre: atividades desenvolvidas, estrutura de controle, fatores de risco, dados econômico-financeiros, comentários sobre desempenho, políticas e práticas de governança corporativa,

---

economia mista estaduais por parte da CVM não compromete o pacto federativo porque, ao abrirem seu capital, tais companhias se sujeitam ao poder de polícia da CVM, conforme o disposto nos arts. 4º e 8º, V, da Lei nº 6.385/76 e o art. 235 da Lei nº 6.404/76" (CVM. *Ata da Reunião do Colegiado nº 39 de 09.10.2018*. Disponível em: http://www.cvm.gov.br/decisoes/2018/20181009_R1.html. Acesso em: 25 jan. 2019).

e descrição da composição e remuneração da administração (incs. III e IV), além de nota explicativa às demonstrações financeiras e dos dados operacionais e financeiros das atividades relacionadas à consecução dos fins de interesse coletivo ou de segurança nacional (inc. VI);

(vii) política de gestão de pessoas e código de conduta dos agentes e política de porta-vozes (art. 18, incs. I e III).

Ainda no bloco de dispositivos voltados à governança, em linha com o art. 9º da lei e com o inc. V, §3º, do art. 173 da Constituição Federal, o art. 13 se refere à obrigatoriedade da lei que autorizar a criação da empresa e dispor sobre as diretrizes e restrições a serem consideradas na elaboração do estatuto, em especial a avaliação anual, individual e coletiva, do desempenho dos administradores e dos membros de comitês, observados os quesitos mínimos relacionados à exposição dos atos de gestão praticados; licitude e eficácia da ação administrativa; contribuição para o resultado do exercício; e consecução dos objetivos estabelecidos no plano de negócios e na estratégia de longo prazo.

2.6.5 Estruturas, práticas de gestão de riscos e controle interno

Os instrumentos de *accountability*[174] previstos na LRE compreendem estruturas e práticas de gestão de riscos e de controle interno compostas por: (i) auditoria interna vinculada ao conselho de administração (diretamente ou por meio do comitê de auditoria estatutário) para, entre outras funções, aferir a adequação do controle interno, a efetividade do gerenciamento dos riscos e dos processos de governança, e a confiabilidade do processo de coleta, mensuração, classificação, acumulação, registro e divulgação de eventos e transações para a preparação de demonstrações financeiras; (ii) comitê de auditoria estatutária para, entre outras funções, avaliar e monitorar, em conjunto com a administração e a área de auditoria interna, a adequação das transações com partes relacionadas; e (iii) conselho fiscal com funcionamento permanente.

---

[174] Sobre o tema, *vide* FERRAZ, Sérgio. Das regras de governança corporativa, transparência e gestão de riscos. *In*: FERRAZ, Sérgio (Coord.). *Comentários sobre a Lei das Estatais*. São Paulo: Malheiros, 2019. p. 92-120.

A empresa deverá elaborar e manter atualizado código de conduta e integridade[175] que contemple: (i) os princípios, valores e missão da empresa, além de orientações sobre a prevenção de conflitos de interesses e a vedação da prática de atos de corrupção e fraude; (ii) as instâncias internas responsáveis pela atualização e aplicação do código, com canal aberto para o recebimento de denúncias internas e externas relativas a seu descumprimento, e demais normas internas de ética e obrigacionais; (iii) as sanções aplicáveis em caso de violação às regras do código; e (iv) as normas a respeito do treinamento periódico, no mínimo anual, sobre o código, a ser ministrado a empregados e administradores; e da política de gestão de riscos, a administradores.

A área responsável pela verificação do cumprimento de obrigações e de gestão de riscos, controle e *compliance* deverá ser vinculada ao diretor-presidente, liderada por diretor estatutário, e deve gozar de prerrogativas que garantam sua atuação independente e o cumprimento adequado de suas atribuições. Esse núcleo deverá ter a possibilidade de se reportar diretamente ao conselho de administração em situações de suspeita do envolvimento do diretor-presidente em irregularidades ou quando este se furtar à adoção de medidas necessárias em relação aos fatos a ele relatados.

Ainda garantindo efetividade a essas medidas, o comitê de auditoria estatutário deverá possuir meios para receber denúncias, inclusive sigilosas, internas e externas, versando sobre matérias relacionadas ao escopo de suas atividades, e terá autonomia operacional e dotação orçamentária para conduzir ou determinar a realização de consultas, avaliações e investigações atinentes a suas atribuições.

2.6.6 Órgãos internos

O conselho de administração deve ser composto por, no mínimo, 7 (sete) e, no máximo, 11 (onze) membros com mandato de até 2 (dois) anos, permitidas até 3 (três) reconduções, devendo contar ainda com, no mínimo, 25% (vinte e cinco por cento) de membros independentes, que não possuam qualquer tipo de vínculo com a empresa ou com o controlador (ou pelo menos um, caso haja decisão pelo exercício da

---

[175] O conteúdo do Programa de Integridade é indicado nos arts. 41 e 42 do Decreto nº 8.420/2015; *vide* ainda Portaria CGU nº 909, de 07.04.2015.

faculdade do voto múltiplo pelos acionistas minoritários, nos termos do art. 141 da Lei das Sociedades Anônimas).[176]

Entre outras competências indicadas no art. 18, cabe ao conselho: (i) cuidar da aplicação e execução do *compliance*; (ii) discutir, aprovar e monitorar as decisões envolvendo práticas de governança corporativa, relacionamento com partes interessadas, política de gestão de pessoas e código de conduta dos agentes; (iii) implementar e supervisionar os sistemas de gestão de riscos e de controle interno estabelecidos para a prevenção e mitigação dos principais riscos a que se expõe a empresa, inclusive relacionados à integridade das informações contábeis e financeiras e à ocorrência de corrupção e fraude; (iv) estabelecer política de porta-vozes, visando eliminar risco de contradição entre informações de diversas áreas e dos executivos; e (v) avaliar os diretores, nos termos do art. 13, inc. III, da Lei nº 13.303/2016, podendo para tanto contar com apoio metodológico e procedimental do comitê estatutário.

O conselho deve, ainda, sob pena de responsabilização de seus integrantes por omissão, promover a análise anual de atendimento das metas e resultados na execução do plano de negócios e da estratégia de longo prazo, cujas conclusões devem ser publicadas e informadas ao Congresso Nacional, às assembleias legislativas, às câmaras e aos tribunais de contas competentes.

A diretoria, composta por, no mínimo, 3 (três) membros com mandato de até dois anos, permitidas até três (três) reconduções, tem destaque na função de planejamento finalístico e de controle, cabendo-lhe, nos termos do art. 23, fiscalizar o cumprimento dos compromissos de metas e resultados a serem alcançados, e apresentar para aprovação do conselho o plano de negócios para o exercício anual seguinte e a estratégia de longo prazo atualizada com análise de riscos e oportunidades para, no mínimo, os 5 (cinco) anos seguintes.

O conselho fiscal será composto por 3 (três) a 5 (cinco) membros com mandato não superior a 2 (dois) anos, admitidas até 2 (duas) reconduções. Os conselheiros serão pessoas naturais residentes no país, com formação acadêmica compatível com o exercício da função e que tenham exercido por prazo mínimo de 3 (três) anos cargo de direção ou assessoramento na Administração Pública, ou cargo de conselheiro fiscal ou administrador em empresa; e pelo menos 1 (um) membro

---

[176] *Vide* arts. 18 a 20 e 22 da Lei nº 13.303/2016.

indicado pelo controlador, servidor público com vínculo permanente com a Administração Pública.

O comitê de auditoria estatutário será composto por 3 (três) a 5 (cinco) membros, a maioria independente, e se reunirá no mínimo a cada bimestre, com os objetivos indicados nos arts. 24 e 25 da lei, de:

(i) opinar sobre a contratação e destituição de auditor independente, e supervisionar suas atividades, avaliando sua independência, a qualidade dos serviços prestados e a adequação dos serviços às necessidades da empresa;
(ii) supervisionar as atividades desenvolvidas nas áreas de controle interno, de auditoria interna e de elaboração das demonstrações financeiras, monitorando a qualidade e a integridade dos mecanismos de controle interno, das demonstrações financeiras e das informações e medições divulgadas;
(iii) avaliar e monitorar exposições de risco da empresa, podendo requerer, entre outras, informações detalhadas sobre políticas e procedimentos referentes à remuneração da administração e utilização de ativos da empresa e gastos em seu nome incorridos;
(iv) avaliar e monitorar, em conjunto com a administração e a área de auditoria interna, a adequação das transações com partes relacionadas;
(v) elaborar relatório anual com informações sobre as atividades, os resultados, as conclusões e as recomendações do comitê de auditoria estatutário, registrando, se houver, as divergências significativas entre administração, auditoria independente e comitê de auditoria estatutário, em relação às demonstrações financeiras;
(vi) avaliar a razoabilidade dos parâmetros em que se fundamentam os cálculos atuariais, bem como o resultado atuarial dos planos de benefícios mantidos pelo fundo de pensão, quando a empresa for patrocinadora de entidade fechada de previdência complementar.

O acionista controlador tem as obrigações de praxe, da Lei das Sociedades Anônimas, respondendo pelos atos praticados com abuso de poder, mediante ação de reparação proposta pela sociedade, pelo terceiro prejudicado, ou pelos demais sócios, independentemente de autorização da assembleia geral de acionistas, com prescrição em 6 (seis) anos.

2.6.7 Aplicação da Lei Anticorrupção

Dentre as disposições relacionadas à governança e ao controle das estatais, merece nota o art. 94 da Lei nº 13.303/2016, que submete essas empresas às sanções aplicáveis em razão da prática das condutas tipificadas no art. 5º da Lei nº 12.846/2013, Lei Anticorrupção.

Foram reservadas às estatais as penalidades de caráter financeiro patrimonial e moral, a saber: (i) em sede administrativa, mediante processo administrativo de responsabilização, multa e publicação de sentença condenatória (art. 6º, incs. I e II, da Lei Anticorrupção); e (ii) em sede judicial, perdimento dos bens, direitos ou valores que representem vantagem ou proveito direta ou indiretamente obtidos da infração, ressalvado o direito do lesado ou de terceiro de boa-fé.

O dispositivo excepciona essas empresas das sanções de suspensão ou interdição parcial de suas atividades; dissolução compulsória; e proibição de receber incentivos, subsídios, subvenções, doações ou empréstimos de órgãos ou entidades públicas e de instituições financeiras públicas ou controladas pelo poder público.

As exceções terão decorrido da função constitucional outorgada a essas empresas pelo *caput* do art. 173, de atendimento aos imperativos da segurança nacional ao relevante interesse coletivo.

A nosso ver, a não aplicação às estatais infratoras da vedação do *recebimento de incentivos, subsídios e empréstimos de órgãos ou entidades públicas e de instituições financeiras públicas ou controladas pelo poder público, pelo prazo mínimo de 1 (um) e máximo de 5 (cinco) anos*, implica tratamento diferenciado, benéfico e especial em relação às empresas privadas.

A exceção seria justificável quiçá no caso das prestadoras de serviços públicos, cujo objeto é mais sensível na medida em que envolve o funcionamento de estruturas essenciais ao cotidiano dos cidadãos.

José Edwaldo Tavares Borba aponta para a inconsistência desse tipo de tratamento mais favorável às empresas estatais. O autor sustenta a inconstitucionalidade da Lei de Falências na parte em que exclui essas empresas de sua incidência e, assim, dos regimes falimentar e de recuperação judicial; a regra é de natureza constitucional (art. 173,

§1º, inc. II) e manda aplicar às empresas estatais a legislação privada, donde não tem cabimento afastar a incidência da lei a essas empresas.[177]

Em síntese conclusiva deste tópico, o arcabouço legislativo trazido pela Lei nº 13.303/2016, a ser transposto em sede estatutária pelas empresas estatais, introduz efetivamente nessas empresas a administração pública gerencial, potencializando sua eficiência por meio de técnicas e práticas atuais de gestão e de controle de desempenho.

As regras de *accountability* obrigam as empresas estatais a desenvolver um planejamento ético e responsável, e dele prestar contas de forma transparente, no que se refere aos fundamentos de suas decisões e ações. Essas regras (re)conduzem as empresas e seu acionista controlador a de fato atuarem a serviço do Estado, e não do governo.[178]

A compatibilidade entre o planejamento e o desempenho, conciliada aos resultados, deve ser suficiente para justificar o esforço estatal e o custo financeiro e social da criação e manutenção dessas estruturas empresariais.

Numa leitura teleológica, essas dinâmicas reforçam a independência e a autonomia decisórias necessárias ao cumprimento da função social expressa no instrumento de autorização legal de criação da empresa e, mais importante, permitem que se *qualifique objetivamente o interesse público a ser realizado pela estatal* – que será traduzido em indicadores explícitos, mensuráveis e aferíveis pelos órgãos de controle e pela sociedade, via ampla publicidade de dados e informações.

Trata-se de dar vida ao interesse público definido na letra do §1º do art. 8º da Lei nº 13.303/2016, a ser realizado por essas entidades, expresso na conjunção do respeito às razões que motivaram a autorização legislativa de criação da empresa e o alinhamento entre seus objetivos e aqueles de políticas públicas.

Como anotado, o modelo de administração gerencial viabilizado pelas práticas de governança corporativa possibilita ainda uma avaliação técnica objetiva das razões de manutenção ou do afastamento da presença estatal na economia, em atendimento às balizas do art. 173, *caput*, da Constituição.

---

[177] BORBA, José Edwaldo Tavares. *Direito societário*. 15. ed. São Paulo: Atlas, 2017. p. 497.
[178] GUIMARÃES, Bernardo Strobel. A nova Lei das Estatais e seu caráter original. *Revista Zênite ILC*, Curitiba, n. 271, set. 2016. p. 877.

2.6.8 Governança corporativa e controle indireto das empresas estatais

A busca pela melhoria da eficiência no desempenho da Administração Pública já havia sido consignada na Reforma Administrativa introduzida pelo Decreto-Lei nº 200/1967, quando:

> [...] submete toda atividade do Executivo ao *controle de resultado* (arts. 13 e 25, V), fortalece o *sistema de mérito* (art. 25, VII), sujeita a Administração indireta à *supervisão ministerial* quanto à *eficiência administrativa* (art. 26, III) e recomenda a *demissão* ou *dispensa* do servidor comprovadamente *ineficiente* ou *desidioso* (art. 100).[179]

Já em 1989, Hely Lopes Meirelles comentava a ineficácia desses sistemas e a demanda de outros controles:

> Em princípio, as entidades paraestatais (*empresas públicas, sociedades de economia mista, fundações instituídas ou mantidas pelo Poder Público e serviços sociais autônomos*) têm autonomia administrativa e financeira, sendo apenas *supervisionadas* pelo Ministério a que estiverem *vinculadas* (não *subordinadas*), mas os desmandos e abusos na administração dessas entidades, notadamente nas empresas públicas e sociedades de economia mista, criaram tal endividamento e tantos gastos supérfluos, que a União viu-se forçada a instituir rigorosos controles administrativos e financeiros, através de normas legais e regulamentares em complemento das disposições do Decreto-lei 200, de 25.2.1967, que estabelecia apenas a supervisão ministerial para essas entidades (arts. 19 a 28).[180]

---

[179] MEIRELLES, Hely Lopes. *Direito administrativo brasileiro*. 14. ed. São Paulo: Revista dos Tribunais, 1989. p. 86.

[180] À época foi criada a Secretaria de Controle das Estatais (Sest) – Decreto nº 84.128, de 29.10.1979 – como superórgão integrado à então Secretaria de Planejamento da Presidência da República (Seplan), com poder de controle amplo e geral sobre os recursos e gastos dessas entidades que utilizassem ou pudessem utilizar dinheiros públicos (abrangendo as autarquias, com designação genérica e imprópria, de "empresas estatais"). Os controles foram intensificados por meio de vários decretos-leis posteriormente revogados pelo Decreto nº 2.036, de 28.06.1983, restando o Decreto nº 2.037, de mesma data, e o nº 2.065, de 26.10.1983, cuidando o primeiro do controle prévio de dispêndios, e o segundo, de aumento salarial; o Decreto nº 94.684, de 24.07.1987 dispensou sua aplicação a essas entidades no que se refere aos critérios de reajuste de preços nos contratos públicos (MEIRELLES, Hely Lopes. *Direito administrativo brasileiro*. 35. ed. São Paulo: Malheiros, 2009. p. 315). *Vide* sobre o tema DUTRA, Pedro Paulo de Almeida. *Controle de empresas estatais*. São Paulo: Saraiva, 1991; e PINTO JÚNIOR, Mario Engler. *Empresa estatal*: função econômica e dilemas societários. 2. ed. São Paulo: Atlas, 2013.

Bem antes da Emenda Constitucional nº 19/1998 introduzir a *eficiência* entre os princípios da Administração Pública, o autor destacava o *dever de eficiência* do agente público, vinculado ao dever da *boa administração*, como o mais moderno princípio da função administrativa, que "já não se contenta em ser desempenhada apenas com legalidade, exigindo resultados positivos para o serviço público e satisfatório atendimento das necessidades da comunidade e de seus membros".[181]

A Lei de Responsabilidade das Empresas Estatais supre essa carência, apresentando um sistema de controle indireto, gerencial, norteado pela governança corporativa voltada aos resultados orientados por um horizonte de planejamento objetivo, com estruturas e processos claramente definidos.

Essa perspectiva impõe aos órgãos de controle o desafio de adaptabilidade da forma de condução de suas atividades, segundo essa conotação finalística e empresarial do conteúdo dos resultados atingidos pelas estatais, em consonância com os novos paradigmas da Lei nº 13.303/2016, a natureza orgânica dessas empresas estatais, e a agilidade dos negócios por elas desenvolvidos.

Essa renovação do eixo do controle externo – que adquire um viés de visão mais ampla no contexto da Administração Pública gerencial – era aguardada desde 1998, como consignado pelo Tribunal de Contas da União no Acórdão nº 121/1998, que tratou do alcance da Reforma Administrativa:

> [...] o direito nunca foi incompatível com o simples bom senso [...] após a promulgação da Emenda Constitucional 19 (Reforma Administrativa), que introduziu na Administração Pública um modelo gerencial, no qual o controle dos processos administrativos passa a ser substituído pelo controle de resultados, a liberdade de contratação pelas empresas estatais exploradoras de atividade econômica foi ainda mais acentuada.[182]

As dificuldades práticas dessa ressignificação podem ser aquilatadas a partir das balizas conferidas pelos arts. 49 e 50 do Decreto nº

---

[181] MEIRELLES, Hely Lopes. *Direito administrativo brasileiro*. 35. ed. São Paulo: Malheiros, 2009. p. 315.

[182] TCU, Plenário. Acórdão nº 121/1998. Rel. Min. Iran Saraiva, sessão 26.08.1998. *DOU*, 4 set. 1998 *apud* ARAGÃO, Alexandre Santos de. *Empresas estatais, o regime jurídico das empresas públicas e sociedades de economia mista*: de acordo com a Lei 13.303/2016. Rio de Janeiro: Forense, 2017. p. 253. *Vide* ainda GUIMARÃES, Bernardo Strobel. A nova Lei das Estatais e seu caráter original. *Revista Zênite ILC*, Curitiba, n. 271, set. 2016. p. 877.

8.945/2016:[183] a supervisão ministerial não pode reduzir ou suprimir a autonomia das empresas e não autoriza ingerência do ministério supervisor em sua administração e funcionamento; a supervisão deve ser exercida nos limites da lei, focalizando na realização de políticas públicas transparentes e em harmonia com o objeto social da empresa estatal e com as diretrizes do plano plurianual; enfim, as ações e deliberações do Tribunal de Contas da União, do Ministério da Transparência, Fiscalização e Controladoria-Geral da União (CGU), e do ministério supervisor ao qual a empresa estatal esteja vinculada não podem implicar interferência em sua gestão, ingerência no exercício de suas competências ou na definição da forma de execução das políticas públicas setoriais.

A autonomia administrativa é supervisionada, e não vigiada.

Sob outra vertente, Alexandre Santos de Aragão trata do princípio da primazia dos controles societários sobre os controles de tutela administrativa, indicando a seguinte "ordem sucessiva de primazias de controle: controles regulatórios, controles societários e, por último, os controles de tutela administrativa. Cabendo um deles, afasta-se, em princípio, o cabimento dos seguintes".[184]

É sempre um desafio para os órgãos de controle e de supervisão conciliarem na prática a função fiscalizatória com esses limites e, ainda, com as disposições introduzidas pela Lei nº 13.655/2018 à Lei de Introdução às Normas do Direito Brasileiro, na tutela da segurança jurídica e da eficiência na criação e na aplicação do direito público.[185]

---

[183] Os limites dessas atividades objeto da regulamentação constam dos arts. 89 e 90 da LRE. Além disso, o art. 85 fixa o dever de fiscalização pelos órgãos de controle externo e interno das três esferas de governo; o art. 86 obriga as empresas a indicarem as informações relativas a licitações e contratos em bancos de dados eletrônicos atualizados e com acesso em tempo real; o art. 87 trata do controle das despesas decorrentes dos contratos pelo sistema interno e pelo tribunal de contas competente (o §1º prevê a possibilidade de impugnação do edital por qualquer cidadão, até 5 dias úteis antes da licitação, que será respondida em até 3 dias pela empresa, sem prejuízo da representação ao tribunal de contas ou aos órgãos de controle interno contra irregularidades na aplicação da lei); o art. 88 obriga as empresas a disponibilizarem informações completas sobre a execução de seus contratos e orçamento.

[184] ARAGÃO, Alexandre Santos de. *Empresas estatais, o regime jurídico das empresas públicas e sociedades de economia mista*: de acordo com a Lei 13.303/2016. Rio de Janeiro: Forense, 2017. p. 330. Vide ainda BORBA, José Edwaldo Tavares. *Direito societário*. 15. ed. São Paulo: Atlas, 2017. p. 511-535.

[185] Vide sobre os novos paradigmas do direito administrativo: MOREIRA NETO, Diogo de Figueiredo (Coord.). *Uma avaliação das tendências contemporâneas do direito administrativo/ Una evolución de las tendencias del derecho administrativo*. Rio de Janeiro: Renovar, 2003; mais recentemente, MEDAUAR, Odete. *O direito administrativo em evolução*. 3. ed. Brasília: Gazeta Jurídica, 2017. p. 322-370; e JUSTEN FILHO, Marçal. *Curso de direito administrativo*. 13. ed. São Paulo: Revista dos Tribunais; Thomson Reuters, 2018. p. 60-71; CARVALHO FILHO, José dos Santos. Paradigmas do direito administrativo contemporâneo. In: PEIXINHO,

Os arts. 20 a 30 introduzidos à LINDB expressam a necessidade de modernizar conceitos e agregar solidez às bases sob as quais se formam e se estabilizam as relações jurídicas travadas entre o Estado e os particulares.

Esse novo conjunto de dispositivos prestigia o princípio da confiança legítima, da finalidade e da economicidade, evitando que as decisões se prendam à forma ou à legalidade estrita, sem que sejam consideradas suas consequências práticas, as alternativas possíveis, além da forma de reposicionamento da ordem contratual, dos direitos mútuos dos contraentes e da sociedade, potencialmente afetados por seu conteúdo.[186]

2.7 Licitações e contratos na Lei nº 13.303/2016. A lacuna histórica da lei própria das empresas estatais e as dificuldades culturais da transição para um novo regime

Foram necessários muitos anos e uma Operação Lava Jato para que o legislador despertasse de seu estado de inércia e estabelecesse por lei o regime próprio de licitações e contratações de obras, serviços, compras e alienações das empresas estatais.

Essa letargia legislativa – um estado constitucional tendente à inconstitucionalidade, segundo Marçal Justen Filho – deu espaço para que nesse percurso se consolidassem enganos fundamentais.[187]

Manoel Messias; PEREIRA JUNIOR, Jesse Torres; MOURA, Emerson Affonso da Costa. *Mutações do direito administrativo*: estudos em homenagem ao Professor Diogo de Figueiredo Moreira Neto. Rio de Janeiro: Lumen Juris, 2018. p. 209. Sobre o controle nas empresas estatais, recomenda-se a leitura do trabalho de SILVA, Maria Hermínio Penteado Pacheco e. O controle das empresas estatais. *In*: DAL POZZO, Augusto; MARTINS, Ricardo Marcondes Martins (Coord.). *Estatuto jurídico das empresas estatais*. São Paulo: Contracorrente, 2018. p. 313-345.

[186] *Vide* sobre o tema a recente primeira obra sobre a LINDB comentada: CUNHA FILHO, Alexandre Jorge Carneiro; ISSA, Rafael Hamze; SCHWIND, Rafael Wallbach (Coord.). *A Lei de Introdução às Normas do Direito Brasileiro* – Anotada: Decreto-Lei nº 4.657, de 4 de setembro de 1942. v. 2. São Paulo: Quartier Latin, 2019. Contribuímos ali com comentários ao art. 24 da lei (p. 271-315).

[187] *Vide* Acórdão nº 493/2017 – TCU – Plenário, Processo TC nº 019.808/2014-3, que cuidou da auditoria autorizada nos autos do TC nº 010.970/2014-2 destinada a verificar a regularidade do processo de desimobilização do Banco do Brasil (BB), efetuado mediante integralização de seus ativos em Fundos de Investimento Imobiliário (FII) constituídos pela entidade (item 38, p. 9). *Vide*, a propósito, JUSTEN FILHO, Marçal. A contratação sem licitação nas empresas privadas. *In*: JUSTEN FILHO, Marçal. *Estatuto Jurídico das Empresas Estatais*: Lei 13.303/2016 – Lei das Estatais. São Paulo: Revista dos Tribunais, 2016. p. 283 e ss.

Sob o aspecto gerencial, a autonomia empresarial foi substituída por uma competência discricionária não autorizada pelo regime constitucional.[188]

Do ponto de vista jurídico e comercial, instalou-se em torno das empresas estatais uma cultura típica de um sistema de contratações engessado, incompatível com o ritmo e a natureza de suas atividades, em especial das exploradoras de atividade econômica.

Durante esse período, apenas a Petrobras adotou regime especial previsto no Regulamento do Procedimento Licitatório Simplificado aprovado pelo Decreto nº 2.745/1998, amparado no art. 67 da Lei nº 9.478/1997.

É notória a polêmica gerada a propósito da validade do decreto, cuja aplicação prevaleceu com base em decisão do Supremo Tribunal Federal, em contraposição ao entendimento do Tribunal de Contas da União, que jamais reconheceu sua constitucionalidade.[189]

Essa discussão perdeu sentido diante da conformação dada ao tema pela Lei nº 13.303/2016, cujo art. 96, inc. II, revogou o art. 67 da Lei da Política Energética Nacional, afetando a subsistência do decreto[190] – o que a esta altura pouco importa, haja vista a liberdade da companhia para recriá-lo em novas bases, segundo as diretrizes flexíveis permitidas pela Lei de Responsabilidade das Empresas Estatais.[191]

Além da Petrobras, a Eletrobras também havia sido autorizada a instituir regime licitatório simplificado, nos termos do art. 15, §2º, da Lei nº 3.890-A/1961, com a redação dada pela Lei nº 11.943/2009, hoje igualmente revogado pela Lei nº 13.303/2016. No entanto, a companhia não o fez, e as contratações e alienações do Sistema Eletrobras prosseguiram regidas pela Lei nº 8.666/1993[192] – e assim foi com todas as estatais no país, alçadas pela abrangência do art. 1º, parágrafo único, da Lei Nacional de Licitações.

---

[188] *Idem*, item 31 (ii), p. 10.

[189] Sobre os debates e sua evolução, *vide* JUSTEN FILHO, Marçal. *Comentários à Lei de Licitações e Contratos Administrativos*. 17. ed. São Paulo: Revista dos Tribunais, 2016. p. 61.

[190] Marçal Justen Filho entende que o decreto não foi revogado como consequência da revogação do art. 67 da Lei nº 9.478/97 e que poderá prevalecer nos pontos em que não conflitar com a nova lei (JUSTEN FILHO, Marçal. *Comentários à Lei de Licitações e Contratos Administrativos*. 17. ed. São Paulo: Revista dos Tribunais, 2016. p. 56-59).

[191] Como de fato fez, conforme primeira revisão publicada no *DOU* de 02.07.2018.

[192] *Vide*, a propósito, JUSTEN FILHO, Marçal. A contratação sem licitação nas empresas privadas. *In*: JUSTEN FILHO, Marçal. *Estatuto Jurídico das Empresas Estatais*: Lei 13.303/2016 – Lei das Estatais. São Paulo: Revista dos Tribunais, 2016. p. 283 e seguintes.

Veja-se, porém, a distorção, porque, até 1998, de fato, embora materialmente incompatível com sua roupagem e missão empresarial, as empresas estatais foram constitucionalmente submetidas ao sistema da Lei Nacional de Licitações, com raiz no art. 37, inc. XXI, da Constituição.

Entretanto, quando a Emenda Constitucional nº 19/1998 alterou a redação do inc. XXVII do art. 22, remetendo à também nova redação então conferida ao art. 173, §1º, inc. III, a Constituição reposicionou esse estado de coisas para determinar a criação de um regime licitatório especialmente cunhado para essas empresas, cujas licitações e contratos não deveriam mais se submeter à Lei de Licitações:

> Art. 22. Compete privativamente à União legislar sobre: [...]
> XXVII - normas gerais de licitação e contratação, em todas as modalidades, para as administrações públicas diretas, autárquicas e fundacionais da União, Estados, Distrito Federal e Municípios, obedecido o disposto no art. 37, XXI, e para as empresas públicas e sociedades de economia mista, nos termos do art. 173, §1º, III; [...]
> Art. 173. Ressalvados os casos previstos nesta Constituição, a exploração direta de atividade econômica pelo Estado só será permitida quando necessária aos imperativos da segurança nacional ou a relevante interesse coletivo, conforme definidos em lei. §1º A lei estabelecerá o estatuto jurídico da empresa pública, da sociedade de economia mista e de suas subsidiárias que explorem atividade econômica de produção ou comercialização de bens ou de prestação de serviços, dispondo sobre: [...]
> III - licitação e contratação de obras, serviços, compras e alienações, observados os princípios da administração pública; [...].

Houve ali uma ruptura e o reconhecimento – em sede constitucional – da imprestabilidade do regime geral de licitações e contratos para o atendimento das demandas das empresas estatais, que ganhariam regime jurídico próprio, com construção cometida ao legislador ordinário.

Nesse ínterim, "enquanto" o legislativo não cumpria a ordem constitucional, a doutrina e a jurisprudência se esforçaram para assentar entendimentos que afastassem o regime licitatório geral[193] nas situações

---

[193] "[...] as empresas públicas e sociedades de economia mista exploradoras de atividade econômica devem seguir as normas da Lei 8.666/93, porém estando dispensadas de licitar nas hipóteses de atuação na atividade fim da empresa e nos casos em que o diploma licitatório constitua óbice intransponível à sua atividade negocial, conforme passagem do voto condutor paradigma no Acórdão 624/2003 – Plenário. '[...] julgo que o só fato de se tratar de atividade-fim não afasta, de pronto, a obrigatoriedade da realização de procedimento

relacionadas às atividades-fim dessas empresas e, assim, mitigar as distorções causadas pela aplicação da Lei de Licitações nessas circunstâncias.

O movimento teve seu mérito paliativo, mas não supriu a ausência do regime jurídico próprio das estatais, cuja criação havia sido imposta, de resto, por ordem constitucional.

Era preciso que a lei estabelecesse o liame objetivo entre dois regimes jurídicos distintos: um aplicável à Administração direta, com raiz constitucional no art. 37, inc. XXI; e outro aplicável às empresas estatais, com raiz constitucional diversa, nos arts. 22, inc. XXVII, e 173, §1º, inc. III.

O fato de, durante todo esse interregno, as contratações e alienações das empresas estatais terem sido tratadas na vala comum do regime da Lei nº 8.666/1993 foi suficiente para cristalizar uma cultura equivocada – nas empresas, em seus contratados e parceiros, e nos órgãos de controle – de uma rigidez publicista incompatível com a natureza de seus negócios. A mudança dessa noção talvez não fosse hoje tão árdua se não houvesse o legislador sido tão omisso.

licitatório. Isso só ocorre quando se verificar, no caso concreto, que os trâmites inerentes a esse procedimento constituem óbice intransponível à atividade negocial da empresa, que atua em mercado onde exista concorrência. Esse foi o entendimento que norteou o Voto Revisor, por mim apresentado no TC 008.232/1999-7 (relatado pelo eminente Ministro Ubiratan Aguiar), no qual se examina a regularidade dos termos da licitação realizada pela Petrobras para contratação de serviços de afretamento de unidades flutuantes de perfuração semi-submersíveis. Não há dúvidas de que os contratos daí resultantes encontram-se umbilicalmente ligados à atividade-fim da Petrobrás: exploração de petróleo. Mas, nem por isso, deixou a empresa de realizar processo licitatório, como, aliás, vem realizando há anos. Não se aventa, naqueles autos, seja pela empresa, seja pelo relator, seja pelo revisor, a juridicidade da exigência da aplicação das normas de licitação à atividade-fim, mas tão-somente a adequação das exigências contidas no edital à Lei 8.666/1993. Dessa forma, a jurisprudência deste Tribunal sobre a não incidência das normas de licitação à atividade-fim das empresas estatais (como na hipótese do Acórdão 121/1998 – Plenário, no qual foi dado provimento parcial a pedido de reexame interposto contra a aplicação de multa a membros da Diretoria Executiva da BR Distribuidora por não realização de licitação para contratação de serviços de transportes), deve ser aplicada de forma cautelosa, porque constitui premissa lógica dessas decisões, ainda que não mencionada expressamente, a existência de óbices intransponíveis para a realização das atividades negociais, em função do procedimento licitatório. Assim sendo, sempre que a realização de licitação não trouxer prejuízos à consecução dos objetivos da entidade, por não afetar a agilidade requerida para sua atuação eficiente no mercado concorrencial, remanesce a obrigatoriedade da licitação.'
39. Esse mesmo entendimento pode ser encontrado nos Acórdãos 1.390/2004-Plenário, 1.186/2007-2a Câmara, 2.176/2007-Plenário e 1.854/2009-2ª Câmara, dentre outros. Fica claro da análise da jurisprudência do TCU que a mera atuação da estatal em sua atividade fim não afasta, de pronto, a obrigatoriedade da realização de procedimento licitatório. Isso só ocorre quando, cumulado àquele requisito, se verificar, no caso concreto, que os trâmites inerentes a esse procedimento constituam óbice intransponível à atividade negocial da empresa, que atua em mercado concorrencial" (Relatório do Acórdão nº 493/2017 – TCU – Plenário, Processo TC nº 019.808/2014-3).

De toda forma, durante esse período de vácuo, as administrações direta e indireta de todas as esferas da federação conviveram com a Lei de Licitações e suas "variantes", o pregão e o Regime Diferenciado de Contratações, o RDC – cujo sistema evoluído, consolidado no Projeto de Lei nº 1.292/1995, hoje Lei nº 14.133/2021, é, ao fim e ao cabo, basicamente aquele também introjetado pela Lei nº 13.303/2016.

Com os pertinentes ajustes, o conjunto dessa legislação é o sistema paradigma daquele que veio a substituir o regime jurídico das licitações e contratos da Administração direta, com revogação da legislação precedente.

2.8 A simbiose entre os regimes licitatórios contratuais da Lei nº 13.303/2016 e do Regime Diferenciado de Contratações (RDC), consolidada na Lei nº 14.133/2021

Embora o foco deste trabalho não seja o regramento das licitações e contratos sob a égide da Lei de Responsabilidade das Empresas Estatais, não se poderia omitir um registro sobre os aspectos vetoriais do regime jurídico instituído pelo Título II da Lei nº 13.303/2016.

A partir da promulgação da Lei nº 13.303/2016, a Lei nº 8.666/1993 passou a se aplicar às empresas estatais apenas nas hipóteses ali previstas: o art. 41 determina a incidência das normas de direito penal dos arts. 89 a 99 da Lei de Licitações, e o art. 55, inc. III, remete aos critérios de desempate do §2º do art. 3º da mesma lei, voltados ao fomento da indústria nacional.

Atualmente, o §1º do art. 1º da nova Lei de Licitações e Contratos, Lei nº 14.133/2021, exclui de sua abrangência as empresas públicas, as sociedades de economia mista e as suas subsidiárias, regidas pela Lei nº 13.303/2016.

A única ressalva ficou por conta do art. 178: a aplicação aos contratos das estatais, das disposições do Capítulo II-B do Título XI da Parte Especial do Decreto-Lei nº 2.848, de 7 de dezembro de 1940 (Código Penal) (art. 185).

E o art. 189 da Lei nº 14.133/2021 determina a aplicação desse novo diploma às hipóteses previstas na legislação que façam referência expressa às leis revogadas pelo art. 193, inc. II, da Lei nº 14.133/2021, às Leis nº 8.666/1993 e 10.520/2002, e aos arts. 1º a 47-A da Lei nº 14.462/2011 – é o caso, por exemplo, do art. 41 da Lei nº 13.303/2016.

No mais, a regência das licitações e contratos das empresas estatais encontra-se no conjunto dos dispositivos que se estende dos arts. 28 a 90 da Lei nº 13.303/2016, que tratam: *das licitações* (arts. 28 a 67); *dos contratos* (arts. 68 a 84); e *da fiscalização pelo Estado e pela sociedade* (arts. 85 a 90).

O art. 91 concedeu 24 (vinte e quatro) meses para que as estatais editassem seus regulamentos de licitações e contratos com o conteúdo traçado no art. 40.

Os temas ali indicados não são *numerus clausus*, e as empresas puderam construir suas normas conforme suas próprias peculiaridades, desde que compatíveis com a lei.[194]

A Lei nº 13.303/2016 incorporou em grande monta o RDC, instituído pela Lei nº 12.462/2011, tratado em nosso *RDC – Comentários ao Regime Diferenciado de Contratações*, 2ª edição.[195]

Na verdade, o próprio Regime Diferenciado de Contratações já havia, a seu turno, absorvido em larga escala o sistema do Decreto nº 2.745/1998, o Regulamento da Petrobras.

Um olhar caleidoscópico sobre o conjunto de textos legais composto pelo decreto, pela Lei nº 12.462/2011, pela Lei nº 13.303/2016 e pela Lei nº 14.133/2021 – esta última gestada na plataforma evolutiva já refletida naquela primeira – dá uma visão do sistema das contratações públicas no Brasil.

---

[194] Na esfera federal, o art. 71 do Decreto nº 8.945/2016 fixou esse prazo para até 30.06.2018, ao mesmo tempo em que criou uma figura *sui generis* para implementar de imediato o novo regime, reputado *autoaplicável*, exceto quanto: (i) aos procedimentos auxiliares das licitações de que tratam os arts. 63 a 67; (ii) ao procedimento de manifestação de interesse privado para o recebimento de propostas e projetos de empreendimentos previsto no §4º do art. 31; (iii) à etapa de lances exclusivamente eletrônica (§4º do art. 32); (iv) à preparação das licitações com matriz de riscos (inc. X do *caput* do art. 42); e (v) à observância da política de transações com partes relacionadas, a ser elaborada, de que trata o inc. V do *caput* do art. 32: (vi) à disponibilização na internet do conteúdo informacional requerido nos arts. 32, §3º, 39, 40 e 48. Essas matérias dependiam de regulamento, enquanto tudo o mais deveria ser observado, independentemente dessa providência. Conteúdo dos regulamentos, indicado no art. 40, compreende: (i) glossário de expressões técnicas; (ii) cadastro de fornecedores; (iii) minutas-padrão de editais e contratos; (iv) procedimentos de licitação e contratação direta; (v) tramitação de recursos; (vi) formalização de contratos; (vii) gestão e fiscalização de contratos; (viii) aplicação de penalidades; e (ix) recebimento do objeto do contrato.

[195] BICALHO, Alécia Paolucci Nogueira; MOTTA, Carlos Pinto Coelho (*in memoriam*). *RDC*: Comentários ao Regime Diferenciado de Contratações: Lei nº 12.462/2011 – Decreto 7.581/2011. Belo Horizonte: Fórum, 2014.

O ciclo de atualizações legislativas desse período se completou com a aprovação do projeto da nova Lei de Licitações, possibilitando a construção de um marco jurídico mais afinado com a realidade das licitações e contratos no país.

A reformatação desse sistema é condição estruturante do destravamento da cadeia de relações produtivas público-privadas.

A simbiose notada entre a Lei de Responsabilidade das Empresas Estatais e o Regime Diferenciado de Contratações – cujos avanços, como registrado, se refletem na Lei nº 14.133/2021 – deve ser compreendida à luz do percurso evolutivo da legislação sobre contratações públicas entre 1993 e os dias atuais.

A Lei nº 8.666/1993 foi editada num momento histórico "pós-década perdida", quando o país passara então recentemente pelo processo de redemocratização, concretizado com a promulgação da Constituição Cidadã, que marcou a ruptura com o regime militar instalado entre 1964 e 1985.

A Lei nº 8.666/1993 revogou o Decreto-Lei nº 2.300/1986, antecedido pelo Decreto nº 200/1967 e, mais remotamente, pelo Código de Contabilidade de 1922, todos tais textos editados pelas mãos do Executivo.[196]

Nascida nesse contexto, no âmbito de processo legislativo democrático, como resposta ao então recente *impeachment* do presidente Fernando Collor de Mello, a plataforma da Lei nº 8.666/1993 foi o próprio Decreto-Lei nº 2.300/1986.

Sob o comando do inc. XXVII do art. 22 da Constituição, o legislador consolidou em um único texto legal todas as normas sobre licitações e contratos que haviam sido construídas, anote-se, num ambiente de alta burocratização.

Nos comentários apresentados em tópico anterior, a propósito das fases evolutivas da Administração Pública brasileira, anotamos que o legislador de 1967 já a impulsionara para uma transição para um regime burocrático-gerencial, segundo as diretrizes de planejamento, coordenação, descentralização, delegação de competência e controle, nos moldes do Decreto nº 200.

Esse contexto do surgimento da Lei nº 8.666/1993 explica seu caráter manualizado.

---

[196] Sobre a evolução legislativa do instituto das licitações no Brasil, *vide* MOTTA, Carlos Pinto Coelho. *Eficácia nas licitações e contratos*. 11. ed. Belo Horizonte: Del Rey, 2011. p. 3 e ss.

A lei nasceu em ares – apenas em tese – pós-burocráticos, a partir da remodelação das normas anteriores, do Decreto-Lei nº 2.300/1986.

Embora seja apontada como o grande entrave às contratações públicas – o que não pode ser aceito como verdade absoluta[197] – a Lei de Licitações desempenhou papel fundamental na construção dos conceitos e mecanismos cuja experimentação prática foi depurada pela jurisprudência, em especial do Tribunal de Contas da União, permitindo os erros e acertos que abririam caminho para um modelo legal de burocracia mitigada.

As críticas ao caráter detalhista da lei geraram movimentos sucessivos na linha de sua alteração ou revogação, cujas diversas propostas[198] não lograram avançar, até o advento do Projeto de Lei do Senado nº 559/2013, que seguiu para o Projeto da Câmara nº 1.292/1995, até a promulgação da Lei nº 14.133/2021.

Nesse interregno, as dificuldades de alterar a Lei de Licitações levaram à edição de leis especiais, menos como forma de tangenciar seus ditos "entraves", e mais como consequência natural da demanda por um sistema mais alinhado com as dinâmicas da realidade, que mudaram muito em relação ao cenário de 1993.

As inovações alcançaram em especial os aspectos procedimentais das licitações, pouco criando em relação aos contratos administrativos, que permaneceram sob a regência predominante da lei geral.

De toda forma, a mudança mais substancial nos procedimentos licitatórios fez sua aparição em 2000, no Decreto nº 3.555, sucedido pela Lei nº 10.520/2002 (pregão) e pelo Decreto nº 5.450/2005 (pregão eletrônico).

O pregão imprimiu celeridade às compras governamentais com a inversão de fases de julgamento de habilitação e propostas; a fase recursal única ao final do procedimento; a oferta de lances viva-voz durante a disputa de preços; o exame da documentação de habilitação apenas do vencedor; o uso da tecnologia da informação nas licitações.

---

[197] Vide BICALHO, Alécia Paolucci Nogueira; MOTTA, Carlos Pinto Coelho (*in memoriam*). RDC: Comentários ao Regime Diferenciado de Contratações: Lei nº 12.462/2011 – Decreto 7.581/2011. Belo Horizonte: Fórum, 2014. p. 33.

[198] Em 1997, o Anteprojeto de Nova Lei de Licitações, apelidado de Anteprojeto Bresser (elaborado pelo então Ministério de Administração Federal e Reforma do Estado); em 2002, o denominado Anteprojeto de Lei Geral de Contratações da Administração Pública (originário do Ministério do Planejamento, Orçamento e Gestão); em 2003, o PL nº 146, apresentado pelo deputado José Santana de Vasconcellos; em 2007 o PL nº 7.907, apresentado pelo deputado Márcio Reinaldo; e também em 2007 seu sucessor, o PL nº 32 e substitutivo de autoria do senador Eduardo Suplicy.

A modalidade tem seus méritos, mas sua aplicação imoderada, com renitentes enquadramentos inadequados de objetos na categoria de "comuns", apresentou uma face perversa.

Os pregoeiros se nortearam obstinadamente pelo *menor preço nominal*, em prejuízo da qualidade, o que reflete uma distorção dos princípios da finalidade e da *vantajosidade*, além da falta de efetivo controle da qualidade do gasto público.

O fator técnica também foi desprestigiado, porque não raro o gestor prefere se esquivar de justificar a necessidade de sua aferição a se submeter ao risco da tutela punitiva do controle externo.

Prosseguindo no tema da evolução legislativa, a Instrução Normativa nº 2/2008, do Ministério do Planejamento, Orçamento e Gestão, tratou das contratações de serviços contínuos, agregando-lhes o viés do planejamento, da boa especificação em projeto básico e termo de referência, além do acordo de níveis de serviço.

Em 2010, a Lei nº 12.232 cuidou especificamente das contratações dos serviços de publicidade. O Decreto nº 7.892/2013 regulamentou o art. 15 da Lei nº 8.666/1993, dispondo sobre o procedimento auxiliar do registro de preços, já tratado no âmbito da antecedente Lei do RDC, com outras particularidades.

Em 2014, em linha evolutiva com suas antecessoras, a Instrução Normativa nº 1/2014, do Ministério do Planejamento, Orçamento e Gestão, tratou das contratações de tecnologia da informação, sucedida pela Instrução Normativa nº 1/2019.

Ainda no que se refere ao bloco de leis relativas às contratações custeadas por orçamento público, as competições esportivas de 2014 e 2016 foram o mote da introdução, em 2011, de um novo regime que atendesse à demanda de "urgente" preparação do país para sediar os eventos.

O Regime Diferenciado de Contratações (RDC) surgiu nesse contexto, pela Medida Provisória nº 527/2011, convertida na Lei nº 12.462/2011.

A ansiada mudança do marco jurídico das contratações públicas acomodou-se bem àquele fato novo de grande apelo social e político, mas o pano de fundo do RDC era a transição para um novo regime, tanto que seu raio de alcance, originariamente delimitado a tais eventos, foi paulatinamente ampliado por sucessivas alterações ao art. 1º.

Em outra vertente, as delegações autossustentáveis por regime tarifário foram tratadas pela Lei nº 8.987/1995, a Lei das Concessões, que efetivou o princípio da licitação das concessões e permissões para a prestação dos serviços públicos, em obediência ao art. 175 da Constituição.

Como a mobilidade da lei não cessa e sendo necessário criar um elo entre os regimes orçamentados e as delegações, a Lei nº 11.079/2004 instituiu o regime jurídico das parcerias público-privadas *stricto sensu*, abarcando serviços públicos e não públicos, e comportando prazos contratuais extensos, compatíveis com a amortização dos investimentos atrelados aos projetos-alvo.

Os regimes das concessões e das PPP tiveram papel fundamental na fixação de conceitos e estruturas contratuais contemporâneas, com mais densa *contratualização* das avenças, vinculadas que são a um mais amplo trespasse de encargos à iniciativa privada, com assunção de riscos alocados em matriz; remuneração atrelada à *performance*, aferível por critérios de desempenho objetivos; engenharias sofisticadas de financiamento dos investimentos em infraestrutura, entre outros.

A *consensualidade* também é outro traço que se faz mais marcante nas relações dessa natureza. Prevista no inc. XV do art. 23 da Lei nº 8.987/1995 entre as cláusulas do contrato de concessão, o "modo amigável de solução das divergências contratuais", tecnicamente "modos adequados de solução de controvérsias", ganhou corpo desde então.

É o que se percebe da redação dada ao art. 1º da Lei de Arbitragem, Lei nº 9.307/1996, pela Lei nº 13.129/2015; da Lei nº 13.140/2015, Lei de Mediação e Conciliação; e, mais recentemente, pelo bloco de artigos 151 a 154 da atual Lei de Licitações, a Lei nº 14.133/2021, que trata dos meios alternativos de resolução de controvérsias nos contratos por ela regidos, os que comportam "meios alternativos de prevenção e resolução de controvérsias, notadamente a conciliação, a mediação, o comitê de resolução de disputas e a arbitragem".

Ficaram assim definitivamente superadas as discussões sobre a aplicação desses institutos aos contratos administrativos, que passam a contar com os meios alternativos de prevenção e resolução de controvérsias, notadamente a conciliação, a mediação, o comitê de resolução de disputas e a arbitragem, esta última sempre de direito e com observância do princípio da publicidade.

Essas ferramentas podem ser aplicadas às controvérsias relacionadas a direitos patrimoniais disponíveis, como questões relacionadas ao restabelecimento do equilíbrio econômico-financeiro, ao inadimplemento de obrigações contratuais por quaisquer das partes e ao cálculo de indenizações.

Tais soluções são prestigiadas pelo legislador do Substitutivo do Projeto de Lei nº 7.063-B, de 2017, do Senado Federal, que destaca, entre outros ajustes nas concessões e PPPs, o "fortalecimento dos meios alternativos de prevenção e resolução de controvérsia".[199]

De toda forma, essa condensação de regimes viria a se materializar na Lei nº 12.462/2011, que, com inspiração no item 1.9 do Regulamento de Licitação da Petrobras, introduziu entre os regimes de execução de obras e serviços de engenharia sua grande vedete, a *contratação integrada*, aparentada do *turn-key*.

Também nesse percurso evolutivo, outras leis deram sustentação a temas impactantes das contratações públicas, das quais merecem referência a Lei Complementar nº 101/2000, que introduziu a *responsividade* fiscal dos gestores de recursos públicos; e, em época mais recente, a Lei nº 12.846/2013, Lei Anticorrupção, além da própria Lei de Responsabilidade das Empresas Estatais.

Paralelamente, diversos setores tiveram mudanças de tratamento em marcos regulatórios próprios, sempre reportando aos procedimentos e às normas contratuais da Lei Geral, então a Lei nº 8.666/1993 – substituída pela Lei nº 14.133/2021.[200]

A atividade normativa do Executivo também buscou diluir questões interpretativas, instituir rotinas e requisitos para quadricular a aplicação das leis e, notadamente, explicitar instrumentos facilitadores.

---

[199] Segundo o relator do PL, "o Substitutivo contempla dispositivos sobre mecanismos extrajudiciais de prevenção e resolução de conflitos, providência reiteradamente solicitada pelos especialistas ouvidos pela Comissão. Assim, institutos como arbitragem, comitê de resolução de disputas (*dispute boards*), mediação e conciliação, têm regrada a sua aplicação a direitos patrimoniais disponíveis, inclusive questões relacionadas ao reequilíbrio econômico-financeiro do contrato, cálculo de indenizações, rescisão do contrato por iniciativa da concessionária, entre outros". De fato: o art. 11, inc. VII, prevê entre as diretrizes das concessões de serviço público "a priorização da solução amigável de controvérsias"; o art. 65 determina a previsão em edital do "emprego de meios alternativos de prevenção e resolução de controvérsias, quando for o caso" (inc. XIX). O art. 101 indica entre as cláusulas necessárias do contrato de concessão (inc. XXIII) "a adoção de meios alternativos de prevenção e resolução de controvérsias, quando for o caso"; o art. 122 prevê que "poderá ser constituído comitê para acompanhamento da execução contratual, formado por representantes da Administração Pública, concessionária e financiadores do projeto, cujo objetivo será, orientado pela boa-fé, promover o diálogo cooperativo na gestão da concessão e a solução amigável de eventuais controvérsias"; e o Capítulo XIX se dedica integralmente aos "MEIOS ALTERNATIVOS DE PREVENÇÃO E RESOLUÇÃO DE CONTROVÉRSIAS", tratando da *arbitragem* nos arts. 173 a 178 e do *Comitê de Prevenção e Resolução de Disputas* nos arts. 179 a 183.

[200] Outras leis editadas nesse percurso consolidaram o marco regulatório de setores da infraestrutura, tratando especificamente dos regimes e regras de contratações relacionadas aos portos, aeroportos, saneamento, resíduos sólidos, defesa. Nesse tema, a mais relevante iniciativa de fomento estatal está representada pela Lei nº 13.334/2016, do Programa de Parcerias e Investimentos (PPI).

Toda essa realidade tem sua eficácia reforçada pelo acompanhamento exercido pelos órgãos de controle externo, cuja interpretação aplicada, dos institutos de direito público relacionados aos temas focalizados, contribuiu para a qualidade das ações estruturadoras das licitações e das contratações públicas.

O *fazimento*, as contribuições da doutrina e a construção jurisprudencial admitiram, de muitas maneiras, especificidades e avanços nos procedimentos licitatório-contratuais, cujo grande marco foi efetivamente a Lei nº 12.461/2011, que representou muito mais do que uma contingência, um fato isolado.

Passados alguns anos, o RDC foi depurado, permitindo ao legislador – hoje com uma visão mais ampla e um maior nível de maturidade – partir, enfim, para a modernização da Lei Nacional de Licitações, consolidada na Lei nº 14.133/2021, com aportes colacionados a partir de todo o universo legislativo brevemente visitado.

O RDC teve papel fundamental nessa renovação qualitativa da legislação pátria sobre licitações e contratos, o que se comprova pelo fato de ter sido ele próprio a base para o redesenho do regime licitatório das empresas estatais, como se percebe do texto da Lei nº 13.303/2016.

A tendência então apontada pelo ministro Benjamin Zymler – que se referia ao regime diferenciado como o *balão de ensaio* para um novo regime – veio a se confirmar primeiro em sua incorporação pela Lei nº 13.303/2016; e seus conceitos se assentaram definitivamente na Lei nº 14.133/2021, que moderniza o sistema de contratações públicas, catalisando os aspectos positivos de institutos testados, das leis que revoga, com inovações.

Algumas nuances do RDC merecem anotação à luz da Lei nº 13.303/2016.

2.9 Notas sobre o regime de licitações e contratos nas empresas estatais

2.9.1 A obrigação de licitar, sua inaplicabilidade e os casos de dispensa e de inexigibilidade

O art. 28 da Lei de Responsabilidade das Empresas Estatais traz o princípio geral da licitação: as empresas estatais devem licitar as contratações de terceiros para a prestação de serviços, inclusive de engenharia e de publicidade, a aquisição, a locação de bens, a alienação de bens e ativos de seu patrimônio, a execução das obras a serem integradas a esse patrimônio, e a implementação de ônus real sobre tais bens.

A lei se aplica também aos convênios ou contratos de patrocínio celebrados pelas estatais com pessoas físicas ou jurídicas para a promoção de atividades culturais, sociais, esportivas, educacionais e de inovação tecnológica, comprovadamente vinculadas ao fortalecimento da marca da empresa (art. 28, §2º c/c art. 27, §3º).

O §3º do art. 28 dispensa as empresas de observarem os dispositivos sobre licitações nas situações dos incs. I e II do §3º do art. 28, respectivamente: (i) na comercialização, prestação ou execução, de forma direta pelas estatais de produtos, serviços ou obras especificamente relacionados a seus objetivos sociais; e (ii) nos casos em que a escolha do parceiro esteja associada a suas características particulares vinculadas a oportunidades de negócios definidas e específicas, justificada a inviabilidade de competição.

A grande vedete desse bloco de artigos são as parcerias referidas no §4º do art. 28, de que tratamos no capítulo 1: a formação e a extinção de parcerias e outras formas associativas, societárias ou contratuais; a aquisição e a alienação de participação em sociedades e outras formas associativas, societárias ou contratuais; e as operações realizadas no âmbito do mercado de capitais, ressalvada a regulação pelo órgão competente.

Os arts. 29 e 30 cuidam, respectivamente, de *dispensa* e de *contratação direta*, como o legislador nomeia ali a "inexigibilidade de licitação" fundada na inviabilidade de competição.

No elenco da dispensa de licitação apresentado nos incs. I a XVIII do art. 29, interessam-nos, em especial – por sua intimidade com os processos de desinvestimentos tratados no capítulo –, os incs. III (contratação após licitação deserta); XVI (transferência de bens a órgãos e entidades da Administração Pública, inclusive quando efetivada mediante permuta); e XVIII (compra e venda de ações, de títulos de crédito e de dívida, e de bens produzidos ou comercializados pelas empresas estatais).

O art. 30 corresponde *mutatis mutandis* ao art. 25 da Lei nº 8.666/1993, do qual se diferencia pela supressão do requisito da singularidade do objeto contratado, exigida pela anterior Lei de Licitações; na atual Lei nº 14.133/2021, o art. 74 manteve a supressão, na mesma linha da Lei nº 13.303/2016.

Embora não utilize a expressão, o dispositivo cuida das hipóteses de inexigibilidade de licitação por inviabilidade de competição,[201] nos casos de aquisição de materiais, equipamentos ou gêneros que só possam ser fornecidos por produtor, empresa ou representante comercial exclusivo; e na contratação dos serviços técnicos especializados elencados nas alíneas "a" a "g", junto a profissionais ou empresas de notória especialização, vedada a inexigibilidade para serviços de publicidade e divulgação.

A uma primeira vista, o dispositivo dá a entender que a exceção se configuraria apenas por força da "não viabilidade" de competição nas hipóteses indicadas em seus incs. I e II – que, como seu paradigma, o *caput* do art. 25 da Lei nº 8.666/1993, são exemplificativas, como se deflui do trecho "em especial na hipótese de".

No entanto, o inc. I do §3º do mesmo art. 30 desfaz essa impressão ao tratar do conteúdo da instrução do "processo de contratação direta", que exige "caracterização da situação emergencial ou calamitosa que justifique a dispensa, quando for o caso", assim reportando à dispensa e suas causas.

A redação é capciosa, não comporta interpretação literal.

Certamente, o legislador não limitou as contratações diretas à inexigibilidade de licitação e também não liberou as estatais de justificarem as exceções à regra geral, sejam elas motivadas por dispensa ou inexigibilidade de licitação.

Em síntese, a Lei nº 13.303/2016 criou três hipóteses de contratação sem licitação pelas empresas estatais.

A primeira delas está contida no art. 28, §3º, inc. II, e §4º, da lei, que inova no mundo jurídico e se traduz na *inaplicabilidade* da licitação por inviabilidade de competição, nos casos de parcerias societárias ou contratuais lastreadas em oportunidade de negócios, como examinado no capítulo 1.

Essas parcerias diretas têm sua processualização norteada pelas regras de governança corporativa, cujo cumprimento deve ser suficiente

---

[201] Marçal Justen Filho entende que as regras do art. 30 da lei são aplicáveis genericamente aos casos de contratação por inexigibilidade e também por dispensa de licitação, e que, em vista de sua insuficiência para disciplinar o tema, cada empresa deverá fazê-lo a seu modo em seu próprio regulamento (JUSTEN FILHO, Marçal. A contratação sem licitação nas empresas estatais. *In*: JUSTEN FILHO, Marçal (Org.). *Estatuto Jurídico das Empresas Estatais*: Lei nº 13.303/2016 – Lei das Estatais. São Paulo: RT, 2016. p. 321).

a justificar a inviabilidade de competição sob o aspecto formal; a análise material, de conteúdo, cabe aos órgãos internos da companhia.

As demais hipóteses de contratação sem licitação são identificadas nas conhecidas *contratações diretas* fundadas em: (i) *dispensa*, nos casos elencados nos incs. I a XVIII do art. 29; e (ii) *inexigibilidade*, vinculada à inviabilidade de competição, conforme *caput* do art. 30, ou motivada, ainda, pelos eventos indicados nos incs. I e II do mesmo dispositivo.

Essas contratações devem ser documentadas em processo instruído com os elementos indicados nos incs. I a III do §3º do art. 30: (i) caracterização da situação emergencial ou calamitosa que justifique a dispensa, quando for o caso; (ii) razão da escolha do fornecedor ou do executante; e (iii) justificativa do preço.

2.9.2 Procedimento da licitação

O conjunto de dispositivos que vai do art. 51 ao art. 62 da Lei nº 13.303/2016 trata dos procedimentos da licitação.

Sob o aspecto estritamente procedimental, como era de se esperar, a lei privilegiou a economia processual e reduziu a liturgia, consagrando a inversão de fases, admitidas a (re)inversão motivada, a preferência pela forma eletrônica e a fase recursal única, ao final.

Quanto à estruturação da licitação, assim como no RDC, a lei sob foco eliminou a concepção de modalidades de licitação vinculadas a valores, conferindo ao gestor liberdade para conformar de forma inteligente os modos de disputa aberto, fechado e combinado, e os critérios de julgamento do menor preço, maior desconto, melhor combinação de técnica e preço, melhor técnica, melhor conteúdo artístico, maior oferta de preço, maior retorno econômico ou melhor destinação de bens alienados, conforme arts. 52 a 54.

O §5º do art. 54 mais uma vez desconfigurou o sempre maltratado critério de técnica e preço.

O dispositivo admite que a avaliação das propostas técnicas e de preço considere o percentual de ponderação mais relevante, limitado a 70% (setenta por cento), permitindo, assim, a ponderação da técnica em 30%.

Esse procedimento conduz ao esvaziamento da própria razão de ser do critério, cujo desiderato é, por razões lógicas, levar em consideração o conteúdo técnico, com relevância significativa, sob pena de não se prestar ao objetivo para o qual o critério foi cunhado; se a ponderação do preço pode superar aquela da técnica em percentual de tal monta, então a utilização do critério sequer se justificaria e passaria a ter finalidade *pro forma*.

Sob outra vertente, o desvirtuamento desse critério de julgamento já vinha ocorrendo nas licitações regidas pelo RDC, cujos julgamentos vinham invertendo a lógica interna do julgamento de técnica e preço, mediante inversão da sequência de análise das propostas, bem como o desbalanceamento dos pesos. Não é incomum observar primeiro o julgamento do preço, com peso de 70%, e, apenas na sequência, a aferição da técnica, com peso de 30%.

A legislação posterior à Lei nº 8.666/1993 não inovou a concepção do rito tradicional do julgamento segundo este critério: ponderação das propostas técnicas e de preço, nesta ordem, sob pena de, ao se conferir preponderância absoluta ao fator preço, relegar a técnica ao segundo plano.

Na atual Lei nº 14.133/2021, a sequência de aferição e julgamento das propostas foi reiterada nos termos do §2º do art. 36: "No julgamento por técnica e preço, deverão ser avaliadas e ponderadas as propostas técnicas e, em seguida, as propostas de preço apresentadas pelos licitantes, na proporção máxima de 70% (setenta por cento) de valoração para a proposta técnica".

De acordo com o art. 36, esse critério de julgamento será escolhido quando o estudo técnico preliminar demonstrar que a avaliação e a ponderação da qualidade técnica das propostas que superarem os requisitos mínimos estabelecidos no edital forem relevantes aos fins pretendidos pela Administração nas licitações para contratação de: (i) serviços técnicos especializados de natureza predominantemente intelectual, caso em que o critério de julgamento de técnica e preço deverá ser preferencialmente empregado; (ii) serviços majoritariamente dependentes de tecnologia sofisticada e de domínio restrito, conforme atestado por autoridades técnicas de reconhecida qualificação; (iii) bens e serviços especiais de tecnologia da informação e de comunicação; (iv) obras e serviços especiais de engenharia; (v) objetos que admitam soluções específicas e alternativas e variações de execução, com repercussões significativas e concretamente mensuráveis sobre sua qualidade, produtividade, rendimento e durabilidade, quando essas soluções e variações puderem ser adotadas à livre escolha dos licitantes, conforme critérios objetivamente definidos no edital de licitação.

Foi vetado o §2º do art. 37, que previa peso de 70% (setenta por cento) para a valoração da proposta técnica nas licitações para contratação dos serviços técnicos especializados de natureza predominantemente intelectual (alíneas "a", "d" e "h" do inciso XVIII do *caput* do art. 6º, com valor estimado superior a R$300.000,00).

É certo que o julgamento pelo critério técnico apresenta consabidos entraves decorrentes das dificuldades de se construírem parâmetros objetivos de pontuação das propostas técnicas, que normalmente é permeada de subjetividade.

As licitações julgadas segundo esse critério não raro são conduzidas de forma meramente cartorial, apenas com avaliação do conteúdo dos atestados de qualificação técnica, cujo conteúdo poderia de qualquer forma ser dado a conhecer na fase de habilitação.

Já sustentamos que, para além dos esforços de objetivação técnica desses critérios pelos gestores públicos, devem ser encontradas alternativas procedimentais aptas a suprir a reduzida densidade do julgamento técnico, conforme segue:

> A possível renitência no afastamento do citado critério no julgamento das contratações integradas deverá implicar, a nosso ver, numa compensação, com adoção, alternativamente, dos procedimentos admitidos na Lei do RDC (i) de inversão de fases de julgamento, com avaliação, primeiro, da documentação de habilitação e apenas sequencialmente, do exame dos preços dos licitantes habilitados; ou (ii) da pré-qualificação de objeto ou de licitantes.[202]

Ainda na fase de julgamento, o art. 55, inc. II, da Lei de Responsabilidade das Empresas Estatais traz entre os critérios de desempate a avaliação do desempenho contratual prévio dos licitantes, desde que exista sistema objetivo de avaliação instituído.

Com isso, a lei reforça a tendência de renovação da finalidade tutelada pelos processos competitivos seletivos contemporâneos: a qualidade da execução contratual, típica dos contratos de resultado.

A mesma solução foi prestigiada no art. 60 da Lei nº 14.133/2021, que determina a seguinte sequência para o desempate de propostas: (i) disputa final, com novas propostas em ato contínuo à classificação;

---

[202] BICALHO, Alécia Paolucci Nogueira; MOTTA, Carlos Pinto Coelho (*in memoriam*). *RDC*: Comentários ao Regime Diferenciado de Contratações: Lei nº 12.462/2011 – Decreto 7.581/2011. Belo Horizonte: Fórum, 2014. p. 219.

(ii) avaliação do desempenho contratual prévio dos licitantes, para a qual deverão preferencialmente ser utilizados registros cadastrais para efeito de atesto de cumprimento de obrigações previstos nessa lei; (iii) desenvolvimento pelo licitante de ações de equidade entre homens e mulheres no ambiente de trabalho, conforme regulamento; e (iv) desenvolvimento pelo licitante de programa de integridade, conforme orientações dos órgãos de controle.

Entretanto, na contramão do princípio da finalidade, o inc. III do mesmo art. 55 é digno de nota, porque assegura a aplicação de preferências aos bens e serviços prestados e produzidos no Brasil, conforme critérios previstos no art. 3º da Lei nº 8.248/1991 e no §2º do art. 3º da Lei nº 8.666/1993.

Esse artigo deve ser lido em conjunto com: (i) o art. 31, cujo *caput* elenca entre os princípios das licitações nas empresas estatais o desenvolvimento nacional sustentável; e (ii) o §1º do art. 28, que determina a aplicação às licitações das estatais das disposições dos arts. 42 a 49 da Lei Complementar nº 123/2006, o Estatuto Nacional da Microempresa e da Empresa de Pequeno Porte, que conferem a essas empresas preferências nas licitações.

A reunião desses três dispositivos expõe a pouca – ou quase nenhuma – nitidez do liame estabelecido pelo legislador entre a personalidade jurídica de direito privado das empresas estatais, sua feição "estatal" e o papel do Estado como acionista controlador. Isso porque não cabe ao Estado transferir a essas empresas sua própria função administrativa de fomento, utilizando-as para a execução de políticas públicas de sua responsabilidade, orientando o poder de compra das estatais – e não dele próprio – voltado a este ou aquele propósito.[203]

---

[203] O princípio do desenvolvimento nacional sustentável – legitimador desse tipo de iniciativa – fez sua aparição no cenário das contratações públicas no art. 3º da Lei nº 8.666/1993, conforme alterado pela Lei nº 12.349/2010, que consignou em lei a relevância do poder de compra governamental como instrumento de promoção do mercado interno, considerando-se o potencial de demanda de bens e serviços domésticos do setor público, o correlato efeito multiplicador sobre o nível de atividade, a geração de emprego e renda e, por conseguinte, o desenvolvimento do país. A proposição fundamenta-se nos seguintes dispositivos da Constituição Federal de 1988: (i) inc. II do art. 3º, que inclui o desenvolvimento nacional como um dos objetivos fundamentais da República Federativa do Brasil; (ii) incs. I e VIII do art. 170, atinentes à organização da ordem econômica nacional, que deve observar, entre outros princípios, a soberania nacional e a busca do pleno emprego; (iii) art. 174, que dispõe sobre as funções a serem exercidas pelo Estado como agente normativo e regulador da atividade econômica; e (iv) art. 219, que trata de incentivos ao mercado interno, de forma a viabilizar o desenvolvimento cultural e socioeconômico, o bem-estar da população e a autonomia tecnológica do país.

Trata-se de custo que não comporta ser repassado à conta das estatais, sob pena de desvirtuamento de sua função social.

De toda forma, ainda em sede de procedimento, o *caput* do art. 31 reitera a natureza finalística, instrumental, da licitação ao determinar que, na seleção da proposta mais vantajosa, deve ser considerado o ciclo de vida e evitadas as operações que caracterizem sobrepreço ou superfaturamento.[204]

Merecem registro ainda: (i) a simplificação dos parâmetros de apreciação da habilitação, que não exigem habilitação fiscal e trabalhista, mas apenas capacidade jurídica, técnica e econômico-financeira (art. 58); (ii) ao contrário da clássica "expectativa", a homologação passa a criar para o vencedor da licitação o direito à contratação (art. 60); (iii) a adoção dos instrumentos auxiliares da licitação da pré-qualificação permanente, cadastramento, registro de preços e catálogo eletrônico de padronização (arts. 36 e 64).[205]

Finalmente, merece nota o art. 38, sem correspondente na Lei nº 8.666/1993, que, na linha da moralização do ambiente das empresas estatais, fixou impedimentos rigorosos à participação nas licitações de empresas compostas por pessoas físicas que tenham sido sócias de empresas anteriormente afetadas por sancionamento em licitações; o correspondente do art. 9º da Lei de Licitações seria o art. 44 da Lei nº 13.303/2016, e não este, o art. 38.

---

[204] Conceitos contidos nos incs. I e II, respectivamente, do §1º do art. 31, construídos a partir da jurisprudência do Tribunal de Contas da União – sobrepreço: se configura quando os preços orçados para a licitação ou os preços contratados são expressivamente superiores àqueles referenciais de mercado, podendo referir-se ao valor unitário de um item (se a licitação ou a contratação for por preços unitários de serviço) ou ao valor global do objeto, no caso de preço global ou por empreitada; superfaturamento: é ilícito de resultado, ocorre na execução contratual, quando houver dano ao patrimônio da empresa, exemplificativamente nas seguintes circunstâncias: (i) medição de quantidades superiores às efetivamente executadas ou fornecidas; (ii) deficiência na execução de obras e serviços de engenharia que resulte em diminuição da qualidade, da vida útil ou da segurança; (iii) alterações no orçamento de obras e de serviços de engenharia que causem o desequilíbrio econômico-financeiro do contrato em favor do contratado; (iv) outras alterações de cláusulas financeiras que gerem recebimentos contratuais antecipados, distorção do cronograma físico-financeiro, prorrogação injustificada do prazo contratual com custos adicionais para a estatal, ou reajuste irregular de preços.

[205] O art. 36 da LRE admite o uso da pré-qualificação de fornecedores e de bens e remete ao art. 64, que fixa o procedimento a ser adotado. Os demais procedimentos auxiliares da licitação são tratados no art. 65 (cadastramento); art. 66 (Sistema de Registro de Preços); e art. 67 (catálogo eletrônico de padronização). *Vide* a respeito do assunto: BICALHO, Alécia Paolucci Nogueira; MOTTA, Carlos Pinto Coelho (*in memoriam*). *RDC*: Comentários ao Regime Diferenciado de Contratações: Lei nº 12.462/2011 – Decreto 7.581/2011. Belo Horizonte: Fórum, 2014.

Essa disposição foi repetida no art. 14, inc. III, da Lei nº 14.133/2021, que veda a participação na licitação de pessoa física ou jurídica que se encontre, ao tempo da licitação, impossibilitada de participar da licitação em decorrência de sanção que lhe foi imposta. Esse impedimento alcança o licitante que "atue em substituição a outra pessoa, física ou jurídica, com o intuito de burlar a efetividade da sanção a ela aplicada, inclusive a sua controladora, controlada ou coligada, desde que devidamente comprovado o ilícito ou a utilização fraudulenta da personalidade jurídica do licitante".

As vedações indicadas no art. 44 são aplicáveis especificamente à participação nas licitações tendo por objeto a contratação de obras e serviços de engenharia, e repetem as situações já conhecidas, da Lei de Licitações e do RDC, relacionadas à elaboração dos projetos básicos e anteprojetos de engenharia.

Na nova Lei de Licitações, os impedimentos alcançam ainda: (i) autor do anteprojeto, do projeto básico ou do projeto executivo, pessoa física ou jurídica, quando a licitação versar sobre obra, serviços ou fornecimento de bens a ele relacionados; (ii) empresa, isoladamente ou em consórcio, responsável pela elaboração do projeto básico ou do projeto executivo, ou empresa da qual o autor do projeto seja dirigente, gerente, controlador, acionista ou detentor de mais de 5% (cinco por cento) do capital com direito a voto, responsável técnico ou subcontratado, quando a licitação versar sobre obra, serviços ou fornecimento de bens a ela necessários; (iii) aquele que mantenha vínculo de natureza técnica, comercial, econômica, financeira, trabalhista ou civil com dirigente do órgão ou entidade contratante ou com agente público que desempenhe função na licitação ou atue na fiscalização ou na gestão do contrato, ou que deles seja cônjuge, companheiro ou parente em linha reta, colateral ou por afinidade, até o terceiro grau, devendo essa proibição constar expressamente do edital de licitação; (iv) empresas controladoras, controladas ou coligadas, nos termos da Lei nº 6.404, de 15 de dezembro de 1976, concorrendo entre si; (v) pessoa física ou jurídica que, nos 5 (cinco) anos anteriores à divulgação do edital, tenha sido condenada judicialmente, com trânsito em julgado, por exploração de trabalho infantil, por submissão de trabalhadores a condições análogas às de escravo ou por contratação de adolescentes nos casos vedados pela legislação trabalhista.

Já o art. 38 possui conotação mais ampla, de presunção de desconsideração da personalidade jurídica, ao se reportar ao "administrador, sócio, pessoa", eliminando as chances de o infrator escapar dos efeitos das infrações cometidas no passado, em tema de licitações, se escondendo por trás do véu corporativo.

As vedações indicadas no *caput* do art. 38 são aplicáveis à empresa: (i) cujo administrador ou sócio detentor de mais de 5% (cinco por cento) do capital social seja diretor ou empregado da contratante; (ii) suspensa pela estatal; (iii) declarada inidônea pela União, por estado, pelo Distrito Federal ou pela unidade federativa a que está vinculada a estatal, enquanto perdurarem os efeitos da sanção; (iv) constituída por sócio de empresa que estiver suspensa, impedida ou declarada inidônea; (v) cujo administrador seja sócio de empresa suspensa, impedida ou declarada inidônea; (vi) constituída por sócio que tenha sido sócio ou administrador de empresa suspensa, impedida ou declarada inidônea, no período dos fatos que deram ensejo à sanção; (vii) cujo administrador tenha sido sócio ou administrador de empresa suspensa, impedida ou declarada inidônea, no período dos fatos que deram ensejo à sanção; (viii) que tiver, nos seus quadros de diretoria, pessoa que participou, em razão de vínculo de mesma natureza, de empresa declarada inidônea.

Esse primeiro bloco de vedações tem por destinatárias as empresas, como expresso na parte final do *caput*. Já a sua extensão, consignada no parágrafo único, se dirige às pessoas físicas, conforme a letra do inc. I, que se refere ao *empregado* ou *dirigente*, como *pessoa física*, na condição de *licitante*; e como se conclui da expressão *a quem*, utilizada no inc. II.[206]

---

[206] Lei nº 13.303/2016: "Art. 38. Estará impedida de participar de licitações e de ser contratada pela empresa pública ou sociedade de economia mista *a empresa*: I - cujo administrador ou sócio detentor de mais de 5% (cinco por cento) do capital social seja diretor ou empregado da empresa pública ou sociedade de economia mista contratante; II - suspensa pela empresa pública ou sociedade de economia mista; III - declarada inidônea pela União, por Estado, pelo Distrito Federal ou pela unidade federativa a que está vinculada a empresa pública ou sociedade de economia mista, enquanto perdurarem os efeitos da sanção; IV - constituída por sócio de empresa que estiver suspensa, impedida ou declarada inidônea; V - cujo administrador seja sócio de empresa suspensa, impedida ou declarada inidônea; VI - constituída por sócio que tenha sido sócio ou administrador de empresa suspensa, impedida ou declarada inidônea, no período dos fatos que deram ensejo à sanção; VII - cujo administrador tenha sido sócio ou administrador de empresa suspensa, impedida ou declarada inidônea, no período dos fatos que deram ensejo à sanção; VIII - que tiver, nos seus quadros de diretoria, pessoa que participou, em razão de vínculo de mesma natureza, de empresa declarada inidônea. Parágrafo único. Aplica-se a vedação prevista no caput: I - à contratação do próprio empregado ou dirigente, como pessoa física, bem como à participação dele em procedimentos licitatórios, na condição de licitante; II - *a quem* tenha relação de parentesco, até o terceiro grau civil, com: a) dirigente de empresa pública ou sociedade de economia mista; b) empregado de empresa pública ou sociedade de economia mista cujas atribuições envolvam a atuação na área responsável pela licitação ou contratação; c) autoridade do ente público a que a empresa pública ou sociedade de economia mista

De fato, a vedação prevista no *caput* aplica-se: (i) à contratação do próprio empregado ou dirigente, como pessoa física, bem como à participação dele em procedimentos licitatórios, na condição de licitante; (ii) ao parente, até o terceiro grau civil, de dirigente de empresa estatal; empregado de estatal cujas atribuições envolvam a atuação na área responsável pela licitação ou contratação; e autoridade do ente público a que a empresa esteja vinculada; e (iii) cujo proprietário, mesmo na condição de sócio, tenha terminado seu prazo de gestão ou rompido seu vínculo com a empresa promotora da licitação ou contratante há menos de 6 (seis) meses.[207]

Diferentemente do *caput* do art. 9º da Lei nº 8.666/1933, do atual art. 14 da Lei nº 14.133/2021 e do art. 44 da Lei de Responsabilidade das Empresas Estatais, o *caput* do art. 38 não determinou que as hipóteses de impedimentos ali discriminadas seriam configuradas tanto de forma direta quanto indireta. Isso decorreu, muito provavelmente, do caráter exaustivo de que se revestem os incisos do art. 38; à exceção do inc. I, os demais enumeraram os vínculos e as situações de desconsideração extensiva da personalidade jurídica, legalmente presumida, que ligariam o licitante à pessoa eventualmente sancionada com impedimento de licitar e contratar, e com declaração de inidoneidade para licitar e contratar com o poder público.

Daí a conclusão possível na linha de que a complementação do parágrafo único, ao adotar a expressão *a quem* e ao se referir em seus incisos apenas às pessoas físicas, impôs um limite que, a rigor, impede a extensão dos impedimentos às pessoas jurídicas das quais as pessoas ali indicadas façam parte, seja a que título for, ou se vinculem por relação de parentesco.

Especialmente a alínea "c" do parágrafo único do art. 38 merece interpretação cautelosa, porque uma leitura desatenta poderia levar a crer – erroneamente – que a disposição justificaria eventual impedimento da participação em licitação de pessoa jurídica que tenha pessoa física ligada por relação de parentesco até o terceiro grau civil com

---

esteja vinculada. III - cujo proprietário, mesmo na condição de sócio, tenha terminado seu prazo de gestão ou rompido seu vínculo com a respectiva empresa pública ou sociedade de economia mista promotora da licitação ou contratante há menos de 6 (seis) meses" (grifos nossos).

[207] *Vide*, a propósito, a Lei nº 12.813/2013, que cuida dos conflitos de interesses na Administração Pública Federal.

"autoridade[208] do ente público[209] a que a empresa pública ou sociedade de economia mista esteja vinculada".

O dispositivo faz uma conexão entre "autoridade" do "ente federado" ao qual a empresa estatal seja "vinculada". No entanto, não é esse o caso, porque (i) não há sinal da intenção do legislador de alcançar a pessoa jurídica, mas, ao contrário, a física, como acima exposto; (ii) mesmo que assim não fosse, eventual impedimento alcançaria apenas as entidades vinculadas ao órgão ao qual a empresa estatal se vincula formalmente, conforme art. 4º, parágrafo único, do Decreto-Lei nº 200/1967 e, sucessivamente, àquelas previstas na organização básica dos órgãos da Presidência da República e dos ministérios, sujeitas a mudanças com as alternâncias políticas, que lista as empresas estatais e suas relações de vinculação aos respectivos ministérios; e (iii) mesmo neste caso a natureza da vinculação – supervisão ministerial – não tem a conotação de poder de influência na condução das licitações e dos contratos das empresas nesses termos vinculadas.[210]

Essa perspectiva de interpretação restritiva das disposições do art. 38 da Lei de Responsabilidade das Empresas Estatais parece ter sido a tônica da decisão do Plenário do Tribunal de Contas da União, que, ao ratificar medida cautelar deferida pelo relator ministro Raimundo Carreiro, reconheceu que tais hipóteses não devem ser aplicadas extensivamente.[211]

---

[208] Um parâmetro adequado à conceituação de "autoridade" consta do Código de Conduta da Alta Administração Federal e da Lei Federal nº 12.813/2013, que regulamentam os conflitos de interesses no exercício das atividades pública e privada, segundo as quais são autoridades, entre outros, os titulares de cargos de natureza especial, secretários-executivos, secretários ou autoridades equivalentes ocupantes de cargo do Grupo – Direção e Assessoramento Superiores (DAS), nível seis.

[209] Já a expressão *ente público* é comumente empregada para designar toda e qualquer entidade ou órgão da Administração Pública. No contexto em que utilizada na Lei nº 13.303/2016, ente público corresponderia a ente federado, em todas as suas instâncias internas de competência. Ente federado, de toda forma, compreende União, estados, Distrito Federal e municípios, cujos órgãos e ministérios compõem a Administração Direta (BICALHO, Alécia Paolucci Nogueira; GONÇALVES, Andreia Barroso. Organização administrativa brasileira. *In*: MOTTA, Carlos Pinto Coelho (Coord.). *Curso prático de direito administrativo*. 3. ed. Belo Horizonte: Del Rey, 2011. p. 60; DI PIETRO, Maria Sylvia Zanella. *Direito administrativo*. 20. ed. São Paulo: Atlas, 2007. p. 52).

[210] Diferentemente do que se observa quanto à Administração direta, cujos órgãos e entidades têm vinculação de cunho hierárquico e de subordinação, a vinculação das empresas estatais integrantes da Administração indireta, aos respectivos ministérios, tem natureza de supervisão ministerial, sem os atributos de "poder" hierárquico em relação à autoridade a que se vincula, nos termos dos arts. 20 e seguintes do Decreto-Lei nº 200/1967.

[211] A hipótese era de condenação penal por fraude em licitações aplicada a um dos controladores indiretos da licitante, fato com relação ao qual a Infraero julgou serem aplicáveis

2.10 Contratos

2.10.1 Regimes contratuais

Há tempos o regime contratual público-privado tem demandado compatibilização com realidades impossíveis de se ignorar, haja vista a inapetência do setor privado diante dos reiterados atrasos de pagamento da Administração, sua indolência em medir, receber o objeto, decidir pleitos, formalizar atempadamente os aditivos, além dos excessos do controle externo, entre outros inúmeros exemplos que poderiam ser citados – todas tais circunstâncias operando contra a segurança jurídica dessas avenças.

Ainda hoje, mesmo com os vários avanços observados em outros planos na vertente da *consensualidade* e da *contratualização* dos vínculos público-privados, acima mencionados, dentre os quais as parcerias público-privadas e as contratações integradas, do RDC, a legislação e a cultura brasileiras sobre contratos ainda se prendem ao ideário de suas origens na doutrina francesa, pautando-se numa relação verticalizada, que enfatiza as prerrogativas do poder público, fundadas nas cláusulas exorbitantes e derrogatórias do direito comum.

Os contratos parecem ser, de fato, o grande tabu do legislador.

O tratamento conferido aos contratos na Lei nº 13.303/2016, em que era de se esperar uma maior assertividade na transição de um regime publicista para o privatista, confirma essa impressão.

O art. 68 da lei define que os contratos formalizados com as estatais adotarão regime "contratual privado", mas essa escolha foi feita de forma titubeante, porque, embora a lei contratualize a relação em temas como a alocação de riscos em matriz, a alteração condicionada a acordo das partes, por outro lado, o texto mantém derrogações, como se observa do bloco de dispositivos dedicados às sanções administrativas por atraso injustificado e inexecução total ou parcial do contrato (arts. 82 a 84).[212]

---

extensivamente os incisos do art. 38, culminando na inabilitação por impedimento. A licitante estaria impedida, pois integraria o patrimônio e seria gerida pela família da pessoa física condenada na esfera criminal. O julgado reforça a compreensão de que as hipóteses previstas nos incisos do art. 38 da Lei das Estatais aplicam-se às empresas licitantes, de forma taxativa, e aquelas tratadas no parágrafo único alcançam as pessoas físicas ali mencionadas expressamente (TCU, Plenário. Acórdão nº 30/2019. Rel. Min. Raimundo Carreiro, public. 05.02.2019).

[212] O art. 37 determina a obrigação da empresa de informar os dados relativos às sanções aplicadas, conforme o art. 83, e manter atualizado o cadastro de empresas inidôneas de que

Sérgio Ferraz vê grande avanço na contratualização assegurada pelo conteúdo do art. 68 da lei, sobre as relações contratuais dela derivadas, como pontua em comentário sobre o dispositivo:

> Agora não há mais matrizes leoninas de preceitos de direito público e a restrição à aceitação de fontes de direito privado com caráter apenas secundário. O que há é um plexo de pilares da mesma estatura, conformada pelas cláusulas contratuais, pelos preceitos da própria Lei 13.303/2016 e pelos *preceitos de direito privado*. E tais preceitos são nitidamente expostos nos arts. 421 a 425 do Código Civil: liberdade de contratar, probidade e boa-fé presumidas de contratante e contratado, interpretação de cláusulas ambíguas em favor do contratado, vedação à estipulação de cláusulas que estipulem a renúncia antecipada do contratado a direitos resultantes da natureza do negócio e liberdade para a estipulação de pactos (complementares e suplementares) atípicos.[213]

A experiência não tem mostrado facilidade das empresas e seus contratados se acomodarem na conciliação dessa incongruência, sendo renitentes as dificuldades de diálogo e de interpretação do contrato com ênfase nesse viés legislativo privatístico.

De toda forma, a lei repete modelos contratuais contemporâneos já antes introduzidos pelo RDC: a remuneração variável vinculada ao desempenho, o contrato de eficiência e a execução simultânea.

De acordo com o art. 45, na contratação de obras e serviços, inclusive de engenharia, poderá ser estabelecida remuneração variável vinculada ao desempenho com base em metas, padrões de qualidade, critérios de sustentabilidade ambiental e prazos de entrega definidos.

Flexibilizando o padrão adotado pela Lei do RDC, cujo art. 10, parágrafo único, exige motivação para adotar o regime, o art. 45 exige apenas que a estatal observe a compatibilidade com o limite do orçamento fixado para a contratação.

---

trata o art. 23 da Lei nº 12.846/2013, Lei Anticorrupção. O dispositivo deve ser lido junto com o art. 82 (sanções administrativas), art. 83 (inexecução) e art. 84 (sanções). Sobre os contratos na Lei das Estatais, *vide* ainda art. 69 (cláusulas necessárias); art. 70 (garantias); art. 71 (duração); art. 72 (alteração por acordo); art. 73 (redução a termo); art. 74 (conhecimento); art. 75 (assinatura); art. 77 (encargos); art. 78 (subcontratação); art. 80 (direitos autorais); art. 81 (possibilidades de alteração por acordo dos contratos de obras e serviços de engenharia, exceto de contratação integrada).

[213] FERRAZ, Sérgio. Dos contratos das empresas estatais. *In*: FERRAZ, Sérgio (Coord.). *Comentários sobre a Lei das Estatais*. São Paulo: Malheiros, 2019. p. 221.

O modelo tem precedente no item 2.3, "i", do Decreto nº 2.745/1998, o Regulamento da Petrobras, e no art. 5º da Lei nº 11.079/2004 (renumerado no atual §1º do art. 6º da Lei nº 11.079/2004, pela Lei nº 12.766/2012), que elenca entre as cláusulas contratuais obrigatórias os "critérios objetivos de avaliação de desempenho do parceiro privado" (inc. VII).

No elucidativo voto proferido no Acórdão nº 2.745/2013, o ministro Valmir Campelo teceu breves considerações sobre o instituto:

> Em termos objetivos, assim, o trazido pelo art. 4º, inciso IV da Lei nº 12.462/2011 em nada inova na prática jurisprudencial desta Corte. Incluo aí a própria remuneração variável, já acatada pelo TCU em situações concretas sob a égide da Lei nº 8.666/93, ao exemplo do Acórdão nº 3.260/2011-Plenário. Desde que obedecidas com as devidas cautelas, demonstrado o fim primordial da licitação – que é o da obtenção da melhor proposta – consideram-se legais tais práticas.[214]

Na condição de critério que impacta positiva ou negativamente a receita e, por isso mesmo, estimula a qualidade na execução do contrato, a *performance*, o *service level*, é parâmetro adequado para a aferição da remuneração. Nessa condição, o mecanismo é presumivelmente mais efetivo para garantir a qualidade da prestação oferecida pelo contratado privado do que as tradicionais sanções.

Outros dois modelos contratuais também importados do RDC estão nos arts. 46 e 54, §6º, da lei e são, respectivamente: a execução simultânea ou múltipla execução e o contrato de eficiência.

A múltipla execução permite, mediante justificativa e preservação da economia de escala, a celebração de mais de um contrato para a execução de serviço de mesma natureza, desde que o objeto comporte execução concorrente e simultânea por mais de um contratado. Ao contrário do que se fez na Lei do RDC, o legislador da Lei de Responsabilidade das Empresas Estatais não vedou a utilização do regime nas contratações de serviços de engenharia.

Já o contrato de eficiência é referido nos arts. 54, inc. VII e §6º, e 79.

Esse modelo contratual tem por objeto a obtenção da maior economia em redução de despesas correntes e deve ser julgado pelo critério do maior retorno econômico. O contratado é remunerado em função da economia gerada, de acordo com a seguinte regra: se não for gerada a economia prevista no lance ou na proposta, a diferença entre

---

[214] TCU. Acórdão nº 2.745/2013. Rel. Min. Valmir Campelo, 09.10.2013. p. 8.

a economia contratada e aquela efetivamente obtida será descontada da remuneração do contratado; caso a diferença seja superior à remuneração do contratado, será aplicada a sanção prevista no contrato.

Esses modelos se repetem também na Lei nº 14.133/2021, que traz ainda o regime do fornecimento e prestação de serviço associado, segundo o qual, além do fornecimento do objeto, o contratado se responsabiliza por sua operação, manutenção ou ambas, por tempo determinado; o prazo contratual será definido pela soma daquele necessário à entrega ou ao fornecimento, acrescido o período de serviços subsequentes, este limitado a cinco anos (arts. 46, VII, e 113).

Os prazos de vigência dos contratos foram ampliados na Lei nº 13.303/2016, em relação ao parâmetro vinculado ao regime anual orçamentário da Lei de Licitações, e subiram para 5 (cinco) anos, admitida sua superação nas contratações de projetos contemplados no plano de negócios e investimentos da empresa, e quando o prazo superior for prática rotineira de mercado e o limite inviabilize ou onere excessivamente o negócio.[215]

As garantias de execução contratual foram mantidas na Lei de Responsabilidade das Empresas Estatais nos patamares de 5%; e 10% nos casos de obras de grande vulto.[216]

2.10.2 Responsabilidade objetiva do contratado

Fechando este bloco temático, o art. 76 da lei instituiu a *responsabilidade objetiva* do contratado pelos danos causados diretamente a terceiros ou à empresa, nos seguintes termos:

> Art. 76. O contratado é obrigado a reparar, corrigir, remover, reconstruir ou substituir, às suas expensas, no total ou em parte, o objeto do contrato em que se verificarem vícios, defeitos ou incorreções resultantes da execução ou de materiais empregados, e responderá por danos causados diretamente a terceiros ou à empresa pública ou sociedade de economia mista, independentemente da comprovação de sua culpa ou dolo na execução do contrato.

---

[215] Na atual Lei de Licitações, Lei nº 14.133/2021, esses prazos foram de 5 a 10 anos, admitidos 10 anos nos contratos de eficiência sem investimentos, e 35 anos, com investimentos (arts. 105 a 114).

[216] A Lei nº 14.133/2021 ficou mais robusta nesse tema, exigindo a prestação de seguro-garantia para os contratos de grande vulto, em percentual equivalente a 30% (trinta por cento) do valor inicial do contrato, com cláusula *step-in* (arts. 99 e 102).

O dispositivo é o "patinho feio" da lei. Seu conteúdo destoa, a toda vista, da própria gênese da Lei de Responsabilidade das Empresas Estatais, e o fato de estar em vigor não torna inúteis as críticas que o dispositivo comporta.

Para facilitar sua análise, será útil fracionar a leitura do dispositivo em duas partes:

(i) "o contratado é obrigado a reparar, corrigir, remover, reconstruir ou substituir, às suas expensas, no total ou em parte, o objeto do contrato em que se verificarem vícios, defeitos ou incorreções resultantes da execução ou de materiais empregados"; e

(ii) "responderá por danos causados diretamente a terceiros ou à empresa pública ou sociedade de economia mista, independentemente da comprovação de sua culpa ou dolo na execução do contrato".

O primeiro trecho cuida da responsabilidade do contratado pela qualidade executiva do objeto entregue pelo contratado. O texto é cópia fiel do art. 69 da Lei nº 8.666/1993 (atual art. 119 da Lei nº 14.133/2021).

A segunda parte aborda o mesmo assunto tratado no art. 70 da Lei de Licitações (atual art. 120 da Lei nº 14.133/2021): a responsabilidade do contratado pelos danos causados a terceiros ou à empresa.

No entanto, a redação do desentoado art. 76 propõe uma mudança brusca da orientação legal desde sempre vigente no que diz respeito à natureza dessa responsabilidade – que passa de *subjetiva* a *objetiva*, qualquer que seja a natureza da contratação.

Da forma como está redigida, essa segunda parte do dispositivo equipara as empresas estatais, *mutatis mutandis*, à figura ao consumidor, nos moldes da Lei nº 8.078/1990, o Código de Defesa do Consumidor.

Qualquer fornecedor de bens, executor de obras ou prestador de serviços que ocupe o polo contratual na posição de "contratado" das empresas estatais, independentemente da natureza do contrato, responderá pelos danos diretamente causados àquela ou a terceiros, tenha ou não agido com dolo, com a intenção de provocar o dano, ou culpa, identificada na imprudência, negligência ou imperícia, lastreada em nexo de causalidade com o evento danoso.

O dispositivo assegura às estatais duas ordens de direitos: primeiro, que o contratado cumpra sua obrigação no que se refere à garantia da boa qualidade do resultado final da contratação; segundo, que os danos porventura causados no curso da execução do contrato serão por ele integralmente absorvidos, qualquer que seja a circunstância.

O legislador não só exagerou na dose como gerou uma evidente incongruência entre a extensão da responsabilidade aí fixada e os propósitos fixados ao longo do texto da lei, em reforço à liberdade empresarial e à contratualização das relações jurídicas das empresas estatais.

Esse desiderato foi reforçado especificamente no art. 68, que definiu a natureza privada desses contratos.

O dispositivo tende a se tornar antes um problema do que uma solução para as empresas, que, a depender do escopo da contratação, não encontrarão com quem contratar, haja vista a latitude da responsabilidade indistintamente imputada aos contratados. Isso porque alguns escopos não comportam essa atribuição de responsabilidade objetiva, como é o caso dos serviços técnicos especializados: (i) estudos técnicos, planejamentos e projetos básicos ou executivos; (ii) pareceres, perícias e avaliações em geral; (iii) assessorias ou consultorias técnicas e auditorias financeiras ou tributárias; (iv) fiscalização, supervisão ou gerenciamento de obras ou serviços; (v) patrocínio ou defesa de causas judiciais ou administrativas; (vi) treinamento e aperfeiçoamento de pessoal; (vii) restauração de obras de arte e bens de valor histórico.

As próprias expressões utilizadas pelo redator do art. 76 demonstram a inviabilidade de aplicação indiscriminada do dispositivo diante de sua conotação material nitidamente voltada às obras e serviços de engenharia: "reparar, corrigir, remover, reconstruir ou substituir" e "vícios, defeitos ou incorreções resultantes da execução ou de materiais empregados".

Ao que parece, o destinatário desse comando é o "empreiteiro", na linguagem técnica adotada no Código Civil, que fixa a obrigação pela *solidez* e *segurança* das *construções*, conforme antigo art. 1.245 do Código Civil de 1916, atual art. 618:

> Art. 618. Nos contratos de empreitada de edifícios ou outras construções consideráveis, o empreiteiro de materiais e execução responderá, durante o prazo irredutível de cinco anos, pela solidez e segurança do trabalho, assim em razão dos materiais, como do solo.
> Parágrafo único. Decairá do direito assegurado neste artigo o dono da obra que não propuser a ação contra o empreiteiro, nos cento e oitenta dias seguintes ao aparecimento do vício ou defeito.

Os vocábulos empregues na primeira parte do art. 76 só se acomodam e são compatíveis com esse escopo contratual, as obras e serviços de engenharia.

Na verdade, o próprio texto paradigma, o art. 69 da Lei de Licitações, foi originariamente cunhado para atender às obras – o que de resto não é de se estranhar, dado o tradicional protagonismo desse setor na legislação de contratações públicas, em especial, na Lei nº 8.666/1993.

E, de fato, determinados tipos de serviços, sobretudo de natureza intelectual, caracterizados pela subjetividade, o traço do autor, não comportam uma apuração objetiva de eventuais vícios, defeitos ou incorreções, que se dirá da assunção de responsabilidade objetiva, ausente a comprovação de imperícia, negligência ou imprudência.

Outro exemplo ilustra bem a impropriedade do dispositivo, também no campo da prestação de serviços, especializados ou não.

É o caso das consultorias e assessorias financeiras demandadas pelas estatais junto aos bancos nos processos de privatizações e desinvestimentos – como anotado mais adiante, a propósito do exame das sistemáticas de desinvestimentos e do Decreto nº 9.188/2017 –, nos quais as instituições financeiras são contratadas para realizar avaliações financeiras dos ativos a serem alienados, os *valuation* e *fairness opinion*; preparar a concepção da estrutura de operação indicada em cada caso; e acessar o mercado na promoção da venda e na busca de possíveis interessados. Em outra vertente, essa consultoria pode alcançar os serviços necessários às operações no mercado de capitais, como a coordenação da oferta pública.

A natureza das atividades executadas, da relação entre os diversos *stakeholders*, os vultosos valores envolvidos nessas operações, além dos riscos às vezes imponderáveis inerentes a essas atividades e sua natural sujeição às flutuações de mercado, implicam fatores que fogem à esfera de controle do prestador de serviço e que não comportam responsabilidade objetiva.

Porém, o que de fato aniquila qualquer razoabilidade que, quiçá, se pudesse entrever no texto do art. 76 é a opção legislativa pelo regime contratual privado expressamente eleito no já mencionado art. 68 da lei.

Essa peculiaridade afasta a aplicação da responsabilidade objetiva, mesmo aos escopos que possam eventualmente se acomodar ao conteúdo descritivo do dispositivo, como as obras e serviços de engenharia.

Como se não bastassem essas razões, a latitude da responsabilidade ali prevista pode afetar o apetite de empresas (re)entrantes no mercado para a assunção de riscos, além de encarecer as propostas, em que serão projetados os custos respectivos.

O excesso de zelo e rigidez adotado pelo legislador da Lei nº 13.303/2016 não figurava sequer da própria Lei nº 8.666/1993 em que prevaleciam, abertamente, em toda a sua potência, as cláusulas exorbitantes sustentadas na hoje superada noção de supremacia do interesse público sobre o interesse privado, entres outras "verticalizações" típicas do "contrato administrativo de raiz".

Na lapidar síntese de Guilherme Carvalho e Souza: "O que se observa, em relação ao art. 76, é justamente, a demonstração da potestade administrativa, de forma expressiva, o que não é peculiar aos contratos de natureza privada como quis levar a crer o legislador ser a regra na contratação das estatais".[217]

Indo além, Guilherme A. Vezaro Eiras aponta o art. 76 como "o ponto fora da curva", pois não há hipossuficiência a ser protegida.[218]

Essa excessiva rigidez do dispositivo terá decorrido do clima vigente no momento em que foi gestada e promulgada a Lei nº 13.303/2016, de junho de 2016, quase simultaneamente à Lei Anticorrupção, de agosto do mesmo ano.

É preciso resgatar aquele ambiente. Ambas as leis foram produto de uma resposta do Legislativo à população, como prova dos esforços voltados a conter a corrupção instalada justamente em uma grande estatal federal, a Petrobras, e localizada também justamente em obras de grande porte, como em diversas refinarias.

Não sem razão, havia naquele momento um forte apelo à adoção de providências eficazes a coibir os comportamentos que as então recentes leis deveriam assertivamente corrigir, com vistas à proteção do patrimônio das empresas estatais.

Talvez esse contexto tenha conduzido ao enrijecimento – desmensurado e contraproducente – observado na redação do art. 76, que, nos

---

[217] SOUZA, Guilherme Carvalho e. Contrato: formalização, alteração, responsabilidade, subcontratação. *In*: NORONHA, João Otávio; FRAZÃO, Ana; MESQUITA, Daniel Augusto (Coord.). *Estatuto Jurídico das Estatais*: análise da Lei nº 13.303/2016. Belo Horizonte: Fórum, 2017. p. 311.

[218] EIRAS, Guilherme A. Vezaro. As regras aplicáveis aos contratos celebrados no âmbito do estatuto das empresas estatais (Lei 13.303/16). *In*: JUSTEN FILHO, Marçal (Org.). *Estatuto Jurídico das Empresas Estatais*. São Paulo: RT, 2016. p. 494. *Vide* também BITTENCOURT, Sidney. *A nova Lei das Estatais*: novo regime de licitações e contratos nas empresas estatais. São Paulo: JH Mizuno, 2017. p. 494.

perdoe o legislador, parece ter resultado de uma desastrada integração dos textos dos arts. 69 e 70 da Lei nº 8.666/1993.

2.10.3 Obras e serviços de engenharia

O bloco de artigos que vai do 42 ao 46 trata das obras e serviços de engenharia.

A Lei nº 13.303/2016 prosseguiu a tendência manifestada na legislação desde o RDC, da preferência aos regimes de execução de obra chamados vulgarmente de "preço fechado", conferindo ao regime de empreitada por preço unitário um caráter residual.

O regime de unitários é conhecido por ter dado azo à excessiva e distorcida utilização dos aditivos contratuais com a finalidade de mitigar imperfeições originárias dos projetos básicos e repor as perdas decorrentes dos defeitos detectados supervenientemente à licitação, já na fase de execução contratual.

Essa solução disfuncional levou, em muitos casos, à dissociação entre o *licitado* e o *executado*, nas palavras de Marçal Justen Filho; à descaracterização do projeto; ao aumento do preço final das obras; à má qualidade ou inexecução de contrato; entre outras *desvantajosidades* ao erário.[219]

Além das mutações contratuais destinadas a corrigir falhas de projetos, a cultura do uso indiscriminado da empreitada por preço unitário deu margem a outros expedientes questionáveis, relacionados à artificialidade ou manipulação dos preços, como o surrado jogo de planilha, sobrepreço e superfaturamento, apenas para citar alguns exemplos.[220]

A recorrência dessas práticas mereceu tutela pelo Tribunal de Contas da União, cuja jurisprudência consolidou mecanismos destinados a coibir tais desvios – não sem consequências indesejadas, em que

---

[219] Em palestra proferida no 11º Fórum Brasileiro de Contratação e Gestão Pública, em Brasília, em 23.05.2013 (*Licitações e contratos administrativos: novas e antigas questões*), Marçal Justen Filho abordou (i) a incapacidade de planejamento adequado; (ii) a ausência de contratações satisfatórias; e (iii) a ineficiência e o desperdício dos recursos públicos.

[220] "As insuficiências de estudos preliminares e as deficiências de projeto são a origem de todo o tipo de mazelas contratuais, como superfaturamento, desvio de objeto, fugas ao regular procedimento licitatório, 'jogo de planilha' e extrapolação aos limites contratuais de aditamento, só para citar algumas" (CAMPELO, Valmir; CAVALCANTI, Rafael Jardim. *Obras públicas, comentários à jurisprudência do TCU*. Belo Horizonte: Fórum, 2012. p. 440).

pesem inevitáveis, para os ordenadores de despesas e para as empresas contratadas.

Nesse cenário, sobressaiu uma aparente ineficiência do sistema da Lei nº 8.666/1993 e um clima de insegurança jurídica e insatisfação recíprocos entre o poder público e a iniciativa privada.

Porém, é preciso contextualizar devidamente as alterações contratuais dessa categoria, que foram e são reprimidas pelo Tribunal de Contas da União, em geral, porque seus motivos se divorciam, sob os aspectos conceitual e legal, dos fundamentos da mutabilidade contratual albergada pelo art. 65, inc. I, alínea "a", da Lei de Licitações.

As alterações contratuais acomodadas em sede legislativa são aquelas a que se refere Caio Tácito ao tratar do dever de alcançar plena eficácia na prestação contratada.[221]

O legislador da Lei de Licitações não pretendeu que essa ferramenta de estabilização do equilíbrio contratual servisse de arrimo para "futura alteração contratual programada", ou seja, quando se tem ciência, já na fase de licitação, de que "deve haver" mudança de projeto por razões técnicas ou financeiras de eficiência do futuro contrato.

Daí que essa forma viciada de lidar com o permissivo legal, da qual se impregnou a Administração Pública brasileira, transfigurou a autenticidade das mutações das condições de execução dos contratos administrativos – na condição de característica indissociável de tais ajustes[222] – para sua perversa metamorfose.

A premência de correção dessa realidade conduziu, enfim, a uma retração, em sede legislativa, do uso indiscriminado do regime

---

[221] "As modificações qualitativas não têm proporção prefixada, mas devem respeitar a essência do objeto do contrato do qual é expressão objetiva sua finalidade, caracterizada no projeto básico, a que se reporta o edital. [...] Admitir-se *a posteriori*, na fase de execução do contrato, a escolha de outro objeto representará violação à regra de ouro da licitação, que repudia tratamento discriminatório, ou favorecido, entre os concorrentes. A tanto se opõe o princípio da moralidade administrativa, outro dos balizamentos constitucionais do serviço público. Sob outro ângulo, porém, uma vez efetivado o contrato, é dever da Administração esmerar-se em alcançar a plena eficiência da prestação contratada, visando à melhor adequação técnica e operacional, compatível com a escala do negócio jurídico pactuado. Várias causas poderão recomendar que se atualizem e aperfeiçoem as especificações da obra ou serviço, em termos técnicos ou de qualidade material, mantida a compatibilidade com a estrutura do ajuste" (TÁCITO, Caio. *Temas de direito público*: estudos e pareceres. v. 2. Rio de Janeiro: Renovar, 1997. p. 1.405).

[222] *Vide* MOTTA, Carlos Pinto Coelho. *Eficácia nas licitações e contratos*. 11. ed. Belo Horizonte: Del Rey, 2011. p. 697; JUSTEN FILHO, Marçal. Ainda a questão da mutabilidade dos contratos administrativos. *In*: BICALHO, Alécia Paolucci Nogueira; DIAS, Maria Tereza Fonseca (Coord.). *Contratações públicas*: estudos em homenagem ao Professor Carlos Pinto Coelho Motta. Belo Horizonte: Fórum, 2013. p. 89.

de empreitada a preço unitário, categorizado pela Lei do RDC como exceção devidamente motivada, enquanto a empreitada a preço global, a empreitada integral e a contratação integrada[223] – vedete do RDC – foram eleitas regimes preferenciais.

Na Lei de Responsabilidade das Empresas Estatais, o novo regime – a semi-integrada –, inspirado no anteriormente também novo regime da contratação integrada, é indicado como obrigatório no §4º do art. 42, como decorre da expressão *deverão utilizar*. As demais modalidades indicadas no art. 43 poderão ser utilizadas mediante justificativa.

Anote-se à margem que, a esse respeito, o legislador deixou de considerar o Acórdão nº 1.977/13, do Plenário do Tribunal de Contas da União, que demonstra justamente a impropriedade de se fixarem regimes preferenciais ou obrigatórios em sede legislativa, pois a determinação do regime adequado deve ter por referência as características, a natureza, os critérios de medição e de remuneração adequados a cada obra, segundo suas próprias características, diante do caso concreto.

Essa realidade fica prejudicada também porque a adoção de modalidades de contratação que não a semi-integrada depende de *justificativa*, providência à qual os gestores têm sido (não sem razão) comumente refratários, como comentaremos adiante.

De toda forma, a estrutura dos regimes contratuais que outorgam ao contratado um maior trespasse de atribuições e encargos – acompanhados da devida remuneração pelo correlato risco acrescido, desde que sem prejuízo da *vantajosidade lato sensu* –, como é o caso das contratações integradas e semi-integradas, sinaliza positivamente para a prevalência da noção corrente nas delegações, de eficaz atuação do contratado e do avanço na linha da contratualização dessas relações.

A contratação integrada foi o marco dessa fusão conceitual, que, contudo, não é novidade para as empresas estatais, ao menos para a Petrobras, de cujo item 1.9 de seu Regulamento Simplificado o modelo foi importado.

Segundo o regime, a Administração e, no caso, a empresa estatal deixam de se responsabilizar pelos meios, indicados em projeto básico, que deverão preparar previamente à licitação e transferem ao contratado o encargo de elaborar o mencionado projeto, além do executivo,

---

[223] O modelo foi pioneiramente utilizado sob a égide do RDC nas contratações do Departamento Nacional de Infraestrutura de Transporte (DNIT), à época sob a gestão do ilustre prefaciador desta obra, hoje governador do estado de São Paulo, Tarcísio Gomes de Freitas.

e, assim, de conceber a solução técnica mais adequada à obtenção do resultado pretendido, a partir das diretrizes de anteprojeto de engenharia fornecido pela contratante.

É da essência do regime que caiba ao contratado a responsabilidade pela concepção e pelos riscos decorrentes de suas escolhas quanto aos meios executivos eleitos para a execução do objeto contratado.

O regime visa à plena eficiência na contratação ao admitir que a Administração se beneficie da *expertise* técnica do contratado e, ao mesmo tempo, lhe transfira (em termos) os riscos associados às respectivas escolhas, que deverão ser alocados objetivamente em matriz própria.

De toda forma, exatamente como já fazia a Lei de Licitações e diferentemente do que se observa na contratação integrada, no regime da semi-integrada, introduzido pela Lei nº 13.303/2016, incumbe ao contratado a elaboração do projeto executivo, como sempre foi.

O regime pressupõe a obrigatória precedência de projeto básico a ser preparado – pela estatal – antes da licitação, conforme alínea "b" do inc. I do §1º do art. 42.

A semi-integrada depende também da possibilidade de prévia definição, no projeto básico, das quantidades de serviços a serem executados na fase contratual – o que é sabidamente difícil de precificar, como historicamente observado, e com mais razão diante do componente conceitual do regime, cuja aplicação se direciona às obras ou serviços de engenharia passíveis de execução com diferentes metodologias ou tecnologias (inc. V do art. 43 da Lei nº 13.303/2016).

Ao pressupor a precedência do projeto básico e em que pese a cautela do legislador na fixação das premissas legais de sua alteração, a semi-integrada pouco inovou em relação à Lei de Licitações e à Súmula nº 261 do TCU.[224]

A nosso ver, a aplicação ideal do regime ocorrerá mediante o fracionamento, sob a ótica da eficiência executiva e orçamentária; ou seja, para a parcela da obra em que for possível conceber o projeto básico e orçar com segurança de quantitativos, tanto o orçamento quanto as medições e remunerações devem correr segundo o regime de preços unitários, com projeto básico da estatal; na parte em que a execução

---

[224] "Em licitações de obras e serviços de engenharia, é necessária a elaboração de projeto básico adequado e atualizado, assim considerado aquele aprovado com todos os elementos descritos no art. 6º, inciso IX, da Lei nº 8.666, de 21 de junho de 1993, constituindo prática ilegal a revisão de projeto básico ou a elaboração de projeto executivo que transfigurem o objeto originalmente contratado em outro de natureza e propósito diversos."

contratual envolver conceitos, técnicas e métodos sofisticados não dominados pela contratante, então que se indiquem as diretrizes do objeto em anteprojeto de engenharia e se transfira ao contratado o encargo de elaborar o básico – e, por óbvio, o executivo –, remunerando-o, nessa parcela, por etapas de avanços da obra.

O corte de originalidade e a utilidade da semi-integrada situam-se nesse particular, na possibilidade de se seguir o projeto básico – minimamente seguro e bem orçado – da contratante, onde isso for de fato possível; e, nos demais, atribuir ao contratado a obrigação de conceber a solução e assumir os riscos de seu próprio projeto.

Além dessa distinção, também o cabimento de um ou outro desses regimes guarda discretas diferenças conceituais, como se colhe de suas definições trazidas pelos incs. V e VI, respectivamente, do art. 43 da Lei nº 13.303/2016.

A contratação semi-integrada será cabível quando for possível definir previamente no projeto básico as quantidades dos serviços a serem posteriormente executados na fase contratual, em obra ou serviço de engenharia que possa ser executado com *diferentes metodologias ou tecnologias*.

A contratação integrada poderá ser utilizada quando a obra ou o serviço de engenharia for de *natureza predominantemente intelectual e de inovação tecnológica do objeto licitado ou puder ser executado com diferentes metodologias ou tecnologias de domínio restrito no mercado*.

Dessas definições decorre que a integrada pressupõe maior complexidade, enquanto a semi-integrada pressupõe a simplicidade de ao menos uma parte do escopo, que nessa condição assegure a possibilidade de aferição dos quantitativos, de forma a projetá-los e orçá-los em projeto básico, como comentado.

Para evitar a adoção da integrada de forma divorciada de seus pressupostos legais, como meio de "se ver livre" do encargo de elaborar o projeto básico – como já ocorreu no passado com o RDC –, o §5º do art. 42 da lei vedou a invocação da ausência do mencionado projeto como motivo da utilização desse regime.

A desídia em providenciar dado essencial à licitação, como é o caso do projeto básico, não pode servir de sustentação para a utilização de um regime que, embora preferencial, seja mais dispendioso, haja vista a latitude do papel e a correlata extensão dos riscos assumidos pelo particular.

Independentemente da preferência legal por um ou outro regime, a decisão quanto à escolha do regime a ser adotado em cada caso deve ser processada, como dito, à luz do já citado Acórdão nº 1.977/13, com conhecimento de causa, com base nas características da obra ou do serviço.

Tal escolha está indelevelmente afeta ao aspecto técnico-financeiro da decisão estruturada de contratação e dos meios mais eficientes à obtenção do resultado, em atenção ao princípio da economicidade.

Infelizmente não é o que se tem observado na aplicação da lei, especificamente quanto à "prerrogativa" motivada da adoção de outro regime, conforme permissivo da parte final do §4º do art. 42 da Lei nº 13.303/2016. Na prática, o risco da adoção "devidamente justificada" de outro regime de execução parece carregar consigo o temor do controle, mesmo que, ao fim e ao cabo, o tal outro regime possa ser mais adequado ao perfil da obra e assim apresentar maior eficiência e vantajosidade.

De toda forma, o objetivo na Lei nº 13.303/2016 é claro: fixar como obrigatório o regime que tem por finalidade obter o projeto executivo do contratado – o que parece excelente, não fosse sua vinculação à precedência do básico elaborado ou contratado pela própria empresa estatal.

Em 2006, o Tribunal de Contas da União já encaminhara ao Congresso Nacional sugestão no sentido de avaliar a inserção na Lei de Licitações da exigência de prévia disponibilidade de projeto executivo para a licitação e contratação de obras de maior vulto e complexidade – sem reduzir as exigências do projeto básico para as demais obras.[225]

Esse sempre foi o calcanhar de Aquiles das contratações de obras, sendo inquestionável que licitar com projeto executivo asseguraria aos contraentes um patamar de segurança jurídica, executiva e financeira que não é garantido por sua – inafastável e óbvia – exigibilidade como condição do início de execução – como fez o legislador no §2º do art. 43 da Lei nº 13.303/2016.

De toda forma, no que diz respeito ao conteúdo dos anexos técnicos do edital nesses regimes de contratação, o instrumento convocatório deverá conter: (i) anteprojeto de engenharia, no caso de contratação integrada, com elementos técnicos que permitam a caracterização da obra ou do serviço e a elaboração e comparação, de forma isonômica,

---

[225] ALTOUNIAN, Claudio Sarian. *Obras públicas*: licitação, contratação, fiscalização e utilização. 5. ed. Belo Horizonte: Fórum, 2016. p. 190.

das propostas; (ii) projeto básico, nas empreitadas por preço unitário, preço global, integral, e na contratação semi-integrada.

Talvez mais relevante que esses dados, a lei exige que o edital seja integrado ainda por documento técnico, adiante mencionado, contendo a definição precisa das frações do empreendimento em que haverá liberdade de as contratadas inovarem em soluções metodológicas ou tecnológicas, seja em termos de modificação das soluções previamente delineadas no anteprojeto ou no projeto básico da licitação, seja em relação ao detalhamento dos sistemas e procedimentos construtivos previstos nessas peças técnicas.

Também deve constar do edital a matriz de riscos, conceituada no inc. X do art. 42 como a cláusula contratual definidora de riscos e responsabilidades entre as partes, e caracterizadora do equilíbrio econômico-financeiro inicial do contrato, em termos de ônus financeiros decorrentes de eventos supervenientes à contratação, que deverá conter, no mínimo, as seguintes informações: (i) a listagem de possíveis eventos supervenientes à assinatura do contrato, impactantes no equilíbrio econômico-financeiro, e previsão de eventual necessidade de aditamento quando de sua ocorrência; (ii) o estabelecimento preciso das frações do objeto em que haverá liberdade das contratadas para inovar em soluções metodológicas ou tecnológicas – em obrigações de resultado – em termos de modificação das soluções previamente delineadas no anteprojeto ou no projeto básico da licitação; (iii) o estabelecimento preciso das frações do objeto em que não haverá liberdade das contratadas para inovar em soluções metodológicas ou tecnológicas – em obrigações de meio –, devendo haver obrigação de identidade entre a execução e a solução predefinida no anteprojeto ou no projeto básico da licitação.[226]

Na Lei de Responsabilidade das Empresas Estatais, as alterações do projeto básico durante a execução das obras contratadas sob o regime de semi-integrada condicionam-se à demonstração da superioridade das inovações, em termos de redução de custos, de aumento de qualidade, de redução do prazo de execução e de facilidade de manutenção ou operação (inc. IV do §1º do art. 42).

---

[226] Sobre obrigações de fim ou de resultado e de meio, *vide* MOREIRA, Egon Bockmann; GUIMARÃES, Fernando Vernalha. *Licitação pública*: a Lei Geral de Licitação – LGL e o Regime Diferenciado de Contratação – RDC. São Paulo: Malheiros, 2012. p. 207; CALASANS JUNIOR, José. Obras e serviços de engenharia: o RDC versus a Lei n. 8.666/93. *Revista Zênite ILC*, Curitiba, n. 592, jun. 2012. p. 220.

As alterações do projeto básico na etapa de elaboração do executivo tem sido alvo de resistências. Notam-se frequentes dificuldades dos contraentes em se entenderem sobre a efetividade dessa "superioridade".

As dificuldades se refletem ainda na interpretação também da matriz de risco, especificamente no "documento técnico, com definição precisa das frações do empreendimento em que haverá liberdade de as contratadas inovarem em soluções metodológicas ou tecnológicas, seja em termos de modificação das soluções previamente delineadas no anteprojeto ou no projeto básico da licitação, seja em termos de detalhamento dos sistemas e procedimentos construtivos previstos nessas peças técnicas" (§1º, inc. X, alínea "c", do art. 42).[227]

Assim como a adoção de regimes distintos da semi-integrada, como comentado, essas disposições sobre alterações do projeto básico nesse regime enfrentam os receios do gestor em relação às ações de controle, muitas vezes em prejuízo dos melhores resultados.

O art. 81 traz a obrigatoriedade de cláusula contratual que contenha as regras de alteração dos contratos – na mesma linha do art. 65, incs. I e II, da Lei nº 8.666/1993 – por acordo entre as partes, qualquer que seja o regime de execução das obras e serviços de engenharia, exceto na contratação integrada, cuja regra de alterações é a vinculação à matriz de risco, sendo vedados os aditivos decorrentes de eventos supervenientes alocados como sendo de responsabilidade da contratada.

Em quaisquer dos regimes, os riscos decorrentes de eventos supervenientes à contratação que estejam associados à escolha da solução de projeto básico adotada pela contratante deverão ser alocados na matriz de riscos como sendo da responsabilidade desta própria.

Sobre as contribuições desses regimes para a evolução dos contratos formalizados entre as estatais ou a Administração Pública direta, é certo que, assim como os contratos de parcerias público-privadas, a estrutura e dinâmica contratual das contratações integradas descortinaram a "pós-verdade" das cláusulas exorbitantes[228] que tipificam o clássico contrato administrativo, cuja largueza – melhor dizendo,

---

[227] Remetemos sobre o tema à proposta da doutrina sobre a possibilidade de alteração consensual da matriz de riscos nos contratos de PPPs, que, a nosso ver, pode ser extensiva aos contratos em comento. Vide FORTINI, Cristiana; NÓBREGA, Marcos; CAVALCANTI, Caio Mário Lana. Matriz de riscos dos contratos de parceria público-privada: alteração consensual. *SLC*, ano 5, n. 57, dez. 2022, p. 53-55.

[228] *Vide* sobre o tema excelente monografia de Juliana Bonacorsi de Palma: 10. Cláusulas exorbitantes na lei das empresas estatais: uma revisitação a partir das sanções administrativas. *In*: PINTO JUNIOR, Mario Engler; MASTROBUONO, Cristina M. Wagner; MEGNA, Bruno

estreiteza – foi revisitada por força desses contratos de feições contemporâneas, voltados para os resultados.

Os atributos da contratualização e da consensualidade das relações entre as empresas estatais e seus contratados restam, nesse cenário, hoje acessíveis a todas essas empresas, reforçados pelo texto do art. 68, compreendido em conjunto com outros dispositivos da Lei de Responsabilidade das Empresas Estatais, ora brevemente visitados, relacionados às contratações integradas e semi-integradas, que prestigiam esse tipo de *responsividade* entre os contraentes.

Lopes (Coord.). *Empresas estatais*: regime jurídico e experiência prática na vigência da Lei n. 13.303/2016. São Paulo: Almedina, 2022. p. 295-330.

CAPÍTULO 3

MODELOS DE RETRAÇÃO DA PRESENÇA ESTATAL NA ECONOMIA E PARCERIAS

3.1 Função instrumental das desestatizações na retração do Estado na economia

Abordamos no capítulo 1 a sazonalidade da presença do Estado na economia, cujo maior ou menor protagonismo é orientado pelos pressupostos constitucionais dos imperativos da segurança nacional e do relevante interesse coletivo, além das realidades de mercado e necessidades sociais.

Dissemos também que o aperfeiçoamento da eficácia da alocação dos recursos públicos para o bom desempenho de suas funções impõe ao Estado periódicas revisões de sua forma de atuação em benefício da sociedade, individualmente representada pelo "cidadão-acionista", na feliz expressão de um dos maiores empresários brasileiros, Jorge Gerdau Johannpeter.

Afirmamos que esse exercício de atualização das realidades reflete ainda um alinhamento com os arts. 173 e 174 da Constituição Federal, que definem o papel atribuído ao Estado na ordem econômica, reconduzindo-o à função de normatizador e regulador.

No que se refere às empresas estatais, essa perspectiva torna forçoso o reconhecimento, como proposto por Fernando Antônio Ribeiro Soares e Leonardo Raupp Bocorny, do *princípio constitucional da transitoriedade da existência das empresas estatais*, "que determina a checagem recorrente pelo poder público da verificação dos motivos legitimadores para permanência (ou não) dessas entidades na ordem econômica; significa que essas entidades somente poderão existir se demonstrados os pressupostos jurídicos e econômicos que as legitimam na ordem econômica, tanto no momento de criação como durante sua operação", pois:

> Os elementos que sustentaram a criação de uma empresa estatal podem desaparecer ao longo dos anos. As modificações nas condições de mercado e nas respectivas falhas, bem como a percepção histórica sobre a essencialidade de determinada atividade econômica e sua prioridade sobre outras demandas sociais que deram origem à empresa estatal, podem, e esse é ponto central do estudo, ser alteradas ao longo do tempo, justificando o encerramento da intervenção estatal e consequentemente o desfazimento da própria empresa estatal.[229]

Essa proposição foi reforçada com a Lei nº 13.303/2016, que formalmente vinculou essa aferição de qualidade da atuação das empresas estatais às normas de governança, pois "a simples obrigação de explicitar as políticas públicas implementadas por intermédio da empresa estatal e de quantificar o custo correspondente obriga que se revisite, periodicamente, a avaliação quanto à pertinência e razoabilidade subjacentes a essa forma de ação pública".[230]

A consequência prática dessa atividade, no caso de decisões pela alienação ou desmobilização da empresa, ou outras formas de afastamento menos definitivo do Estado de setor ou atividade, encontrará suas ferramentas de resolutividade nas técnicas de desestatização pavimentadas pela Lei nº 8.031/1990 e revisitadas com o advento da Lei nº 9.491/1997.

3.2 Programa Nacional de Desestatização (PND)

3.2.1 Conteúdo do PND de 1990

O Programa Nacional de Desestatização (PND) foi concebido para implementar os objetivos indicados no art. 1º da Lei nº 8.031/1990,

---

[229] SOARES, Fernando Antônio Ribeiro; BOCORNY, Leonardo Raupp. 2. Fundamentos Jurídicos e Econômicos para a legitimidade das empresas estatais: uma análise sobre o art. 173 da Constituição Federal de 1988 e o Princípio da Transitoriedade. *In*: PINTO JUNIOR, Mario Engler; MASTROBUONO, Cristina M. Wagner; MEGNA, Bruno Lopes (Coord.). *Empresas estatais*: regime jurídico e experiência prática na vigência da Lei n. 13.303/2016. São Paulo: Almedina, 2022. p. 59.

[230] CUNHA, Cláudia Polto; MASTROBUONO, Cristina M. Wagner. 12. Privatizações, participações minoritárias e subsidiárias. *In*: PINTO JUNIOR, Mario Engler; MASTROBUONO, Cristina M. Wagner; MEGNA, Bruno Lopes (Coord.). *Empresas estatais*: regime jurídico e experiência prática na vigência da Lei n. 13.303/2016. São Paulo: Almedina, 2022. p. 367.

que inaugurou o movimento desestatizante no Brasil durante o governo do presidente Fernando Collor de Mello.

Aquela ação governamental visava a um só tempo reduzir a presença estatal na economia para restabelecer o princípio da subsidiariedade[231] e controlar a dívida pública, permitindo que o Estado concentrasse seus esforços nas áreas em que sua presença fosse essencial.

Buscava-se ainda fomentar as atividades da iniciativa privada para a modernização do parque industrial nacional, com estímulo à competitividade e ao fortalecimento do mercado de capitais, além da democratização da propriedade do capital das empresas estatais.

O Programa Nacional de Desestatização de 1990, cujo conteúdo-alvo foram as privatizações *stricto sensu*, conforme definidas no §1º do art. 2º da Lei nº 8.031/1990, teve espectro de abrangência mais restrito[232] em relação à sua reedição anos depois, em 1997.[233]

A inteligência integrada dos diversos incisos do art. 1º,[234] lidos em conjunto com o art. 2º e com as modalidades de desestatização

---

[231] *Vide* DI PIETRO, Maria Sylvia Zanella; MOTTA, Fabrício (Coord.). *O direito administrativo nos 30 anos da Constituição.* Belo Horizonte: Fórum, 2018. p. 25.

[232] *Vide* FERRAZ, Luciano; ALMEIDA, Thiago Ferreira. Panorama dos programas brasileiros de privatizações: trinta anos depois da Constituição. *In*: DI PIETRO, Maria Sylvia Zanella; MOTTA, Fabrício (Coord.). *O direito administrativo nos 30 anos da Constituição.* Belo Horizonte: Fórum, 2018. p. 97-105. *Vide* ainda PINHEIRO, Armando Castelar. Privatização no Brasil: por quê? Até onde? Até quando? *In*: GIAMBIAGI, Fabio; MOREIRA, Maurício Mesquita (Org.). *A economia brasileira nos anos 90.* 1. ed. Rio de Janeiro: Banco Nacional de Desenvolvimento Econômico e Social, 1999. Disponível em: https://web.bndes.gov.br/bib/jspui/handle/1408/11317. Acesso em: 9 fev. 2019. O programa de 1990 alcançou prioritariamente empresas dos setores siderúrgico, metalúrgico, petroquímico e de fertilizantes. Nessa etapa, foram privatizadas Usiminas, Companhia Siderúrgica Nacional, Copesul, Fosfértil, CST, Cosipa, Ultrafértil, Açominas.

[233] A segunda onda, de 1997, incluiu as privatizações de empresas ligadas à infraestrutura, nos setores de telecomunicações, energia elétrica e infraestrutura terrestre, de ferrovias e rodovias. Alguns estados seguiram a União com programas estaduais de desestatização: Rio de Janeiro (Lei nº 2.470/1995), Bahia, Minas Gerais, Sergipe, Rio Grande do Sul, Mato Grosso do Sul, Paraná, Maranhão; e a Medida Provisória nº 1.514-2, de 02.10.1996, viabilizou que os bancos estaduais sob controle dos estados fossem saneados com financiamento da União, com transferência de seu controle ou transformação em bancos de fomento. Dentre as empresas privatizadas nessa fase, citem-se a Companhia Vale do Rio Doce, a Light e as empresas de telecom.

[234] Art. 1º É instituído o Programa Nacional de Desestatização, com os seguintes objetivos fundamentais: I - reordenar a posição estratégica do Estado na economia, transferindo à iniciativa privada atividades indevidamente exploradas pelo setor público; II - contribuir para a redução da dívida pública, concorrendo para o saneamento das finanças do setor público; III - permitir a retomada de investimentos nas empresas e atividades que vierem a ser transferidas à iniciativa privada; IV - contribuir para modernização do parque industrial do País, ampliando sua competitividade e reforçando a capacidade empresarial nos diversos setores da economia; V - permitir que a administração pública concentre seus esforços nas atividades em que a presença do Estado seja fundamental para a consecução

elencadas no art. 4º da Lei nº 8.031/1990, explicita a delimitação do programa às *privatizações de empresas*, como se observa inicialmente (i) do *objeto* das privatizações (empresas controladas pela União ou criadas pelo setor privado que tenham passado para o controle da União) e, na sequência, (ii) da *definição* do instituto (a alienação, pela União, de direitos que lhe assegurem, diretamente ou através de outras controladas, preponderância nas deliberações sociais e o poder de eleger a maioria dos administradores da sociedade).

Essa impressão inicial se confirma nas formas operacionais de execução das privatizações, elencadas no art. 4º, que dão ênfase às operações societárias voltadas à retirada do acionista controlador da empresa, ou sua extinção.[235]

Em 1997, essa configuração do Programa de Desestatização viria a ser significativamente ampliada.

3.2.2 Pavimentação legislativa do PND de 1997

O caminho para a reedição do Programa Nacional de Desestatizações de 1990, pela Lei nº 9.491/1997, foi pavimentado por mudanças constitucionais relevantes, prosseguidas na legislação ordinária.

A Emenda Constitucional nº 5/1995 admitiu que os estados-membros concedessem às empresas privadas o direito à exploração dos serviços públicos locais de distribuição de gás canalizado, até então delegáveis apenas às empresas sob controle acionário estatal (art. 25, §2º).

Naquele mesmo ano, foram implementadas outras diversas medidas na linha da abertura da economia nacional.

A Emenda Constitucional nº 6/1995 revogou o art. 171 da Constituição, que distinguia empresa brasileira e empresa brasileira de capital nacional. A mesma emenda admitiu a concessão ou autorização da pesquisa e da lavra de recursos minerais, bem como o aproveitamento

---

das prioridades nacionais; VI - contribuir para o fortalecimento do mercado de capitais, através do acréscimo da oferta de valores mobiliários e da democratização da propriedade do capital das empresas que integrarem o Programa.

[235] - alienação de participação societária, inclusive de controle acionário, preferencialmente mediante a pulverização de ações junto ao público, empregados, acionistas, fornecedores e consumidores; - abertura de capital; - aumento de capital com renúncia ou cessão, total ou parcial, de direitos de subscrição; - transformação, incorporação, fusão ou cisão; - alienação, arrendamento, locação, comodato ou cessão de bens e instalações; ou - dissolução de empresas ou desativação parcial de seus empreendimentos, com a conseqüente alienação de seus ativos.

dos potenciais de energia elétrica a empresas constituídas sob as leis brasileiras, dispensada a exigência de controle do capital nacional.

Ainda em 1995, a Emenda Constitucional nº 7 modificou o art. 178 da Carta Magna para deixar de exigir que as navegações de cabotagem e interior fossem atividades privativas de embarcações nacionais, além de dispensar a exigência de nacionalidade brasileira dos armadores, entre outras providências relacionadas à abertura à iniciativa privada do acesso a essas atividades econômicas.

Seguindo o movimento de liberalização da economia posto em marcha durante o governo Fernando Henrique Cardoso, as Emendas Constitucionais nº 8 e 9, ambas de 1995, também miraram a abertura do mercado de serviços públicos relevantes à iniciativa privada.

A Emenda nº 8/1995 autorizou a União a delegar às empresas privadas os serviços de telecomunicações e de radiodifusão sonora e de sons e imagens, cuja prestação era até então atribuída exclusivamente às empresas estatais. A Emenda Constitucional nº 9/1995 flexibilizou o monopólio estatal do art. 177 e §1º da Constituição e da Lei nº 2.004/1953 sobre a pesquisa e a lavra de jazidas de petróleo, gás natural e outros hidrocarbonetos fluidos, a refinação do petróleo nacional ou estrangeiro, a importação, exportação e transportes dos produtos e derivados básicos de petróleo.

Essas medidas foram efetivadas em sede infraconstitucional a partir de 1996, na Lei de Energia (Lei nº 9.247/1996), a que se seguiram a Lei nº 9.472/1997, das telecomunicações, e a Lei nº 9.478/1997, do petróleo.

A abertura de mercado à iniciativa privada operada segundo o regime jurídico de delegação foi acompanhada da criação das agências reguladoras inspiradas no modelo norte-americano, com competência para regulamentar as atividades, intermediar e arbitrar os conflitos surgidos no âmbito das delegações.

A liberalização de outros setores da economia nacional impôs a criação de mais agências, cujo modelo apresenta assimetrias em relação ao seu paradigma estrangeiro.

Anote-se à margem que, assim como se observou em relação às empresas estatais, a história tem mostrado que as agências reguladoras se expõem igualmente às consequências nocivas da alta politização, entre outras anomalias incompatíveis com seu papel institucional, em especial a missão de assegurar segurança jurídica ao investidor nos setores de infraestrutura.

Essa realidade conduziu à proposição do Projeto de Lei nº 52/2013, que culminou na promulgação da Lei nº 13.848/2019, que dispõe sobre a *gestão, a organização, o processo decisório e o controle social das agências reguladoras*.

De toda forma, dentre as mudanças constitucionais que redefiniram os rumos da economia política nacional na década de 1990, a Emenda Constitucional nº 19/1998, que implementou a Reforma Administrativa, alterando os arts. 173, §1º, e 22, inc. XXVII, da Constituição Federal, teve papel fundamental no redesenho do ambiente de negócios público-privados e do regime jurídico das empresas estatais brasileiras.

As mudanças constitucionais panoramicamente visitadas, que, a partir de 1995, deram início ao ciclo de abertura à iniciativa privada de diversos setores da economia nacional, foram prosseguidas em marcos regulatórios próprios de setores da infraestrutura nacional, construídos nos anos seguintes, a partir desse movimento original de liberalização econômica.

Em linha com a tendência liberalizante e marcando a transição para novos modelos contratuais, em sede infraconstitucional, o art. 175 da Constituição foi efetivado pela Lei nº 8.987/1995, que dispôs sobre a regência legal das *concessões e permissões de serviços públicos*; e pela Lei nº 9.074/1995, que tratou da *privatização das empresas prestadoras de serviços públicos* e sistematizou os *regimes privados de geração de energia, o autoprodutor e o produtor independente de energia*.

A legislação sobre concessões de serviços públicos teve decisiva influência no processo de ampliação dos vínculos de cooperação entre o poder público e a iniciativa privada ao introduzir mecanismos essenciais à viabilidade, atratividade financeira e, sobretudo, à segurança jurídica desses negócios.[236]

Na esteira da Lei de Concessões, a Lei das Parcerias Público-Privadas, Lei nº 11.079/2004, agregou novo viés e suporte

---

[236] A título de exemplo, podem ser citados a previsão de oferta pelo concessionário dos direitos emergentes das concessões, em garantia aos financiamentos tomados para fazer face aos investimentos; o estabelecimento de matriz de alocação dos riscos contratuais; a possibilidade de adoção da arbitragem para a solução de conflitos, com amparo na Lei nº 9.307/1996, alterada pela Lei nº 13.129/2015, que autorizou expressamente a utilização do instituto pela Administração Pública direta e indireta. Esse campo de conceitos foi se alargando com novos mecanismos, como a previsão dos *step-in rights*, a autorização do aporte público e o aplainamento da compreensão da natureza da mutabilidade contratual nesses contratos de longo prazo.

jurídico às delegações à iniciativa privada dos serviços, públicos ou não, que constituam encargos da Administração Pública.

Em 2016, o Programa Nacional de Desestatizações gestado em 1997 foi potencializado, com reforço do fomento estatal às parcerias público-privadas *lato sensu*, nos termos da Lei nº 13.334/2016, que instituiu o Programa de Parcerias de Investimentos (PPI), voltado a ampliar e fortalecer a interação entre esses setores por meio da celebração de *contratos de parceria para a execução de empreendimentos públicos de infraestrutura e de outras medidas de desestatização*.

O art. 2º daquela lei focaliza os objetivos do PPI, relacionados justamente à ampliação das oportunidades de investimento e emprego e ao estímulo do desenvolvimento tecnológico e industrial, em harmonia com as metas de desenvolvimento social e econômico do país; à garantia da expansão, com qualidade, da infraestrutura pública, com tarifas adequadas; à promoção da ampla e justa competição na celebração das parcerias e na prestação dos serviços; à estabilidade e à segurança jurídica, com garantia da mínima intervenção nos negócios e investimentos; e, enfim, ao fortalecimento do papel regulador do Estado, em reforço à autonomia das entidades estatais de regulação.[237]

Essas iniciativas legais admitiram de muitas formas o aperfeiçoamento da regência legal da estrutura das contratações públicas envolvendo o adensamento dos vínculos entre o poder público e a iniciativa privada. Nota-se, inclusive, no passado recente, uma paulatina migração de conceitos das delegações – marcadas pelo maior trespasse de atribuições, atrelado à qualidade do serviço, típico dos contratos de resultados – para aplicação também às contratações sob o regime de orçamentação.[238]

---

[237] Não se poderia omitir um registro, à margem, sobre a eficiência dos trabalhos realizados no curto espaço de tempo transcorrido entre a criação do programa – instituído num momento político e fiscal nacional extremamente sensível – e o momento atual. O portfólio qualitativo e quantitativo dos projetos propostos, concluídos, ou em fase de pré-conclusão já ao tempo do fechamento da 1ª edição desta obra, em 2017, é notável, haja vista a complexidade econômico-financeira e jurídica dessas modelagens, a demandarem agilidade e alta qualificação técnica das equipes que integram o programa, além da gestão eficiente junto aos órgãos de controle, em especial o Tribunal de Contas da União. As informações detalhadas sobre os trabalhos desenvolvidos pelo PPI podem ser acessadas na página no programa, na internet: PPI. *Projetos*. Disponível em: https://www.ppi.gov.br/projetos1#/s/Em%20andamento/u//e//m//r/.

[238] Dentre as influências positivas introduzidas pelas práticas adotadas nesse ambiente jurídico renovado, de cooperação entre o setor público e os particulares, talvez a mais significativa delas tenha sido a valorização dos atributos de *contratualização* e da *consensualidade*, que integram a gênese dos contratos de cooperação. Essa influência pode ser observada

Nesse ambiente de liberalização e abertura da economia à maior participação privada e de recolhimento do Estado, a partir da iniciativa federal expressa na Lei do PND, Lei nº 9.491/1997, as desestatizações foram ganhando corpo, como refletem os programas instituídos também pelos estados da federação, à luz de suas constituições e legislação própria.[239]

3.2.3 Fundamentos e objetivos do PND

Em síntese recapitulativa, nesses termos rememoradas as origens legislativas do Programa Nacional de Desestatização, os fundamentos e objetivos do programa reportam a sua *motivação econômica e política*, expressa numa visão pluralista e democrática do interesse público e na busca de ampliação do uso dos mecanismos cooperativos e consensuais de atuação concertada entre o setor público e a iniciativa privada.

As finalidades buscadas pelo programa podem ser sintetizadas nos propósitos de reordenação da posição do Estado na economia; na reestruturação econômica do setor público; e no estímulo à política econômica nacional, em novas bases competitivas.

---

especialmente nos regimes contratuais criados pelo Regime Diferenciado de Contratações, o RDC, cuja Lei nº 12.462/2011 trouxe a contratação integrada, a remuneração variável vinculada ao desempenho, com base em metas qualitativas, o contrato de eficiência – todos esses modelos nitidamente parametrizados pelos avanços já percebidos na vertente das delegações e das melhores práticas do setor privado, como percebido nas diretrizes do Regime Diferenciado. Esses regimes foram incorporados, com ampliações, pela nova Lei de Licitações, Lei nº 14.133/2021: "Art. 4º Nas licitações e contratos de que trata esta Lei serão observadas as seguintes diretrizes: [...] IV - condições de aquisição, de seguros, de garantias e de pagamento compatíveis com as condições do setor privado, inclusive mediante pagamento de remuneração variável conforme desempenho, na forma do art. 10; [...]".

[239] Nesse ínterim, sobreveio ainda o sistema de desestatização "compulsória", na modalidade privatização, imposta pela União aos estados que optarem pela adesão ao Regime de Recuperação Fiscal instituído pela Lei Complementar nº 159/2017. Entre as condições do deferimento do regime, a lei federal exige a privatização de empresas estatais nos setores financeiro, de energia, de saneamento e outros, cujos recursos serão utilizados para a quitação de passivos. De acordo com o art. 11 da lei, enquanto vigorar o Regime de Recuperação Fiscal, o estado poderá contratar operações de crédito para a antecipação de receita da privatização de empresas a ser privatizada. A respectiva operação de crédito será garantida pela União, devendo o estado vincular em contragarantia as receitas de impostos previstas do art. 155, os recursos de arrecadação tributária de sua competência (art. 157), e outros, mencionados na alínea "a" do inc. I, e inc. II do art. 159, todos da Constituição Federal. Além dessa contragarantia, o estado oferecerá, em benefício da União, penhor das ações da empresa a ser privatizada. Nos parágrafos seguintes, o art. 11 da lei complementar disciplina a suspensão da aplicação de restrições a respeito da contratação de operações de crédito e para a concessão de garantia, previstas na Lei de Recuperação Fiscal, Lei Complementar nº 101/00; e as consequências do descumprimento das obrigações pelo estado aderente. O estado do Rio de Janeiro aderiu ao regime em 2017 e contratou o empréstimo mediante compromisso legal de privatização da Cedae.

O art. 1º, incs. I a VI, da Lei nº 9.491/1997 declina os *objetivos* do PND, conforme segue:

(i) reordenar a posição estratégica do Estado na economia, transferindo à iniciativa privada atividades indevidamente exploradas pelo setor público;
(ii) contribuir para a reestruturação econômica do setor público, especialmente através da melhoria do perfil e da redução da dívida pública líquida;
(iii) permitir a retomada de investimentos nas empresas e atividades que vierem a ser transferidas à iniciativa privada;
(iv) contribuir para a reestruturação econômica do setor privado, especialmente para a modernização da infraestrutura e do parque industrial do país, ampliando sua competitividade e reforçando a capacidade empresarial nos diversos setores da economia, inclusive através da concessão de crédito;
(v) permitir que a Administração Pública concentre seus esforços nas atividades em que a presença do Estado seja fundamental para a consecução das prioridades nacionais; e
(vi) contribuir para o fortalecimento do mercado de capitais, por meio do acréscimo da oferta de valores mobiliários e da democratização da propriedade do capital das empresas que integrarem o programa.

Buscou-se a eficiência da economia nacional mediante a reformulação produtiva dos setores público e privado, com redução do tamanho e do custo das estruturas estatais que não tenham condições de cumprir sua missão socioempresarial, além da simultânea melhoria das condições de gestão e de desempenho de outras, que podem ser saneadas e cujas atividades devam ser preservadas em mãos do Estado.

3.3 Conteúdo da desestatização segundo o PND – Lei nº 9.491/1997

3.3.1 Conceito de desestatização e sua relação com a privatização

São conhecidas as variações e a ausência de consenso em torno dos conceitos de *desestatização* e *privatização*.

Essa assimetria parece ter tido origem na redação da Lei nº 8.031/1990, que instituiu o primeiro Programa Nacional de Desestatização (PND), cujo texto empregou esses vocábulos como sinônimos, conforme se percebe da leitura conjunta do art. 2º, *caput* e seu §1º, e art. 4º, com os arts. 13 e 17.

O *caput* do art. 2º indica como *objeto da privatização* as *empresas*,[240] e seu §1º define *privatização* como "a alienação, pela União, de direitos que lhe assegurem, diretamente ou através de outras controladas, preponderância nas deliberações sociais e o poder de eleger a maioria dos administradores da sociedade".[241]

Os incs. I a VI do art. 4º indicam os modelos operacionais pelos quais os projetos de *privatização* podem ser realizados: (i) alienação de participação societária, inclusive de controle acionário, preferencialmente mediante a pulverização de ações junto ao público, empregados, acionistas, fornecedores e consumidores; (ii) abertura de capital; (iii) aumento de capital com renúncia ou cessão, total ou parcial, de direitos de subscrição; (iv) transformação, incorporação, fusão ou cisão; (v) alienação, arrendamento, locação, comodato ou cessão de bens e instalações; ou (vi) dissolução de empresas ou desativação parcial de seus empreendimentos, com a consequente alienação de seus ativos.

Ao tratar da condução desses modelos de *privatização*, o art. 13 faz menção aos *processos de desestatização*, e o art. 17 determina que as empresas que integrarem o Fundo Nacional de Desestatização terão sua estratégia voltada para atender aos objetivos da *desestatização*.

Enquanto os dois primeiros dispositivos se reportam à *privatização* vinculada aos modelos societários de renúncia ao controle acionário da

---

[240] O art. 2º da Lei nº 8.031/1990 havia delimitado o PND à privatização de empresas controladas direta ou indiretamente pela União e instituídas por lei ou por ato do Poder Executivo, ou, ainda, daquelas criadas pelo setor privado que, por qualquer motivo, houvessem passado ao controle da União. *Vide* sobre o tema BORBA, José Edwaldo Tavares. *Sociedade de economia mista e privatização*. Rio de Janeiro: Lumen Juris, 1997.

[241] A *privatização* foi definida naquela lei sob a ótica privatista do conceito de controle, do art. 116 da Lei nº 6.404/1976: "Art. 116. Entende-se por acionista controlador a pessoa, natural ou jurídica, ou o grupo de pessoas vinculadas por acordo de voto, ou sob controle comum, que: a) é titular de direitos de sócio que lhe assegurem, de modo permanente, a maioria dos votos nas deliberações da assembléia-geral e o poder de eleger a maioria dos administradores da companhia; e b) usa efetivamente seu poder para dirigir as atividades sociais e orientar o funcionamento dos órgãos da companhia. Parágrafo único. O acionista controlador deve usar o poder com o fim de fazer a companhia realizar o seu objeto e cumprir sua função social, e tem deveres e responsabilidades para com os demais acionistas da empresa, os que nela trabalham e para com a comunidade em que atua, cujos direitos e interesses deve lealmente respeitar e atender".

empresa, resultando no desligamento integral do Estado, os seguintes se referem aos processos respectivos como *desestatização* dessas empresas.

Como anotamos, aquela primeira versão de PND teve por conteúdo-alvo notadamente as ações de *privatização stricto sensu*, conforme definido no §1º do art. 2º da Lei nº 8.031/1990, acima transcrito. Por isso, o emprego dessas expressões no texto legal, como se se tratasse de um único e mesmo instituto, não apenas tornou corriqueira a referência à privatização como desestatização, e vice-versa, mas também gerou uma noção reducionista da desestatização, que não equivale nem se resume àquela.

Foi o que anos depois acabou assentando o legislador da Lei nº 9.491/1997 ao reeditar o PND expandindo sua abrangência a outros objetos e, assim, eliminando de vez a possibilidade de uma leitura estreita do real conteúdo da desestatização.

Os *objetos* elencados no art. 2º da Lei nº 9.491/1997 indicam que a desestatização não é mero sinônimo de privatização.

Desestatização é *gênero* do qual, entre outros institutos, a privatização é *espécie*.

De fato.

Os incisos I e II do art. 2º mencionado indicam entre os objetos passíveis de desestatização as *empresas* (controladas direta ou indiretamente pela União, instituídas por lei ou ato do Poder Executivo, ou criadas pelo setor privado e que, por qualquer motivo, passaram ao controle direto ou indireto da União); a alínea "a" do §1º do mesmo artigo considera desestatização a alienação do controle acionário dessas empresas – o que significa justamente sua *privatização*.

A lei prossegue definindo a amplitude do escopo legal da desestatização no inciso III do mesmo art. 2º.

Ao indicar entre seus escopos os *serviços públicos objeto de concessão, permissão ou autorização*, remete naturalmente às *delegações de serviços públicos*, amparadas no permissivo do art. 175 da Constituição Federal. A alínea "b" do §1º considera desestatização a "transferência, para a iniciativa privada, da execução de serviços públicos explorados pela União, diretamente ou através de entidades controladas, bem como daqueles de sua responsabilidade".

Finalmente, o inciso V do art. 2º aponta os *bens móveis e imóveis* da União entre os objetos passíveis de desestatização e, correlatamente ao que fez com a privatização e as delegações, o §1º, alínea "c", acomoda também na definição de desestatização a "transferência ou outorga de direitos sobre bens móveis e imóveis da União".

Portanto, desestatização não só não equivale à privatização, como não se esgota nesta, abarcando também as delegações de serviços públicos e os regimes de outorga de uso ou alienação de bens móveis e imóveis.

Quando a desestatização envolver a perda da propriedade de controle acionário de empresa estatal, estar-se-á perante uma privatização.

Quando a desestatização envolver a outorga contratual a terceiro, por tempo determinado, da prestação de serviço público ou do uso de bens públicos, estar-se-á perante outras modalidades de desestatização, viabilizadas mediante concessão, permissão, autorização, aforamento, remição de foro, permuta, cessão e concessão de direito real de uso resolúvel.

Já a alienação de ativos e a desativação de empreendimentos – acompanhadas ou não de operações societárias – realizados para a dissolução da empresa indicam medidas de desestatização conducentes à sua extinção vinculada e no contexto dos objetivos legais do PND.

Essas operações jurídicas denotam a ocorrência dos desinvestimentos atrelados ao PND, a que chamamos impróprios, como tratado mais adiante, no capítulo 4.

Outras alienações de ativos e desfazimento de empreendimentos que não sejam voltados à privatização ou à dissolução de empresa estatal para os fins de realizar política pública de desestatização têm gênese própria e distinta, identificando os desinvestimentos próprios ou típicos.

Concentram-se nesses processos as confusões conceituais observadas entre aquelas providências de Estado – as desestatizações – e essas últimas alienações de natureza gerencial inerentes à gestão de portfólio e caráter *interna corporis*.

Esses conceitos de desinvestimentos e desestatizações, suas nuances distintivas e repercussões serão trabalhados com mais detalhe no próximo capítulo.

Por ora, interessa-nos fixar que a dissociação dos institutos da *desestatização* e da *privatização* decorre da própria lei, como se depreende da inteligência dos dispositivos acima destacados, que, como dito, indicam a desestatização como *gênero* do qual são *espécies a privatização, a delegação de serviços públicos, a alienação e a outorga de direitos sobre bens públicos.*

Privatizar é desestatizar. Desestatizar é também – mas não apenas – privatizar.

Ambos os institutos são ferramentas de política governamental, sendo que a desestatização, vista sob seus efeitos mais extremos, está representada pela privatização, conducente à perda definitiva da propriedade sobre empresa ou serviço – não "apenas" sua delegação contratual temporária a terceiros.

Dentre os significados conferidos pelo *Dicionário Aurélio* ao prefixo "des", há "ação contrária".[242]

Desestatizar significa realizar uma retração estatal de determinado setor ou atividade.

Quando essa retração se der de maneira definitiva, envolvendo a perda de propriedade de empresa estatal e da titularidade da prestação do serviço respectivo, estar-se-á perante a modalidade de desestatização chamada privatização; quando a medida não envolver perda de titularidade e propriedade, e o trespasse do objeto desestatizado ocorrer contratualmente, de forma temporária, estar-se-á diante das demais modalidades de desestatização.

É justamente o que se colhe da definição de desestatização trazida pela Lei do PND:

> Art. 2º (...)
> §1º Considera-se desestatização:
> a) a alienação, pela União, de direitos que lhe assegurem, diretamente ou através de outras controladas, preponderância nas deliberações sociais e o poder de eleger a maioria dos administradores da sociedade;
> b) a transferência, para a iniciativa privada, da execução de serviços públicos explorados pela União, diretamente ou através de entidades controladas, bem como daqueles de sua responsabilidade.
> c) a transferência ou outorga de direitos sobre bens móveis e imóveis da União, nos termos desta Lei.

Por isso, o conceito de desestatização vai além da privatização, porque abarca outros mecanismos de rearranjo da atuação estatal, além da disposição da própria empresa executora, via privatização.

Esse é o entendimento de forma geral defendido por parte da doutrina encabeçada por Marcos Juruena Villela Souto, para quem a

---

[242] FERREIRA, Aurélio Buarque de Holanda. *Novo Aurélio, o dicionário da língua portuguesa.* Século XXI. 3. ed. Rio de Janeiro: Nova Fronteira, 1999. p. 628.

desestatização engloba os institutos da *privatização, concessão, permissão, terceirização e gestão associada de funções públicas*.[243]

Com ajustes interpretativos, outro grupo de autores classifica a *privatização* como gênero do qual são espécies a *despublicização, descentralização, desestatização, desregulação, terceirização, associação e estruturação integrada*.[244]

O Tribunal de Contas da União reforça a concepção técnica mais ampla do vocábulo com eco na doutrina do professor Juruena, como se depreende da redação do art. 1º da Instrução Normativa nº 81/2018 da Corte de Contas, que dispõe sobre a fiscalização dos processos dessa natureza e detalha o espectro de incidência do normativo:

> Os processos de desestatização realizados pela Administração Pública Federal, compreendendo as privatizações de empresas, as concessões e permissões de serviço público, a contratação das parcerias público-privadas e as outorgas de atividades econômicas reservadas ou monopolizadas pelo Estado.

O normativo se aplica, ainda, no que couber, aos processos de outorga de subconcessão de serviços públicos de que trata o art. 26 da Lei nº 8.987/1995, autorizados pelo órgão ou pela entidade federal concedente; e aos processos de outorga de concessão ou de permissão de serviços públicos que se enquadrem nas hipóteses de inexigibilidade ou de dispensa de licitação previstas em lei específica, além das autorizações precedidas de processo licitatório, nos termos do art. 136, §2º, e art. 164, inc. I, da Lei nº 9.472/1997.

Tomando por base ainda o normativo do TCU, a largueza do conceito de desestatização está expressa, ainda, nos fundamentos da competência declinada pelo tribunal para a apreciação dos processos de

---

[243] SOUTO, Marcos Juruena Villela. *Desestatização*: privatização, concessões, terceirizações e regulação. 4. ed. Rio de Janeiro: Lumen Juris, 2001. p. 30; MOTTA, Carlos Pinto Coelho. *Eficácia nas concessões, permissões e parcerias*. 2. ed. Belo Horizonte: Del Rey, 2011. p. 29; GARCIA, Flávio Amaral, *Concessões, Parcerias e Regulação*. São Paulo: Malheiros, 2019. p. 22. Alexandre Santos de Aragão amplia as possibilidades de interpretação, fazendo menção, além das desestatizações e privatizações, como figuras autônomas entre si, às liberalizações (ARAGÃO, Alexandre Santos. *Direito dos serviços públicos*. 4. ed. 1. reimpressão. Belo Horizonte: Fórum, 2017. p. 67).

[244] MÂNICA, Fernando Borges; MENEGAT, Fernando. *Teoria jurídica da privatização*: fundamentos, limites, técnicas de interação público-privada no direito brasileiro. Rio de Janeiro: Lumen Juris, 2017. p. 104 e ss. Nessa linha, empregando o vocábulo privatização em sentido mais amplo, *vide* ainda DI PIETRO, Maria Sylvia Zanella. *Parcerias na Administração Pública*. 11. ed. Rio de Janeiro: Forense, 2017. p. 8.

desestatização, incluídos (i) no Programa Nacional de Desestatização, conforme disposto no art. 2º c/c art. 18, inc. VIII, da Lei nº 9.491/1997, e (ii) no Programa de Parcerias de Investimentos, conforme disposto nos arts. 5º e 6º, inc. IV, da Lei nº 13.334/2016, bem como (iii) nas prorrogações e relicitações de contratos de parceria de investimentos, conforme disposto no art. 11 da Lei nº 13.448/2017.

Em suma, a desestatização acomoda estruturas relacionais diversas e possíveis entre os setores público e privado, a partir das modalidades operacionais adiante examinadas, que tenham por objetivo e resultado a retirada integral ou parcial, definitiva ou temporária, da presença do Estado de determinados setores e atividades da economia, dentre as quais a mais extrema, a privatização.

Com relação à alienação de ativos e o desfazimento de empreendimentos e de investimentos de empresas estatais, é essencial pontuar que essas ações apenas se enquadram no conceito de desestatização, como desinvestimentos impróprios ou atípicos, quando forem realizadas de forma atrelada aos objetivos do PND, com fins de retirada do Estado do setor ou atividade, ou seja, para privatização ou dissolução de empresa estatal.

Do contrário, quando essas providências forem conduzidas com propósitos corporativos vinculados às metas e resultados gerenciais das empresas estatais, sem aderência aos objetivos do PND, serão identificadas como atos *interna corporis* de gestão de portfólio de ativos dessas empresas, retratando os desinvestimentos próprios ou típicos.

Este tema, como dito, será desenvolvido no capítulo seguinte.

3.3.2 Objetos do PND e modalidades operacionais de desestatizações

A Lei nº 9.491/1997 trata das desestatizações concebidas para a implementação dos propósitos próprios elencados no art. 1º.

A partir do elenco de *propósitos* buscados pelo Programa Nacional de Desestatização, relacionados ao afastamento do Estado de determinados setores da economia, entre outros correlatos, elencados no tópico 3.2.3 acima, conforme apresentados nos incisos I a VI do art. 1º da Lei nº 9.497/1991, o legislador traçou a *abrangência* do programa, indicando as *estruturas estatais* que podem constituir seu foco.

O art. 2º, incs. I a V, da Lei nº 9.491/1997 elenca os *objetos passíveis de desestatização*:

- as empresas, inclusive instituições financeiras, controladas direta ou indiretamente pela União, instituídas por lei ou ato do Poder Executivo;
- as empresas criadas pelo setor privado e que, por qualquer motivo, passaram ao controle direto ou indireto da União;
- os serviços públicos objeto de concessão, permissão ou autorização;
- as instituições financeiras públicas estaduais que tenham tido as ações de seu capital social desapropriadas, na forma do Decreto-Lei nº 2.321/1987; e
- os bens móveis e imóveis da União.

A esses objetos devem ser acrescidas as participações minoritárias diretas e indiretas detidas pela União no capital de quaisquer outras sociedades e suas ações na Petrobras, excedentes ao controle acionário, nos termos do art. 63 da Lei nº 9.478/1997.

Seguindo o fluxo da Lei nº 9.491/1997, as *modalidades operacionais* de desestatização fornecidas pelo legislador são apresentadas nos incisos I a VII do art. 4º, como segue:

- alienação de participação societária, inclusive de controle acionário, preferencialmente mediante a pulverização de ações;
- abertura de capital;
- aumento de capital, com renúncia ou cessão, total ou parcial, de direitos de subscrição;
- alienação, arrendamento, locação, comodato ou cessão de bens e instalações;
- dissolução de sociedades ou desativação parcial de seus empreendimentos, com a consequente alienação de seus ativos;
- concessão, permissão ou autorização de serviços públicos;
- aforamento, remição de foro, permuta, cessão, concessão de direito real de uso resolúvel e alienação mediante venda de bens imóveis de domínio da União.

Essas modalidades serão aplicadas conforme se apresentem adequadas a cada situação concreta, em linha com o objeto da desestatização compreendendo, alternativamente, (i) as *empresas* (incisos I a III e V); (ii) os *bens* (incisos IV e VII); ou (iii) os *serviços públicos* (inciso VI).

As operações societárias de transformação, incorporação, fusão, cisão de sociedades e criação de subsidiárias integrais poderão ser utilizadas como medidas instrumentais destinadas a viabilizar a implementação da modalidade operacional de desestatização escolhida (art. 4º, §1º).

As *empresas* são desestatizadas por privatização, mediante alienação de participação societária, inclusive de controle acionário, preferencialmente mediante a pulverização de ações; abertura de capital; e aumento de capital, com renúncia ou cessão, total ou parcial, de direitos de subscrição.

As empresas também podem ter alienados seus ativos para fins de sua dissolução ou de desativação parcial de seus empreendimentos, em linha com os objetivos de programa de governo, visando às finalidades do PND.

Os *bens* podem ser desestatizados por alienação, arrendamento, locação, comodato ou cessão de bens e instalações, aforamento, remição de foro, permuta, cessão, concessão de direito real de uso resolúvel e alienação, e venda de bens imóveis.

Como anotado e desenvolvido no capítulo 4 adiante, a alienação de bens e a desativação de empreendimentos, com ou sem reorganização societária – que, "em tese", se acomodam ao conceito de desinvestimentos –, só se amoldarão à noção desestatização, sob a ótica do PND, caso sejam realizadas de forma vinculada aos objetivos do programa, de afastamento do Estado de determinado setor ou atividade; caso contrário, tratam-se de medida de gestão corporativa de investimentos e ativos.

Finalmente, a desestatização dos *serviços públicos* ocorre por delegação, via concessão, permissão ou autorização.

O quadro abaixo indica a correspondência entre o objeto da desestatização e suas modalidades operacionais.

Quadro 1 – Objetos e modalidades operacionais de desestatização

Objeto da desestatização	Lei nº 9.491/1997	Modalidade operacional	Lei nº 9.491/1997
Empresas	Art. 2º, incs. I e II	- alienação de participação societária, inclusive de controle acionário, preferencialmente mediante a pulverização de ações; - abertura de capital; - aumento de capital, com renúncia ou cessão, total ou parcial, de direitos de subscrição; - dissolução de sociedades ou desativação parcial de seus empreendimentos, com a consequente alienação de seus ativos.	Art. 4º, incs. I, II, III e V
Bens	Art. 2º, inc. V	- alienação, arrendamento, locação, comodato ou cessão de bens e instalações; aforamento, remição de foro, permuta, cessão, concessão de direito real de uso resolúvel e alienação mediante venda de bens imóveis de domínio da União.	Art. 4º, incs. IV, V e VII
Serviços públicos	Art. 2º, inc. III	- concessão, permissão ou autorização de serviços públicos.	Art. 4º, inc. VI

Conciliando a interpretação mais ampla da desestatização, como acima explicitado, com a leitura integrada do art. 2º, seus incisos e §1º, e dos diversos incisos do art. 4º da Lei nº 9.491/1997, em resumo, são modalidades operacionais de desestatização, além da privatização, as delegações de serviços públicos e outorgas de direitos sobre bens públicos, ou sua alienação.

Isso não significa que os modelos operacionais de desestatização *lato sensu* – como técnica de descentralização – se esgotem nesses regimes, pois o "descongestionamento administrativo" é passível de implementação por outras formas de parcerias previstas em legislação esparsa que instrumentaliza relações jurídicas público-privadas de naturezas diversas.

Os contratos de parceria celebrados entre o Estado e a iniciativa privada comportam variados regimes jurídicos para a execução cooperativa de empreendimentos públicos de infraestrutura e medidas de desestatização *lato sensu*, como definiu a Lei nº 13.334/2016 ao se referir a "contratos de parceria".

Nesse contexto, são também desestatizações todas as demais parcerias possíveis entre o setor público e a iniciativa privada que não estejam abarcadas pelas modalidades operacionais da legislação do PND, mas que viabilizem o trespasse a terceiros de atividades e bens públicos.

As figuras jurídicas que viabilizam os modelos cooperativos público-privados constituem formas temporárias de o Estado se desincumbir de suas funções acometendo-as contratualmente a terceiros, ou seja, descentralizando (ou desestatizando) sua execução.

Dentre essas, perfilham-se as empreitadas de obras públicas, as terceirizações, as relações com o terceiro setor, os convênios e outros institutos que legitimem essas relações de parceria cooperativa ou colaborativa.[245]

É essencial fixar, contudo, que as modalidades operacionais de desestatização encadeadas no corpo da "lei quadro" que instituiu o PND, em correspondência com a definição do instituto, têm por finalidade realizar os objetivos específicos e precisos do programa, indicados no art. 1º, que podem ser sintetizados na reordenação estrutural visando à modulação da presença e das funções assumidas pelo Estado diretamente na economia.

As modalidades operacionais de desestatizações e seus regimes jurídicos são tratados adiante.

3.4 Regimes jurídicos das desestatizações

O regime jurídico de desestatização será definido, em cada caso, entre as *modalidades operacionais* oferecidas pela lei, segundo a natureza do "objeto desestatizável".

---

[245] *Vide* DI PIETRO, Maria Sylvia Zanella. *Parcerias na Administração Pública*. 11. ed. Rio de Janeiro: Forense, 2017.

Partindo dos objetos e do alcance das desestatizações, segundo a leitura integrada do art. 2º, incs. I a V e §1º, alíneas "a" a "c", da Lei nº 9.491/1997, o art. 4º, incs. I a VII, elenca as modalidades operacionais instrumentais do PND, conforme segue:

(i) as privatizações *stricto sensu*, identificadas nas operações societárias típicas, destinadas à alienação de participação societária detida pela União em empresa estatal, inclusive do controle acionário, preferencialmente mediante a pulverização de ações; a abertura de capital; e o aumento de capital com renúncia ou cessão, total ou parcial, de direitos de subscrição;

(ii) as alienações de bens e instalações totais, no caso de dissolução da empresa, ou parciais, para desativação seletiva de empreendimentos;

(iii) as delegações de serviços públicos, mediante concessão, permissão ou autorização de serviços públicos, e as parcerias público-privadas, com amparo, respectivamente, nas Leis nº 8.987/1995 e 11.079/2004, observadas as legislações específicas de setores regulados e seus regulamentos; e

(iv) as operações reguladas pelo direito civil relacionadas às transações com bens imóveis: alienação, arrendamento, locação, comodato ou cessão de bens e instalações; aforamento, remição de foro, permuta, cessão, concessão de direito real de uso resolúvel; entram nessa categoria quaisquer regimes jurídicos aptos a conferir ao particular o direito de exploração de serviços, ou de propriedade ou utilização de bens públicos móveis ou imóveis (*e.g.*, autorização, permissão, concessão, administrativa ou de direito real de uso).

Essas modalidades operacionais traduzem mecanismos de direito público e de direito privado, societários e contratuais, aptos a legitimar o trespasse pelo Estado à iniciativa privada, de bens, serviços e atividades, com vistas à obtenção dos resultados econômicos e de mercado buscados pela desestatização, em cada caso.

Além do espectro mais amplo identificado nas operações acima destacadas, outro aspecto notado na mudança legislativa das feições do programa de 1997, em relação à versão original, de 1990, pode ser identificado na acomodação da possibilidade de que esse trespasse ocorra de forma temporária e condicional, conforme o modelo de cometimento ao particular, seja de delegação de serviços públicos ou de utilização dos bens públicos; ou definitiva, como se dá nos casos das privatizações *stricto sensu*, como providência mais ampla de transferência à iniciativa privada não apenas da execução do serviço, mas da própria empresa que o executa, mediante a alienação das ações representativas de seu controle acionário, ou outra forma societária de alienação de controle.

Nessa vala da "cogestão" sem afastamento estatal integral, entram os instrumentos societários que viabilizam a permanência da presença estatal no objeto desestatizado, como é o caso das *golden shares* e de instrumentos negociais correlatos, do direito societário; as delegações de serviços públicos; e as formas legais de uso dos bens públicos por terceiros, sem disposição de propriedade.

Nesse contexto, devem ser consideradas ainda as parcerias ou outras formas associativas, societárias ou contratuais, vinculadas às oportunidades de negócios definidas pelo art. 28, §4º, da Lei nº 13.303/2016, comentadas no capítulo 1.

O art. 4º, §3º, da Lei nº 9.491/1997 prevê a possibilidade de licitação na modalidade de leilão nas desestatizações executadas de acordo com as seguintes técnicas: alienação de participação societária, inclusive de controle acionário, preferencialmente mediante a pulverização de ações; alienação, arrendamento, locação, comodato ou cessão de bens e instalações; dissolução de sociedades ou desativação parcial de empreendimentos, com alienação de ativos; concessão, permissão ou autorização de serviços públicos; aforamento, remição de foro, permuta, cessão, concessão de direito real de uso resolúvel.

Esses leilões adotarão o rito previsto no §4º do mesmo art. 4º, mediante inversão da ordem das fases de habilitação e julgamento.

Qualquer que seja a modalidade operacional escolhida, a transformação, a incorporação, a fusão ou a cisão de sociedades e a criação de subsidiárias integrais podem ser utilizadas a fim de viabilizar o processo de desestatização.

Como anotado, as competências antes exercidas pelo órgão superior de decisão do PND, o Conselho Nacional de Desestatização (CND), remanejadas para o Conselho do PPI (CPPI) pela Lei nº 13.334/2016, compreendem a recomendação, para aprovação do presidente da República, da inclusão ou exclusão de empresas, inclusive instituições financeiras, serviços públicos e participações minoritárias, bem como de bens móveis e imóveis da União, no Programa Nacional de Desestatização.

Os empreendimentos eleitos para inclusão no PND serão qualificados em resoluções do CPPI e indicados em decreto presidencial para modelagem dos processos e autorização prévia da licitação pelo Tribunal de Contas da União, consoante procedimento previsto na Instrução Normativa nº 81/2018.

Destaca-se a relevância do papel desempenhado nesses processos pelo BNDES, não apenas na condição de agente de fomento, mas também de estruturador das modelagens técnico-financeiras.

3.4.1 Privatizações

A privatização é reconhecida como uma:

> Troca de bastões entre proprietários-controladores de unidades empresariais, tendo por objeto uma atividade que já era econômica desde o início. O Estado deixa de ser proprietário-controlador da unidade econômica, substituído que fica por empresa(s) ou empresário(s) do setor privado, no mesmo ramo de negócio. Logo, a privatização pode ser conceituada como transferência do domínio público de uma empresa para o domínio privado dessa mesma empresa, em caráter naturalmente oneroso ou negocial.[246]

Dentre as modalidades de desestatizações, a privatização é o movimento mais amplo, implementado mediante alienação do controle acionário da empresa estatal, juntamente com a transferência da prestação do serviço, em outra vertente, em relação às "simples" delegações de serviços públicos e às contratações menos perenes a que nos referimos logo acima.

A privatização abarca as modalidades operacionais de desestatização indicadas nos incisos I a III do art. 4º da Lei nº 9.497/1991, tendo por objeto as *empresas*, inseridas no conceito de desestatização do art. 2º, §1º, alínea "a": "A alienação, pela União, de direitos que lhe assegurem, diretamente ou através de outras controladas, preponderância nas deliberações sociais e o poder de eleger a maioria dos administradores da sociedade".

---

[246] AYRES BRITTO, Carlos. Privatização das empresas estatais à luz da Constituição. *RDA*, 12/129.

A desestatização na modalidade operacional de alienação de controle acionário é a forma típica de privatização realizada por meio de operações societárias envolvendo:

- alienação de participação societária, inclusive de controle acionário, preferencialmente mediante a pulverização de ações;
- abertura de capital; ou
- aumento de capital, com renúncia ou cessão, total ou parcial, de direitos de subscrição.

3.4.1.1 Alienação de controle e pulverização de ações

A pulverização de ações significa a oferta para diversos investidores, resultando em participações não significativas, individuais e/ou de grupos de investidores.

Essa operação tem como efeito a ausência de poder de controle da companhia por um único acionista ou grupo de acionistas, sendo oposta à venda de bloco de controle para grandes investidores institucionais ou grupos econômicos do setor.

Na abertura de capital, o governo, na condição de acionista, pode acessar o mercado de capitais para levantar recursos. A entrada das ações em bolsa deve ser registrada junto à Comissão de Valores Mobiliários. Feito o registro da companhia como companhia aberta, ocorre a oferta inicial das ações, procedimento conhecido como *Initial Public Offering* (IPO).

A oferta de ações em bolsa pode ser primária ou secundária, com observância dos procedimentos e das regras da Lei nº 6.385/1976, e das normas expressas em instruções da Comissão de Valores Mobiliários, que regulamentam o mercado de capitais.

Diferentes ofertantes podem acessar o mercado: a própria companhia ou o acionista. Caso o ofertante seja a própria companhia, o fenômeno é denominado "oferta primária", com a emissão de novas ações alienadas ao público e a ampliação da base acionária da empresa, sendo que os recursos resultantes da venda reverterão a seu caixa, podendo ser destinados ao financiamento de novos projetos ou à redução de dívidas.

Caso o ofertante seja um ou mais acionistas, a situação identifica a "oferta secundária", via mercado de capitais, compreendendo a oferta de ações já emitidas pela companhia e detidas pelos acionistas, e cujos recursos reverterão para o acionista alienante, com consequente redução de sua participação na empresa.

Pode ocorrer, ainda, uma oferta subsequente, designada *follow-on*, segundo a qual a empresa que já tenha capital aberto em bolsa retorna ao mercado para ofertar mais ações, emitidas pela companhia e/ou detidas pelos acionistas.

3.4.1.2 Aumento de capital com renúncia ou cessão de direitos de subscrição

O aumento de capital com renúncia ou cessão, total ou parcial, de direitos de subscrição compreende a emissão privada de ações pela companhia, com a concessão do direito de preferência aos acionistas existentes, conforme previsto em lei aplicável. Tais direitos podem ser objeto de renúncia ou cessão a terceiros, de forma que, após o aumento de capital, o acionista cedente ou renunciante tem sua participação acionária diluída.

A título de exemplo, essa operação foi a técnica acionária eleita para a privatização das Centrais Elétricas Brasileiras S.A. (Eletrobras), ocorrida em 2021.

Historicamente, a Companhia havia sido incluída no Programa Nacional de Desestatização pelo Decreto nº 1.503/1995 e, posteriormente, excluída pela Lei nº 10.848/2004.

Em 2017, a Medida Provisória nº 814 revogou aquela exclusão para a retomada do processo de alienação do controle da empresa.

Na sequência, as Resoluções nº 13/2017 e nº 30/2018 do CPPI trataram das condições da inclusão e dos contornos da desestatização, cujas recomendações foram aprovadas por meio do Decreto nº 9.351/2018, que autorizou o início dos procedimentos necessários à contratação dos estudos pertinentes, com formalização condicionada à aprovação do Projeto de Lei nº 9.463/2018 pelo Congresso Nacional.[247]

Enfim, a Lei nº 14.182/2021, resultante da conversão da Medida Provisória nº 1.031, de 23 de fevereiro de 2021, dispôs sobre as condições da desestatização da Eletrobras, nos termos da Lei nº 9.491/1997.

---

[247] Ao tempo de fechamento da 1ª edição a tramitação indicava a Apresentação do Requerimento de Prorrogação de prazo de Comissão Temporária nº 9.259/2018, pela Comissão Especial destinada a proferir parecer ao Projeto de Lei nº 9.463, de 2018, e assim permaneceu até a superveniência da Medida Provisória nº 1.031/2021. (CÂMARA DOS DEPUTADOS. *PL 9463/2018*. Disponível em: https://www.camara.leg.br/proposicoesWeb/fichadetramitacao?idProposicao=2167572. Acesso em: 5 fev. 2019);

A modalidade de privatização eleita foi o aumento do capital social, por meio da subscrição pública de ações ordinárias, com renúncia do direito de subscrição pela União (art. 1º, §1º), ou seja, emissão de novas ações com diluição da participação da União no capital, com renúncia do controle.

Conforme art. 3º, III, alínea "c", da lei, foi definida a criação de ação preferencial de classe especial, de propriedade exclusiva da União, nos termos do §7º do art. 17 da Lei nº 6.404/1976[248] – *golden share* –, que confere à União o poder de veto nas deliberações sociais relacionadas à alteração do estatuto social da Eletrobras para vedar: (i) que qualquer acionista ou grupo de acionistas exerça votos em número superior a 10% (dez por cento) da quantidade de ações em que se dividir o capital votante da Companhia; e (ii) a celebração de acordos de acionistas para o exercício de direito de voto, exceto para a formação de blocos com número de votos inferior ao limite acima.

Assim, o modelo atinge o objetivo buscado mediante a inclusão da empresa no PND no que se refere à modulação da presença do Estado no setor elétrico, e a Lei nº 14.182/2021 veda que a União detenha a maioria do capital votante e o poder de controle da Companhia e suas subsidiárias (artigos 1º, §§1º e 2º, 3º, III, 3º, §6º e 10).

Os arts. 3º, I, e 9º da lei preveem a criação de uma nova empresa estatal para manter sob controle da União a Eletronuclear, bem como a construção e operação de usinas nucleares e Itaipu Binacional (inc. V, *caput*, do art. 177 da CF/88); e atender as condições do tratado Brasil-Paraguai, de 26.04.1973, sobre o aproveitamento hidrelétrico dos recursos hídricos do Rio Paraná. A Empresa Brasileira de Participações em Energia Nuclear e Binacional S.A. (ENBPar) foi criada pelo Decreto nº 10.791, de 10 de setembro de 2021.

A propósito da privatização de entidade federal, registram-se algumas decisões do Tribunal de Contas da União sobre a competência do tribunal e responsabilidades após o processo.[249]

---

[248] Possibilidade de concessão de preferências ou vantagens quanto à prioridade: (i) na distribuição de dividendo, fixo ou mínimo; (ii) no reembolso do capital, com prêmio ou sem ele; ou (iii) na acumulação de ambas as anteriores.

[249] Acórdãos nº 1.062/2022 – Segunda Câmara, relator ministro Aroldo Cedraz, e 2.156/2019 – Plenário, relator ministro Benjamin Zymler, no sentido de que a privatização afasta a competência do TCU para apurar eventual débito decorrente de execução contratual ocorrido anteriormente à privatização, pois a venda do controle acionário pressupõe que o adquirente assuma os bens, direitos e obrigações decorrentes da operação (art. 234 da Lei nº 6.404/1976); no entanto, caso seja verificada a prática de ato de gestão ilegítimo ou

3.4.2 Dissolução de sociedade ou desativação de empreendimentos seguida de alienação dos ativos

Essa modalidade operacional de desestatização de empresa, prevista no inciso V do art. 4º da Lei nº 9.491/1997, pressupõe venda de ativos e desativação de empreendimentos atreladas ao encerramento de operação com extinção da empresa. Ou seja, diferentemente do que se observa nos desinvestimentos de caráter gerencial, tratados no capítulo 4, essas alienações e desativações ocorrem para que se dê solução de continuidade à própria empresa estatal, atendendo os propósitos do PND e, por isso, com vinculação às normas e exigências legais próprias do Programa.

A alienação total de ativos é providência que naturalmente antecede a liquidação da empresa, pois o esvaziamento da estrutura empresarial mediante alienação de suas unidades operacionais, estabelecimentos integrantes do seu patrimônio, direitos e participações em outras sociedades induz ao encerramento das atividades sociais.

E não é outro o propósito dessa providência sempre que essas alienações ocorrerem justamente para a implementação dos objetivos da política governamental do PND, como anotado, ou seja, para encerrar as atividades e o Estado se afastar definitivamente do setor ou atividade.

A Lei nº 8.029/1990 cuidou da extinção e da dissolução de uma série de entidades da Administração Pública Federal.

O Decreto nº 9.589/2018[250] dispôs sobre os procedimentos e critérios aplicáveis ao processo de liquidação de empresas estatais controladas diretamente pela União, cuja dissolução venha a ser proposta pelo Ministério da Economia, em conjunto com o ministério setorial, ao Conselho do Programa de Parcerias de Investimentos da Presidência da República (CPPI) para inclusão no Programa Nacional de Desestatização.

A hipótese tem fundamento no art. 4º, inc. V, da Lei nº 9.491/1997, que inclui entre as modalidades de desestatização a "dissolução de sociedades ou desativação parcial de seus empreendimentos, com a conseqüente alienação de seus ativos".

---

antieconômico em período *anterior* à privatização, os responsáveis se sujeitarão às sanções aplicáveis pelo tribunal.

[250] Editado com amparo no art. 178 do Decreto-Lei nº 200/1967, no art. 4º, *caput*, inc. V, no art. 6º, *caput*, inc. I e no art. 24 da Lei nº 9.491/1997, no art. 7º, *caput*, inc. V, alínea "c", da Lei nº 13.334/2016, e nos arts. 21 e 23 da Lei nº 8.029/1990.

O decreto tem por destinatárias apenas as empresas controladas diretamente pela União, não alcançando aquelas sobre as quais a União detenha controle indireto.

Essa delimitação de objeto tem sua razão de ser: significa que a inclusão no Programa Nacional de Desestatização para os fins de que trata o decreto de dissolução será utilizada como providência prévia à dissolução apenas das empresas *holdings*, e não de suas controladas e subsidiárias.

A extinção dessas empresas – controladas e subsidiárias das empresas *holdings* federais –, regra geral, estará afeta à esfera da gestão empresarial, na condição de decisão *interna corporis*, e não será necessariamente submetida à ritualística própria do PND, como abordado no capítulo 4, adiante.

Segundo o rito fixado no Decreto nº 9.589/2018, o Ministério da Economia – ou seu substituto, conforme a estrutura orgânica – e o ministério setorial a que se vincula a empresa poderão propor ao Conselho do Programa de Parcerias e Investimentos (CPPI) – que absorveu as competências do CND – a inclusão de empresa no Programa Nacional de Desestatização (PND), com vistas à sua dissolução.

A proposição deve vir acompanhada dos estudos que a embasem e da justificativa da dissolução como sendo a melhor alternativa.

A resolução do CPPI que vier a aprovar a proposta deverá ser ratificada pelos mesmos ministérios que a tenham apresentado, cabendo ao Ministério da Economia o acompanhamento e a adoção das medidas necessárias à efetivação da liquidação.

O Poder Executivo deve dispor, nessa ocasião, sobre a execução dos contratos eventualmente em vigor, que tiverem sido celebrados pelas entidades extintas ou dissolvidas, que poderão ser suspensos ou rescindidos, por motivo de interesse público.

Evidentemente, as consequências e os custos financeiros da suspensão ou rescisão desses contratos devem ser avaliados e projetados no passivo da empresa, já que, conforme o caso, tais medidas poderão gerar direitos indenizatórios em favor dos contratados.

Em oito dias a contar da data da publicação da resolução do PPI, a Procuradoria-Geral da Fazenda Nacional deverá convocar assembleia geral para, entre outras providências de impulso processual, como a fixação do prazo para sua conclusão do processo, nomear o liquidante e os membros do conselho fiscal que funcionará durante o processo de liquidação.

O pagamento dos passivos da empresa em liquidação se dará na forma do art. 21 da Lei nº 8.029/1990, de acordo com o disposto nos arts. 208 e 210 a 218 da Lei nº 6.404/1976,[251] que trata da liquidação pelos órgãos da companhia, e nos respectivos estatutos sociais.

De acordo com o art. 23 da mesma lei, a União sucederá a entidade que venha a ser extinta ou dissolvida, em seus direitos e obrigações decorrentes de norma legal, ato administrativo ou contrato, bem assim nas demais obrigações pecuniárias remanescentes após a dissolução da empresa.

A Advocacia-Geral da União assumirá a representação nas ações judiciais, e a Secretaria do Tesouro Nacional administrará os bens, direitos e obrigações da empresa extinta, compreendendo as participações minoritárias detidas em empresas participadas; os haveres financeiros e créditos perante terceiros; e as obrigações financeiras decorrentes exclusivamente de operações de crédito contraídas pela empresa extinta com instituições nacionais e internacionais, com vencimento após o encerramento do processo de liquidação.

3.4.3 Alienação, arrendamento, locação, comodato ou cessão de bens e instalações e aforamento, remição de foro, permuta, cessão, concessão de direito real de uso resolúvel

As modalidades operacionais indicadas nos incisos IV e VII do art. 4º da Lei nº 9.491/1997, em linha com a definição de desestatização trazida pelo art. 2º, §1º, alínea "c", da transferência ou outorga de direitos sobre bens móveis e imóveis da União, se materializam mediante institutos do direito civil: alienação, arrendamento, locação, comodato ou cessão de bens e instalações e aforamento, remição de foro, permuta, cessão, concessão de direito real de uso resolúvel.

Essa utilização de institutos clássicos do direito civil pelo direito administrativo tem suas bases históricas no período seguinte à Primeira Guerra Mundial, quando a disciplina passou pela transição do que

---

[251] Lei nº 6.404/1976: "Art. 214. Respeitados os direitos dos credores preferenciais, o liquidante pagará as dívidas sociais proporcionalmente e sem distinção entre vencidas e vincendas, mas, em relação a estas, com desconto às taxas bancárias. Parágrafo único. Se o ativo for superior ao passivo, o liquidante poderá, sob sua responsabilidade pessoal, pagar integralmente as dívidas vencidas".

Fritz Fleiner chamou de "fuga para o direito privado" (*die Flucht in das Privatrecht*), como registrou em sede doutrinária Almiro Couto e Silva.

Esse período coincidiu com a fase da criação das estruturas estatais empresariais, que passariam a assumir a prestação dos serviços públicos de natureza comercial ou industrial, sujeitas a regime jurídico predominantemente de direito privado.

Não se poderia nominar esse fenômeno de privatização do público, mas, ao contrário, observou-se a expansão dos limites da disciplina das estruturas públicas, que passaram a se submeter a regime de direito privado para executar fins públicos.

Essa simbiose não carrega em si qualquer contradição, visto que a evolução dos institutos e as hipóteses de aplicação de ambas as disciplinas demonstraram que os dois ramos não se excluem, mas se complementam, exercendo o direito privado um papel *instrumental* em relação ao direito público, como se observa bem nitidamente no caso das empresas estatais e em outras situações, como as desestatizações, conforme ora examinado.

Essa realidade quanto à intercessão operacional existente entre as disciplinas foi trabalhada em seus primórdios por Almiro Couto e Silva, que, para tanto, partiu da distinção acadêmica entre atos de autoridade e atos de gestão.

O autor aprofundou numa interpretação da função dos contratos, na condição de instrumentos preferenciais nas privatizações e nas relações estabelecidas entre os setores público e privado, nos seguintes termos:

> Essas dúvidas são, em última instância, sobre os próprios critérios distintivos entre direito público e direito privado, sobre as fronteiras que separam esses dois ramos do Direito e, principalmente, sobre a nova categoria, o *tertium genus* que a fuga para o direito privado engendrou, o Direito Privado Administrativo.
>
> Tanto nas privatizações como na terceirização, o instituto jurídico que permite ao Estado realizar os fins a que se propõe é o contrato e, fundamentalmente, o contrato de direito privado. A compra e venda, a locação de serviços, os acordos de acionistas e, quando a lei o permite, os contratos de gestão ao estilo germânico dos *Beherrschungsverträge*, são os instrumentos naturais para compor os interesses da Administração Pública e do setor privado nas relações que modernamente se estabelecem

entre os indivíduos e o Poder Público, ao cogitar-se de redefinir o papel do Estado.[252]

As relações decorrentes dos processos de desestatização realizados segundo as modalidades operacionais em comento – alienação, arrendamento, locação, comodato, cessão de bens e instalações – prendem-se umbilicalmente aos instrumentos contratuais, como a compra e venda, nos casos de alienação de ativos estatais, bens móveis ou imóveis, instalações, direitos e obrigações e, nesta vertente, aos contratos de direito privado regidos pelo Código Civil.

Essas desestatizações têm base legal instrumental no direito civil, aplicável supletivamente à área das licitações e contratos por disposição clássica da Lei nº 8.666/1993, o art. 54 – atualmente art. 89 da Lei nº 14.133/2021 –, que, em outros dispositivos, já fazia essa aproximação, muito antes da Lei nº 13.303/2016 praticamente eliminar as fronteiras entre público e privado em termos de regime contratual ao fixar no art. 68 o regime jurídico de direito privado dos contratos das empresas estatais.[253]

Esse espaço de influência do direito privado sobre o direito público se impôs como uma contingência da modernidade, das demandas qualitativas das relações estabelecidas entre os setores público e privado.

Segundo Marcos Juruena Villela Souto:

> O objeto do estudo do Direito Administrativo é a função de administrar, envolvendo os modelos de estrutura cabíveis, os quais representam um instrumento e não um fim da Administração; daí porque a busca

---

[252] COUTO E SILVA, Almiro. Os indivíduos e o Estado na realização de tarefas públicas. *RDA – Revista de Direito Administrativo*, Rio de Janeiro, n. 209, 1997. p. 57-59; 64. *Vide* ainda, do mesmo autor: Controle das empresas estatais. *RDP*, n. 55/56, p. 119.

[253] Vejam-se o art. 62, §3º, inc. I, que, ao tratar de contratos de seguro, de financiamento e locação – semipúblicos – e outros regidos predominantemente pelo direito privado, explicita que as regras derrogatórias do direito civil contidas nos arts. 55, e 58 a 61 são aplicáveis àqueles contratos apenas "no que couber"; e o art. 15, inc. III, que recomenda que as compras da Administração Pública sejam processadas com submissão "às condições de aquisição e pagamento semelhantes às do setor privado". Ainda nos regimes de contratação orçamentados, essas diretrizes vieram se ampliando, como se percebe da Lei do Regime Diferenciado de Contratações, o RDC, nos termos do art. 4º, inc. IV, da Lei nº 12.462/2011, já mencionada, que determina a observância nas licitações e contratos de "condições de aquisição, de seguros, de garantias e de pagamento compatíveis com as condições do setor privado, inclusive mediante pagamento de remuneração variável conforme desempenho, na forma do art. 10".

de fórmulas de direito privado não representa fuga ou crise do direito administrativo, mas apenas, busca da eficiência.[254]

Assim, a Administração Pública lança mão dos institutos tradicionais do direito privado, típicos do direito civil, pois, na precisa síntese de Lafayette Pondé:

> Privado ou público, o direito é um só. As leis completam-se umas às outras e formam um todo, uno, indivisível. Devem ser assim estudadas e compreendidas e – acima de tudo – devem ser cumpridas e obedecidas, devem ser respeitadas por todos, notadamente por aqueles que somente em razão delas têm poder de mando e querem ser respeitados.[255]

Assim também os processos de desestatizações se utilizam, de maneira instrumental, dos institutos da legislação de direito civil, da alienação, arrendamento, locação, comodato ou cessão de bens e instalações, na condição de modalidades operacionais.

Alguma dificuldade surge da pouca sistematização desses institutos, que, além de tudo, remontam a construções legislativas e doutrinárias mais antigas.

3.4.3.1 Alienação

No contexto das desestatizações, as alienações de bens das empresas estatais seguem o regime da Lei nº 13.303/2016,[256] tratado no capítulo 2, ou seja, a regra geral de licitações e contratos das empresas estatais, partindo do art. 28, que, para tanto, exige licitação, ressalvadas as hipóteses previstas no arts. 29 e 30.

O art. 29 elenca as hipóteses de dispensa, e o art. 30 trata da contratação direta por inexigibilidade, e devem ser lidos à luz da regra

---

[254] SOUTO, Marcos Juruena Villela. *Direito administrativo regulatório*. Rio de Janeiro: Lumen Juris, 2002. p. 373.
[255] PONDÉ, Lafayette. *Estudos de direito administrativo*. Belo Horizonte: Del Rey, 1995. p. 115.
[256] *Vide* ainda Instrução Normativa nº 43/2022, que trata do patrimônio da União e traz regras e procedimentos (SPU-PAI) aos processos de alienações de bens imóveis da União. Informa o Ministério que "a PAI (Proposta de Aquisição de Imóveis) é uma inovação na gestão patrimonial – trabalho realizado pela Secretaria de Coordenação e Governança do Patrimônio da União do Ministério da Economia (SPU) – trazida pela Lei nº 14.011/20. Com esse mecanismo, a lógica de venda de imóveis é invertida, permitindo que o mercado faça propostas de compra de imóveis que pertencem à União". Disponível em: https://www.gov.br/economia/pt-br/assuntos/noticias/2022/junho/ministerio-da-economia-regulamenta-a-proposta-de-aquisicao-de-imoveis. Acesso em: 16 jan. 2023.

específica de alienação dos bens da empresa estatal, insculpida no art. 49, que exige avaliação formal do bem (exceto as hipóteses dos incisos XVI e XVIII do art. 29); e licitação, ressalvado o previsto no §3º do art. 28.

As exceções articuladas pelo dispositivo se referem às situações de (i) dispensa, na transferência de bens a órgãos e entidades da Administração Pública, inclusive quando efetivada mediante permuta, e na compra e venda de ações, de títulos de crédito e de dívida e de bens que produzam ou comercializem; e (ii) inaplicabilidade de licitação na comercialização, prestação ou execução, de forma direta, de produtos, serviços ou obras especificamente relacionados com seus respectivos objetos sociais, e nos casos em que a escolha do parceiro esteja associada a suas características particulares, vinculada a oportunidades de negócio definidas e específicas, justificada a inviabilidade de procedimento competitivo.

Especificamente, as situações de dispensa do art. 29, XVIII, e de oportunidade de negócios por inviabilidade de competição, de que trata o art. 28, §3º, inc. II, foram amplamente abordadas em outros tópicos dos capítulos 1 e 4, haja vista sua estreitíssima relação com os desinvestimentos.

As regras de alienação partem do art. 49 da Lei nº 13.303/2016 e devem estar disciplinadas nos regulamentos de licitações e contratos. A título de referência, *vide* arts. 60 a 64 do RILC da Petrobras, que, entre outras normas, contempla a possibilidade de concessão de desconto de 25% sobre o limite inferior da avaliação, caso não acudam interessados à licitação.[257]

---

[257] Art. 60. Para a Alienação de bens devem ser observadas as disposições dos Arts. 49 e 50 da Lei 13.303/16. RLCP REVISÃO 4 CAPÍTULO IV DA ALIENAÇÃO DE IMÓVEIS Art. 61. A alienação de imóveis da Petrobras será precedida de avaliação formal do bem. §1º A avaliação formal será feita observando-se as normas técnicas aplicáveis, podendo abranger intervalo de variação em torno da estimativa de tendência central da avaliação do imóvel. §2º Os laudos de avaliação dos imóveis elaborados por terceiros avaliadores serão homologados pela PETROBRAS, conforme critérios definidos em procedimento interno. §3º Quando a avaliação dos imóveis for realizada por terceiros será necessária a identificação da pessoa física ou jurídica contratada e do(s) profissional(is) responsável(is) pela avaliação. §4º A PETROBRAS poderá estabelecer que o laudo de avaliação preveja o valor para a venda do imóvel em espaço de tempo menor do que o normalmente observado no mercado, podendo utilizar este valor para fins de venda do imóvel, desde que justificadamente atenda o seu melhor interesse. Art. 62 A licitação para alienação será publicada no site da Petrobras, podendo também ser divulgada em jornais de grande circulação e em mídias e fóruns especializados, conforme o imóvel. Art. 63 Caso não acudam interessados ao primeiro procedimento de licitação de imóveis, a PETROBRAS poderá, justificadamente, após reavaliar a estratégia de alienação, realizar segundo procedimento de licitação com desconto de até 25% (vinte e cinco por cento) sobre o limite inferior da avaliação. Art. 64.

3.4.3.2 Locação

Às locações aplicam-se as mesmas regras do art. 28 da Lei nº 13.303/2016, disposições, observada a exceção da dispensa de licitação fundada no inciso V do art. 29, relacionado à "locação de imóvel destinado ao atendimento de suas finalidades precípuas, quando as necessidades de instalação e localização condicionarem a escolha do imóvel, desde que o preço seja compatível com o valor de mercado, segundo avaliação prévia".

A propósito do tema, remetemos à leitura da recente Instrução Normativa SEGES/ME nº 103, de 30 de dezembro de 2022, que dispõe sobre os procedimentos de seleção de imóveis para locação no âmbito da Administração Pública Federal direta, autárquica e fundacional,[258] que estabelece os seguintes conceitos de modelos de locação:

(i) locação tradicional: o espaço físico é locado sem contemplar os serviços acessórios, os quais serão contratados independentemente, como limpeza, administração predial, recepção, vigilância, controle de acesso, entre outros;

(ii) locação com *facilities*: o espaço físico é locado contemplando os serviços para sua operação e manutenção, como limpeza, administração predial, recepção, vigilância, controle de acesso, entre outros; e

(iii) locação *built to suit* (BTS): o locador procede à prévia aquisição, construção ou substancial reforma, por si mesmo ou por terceiros, do imóvel então especificado pelo pretendente à locação, a fim de que seja a este locado, prevalecendo as condições livremente pactuadas no respectivo contrato e as disposições procedimentais previstas na Lei nº 8.245, de 18 de outubro de 1991.

3.4.3.3 Arrendamento

O regime jurídico do arrendamento, como regime destinado a fins estritos de exploração comercial, é ditado pelos arts. 64, §1º, e 96 do Decreto-Lei nº 9.760/1046.

Os imóveis poderão ser disponibilizados para venda direta, na hipótese de procedimento de licitação deserto ou fracassado por duas vezes consecutivas e esse, justificadamente, não puder ser repetido sem prejuízo para a PETROBRAS.

[258] DOU 02.01.2023, Edição 1, Seção 1, p. 23. Já a locação de bens públicos dominicais da União é regulamentada pelo ainda vigente Decreto-Lei nº 9.760/1946.

O instituto se assemelha à locação, com a diferença de que o proprietário do bem não recebe apenas o valor fixo referente ao uso da infraestrutura, mas também uma participação definida no valor decorrente de sua exploração.

Hely Lopes Meirelles, em obra de 1990, já afirmava consistentemente que a locação ou arrendamento a que alude o referido decreto-lei "não é contrato civil ou comercial, mas concessão remunerada de uso, instituto típico do direito administrativo".[259]

De fato, é como se apresenta a figura do arrendamento portuário no original marco regulatório do setor, a Lei nº 8.630/1993, que, apesar de se utilizar da denominação "arrendamento" – a nosso ver, por razões unicamente históricas –, confere ao contrato de arrendamento regime jurídico típico de delegação de serviço público.

De fato, na Lei nº 12.815/2013 foi feita a clara distinção, de forma que a concessão alcança o porto organizado, de forma vinculada ao serviço, e o arrendamento incide sobre área e infraestrutura nele localizada, com natureza mais próxima à locação.

3.4.3.4 Comodato

O comodato é o empréstimo gratuito de coisas não fungíveis, que se perfaz com a tradição do objeto.

O instituto é regido pelas normas dos arts. 579 a 585 do Código Civil.

Como bem destaca Floriano Azevedo Marques, não há razões para se utilizar esse instituto, não exatamente adequado à cessão de uso de bens públicos, considerando a existência de outros cuja configuração jurídica os torna aptos a absorvê-lo, como é o caso *da cessão, da concessão de uso e da permissão de uso*, desde que aplicadas de forma não onerosa.[260]

3.4.3.5 Aforamento

Os arts. 99 a 124 do Decreto-Lei nº 9.760/1946 tratam do aforamento, hoje aplicável apenas aos bens públicos da marinha e acrescidos,

---

[259] MEIRELLES, Hely Lopes. *Licitação e contrato administrativo*. 9. ed. São Paulo: Revista dos Tribunais, 1990. p. 62.

[260] MARQUES NETO, Floriano de Azevedo. *Bens públicos*: função social e exploração econômica. O regime jurídico das utilidades públicas. Belo Horizonte: Fórum, 2009. p. 373.

à luz do art. 2.038 do Código Civil, que veda a constituição de novas enfiteuses.

Em conceito, no aforamento há o desdobramento em domínio direto – que permanece com a União – e domínio útil – atribuído ao particular, como direito real de uso. Segundo esse contrato, a União atribui a terceiros o domínio útil de um imóvel de sua propriedade, recebendo o foro anual de 0,6% do valor do domínio pleno do terreno. O pressuposto da utilização do instrumento é a necessidade de coexistir a conveniência de destinar o imóvel simultaneamente à manutenção do vínculo da propriedade pública (§2º do art. 64 do Decreto-Lei nº 9.760/1946).

No entanto, assim como se observa no caso do comodato, há institutos mais adequados à obtenção de receitas decorrentes da outorga do direito de exploração de uso de bens públicos.

3.4.3.6 Remição de foro

O instituto compreende a aquisição de parcela correspondente a 17% do valor de terreno da União para obtenção da propriedade total do imóvel.[261] Os titulares dos imóveis pagam à União a taxa anual, ou "foro", de 0,6% do valor do terreno, sendo devido, no caso de alienação, 5% do referido valor de mercado, excluídas as benfeitorias, o "laudêmio". Com o pagamento de 17%, os proprietários de 83% do imóvel adquirem o pleno domínio do imóvel, deixando de se obrigar ao pagamento do foro e do laudêmio, sendo assim remidos.

3.4.3.7 Permuta

A permuta compreende a troca *rem pro re*, ou seja, a troca de um bem por outro de mesmo valor. O instituto é regido pelo art. 533 do Código Civil, aplicando-se-lhe as mesmas disposições referentes à compra e venda.

3.4.3.8 Cessão e concessão de uso (de bens e instalações)

A *cessão* compreende a transferência da utilização de bem público – em princípio, não onerosa –, tipicamente entre entidades ou órgãos entre

---

[261] Disponível em: https://www.gov.br/pt-br/servicos/adquirir-imovel-aforado-da-uniao-por-remicao#:~:text=O%20que%20%C3%A9%3F,a%20propriedade%20total%20do%20im%C3%B3vel. Acesso em: 16 dez. 2023.

si, com a finalidade precípua de colaboração quando, tendo um deles necessidade de bem inservível para outro, recebe seu uso mediante cessão, com transferência de posse e reserva do domínio para retomada pela cedente a qualquer momento ou no prazo pactuado.

Embora o instituto não seja concebido originariamente com tal finalidade, não é incomum encontrar relação de tal natureza travada entre poder público e particulares.

A *concessão de uso* se desdobra em concessão administrativa – ou concessão comum de uso – e concessão de direito real de uso.

A *concessão administrativa* ou *concessão comum de uso* refere-se à transferência de direito pessoal intransferível mediante contrato administrativo pelo qual a Administração Pública faculta ao particular a utilização privativa de bem público para que o exerça conforme a sua destinação. Sua natureza é de contrato de direito público, sinalagmático, oneroso ou gratuito, comutativo e realizado *intuitu personae*.

A *concessão de direito real de uso* refere-se à transferência da posse do bem ao terceiro, a título de direito real transferível. O instituto tem regência pelo art. 7º do Decreto-Lei nº 271/67 e arts. 1.225 a 1.227 do Código Civil, que dispõe sobre os efeitos legais e as formalidades de registro da concessão.

3.4.3.9 Nota sobre a dação em pagamento nas desestatizações e desinvestimentos

Dentre as hipóteses excluídas pelo art. 6º, inc. III, da aplicação do Decreto nº 9.188/2017 – que estabelece as regras do regime especial de desinvestimento de ativos pelas sociedades de economia mista federais –, estão a *dação em pagamento, a permuta* e, por razões óbvias, outras hipóteses de *inviabilidade de competição*, inclusive decorrentes de acordos de acionistas.

A dação em pagamento figura entre os institutos do direito civil que aproveitam a Administração Pública em suas relações entre seus próprios entes e com os particulares, como anotamos.

A dação em pagamento é historicamente tratada na legislação de licitações públicas no bloco de dispositivos aplicáveis às alienações – *a latere* da doação, da permuta e da investidura.[262]

---

[262] *Vide* arts. 15, inc. I, alínea "a", e 17, *caput*, do Decreto-Lei nº 2.300/86, arts. 17, inc. I, alínea "a", e 19, *caput*, da Lei nº 8.666/93. O professor Hely Lopes Meirelles discorre sobre o conceito de permuta citando expoentes do direito privado (MEIRELLES, Hely Lopes. Construção para

O instituto do direito das obrigações tem previsão nos arts. 356 e seguintes do Código Civil, regido pelas regras da compra e venda, sendo identificado como o consentimento do credor em receber prestação diversa da que lhe é devida e, nesses termos, dar quitação ao devedor.

Adiantando-se quanto às condições legais da aplicação da dação em pagamento pela Administração Pública, Hely Lopes Meirelles já reafirmava a essência jurídica do negócio como *espécie do gênero alienação*, sobre cuja natureza a doutrina não tergiversa:

> Alienação é toda transferência de propriedade, remunerada ou gratuita, sob a forma de venda, permuta, doação, dação em pagamento, investidura, legitimação de posse ou concessão de domínio. Qualquer dessas formas de alienação pode ser utilizada pela Administração, desde que satisfaça as exigências administrativas para o contrato alienador e atenda aos requisitos do instituto específico. Em princípio, toda alienação de bem público depende de lei autorizadora, de licitação e de avaliação da coisa a ser alienada, mas casos há de inexigibilidade dessas formalidades, por incompatíveis com a própria natureza do contrato.[263]

Diferentemente do que se observa do art. 17 da Lei nº 8.666/1993, não mais aplicável às empresas estatais, a Lei nº 13.303/2016 não se dedica especificamente à dação em pagamento, o que não surpreende, justamente porque o instituto tem regência pelo direito civil, sendo acessível às estatais como quaisquer outros, seja sob a ótica da natureza pública dessas empresas, na condição de entes integrantes da Administração Federal indireta, ou à luz do regime jurídico de direito privado a elas atribuído em sede constitucional.

Daí por que a Lei de Responsabilidade das Empresas Estatais (i) não cuida especificamente da dação em pagamento e de seus institutos congêneres do direito civil; (ii) não dedica tratamento diferenciado, conforme os bens envolvidos nessas transações sejam móveis ou imóveis, ao contrário do que se observa da Lei de Licitações; (iii) ao se referir

---

incorporação de condomínio – a entrega de terreno para pagamento em área construída caracteriza contrato de permuta, e não de compra e venda [...] – a empresa construtora só é responsável pela construção nas condições constantes das especificações do projeto, devendo ser ressarcida dos acréscimos introduzidos nas unidades autônomas no interesse dos permutantes e condôminos. *Estudos e Pareceres de Direito Público*, São Paulo, v. VI, 1982. p. 373 e ss.). A regra civil permanece a mesma, como se observa dos arts. 356 e seguintes do atual Código Civil.

[263] MEIRELLES, Hely Lopes. *Direito administrativo brasileiro*. 26. ed. São Paulo: Malheiros, 2001. p. 493-494.

à transferência, não detalha a latitude do ato jurídico quanto à posse, domínio ou propriedade; e (iv) como faz o Código Civil, se limita, por remissão entre seus dispositivos, a enquadrar as operações do gênero na espécie alienação, com consectária regência pelas normas próprias da compra e venda.

O art. 49 da Lei nº 13.303/2016 trata do gênero alienação de bens por empresas públicas e por sociedades de economia mista, condicionada à precedência de avaliação formal, ressalvadas as hipóteses dos incs. XVI a XVIII do art. 29, que elenca os casos de dispensa de licitação; e de licitação, ressalvado o disposto no §3º do art. 28, que cria a figura da oportunidade de negócio, afastando a licitação ou procedimentos seletivos de natureza semelhante.

Dentre as possibilidades notadas, a leitura conjunta desses dispositivos da Lei nº 13.303/2016 induz ao enquadramento da dação em pagamento, por exemplo, entre as hipóteses de dispensa de licitação a que remete o inc. I do art. 49 da Lei nº 13.303/2016, especificamente o inc. XVI do art. 29: "Na transferência de bens a órgãos e entidades da administração pública, inclusive quando efetivada mediante permuta".

A referência ao instituto da *permuta* junto ao vocábulo *inclusive* confere ao dispositivo nítido caráter exemplificativo e, assim, extensivo às demais formas contratuais do direito civil de transferência de bens de empresas estatais a outros órgãos e entidades da Administração Pública, dentre os quais a dação. A menção à "transferência" confere à norma o mesmo caráter aberto.

Assim, o regime jurídico da dação em pagamento tem amparo no art. 49, inc. I, da lei, condicionada à prévia avaliação formal, comportando dispensa de licitação, quando se operar entre órgãos e entidades da Administração Pública, com amparo no inc. XVI do art. 29 da Lei nº 13.303/2016.

Não houvesse o legislador incluído a dação em pagamento no elenco das hipóteses de dispensa de licitação, nada impediria esse enquadramento, diante do caso concreto, nos casos de inexigibilidade de licitação por inviabilidade de competição, com fulcro no art. 30, *caput*, da lei.

Foi o que fez, em outra vertente, o Decreto nº 9.188/2017, comentado mais adiante, que instituiu o regime especial de desinvestimentos, e cujo art. 6º exclui a dação em pagamento da submissão ao procedimento competitivo.

A medida terá sido inspirada na inexigibilidade de licitação, pois o dispositivo encerrou o instituto entre as hipóteses de inaplicabilidade de procedimento competitivo por inviabilidade de competição, como se observa:

> Art. 6º O procedimento competitivo de alienação de que trata este Decreto não se aplica às seguintes hipóteses: [...]
> III - a dação em pagamento, a permuta e outras hipóteses de inviabilidade de competição, inclusive aquelas decorrentes de direitos previstos em acordos de acionistas.

Parte da doutrina sustenta que a inviabilidade de competição é de toda forma característica inerente à dação em pagamento, dada a absoluta impossibilidade de disputa nesses casos, pois não se escolhe por competição a quem pagar com determinado objeto, mediante dação, como sustenta José dos Santos Carvalho Filho, segundo o qual "é desnecessária a licitação, já que o regime de competição nesta hipótese é inviável".[264]

No mesmo sentido, Lucas Rocha Furtado entende que, entre outros institutos, a dação é causa de licitação dispensada, nos seguintes termos:

> No caso de dação em pagamento, doação, investidura etc., pode-se falar que existe discricionariedade por parte do poder público em querer utilizar uma dessas modalidades de alienação ou, conforme decisão discricionária da Administração Pública, de proceder à venda do imóvel por meio de licitação. Feita, e justificada a opção pela dação em pagamento, pela doação, pela investidura, pela permuta etc., não há como ser feita licitação. Estas formas de alienação de bens não admitem, pela sua natureza, procedimentos para definir quem irá receber o imóvel em doação ou em dação em pagamento. Esta é a particularidade da licitação dispensada.[265]

Já para Marçal Justen Filho, essa linha não seria assim tão direta, e a dação não afastaria a disputa *ab initio*, exigindo para tanto a justificativa quanto à inexistência de outros credores interessados no negócio,

---

[264] CARVALHO FILHO, José dos Santos. *Manual de direito administrativo*. São Paulo: Atlas, 2014. p. 1217.
[265] FURTADO, Lucas Rocha. *Curso de licitações e contratos administrativos*. 5. ed. rev. atual. e ampl. Belo Horizonte: Fórum, 2015. p. 82.

além da impossibilidade de a Administração Pública obter condições mais vantajosas em procedimento público competitivo:

> Se credores diversos tiverem interesse de extinguir seus créditos mediante dação em pagamento, estarão presentes os pressupostos da licitação. A escolha de um dentre os credores para ser beneficiado pela dação em pagamento ofenderá a isonomia e pode representar operação que não seja a mais vantajosa. Rigorosamente, a Administração terá o dever de promover licitação para selecionar, dentre seus credores, aquele que oferecer as melhores condições para a dação em pagamento. [...]
> Foi reconhecida a invalidade da solução precisamente sob o fundamento de que a dação em pagamento pode envolver solução que não seja a mais vantajosa para a Administração Pública.[266]

Em suma, a dação em pagamento de forma "direta" tem amparo legal no art. 49, inc. I c/c art. 29, inc. XVI, sempre que realizada entre órgãos e entidades da Administração Pública. Quando o negócio tiver outras partes como destinatários, o instituto poderá se acomodar às hipóteses de "contratação direta" por inviabilidade de competição do art. 30, *caput*, da Lei nº 13.303/2016.

A dação poderá ainda, conforme o caso, ser utilizada com enquadramento lastreado no conceito de oportunidade de negócios, com fundamento no art. 28, §3º, inc. II e §4º c/c inc. II do art. 49 da Lei nº 13.303/2016, desde que igualmente comprovada a inviabilidade de competição.

Nesse caso, é óbvio que será preciso ainda que, nas circunstâncias específicas, a operação encontre os fundamentos materiais necessários a caracterizar uma oportunidade de negócio no contexto definido pelo legislador: a escolha de determinado parceiro, associada a características particulares para:

> A formação e a extinção de parcerias e outras formas associativas, societárias ou contratuais, a aquisição e a alienação de participação em sociedades e outras formas associativas, societárias ou contratuais e as operações realizadas no âmbito do mercado de capitais [...].

---

[266] JUSTEN FILHO, Marçal. *Comentários à Lei de Licitações e Contratos Administrativos*. 17. ed. São Paulo: Revista dos Tribunais, 2016. p. 384-385. Na mesma linha, *vide* NIEBUHR, Karlin Olberetz; JUSTEN NETO, Marçal. Normas específicas para aquisição e alienação de bens pelas empresas estatais. *In*: JUSTEN FILHO, Marçal. *Estatuto jurídico das empresas estatais*: Lei 13.303/2016 – Lei das Estatais. São Paulo: Revista dos Tribunais, 2016. p. 404.

Essa descrição traz em si um nítido mote de fazimento ou desfazimento de empreendimento comum, em função das características particulares do parceiro.

O intento do legislador foi abrir caminho à juridicidade da concretização do *animus* da estatal e do particular de implementar um negócio comum, uma iniciativa empresarial, societária ou contratual, a ser empreendida em parceria com determinado parceiro especialmente escolhido em função de suas características particulares aptas a justificarem a inviabilidade de competição.

Daí que nos parece ser condição necessária à acomodação da dação em pagamento nesse conceito a possibilidade de o caso concreto comportar, além da inviabilidade de competição, que o negócio entre as partes não se esgote com a dação ou, caso isso ocorra, que se vincule à criação ou à extinção de uma parceria societária ou contratual.

Essa circunstância legitimaria o deslocamento da base legal da dação em pagamento – da dispensa do inc. XVI do art. 29, sendo o caso, ou da inexigibilidade do art. 30, *caput*, para o art. 28, §3º, inc. II c/c §4º.

Caso a operação se fundamente no art. 29, XVI, ou no art. 30, *caput*, esses elementos devem ser coligidos em processo instruído nos termos do art. 30, §3º, da Lei nº 13.303/2016.

A hipótese do art. 29, inc. XVI, exige redobrada cautela, em dupla via, já que ambas as partes no negócio integram a Administração Pública.

Em qualquer caso, a operação deverá ser precedida de avaliação formal, da motivação de seu cabimento de forma "direta", além da demonstração de sua *vantajosidade* financeira e ausência de lesão.

Atente-se que essa interpretação elaborada a partir dos dispositivos da Lei nº 13.303/2016 se aplica apenas às operações vinculadas a desinvestimentos que não sejam processados sob a regência do Decreto nº 9.188/2017, que excluiu a dação em pagamento, a permuta e outros casos de inviabilidade de competição, da observância do procedimento competitivo instituído para os desinvestimentos sob sua abrangência.

Sob essa ótica, prevalecem as seguintes alternativas de utilização da dação em pagamento em processos de desinvestimentos regidos pela Lei nº 13.303/2016 e pelo Decreto nº 9.188/2017:

(i) caso o instituto venha a ser utilizado exclusivamente para fins de quitação de dívida junto a órgãos e entidades da Administração Pública, a operação terá fundamento na hipótese de dispensa de licitação prevista no inc. XVI do art. 29

c/c art. 49, inc. I, da Lei de Responsabilidade das Empresas Estatais;

(ii) se a dação em pagamento vier a ser utilizada também exclusivamente para fins de quitação de dívida junto a terceiros, estranhos à Administração Pública, a operação poderá, conforme o caso, ter amparo no art. 30, *caput*, c/c art. 49, inc. I, da lei;

(iii) se a operação tiver por finalidade viabilizar uma parceria societária ou contratual, ou sua extinção, então a dação em pagamento poderá ser licitamente amparada no art. 28, §3º, inc. II e §4º c/c art. 49, inc. II, da Lei nº 13.303/2016, sem prejuízo da comprovação da inviabilidade de competição, a que se condiciona a implementação da hipótese legal denominada oportunidade de negócio; e

(iv) nos desinvestimentos regidos pelo Decreto nº 9.188/2017, a dação em pagamento, a permuta e outras hipóteses de inviabilidade de competição, inclusive decorrentes de acordos de acionistas, não se submeterão ao procedimento competitivo ali instituído.

3.4.4 Concessão, permissão ou autorização de serviços públicos

Finalmente, as modalidades operacionais de desestatização indicadas no inciso VI do art. 4º da Lei nº 9.491/1997, em linha com a definição de desestatização do art. 2º, §1º, alínea "b" – transferência, para a iniciativa privada, da execução de serviços públicos explorados pela União, diretamente ou através de entidades controladas, bem como daqueles de sua responsabilidade –, são a *concessão, a permissão e a autorização de serviços públicos*.

Esses institutos de delegação de serviços públicos foram a base do surgimento do chamado *direito administrativo da infraestrutura*[267] e

---

[267] As bases conceituais do enquadramento do tema "infraestrutura" como disciplina do Direito Administrativo foram bem trabalhadas por Augusto Neves Dal Pozzo: "O que se pretende, à luz do que ocorre com outros institutos do Direito Administrativo, é salientar seus elementos configuradores típicos, chamando a atenção de sua necessária autonomia em relação às demais atividades administrativas, jamais compreendê-la como *ramo científico autônomo*. (...) É tempo de resgatar o Direito Administrativo e trazer os temas que, em verdade, mais interferem na realidade social, para sua base central de estudos. Propugna-se por uma autêntica redenção do Direito Administrativo, para inserir, como objeto nuclear

seu irmão siamês, o *direito regulatório*, este último como contingência das correlatas atividades de regulação e fiscalização atribuídas às agências reguladoras.

André Castro Carvalho comenta como o regime de parcerias, a infraestrutura e a convergência de interesses públicos e privados, interpretados segundo as óticas de cada um desses fatores, vieram a formar o que se tem convencionado chamar, segundo André Luiz Freire, de *direito privado administrativo*.[268]

Historicamente, a Lei nº 8.666/1993 e as Leis nº 8.987/1995 e 9.074/1995, editadas sob a égide do texto constitucional de 1988, já regulavam as parcerias *lato sensu*, entre o poder público e a iniciativa privada, então delimitadas aos regimes ditos orçamentados, submetidos à primeira, e desorçamentados, das concessões comuns, identificados em sua forma mais pura na estrutura de autossustentabilidade tarifária, regidos pelas duas últimas.

Até então, as parcerias se vinculavam, essencialmente, às contratações das empreitadas, obras e serviços de engenharia, e serviços comuns e continuados, com despesas suportadas por recursos do orçamento, regidas pela Lei de Licitações; ou ao regime de prestação dos serviços públicos, envolvendo ou não a construção das infraestruturas delegadas mediante concessão comum, remuneradas por tarifa paga pelo usuário, garantidas por seus direitos emergentes, e regidas pela Lei de Concessões e Permissões.

O atributo mencionado, a desorçamentação, se explica nesse modelo de delegação de serviço público – das *concessões comuns* – em função de sua estrutura de remuneração, apoiada no regime tarifário, com valores idealmente suficientes a garantir a autossustentabilidade financeira dos projetos, observado o princípio da modicidade.

O esgotamento desse modelo e a necessidade de compor um *gap* identificado na relação entre os custos dos grandes volumes de

---

de seu estudo, as principais discussões da sociedade moderna, levando em consideração sua construção normativa: é isso que se pretende também com a presente investigação, reassumir a posição de protagonismo do Direito Administrativo em relação aos principais temas reservados ao estado brasileiro, sendo a infraestrutura, indubitavelmente, uma das peças-chaves de transformação da realidade social". (DAL POZZO, Augusto Neves. *O direito administrativo da infraestrutura*. São Paulo: Editora Contracorrente, 2020. p. 40-41). Sobre o tema, *vide* ainda CARVALHO, André Castro. *Direito da infraestrutura*: perspectiva pública. São Paulo: Editora Quartier Latin do Brasil, 2014.

[268] CARVALHO, André Castro. *Direito da infraestrutura*: perspectiva pública. São Paulo: Quartier Latin, 2014. p. 48.

investimentos demandados em infraestrutura e seus prazos de amortização ampliaram o leque do regime de concessões, que passou a alcançar serviços, públicos ou não, delegados à iniciativa privada segundo as modalidades de *concessões, administrativas ou patrocinadas*, total ou parcialmente orçamentadas, respectivamente, instituídas pela Lei nº 11.079/2004, a Lei das Parcerias Público-Privadas.

Portanto, os regimes jurídicos aplicáveis a essa modalidade de desestatização remetem às Leis nº 8.987/1995 e 9.074/1995, que regem as concessões e permissões, e à Lei nº 11.079/2004, que trata das parcerias público-privadas – além dos marcos regulatórios próprios de cada setor e atividades.

São os seguintes os conceitos desses regimes jurídicos, conforme erigidos nos respectivos marcos:

- concessão de serviço público: a delegação de sua prestação, feita pelo poder concedente, mediante licitação, na modalidade concorrência ou diálogo competitivo, a pessoa jurídica ou consórcio de empresas que demonstre capacidade para seu desempenho, por sua conta e risco e por prazo determinado (redação dada pela Lei nº 14.133, de 2021);
- concessão de serviço público precedida da execução de obra pública: a construção, total ou parcial, conservação, reforma, ampliação ou melhoramento de quaisquer obras de interesse público, delegados pelo poder concedente, mediante licitação, na modalidade concorrência ou diálogo competitivo, a pessoa jurídica ou consórcio de empresas que demonstre capacidade para a sua realização, por sua conta e risco, de forma que o investimento da concessionária seja remunerado e amortizado mediante a exploração do serviço ou da obra por prazo determinado;
- permissão de serviço público: a delegação, a título precário, mediante licitação, da prestação de serviços públicos, feita pelo poder concedente à pessoa física ou jurídica que demonstre capacidade para seu desempenho, por sua conta e risco;
- concessão patrocinada: é a concessão de serviços públicos ou de obras públicas de que trata a Lei nº 8.987/1995, quando envolver adicionalmente à tarifa cobrada dos usuários contraprestação pecuniária do parceiro público ao parceiro privado;

- concessão administrativa: é o contrato de prestação de serviços de que a Administração Pública seja a usuária direta ou indireta, ainda que envolva execução de obra ou fornecimento e instalação de bens.

A *autorização* não é citada no art. 175 entre os regimes de delegação de serviços públicos, mas está referida, junto às concessões e permissões, nos inc. XI e XII do art. 21 da Constituição Federal. Na doutrina e na lei, o instituto vem sendo assim tratado, junto aos demais, conforme recentemente prestigiado no novo marco regulatório do setor ferroviário, nos termos da Lei nº 14.273/2021, bem como aventado para os serviços lotéricos, a partir do fim do monopólio da União.

De maneira muito simplificada, a aplicação desses regimes contratuais se condiciona à viabilidade técnica e econômico-financeira do projeto, aferida com base nos *estudos de viabilidade técnica e econômico-financeira e ambiental* (EVTEA) elaborados a partir dos cálculos financeiros que considerem os valores de investimentos (Capex), dos custos operacionais da prestação do serviço (Opex) e das fontes de receitas, tarifárias, ancilares ou orçamentárias. Esses dados serão projetados ao longo do período de duração do contrato, de longo prazo, como é da índole desses contratos, que demandam tempo suficiente para que se realize a amortização do capital investido.

Como anotado, o surgimento da Lei das Parcerias Público-Privadas teve em vista, em última instância, incrementar a cooperação público-privada, mediante a conjugação da eficiência da gestão privada, e sua capacidade de financiamento das infraestruturas.

Para atender a esses desígnios, foram criados mecanismos voltados ao máximo aproveitamento de resultados na gestão contratual: a repartição de riscos alocados entre as partes, a avaliação de desempenho do parceiro privado, o compartilhamento com a Administração de ganhos financeiros, as soluções adequadas de controvérsias, entre outros.

Dentre seus mais significativos impactos, a Lei das PPPs legitimou o subsídio estatal aos serviços públicos, via concessão patrocinada, mediante a possibilidade de complementação da tarifa com recursos do orçamento,[269] enquanto a concessão administrativa permitiu a

---

[269] No contexto da Lei nº 8.987/1995, já se admitia o subsídio, sob a ótica da Lei nº 4.320/1964; mas a roupagem definitiva, em regime moldado especificamente para esse fim, ultimou-se com o advento da Lei nº 11.079/2004.

assunção integral pela Administração do pagamento da remuneração ao parceiro privado.

Na experiência inicial, as parcerias público-privadas não apresentaram a efetividade almejada – ao menos, não no ritmo talvez pretendido – e motivaram renovadas discussões acerca das consabidas dificuldades de sua aplicação no contexto brasileiro.

A visão otimista quanto à avidez esperada dos parceiros privados no financiamento dos projetos foi contraposta pela realidade da pouca disposição para a assunção dos riscos inerentes às vicissitudes naturais dos compromissos de longo prazo com o poder público, tachado de mau pagador, com as capacidades limitadas para a concessão de garantias consistentes nesses projetos, além de questões relacionadas à insegurança jurídica, contratual, e às falhas na atuação das agências reguladoras.

Um complicador das PPPs se relaciona ao alongamento da dívida do ente público, cuja contrapartida financeira nos contratos gera inconvenientes inevitáveis de ordem orçamentária. São várias as limitações nesse sentido, impostas pelas leis orçamentárias e pela Lei de Responsabilidade Fiscal. Os limites percentuais de comprometimento da receita corrente líquida dos entes, em função das PPP, ainda que aumentados, dificultam tais contratos em vários estados da federação e na maioria dos municípios.

Afora outras ocorrências que talvez pudessem ser citadas, a mais significativa dificuldade enfrentada na implantação dessas parcerias parece ser o aspecto central de orçamentação e endividamento em função do comprometimento do orçamento público com a remuneração do parceiro privado, ínsito ao regime jurídico.[270]

As PPPs são altamente tuteladas pelos regramentos da Lei Complementar nº 101/2000, conforme inserto entre as diretrizes do art. 4º, em especial nos incs. I e IV da Lei nº 11.079/2004, que aludem, respectivamente, à eficiência no cumprimento das missões de Estado e no emprego dos recursos da sociedade; e à responsabilidade fiscal na celebração e execução das parcerias.

---

[270] Sobre a classificação contábil das obrigações decorrentes das PPPs, *vide* RIBEIRO, Maurício Portugal. Contabilização pública do aporte e da contraprestação em PPP e o seu controle fiscal. *Portugal & Ribeiro Advogados*, 1º fev. 2013. Disponível em: http://www.portugalribeiro.com.br/contabilizacao-publica-do-aporte-e-da-contraprestacao-em-ppp-e-o-seu-controle-fiscal/.

A ênfase da responsabilidade fiscal na motivação dos processos de parcerias público-privadas ressai clara das próprias condições da instalação da licitação para sua contratação, elencadas no art. 10 da Lei nº 11.079/2004,[271] parametrizadas pelos arts. 16 e 17 da Lei Complementar nº 101/2000.

As premissas de *responsividade fiscal* obrigam o parceiro público, por força da estrutura financeira dos contratos de PPP, à programação de pagamento da contraprestação (art. 6º da Lei nº 11.079/2004), adicionalmente à tarifa, nas concessões patrocinadas, e integralmente, naquelas administrativas, além da oferta de garantias das obrigações pecuniárias, que sejam suficientemente líquidas para assegurar a atratividade do negócio para o parceiro privado (art. 8º da Lei nº 11.079/2004).

Enfim, esse dado de natureza fiscal-orçamentária está indelevelmente atrelado à *economicidade* das soluções, à luz da viabilidade e da *vantajosidade* dos projetos de PPP, em cada caso concreto, sob o aspecto jurídico e econômico-financeiro, especialmente porque o instituto não esgota as formas possíveis de parceria com a iniciativa privada.

Quanto às garantias, em que pese, como leciona Marçal Justen Filho, não se evidenciar um regime de anomalia, embora chocante,[272] a alavancagem do setor público impõe, ainda, maiores esforços por parte da fiscalização a ser exercida pelos órgãos de controles externo.[273]

---

[271] (a) autorização da autoridade competente, fundamentada em estudo técnico que demonstre (inc. I): (i) a conveniência e a oportunidade da contratação, mediante identificação das razões que justifiquem a opção pela forma de parceria público-privada; (ii) que as despesas criadas ou aumentadas não afetarão as metas de resultados fiscais previstas no anexo referido no §1º do art. 4º da Lei Complementar nº 101, de 4.5.2000, devendo seus efeitos financeiros, nos períodos seguintes, ser compensados pelo aumento permanente de receita ou pela redução permanente de despesa; e (iii) quando for o caso, conforme as normas editadas na forma do art. 25 desta lei, a observância dos limites e condições decorrentes da aplicação dos arts. 29, 30 e 32 da Lei Complementar nº 101, de 4.5.2000, pelas obrigações contraídas pela Administração Pública relativas ao objeto do contrato; (b) elaboração de estimativa do impacto orçamentário-financeiro nos exercícios em que deva vigorar o contrato de parceria público-privada (inc. II); (c) declaração do ordenador da despesa de que as obrigações contraídas pela Administração Pública no decorrer do contrato são compatíveis com a lei de diretrizes orçamentárias e estão previstas na lei orçamentária anual (inc. III); (d) estimativa do fluxo de recursos públicos suficientes para o cumprimento, durante a vigência do contrato e por exercício financeiro, das obrigações contraídas pela Administração Pública (inc. IV); (e) seu objeto estar previsto no plano plurianual em vigor no âmbito em que o contrato será celebrado (inc. V).

[272] JUSTEN FILHO, Marçal. *Curso de direito administrativo*. 10. ed. São Paulo: Revista dos Tribunais, 2014. p. 835.

[273] No chão da realidade, tais enfrentamentos são fortemente sentidos justamente pelos municípios, esfera em que a utilização do instituto é de grande valia. A demanda de infraestrutura é nítida ali, onde as pessoas residem e que detêm enorme plexo de serviços

Daí o caráter subsidiário das parcerias público-privadas, defendido por Rafael Valim e Gustavo Marinho de Carvalho,[274] em atenção aos princípios da proporcionalidade, finalidade, eficiência e economicidade, na linha da doutrina de Alexandre Santos de Aragão. A opção pela parceria público-privada segundo o critério residual é comentado por abalizada doutrina, que pugna pela aplicação do instituto de forma excludente em relação aos demais regimes de parcerias que não onerem o poder público em longo prazo, ou que sejam autossustentáveis, como é o caso das concessões comuns.[275]

São observadas ainda falhas estruturais das administrações quanto ao necessário aparelhamento para a preparação das fases de diagnóstico e concepção dos projetos, em sua estruturação e condução dos processos, e na gestão e fiscalização das execuções contratuais.

A responsável construção de uma PPP demanda a consideração de múltiplos fatores, trazendo em si uma sofisticação de processos complexos e engenhosos, impondo uma integração de equipes multidisciplinares e competentes na lida com esses dados e com conhecimento do instituto.

O procedimento de manifestação de interesse e o reforço das consultorias servem de suporte, mas não suprem a falha estrutural, por exemplo, das administrações municipais, na construção dos processos de PPP, cujas premissas demandam, a seu turno, como dito, adequado prosseguimento numa eficiente gestão e fiscalização contratuais.

Nota-se também certo estranhamento quanto ao necessário dinamismo e à natureza construtiva que há de se estabelecer entre os parceiros público e privado na relação contratual. O clima de consensualidade, a que há muito alude Arnoldo Wald,[276] não faz parte da cultura pública

---

albergados sob sua competência, a despeito de reduzida capacidade financeira. As PPPs lhes seriam muito úteis, mas custam-lhes caro.

[274] VALIM, Rafael; CARVALHO, Gustavo Marinho. O caráter subsidiário das parcerias público-privadas. *In*: DAL POZZO, Augusto Neves; VALIM, Rafael; AURÉLIO, Bruno; FREIRE, André Luiz. *Parcerias público-privadas*: teoria geral e aplicação nos setores de infraestrutura. Belo Horizonte: Fórum, 2014. p. 269.

[275] *Vide*, a propósito, ARAGÃO, Alexandre Santos de. *Direito dos serviços públicos*. [s.l.]: [s.n.], [s.d.]. p. 668 *apud* VALIM, Rafael; CARVALHO, Gustavo Marinho. O caráter subsidiário das parcerias público-privadas. *In*: DAL POZZO, Augusto Neves; VALIM, Rafael; AURÉLIO, Bruno; FREIRE, André Luiz. *Parcerias público-privadas*: teoria geral e aplicação nos setores de infraestrutura. Belo Horizonte: Fórum, 2014. p. 273.

[276] Arnoldo Wald defende a flexibilidade como condição inerente à operação dos contratos de colaboração, em que a relação pactuada, impactada por situações aleatórias posteriores, deve se ajustar numa "relação dinâmica, negociada ou concertada, que se deve estabelecer entre as partes" (WALD, Arnoldo. Novas tendências do direito administrativo: a flexibilidade no

nacional, em que prevalece um clima de oposição entre os contraentes, sendo renitente a negação do caráter dinâmico desses contratos.

Esse dado contribui para a instabilidade no estabelecimento de relações de longo prazo com a Administração Pública, sobretudo em ambiente de natural alternância de poder, expondo a fragilidade da tão debatida questão da segurança jurídica.

Contudo, conhecidas as demandas pela modernização da infraestrutura dos serviços públicos, prioridade na pauta governamental, são buscadas alternativas à concretização dos investimentos, mediante ajustes necessários à legislação.

Por isso, o incentivo às PPPs foi reforçado nas alterações à Lei nº 11.079/2004 pelas Leis nº 12.409/2011, que trata das políticas de concessão de garantias, e nº 12.766/2012, que introduziu a possibilidade de aporte público aos projetos.

Diante disso, a necessária conformação da realidade, sobretudo dos municípios, com soluções eficientes na lida com os serviços públicos de sua competência, em especial aqueles considerados de interesse comum, corrobora a tendência defendida, no sentido de que tais desestatizações sejam efetivadas em linha associativa institucional e mediante a interveniência e coordenação dos estados (ou da União), como de resto é o mote do marco regulatório do setor de saneamento instituído pela Lei nº 14.026/2020.

Segundo essa configuração, a viabilidade das PPPs fica mais palatável, a partir de um sistema de gestão operacional e orçamentária compartilhado entre os entes estatais.

Cumpre, enfim, registrar a tramitação de dois projetos de lei relevantes sobre o tema: o Projeto de Lei nº 7.063/2017,[277] chamado novo marco legal das concessões e parcerias público-privada, e o Projeto de Lei nº 2646/2020[278] das debêntures de infraestruturas. Em seu conjunto, essas proposições legislativas trazem valiosos avanços para os modelos estruturais, e a sustentabilidade e segurança jurídica das relações contratuais decorrentes dessas delegações.

---

mundo da incerteza. *RDA – Revista de Direito Administrativo*, Rio de Janeiro, n. 202, 1995, p. 43-47).

[277] Aprovado em Reunião Deliberativa Ordinária, na Câmara dos Deputados, em 27.11.2019. Disponível em: https://www.camara.leg.br/proposicoesWeb/fichadetramitacao?idProposicao=2124888. Acesso em: 23 jan. 2023.

[278] Remetido ao Senado em 08.07.2021. Disponível em: https://www.camara.leg.br/proposicoesWeb/fichadetramitacao?idProposicao=2252649. Acesso em: 23 jan. 2023.

Em conclusão sobre as modalidades operacionais de desestatização, vê-se que, potencializado pelos instrumentos dos contratos de delegação, o direito público atual comporta diversos modelos aptos à implementação de parcerias associativas público-privadas que viabilizam essa colaboração entre os setores, resultantes da evolução e modernização dos institutos tradicionais do direito administrativo, e da absorção de institutos do direito privado publicizado.

3.4.5 Nota sobre as concessões dos serviços públicos de saneamento básico. Regionalização, prestação integrada e as empresas estatais

Ao tratarmos desses regimes de desestatização, não poderíamos nos furtar a deixar um breve comentário sobre um dos setores que mais atenção têm despertado na atualidade, o saneamento básico, ao qual foram lançados os desafios da Lei nº 14.026/2020, que atualizou o marco regulatório dos serviços.

As inovações introduzidas pela novel legislação impuseram diversas adaptações que mereceriam comentários, mas que desbordariam de nosso tema central.

Acima de tudo – e daí a pertinência desta abordagem neste momento do trabalho –, a lei impôs uma ampla reacomodação do mercado prestador desses serviços públicos, até então predominantemente público, representado pelas companhias estatais controladas pelos estados e criadas no passado com esse propósito.

O legislador parte do pressuposto de que a efetiva concretização de melhorias no alcance e na qualidade dos serviços depende não apenas, mas especialmente, da capacidade econômico-financeira do prestador para atingir as metas de universalização fixadas.

Consectários dessa reorientação foram a ruptura do modelo de tradicional hegemonia das estatais na prestação direta dos serviços via contratos de programas e o fomento à livre concorrência de mercado, lado a lado com as empresas privadas.

O modelo conduz a uma disrupção relevante para essas empresas, que perdem sua condição de mercado diante da vedação à celebração dos clássicos contratos de programas e são instadas a concorrer ativamente com a iniciativa privada em condições isonômicas no âmbito de disputas licitatórias.

Esse é um dos pilares centrais da reestruturação buscada para o setor: a delegação por contrato celebrado por força de prévia licitação, nos moldes do art. 175 da Constituição, mediante concessão comum, com base na Lei nº 8.987/1995, ou parceria público-privada, nos termos da Lei nº 11.079/2004, vedada a celebração de contratos de programa e instrumentos precários.

Outros pilares da mudança são a prestação regionalizada e a integração dos serviços e de suas infraestruturas, buscando realizar o princípio fundamental da universalização do acesso a todo o plexo de serviços que compõem o saneamento básico: abastecimento de água, esgotamento sanitário, limpeza urbana e manejo dos resíduos sólidos.

A regionalização tem como alvos o ganho de escala e a viabilidade técnica e econômico-financeira da prestação universalizada dos serviços.

Comentamos adiante alguns arranjos institucionais previstos na lei destinados a reger a prestação integrada dos serviços e como estes vêm sendo adotados por estados e municípios de forma a legitimar a prestação direta por empresas estatais.

Essas iniciativas têm gerado veementes críticas por parte do setor privado, que vê esses arranjos como forma de driblar a lei ao culminarem em estruturas institucionais que, destinadas a viabilizar a prestação integrada dos serviços, estariam sendo manejadas como instrumento de manutenção do *status quo* em prejuízo dos propósitos buscados pelo legislador, de universalização e ampla competição, que constituem o mote central de todo o esforço legislativo.

3.4.5.1 Fundamentos da prestação integrada dos serviços de saneamento básico

Segundo a Lei nº 14.026/2020, os serviços públicos de saneamento básico compreendem as seguintes atividades e suas etapas de execução: (a) abastecimento de água potável; (b) esgotamento sanitário; (c) limpeza urbana e manejo de resíduos sólidos; e (d) drenagem e manejo de águas pluviais urbanas (art. 3º, inciso I).

Como anotado, dentre os princípios fundamentais dos serviços de saneamento básico elencados no art. 2º da lei, figura a "prestação regionalizada dos serviços, com vistas à geração de ganhos de escala e à garantia da universalização e da viabilidade técnica e econômico-financeira dos serviços" (inciso XIV).

A compreensão dos modelos que viabilizam a regionalização parte da acomodação constitucional das competências dos entes federados.

A Constituição Federal de 1988 fixou a competência constitucional dos municípios sobre os serviços de limpeza urbana nos termos do art. 30, inciso V; já o saneamento básico insere-se na esfera de competência comum da União, dos estados, do Distrito Federal e dos municípios, conforme art. 23, inciso IX; enquanto a proteção ao meio ambiente e o controle da poluição são matérias de competência concorrente desses entes, nos termos do art. 24, inciso VI.

O fundamento da fixação de arranjos conjuntos entre União, estados e municípios, de diretrizes comuns na organização, no planejamento e na prestação dos serviços de saneamento básico, situa-se precisamente no art. 23, inciso IX, da Constituição.[279]

O ministro Luís Roberto Barroso aponta o princípio da eficiência como mote fundamental do dispositivo, anotando que a norma não incide propriamente sobre a titularidade do serviço, mas sobre a possibilidade de uma ação de qualquer dos entes estatais visando ao melhor resultado na matéria.

Destacando a função agregadora a ser assumida pelos estados, o ministro alerta que a finalidade constitucional reside na cooperação produtiva entre os entes, e não, evidentemente, numa superposição inútil e dispendiosa:

> Como é fácil perceber, a lógica constitucional para a distribuição de competência na matéria funda-se no princípio da eficiência. Se o interesse for comum, a gestão pelo Estado é mais apta a obter a universalização do serviço, a qualidade e a modicidade das tarifas.[280]

Substanciosa doutrina clássica pugna pela cooperação entre os entes políticos, não apenas com base na letra constitucional, mas, sobretudo, sob a ótica da operacionalidade e da *vantajosidade* das soluções integradas.[281]

---

[279] Constituição Federal: "Art. 23. É competência comum da União, dos Estados, do Distrito Federal e dos Municípios: [...] IX - promover programas de construção de moradias e a melhoria das condições habitacionais e de saneamento básico".

[280] BARROSO, Luís Roberto. Saneamento básico: competências constitucionais da União, Estados e Municípios. *IDAF – Informativo de Direito Administrativo e Responsabilidade Fiscal*, ano II, n. 15, out. 2002/2003. p. 216.

[281] *Vide*: BORGES, Alice Maria Gonzalez. Operações urbanas consorciadas: os consórcios intermunicipais como instrumentos de realização do Estatuto da Cidade. *In*: WAGNER

Alice Gonzalez Borges alerta para o relevante aspecto operacional relacionado à interligação da infraestrutura do serviço no atendimento de vários municípios, segundo a tendência de cooperação sistêmica posteriormente prosseguida pela legislação:

> Se enfrentamos a problemática de vários municípios interligados, dispondo de mananciais comuns a todos eles, será talvez o caso de enfrentar-se a solução do problema através da constituição de consórcios administrativos intermunicipais, desde que haja condições políticas para tanto.
> Há que verificar-se, ainda, se os municípios, além de interligados pela utilização de mananciais comuns, pertencem à mesma região metropolitana, pois então desloca-se a solução da competência predominante do Estado em que está situada essa região metropolitana, nos termos do que dispõe o artigo 25, §3º, *"para integrar a organização, o planejamento e a execução de funções públicas de interesse comum."*
> Há, ainda, que levar-se em conta, sempre, a inevitável interferência da solução dos problemas locais de abastecimento de água com o desenvolvimento dos planos estaduais disciplinadores da utilização dos seus recursos hídricos dos Estados.
> As diversas problemáticas que temos a enfrentar, no caso, encontram suas soluções ou, provisoriamente, na celebração de convênios ou consórcios administrativos – conforme o caso; ou, de modo definitivo, na estruturação legal, que já tarda, da cooperação sistemática das unidades federadas e de suas entidades descentralizadas, associadas em torno da

---

JUNIOR, Luiz Guilherme Costa (Coord.). *Direito público*: estudos em homenagem ao Professor Adilson Abreu Dallari. Belo Horizonte: Del Rey, 2004. p. 8; TÁCITO, Caio. Saneamento básico – Região metropolitana – Competência estadual. *RDA – Revista de Direito Administrativo*, Rio de Janeiro, jul./set. 1998. p. 327; PEREIRA JÚNIOR, Jessé Torres. *Da reforma administrativa constitucional*. Rio de Janeiro: Renovar, 1999. p. 384 e ss.; MOREIRA NETO, Diogo de Figueiredo. Poder concedente para o abastecimento de água. *RDA – Revista de Direito Administrativo*, Rio de Janeiro, jul./set. 1998. p. 33. Segundo o Prof. Diogo de Figueiredo Moreira Neto, "tanto serviços públicos como meras atividades materiais a cargo da Administração podem ser transferidos por *acordos não contratuais* celebrados entre partes que professem objetivos comuns. O instrumento adequado é o *ato administrativo complexo*, presente no Brasil em três modalidades, duas tradicionais, os *convênios e os consórcios*, e uma de utilização mais recente, inspirada na praxe administrativa dos países da Comunidade Europeia, os *acordos de programa*" (MOREIRA NETO, Diogo de Figueiredo. *Mutações do direito administrativo*. 2. ed. Rio de Janeiro: Renovar, 2001. p. 139). O Prof. Paulo B. de Araújo Lima, em artigo sobre aspectos institucionais das regiões metropolitanas, comenta a cooperação entre entes federados, noticiando o conhecido Planasa, amplamente utilizado na década de 1970 (LIMA, Paulo B. de Araújo. As regiões metropolitanas e seus aspectos institucionais. *RDA – Revista de Direito Administrativo*, Rio de Janeiro, jul./set. 1977. p. 20).

prestação de serviços que são da competência e do interesse de cada uma delas e de todas, ao mesmo tempo.[282]

Portanto, para além de um ideário de resolutividade da prestação desses serviços, a solução integrada foi reconhecida em sede legislativa como espinha dorsal da viabilidade de sua prestação eficiente e ferramenta de universalização, o que confirma nossa antiga convicção – então voltada à gestão associada – de que esse é o caminho eficaz para uma mudança de cenário mais profunda em um setor tão carente como o saneamento básico:

> Estes serviços tendem a encontrar sua resolutividade no ideário da gestão associada, prestigiada pela Emenda Constitucional nº 19/1998, que parte da acomodação das competências constitucionais dos entes federados com vistas à sua atuação integrada, na busca de um tratamento sistêmico, do planejamento integrado e da busca de escala, como condição de viabilidade financeira destas delegações.[283]

A lei ratifica orientações de governança pública expedidas pelo Tribunal de Contas da União para o setor e confirma a lógica institucional de implementação dos serviços a partir da relação associativa entre os entes federados, simultaneamente à delegação à iniciativa privada.[284]

Num país de dimensões continentais como o Brasil, as soluções integradas devem ser privilegiadas inclusive como vetor de uma maior assertividade institucional das próprias políticas públicas fixadas para o setor de saneamento.

Além de gerarem ganhos à economia de escala, com incremento financeiro e operacional, essas soluções planejadas em conjunto são capazes de gerar ainda outros benefícios às comunidades, como aqueles relativos à gestão e mitigação dos riscos ambientais.

A melhoria da qualidade de prestação dos serviços fica fortalecida na adequada utilização das delegações integradas, capitaneadas pelos estados, como de resto consolidado na lei.

---

[282] BORGES, Alice Maria Gonzalez. Concessões de serviço público de abastecimento de água aos Municípios. *RDA – Revista de Direito Administrativo*, Rio de Janeiro, abr./jun. 1998. p. 105.

[283] BICALHO, Alécia Paolucci Nogueira, *Desestatizações – Privatizações, Delegações, Desinvestimentos e Parcerias*. Belo Horizonte: Fórum, 2019. p. 159.

[284] *Vide* MOTTA, Carlos Pinto Coelho. *Eficácia nas concessões, permissões e parcerias*. 2. ed. Belo Horizonte: Del Rey, 2011. p. 299.

Trata-se de função inderrogável dos estados na otimização da estrutura dos serviços públicos, como discorre Alaôr Caffé Alves ao dissertar sobre o planejamento estatal:

> Se, nesses Estados, a política de ampliação dos investimentos encontra-se, em grande parte, entregue à iniciativa privada, a sujeição às diretrizes econômicas governamentais, entretanto, é uma constante, impondo ao Estado, através de mecanismos de intervenção, participação e direção, as estratégias de desenvolvimento global, tendo em vista conseguir aplicações seletivas de capitais em setores e regiões considerados prioritários para a economia como um todo. Esse processo é obtido, em grande parte, pela ação governamental planejada, destinada a vetorializar racionalmente os investimentos públicos, dos órgãos e entidades estatais e paraestatais, dentro de uma escala de prioridades adredemente estabelecidas por órgãos especializados, promovendo a infraestrutura necessária à multiplicação dos recursos da sociedade.[285]

O autor afirma, então, comentando a Constituição do Estado de São Paulo:

> Em virtude do artigo citado, o Estado tem o dever de estabelecer diretrizes para a integração dos planos municipais no planejamento estadual, significando que deverá expedir normas técnicas convenientes para aquele objetivo e reconhecer a necessidade da referida integração para se promover o desenvolvimento integral das comunidades. [...]
> Em síntese, isto quer dizer que, sem ofender o princípio da autonomia municipal, há um campo de intensa intercomunicação entre os interesses locais e os de nível regional e estadual, onde se reconhecem a conveniência e necessidade do estabelecimento de diretrizes e princípios que assegurem a integração da ação governamental em nível de planejamento, objetivando naturalmente a coordenação intergovernamental da execução de serviços e atividades. O estabelecimento das diretrizes para a integração aludida ficou sob a responsabilidade diretiva do Estado não só porque este tem a macrovisão dos problemas locais, na medida em que os considera na inter-relação com os das demais localidades, como também porque é institucionalmente o nível decisório adequado para

---

[285] ALVES, Alaôr Caffé. *Planejamento metropolitano e autonomia*. São Paulo: Bushatsky, 1981. p. 22. *Vide* ainda: HORTA, Raul Machado. *Estudos de direito constitucional*. Belo Horizonte: Del Rey, 1995. p. 422.

encetar o esforço da integração, em termos de princípios, dos planos locais com os de sua alçada.[286]

Ao buscarem uma solução integrada, interativa e cooperativa para os serviços de saneamento básico, os estados exercitam sua competência constitucional e efetivam sua responsabilidade social no planejamento estratégico, operacional, financeiro e ambiental.

Dentre essas estruturas que viabilizam o modelo de descentralização administrativa, destacam-se na evolução legislativa nos últimos anos, em especial, duas vertentes: a operacional, relacionada aos modelos de desestatização, via concessões, e aquela institucional, ora comentada, com ênfase ao modelo cooperativo, de implantação integrada de soluções de interesse público comum, expressas na Lei nº 11.107/2005 e nos Estatutos das Cidades e da Metrópole, respectivamente, Leis nº 10.257/2001 e 13.089/2015.

A Lei nº 13.089/2015 veio reforçar o arcabouço legislativo-institucional da sistemática em comento, criando a regulamentação do ambiente de governança interfederativa delimitado com fundamento nas funções públicas de interesse comum.

Na ocasião, aprofundando no estudo sobre as formas de materialização do princípio federativo da cooperação e do planejamento estratégico estatal a respeito do saneamento básico – na condição de serviços públicos de interesse comum –, Marcelo Figueiredo destaca o papel de coordenação atribuído aos estados no âmbito dessa integração cooperativa. Segundo o autor, era chegada a hora de estados e

---

[286] ALVES, Alaôr Caffé. *Planejamento metropolitano e autonomia.* São Paulo: Bushatsky, 1981. p. 337. Em 1984, quando ocupava o cargo de secretário de Educação do município de Contagem/MG, Carlos Pinto Coelho Motta propunha a criação do Conselho Municipal de Educação e desenvolveu trabalho sobre município e federação, já então pontuando que "o planejamento das ações da comunidade deve ser integrado aos programas e planos regionais e nacionais, objetivando a divisão de responsabilidades que é o cerne da idéia federativa. Em síntese, parece-nos evidente que o modelo federalista, no Brasil, não foge à norma de outras concepções importadas, que não atingem sua plena eficácia enquanto não logram adaptar-se à realidade brasileira, inserindo-se em um processo de mudança tipicamente nacional. No caso, para a sobrevivência desse modelo, teria que haver uma adequação, necessariamente evolutiva, de suas estratégias, em direção às modernas propostas de planejamento participativo e à partilha mais igualitária de obrigações e competências entre os diversos níveis governamentais. O mundo moderno obriga a descentralização e à necessária interação dos entes estatais. A cooperação não é mais um termo de pura retórica, passa a ser uma necessidade; e à legislação cumpre legitimar o processo de transformação centralizador em um federalismo efetivamente cooperativo" (MOTTA, Carlos Pinto Coelho. *Conselho Municipal de Educação e autonomia municipal.* Contagem: Prefeitura Municipal, 1984. p. 8).

municípios, liderados pelos primeiros – ao menos no tema das regiões metropolitanas –, enfrentarem esse tema, sob pena de o sistema de saneamento entrar em colapso.[287]

Sob qualquer ótica que se possa abordar o assunto, além da vivência prática experimentada em anos passados, está claro que a opção legislativa seguiu o melhor caminho ao privilegiar as soluções integradas para a prestação dos serviços de saneamento básico.

3.4.5.2 Modalidades de prestação integrada

O legislador trouxe dois modelos de integração: a prestação regionalizada e a gestão associada.

O art. 3º, inciso VI, define prestação regionalizada como a modalidade de prestação integrada de um ou mais componentes dos serviços públicos de saneamento básico em determinada região cujo território abranja mais de um município.

A prestação regionalizada pode ser estruturada pela instituição dos seguintes arranjos institucionais: (a) regiões metropolitanas,

---

[287] Cite-se a propósito a lição de Marcelo Figueiredo: "O peculiar interesse municipal deve ceder a noção de *interesse comum*. Assim, nas Regiões Metropolitanas, há necessidade de *serviços comuns integrados*. A predominância do interesse metropolitano se impõe *dominante*, acima do restrito interesse local. A ideia é simples. Aonde o interesse for comum a mais de um município – regiões metropolitanas, aglomerados urbanos ou microrregiões, a titularidade da prestação de serviços de saneamento é dos *Estados*, entes responsáveis por *coordenar* essa complexa realidade. Coordenar, por óbvio, não significa sufocar, subjugar, mas trabalhar ao lado, oferecendo as diretrizes para uma articulação saudável entre os interesses públicos envolvidos na prestação dos serviços de saneamento básico. De outra parte, é preciso também compreender que é indisputável a competência do Município para legislar e administrar sua realidade local. Mas no tema do saneamento básico, muitas vezes esse 'interesse local' sozinho, isolado, nada pode no mundo do ser. Os serviços de saneamento do Município, como a captação e o tratamento de água, deveriam passar a ser, em certas regiões, objeto de execução, controle e fiscalização regional, de competência do Estado, compartilhada com o Município, através de parcerias e arranjos administrativos criativos. A idéia de competência como em última análise advoga exatamente esse entendimento entre duas pessoas políticas. Acreditamos que chegou a hora de os Estados e Municípios, liderados pelos primeiros –, ao menos no tema das regiões metropolitanas – enfrentarem esse tema, sob pena do sistema de saneamento entrar em colapso. [...] Aliás, o tema não é novo na Constituição Federal. A colaboração entre entes federados está prevista no parágrafo único de seu artigo 23, como também em seu art. 241, nas Disposições Transitórias Gerais. [...] Voltando ao tema da cooperação entre pessoas políticas. É necessário, portanto, que, com urgência, definam-se critérios jurídicos para identificá-las no tema do saneamento básico, assumindo, os Estados, a parcela de responsabilidade que a Constituição lhes outorgou. [...] Um bom começo seria considerar a existência de *direito ao saneamento básico*, como um verdadeiro direito subjetivo público" (FIGUEIREDO, Marcelo. O saneamento básico e o direito – Uma visão dos principais problemas. *In*: WAGNER JUNIOR, Luiz Guilherme Costa (Coord.). *Direito público*: estudos em homenagem ao Professor Adilson Abreu Dallari. Belo Horizonte: Del Rey, 2004. p. 519-521).

aglomerações urbanas ou microrregiões; (b) unidades regionais de saneamento básico; e (c) blocos de referência.

O primeiro modelo compreende as unidades territoriais urbanas consagradas no julgamento da ADI nº 1.842/RJ e no já citado Estatuto da Metrópole: regiões metropolitanas, aglomerações urbanas ou microrregiões. Trata-se de unidades instituídas pelos estados nos termos da Lei nº 13.089/2015, mediante lei complementar, de acordo com o § 3º do art. 25 da Constituição Federal, compostas por agrupamentos de municípios limítrofes.

As unidades regionais de saneamento básico e os blocos de referência são tratados separadamente pela lei.

As unidades regionais são instituídas pelos estados mediante lei ordinária, constituídas pelo agrupamento de municípios não necessariamente limítrofes para atender adequadamente às exigências de higiene e saúde pública ou para dar viabilidade econômica e técnica aos municípios menos favorecidos. Essas unidades devem adotar estrutura de governança prevista na Lei nº 13.089/2015, além de apresentar sustentabilidade econômico-financeira e contemplar, preferencialmente, pelo menos uma região metropolitana, sendo facultada a sua integração por titulares dos serviços de saneamento.

Finalmente, blocos de referência são agrupamentos de municípios não necessariamente limítrofes, estabelecidos pela União nos termos do §3º do art. 52 da Lei nº 14.026/2020 e formalmente criados por meio de gestão associada voluntária dos titulares.

A titularidade dos serviços pertence: (a) aos municípios e ao Distrito Federal, no caso de interesse local; e (b) aos estados, em conjunto com os municípios que compartilham efetivamente instalações operacionais integrantes de regiões metropolitanas, aglomerações urbanas e microrregiões.

Além dessas figuras institucionais, a lei prevê ainda a gestão associada, que compreende a associação voluntária de entes via consórcios públicos ou convênios de cooperação, nos moldes do art. 241 da Constituição.

A lei permite a formalização de consórcios intermunicipais de saneamento básico, compostos exclusivamente por municípios, que poderão prestar o serviço aos consorciados diretamente, via autarquia intermunicipal. Esses consórcios terão como objetivo, exclusivamente, o financiamento das iniciativas de implantação de medidas estruturais de saneamento básico, sendo vedada a formalização de contrato de programa com sociedade de economia mista ou empresa pública, ou a subdelegação do serviço prestado pela autarquia intermunicipal sem prévio procedimento licitatório.

A autarquia intermunicipal terá personalidade jurídica de direito público e integrará a Administração Pública indireta de todos os municípios consorciados, sendo vedada a criação de pessoa jurídica de direito privado no âmbito da gestão associada dos serviços de saneamento. O consórcio será criado por meio de adesão a protocolo de intenções, segundo o poder discricionário do chefe do Executivo, com posterior ratificação pelas câmaras municipais, cabendo consorciamento parcial ou condicional no caso de reservas manifestadas pelos integrantes.

A gestão associada é formalizada via convênio de cooperação, dispensada, nesse caso, a autorização legislativa. Qualquer que seja a modalidade escolhida, cabe ao titular dos serviços definir a entidade responsável por sua regulação e fiscalização.

A reconstitucionalização do art. 241 da Constituição Federal pela Emenda Constitucional nº 19/1998 marcou o fortalecimento dos instrumentos de cooperação técnica e institucional entre os entes federados, ampliando a dimensão do modelo de gestão associada de serviços públicos.

O art. 241, a um só tempo, chancela o princípio federativo da gestão associada de serviços públicos, fornece os instrumentos de sua formalização e provoca os entes políticos a se movimentarem de maneira concêntrica na adoção de políticas integradas destinadas a realizar o princípio constitucional da eficiência, previsto no art. 37, *caput*, da Carta Magna.

Por ocasião da Emenda nº 19/1998, Marçal Justen Filho discorreu a propósito do fomento ao compartilhamento da condição de poder concedente, sintetizando:

> Conforme já assentado por um dos autores, a nova redação do art. 241 da Constituição de 1988 também permite concluir que as regras acerca da autonomia municipal devem ser interpretadas de modo a possibilitar que, autorizado por lei, o município integre consórcios ou celebre convênios para o exercício compartilhado do poder concedente.[288]

---

[288] JUSTEN FILHO, Marçal; PEREIRA, César A. Guimarães. Concessão dos serviços públicos de limpeza urbana. *JAM – Jurídica Administração Municipal*, ano V, n. 9. p. 36. Clássica é a doutrina de Hely Lopes Meirelles, que fortalece a figura do convênio: "Convênio é todo pacto firmado pelo Município com entidades estatais, autárquicas, paraestatais e particulares (associações sociedades, empresas, etc.) para que essas pessoas jurídicas assumam e

No interregno entre a Emenda Constitucional de 1998 e sua regulamentação, o dispositivo constitucional foi associado aos arts. 112 e 116 da Lei nº 8.666/1993, hoje em vigor com as alterações introduzidas pela Lei nº 11.107/2005 e, atualmente, pela Lei nº 14.026/2020.

Diogo de Figueiredo Moreira Neto desenvolveu trabalho absolutamente completo sobre o tema, após o advento da Emenda Constitucional nº 19/1998 e antes da regulamentação do art. 241, traçando as nuances distintivas entre as várias modalidades de acordos destinadas a efetivar a gestão associada, com ênfase, então, nas figuras do convênio e do consórcio:

> Quanto à *gestão associada*, também é a Emenda Constitucional n. 19/98 que rege a matéria em seu art. 24, que deu nova redação ao art. 241 da Constituição para determinar que as entidades da federação a disciplinem por meio de lei, os *consórcios públicos* e os *convênios de cooperação*, bem como a *transferência* total ou parcial de encargos, serviços, pessoal e bens essenciais à continuidade dos serviços entre elas repassados.
> Novamente, está-se diante de outras duas modalidades de *acordos*: os *consórcios* e os *convênios*, neste caso, ambos a serem ajustados entre *entes federados* (art. 241, CF). Os consórcios, pressupondo, segundo doutrina assente, competências iguais dos pactuantes e os convênios, competências diferentes.
> Quanto à natureza jurídica dos três instrumentos aqui tratados, *acordos de programa*, *consórcios* e *convênios*, são espécies do *pacto* o gênero que congrega as espécies consensuais dos *contratos* e dos *acordos em geral*. A distinção entre esses tipos se aperfeiçoou desde o fim do século dezenove, muito devendo-se à doutrina alemã precisar-lhes as diferenças.[289]

---

realizem determinados serviços, atividades e obras de interesse público local, mediante remuneração da municipalidade ou gratuitamente. Pode, também, o Município, por meio de convênio com outras entidades, realizar serviços e obras locais de interesse público, mas da competência dessas entidades (União, e Estado-membro ou de suas autarquias). [...] Como já acentuamos em tópico anterior, os convênios e consórcios intermunicipais são instrumentos altamente vantajosos para a administração municipal, principalmente para a realização de obras e serviços de longa duração, de elevado custo e de interesse regional. Por eles podem os Municípios pactuar tudo quanto for de seu peculiar interesse, e estabelecer as normas de execução que lhes convier, desde que não atentem contra os princípios constitucionais e legais superiores, nem destoem das normas administrativas e financeiras municipais" (MEIRELLES, Hely Lopes. *Direito municipal brasileiro*. São Paulo: Revista dos Tribunais, 1957. v. II. p. 641).

[289] MOREIRA NETO, Diogo de Figueiredo. Coordenação Gerencial da Administração Pública (Administração Pública e autonomia gerencial. Contrato de gestão. Organizações Sociais. A gestão associada de serviços públicos: consórcios e convênios de cooperação). *RDA – Revista de Direito Administrativo*, Rio de Janeiro, out./dez. 1998. p. 35 e ss., especificamente, p. 44.

O professor destaca o princípio cardeal da Administração Pública consistente na personalização de um ente executor específico para o acordo:

> A admissibilidade de todas as categorias de atos administrativos complexos, *convênios, consórcios e acordos de programa (contratos de gestão)*, se funda no *princípio organizativo* fundamental da *autonomia político-administrativa dos entes da Federação* para disporem livremente sobre órgãos, funções e modalidades de ação de que se valerão para exercer sua competência administrativa, sem outras restrições ou condicionantes que aquelas estritamente previstas na própria Constituição (arts. 1º e 18).
> Nas hipóteses de *cooperação*, ajustadas entre entes públicos por via de *consórcios* ou de *convênios*, uma forma de agilizar a atuação conjunta pactuada e aumentar-lhes a eficiência gerencial, atendendo, assim, ao novo princípio cardeal da administração pública inserido no art. 37, *caput*, da Constituição, é a *personalização de um ente executor específico para o acordo*.
> Com efeito, a cooperação, conceptualmente entendida como a *atuação coordenada entre entidades públicas*, comporta, tanto quanto na atuação isolada de qualquer delas, as mesmas opções quanto ao *modo de execução*, desde que não vedadas, ou seja, executar *diretamente* ou *indiretamente*, seja por *delegação legislativa* ou por *delegação administrativa*, o objeto da ação conjunta pactuada.[290]

A regulamentação infraconstitucional da gestão associada veio apenas em 2005, na Lei nº 11.107, regulamentada dois anos após pelo Decreto nº 6.017/2007. No mesmo ano de 2007, foi editada a Lei nº 11.445, que estabeleceu as diretrizes para o saneamento básico; e, finalmente, em 2010, a Lei nº 12.305 instituiu a Política Nacional de Resíduos Sólidos. Atualmente, a perspectiva de reordenação conjuntural desses serviços encontra seu norte no tratamento dado pela Lei nº 14.026/2020.

Portanto, o constituinte e o legislador traçaram as bases bem trabalhadas pela doutrina com vistas à resolutividade das políticas públicas de saneamento básico, consolidadas no novo marco regulatório do setor.

---

[290] MOREIRA NETO, Diogo de Figueiredo. Coordenação Gerencial da Administração Pública (Administração Pública e autonomia gerencial. Contrato de gestão. Organizações Sociais. A gestão associada de serviços públicos: consórcios e convênios de cooperação). *RDA – Revista de Direito Administrativo*, Rio de Janeiro, out./dez. 1998. p. 47.

Merece novo registro à margem, posto que ainda em projeto, outro modelo institucional da prestação regionalizada de serviços a partir de centro de competência comum, compartilhada.

Referimo-nos à concessão por adesão, uma espécie de "concessão-carona" com racional similar ao já conhecido sistema de registro de preços, prevista nos arts. 81 a 85 do Projeto de Lei nº 7.063-B, de 2017 (nova Lei de Concessões e PPPs), mencionado neste trabalho.

O projeto prevê ainda outros instrumentos de ampliação da eficiência via prestação integrada mediante a concessão conjunta de obras e serviços conexos, e coloca num mesmo pacote, com uma mesma concessionária, vários escopos intercomplementares, com ganho de escala, eficiência econômica e para atendimento integrado dos usuários.

A utilidade desse modelo fica reforçada quando o dispositivo admite incluir obras e serviços não afetos ao mesmo setor ou não circunscritos ao mesmo mercado geográfico e, ainda, obras que não venham a ser exploradas pela concessionária (art. 7º). A lei desvincula a infraestrutura física de uma única concessão, ampliando sua utilidade para outros fins, ou seja, utiliza a concessão como ferramenta de fomento do desenvolvimento.

3.4.5.3 Proposições de arranjos inovadores e as empresas estatais

Há muito as pressões por aumento de investimentos e de qualidade na prestação dos serviços,[291] aliadas ao apetite e à capacidade técnica e financeira da iniciativa privada para assumir esses serviços em larga escala, aportando-lhe novas tecnologias, com ganhos de gestão e produtividade, vêm conduzindo a uma realidade irrefutável: o acirramento da concorrência e a ameaça à capacidade competitiva das companhias estaduais em relação às empresas privadas e, assim, o risco de comprometimento de seu valor.

A tônica da Lei nº 14.026/2020 gira em torno desta realidade.

Decerto o legislador visa à competitividade, à quebra do monopólio estatal "de fato" sobre o setor de saneamento, como forma de impulsionar a ampliação do acesso aos serviços, os investimentos e sua melhoria em todo o país.

---

[291] SOUZA, Rodrigo Pagani de. A experiência brasileira nas concessões de saneamento básico. *In*: SUNDFELD, Carlos Ari (Coord.). *Parcerias público-privadas*. São Paulo: Malheiros, 2005. p. 349.

Ao vedar a formalização do contrato de programa e privilegiar a delegação dos serviços via licitações às quais as estatais comparecerão em pé de igualdade com o privado, o objetivo é claro: a busca pela eficiência.

Mas a polêmica posta em torno do assunto, adiante detalhada, deve ser compreendida sem paixão: o fato de vedar o contrato de programa não equivale a (i) excluir a possibilidade de prestação direta;[292] ou (ii) vedar a contratação direta, no caso de contratação descentralizada, desde que presentes seus pressupostos, seja a concessionária empresa estatal ou privada.

Detalhando o tema, o art. 10 da lei prevê o seguinte: "A prestação dos serviços públicos de saneamento básico por entidade que não integre a administração do titular depende da celebração de contrato de concessão, mediante prévia licitação, nos termos do art. 175 da Constituição Federal, vedada a sua disciplina mediante contrato de programa, convênio, termo de parceria ou outros instrumentos de natureza precária".

Ou seja: optando por não prestar o serviço diretamente, mas de forma descentralizada, por terceiro, o titular dos serviços deve fazê-lo mediante contrato de concessão e prévia licitação, caso o prestador não integre sua Administração, sendo vedados para tanto o contrato de programa, convênio, termo de parceria ou outros instrumentos de natureza precária.

Se o prestador integrar a Administração do titular, a contratação da concessão poderá ser feita diretamente, sem licitação.

Essa disposição tem gerado dúvidas sobre a prestação integrada como instrumento de realização de modelos que, segundo críticas, frustrariam o objetivo do legislador, da quebra do paradigma da prestação dos serviços por empresa estatal, como meio de alcançar a universalização via concorrência aberta entre os prestadores públicos e privados, aptos e qualificados, sob os aspectos técnico e econômico-financeiro.

Portanto, as discussões mais atuais versam sobre algumas propostas que parecem pretender burlar a exigência de prévia licitação e contrato a partir de uma leitura desconstruída do dispositivo transcrito.

---

[292] Art. 175 da CF e art. 9º, inciso II, da Lei nº 14.026/2020.

Um desses modelos criticado, conforme divulgado em maio de 2022, teria sido aventado pela Sabesp.[293]

A ideia seria a constituição de sociedades de propósito específico com os municípios, que executariam a prestação direta dos serviços, contando com a participação minoritária da estatal estadual em seu capital.

Anote-se que o modelo nem seria restrito às estatais estaduais, mas também aberto a empresas privadas, na condição de investidoras de empresa estatal investida para atuação em parceria societária, conforme permissivo do art. 28, §3º, inc. II, e §4º, da Lei nº 13.303/2016, que trata das oportunidades de negócios.[294]

Outros casos foram comentados em excelente artigo de Bruno Aurélio,[295] que traz demais modelos "buscados pelas companhias estaduais para manter o *status quo*", mesmo sem contrato de programa, e a inventividade das soluções adotadas nos estados da Paraíba e Piauí via prestação integrada.

No Piauí, a Microrregião de Água e Esgoto do Piauí (MRAE) é uma autarquia interfederativa integrada pelo estado e por todos os municípios, sem autonomia financeira ou estrutura administrativa, que passaria a deter o controle acionário da AGESPISA, a companhia estadual de saneamento, e assim viabilizar a prestação via contratação direta.

O caso da Paraíba é já objeto de ação direta de inconstitucionalidade perante o STF.[296]

O objetivo nesse caso é que a CAGEPA, a companhia estadual de saneamento básico, assuma, sem licitação, a prestação dos serviços de

---

[293] Um dos modelos aventados para manter a prestação dos serviços em mãos estatais, como citamos à época, foi veiculado na *Folha de São Paulo* em matéria com a chamada *Sabesp vê brecha para operar saneamento sem leilão*". (PAMPLONA, Nicola. Sabesp vê brecha na lei para operar contratos de saneamento sem leilão: estatal paulista só disputou uma concorrência sob novo marco do setor, mas perdeu. Folha de S.Paulo, 17 maio 2022. Disponível em: https://www1.folha.uol.com.br/mercado/2022/05/sabesp-ve-brecha-na-lei-para-operar-contratos-de-saneamento-sem-leilao.shtml.

[294] *Vide* sobre este tema: BICALHO, Alécia Paolucci Nogueira. Lei de Responsabilidade das Estatais: fomento e perspectivas às estatais prestadoras de serviço público de saneamento básico. *Boletim de Licitações e Contratos – BLC*, maio 2017. p. 401 e seguintes.

[295] AURÉLIO, Bruno; PIRES, Felipe; MARINGOLI, Raphaela. A sanha das companhias estaduais de saneamento. Inventividade de algumas regiões pode minar a potencial universalização dos serviços até 2033. *Valor Econômico*, 16 fev. 2023. Disponível em: https://valor.globo.com/opiniao/coluna/a-sanha-das-companhias-estaduais-de-saneamento.ghtml.

[296] *Vide*: AGU defende legalidade de 'brecha' na lei do saneamento adotada na Paraíba. *Valor Econômico*, 27 fev. 2023. Disponível em: https://valor.globo.com/empresas/noticia/2023/02/27/agu-defende-legalidade-de-brecha-na-lei-do-saneamento-adotada-na-paraba.ghtml.

água e esgoto na Microrregião do Litoral (formada por 30 municípios, incluindo a capital João Pessoa).

Esses municípios foram agrupados, junto com os demais 216 municípios, em quatro microrregiões de água e esgoto instituídas pela Lei Complementar nº 168/2021: Alto Piranhas, Espinharas, Borborema e Litoral.

Tais microrregiões possuem "natureza jurídica de autarquia intergovernamental de regime especial, com caráter deliberativo e normativo, e personalidade jurídica de Direito Público" (artigo 2º, §1º).

As estruturas de governança estão previstas no art. 5º, sendo: (i) Colegiado Microrregional, composto por um representante de cada município que o integra ou com ele conveniado e por um representante do estado da Paraíba; (ii) Comitê Técnico, composto por oito representantes dos municípios e por três representantes do estado da Paraíba; (iii) Conselho Participativo, composto por representantes da sociedade civil escolhidos pela Assembleia Legislativa e pelo Colegiado Microrregional; e (iv) secretário-geral, eleito pelo Colegiado Microrregional dentre os membros do Comitê Técnico.

Dentre as atribuições do Colegiado Microrregional, o art. 7º da lei estadual prevê (...) "XI - autorizar a prestação direta dos serviços públicos de abastecimento de água e esgotamento sanitário pela Companhia de Água e Esgotos da Paraíba – CAGEPA, em razão desta integrar a administração indireta de um dos entes da entidade microrregional".

Essa estrutura, em cujo âmbito o estado tem a faculdade de exercer, junto com os municípios, a titularidade dos serviços (de interesse comum), conduziu à celebração de "Termo de Consolidação e Atualização aos Contratos de Concessão" entre a Microrregião do Litoral e o estado, acionista controlador da CAGEPA.

A lei foi alvo da ADI nº 7.335 movida pela Associação Brasileira das Concessionárias Privadas de Serviços Públicos de Água e Esgoto (ABCON) contra o governador e a Assembleia Legislativa do Estado da Paraíba, sustentando que a estrutura da prestação integrada teria sido adotada como forma de driblar a vedação do art. 10 da nova lei, da prestação via contratos de programa.

A Associação alega violação da competência privativa da União para estabelecer diretrizes do saneamento básico e para legislar sobre normas gerais de licitações e contratos (artigos 21, inciso XX; e 22, inciso XXVII, da Constituição Federal), e aquela prevista no artigo 241 da Carta Republicana, para a edição de normas a respeito da gestão associada de serviços públicos, além dos arts. 30, inciso V; 37, inciso XXI; 170, inciso IV; 173, §4º; e 175 da Constituição, que "disciplinam as competências municipais, estabelecem parâmetros para as licitações, reconhecem a livre concorrência e determinam que as contratações ou a prestação indireta de serviços públicos se deem 'sempre através de licitação'".

Sustenta que o modelo afronta o princípio da seleção competitiva do prestador dos serviços, consagrado no art. 2º, inciso XV, da Lei nº 14.026/2020, e que frustra a opção do legislador pela livre concorrência, pelo mercado e pela realização de investimentos privados como estratégia para alcançar as metas de universalização.

O estado sustenta que não há violação da Constituição ou da Lei nº 14.026/2020 porque não houve assinatura de contrato de programa, e sim uma prestação direta dos serviços, uma vez que é parte integrante da Microrregião do Litoral, junto com os municípios que, nessas condições, compartilham entre si a titularidade dos serviços no âmbito da unidade regional, o que autoriza a assunção pela companhia estadual da prestação dos serviços de forma direta, sem necessidade de licitação.

Como noticiado, a Advocacia-Geral da União sustentou a existência de uma autorização para prestação direta dos serviços pela CAGEPA, uma sociedade de economia mista controlada pelo estado da Paraíba, cotitular do serviço público de saneamento básico, em conjunto com os municípios que compartilham efetivamente instalações operacionais integrantes das respectivas microrregiões.

Portanto, o compartilhamento da titularidade e das instalações operacionais, fundado em interesse comum, autorizaria a assunção da prestação dos serviços pela própria estatal, na condição de integrante da Administração de ente cotitular dos serviços, por força dos instrumentos de prestação regionalizada e nos limites do art. 10 da Lei nº 14.026/2020.

A caracterização de um interesse comum que justifique o compartilhamento de estruturas operacionais e meios de prestação dos serviços inclui o compartilhamento da própria titularidade sobre o serviço de saneamento, conforme tratado no julgamento pelo STF das ADIs nº 1.842 e 6.492, convergindo para legitimar o interesse coletivo e a validade das decisões colegiadas de que participem os municípios e os estados, inclusive a autorização para a prestação direta por ente que integre a estrutura destes.

Como anotado, ao excluir o contrato de programa, a nova Lei do Saneamento não excluiu a possibilidade de prestação direta ou a contratação sem licitação, cabendo aos gestores avaliarem, em cada caso, a alternativa adequada e desde que respeitadas as condições legais a serem atendidas pelo prestador, nos termos do art. 10-B da Lei nº 11.445/2007: "Comprovação da capacidade econômico-financeira, por recursos próprios ou por contratação de dívida, com vistas a viabilizar a universalização dos serviços na área licitada até 31 de dezembro de 2033, nos termos do § 2º do art. 11-B Lei".

Deve ser repudiada, contudo, qualquer construção que lance mão da prestação integrada apenas como subterfúgio evidente para a contratação direta e transversa, fundada em bases frágeis e falaciosas quanto ao interesse comum e compartilhamento da titularidade dos serviços.

3.4.5.4 Conclusões

As dificuldades enfrentadas pelos entes detentores da competência sobre os serviços de saneamento básico são conhecidas, e muitas. Há carências de recursos de toda natureza, tais como de estrutura técnica para modelagens das concessões, de disponibilidade orçamentária, entre outras.

Com a vedação dos contratos de programa e relações precárias, o legislador pretende o desenvolvimento da prestação dos serviços, impondo às companhias estatais que se tornem mais competitivas, inclusive como forma de cumprir sua finalidade institucional.

A obrigatoriedade de prévia licitação para a delegação dos serviços induz a um rearranjo de mercado, na medida em que essas empresas deverão doravante competir com a iniciativa privada em regime de livre concorrência.

A prestação integrada, de fato, não pode servir como meio de burla ao objetivo do legislador no que se refere à maior eficiência e universalização dos serviços, mas a vedação às relações precárias entre estatais estaduais e municípios também não pode ser entendida como vedação *ab initio* à prestação e contratação direta, nos casos em que essa medida for legítima e devidamente estruturada.

Certamente, o assunto não se encerra aqui e terá desdobramentos a serem acompanhados de perto pelo setor.

CAPÍTULO 4

OS DESINVESTIMENTOS NAS EMPRESAS ESTATAIS

4.1 Natureza das operações de desinvestimentos

Ao se submeterem às Leis nº 6.404/1997 e 13.303/2016, as empresas estatais operam orientadas por seus objetivos sociais, planejamento estratégico e metas corporativas, com permanente monitoramento das escolhas gerenciais adotadas por seus administradores, em linha com as diretrizes do acionista controlador.

A regência jurídica e os desígnios institucionais das empresas estatais expõem a já comentada dramática "dicotomia existencial" dessas empresas, cujas faces se desdobram (i) em suas finalidades estatais e (ii) na persecução da eficiência econômico-financeira, atributo, por assim dizer, de cunho "privatístico", inerente a seu tipo societário.

A *ratio* da compreensão desse aparente dilema é bem sintetizada no seguinte comentário de Fernando Antônio Ribeiro Soares e Leonardo Raupp Bocorny em abordagem sobre o tema:

> Essa reflexão permite perceber que o que o importa, na verdade, não é discutir se o lucro é ou não algo legítimo para as empresas estatais, mas sim até que ponto ele poderá viabilizar o interesse público e, assim, aliviar recursos orçamentários para outros tipos de investimento, uma vez que concorrerão inevitavelmente com outras rubricas orçamentárias para o suprimento de necessidades coletivas.[297]

---
[297] SOARES, Fernando Antônio Ribeiro; BOCORNY, Leonardo Raupp. 2. Fundamentos jurídicos e econômicos para a legitimidade das empresas estatais: uma análise sobre o art. 173 da

Sob essa perspectiva, as empresas estatais devem performar bem, o que envolve seu engajamento em investimentos e operações com finalidades empresariais e econômicas materializadas, por exemplo, nos processos de reorganização societária; na criação de subsidiárias; na participação – societária, contratual, via parcerias ou convênios – em outras empresas, públicas ou privadas, e empreendimentos; na aquisição de quotas de fundos de investimentos; na realização de operações de crédito e financiamento por meio de instrumentos de dívida conversíveis ou não em participação societária; e na aquisição, subscrição, integralização, permuta e/ou alienação de valores mobiliários emitidos por empresas públicas ou privadas com projetos aderentes aos objetivos estratégicos da empresa e de seu acionista.

A Organização para a Cooperação e Desenvolvimento Econômico (OCDE) fornece em suas *Diretrizes sobre governança corporativa de empresas estatais* as balizas a serem observadas pelo Estado-Empresário na construção de políticas profissionalizadas de propriedade de empresa estatal – e, por decorrência, dos investimentos destas.[298]

Assim, os bens que compõem o patrimônio das empresas estatais são integrados, entre outros, por ativos vinculados a investimentos – a cujo conjunto a prática corporativa convencionou designar portfólio de investimentos e ativos da empresa estatal.

A gestão desse portfólio é a atividade de movimentação patrimonial de natureza gerencial conduzida pelos administradores para a eficiente alocação dos recursos da empresa.

Constituição Federal de 1988 e o princípio da transitoriedade. *In*: PINTO JUNIOR, Mario Engler; MASTROBUONO, Cristina M. Wagner; MEGNA, Bruno Lopes (Coord.). *Empresas estatais*: regime jurídico e experiência prática na vigência da Lei n. 13.303/2016. São Paulo: Almedina, 2022. p. 57-91.

[298] O documento representa um quadro referência acordado em sede internacional – avalizado no Brasil pelo IBGC, pelo Ministério Público de Contas e pelo Tribunal de Contas da União – contendo as premissas e boas práticas para a avaliação e melhoria da forma como os governos exercem suas funções de propriedade de empresas estatais, com foco em temas relevantes, como a eficiência, a transparência, a criação de condições equitativas entre empresas privadas e estatais no incentivo de um setor empresarial competitivo e sólido, as práticas de conselhos, e os financiamentos. Disponível em: https://www.oecd.org/publications/diretrizes-da-ocde-sobre-governanca-corporativa-de-empresas-estatais-edicao-2015-9789264181106-pt.htm. Acesso em: 10 jan. 2023. *Vide* Processo TC nº 029.691/2018-4, de 21.09.2020, Acórdão nº 3.153/2020 – Plenário, relator ministro Raimundo Carreiro, 25.11.2020, *apud* DIAS, Luciana. 6. Estado-Acionista e política de propriedade. *In*: PINTO JUNIOR, Mario Engler; MASTROBUONO, Cristina M. Wagner; MEGNA, Bruno Lopes (Coord.). *Empresas estatais*: regime jurídico e experiência prática na vigência da Lei n. 13.303/2016. São Paulo: Almedina, 2022. p. 182.

Essa movimentação de ativos pode compreender, conforme sejam os seus objetivos: (i) medidas de desinvestimentos, propriamente ditos, com pautas de alienação ou transferência onerosa, total ou parcial, de bens ou ativos, simultâneas ou não às reorganizações societárias; e (ii) outras providências de natureza descentralizadora desestatizante relacionadas ao patrimônio da empresa, que, sem implicar alienação, confiram aos ativos, conforme sua natureza, a destinação econômica mais adequada (*e.g.*, a delegação de serviços, a concessão de uso de bens públicos e outros modelos de parcerias abordados no capítulo 3).

Essa gestão, planejada e executada na intimidade da empresa por atos *interna corporis*, visa atingir objetivos corporativos, como a maximização da eficiência social, operacional e econômica da empresa; a melhor aplicação de seus recursos, conforme sua vocação; o reequilíbrio financeiro; a reacomodação de ativos e investimentos, com vistas a um reposicionamento da forma de atuação da empresa.

Dentre as ações de gestão de portfólio que ora nos interessam, os desinvestimentos a que designamos "próprios" – de caráter gerencial – identificam operações jurídico-econômicas conduzidas no seio do microambiente da organização, sem vinculação a propósitos governamentais mais amplos no que tange aos destinos da empresa propriamente dita.

É como os define Lyan Bispo:

> No rigor técnico, entretanto, o *desinvestimento* constitui uma *operação jurídico-econômica*, que envolve um *conjunto de atos negociais voltados à alienação ou transferência onerosa, parcial ou total, de bens ou qualquer outra espécie de ativos, economicamente aferíveis, visando a reordenação, modernização, reequilíbrio ou reestruturação das atividades* desenvolvidas pela respectiva entidade.
>
> O processo de desinvestimento é *ínsito ao âmbito empresarial, não está diretamente conectado com o regime de Estado* e tem sido aplicado em companhias, com considerável gama de ativos, que convivem com processos de reestruturação mais profundos.[299] (g.n.)

Dessa definição colhem-se os seguintes elementos caracterizadores desses desinvestimentos: (i) são um processo ínsito ao âmbito

---

[299] Disponível em: https://www.conjur.com.br/2018-mai-18/lyvan-bispo-desinvestimento-sociedades-economia-mista; http://economia.estadao.com.br/discute/por-que-o-desinvestimento-se-tornou-uma-estrategia-importante-para-as-empresas. Acesso em: 07 nov. 2022.

empresarial; (ii) não estão diretamente conectados com o regime de Estado; (iii) identificam, na prática, operações jurídico-econômicas conduzidas por atos negociais para os fins de alienação ou transferência onerosa de bens ou quaisquer outros ativos; (iv) visam à reordenação, modernização, reequilíbrio ou reestruturação das atividades da empresa.

Frise-se, portanto, que os processos de desinvestimentos vinculados à gestão de portfólio têm por propósito fundamental o (re) manejamento empresarial de seus ativos, sem afetar a titularidade do controle acionário ou a existência da empresa – o que deslocaria sua regência legal para o quadrante jurídico da desestatização *stricto sensu*, com suas pertinentes autorizações.

A expressão "desinvestimento" não encerra qualquer novidade. É utilizada de forma corrente no quotidiano empresarial como indicativa de alienações e desengajamento de empreendimentos e ganhou destaque no cenário do direito administrativo há poucos anos, quando causou polêmica ao fazer sua aparição nos processos conduzidos pela Petrobras e Eletrobras no passado recente.

A Petrobras passou por grande reestruturação a partir de 2015, com robusto programa de desinvestimentos conduzido em duas fases (2015-2017 e 2018 em diante), com base em decisões gerenciais de *visão, propósitos e estratégia*.[300]

Já a Eletrobras pôs em pauta a venda de participações acionárias minoritárias detidas em setenta empresas coparticipadas privadas, entre 2017 e 2018.

Os processos conduzidos por essas empresas com base em normativos próprios – "sistemáticas de desinvestimento" – despertaram o especial interesse da comunidade jurídica também porque foram levados a efeito numa fase de transição entre os regimes jurídicos, da Lei nº 8.666/1993, até então aplicável também às alienações – exceto da Petrobras – de bens das estatais, para a Lei nº 13.303/2016.

Esses processos suscitaram discussões sobre a natureza e o alcance dos desinvestimentos e operações societárias a estes atreladas, então realizados *vis-à-vis* às privatizações, gerando dúvidas sobre se seriam de fato "meras" alienações afetas "apenas" à gestão de portfólio das companhias ou se caracterizariam e estariam sendo utilizados como

---

[300] FERRARI, Vinícius da Cunha. *Barreiras de saída para reposicionamento estratégico de empresas de capital misto*: um estudo de caso de desinvestimento em ativos maduros de baixa produtividade..., *cit.*, FGV, 2022, p. 14-17.

"rótulos" no intuito escamoteado de disfarçar verdadeiras privatizações realizadas à revelia das exigências legais.

Mais especificamente, foi investigado se a criação de empresas subsidiárias com integralização de capital com ativos da *holding*, seguida de alienação, equivaleria a um "fatiamento" da empresa-mãe conducente à sua privatização, transvestida de desinvestimento e conduzida sem a prévia autorização legal – de que a alienação do controle acionário da *holding* ou sua dissolução não podem prescindir.

A essência desses questionamentos foi bem sintetizada por Lyan Bispo, como segue:

> (...) a alegação reside no fato de que o processo de desinvestimento, a pretexto de reestruturar a companhia, poderia ser manejado como sucedâneo privatizante. Os principais ativos de determinada estatal seriam alienados, deixando-se apenas uma estrutura deficiente que comprometeria a realização do mister público conferido à entidade.[301]

Além da possível distorção dos resultados desses processos, outras dúvidas foram suscitadas quanto àquelas operações, em razão da "intuitiva identidade" observada entre os regimes jurídicos aplicáveis aos desinvestimentos e aqueles indicados nos diversos incisos e no §1º do art. 4º da Lei nº 9.491/1997[302] como modalidades operacionais de desestatização, em especial as alienações apoiadas por processos de reorganização societária.

Na prática, os desinvestimentos instrumentais à gestão de portfólio podem de fato ser efetivados pelas mesmas operações jurídico-econômicas e segundo os mesmos institutos legais do direito civil, comercial, societário e administrativo utilizados nas desestatizações *stricto sensu*, de que trata a Lei do PND, elencados no dispositivo mencionado.

---

[301] Disponível em: https://www.conjur.com.br/2018-mai-18/lyvan-bispo-desinvestimento-sociedades-economia-mista; http://economia.estadao.com.br/discute/por-que-o-desinvestimento-se-tornou-uma-estrategia-importante-para-as-empresas. Acesso em: 07 nov. 2022.

[302] Alienação de participação societária, inclusive de controle acionário, preferencialmente mediante a pulverização de ações; abertura de capital; aumento de capital, com renúncia ou cessão, total ou parcial, de direitos de subscrição; alienação, arrendamento, locação, comodato ou cessão de bens e instalações; dissolução de sociedades ou desativação parcial de seus empreendimentos, com a conseqüente alienação de seus ativos; concessão, permissão ou autorização de serviços públicos; aforamento, remição de foro, permuta, cessão, concessão de direito real de uso resolúvel e alienação mediante venda de bens imóveis de domínio da União.

O aspecto operacional do regime jurídico das alienações e reorganizações societárias – nos processos de desinvestimentos e nas desestatizações – pode ser de fato idêntico.

Essa constatação conduz à necessidade de se identificarem parâmetros objetivos aptos a distinguir os desinvestimentos gerenciais – ou "próprios" – daqueles "impróprios", indicativos das desestatizações realizadas em linha com uma política governamental específica, afeta à modulação da presença do Estado na economia.

Esses parâmetros serão o *contexto, os fundamentos e as finalidades* dessas operações a serem considerados à luz de cada caso concreto, como adiante examinados.

4.2 Os desinvestimentos e as desestatizações

A distinção entre os desinvestimentos gerenciais – ou "próprios" – e "impróprios", a que nos referimos acima, e a relação de cada qual desses processos com as desestatizações situam-se, em primeiro plano, no *contexto* em que são gestados.

Os desinvestimentos gerenciais são concebidos pelos administradores da companhia como medida inerente e estritamente atrelada à atividade de gestão de portfólio, que, como dito, pode envolver alienações, delegações e outros regimes de manejo dos ativos da empresa.

Embora com diretrizes traçadas pelo controlador estatal, essas operações são gestadas internamente e se esgotam em si próprias, sem propósitos *estatais* mais amplos ou demais desdobramentos societários ou econômico-financeiros em relação ao Estado.

É como bem explica a ministra Rosa Weber no voto proferido no julgamento da Ação Direta de Inconstitucionalidade nº 5.624/2019, do Supremo Tribunal Federal. Ao indicar os traços distintivos entre os desinvestimentos e as desestatizações, a ministra destaca entre tais critérios a destinação final do produto da alienação – no primeiro caso apropriada pela própria empresa, não pelo controlador:

> Ressalto, nada obstante, que, em meu entender, há diferença entre *desestatização* e *desinvestimento*. Como ressaltado, da tribuna, pelo Advogado-Geral da União, os objetivos da *desestatização* são outros, nela o Estado se retira da execução de determinada atividade e o produto da venda de ativos se incorpora ao patrimônio do ente político instituidor da empresa desestatizada. *No caso do desinvestimento, por outro lado, o*

produto da venda do ativo, inclusive do controle acionário de subsidiárias, vai para a empresa matriz, e não para o ente político que a controla. A empresa matriz, em gestão de seu portfólio, poderá, então, reinvestir o produto da venda de ativos em outros empreendimentos, constantes de seu objeto social, com a finalidade de atingir melhores resultados, em linha com o princípio da eficiência.

Esses desinvestimentos gerenciais não têm outros fundamentos que não a administração quotidiana dos negócios da empresa, na consecução de seu planejamento estratégico; ou outras finalidades que não a (re)alocação eficiente dos recursos da empresa para reestruturação de seu modo de atuação, redirecionamento, modernização, reequilíbrio, reordenação de atividades, readequação dos compromissos de curto e longo prazo, redução do endividamento e outras razões relacionadas à sua saúde financeira e desempenho operacional.

Os desinvestimentos gerenciais expressam uma *política corporativa* de gestão e gerenciamento do patrimônio da empresa alinhada a seu planejamento estratégico e metas corporativas que não alcançam sua estrutura de controle acionário ou sua existência.

Veja-se magistral síntese do conteúdo dos desinvestimentos:

> Os desinvestimentos correspondem à alienação de ativos detidos pelas estatais a fim de que o esforço empresarial público fique concentrado apenas no cerne do objeto da companhia, retirando-se outras atividades que foram destacadas em gestões anteriores para uma exploração acessória ou ancilar.[303]

Já os desinvestimentos a que nos referimos como "impróprios" são operações realizadas em cumprimento e de forma atrelada a uma *política pública governamental* expressa em programa instituído para implementar ações de desestatização, com o objetivo expresso de afastamento do Estado de determinado setor ou atividade.

Nesse caso e ao contrário do que ocorre na alienação para a gestão de portfólio, as operações jurídicas de alienações de ativos não se esgotam em si mesmas, pois são instrumentais a um propósito mais amplo do que a mera reordenação interna de recursos, relacionando-se aos próprios destinos da empresa e compreendendo sua alienação mediante

---

[303] CUNHA, Cláudia Polto; MASTROBUONO, Cristina M. Wagner. 12. Privatizações, participações minoritárias e subsidiárias. *In*: PINTO JUNIOR, Mario Engler; MASTROBUONO, Cristina M. Wagner; MEGNA, Bruno Lopes (Coord.). *Empresas estatais*: regime jurídico e experiência prática na vigência da Lei n. 13.303/2016. São Paulo: Almedina, 2022. p. 368.

venda de controle acionário ou outro modelo de privatização escolhido, como a pulverização do capital ou, ainda, sua dissolução e subsequente desvinculação do Estado da atividade ou setor desestatizado.

Portanto, distinguem-se os desinvestimentos – "próprios e impróprios" – por seus *fundamentos* e *motivações*, conforme os *objetivos* desses eventos estejam vinculados a razões *empresariais*, identificando os primeiros, desinvestimentos típicos realizados na execução de políticas gerenciais programadas pelos administradores, não vinculadas a "razões de Estado"; ou os últimos ou atípicos, os desinvestimentos impróprios, instrumentais às desestatizações, destinados a implementar programa de governo instituído por "razões de Estado". Ou seja, a Política Nacional – ou aquelas estaduais – de Desestatização, como o próprio nome indica, orienta a execução de uma *política estatal*; a gestão de portfólio executa uma *política gerencial*.

A identificação da natureza da alienação nos processos de desinvestimentos passa pela análise da latitude de seus impactos. Caso seus reflexos se limitem ao próprio ecossistema da empresa, sem afetar sua propriedade ou existência, eles serão do tipo gerenciais; se culminarem não apenas pontualmente na desvinculação da empresa de determinado empreendimento ou investimento, mas do próprio Estado, de determinado setor ou atividade, identificarão desestatizações *stricto sensu* destinadas a implementar programa específico voltado à consecução dos objetivos governamentais que tenham formalmente justificado sua instituição, tal qual expressos nos incisos I a VI do art. 1º da Lei nº 9.491/1997, visando:

- reordenar a posição estratégica do Estado na economia, transferindo à iniciativa privada atividades indevidamente exploradas pelo setor público;
- contribuir para a reestruturação econômica do setor público, especialmente através da melhoria do perfil e da redução da dívida pública líquida;
- permitir a retomada de investimentos nas empresas e atividades que vierem a ser transferidas à iniciativa privada;
- contribuir para a reestruturação econômica do setor privado, especialmente para a modernização da infra-estrutura e do parque industrial do País, ampliando sua competitividade e reforçando a capacidade empresarial nos diversos setores da economia, inclusive através da concessão de crédito;

- permitir que a Administração Pública concentre seus esforços nas atividades em que a presença do Estado seja fundamental para a consecução das prioridades nacionais;
- contribuir para o fortalecimento do mercado de capitais, através do acréscimo da oferta de valores mobiliários e da democratização da propriedade do capital das empresas que integrarem o Programa.

Essas especificidades factuais diferenciam os desinvestimentos gerenciais das alienações e operações indicativas dos desinvestimentos realizados por razões "de Estado", construídos em linha com os objetivos do PND para privatizar ou extinguir empresa estatal – e nessa condição, e apenas nessa, serão qualificáveis como desestatizações sujeitas à tutela complexa, em especial prévia autorização legislativa e fiscalização pelo TCU, nos termos da Instrução Normativa nº 81/2018, após inclusão de seu objeto no programa respectivo, por decreto.

Os "demais" desinvestimentos – de caráter gerencial – não se submetem à mesma tutela, mas às normas de governança internas da empresa.

Note-se que, nas alienações de ativos e reorganizações societárias enquadráveis como medidas de desestatização, nas cercanias da Lei nº 9.491/1997, diferentemente do que ocorre nos processos de mesmo gênero, com finalidades estritamente empresariais, a movimentação patrimonial não se limita aos ativos e investimentos da empresa, mas alcança o patrimônio do próprio Estado, que aliena ou extingue a empresa para implementar uma política de desestatização.

Ao contrário do que ocorre na desestatização – cujas causas determinantes estão elencadas no art. 1º da Lei do PND –, a retirada do "Estado-Empresário investidor" de determinado empreendimento do qual a empresa estatal se desengaja via desinvestimento não induz em linha reta à retirada do próprio Estado da atividade ou setor ou ao esvaziamento da empresa, com objetivos "escusos".

Esse estado de coisas conduz à conclusão de que não há vínculo necessário, automático e direto dos desinvestimentos gerenciais, com os atributos das desestatizações, uma vez que, obviamente, nem todas as alienações de ativos e reorganizações societárias de empresa estatal são concebidas com o objetivo de atingir sua propriedade ou existência e, assim, de promover uma desvinculação perene do Estado da atividade ou setor – que constitui o objeto fundamental das desestatizações.

Há processos circunscritos à gestão de portfólio, lastreados em fundamentos de gestão corporativa, voltados ao desfazimento de bens e direitos da titularidade da empresa, detidos em investimentos e empreendimentos nos quais a companhia tenha se engajado em determinado momento e de que decide posteriormente se desengajar por razões diversas, de cunho empresarial, sem que isto afete a propriedade de seu controle acionário ou existência.

No mais das vezes, os desinvestimentos não decorrem de decisões governamentais, mas resultam de decisões vinculadas à gestão da empresa, relacionadas à condução de seus negócios, como providências de rearranjo de portfólio não identificáveis com os objetivos que constituem os fundamentos do PND, ou seja, sem conotação e intuito de afastamento do Estado de setor ou atividade, como retratado nos eventos elencados no art. 1º, incisos I a VI, da Lei nº 9.491/1997.

Por isso, o ato de desinvestir, de alienar ativos, pode ocorrer de forma totalmente independente da desestatização e não envolver – embora isso possa ocorrer, como visto – a reordenação do grau de intervenção do Estado na economia, com sua retirada de determinada atividade.

Haverá situações de desinvestimentos de índole tipicamente empresarial visando à retração do volume do investimento público em determinadas empresas, mas sem retirada do Estado do cenário da atividade econômica.

Apenas uma categoria de desinvestimentos pode ser incluída no rol das desestatizações como medida preparatória ou inerente à privatização ou à extinção da empresa estatal: aqueles que guardem aderência e tenham por finalidade instrumentalizar os objetivos do PND, caso em que o processo atrairá a observância de ritualística própria. Caso contrário, não há que se falar em lei autorizativa e tutela prévia do controle externo, podendo esses processos ser legitimamente conduzidos conforme as normas de governança da empresa.

Assim, há políticas públicas concebidas para o atendimento de *objetivos governamentais* em determinado cenário político e econômico, e há os desinvestimentos que refletem atos típicos de gestão, de política empresarial, vinculados a decisões *interna corporis*.

O caráter *governamental* ou *gerencial* dessas operações delimitará seus requisitos formais, na prática, podendo dispensar – ou não – certas liturgias típicas das desestatizações.

A qualificação adequada no caso concreto dependerá da análise das circunstâncias objetivas de contexto e motivação dos processos, que somente comportarão enquadramento apropriado, em um ou outro dos institutos, à luz de seus próprios fundamentos, mas não de forma *presumida ou generalizada*.

Não se afigura adequado inferir que, por envolverem a alienação de ativos do patrimônio de empresa estatal, os processos de desinvestimentos gestados na atividade de gestão de portfólio sejam manejados com o propósito sub-reptício de burlar a lei.

Ainda que implique alienação de bens do ativo, não é correto presumir que a gestão de portfólio se destina a, de maneira escamoteada, "esvaziar" ou "privatizar" a empresa, como foi sugerido no precedente da Petrobras.

No voto proferido no julgamento da Reclamação nº 43.756, o ministro Gilmar Mendes, do Supremo Tribunal Federal, aprofundou o exame de conteúdo dos desinvestimentos citando nossa própria visão registrada na 1ª edição desta obra, de aprimoramento conceitual do instituto em relação às desestatizações.

Embora extenso, o trecho merece transcrição, haja vista sua relevância histórica na construção do conceito de desinvestimentos pelo STF, na linha prosseguida em decisões posteriores daquela corte:

> III – Proposta de aprimoramento conceitual: distinção entre o regime jurídico das desestatizações e o regime jurídico de desinvestimento
> Nessa linha de adequação ao dinamismo empresarial típico do sistema de economia de mercado, as sociedades de economia mista têm se tornado cada vez mais complexas do ponto de vista societário. Como explicado por ALÉCIA BICALHO: "as estatais criam, adquirem, alienam e reorganizam seus empreendimentos de acordo com seu próprio planejamento gerencial, utilizando-se das técnicas acionárias típicas do direito societário, o que induz a uma natural integração entre o direito administrativo e societário no seio destas empresas" (BICALHO, Alécia Paolucci Nogueira. Desestatizações: privatizações, delegações, desinvestimentos e parcerias. Belo Horizonte: Fórum, 2019, p. 235).
> (...)
> Considerando o contexto de retração econômica e aumento dos gastos públicos sofridos no Brasil nos últimos anos, *é absolutamente natural que as empresas estatais se vejam compelidas a optar pela priorização de seus investimentos em áreas mais rentáveis.*
> (...).

A doutrina administrativista recente, com arrimo no célebre Acórdão 442/2017, do Tribunal de Contas da União, tem apontado a *necessidade de se diferenciarem dois instrumentos de alienação de ativos de empresas estatais que, embora em alguma medida consolidem a mesma tendência de reversão à atuação direta no domínio econômico, possuem diferenças sensíveis nas finalidades públicas que lhe são correlatas e que demandam tratamento jurídicos distintos.*

Trata-se da recente *diferenciação entre os processos de privatização ou desestatização em sentido estrito e os processos de desinvestimento.*

As duas classes se distinguem por seus fundamentos factuais e legais.

Enquanto a privatização ou desestatização em sentido estrito envolve necessariamente uma decisão governamental de reversão da atuação direta do Estado em determinado domínio econômico, os processos de desinvestimento cingem-se à execução de decisões estratégicas empresariais de reorganização do portfólio de investimentos de uma empresa. Diferenciar esses dois institutos permite esclarecer que nem toda alienação de ativos de uma empresa estatal corresponde à opção de se desfazer a intervenção direta da União no domínio econômico. Como bem destacado por ALÉCIA BICALHO: "*Os desinvestimentos não decorrem necessariamente de decisões governamentais – pelo contrário, no mais das vezes estes processos resultam de decisões vinculadas à gestão empresarial relacionadas à condução dos negócios quotidianos da empresa. (...) Haverá situações de desinvestimentos de índole tipicamente empresarial, visando à retração do volume do investimento público em determinadas empresas, mas sem a retirada do estado do cenário da atividade econômica*". (BICALHO, Alécia Paolucci Nogueira. Desestatizações: privatizações, delegações, desinvestimentos e parcerias. Belo Horizonte: Fórum, 2019, p. 191).

No mesmo sentido, colhe-se a esclarecedora definição de desinvestimento apresentada por MAURO RIBEIRO NETO (...): "O instituto do Desinvestimento (...) pode ser conceituado como a *sistemática empresarial e endógena de alienação de controle societário de empresas estatais, dentro do âmbito da autonomia de gestão de portfólio de ativos conferida a cada empresa pública ou sociedade de economia mista, que busca o atingimento de objetivos estratégicos corporativos e acarreta a redução do Estado Empresário. É empresarial e endógena porque seu trâmite e suas motivações são eminentemente negociais. Iniciam-se e findam-se dentro da governança da própria empresa estatal, sem interferência do Poder Público, seja sob o aspecto autorizativo, seja impulsionando a respectiva alienação.* Trata-se de processo de alienação de controle societário que ocorre *dentro do âmbito de liberdade empresarial para gestão de ativos conferida a cada entidade.* Esta liberdade é essencial para se ter maior agilidade, flexibilidade e capacidade de competir com agentes privados que atuam no mesmo setor estratégico" (RIBEIRO NETO, Mauro. Uma Análise Constitucional dos Processos de Desinvestimento das Empresas Estatais. Dissertação de Mestrado. Escola de Direito de

Brasília. Instituto Brasiliense de Direito Público. Brasília: 2019, p. 65). (Grifos nossos)

A importância desse esforço doutrinário de separação do regime de privatização em relação ao regime de desinvestimento foi respaldada no voto-vogal do Presidente Ministro Luiz Fux, no julgamento da referida ADI 5.624-MC-Ref, ao pontuar que *"assumem relevância os chamados planos de investimento, os quais não se confundem com o conceito jurídico de desestatização. Enquanto os primeiros são estratégia de gestão empresarial, voltada ao manejo e otimização do portfólio da sociedade, por meio de alienações e retratações na presença de mercado, a segunda significa a retirada completa do Estado do desempenho direto de uma atividade econômica latu sensu"*.

Essa distinção sobreleva que os atos de *desinvestimento se voltam unicamente a materializar uma solução gerencial das empresas estatais, voltada a promover a reorganização do seu portfólio de investimentos*.

O caso em tela veicula justamente situações de execução de planos de desinvestimento ancorados em decisões empresariais racionais que foram, ao longo dos últimos anos, auditadas pelo Tribunal de Contas da União e pelo próprio Poder Judiciário.

O tema foi pontualmente analisado pelo STF no julgamento das ADIs encabeçadas pela de nº 5.624,[304] e pelo TCU, nos acórdãos do Plenário, inicialmente o de nº 442/2017 e, posteriormente, o nº 3.230/2020.

Essas decisões serão registradas e comentadas mais adiante em tópico próprio.

Em síntese conclusiva, a clareza quanto às circunstâncias e pressupostos dos processos, à luz do caso concreto, partindo das bases objetivas acima examinadas, será fundamental na adequada identificação da natureza e latitude dos desinvestimentos, e seu correto posicionamento em relação às desestatizações.

4.3 Fundamentos objetivos dos desinvestimentos

Como visto, os processos de desinvestimentos são, de forma geral, motivados por estratégia empresarial implementada sob o influxo da atividade de gestão de portfólio, em compatibilidade com os objetivos buscados pela empresa em cada momento.

Esses objetivos terão naturezas diversas, como exemplificado acima, conforme visem à realocação de recursos da empresa para a

---

[304] *DJE* 29.11.2019 – Ata nº 182/2019. *DJE* nº 261, divulgado em 28.11.2019, apregoado em conjunto às ADI 5.624 (MC-Ref), MC-ADI 5.846, MC-ADI 5.924 e MC-ADI 6.029.

reordenação de sua forma de atuação, sua modernização, entre outros desígnios.

Assim como a efetivação de investimentos, seu desfazimento pode se dar por motivos diversos, tais como: por não mais subsistirem os fundamentos ou os resultados de retorno que os tenha motivado em sua origem; porque atingiram seu ponto de maturação econômico-financeiro no tempo, conforme projetado quando de sua realização; em função de alguma oportunidade de mercado vislumbrada ou assegurada por disposições de acordos de acionistas; para executar um programa de reposicionamento do modo de atuação ou foco da empresa; como forma de gerenciamento de custos e receitas e suas diferentes alocações.

As balizas para essa tomada de decisão se situam nas premissas relacionadas às políticas de gestão de investimentos de cada empresa, pautadas na análise gerencial de circunstâncias como: (i) acompanhamento periódico dos resultados operacionais, financeiros e, quando couber, dos aspectos de práticas de ASG (Ambientais, Sociais e de Governança); (ii) verificação da subsistência – ou não – de consistência dos fundamentos adotados ao tempo do ingresso no investimento; (iii) análise da manutenção dos mesmos padrões de risco vigentes e condizentes com aqueles aceitáveis pela empresa; (iv) avaliação periódica dos aspectos de viabilidade e vantajosidade que justifiquem sua manutenção no portfólio, conforme as políticas aplicáveis.

Também como anotado, conforme se orientem seus objetivos, os movimentos de gestão de portfólio de investimentos e ativos das empresas estatais podem contemplar (i) processos de desinvestimentos compreendendo a alienação, propriamente dita, de ativos e investimentos, visando ao seu desfazimento definitivo pela empresa; ou (ii) outras medidas que não envolvam a perda de propriedade definitiva, por alienação, mas viabilizem o trespasse contratual e temporário de obrigações a terceiros, como ocorre nos casos de delegações de serviços públicos, nas concessões de uso de bens públicos e outros modelos de parcerias.

Por isso, interessa identificar as *bases determinantes* desses processos, segundo uma perspectiva de gestão empresarial ampla, em cujo âmbito as alienações de bens e direitos derivadas de um processo de desinvestimento não visam "apenas" se livrar de "maus" investimentos.

Haverá casos em que, mesmo não sendo deficitário, o investimento pode deixar de atender os propósitos buscados pelo planejamento estratégico da empresa em determinado momento e contexto, conforme sejam orientados os objetivos para cuja consecução os processos de desinvestimentos e parcerias sejam instrumentais (*e.g.*, reordenação de seu *modos* de atuação, modernização, realocação financeira e operacional de recursos).

Também não se pode afirmar genericamente que esses processos visem afastar o próprio Estado de determinado setor ou atividade, pois, para esse fim, a legislação cunhou os processos mais parrudos das desestatizações, como analisado.

O afastamento decorrente da gestão de portfólio é da própria empresa, que, para realizar a eficiência, seja sob a perspectiva pública, do princípio constitucional, ou privada, de gestão de negócios, faz uma desativação seletiva definitiva, mediante alienação, ou temporária, via delegações, de compromissos sobre bens e investimentos – mas que prossegue no cumprimento de sua missão institucional como *longa manus* empresarial do Estado.

Não se está a sofismar: Estado e empresa estatal são entidades distintas e autônomas, do ponto de vista jurídico e factual, como tratamos no capítulo 1, a propósito das funções estatais e seus instrumentos de execução desconcentrada e descentralizada.

Novamente, o comentário de Fernando Antônio Ribeiro Soares e Leonardo Raupp Bocorny ilustra bem a necessária qualidade da alocação de recursos públicos via empresas estatais:

> Novamente, importa levar em conta a visão econômica do direito, que cria os incentivos adequados para cada realidade, uma vez que, na prática, todas as ações estatais irão consumir recursos, retirados seja dos usuários diretos dos serviços, seja dos contribuintes, que, na verdade, estarão pagando, sem saber, pela possível ineficiência estatal.[305]

Por isso, o planejamento dos processos de rearranjos patrimoniais das empresas estatais, seja para o desinvestimento ou celebração de parcerias, passa por decisões refletidas, informadas e desinteressadas,[306]

---

[305] SOARES, Fernando Antônio Ribeiro; BOCORNY, Leonardo Raupp. 2. Fundamentos jurídicos e econômicos para a legitimidade das empresas estatais: uma análise sobre o art. 173 da Constituição Federal de 1988 e o princípio da transitoriedade. *In*: PINTO JUNIOR, Mario Engler; MASTROBUONO, Cristina M. Wagner; MEGNA, Bruno Lopes (Coord.). *Empresas estatais*: regime jurídico e experiência prática na vigência da Lei n. 13.303/2016. São Paulo: Almedina, 2022. p. 68, nota de rodapé 20.

[306] Disponível em: https://ibgc.org.br/blog/dilemas-do-board-pack-parte-2-comissao-governance-officer.

com premissas orientadas pelas políticas a que se vincula a gestão de portfólio – Políticas Corporativas de Investimentos (e Desinvestimentos), como abordamos no capítulo 1, a propósito da formação das parcerias societárias.

Conforme se tratem de participações acionárias, de quotas de fundos de investimento, de bens imóveis ou de qualquer outra espécie de ativo, essas análises compreendem a consideração e registro de dados, tais como o momento e o apetite de mercado, a melhor forma de monetização e o ganho em redução de custos operacionais da companhia para alocação em outras áreas.

Essa atividade gerencial envolvendo investimentos e desinvestimentos deve se pautar em *decisões estruturadas* aderentes a tais políticas, cuja observância é função e responsabilidade dos administradores.

O dever fiduciário impõe aos órgãos de administração uma atuação pautada em fundamentos técnicos orientados por subsídios de mercado normalmente complexos e avaliações e critérios informadores do planejamento e execução da conduta gerencial, que, por isso mesmo, são apoiados em assessoria e consultoria especializadas.

Há nessas decisões uma "discricionariedade controlada" dos administradores, tutelada justamente pelas respectivas normas de governança corporativa.

Esses fundamentos da política gerencial e da decisão estruturada de desinvestimento, a ser consolidada no fluxo decisório, em linha com as normas de governança corporativa da estatal, devem estar objetivamente documentados no processo que contenha as análises pertinentes.

O mesmo autor acima citado, Lyan Bispo, aborda alguns *objetivos empresariais* que determinam a implementação dos processos de desinvestimentos, como segue:

> Essa "ação de mercado" pode ser orientada por alguns vetores relevantes para a compreensão do escopo e amplitude do seu modelo:
> i) o princípio da reordenação da atividade econômica, onde se busca *dar nova direção ao percurso empresarial, mediante a alienação do ativo agrupado ou individualizado*, seja pela *diminuição da área de atuação ou pela retirada da entidade de determinada linha de exploração*;
> ii) princípio da *reestruturação econômica*, que almeja a *captação de recursos no mercado, através da venda de patrimônio, em sentido estrito, para a reestruturação da entidade, estando ela em dificuldades financeiras ou em grau alto de alavancagem*, o que geralmente ocorre nesse tipo de caso, ou não, quando se pretende apenas cobrir eventual despesa inesperada etc. Em

síntese, pretende-se *garantir a sustentabilidade econômica e financeira da atividade empresarial*;

iii) princípio da *modernização*, que visa aproximar a entidade das melhores práticas de governança e gestão reconhecidas pelo setor privado; e o

iv) princípio da *economicidade*, como um paralelo da eficiência no âmbito privado, cuja relação de custo-benefício norteia a atuação empresarial. Tem por fim a obtenção do maior retorno econômico à sociedade de economia mista[2].[307] (g.n.)

A título de ilustração, vejam-se as razões estratégicas dos desinvestimentos, conforme bem representadas pelo *case* Petrobras, analisado em artigo intitulado *Reflexões sobre os desinvestimentos da Petrobras no segmento de refino*.[308] O trabalho aborda as pesquisas realizadas para identificar as motivações da estratégia de *integração vertical* no caso da indústria petrolífera, com base nas teorias da firma.

Outros fundamentos do mesmo processo de desinvestimentos em ativos de *refino* da Petrobras foram informados na sustentação oral proferida pela União na Reclamação nº 42.576, cujo procurador José Levi Mello do Amaral Júnior registra o cumprimento de *Termo de Compromisso de Cessação de Prática*, firmado perante o CADE relativo a *Compromisso de Desinvestimento*.[309]

Outra perspectiva dos fundamentos das decisões de desinvestimentos foi bem trabalhada, ainda no caso Petrobras, a propósito dos *ativos terrestres e de águas rasas produtores de petróleo e gás natural*, em outro excelente trabalho intitulado *Barreiras de saída para reposicionamento estratégico de empresas de capital misto: um estudo de caso de desinvestimento em ativos maduros de baixa produtividade*.[310] Veja-se:

---

[307] Idem, ibidem.

[308] RIBEIRO, Cássio; LOURAL, Marcelo Sartorio; MORTARI, Valéria Silva. Reflexões sobre os desinvestimentos da Petrobras no segmento de refino. *Revista Organizações em Contexto*, dez. 2021, Disponível em: https://www.researchgate.net/publication/357402103. DOI: 10.15603/1982-8756/roc.v17n34p219-243.

[309] Cláusula segunda, letra A, segundo a qual: cujo objeto é "propiciar condições concorrenciais, incentivando a entrada de novos agentes econômicos no mercado de refino" (Cláusula Primeira, n. 1.1). Em síntese, foi firmado "2.1. A PETROBRAS se compromete a alienar integralmente os seguintes ativos: Refinaria Abreu e Lima (RNEST), Unidade de Industrialização de Xisto (SIX), Refinaria Landulpho Alves (RLAM), Refinaria Gabriel Passos (REGAP), Refinaria Presidente Getúlio Vargas (REPAR), Refinaria Alberto Pasqualini (REFAP), Refinaria Isaac Sabbá (REMAN); Lubrificantes e Derivados de Petróleo do Nordeste (LUBNOR) e seus respectivos Ativos de Transporte (conjuntamente 'Ativos Desinvestidos')".

[310] FERRARI, Vinícius da Cunha. Barreiras de saída para reposicionamento estratégico de empresas de capital misto: um estudo de caso de desinvestimento em ativos maduros de baixa produtividade. Fundação Getulio Vargas. Escola Brasileira de Administração

> *Os ativos terrestres e de águas rasas produtores de petróleo e gás natural no Brasil encontram-se em seu último estágio do ciclo produtivo.* São ativos cujo início da produção coincide com as origens da indústria petrolífera nacional e com seu primeiro movimento de exploração de águas rasas na década de 1970. São campos que *hoje apresentam elevado custo de extração por barril de óleo produzido quando comparados aos demais ativos do portfólio de negócios da empresa.* (...) estão *classificados como ativos maduros ou em declínio e que já produziram além das expectativas de rentabilidade da empresa, mas que ainda podem ser explorados por outros agentes econômicos com modelos de negócios alternativos* (BRASIL, 2018b). O presente estudo se concentrará nestes *ativos que se encontram em fase de maturidade ou declínio, com altos custos de operação e margens reduzidas considerando o retorno médio dos demais ativos da empresa.* Num contexto industrial onde a flutuação de oferta e demanda frequentemente reflete crises ora do lado da produção, ora do lado do consumo, *a revisão do portfólio de ativos torna-se fator crítico de sucesso quando o objetivo é garantir a maior oferta ao menor custo.* (...) A Petrobras torna-se lócus privilegiado para esta investigação por ser um dos agentes econômicos preponderantes da indústria no país e encontrar-se em um *movimento de reposicionamento estratégico inédito na sua história,* decorrente do já mencionado movimento de desestatização do governo federal, que implica na venda de diversos ativos hoje sob controle estatal. (...).[311] (g.n.)

A despeito do esforço no sentido de tutelar a eficiência dessas decisões, no passado recente algumas medidas de desinvestimento sofreram resistência por vieses diversos, mesmo em situações de comprovada desvantagem econômica para a estatal, ou seja, do prejuízo inverso em não desinvestir, como fica claro do seguinte trecho do mesmo trabalho:

> Internamente, a empresa precisou de tempo para conseguir fazer os gestores e empregados se comprometerem com seu programa de desinvestimentos. *A quebra do paradigma do crescimento orgânico, embora economicamente desvantajoso,* da percepção do papel social da empresa e da sua onipresença no território nacional ainda encontra resistências. As amarras políticas que a natureza jurídica da empresa impõe a sua liberdade de escolha a expõe a influências externas que *conflitam com o objetivo econômico da companhia,* exercendo *dificuldades para implantação*

Pública e de Empresas. Mestrado em Gestão Empresarial. Rio de Janeiro, 2022. Dissertação apresentada à Escola Brasileira de Administração Pública e de Empresas para obtenção do grau de mestre. p. 8. Disponível em: https://bibliotecadigital.fgv.br/dspace/bitstream/handle/10438/31906/Disserta%C3%A7%C3%A3o%20Final%20-20Vinicius%20Ferrari_FINAL.pdf?sequence=1. Acesso em: 30 nov. 2022.

[311] *Idem, ibidem.*

*de movimentos de reposicionamento estratégico de saída de ativos menos produtivos.*³¹² (g.n.)

O autor colaciona a doutrina especializada sobre os fundamentos orientadores das decisões de desinvestimento, suas assimetrias e dificuldades de sistematização,³¹³ e anota que o tema dos fundamentos empresariais dos desinvestimentos ainda está em evolução:

> Os estudos sobre desinvestimentos se originam na escola da Organização Industrial sob forte influência dos impactos causados pela crise econômica da década de 1970 e toda repercussão causada pelos inúmeros casos de fusões e aquisições neste período. Nesta ocasião, *a maior parte das pesquisas se preocuparam com os motivos que justificavam as vendas de ativos, com as melhores estratégias de desinvestimento adotadas, ou sobre a forma como os processos de desinvestimento eram conduzidos* (PORTER, 1976).
> A maior parte dos estudos sobre desinvestimentos, conforme confirmado pelos levantamentos históricos realizados por Silva e Moreira (2017) e por Arte e Larimo (2019), se apoiam no modelo teórico de "antecedentes – processo – resultados" para avaliar os motivos, forma e consequências desta estratégia de reposicionamento. O foco central desses artigos é a avaliação do impacto do desenvolvimento desses eventos no desempenho da empresa, em geral avaliado em termos de valor de mercado. Ao avaliarem um conjunto combinado de 100 artigos produzidos nos últimos 50 anos, os autores destes dois estudos evidenciaram que *ainda existe um caminho a ser percorrido para preencher a lacuna de conhecimento observada para este tema*.³¹⁴ (g.n.)

De toda forma, essas medidas de natureza discricionário-gerencial têm seus fundamentos de motivação orientados pelas normas de governança corporativa, vinculados ao planejamento estratégico, de longo prazo, e às metas corporativas da empresa.

Não há espaço para uma presunção teórica, *prima facie*, de que, por envolverem alienações de ativos, as providências de gestão de portfólio ultrapassam indevidamente o caráter gerencial, desbordando em desestatizações *stricto sensu*, sem observância das pertinentes exigências legais.

---

[312] FERRARI, Vinícius da Cunha. *Barreiras de saída...*, cit., FGV, 2022, p. 72.
[313] FERRARI, Vinícius da Cunha. *Barreiras de saída...*, cit.
[314] FERRARI, Vinícius da Cunha. *Barreiras de saída...*, FGV, 2022, p. 21.

A transparência dessas informações demonstrará a adequada qualificação desses processos, *vis-à-vis* às desestatizações (privatizações e dissoluções de empresas estatais).

4.4 Os desinvestimentos e a questão da autorização legislativa. Construção jurisprudencial

4.4.1 A jurisprudência do Tribunal de Contas da União

Nos processos de análise e acompanhamento dos desinvestimentos da Petrobras e da Eletrobras, o Tribunal de Contas da União assentou que os desinvestimentos não corporificam decisão governamental tipificadora das desestatizações *stricto sensu* e que, nessas condições, dispensavam a observância das regras do PND.

Os desinvestimentos da Petrobras foram conduzidos com base em sistemática própria analisada pelo Tribunal de Contas da União no Processo TC nº 013.056/2016-6.

Em trecho do voto do relator do Acórdão nº 442-08/17, o ministro José Múcio Monteiro discorre sobre a não aplicação do PND no caso de alienação da BR Distribuidora, nos seguintes termos:

> 18. Assim, *a utilização das regras do PND é obrigatória quando o Chefe do Poder Executivo Federal faz uso de prerrogativa que lhe foi conferida pelo legislador e decide, dentro de uma estratégia mais ampla de governo, alienar determinada empresa ou ativo da União*.
> 19. Por outro lado, entre os casos passíveis de desestatização seguindo o rito do PND, conforme o art. 2º, caput e incisos, da Lei 9.491/1997 (a seguir transcrito), *não se enquadram os ativos e empresas que serão ou foram alienadas no programa de desinvestimentos da Petrobras*: [...]
> 20. Um exemplo disso é a Petrobras Distribuidora (BR), que, embora seja empresa controlada indiretamente pela União, não foi instituída por lei ou ato do Poder Executivo, como é o caso previsto no inciso I, mas sim por meio de ato da Assembleia Geral Extraordinária da Petrobras, que aprovou sua constituição. Outros exemplos são os direitos de exploração em campos de petróleo, que, por se referirem a exercício de atividade econômica, não podem ser considerados serviços públicos, não se enquadrando, assim, no inciso III.
> 21. Desse modo, a *inclusão de determinada alienação no PND tem como requisitos seu enquadramento nos objetivos básicos do programa e nas hipóteses do art. 2º da Lei 9.491/1997*, assim como decisão expressa e formal do

Presidente da República, demonstrando o claro interesse da União no negócio.[315] (g.n.)

Os fundamentos da decisão apoiam-se na seguinte análise, que vale a pena transcrever:

> 53. Na representação originária (peça 12, p. 8), ponderou-se merecer maior aprofundamento *o exame sobre a eventual aplicabilidade da Lei 9.491/1997 (Lei do Programa Nacional de Desestatização – PND) às alienações de ativos e empresas atualmente em curso no Sistema Petrobras.*
> 54. Em resumo, *inquiriu-se se as alienações de ativos e empresas que vêm sendo realizadas pela Petrobras, no âmbito dos chamados processos de desinvestimentos, deveriam ser enquadradas como casos de desestatização, nos termos do art. 2º, §1º, alínea a, da aludida Lei do PND, sujeitando-se à sistemática prevista nessa lei.*
> 55. Em busca dessa resposta, faz-se necessário discorrer sobre a conjuntura que envolve o PND. O Programa foi instituído por meio da Medida Provisória 155/1990 (MP-155/1990), convertida na Lei 8.031/1990, que, por sua vez, foi revogada pela Lei 9.491/1997 – atual Lei do PND – regulamentada pelo Decreto 2.594/1998.
> 56. O Programa alavancou um movimento de privatização de empresas estatais, conferindo cumprimento ao princípio constitucional da atuação residual do Estado no domínio econômico (art. 170, inciso IV, c/c 173, caput, CF/88). É certo que, diante de um cenário econômico de elevado endividamento do Estado, o PND buscava a redução da dívida do Tesouro Nacional, tanto por meio do ingresso de recursos provenientes das alienações, quanto pela redução de investimento nas empresas que seriam privatizadas.
> 57. Assim, como se pode notar na Exposição de Motivos da MP-155/1990 (peça 60), o PND perquiria a reordenação do papel do Estado na economia, o saneamento das finanças públicas e o fortalecimento do mercado de capitais, com a atração de investimento privado para setores e atividades que viessem a ser incluídas no Programa. [Exposição de Motivos – MP – nº 155/1990]
> 58. Esse *caráter de reorganização do Estado, bem como os objetivos iniciais do Programa foram, por sua vez, mantidos pela Lei 9.491/1997*, conforme se depreende da leitura de seu art. 1º: [Lei nº 9.491/1997] [...]
> 59. Assim, *no que concerne às alienações de ativos e empresas que vem ocorrendo no âmbito dos processos de desinvestimentos da Petrobras, um primeiro aspecto que as diferencia das desestatizações previstas no PND diz respeito ao fato de não guardarem pertinência com os objetivos do Programa. Em outras palavras, não se vislumbra, de plano, que as decisões empresariais de gestão de portfólio*

---

[315] Processo TC nº 013.056/2016/6, Acórdão nº 442/2017 – TCU – Plenário.

da Companhia, materializadas em seus desinvestimentos, estejam associadas, por exemplo, a uma política de reordenação do Estado ou à redução da dívida do Tesouro Nacional.

60. De igual modo, no caso concreto dos *desinvestimentos da Petrobras, não se concebe que tais alienações estariam em consonância com o conceito de desestatização previsto no art. 2º, §1º, alínea a, da Lei do PND*: [...]

61. Observe-se que a expressão *"pela União" denota o caráter de exercício da vontade da União, que na prática se consubstancia por meio de um decreto do Presidente da República*. De forma diversa, os *desinvestimentos da Petrobras se mostram como decisões da própria Companhia, no exercício de sua atividade negocial, e não como decisões da União como acionista.*

62. Concorre para esse entendimento o próprio *rito de inclusão de uma empresa no PND, que se faz por meio de um decreto do Presidente da República, após a indicação por parte do Conselho Nacional de Desestatização (CND), órgão superior de decisão do PND, como preveem os art. 5º a 10, da Lei 9.491/1997*. Em razão da importância desses artigos para o que ora se discute, citam-se alguns trechos da Lei do PND: [...]

63. Como exemplos desse rito de inclusão de empresas no PND, citam-se alguns decretos da Presidência da República, os quais foram publicados após a edição de resoluções do CND com a recomendação de inclusão das empresas no Programa, como prevê o supracitado art. 6º, inciso I, da Lei 9.491/1997: [...]

66. Cabe ainda ressaltar que, *quando um ativo ou empresa é incluído no PND, incumbe ao CND determinar a destinação dos recursos provenientes da desestatização*, nos termos do supracitado art. 6º, inciso III, da Lei 9.491/1997, o que reforça a tese de que a *inclusão de uma empresa no Programa representa o interesse do Estado em sair de determinada atividade.*

67. Nesse sentido, *não se concebe que a Lei do PND teria o condão de derrogar ou alterar as competências legais e estatutárias da administração (diretoria e conselho de administração) de uma sociedade de economia mista, insculpidas na Lei 6.404/1976 (Lei das Sociedades por Ações)*, a não ser na situação extraordinária, definida em lei, de sua inclusão no PND mediante decreto do Presidente da República.

68. Nessa linha, nota-se que a Lei 9.491/1997 visa estabelecer um conjunto de procedimentos que possibilitam ao Chefe do Poder Executivo, no desempenho das atribuições conferidas pelo art. 84, incisos II e VI, alínea a, CF/88, escolher as empresas e atividades que serão objeto de desestatização, com a finalidade de dar eficácia ao princípio constitucional de atuação residual do Estado como empresário (art. 170, inciso IV, c/c art. 173, caput, CF/88).

69. Desse modo, *embora se compreenda que os ativos da Petrobras possam, em algum momento, ser objeto de desestatização, nos termos do art. 2º, incisos I e III, da Lei do PND, por meio de decisão do Presidente da República, entende-se que, no caso concreto, as alienações que vêm sendo realizadas pela Companhia*

não se subsomem à espécie, uma vez que, além de não guardarem pertinência com os objetivos da Lei 9.491/1997, não se mostram como imperativo da vontade do Estado, como prevê o PND, o que pode ser endossado pela ausência de inclusão desses ativos e empresas no Programa. Ao contrário, os desinvestimentos que vêm sendo realizados pela Petrobras, apresentam-se como *decisões empresariais de gestão de portfólio da Companhia*, deliberações essas que, atualmente, buscam a geração de caixa para redução da alavancagem líquida da Empresa, nos termos do PNG/2015-2019, aprovado pelo Conselho de Administração da Estatal (peça 9).

70. Contudo, é importante frisar que, *caso algum ativo ou participação em empresa da Petrobras venha a ser incluído no PND, nos termos do arts. 5º a 10º da Lei 9.491/1997, os procedimentos previstos nessa lei deverão ser integralmente aplicados à alienação, vez que aí se estaria tratando de um caso típico de desestatização.*[316] (g.n.)

Esse mesmo raciocínio se aplicou a outros diversos desinvestimentos da Petrobras, como exemplo, a alienação da Transportadora Associada de Gás (TAG), igualmente não inserida no PND.

Já a alienação de algumas distribuidoras controladas pela Eletrobras – Companhia Boa Vista Energia S.A., Companhia Energética de Alagoas (Ceal), Companhia Energética do Piauí (Cepisa), Centrais Elétricas de Rondônia S.A. (Ceron), Companhia de Eletricidade do Acre S.A. (Eletroacre) e Amazonas Distribuidora de Energia S.A. (Amazonas Energia) – não se amoldou ao mesmo entendimento.

Essas distribuidoras e a concessão do serviço público de distribuição de energia elétrica da qual eram titulares foram qualificadas como prioridade nacional e incluídas no Programa de Parcerias de Investimentos, por meio do Decreto nº 8.893/2016, nos termos da Resolução nº 20/2017 do PPI, alterada pela Resolução nº 36/2018, com base, ainda, no Decreto nº 9.192/2017, que regulamentou a Lei nº 12.783/2013, com a redação dada pela Lei nº 13.360/2016, para dispor sobre a licitação de concessões de distribuição e de transmissão associadas à transferência de controle de pessoa jurídica prestadora de serviço público de energia elétrica.

A desestatização das distribuidoras, associada à outorga de nova concessão de distribuição de energia elétrica, foi realizada nas modalidades previstas no art. 4º, incs. I e VI, da Lei nº 9.491/1997, mediante a

---

[316] Processo TC nº 013.056/2016/6, Acórdão nº 442/2017 – TCU – Plenário.

alienação das ações representativas do controle acionário da Eletrobras nessas empresas, tudo em observância às normas do PND.

Mais recentemente, como comentamos no capítulo 3, a própria Eletrobras (*holding*) foi inserida no PND, o que naturalmente atraiu para o respectivo processo as regras procedimentais da Lei nº 9.491/1997, em linha com os objetivos do Programa, pois:

> 18. Assim, *a utilização das regras do PND é obrigatória quando o Chefe do Poder Executivo Federal faz uso de prerrogativa que lhe foi conferida pelo legislador e decide, dentro de uma estratégia mais ampla de governo, alienar determinada empresa ou ativo da União*. [...]
> 21. Desse modo, a inclusão de determinada alienação no PND tem como requisitos seu enquadramento nos objetivos básicos do programa e nas hipóteses do art. 2º da Lei 9.491/1997, assim como decisão expressa e formal do Presidente da República, demonstrando o claro interesse da União no negócio.[317]

Antes disso, contudo, a Eletrobras havia seguido a Petrobras com programa de desinvestimentos de sua participação direta ou indireta em setenta SPEs.

Esse processo foi igualmente submetido a rigoroso escrutínio do TCU, cujos registros mantivemos adiante nesta edição para fins de documentação da evolução histórica do tema.

A propósito, o tribunal confirmou seu entendimento acima posto sobre os desinvestimentos da Petrobras, que aplicou na análise do Racom emitido no processo da Eletrobras:

> 104. Dessa forma, *de acordo com o memorando, os desinvestimentos não guardam pertinência com o Programa Nacional de Desestatização – PND (Lei 9.491/1997) nem com a sua reedição, o Programa de Parcerias em Investimentos (Lei 13.334/2016).*
> 105. Tal entendimento se mostra em linha com o disposto *no Acórdão 442/2017-TCU-Plenário, da relatoria do Min. José Múcio, que, ao apreciar a Sistemática de Desinvestimentos da Petrobras, não viu identidade entre os objetivos do programa de desinvestimento da petroleira – que possuíam caráter interno, relativo às finanças da companhia, com a busca do aumento da liquidez de curto prazo e a consequente redução de sua alavancagem – e os objetivos fundamentais do PND, enumerados nos incisos do art. 1 da Lei*

---

[317] Processo TC nº 013.056/2016/6, Acórdão nº 442/2017 – TCU – Plenário. O acompanhamento foi feito pelo TCU como consignado no Acórdão nº 477/2019 – TCU – Plenário, 13.03.2019.

9.491/1997, que denotam finalidades mais abrangentes, atinentes à economia brasileira como um todo.

106. Assim, concorda-se com a *inaplicabilidade das Leis do PND e do PPI no caso concreto de alienações de participações em SPEs da Eletrobras, e não pela União, como prevê o PDN. Os desinvestimentos da Estatal figuram como ato de gestão negocial da empresa em busca do cumprimento de objetivos definidos em seu plano de negócios e não uma decisão do Estado, como se dá no PND. Nada obstante, em entendimento similar ao suscitado no relatório que acompanhou o voto condutor do Acórdão 442/2017-TCU-Plenário, a atração do regime previsto no PND só se mostraria aplicável caso as participações em SPEs do grupo Eletrobras viessem a ser incluídas no programa por força de Decreto do Presidente da República, devidamente justificada após indicação do Conselho Nacional de Desestatização,* cujas atribuições atualmente foram incorporadas pelo Conselho do PPI, nos termos da Lei 13.334/2014.[318] (g.n.)

Toda a polêmica se justifica pelo fato de as privatizações, visando à retirada – assim como o ingresso – do Estado de determinado setor ou atividade, dependerem de lei autorizativa, nos moldes dos arts. 37, inc. XIX, e 173, *caput*, da Constituição Federal.

Já os desinvestimentos, ao não se vincularem necessariamente a esse movimento de retração, como visto, viabilizam-se no mais das vezes por lei genérica, em geral coincidente com a própria lei de criação da estatal que a tenha autorizado a atuar por meio de empresas controladas e subsidiárias, e a participar de empresas privadas, nos termos do art. 37, inc. XX, da Constituição.

No contexto desses investimentos e desinvestimentos, as estatais criam, adquirem, alienam e reorganizam seus empreendimentos de acordo com seu próprio planejamento gerencial, utilizando-se das técnicas acionárias típicas do direito societário – o que induz a uma natural integração entre o direito administrativo e societário no seio dessas empresas, bem como às possíveis confusões comentadas em tópico anterior, em torno da natureza desses processos, diante da intuitiva similaridade entre seus instrumentos e as modalidades operacionais de desestatizações.

A possível incidência do princípio da reserva legal aos desinvestimentos foi analisada pelo Tribunal de Contas da União no caso da Petrobras, que sintetizou os precedentes do Supremo Tribunal Federal sobre o assunto, entendendo por sua aplicação apenas à origem da

---

[318] Relatório de Acompanhamento – Processo – TC nº 031.986/2017-0. p. 18.

formação dos vínculos societários, mas não ao desfazimento desses arranjos, como se observa:

> 118.5. comunicar à Petrobras que, em relação às demais questões tratadas na inspeção, conclui-se que: *quanto à eventual necessidade de autorização legislativa para a realização dos desinvestimentos da Companhia: não há necessidade de autorização legislativa para a alienação de subsidiária e de participação em empresa privada por parte da Companhia, haja vista o tratamento diferenciado dado pela Constituição Federal à criação de subsidiárias e à participação em empresa privada, para as quais não houve reserva à lei específica (inciso XX, art. 37, CF/88). Assim, se para a Petrobras foi confiada, mediante autorização legal (arts. 64 e 65 da Lei 9.478/1997), discricionariedade para criar subsidiárias e participar de empresa privada, não haveria razão para que, no exercício de cumprimento de suas atividades negociais, de gestão de portfólio, esta sociedade de economia mista não pudesse dispor desses ativos.*[319] (g.n.)

O raciocínio então adotado baseia-se no fato de que a autorização legislativa maior – a "discricionariedade" empresarial para criar subsidiárias e participar de empresa privada – já foi dada, donde não haveria razão para que, no exercício de suas atividades negociais de gestão de portfólio, a decisão de extinção da parceria mediante alienação de participação acionária houvesse que ser submetida ao crivo do legislador, e não exclusivamente do empresário que conduz as atividades quotidianas da empresa.

Uma vez atendido o requisito constitucional de prévia autorização legislativa – ao menos genérica – para a prática de atos de mercado, como a aquisição de participações em empresas privadas, as decisões subsequentes, relacionadas à gestão, inclusive à extinção de tais vínculos, ficam circunscritas à estratégia empresarial do corpo diretivo da empresa, legítimo titular do poder de condução dos negócios sociais da companhia, como de resto reafirmado pela Lei de Responsabilidade das Empresas Estatais e comentado em tópicos precedentes.

Nas análises empreendidas pelo Tribunal de Contas da União, das sistemáticas de desinvestimentos da Petrobras e da Eletrobras, o tribunal se posicionou sobre aspectos que vieram a ser abordados na decisão do ministro Lewandowski, do Supremo Tribunal Federal, que suspendeu cautelarmente os desinvestimentos da Petrobras – posteriormente

---

[319] AC nº 3166-50/16-P. Rel. Min. José Múcio Monteiro. Proposta de Encaminhamento da SeinfraPetróleo p. 4. *Vide* Processo TC nº 013.056/2016/6. Acórdão nº 442/2017 – TCU – Plenário. p. 8-9.

reformada pelo Plenário do STF – relacionados à autorização legislativa e à ausência de pertinência daqueles desinvestimentos com o PND.

O voto do ministro relator do Acórdão nº 442-08/17 traz uma lição completa a respeito da evolução da jurisprudência do Supremo Tribunal Federal quanto à polêmica sobre a autorização legislativa e os desinvestimentos, que constituiu o tema nuclear da medida liminar então concedida pelo ministro Ricardo Lewandowski. Alguns trechos merecem transcrição:

> 10. Em relação à *autorização legislativa para as alienações inseridas no programa de desinvestimento da Petrobras, entendo não ser necessária.*
> (...)
> 13. Dessa forma, *as ações de desinvestimento realizadas pela Petrobras constituem tão somente o desfazimento dessa condição de excepcionalidade e o retorno à não interferência do Estado na economia, não havendo exigência de autorização legislativa para a venda das subsidiárias.*
> 14. *Também entendo não ser aplicável, para os negócios em apreço, o rito estabelecido na Lei 9.491/1997 (Programa Nacional de Desestatização, PND).*
> 15. Primeiro, há que se considerar que o PND foi criado em um contexto em que a União almejava obter recursos de alienações de ativos e de estatais, bem como reduzir os investimentos nessas empresas, com o fim principal de diminuir o montante da dívida pública.
> 16. Nesse sentido, *não vejo identidade entre os objetivos do programa de desinvestimento da Petrobras – que têm caráter interno, relativo às finanças da companhia, com a busca de aumento da liquidez de curto prazo e a consequente redução de sua alavancagem – e os objetivos fundamentais do PND, enumerados nos incisos do art. 1º da Lei 9.491/1997, que denotam finalidades mais abrangentes, atinentes à economia brasileira como um todo.*
> (...)
> 46. É imperioso destacar, no entanto, que, no que concerne aos institutos da *criação de subsidiária e da participação em empresa privada, a Carta Magna de 1988 não lhes conferiu reserva à lei específica,* consoante disposto no art. 37, inciso XX, da CF.
> 47. Não se pode olvidar que *a Constituição Federal atribuiu tratamento diferenciado à criação de subsidiária e à participação em empresa privada (inciso XX, art. 37), quando comparada à criação de sociedade de economia mista (inciso XIX, art. 37), exigindo autorização por lei específica apenas para a constituição de sociedade de economia mista.*
> (...)
> 50. Assim, *diante do tratamento diferenciado dado pela Constituição Federal à criação de subsidiária e à participação em empresa privada, para as quais não houve reserva à lei específica (inciso XX, art. 37, CF), posiciona-se pelo entendimento de que não haveria necessidade de autorização legislativa para a*

> *alienação desse tipo de ativo (subsidiária e participação em empresa privada)*. Reforça essa tese o argumento de que, se para a sociedade de economia mista foi confiada, mediante autorização legal, discricionariedade para decidir sobre a criação de subsidiária e sobre a sua participação em empresa privada, com a finalidade de dar cumprimento as suas atividades negociais, consectário lógico é supor que a ela também caberá decidir sobre alienação ou desconstituição de subsidiária ou de participação, com o mesmo fim.
> (...)
> 52. Em virtude dessas considerações, e respondendo de forma objetiva a uma questão de auditoria erguida na presente representação, entende-se que *não haveria necessidade de autorização legislativa para a alienação de subsidiária e de participação em empresa privada por parte da Petrobras, como a maior parte das vendas que vêm ocorrendo no âmbito do programa de desinvestimentos da Estatal, haja vista a ausência de reserva à lei específica, nos termos do inciso XX, art. 37, CF*. Argumento reforçado pela tese de que, se para a sociedade de economia mista foi confiada, mediante autorização legal, discricionariedade para criar subsidiária e participar de empresa privada, não haveria razão para que, no exercício de cumprimento de suas atividades negociais, esta sociedade não pudesse dispor desses ativos sem prévia autorização em lei específica. (g.n.).

No Acórdão nº 3.230/2020 – TCU – Plenário, de 02.12.2020, o Tribunal de Contas da União consolida todo esse histórico e o desfecho das discussões judiciais a respeito do tema no Supremo Tribunal Federal.

Por sua pertinência e importância na fixação dos conceitos das desestatizações e dos desinvestimentos, permitimo-nos transcrever trechos da decisão do TCU, que enfim assentou esses parâmetros:

> IV - *Distinção entre desestatização, desinvestimento e formação de parceria por meio de alienação de controle*
> 121. No âmbito da Ação Direta de Inconstitucionalidade 5.624, em junho de 2019, o Supremo Tribunal Federal (STF) decidiu, em razão do voto médio, referendar, em parte, a medida cautelar anteriormente concedida pelo Ministro Relator Ricardo Lewandowski, conferindo ao art. 29, caput e inc. XVIII, da Lei 13.303/2016, interpretação conforme à Constituição Federal, nos seguintes termos:
> i) a alienação do controle acionário de empresas públicas e sociedades de economia mista exige autorização legislativa e licitação; e
> ii) a exigência de autorização legislativa, todavia, não se aplica à alienação do controle de suas subsidiárias e controladas. Nesse caso, a operação pode ser realizada sem a necessidade de licitação, desde que siga procedimentos que observem os princípios da administração pública

inscritos no art. 37 da Constituição, respeitada, sempre, a exigência de necessária competitividade.

122. Nesse julgamento, o Ministro Alexandre de Moraes destacou, em seu voto:

O *desinvestimento* não se confunde com *desestatização*, pois nessa última hipótese, regulamentada pelas Leis 8.031/1990 e 9.491/1997, o *Poder Público pretende afastar-se da intervenção econômica estatal em determinada área setorial, enquanto na primeira não haverá nenhuma alteração em relação à intervenção econômica estatal, que permanecerá, porém, buscando uma readequação empresarial para melhor poder cumprir suas finalidades, seja por meio de alteração de portfólios de investimentos da Empresa-mãe, seja por meio de liquidação total ou parcial de parcerias com subsidiárias ou empresas privadas.* (Grifos inseridos)

(...)

124. Da mesma forma, no voto do Ministro Luiz Fux constou:

(...)

É aí que assumem relevância os chamados *planos de desinvestimento, os quais não se confundem com o conceito jurídico de desestatização.*

Enquanto os primeiros são estratégia de gestão empresarial, voltada ao manejo e otimização do portfólio da sociedade, por meio de alienações e retrações na presença de mercado, a segunda significa a retirada completa do Estado do desempenho direto de uma atividade econômica lato sensu.

Assim, como bem colocado pela Advocacia-Geral da União em sua manifestação nos autos da ADI 5.846, '[o] *desinvestimento (...) é um plano de reposicionamento empresarial em que opções de investimento de uma empresa em determinado mercado são sopesadas à luz de interesses próprios, como os de reestruturar seu perfil de endividamento, influir estrategicamente no comportamento de concorrentes e providenciar a adaptação a determinadas conjunturas de mercado* (desfavoráveis ou não)'.

(...)

Noutros termos, a hipótese consubstanciada pela Lei 13.303/2016 *não abarca, em seu âmbito de aplicação, a possibilidade de extinção pura e simples da empresa estatal* de primeiro grau.

125. Dessa feita, verifica-se que, *para chegar à decisão de mérito sobre a manutenção da cautelar na ADI 5.624, se estabeleceu uma distinção entre desestatização e desinvestimento, entendendo o Supremo, por maioria, que a desestatização demandaria autorização legislativa e licitação, considerando se tratar da retirada do Estado da intervenção econômica por meio da alienação da 'Empresa-mãe', 'empresa matriz' ou 'empresa estatal de primeiro grau'.*

126. *Já o desinvestimento, venda do controle de subsidiária ou controlada de uma estatal, situação em que a intervenção do Estado na economia permanece, não demandaria autorização legislativa nem licitação, desde que siga procedimentos que observem os princípios da administração pública inscritos no art. 37 da Constituição.*

127. Como pano de fundo dessa discussão, embora se tratasse de um conjunto de ações diretas de inconstitucionalidade (incluía a ADI 5.846, 5.924, 6.029), como mencionado no voto do Ministro Luís Roberto Barroso, havia uma questão específica, que era o processo competitivo de desinvestimento de 90% da participação acionária da Petrobrás na Empresa Transportadora Associada de Gás S.A. (TAG). Nessa alienação, o procedimento competitivo seguia o Decreto 9.188/2017, o qual o Ministro Luís Roberto Barroso reputou adequado, pois 'baseado em exceção prevista em lei e regulamentado de maneira satisfatória pelo decreto'.

128. Na sequência da decisão plenária sobre as ADI citadas, na RCL 33.292, de relatoria do Ministro Luiz Edson Fachin, o ministro tornou sem efeito a liminar anteriormente concedida, autorizando a continuidade do procedimento de venda de ações da TAG.

129. A alienação do controle da TAG se alinhava à estratégia da Petrobras de sair integralmente do negócio de transporte e distribuição de gás, sendo concluída, ainda em junho de 2019, a venda de 90% de sua participação na empresa, remanescendo apenas 10% de participação.

130. Logo em seguida, em julho de 2019, houve um acordo entre Petrobras e Conselho Administrativo de Defesa Econômica (Cade) destinado à promoção da concorrência no setor de gás natural no Brasil, prevendo o comprometimento da companhia em vender participações em empresas de transporte de gás, entre elas os 10% remanescentes na TAG. A Petrobras já iniciou o processo de venda desses 10% na TAG.

131. Dessa forma, *fica evidenciado que o entendimento firmado pelo STF no âmbito da ADI 5.624, considerou - ou, ao menos tinha como pano de fundo -, situação de desinvestimento que incluía a venda de controle de subsidiária de estatal, cuja intenção era deixar de atuar no seguimento relacionado. Esse seria um desinvestimento que poderíamos denominar de 'puro', pois a intenção da estatal era retirar-se do negócio relacionado àquele seguimento específico.*

132. Essa distinção ganha relevância quando se analisa as configurações que podem tomar uma parceria. Na formação de parcerias estratégicas, a concretização do negócio pode seguir as mais variadas direções, tendo em vista aspectos operacionais, contábeis, tributários e jurídicos.

133. Uma forma possível de constituição de parceria, por exemplo, consiste na alienação por parte da estatal do controle de uma subsidiária para o parceiro privado, o que usualmente envolve o limite exato do capital votante para a perda de controle da estatal, de modo a configurar uma empresa privada (utilizando o CNPJ da subsidiária). Nesse caso hipotético, a outrora subsidiária, anteriormente com 100% de controle estatal, passa ao controle privado, que deterá cerca de 50,1% (ou até 50,01%) do capital votante.

134. Nessa situação, estar-se-ia diante de uma espécie de desinvestimento, na medida em que ocorreria, na prática, a alienação do controle de uma subsidiária de estatal. No entanto, *esse desinvestimento é bastante distinto*

do citado caso da TAG, pois enquanto na TAG o objetivo era retirar-se do mercado de transporte de gás, na constituição de parceria com venda de controle de empresa subsidiária, a intenção da estatal é alterar sua forma de atuação no seguimento relacionado, mantendo sua atuação no mercado.

135. Ou seja, *mesmo perdendo o controle da subsidiária, a intenção nessas parcerias, via de regra, se traduz em crescimento no mercado específico e investimento*. Além disso, a estatal, por meio de uma série de acordos e documentos societários, firma compromissos de longo prazo com o parceiro privado, que incluem aspectos operacionais, de gestão, de governança, de investimentos, condições de desfazimento, entre outros. Esses compromissos implicam alto custo, tanto para o sócio estatal quanto para o sócio privado, numa eventual alteração imotivada da configuração do negócio.

136. Essa distinção é importante, também, pelo fato de que terá reflexos relevantes na condução de um eventual processo competitivo. No caso do chamado desinvestimento 'puro', esse processo pode envolver maior nível de competição, já que a estatal está se retirando do seguimento, ao passo que o mesmo nível de competitividade pode não ser atingido quando a intenção é buscar um parceiro para o negócio (associado à ideia de 'casamento').

137. Enquanto no desinvestimento puro a condução do processo competitivo pode envolver a definição de requisitos mais relacionados à criação de melhores condições de incentivo à concorrência no seguimento, uma vez que a estatal irá deixar de atuar em determinado segmento; na parceria, por vezes, se caminhará no sentido oposto, a estatal tenderá a ganhar mercado e, eventualmente, promover alguma concentração no segmento, sendo que as condições e os requisitos do negócio estarão necessariamente relacionados às características de complementaridade desejadas em um parceiro pela estatal, de modo a suprir suas deficiências, lacunas e limitações.

138. Dessa forma, *a essência do negócio é determinante. O primordial é o objetivo da operação, pois a modelagem das premissas e condições para se alcançar cada um desses objetivos será completamente distinta.*

139. Se a estatal permanecerá atuando na área em parceria com o setor privado, estará embasada no art. 28, §3º, inciso II, da Lei da 13.303/2016, ou se deixará de atuar, saindo do negócio e redirecionando os recursos da venda às suas atuais prioridades ou equacionando seu nível de endividamento, estará promovendo um desinvestimento com base no art. 29, XVIII, do mesmo diploma legal.

(...)

258. *Haveria então o risco de que, por meio da constituição de diversas parcerias numa determinada estatal, ocorresse um esvaziamento das atribuições da empresa-mãe ou estatal de primeiro grau.*

259. Nos debates ocorridos quando do referendo sobre a manutenção da cautelar na citada ADI 5.624, chegou-se a cogitar, na fala do Ministro Relator Ricardo Lewandowski, *'perigo de se fatiar uma empresa de primeiro grau, uma estatal, uma empresa pública ou de economia mista, de tal maneira a ir criando subsidiárias até se esvaziar completamente o patrimônio da empresa'.*
260. *A preocupação do ministro é que seria uma forma de desfazer-se da estatal contornando a exigência de autorização legal e processo licitatório. Naturalmente, essa preocupação seria maior diante de desinvestimentos puros, tendo se ponderado, em tais debates, que se isso ocorresse representaria desvio de finalidade.*
261. Recentemente, *este TCU se debruçou exatamente sobre esse risco em um caso concreto. Tratou-se de representação sobre possível irregularidade, consistente no fato de que a Petrobras estaria desvirtuando decisões do STF, proferidas em sede das ADI 5.624, 5.846 e 5.924, ao criar subsidiárias, com o propósito de desmembrar a empresa-matriz para, em seguida, alienar seus ativos.*
262. Os ativos em questão se tratavam de refinarias da Petrobras, cuja venda decorria, entre outras razões, de um Termo de Compromisso de Cessação (TCC) assinado pela empresa com o Cade, visando a desconcentração desse mercado e a atração de outros *players* capazes de alavancar investimentos em infraestrutura e gerar concorrência no mercado de refino de petróleo.
263. Além disso, *os desinvestimentos da Petrobras nesse segmento estavam totalmente consonantes com a estratégia empresarial da estatal de redução do endividamento e busca de rentabilidade econômica com foco nas atividades relacionadas à exploração e à produção de petróleo em águas profundas.*
264. A unidade técnica do TCU destacou que a Petrobras, na persecução de seu objeto social, detinha autorização legal para criar e para alienar empresas subsidiárias sem a necessidade de autorização legislativa específica. Do ponto de vista do processo competitivo para a venda, defenderam ser 'irrelevante se as alienações ocorrerem na forma de participações acionárias em subsidiárias ou se na forma de ativos/estabelecimentos'.
265. Quanto ao modelo de estruturação do negócio escolhido, de criar subsidiárias para viabilizar a venda desses ativos, segundo a unidade técnica, a Petrobras demonstrou que esta abordagem reduzia o risco percebido por investidores e, consequentemente, aumentava o interesse (e a competição do processo competitivo para a venda) e melhora a percepção de valor dos ativos.
266. Dessa forma, entenderam razoáveis os argumentos de que essa era a opção que gerava maior valor para a Petrobras, para seus acionistas (incluindo a União), bem como maior segurança para o mercado, incluindo o consumidor.
267. Os argumentos da unidade técnica foram acolhidos pelo Tribunal, considerando o relator que, no caso concreto, a constituição de pessoas

jurídicas para a transferência das unidades de negócios de refino era 'imprescindível'. No mérito, a representação foi julgada improcedente, conforme Acórdão 1.952/2020-TCU-Plenário, relator Min. Walton Alencar Rodrigues.

268. Como se vê, *um possível desvirtuamento de desinvestimentos e parcerias é um risco que sempre estará patente e poderá ser suscitado. Um eventual esvaziamento das atribuições ou do patrimônio da estatal seria possível se levado ao extremo o uso de parcerias e alienações.*

269. No entanto, *considerando a especificidade dos mercados em que estão inseridas as diversas empresas estatais, a realidade das finanças internas de cada empresa, o nível de competividade e inovações a que estão submetidas, entende-se que definir limites abstratos à constituição de parcerias ou à alienação de ativos, subsidiárias ou controladas, pode representar risco ainda maior à gestão de tais empresas.*

270. São *inúmeros os negócios que podem se configurar plenamente justificáveis, legítimos e adequadamente fundamentados na legislação, a análise dependeria essencialmente de cada caso concreto, tal qual o citado julgado recente deste Tribunal.*[320] (g.n.).

Pois bem.

A jurisprudência do Supremo Tribunal Federal a respeito do inc. XX do art. 37 da Constituição Federal está consolidada no sentido de que a criação – e, por paralelismo, a extinção – de empresas controladas e subsidiárias não depende de lei específica, satisfazendo-se com autorização legal genérica.

Esse posicionamento já foi amplamente abordado pela doutrina, como sintetiza Luciano Araújo Ferraz em seu festejado trabalho *Além da sociedade de economia mista* (*Beyond public private corporation*), em que o autor arremata: "Para o STF, é bastante para suprir a exigência do art. 37, XX, a existência de dispositivo conferindo genericamente a autorização para criar subsidiárias na própria lei instituidora de determinada entidade da administração indireta".[321]

---

[320] Acórdão nº 3.230/2020 – TCU – Plenário.
[321] FERRAZ, Luciano. Além da sociedade de economia mista. *RDA – Revista de Direito Administrativo*, Rio de Janeiro, v. 266, p. 49-68, maio/ago. 2014. Discorre o autor: "O Supremo Tribunal Federal (STF), posicionando-se sobre o assunto, asseverou que as subsidiárias referidas na primeira parte do inciso XX do art. 37, da CR/88 são empresas privadas, que não integram a administração pública. No mesmo julgado, a Corte decidiu que a exigência da autorização legislativa 'em cada caso' não significa necessidade de 'uma lei para cada subsidiária a ser criada'. Para o STF, é bastante para suprir a exigência do art. 37, XX, a existência de dispositivo conferindo genericamente a autorização para criar subsidiárias na própria lei instituidora de determinada entidade da administração indireta". O autor cita a ADIMC nº 1.649/DF, de relatoria do ministro Maurício Correia (*DJU*, 08.09.2000) e prossegue

Em trabalho sobre a medida cautelar em comento, concedida pelo ministro Lewandowski, o mesmo autor reiterou a tese, delimitando bem a temática a:

> Três subtemas essenciais para a correta compreensão do regime jurídico-constitucional da transferência do controle acionário das empresas estatais e suas subsidiárias, a ver:
> (i) diferença entre os regimes jurídicos decorrentes do inciso XIX e do XX do art. 37 da Constituição Federal e seus reflexos;
> (ii) diferença entre os regimes de criação e extinção (ou alienação) das empresas e suas subsidiárias (e controladas);
> (iii) inaplicabilidade da Lei nº 13.303/2016 às empresas privadas participadas pelas empresas estatais, as quais não se qualificam como estatais e subsidiárias.[322]

Como focalizado pela doutrina, os desinvestimentos compreendidos nessa temática – relacionados à alienação de controle de controladas ou subsidiárias ou eventualmente detido em empresas privadas –, segundo o paralelismo das formas, satisfazem a ordem constitucional no que se refere à autorização legislativa reclamada na cautelar, sempre que haja lei genérica ou específica autorizando a empresa *holding* a constituir e operar por via de tais empresas e participações.

É o que se assentou sobre os desinvestimentos realizados pela Petrobras e pela Eletrobras, cujas sistemáticas foram objeto de análise pelo Tribunal de Contas da União nos acórdãos comentados neste trabalho.

Tais processos retratam atos de gestão *interna corporis* ancorados em autorizações legislativas dessa natureza, donde prescindiram de leis específicas que autorizassem as alienações, com ou sem a disposição de

---

comentando que a decisão é acompanhada por notória doutrina do direito empresarial, que afirma: "A sociedade de economia mista que constitui uma subsidiária, ainda que integral, não terá, como já se demonstrou, criado uma economia mista de segundo grau; para tanto, seria necessário legislação atributiva do caráter de economia mista à subsidiária". *Vide* ainda BORBA, José Edwaldo Tavares. *Direito societário*. 6. ed. Rio de Janeiro: Renovar, 2001. p. 451: "Em síntese: a mera detenção de ações com direito a voto por uma sociedade de economia mista, não confere à outra companhia – subsidiária – a mesma natureza jurídica da acionista, pois lhe falta o principal requisito, o da criação como tal por autorização legislativa específica, nos termos do art. 37, XIX, da Constituição da República".

[322] FERRAZ, Luciano; MOTTA, Fabrício. Empresas estatais e suas subsidiárias: requisitos constitucionais para a transferência do controle acionário. *Int. Públ. – IP*, Belo Horizonte, ano 20, n. 112, p. 15-35, nov./dez. 2018.

controle societário, de participação acionária em empresas subsidiárias e investidas daquelas estatais.

Essas alienações paradigma foram conduzidas com base nas normas das respectivas sistemáticas,[323] inspiradas no Decreto nº 9.188/2017, adiante comentado, cujo procedimento competitivo atende aos princípios do art. 37 da Constituição nos quesitos competitividade, transparência e governança dos desinvestimentos.

4.4.2 A jurisprudência do Supremo Tribunal Federal

O Supremo Tribunal Federal consolidou o entendimento sobre o tema no conjunto de decisões nas ADIsnº 5.624, 5.846 e 5.924 e 1.742 e na Reclamação nº 42.576.[324] Veja-se a ementa da decisão:

> MEDIDA CAUTELAR EM AÇÃO DIRETA DE INCONSTITUCIONALIDADE. CONCESSÃO PARCIAL MONOCRÁTICA. INTERPRETAÇÃO CONFORME À CONSTITUIÇÃO. ART. 29, CAPUT, DA LEI 13.303/2016. VENDA DE AÇÕES. ALIENAÇÃO DO CONTROLE ACIONÁRIO DE EMPRESAS PÚBLICAS, SOCIEDADES DE ECONOMIA MISTA OU DE SUAS SUBSIDIÁRIAS E CONTROLADAS. NECESSIDADE DE PRÉVIA AUTORIZAÇÃO LEGISLATIVA E DE LICITAÇÃO. VOTO MÉDIO. MEDIDA CAUTELAR PARCIALMENTE PELO PLENÁRIO.
> I – A alienação do controle acionário de empresas públicas e sociedades de economia mista exige autorização legislativa e licitação pública.
> II – A transferência do controle de subsidiárias e controladas não exige a anuência do Poder Legislativo e poderá ser operacionalizada sem processo de licitação pública, desde que garantida a competitividade entre os potenciais interessados e observados os princípios da administração pública constantes do art. 37 da Constituição da República.
> III – Medida cautelar parcialmente referendada pelo Plenário do Supremo Tribunal Federal. (ADI 5.624 MC-Ref, Relator RICARDO

---

[323] A Eletrobras processou seus desinvestimentos de 2017/2018 mediante procedimento licitatório típico, Leilão B3. A Petrobras já havia igualmente encerrado diversos desinvestimentos quando noticiou a adesão ao decreto, divulgada ao mercado em 14.03.2018 (PETROBRAS. *Adesão ao Regime Especial de Desinvestimentos instituído pelo Decreto 9.188/2017*. Disponível em: www.investidorpetrobras.com.br/download/6049. Acesso em: 2 fev. 2019).

[324] (MESA DO CONGRESSO – MESA DO SENADO – MESA DA CÂMARA DOS DEPUTADOS). Decisão: Após o voto-vista do Ministro Alexandre de Moraes e do voto da Ministra Cármen Lúcia, que acompanhavam o Relator para julgar improcedente a reclamação, pediu vista dos autos o Ministro Ricardo Lewandowski. Plenário, Sessão Virtual de 4.11.2022 a 11.11.2022. Disponível em: https://portal.stf.jus.br/processos/detalhe.asp?incidente=5971572.

LEWANDOWSKI, Tribunal Pleno, julgado em 6.6.2019, PROCESSO ELETRÔNICO DJe-261 DIVULG. 28.11.2019 PUBLIC 29.11.2019).

Nas ADIs nº 234, 1.348, 1.703 e 3.578, o STF já havia examinado a necessidade – ou não – de prévia autorização legislativa para a venda de empresas estatais e suas subsidiárias, pacificando o entendimento de que a alienação da participação societária, inclusive controle acionário em sociedades de economia mista, depende de autorização legislativa.

O tema voltou à pauta quando foi objeto de questionamento na ADI nº 5.624/DF, ajuizada pela Federação Nacional das Associações do Pessoal da Caixa Econômica Federal (Fenae) e pela Confederação Nacional dos Trabalhadores do Ramo Financeiro (Contraf/CUT), buscando a declaração de inconstitucionalidade do texto integral da Lei nº 13.303/2016, com pedido de medida cautelar para a suspensão de sua eficácia, ou ao menos dos arts. 1º, 7º, 16, 17, 22 e 25.

A ação foi julgada improcedente, como adiante registrado.

Ouvidos, a Câmara, o Senado e a Advocacia-Geral da União defenderam em uníssono a constitucionalidade da lei; a Procuradoria-Geral da República opinou pela improcedência da ação.[325]

O ministro relator determinou o apensamento da ação às ADIs nº 5.846/DF e 5.924/DF[326] para apreciação conjunta dos pedidos cautelares, todos voltados à suspensão de dispositivos da Lei de Responsabilidade das Empresas Estatais.

Dentre as ações citadas, destaque-se a ADI nº 5.846/DF, cujo autor impugna conjuntamente o art. 29, *caput*, XVIII, da Lei nº 13.303/2016 e os arts. 1º, *caput*, e §§1º, 3º e 4º, I, e 3º, *caput*, do Decreto nº 9.188/2017 – que institui o regime especial de desinvestimentos de ativos aplicável às estatais federais, o qual, no entendimento do ministro relator, Ricardo Lewandowski, comportaria declaração de inconstitucionalidade por arrastamento.

---

[325] A PGR manifestou-se favoravelmente ao deferimento parcial da medida cautelar para suspender o trecho do art. 1º, *caput* e §2º, e do Título II da Lei nº 13.303/2016, que determina sua aplicação a todas as estatais, indiferentemente de sua atuação como prestadoras de serviços públicos ou exploradoras de atividade econômica.

[326] A ADI nº 5.924/DF foi ajuizada pelo governador do estado de Minas Gerais questionando se as normas relacionadas à governança corporativa das sociedades de economia mista e empresas estatais esbarram na autonomia de outros entes federados, impondo uma estrutura padronizada de governança, bem como a imposição de critérios e restrições para nomeação de administradores dessas empresas.

Entre outros temas, os autores argumentaram que, assim como o inc. XIX do art. 37 da Constituição Federal fixou a necessidade de autorização legislativa para a criação de empresas públicas e de sociedades de economia mista e, por paralelismo, para sua extinção ou alienação, o inc. XX induziria a paralelismo semelhante, donde exigiria autorização legislativa também para a alienação de controle das subsidiárias e controladas daquelas empresas.

Salientam que a alienação de controle das empresas subsidiárias e controladas não poderia ser tratada como um negócio privado, visto que expressaria uma decisão de retirada do Estado do domínio econômico e, portanto, uma *decisão de Estado*, e não um *simples negócio privado* – o que, a seu ver, justificaria, além da autorização legislativa, prévia licitação e a não aplicação da hipótese de dispensa do art. 29, inc. XVIII, da Lei nº 13.303/2016.[327]

Em 27.06.2018, o ministro concedeu medida cautelar nos autos da ADI nº 5.624/DF determinando a interpretação conforme a Constituição de alguns dispositivos da Lei nº 13.303/2016[328] e, especificamente, no que interessa ao âmbito deste trabalho, o seguinte:

---

[327] Os autores da ADI nº 5.624/DF se insurgiam contra o Decreto nº 9.188/2017, cuja inconstitucionalidade estaria caracterizada na determinação de sigilo das avaliações econômico-financeiras dos ativos a serem alienados (art. 7º), em afronta ao princípio constitucional da publicidade (art. 37, *caput* da CF), e sustentam que o fato da sociedade de economia mista se submeter à fiscalização da Comissão de Valores Mobiliários (CVM) não afasta a incidência do princípio da publicidade e da Lei de Acesso à Informação.

[328] "Diante do exposto, com base no art. 10, §3º, da Lei nº 9.868/1999, e no art. 21, inciso V, do RISTF, concedo parcialmente a medida cautelar pleiteada, ad referendum do Plenário deste Supremo Tribunal, para, liminarmente, conferir interpretação conforme a Constituição ao art. 29, *caput*, inciso XVIII, da Lei nº 13.303/2016, afirmando que a venda de ações de empresas públicas, sociedades de economia mista ou de suas subsidiárias ou controladas exige prévia autorização legislativa, sempre que se cuide de alienar o controle acionário, bem como que a dispensa de licitação só pode ser aplicada à venda de ações que não importem a perda de controle acionário de empresas públicas, sociedades de economia mista ou de suas subsidiárias ou controladas". E mais: "Isso porque convém emprestar relevo à linha argumentativa segundo a qual a Constituição não autorizaria a alienação direta de controle acionário de empresas estatais, uma vez que a Lei nº 9.491/1997 (art. 4º, I e §3º), ainda vigente, exige, nos procedimentos de desestatizações, que a 'alienação de participação societária, inclusive de controle acionário, preferencialmente mediante a pulverização de ações' dar-se-á por meio de licitação, a qual 'poderá ser realizada na modalidade de leilão'. Ao que parece, as disposições supratranscritas estão em consonância com o *caput* do art. 37 da CF, o qual dispõe que toda a Administração Pública obedecerá aos princípios constitucionais da legalidade, impessoalidade, moralidade e publicidade. Nesse sentido, permitir a venda direta de ações, em montante suficiente a perder o controle societário de empresa estatal, de maneira a impossibilitar a concorrência pública, poderia atentar contra o texto constitucional, o qual consigna que as alienações serão realizadas 'mediante processo de licitação pública que assegure igualdade de condições a todos os concorrentes' (art. 37, XXI)".

(i) como já consolidado pelo Supremo Tribunal Federal, a venda de ações de empresa pública ou de sociedade de economia mista depende de autorização legislativa, sempre que implicar alienação do controle acionário;

(ii) inovando a jurisprudência do tribunal, o ministro decidiu que a alienação de ações de controladas e subsidiárias também dependia de prévia autorização legislativa, sempre que alcançar a disposição de controle acionário;

(iii) a dispensa de licitação prevista no art. 29, inc. XVIII, da Lei nº 13.303/16 só se aplica à alienação de ações que não importem a perda do controle acionário das empresas *holdings* ou de suas subsidiárias ou controladas, não podendo ser adotada quando alcançar as ações representativas do controle acionário dessas empresas; e

(iv) essas alienações devem ser processadas por licitação na modalidade leilão, com regência pela legislação do Programa Nacional de Desestatização (PND), atual Programa de Parcerias de Investimentos (PPI).

A decisão se arrimou no fundamento de que, à luz do art. 173 da Constituição Federal, a intervenção do Estado no domínio econômico ocorre por decisão de Estado nas hipóteses de relevante interesse coletivo ou imperativo de segurança nacional e é instrumentalizada diretamente, mediante a constituição de empresas públicas e sociedades de economia mista, ou indiretamente, via subsidiárias e controladas dessas empresas, que desenvolverão atividade econômica de produção ou comercialização de bens ou de prestação de serviços.

Sob a ótica adotada na decisão, o constituinte não teria traçado distinção entre o conteúdo normativo dos incs. XIX e XX do art. 37 da Constituição Federal, exigindo lei autorizativa para a criação tanto de umas quanto de outras dessas empresas e, nesse passo, teria conferido indistintamente a mesma densidade jurídica às expressões *lei específica* para a instituição de empresas públicas e de sociedades de economia mista (inc. XIX); e *autorização legislativa* para a criação de subsidiárias e controladas, e a participação em empresas privadas (inc. XIX).

À luz do contexto do pedido e da causa de pedir, a decisão mirou os processos de desestatização por alienação de controle tendo por objetivo o afastamento do Estado do domínio econômico, mas, ao não fazer distinção entre as variadas situações que podem ocorrer, conforme o caso concreto, a cautelar colocou impropriamente numa vala comum os conceitos de desestatização e privatização de um lado, e de desinvestimentos e venda de ativos de outro. Isso porque a medida se focalizou na alienação de controle acionário, das empresas *holdings* ou de suas controladas ou subsidiárias, sem considerar a natureza e função de cada uma dessas empresas ou do *leitmotiv* dos processos decisórios de sua venda.

Como abordamos nos tópicos iniciais deste capítulo, em que pesem os resultados finais de ambas as operações – privatizações, com venda de controle das empresas controladas diretamente pela União, e desinvestimentos, com venda de empresas nas quais a União detém controle indireto, além de participações majoritárias circunstancialmente detidas em empresas privadas – serem rigorosamente os mesmos, culminando na transferência onerosa a terceiros do controle de empresa controlada diretamente (na *desestatização*) ou indiretamente (nos *desinvestimentos*), as origens objetivas desses institutos são efetivamente distintas, como acima comentado.

Ao mencionar as controladas e subsidiárias no rol do art. 2º, §1º, alínea "a", da Lei nº 9.491/1997, o legislador de fato admitiu a inclusão dessas empresas nos processos de desestatização. Contudo, não obrigou seu controlador indireto a tanto – mesmo porque, como anotado, as alienações de controle não necessariamente têm fundamento no recolhimento do Estado da atividade econômica, podendo e, na maioria das vezes, de fato decorrendo de ato e decisão de gestão empresarial adotada pela própria empresa *holding*, e não pelo controlador estatal, como sói ocorrer nas privatizações.

Já foi dito que, embora possam ser, os desinvestimentos não são obrigatoriamente vinculados à modulação da presença do Estado no domínio econômico, que motiva as ações do PND, consoante objetivos inscritos no art. 2º da Lei nº 9.491/1997.

Essas alienações podem também se materializar no curso da condução dos negócios da controladora, a título de disposição de ativo ou de extinção de parceria societária, envolvendo ou não a disposição de controle acionário.

Situa-se justamente nessa peculiaridade factual de cada caso a diferença entre os desinvestimentos e as desestatizações, como já comentamos.

A previsão constitucional do inc. XX do art. 37 evidencia claramente que as decisões de criação e de alienação das controladas e subsidiárias são identificadas como atos de gestão empresarial reservados pela lei de criação da estatal à competência de seus órgãos diretivos, em linha com o planejamento estratégico – e não necessariamente decisões de Estado.

De toda forma, quando do julgamento em Plenário para referendar ou não a medida cautelar do ministro Ricardo Lewandowski, abriu-se a divergência, inaugurada com o ministro Alexandre de Moraes.

A cautelar foi referendada em parte, para conferir ao art. 29, *caput*, inc. XVIII, da Lei 13.303/2016 interpretação conforme a Constituição Federal, nos seguintes termos:

> (i) a alienação do controle acionário de empresas públicas e sociedades de economia mista exige autorização legislativa e licitação;
> (ii) a exigência de autorização legislativa, todavia, não se aplica à alienação do controle de suas subsidiárias e controladas, caso em que a operação prescinde de licitação, desde observados procedimentos que atendam os princípios da Administração Pública, conforme art. 37 da Constituição, e seja respeitada a exigência de necessária competitividade.

A divergência estabeleceu-se especificamente no entendimento da corrente divergente do tribunal, que entendeu que a autorização prevista no inciso XX do art. 37 da Constituição Federal é, na verdade, uma autorização genérica, que pode ser concedida ao Poder Executivo na própria lei que autorizar a criação da empresa *holding*, nos moldes do que se verificou na lei de criação da Petrobras, cujo art. 64 autoriza de maneira genérica a criação de subsidiárias.

Segundo essa corrente – majoritária –, os incisos XIX e XX do art. 37 da Constituição teriam construído uma estrutura-base de criação e de autorização para intervenção do Estado na ordem econômica. Caberia à lei complementar fixar os casos em que seria possível a criação de empresa pública em determinado setor, e a criação propriamente dita viria por lei específica.

Os votos divergentes alertaram para ausência de legislação precedente, específica de autorização para a criação de subsidiária, de forma que entender que a criação (venda e extinção) de subsidiária depende de lei específica culminaria no contrassenso de que todas as subsidiárias existentes teriam sido constituídas de maneira irregular e inconstitucional.

De resto, essa exigência não consta do inciso XX do art. 37 ou do art. 173 da Constituição Federal, de forma que caberia ao estatuto jurídico das empresas públicas indicar o caminho legal de venda das subsidiárias.

A lógica é simples: como a intervenção direta do Estado na economia é a exceção, e não a regra, a criação de empresa pública para realizar essa intervenção depende de lei, enquanto o caminho contrário, a saída, desinvestimento, venda das ações, para afastamento do domínio econômico, dispensaria dita autorização legislativa.

O julgamento culminou no entendimento, por maioria, da desnecessidade de prévia autorização legislativa para a venda de subsidiárias e controladas de empresas estatais.

Esse entendimento do STF foi ratificado no julgamento da Reclamação nº 43.576, já citada, proposta pela Mesa do Congresso Nacional e pela Mesa do Senado Federal com ementa acima comentada.

A reclamação suscitava suposto descumprimento pelo Supremo Tribunal Federal, quando do referendo da medida liminar na ADI nº 5.624, no contexto de que, inobstante a decisão do tribunal, a Petrobras estaria alienando patrimônio estratégico da estatal a partir da criação de novas subsidiárias e, assim, burlando ou distorcendo a decisão do STF. Ou seja, sob o argumento de impulsionar seu Programa de Desinvestimentos, a estatal estaria "fatiando" os ativos integrantes do patrimônio da *holding*, distribuindo-os em várias subsidiárias com o propósito de posterior venda direta ao mercado e, assim, contornando a decisão proferida na ADI nº 5.624.

O ministro relator, Edson Fachin, concedia a liminar, mas, novamente aberta a divergência, prevaleceu o entendimento da ausência de desvio de finalidade ou fraude na criação de subsidiárias e realocação do patrimônio da *holding* como artifício para permitir uma parcial privatização sem autorização legislativa, a partir da venda de ativos da estatal.

O tribunal entendeu, à luz do art. 64 da Lei nº 9.478/97 – que autoriza a estatal a constituir subsidiárias para associar-se, majoritária ou minoritariamente, a outras empresas –, que a empresa estava exercendo, de forma legítima e lícita, sua discricionariedade de gestão administrativa e efetivando seu programa de desinvestimento para otimizar sua atuação e garantir maior rentabilidade, eficácia e eficiência, em alinhamento com o mencionado dispositivo autorizativo.

Em seu voto, o ministro Alexandre de Moraes fez referência ao entendimento do Tribunal de Contas da União, que analisou o procedimento adotado pela Petrobras reconhecendo sua natureza de desinvestimentos, cuja realização prescinde de autorização legislativa, assim entendendo:

> 75. O cerne da representação baseia-se no alegado "desvio de finalidade", uma vez que o motivo para a criação das subsidiárias para posterior alienação, "não seria o aproveitamento de novas oportunidades de negócios, mas o desmembramento da empresa-matriz, na intenção de conduzir a uma *"privatização branca", em burla ao controle democrático do Congresso Nacional"*.
> 76. Contudo, ao contrário do afirmado da representação, como explicitado nos autos do TC 009.518/2019-8, *a alienação de ativos de refino tem orientação para o aproveitamento de oportunidades mercadológicas, otimização de portfólio, motivação regulatória e geração de valor para a empresa*.
> 77. No sentido negocial, a *motivação estratégica para o desinvestimento* em refino se sustenta em dois eixos: (i) alocação de capital: busca de melhor alocação de capital, priorizando a participação em segmentos com maior vantagem competitiva e maior rentabilidade; e (ii) aumento da resiliência: necessidade de geração de recursos para a redução do nível de alavancagem da empresa, tornando-a mais resiliente à variação de preços do Brent.
> (...)
> 81. Também não é possível alegar como impeditivo para a alienação o fato de a atividade de refino estar no objeto social da Companhia. *A PETROBRAS tem razão ao afirmar que não é obrigada a realizar a atividade de refino a qualquer custo em detrimento do resultado geral da estatal.* Não se deve esquecer que o sistema PETROBRAS é composto por diversas atividades de distintos segmentos da indústria do petróleo e gás, além de outras fontes de energia.
> 82. *Dessa forma, a empresa deve focar sua atenção naquelas atividades que resultem no melhor resultado para seus acionistas, públicos e privados. A decisão de realizar uma atividade ou não, e o grau de investimentos que irá direcionar para cada área de atuação, deve sempre ser economicamente justificada e não deve ser direcionada por interesses estritamente políticos.* (g.n.).

Outro trecho do voto do mesmo ministro comprova a importância, como já abordamos, de se compreenderem os *motivos determinantes* dos desinvestimentos para seu adequado tratamento jurídico em relação às desestatizações e, sobretudo, à autorização legislativa, no contexto ora sob foco, como segue:

> Com as devidas vênias, *considero improcedente a tese autoral, segundo a qual os atos impugnados configurariam desvios de finalidade, no sentido de que a*

Petrobras estaria empregando um artifício oculto para se furtar ao controle do Congresso Nacional.

Na realidade, os planos da Petrobras de desinvestir os seus ativos no segmento de refino por meio da criação de novas empresas subsidiárias, a rigor, precedem a deliberação desta Corte na ADI 5.624-MC e parecem ter sido objeto de exame cuidadoso por este Tribunal quando da impetração da Reclamação 33.292 e da Reclamação 34.549, que tratavam especificamente dos desinvestimentos da Petrobras no segmento de refino.

Ainda em 27.4.2018, a Petrobras anunciou, por meio de divulgação ao mercado de oportunidade (teaser), a intenção de realizar o desinvestimento da sua participação em refino e logística no país. Já nesta nota, a empresa salientava que o modelo de desinvestimento previa "a criação de duas subsidiárias, uma reunindo ativos da região nordeste e outra reunindo ativos da região Sul". Ressalto aqui a centralidade da expressão "criação de subsidiárias". *Desde esse primeiro momento, a alienação do controle de controladas foi concebida como uma solução instrumental.*

Em 17.1.2019, a Petrobras anunciou novamente a retomada de processos competitivos que visavam à alienação de 90% da participação da companhia na Transportadora Associada de Gás S.A. (TAG) e de 100% da Araucária Nitrogenados S.A. (ANSA), bem como a realização de processo competitivo para a formação de parcerias em refino. No bojo desses processos competitivos, já era declarada e evidenciada a intenção da empresa de formar novas subsidiárias com finalidade única de posterior alienação dos ativos de refino e logística.

Ainda em 26.4.2019, a Petrobras divulgou novo comunicado sobre as diretrizes de desinvestimento para o seu reposicionamento no setor de refino e, dessa vez, esclareceu que outras 4 (quatro) refinarias seriam incluídas no escopo do desinvestimento, totalizando, portanto, 8 (oito) refinarias a serem totalmente desinvestidas, quais sejam, (i) a Refinaria Abreu e Lima (RNEST), a Refinaria Landulpho Alves (RLAM), a Refinaria Presidente Getúlio Vargas (REPAR), a Refinaria Alberto Pasqualini (REFAP), a Refinaria Gabriel Passos (REGAP), a Unidade de Industrialização do Xisto (SIX), a Refinaria Isaac Sabbá (REMAN) e a Lubrificantes e Derivados de Petróleo do Nordeste (LUBNOR).

A intenção da Petrobras de criar – com o perdão do pleonasmo – novas subsidiárias para posterior alienação dos ativos da Refinaria Landulpho Alves (Rlam) e da Refinaria do Paraná (Repar) era estratégia empresarial não apenas pública quanto conhecida do Supremo Tribunal Federal. (g.n.)

O Supremo Tribunal Federal ratificou a decisão anterior no sentido de inexigência de autorização legislativa para a venda de subsidiárias, afastando a alegação de desvio de finalidade ou fraudes nas ações e procedimentos adotados pela Petrobras em seu processo de desinvestimentos.

4.5 Alienação de participação acionária em empresa investida: desinvestimento para extinção de parceria societária

No capítulo 1, tratamos da *formação* das parcerias societárias nas chamadas empresas público-privadas, com foco na inovação legislativa trazida pela Lei nº 13.303/2016 – da oportunidade de negócios –, cujo procedimento alcança tanto a formação quanto a *extinção* dessas parcerias, neste caso como objeto dos desinvestimentos.

O tema protagonizou as discussões especificamente sobre os desinvestimentos conduzidos pela Eletrobras, que alienou sua participação detida em nada menos do que setenta empresas investidas.

Assim, o processo de desinvestimentos da Eletrobras não envolveu a criação de subsidiárias com subsequente venda, como se observou nos desinvestimentos comentados, da Petrobras, mas se concentrou na alienação de participações detidas pela estatal em empresas privadas, diversas SPEs.

Da mesma forma, como a decisão de participar de empresas privadas tem origem em decisão de estratégia empresarial, a decisão de desfazer a parceria público-privada societária se funda nas mesmas prerrogativas do Estado-Empresário, impondo-lhe, como acima anotado, o cumprimento das obrigações de:

- respeitar os compromissos assumidos junto aos demais acionistas por força de acordos de acionistas e instrumentos congêneres;
- submeter a alienação às regras e preços de mercado, conforme procedimentos padrões aplicáveis às sociedades anônimas;
- zelar pela adoção de estratégia de venda que potencialize seus benefícios e os valores das ações ofertadas, na busca da maior *vantajosidade* na operação, segundo as condições de mercado; e
- atender às regras estatutárias aplicáveis, em especial os dispositivos relacionados às atribuições do conselho de administração e da assembleia geral, além das normas incidentes, nos termos da Lei nº 6.404/1976.

4.5.1 Os direitos de sócio no desinvestimento de participação acionária

Dentre as decisões estruturantes da fase preparatória dos processos de desinvestimentos para a alienação de participação acionária em empresa praticada, a forma de monetização do ativo e a escolha do regime de alienação são da maior relevância.

Essas decisões orientarão a busca da realização do melhor valor de alienação, a economicidade e a *vantajosidade* do processo, devendo partir de ampla análise de mercado do negócio.

No caso de venda de participações societárias, usualmente lastreadas em regras negociadas de acordos de acionistas, devem ser considerados ainda os direitos de terceiros, tutelados por tais acordos justamente para resguardar os destinos da empresa, no legítimo interesse dos demais acionistas, e do próprio negócio, e não "apenas" seu "preço" ou valor nominal.

Essas variáveis não se esgotam no raciocínio direto do binômio *valuation*-licitação.

Nesse contexto, o sócio estatal[329] compromete-se com os demais acionistas por força dos instrumentos societários de gestão típicos do direito privado comumente utilizados nas sociedades comerciais,

---

[329] O Decreto nº 1.091/1994 regulamentou os procedimentos a serem observados por empresas controladas direta ou indiretamente pela União no exercício dos atos previstos no dispositivo citado. Os arts. 1º e 2º do decreto impõem a essas entidades a obrigação de obter prévia anuência do Ministério da Fazenda para a formalização de acordos de acionistas ou da renúncia aos direitos neles previstos, assim como a assunção de quaisquer compromissos de natureza societária referentes ao mencionado art. 118. Atente-se também para o Decreto nº 93.872/1986, que, entre outras providências, *dispõe sobre a unificação dos recursos de caixa do Tesouro Nacional*, e cujo art. 96 veda às autarquias federais, às empresas públicas, às sociedades de economia mista, às fundações e às entidades sob controle acionário da União – ainda que com respaldo em recursos de fundos especiais – conceder aval, fiança ou garantia de qualquer espécie à obrigação contraída por pessoa física ou jurídica, excetuadas as instituições financeiras. O §1º do dispositivo ressalva essa vedação, autorizando (i) às empresas controladas direta ou indiretamente pela União a conceder garantia a suas controladas ou subsidiárias, e (ii) às empresas públicas e sociedades de economia mista que explorem atividade econômica a conceder garantia às sociedades de propósito específico por elas constituídas para o cumprimento de seu objeto social, limitada ao percentual de sua participação na referida sociedade. Essa autorização de fomento intraestatal, suas subsidiárias e empresas participadas se limita ao cenário de existência dessas estruturas vinculadas aos fins públicos diretos ou indiretos que justificaram sua criação. Extintos tais fundamentos, essas garantias não deverão prevalecer, por ausência de legitimidade à luz do decreto, de forma que, encerrado o eventual processo de desinvestimentos e efetivadas as vendas das participações nas empresas participadas, as garantias porventura existentes com amparo no §1º do art. 96 do Decreto nº 93.872/1986 deverão ser simultaneamente extintas.

dentre os quais o acordo de acionistas previsto no art. 118 da Lei nº 6.404/1976 – caracterizado como ato negocial de natureza contratual destinado a regular a relação entre os acionistas no âmbito da empresa.

Em princípio, como a licitação incita a disputa, deveria em tese assegurar o melhor preço de mercado e, por isso, também, o certame público deveria ser sempre, em tese, o veículo mais adequado à obtenção da melhor oferta.

No entanto, a determinação da forma ideal de monetização do ativo dessa natureza a ser alienado deve compreender uma integração de princípios, pois, enquanto os procedimentos públicos competitivos se prestam, de maneira geral, a buscar a formação do "preço real" do ativo – assim considerado aquele de mercado, supostamente assegurado via disputa aberta –, os acordos de acionistas têm a finalidade de preservar a oportunidade de negócios entre os acionistas, de prosseguirem no empreendimento no caso de desligamento de outros com os quais compartilham vínculos societários e empresariais consolidados no âmbito do negócio submetido ao processo de venda.

Os acordos de acionistas derivados da legislação de direito privado têm precedência sobre a legislação de direito público aplicável às empresas estatais ou ao acionista estatal que participa de empresa privada, na medida em que corporificam instrumentos típicos da roupagem privada dessas empresas, na condição de operações usuais no ambiente das sociedades anônimas.

Esses contratos privados estabelecem obrigações e direitos entre os acionistas, inclusive e principalmente para a hipótese de venda das respectivas participações acionárias, como as regras e procedimentos aplicáveis à transferência de ações: o direito de preferência (*first refusal* ou *last look*);[330] o direito de venda conjunta caso o acionista majoritário decida vender suas ações (*tag along*); a obrigação de venda conjunta na mesma hipótese (*drag along*); e as cláusulas *put e vall option*, que conferem direitos e obrigações recíprocos de venda de ações entre os sócios.

Segundo a cláusula *tag along*, por exemplo, conhecido procedimento de alienação privada com preço de ações estabelecido por partes independentes no mercado, se a estatal receber proposta de terceiro interessado nas ações de seu sócio na empresa participada, deverá

---

[330] O direito de preferência para aquisição de ações no âmbito das sociedades anônimas pode advir também diretamente da lei, quando se referir à preferência para subscrição de novas ações emitidas por aumento de capital, como previsto nos arts. 171 e 172 da Lei nº 6.404/1976.

analisar a eventual vantagem de aderir à oferta do terceiro ou de proceder à venda em procedimento competitivo de alienação.

Nessa hipótese, o exercício da cláusula pode ser incompatível com procedimento competitivo prévio em razão dos prazos estabelecidos para manifestação sobre a adesão ou rejeição da oferta.

Já no *drag along*, caso um terceiro adquira a participação do sócio privado no curso do processo de desinvestimento e este exerça o *drag along*, o acionista público ficará limitado para recusar a oferta, já que se trata de um direito potestativo do adquirente ao qual o outro sócio deve se sujeitar, o que eliminaria a perspectiva de qualquer procedimento competitivo para estabelecimento de preço, tema este que ficaria fora da alçada do acionista público.

A *put option* significa a outorga a um sócio do direito de obrigar o outro a adquirir as suas ações conforme critérios e preços pactuados no acordo de acionistas, ou seja, um tem o direito de vender, e o outro a obrigação de comprar.

A *call option* obriga um sócio a vender sua participação aos demais por preço predefinido.

Portanto, na hipótese de alienação das ações do sócio público, caso o acionista privado seja beneficiário de direito de preferência – ou outros correlatos, de natureza societária –, a estatal alienante deverá implementar esse direito, não sendo cabível eventual questionamento acerca da possibilidade da concessão da preferência em favor do sócio privado – ou outras medidas correlatas, conforme a natureza da cláusula – ensejar violação do princípio da licitação.[331]

Outros mecanismos de direito societário podem impactar a alienação em procedimento competitivo de leilão, com complicações de naturezas distintas, como os prazos exíguos a serem atendidos.

Em reforço à liberdade do administrador na escolha do modelo de desinvestimentos das empresas estatais, Tude José Cavalcante comenta em relação à Petrobras:

> [...] seria um contrassenso considerar que a aquisição de participação societária pela Petrobras fosse um ato privado, de gestão estratégica, e, por isso subordinado às regras de mercado, e, no caso oposto, de alienação, fosse exigida da Companhia uma atuação de acordo com

---

[331] SCHWIND, Rafael Wallbach. *O Estado acionista*: empresas estatais e empresas privadas com participação estatal. São Paulo: Almedina, 2017. p. 371.

as normas de direito público, se enveredando na burocracia de um procedimento licitatório.[332]

O desafio é conciliar essas realidades, zelando a um só tempo pelo respeito aos direitos dos acionistas, conforme compromissados nesses acordos, e, ainda, a partir de seu conteúdo, obter o melhor retorno econômico na alienação, em atenção, também, aos princípios aplicáveis à Administração Pública, da publicidade, isonomia e ampla competitividade.

Sobretudo, a venda de ações detidas em companhias participadas não pode ser equiparada a uma alienação de objeto comum, cujo propósito seja "simplesmente" obter a melhor oferta.

Os direitos sobre sociedades participadas e investimentos correlatos podem ser alienados: (i) a compradores estratégicos, como empresas do mesmo setor; (ii) a investidores financeiros, como fundos de investimento; (iii) mediante a abertura de capital da empresa investida em bolsa de valores, com alienação da participação, via oferta pública primária e/ou secundária.

A alienação deverá ser precedida de estudo técnico contendo, no mínimo, as seguintes análises: (i) vantajosidade da forma escolhida para a alienação do ativo; (ii) vantajosidade econômico-financeira da operação de alienação; (iii) vantajosidade e oportunidade do momento escolhido para realizar a alienação; (iv) motivações para a realização da alienação; (v) riscos envolvidos na operação de alienação, bem como o plano de ação para sua mitigação.

4.5.2 Procedimento competitivo × venda direta

A adequada compreensão desses desinvestimentos pressupõe o reconhecimento de que não se está diante de uma venda isolada de bem público, mas no contexto de todo um processo complexo de desfazimento de ativos vinculados a parcerias societárias.

A consequência dessa realidade é a impossibilidade de se proceder a essas alienações por meio de um regime uniforme em que a isonomia de competição prevaleça à custa de outros valores, inclusive com riscos à própria economicidade e vantagem da alienação.

---

[332] *Apud* ARAGÃO, Alexandre Santos de. *Empresas estatais, o regime jurídico das empresas públicas e sociedades de economia mista*: de acordo com a Lei 13.303/2016. Rio de Janeiro: Forense, 2017. p. 252.

Esse entendimento foi corroborado pelo legislador da Lei nº 13.303/2016, que não condiciona as alienações de ativos das empresas estatais a modelos e procedimentos pré-concebidos de venda que possam engessar o gestor, sob a ótica empresarial de mercado, no momento de estruturação do processo de desinvestimento, ou ensejar a violação dos compromissos assumidos em acordos de acionistas, o que seria inaceitável, diante da índole desses compromissos.

Segundo o regime tradicional de alienação de bens, a venda de ativos seria processada nos moldes do art. 17, inc. II, alínea "c", da Lei nº 8.666/1993, atualmente art. 76, inc. II, alínea "c", da Lei nº 14.133/2021,[333] subordinada à existência de interesse público devidamente justificado e precedida de avaliação, dispensada a licitação no caso de venda de ações, que poderão ser negociadas em bolsa, observada a legislação específica.

Marcos Juruena Villela Souto tratou do tema com extrema lucidez em comentário então ao dispositivo da antiga Lei de Licitações.

Segundo o autor, como a venda de ações foi ali enquadrada na hipótese de dispensa de licitação, cabe ao administrador exercer a opção de vendê-las diretamente ou ofertá-las ao mercado.

Àqueles que defendem que, mesmo nesse caso, a negociação deveria ser feita em bolsa, Juruena se contrapõe afirmando:

> De fato, ainda que não seja reconhecida como uma modalidade de licitação, é evidente que a competição é da própria essência do leilão em bolsa, atendendo-se, também, aos princípios da publicidade, igualdade e busca da melhor proposta.
>
> Esta, todavia, não é a única possibilidade de alienação a se extrair da norma. Com efeito, nada obsta que se entenda que a venda das ações, em qualquer hipótese, prescinde de licitação, e que a sua negociação em bolsa é apenas uma faculdade prevista na norma.
>
> Assim, sob esta ótica, a negociação em bolsa não teria sido a única e obrigatória via eleita pelo legislador ordinário para proceder a alienação das ações. Ao revés, a regra seria a alienação direta das ações, cabendo ao administrador, no exercício de integração da norma, optar pelo leilão em bolsa.

---

[333] Lei nº 14.133/2021: "Art. 76. A alienação de bens da Administração Pública, subordinada à existência de interesse público devidamente justificado, será precedida de avaliação e obedecerá às seguintes normas: [...] II - tratando-se de bens móveis, dependerá de licitação na modalidade leilão, dispensada a realização de licitação nos casos de: [...] c) venda de ações, que poderão ser negociadas em bolsa, observada a legislação específica; [...]".

Lembre-se que as ações vinculadas a acordo de acionistas, uma vez averbadas nos termos da lei, não poderão ser negociadas em bolsa ou no mercado de balcão (art. 118, §4º da Lei nº 6.404/76).

Esta interpretação é calcada na própria redação do dispositivo legal, que mencionou a possibilidade da negociação em bolsa entre vírgulas, ou seja, intercala com a oração principal; daí o seu caráter facultativo e meramente explicativo, que é corroborado com a utilização do verbo "poderão".[334]

No ambiente de mercado, regido pelas regras das *mergers and acquisitions* (M&A), a dinâmica da venda envolve fatores que nem sempre podem ser acomodados de forma lógica e econômica dentro do espaço de um edital e seus anexos, ou mesmo no âmbito de *data room* preparado para disponibilização das informações.

Regra geral, o comprador deverá ter acesso a informações em *due diligence*, mas a avaliação do negócio pode demandar demais informações ou discussões negociais com o alienante, com tomadas de decisão ágeis e flexíveis, compatíveis com o momento em que o negócio está sendo realizado.

Há casos em que a publicidade e isonomia do processo são prejudicadas por razões naturais, pois a divulgação de informações sensíveis sobre o negócio não apenas depende de políticas internas, como pode colocar em risco o próprio valor esperado na alienação.

O ponto de equilíbrio na busca da melhor modalidade de monetização do negócio deve partir de análises técnico-financeiras motivadas – *valuations* amplos –, já que, sob a ótica dos órgãos de controle, o acionista estatal deve obter o melhor preço de mercado pela venda, o que impacta nas formas de monetização possíveis – segundo as práticas do mercado de capitais – e, assim, na escolha do modelo mais vantajoso para a alienante, em cada caso concreto.

De acordo com o art. 17 do Decreto nº 9.188/2017, adiante examinado, a fase interna, preparatória, destina-se justamente ao planejamento do procedimento competitivo de alienação e contemplará: (i) a avaliação de impactos comerciais, fiscais, contábeis, trabalhistas, ambientais, societários e contratuais da alienação; (ii) a justificativa, que conterá motivação para a alienação, proposta de estrutura de negócio, percentual do ativo ou da sociedade a ser alienada e indicativo de valor; (iii)

---

[334] SOUTO, Marcos Juruena Villela. *Desestatização*: privatização, concessões, terceirizações e regulação. 4. ed. Lumen Juris: Rio de Janeiro, 2001. p. 41-42.

a avaliação da necessidade de licenças e autorizações governamentais; e (iv) a verificação da aderência da alienação aos objetivos estratégicos da sociedade de economia mista.

Esses dados devem integrar o processo de *valuation* a ser elaborado à luz das informações em que essas análises financeiras usualmente se parametrizam.

Esse conjunto de informações deverá permitir a identificação das premissas financeiras relevantes em *due diligence* e a serem apresentadas em *data room* para fins de acomodação e precificação do preço mínimo de avaliação.

A propósito dessa transparência, reitere-se que o respeito aos direitos decorrentes dos acordos de acionistas não implica violação da competitividade em relação às informações públicas sobre o *valuation*, já que os acionistas que os detêm já se encontram naturalmente dentro do universo empresarial alienado.

A circunstância também não configurará risco de suboferta, no caso de direito de preferência do sócio privado, que só deverá ser exercido *após* a identificação da melhor oferta, e não antes, quando o acionista exercerá ou renunciará expressamente a seu direito de preferência.

À luz destas considerações, o Título II da Lei nº 13.303/2016 conferiu nova disciplina ao tema das alienações nas empresas estatais, como comentado no capítulo 1 a propósito da formação das parcerias societárias, cujo desfazimento tem o mesmo tratamento.

Em síntese recapitulativa desta matéria, o art. 28 fixa o princípio geral da licitação para os contratos das estatais que tenham por objeto, entre outros, a alienação de bens e ativos integrantes de seu patrimônio, além da prestação de serviços, inclusive de engenharia e de publicidade, a aquisição e a locação de bens, a execução de obras, bem como a implementação de ônus real sobre tais bens.

As exceções à regra geral da licitação estão indicadas no art. 29, que enumera as hipóteses de dispensa, dentre as quais a "compra e venda de ações, de títulos de crédito e de dívida e de bens que produzem ou comercializem" (inc. XVIII).

O art. 30 trata da inexigibilidade, ali nomeada como contratação direta.

O legislador, no entanto, foi além desses modelos e, como já anotamos no capítulo 1, a propósito das empresas coparticipadas, "dispensou" as estatais de licitarem, conforme as regras do capítulo II da lei, os casos de *oportunidades de negócios*, justificada a inviabilidade de procedimento competitivo, nos termos do art. 28, §3º, inc. II. O §4º define essas oportunidades como:

> A formação e a extinção de parcerias e outras formas associativas, societárias ou contratuais, a aquisição e a alienação de participação em sociedades e outras formas associativas, societárias ou contratuais e as operações realizadas no âmbito do mercado de capitais, respeitada a regulação pelo respectivo órgão competente.

A lógica especificamente da construção legislativa das oportunidades de negócios foi sustentada *mutatis mutandis* por Marçal Justen Filho em parecer ofertado nos autos do Processo TC nº 019.808/2014-3, cujo julgamento gerou o Acórdão nº 493/2017 – TCU – Plenário, sessão de 22.03.2017, relacionado à auditoria autorizada nos autos do TC nº 010.970/2014-2 para verificar a regularidade do processo de desimobilização do Banco do Brasil (BB), efetuado mediante integralização de seus ativos em fundos de investimento imobiliário (FII) constituídos pela entidade.

O jurista defendeu, então, o afastamento da licitação, fosse por inexigibilidade, diante da inviabilidade de competição, ou sua dispensa, em razão da dação em pagamento.

O ponto alto da tese situa-se na afirmativa de que, dada sua conotação e contexto, a operação não poderia ser considerada "simples alienação" de bens imóveis.

Segundo a mesma lógica, a extinção de parcerias societárias mediante alienação de participações acionárias em empresas participadas e as operações realizadas no âmbito do mercado de capitais são também regidas pelo art. 28, §3º, inc. II, e §4º da Lei nº 13.303/2016, que autoriza o afastamento da licitação caso comprovada a inviabilidade de competição.

Como se nota, a gênese do regime de alienação nas empresas estatais é sensivelmente mais sofisticada e adequada ao regime jurídico de direito privado, porque vai muito além da hipótese de dispensa de licitação prevista no inc. XVIII do art. 29 ou, fosse o caso, de sua inexigibilidade, nos termos do art. 30.

Nesse contexto, a alienação de ações, por exemplo, detidas pelas estatais em empresas participadas, ao conduzir à *extinção de parceria societária em empresas participadas*, comporta construção legal própria e peculiar, enquadrável no conceito de *oportunidades de negócios* que envolvem, entre outras hipóteses, a *extinção de parcerias societárias, a alienação de participação em sociedades e as operações realizadas no âmbito do mercado de capitais.*

Essa afirmativa não é aleatória, mas se baseia no fato, como frisado, de que as operações sob foco não compreendem a "mera" venda de ações no mercado de capitais, tradicionalmente regida pelo – antes aplicável – art. 17, inc. II, alínea "c", da Lei nº 8.666/1993 e cunhada no contexto do cenário mais limitado de atuação empresarial das empresas estatais, conhecido pelo legislador de 1993 – hoje ampliado às práticas de mercado mais contemporâneas.

O legislador evoluiu o regime jurídico dessas empresas conferindo-lhes as ferramentas compatíveis com essas práticas mais avançadas, aptas a lhes viabilizarem o pleno exercício do regime de direito privado segundo o qual operam.

O art. 28 da Lei nº 13.303/2016 trata do *regime jurídico* especificamente aplicável, entre outras situações, às seguintes formas típicas da realização de desinvestimentos abarcadas pelo conceito legal de oportunidades de negócios: (i) a extinção de parcerias societárias – e contratuais – com alienação de participação acionária em outras empresas; e (ii) as operações realizadas no âmbito do mercado de capitais.

Reforçando esse enquadramento, basta verificar a relação observada entre esse regime especial previsto no art. 28 da Lei nº 13.303/2016 e a regra geral de alienação de bens de que trata o art. 49,[335] que exige avaliação formal, ressalvadas as hipóteses previstas nos incs. XVI a XVIII do art. 29 (inc. I); e licitação, ressalvado o previsto no §3º do art. 28 (inc. II).

Dentre os incisos do art. 29,[336] que tratam das hipóteses de dispensa de licitação, a que faz menção também o art. 49, interessa-nos em especial o inc. XVIII.

A compreensão integrada do art. 49 como norte referencial desses dispositivos – que abarcam o conjunto do tratamento destinado

---

[335] Lei nº 13.303/2016: "Art. 49. A alienação de bens por empresas públicas e por sociedades de economia mista será precedida de: I - avaliação formal do bem contemplado, ressalvadas as hipóteses previstas nos incisos XVI a XVIII do art. 29; II - licitação, ressalvado o previsto no §3º do art. 28".

[336] Lei nº 13.303/2016: "Art. 29. É dispensável a realização de licitação por empresas públicas e sociedades de economia mista: [...] XVI - na transferência de bens a órgãos e entidades da administração pública, inclusive quando efetivada mediante permuta; XVII - na doação de bens móveis para fins e usos de interesse social, após avaliação de sua oportunidade e conveniência socioeconômica relativamente à escolha de outra forma de alienação; XVIII - na compra e venda de ações, de títulos de crédito e de dívida e de bens que produzam ou comercializem".

pelo legislador da Lei nº 13.303/2016 às alienações nas empresas estatais – demonstra que a Lei de Responsabilidade das Empresas Estatais criou regimes distintos de alienação, a serem utilizados à luz do caso concreto, a saber:

(i) a dispensa de licitação do art. 29, incs. I a XVIII, e a contratação direta (inexigibilidade) do art. 30, *caput* e incs. I e II;

(ii) a dispensa de licitação para compra e venda de ações, conforme art. 49, inc. I, c/c inc. XVIII do art. 29; e

(iii) a não aplicação de licitação nas situações vinculadas às oportunidades de negócios associadas às características particulares do parceiro, justificada a inviabilidade de competição, com vistas à formação ou extinção de parcerias – ou outras formas associativas, societárias ou contratuais –, à aquisição ou alienação de participação em sociedades – ou outras formas associativas, societárias ou contratuais – e às operações realizadas no mercado de capitais: art. 28, §3º, *caput* e inc. II, e §4º c/c art. 39, inc. II, da Lei nº 13.303/2016.[337]

Se a hipótese de venda de ações indicada no art. 49, inc. I, foi enquadrada como licitação dispensável, segundo o art. 29, inc. XVIII, com maior razão o legislador foi além e liberou do procedimento competitivo as alienações efetivadas no âmbito das operações relacionadas às oportunidades de negócios – que sequer seriam enquadráveis na hipótese de "simples" compra e venda de ações indicada no inc. I do art. 49, mas submetidas a regime próprio de licitação inaplicável, haja vista a incompatibilidade da medida com a concepção e a largueza das operações ali abarcadas, como comprova a redação do inc. II do mesmo art. 49.

O §4º do art. 28 da Lei nº 13.303/2016 jogou luzes sobre o tratamento dedicado à extinção desses arranjos societários, à venda das respectivas ações e às operações realizadas no âmbito do mercado de capitais, ao incluir essas situações no conceito de *oportunidades de negócios*, ao mesmo tempo em que criou hipótese inovadora de venda direta, tecnicamente não enquadrada como dispensa ou inexigibilidade,

---

[337] *Vide* ARAGÃO, Alexandre Santos de. *Empresas estatais, o regime jurídico das empresas públicas e sociedades de economia mista*: de acordo com a Lei 13.303/2016. Rio de Janeiro: Forense, 2017. p. 249.

mas compreendida simplesmente pela não incidência do princípio da licitação, como já examinamos no capítulo 1.

Por isso, a Lei de Responsabilidade das Empresas Estatais, além de assertivamente afastar a licitação, prevendo sua inaplicabilidade às oportunidades de negócios – e não meras dispensa ou inexigibilidade –, não impôs ao gestor procedimentos capazes de restringir sua liberdade de escolha quanto à melhor estrutura de venda dessas participações, segundo os critérios ideais para o negócio e em respeito às obrigações assumidas junto aos demais acionistas.

Também por isso a lei não impôs ao gestor procedimentos restritos – *e.g.*, leilão como pré-condição de venda direta e procedimentos públicos competitivos potencialmente limitadores –, o que reafirma a juridicidade da conduta dos administradores das companhias quanto à liberdade de escolha da estrutura de venda das participações acionárias, segundo a concepção mais adequada à operação no caso concreto.

Os processos dessa natureza devem partir de uma análise estratégica a cargo da empresa que, buscando o melhor preço, considere as melhores condições de alienação e, ainda, a precedência de direitos mútuos decorrentes de acordo de acionistas, além das estratégias de monetização e de colocação de mercado.

Esses desinvestimentos podem ter frustrados seus objetivos caso venham a ser tratados segundo o raciocínio reto da disputa pública obrigatória.

Joel de Menezes Niebuhr explica bem essa situação quanto à tendência de primazia das regras puras de direito privado nessas operações, como segue:

> Pondera-se que é viável transacionar ativos e formular parcerias nos termos tradicionais e formais do direito público, fundados na isonomia e na vinculação ao edital. Viável é; no entanto, a depender da situação, não é vantajoso. As estatais devem avaliar as condições de cada oportunidade de negócio e decidir o melhor caminho. Pode-se entender que numa dada situação seja adequado realizar chamamento público, vinculado a edital, aberto a quaisquer interessados, em procedimento que se entroniza com o regime de direito público. Noutras situações, em face de suas peculiaridades, esse procedimento amparado em padrões predeterminados e inflexíveis pode ser extremamente desvantajoso para

as estatais, pode importar, inclusive, perda da oportunidade de negócio ou perda de interessados.[338]

Assim, a alienação de participações acionárias das estatais não está vinculada à prévia oferta das ações ao mercado, caso tal opção não seja apta a realizar os princípios da finalidade e da eficiência, mas deve sempre buscar atingir os objetivos consignados no art. 2º, inc. VII, do Decreto nº 9.188/2017, adiante comentado, dentre os quais estimular a eficiência, a produtividade e o planejamento de longo prazo das atividades e dos negócios afetos à sociedade de economia mista.

Sendo o caso de se optar pelo leilão e atenta às peculiaridades das empresas estatais, a Comissão de Valores Mobiliários instituiu o leilão especial objeto da Instrução CVM nº 286/1998, que sistematizou a alienação de ações de propriedade de entidades controladas direta ou indiretamente pelo poder público.[339]

O art. 2º da ICVM nº 286 determina que o edital do leilão especial deve tratar das peculiaridades relacionadas à alienação,[340] cabendo à companhia apresentar à Comissão de Valores Mobiliários tais informações.

---

[338] NIEBUHR, Joel Menezes. O regime jurídico das oportunidades de negócios para as estatais. In: WALD, Arnoldo; JUSTEN FILHO, Marçal; PEREIRA, Cesar Augusto Guimarães (Org.). *O direito administrativo na atualidade*: estudos em homenagem ao centenário de Hely Lopes Meirelles (1917-2017). São Paulo: Malheiros, 2017. p. 582-583.

[339] Dentre seus *consideranda*, o texto da ICVM destaca: "[...] considerando que: a) a alienação de bens da Administração Pública exige, para sua implementação, a observância de formalidades que se regem por princípios legais de moralidade pública e plena transparência; b) a alienação de bens móveis da Administração Pública depende de avaliação prévia e de licitação, dispensada esta no caso de venda de ações, que poderão ser negociadas em bolsa, observada a legislação específica, nos termos da Lei nº 8.666/93 e modificações posteriores; c) as bolsas de valores e as entidades de mercado de balcão organizado são órgãos auxiliares da Comissão de Valores Mobiliários incumbidos de fiscalizar os respectivos membros e as operações neles realizadas, conforme o art. 17 da Lei nº 6.385/76, com a redação dada pelo art. 2º da Lei nº 9.457, de 5 de maio de 1997; d) a oferta de ações precedida da ampla divulgação através de editais, inclusive com a utilização de serviços públicos de comunicação e de outros mecanismos descritos no art. 19, §3º, da Lei nº 6.385/76, configura distribuição pública sujeita a prévio registro nesta Comissão; e) a caracterização de distribuição pública implica, também, o prévio registro de companhia aberta; f) a desestatização de participação acionária determinada em lei federal, estadual, distrital ou municipal com pré-identificação, pré-qualificação e condições especiais para os adquirentes, apresenta característica distinta das ofertas de ações contempladas pela Instrução CVM nº 88, de 3 de novembro de 1988; g) por determinação legal, cabe à CVM proteger os titulares de valores mobiliários e os investidores do mercado, bem como assegurar o acesso do público a informações sobre os valores mobiliários negociados e as companhias que os tenham emitido, [...]".

[340] ICVM nº 286/98: "Art. 2º As participações societárias minoritárias de que são titulares a União, Estados, Distrito Federal, Municípios e demais entidades da Administração Pública serão alienadas através de leilão, em bolsa de valores ou em mercado de balcão organizado, com identificação do alienante, observadas as seguintes disposições: [...] II - a alienação de

Observa-se nada mais nada menos do que a ratificação, pela autoridade regulatória do mercado de capitais, simultânea à Emenda Constitucional de 1998, do regime que lhe assegura a Lei de Responsabilidade das Empresas Estatais, em obediência ao comando constitucional.

Os procedimentos e circunstâncias particulares da venda deverão, conforme traçados pela empresa, ser replicados no edital do leilão, especialmente no que se refere ao tratamento a ser dedicado aos compromissos assumidos com demais acionistas por força de acordos de acionistas e mecanismos correlatos.

A ICVM citada foi revogada pela Instrução CVM nº 595/2018, cujo art. 1º alterou o art. 5º da ICVM nº 400/2003, que dispõe sobre as ofertas públicas de distribuição de valores mobiliários, nos mercados primário ou secundário.

A nova redação dada à mencionada instrução dispensa automaticamente registro do pedido previsto no art. 4º,[341] a oferta pública de distribuição: (i) de ações de propriedade da União, estados, Distrito Federal e municípios e demais entidades da Administração Pública, que, cumulativamente: (a) não objetive colocação junto ao público em geral; e (b) seja realizada em leilão organizado por entidade administradora de mercado organizado, nos termos da Lei nº 8.666/1993.

A revogação terá decorrido de economia regulatória, uma vez que a ICVM nº 400/2003 já regulamenta suficientemente as ofertas públicas

---

participação em companhia aberta cujas ações não sejam admitidas à negociação em bolsa de valores ou em mercado de balcão organizado, bem como em companhia fechada, será precedida de edital, previamente aprovado pela CVM, que conterá, necessariamente: a) informações sobre o objeto do leilão; b) modo pelo qual se realizará; c) possibilidade de interferência de vendedores; d) possibilidade de preferência ao arrematante que se propuser a adquirir todo o lote ofertado de ações emitidas por companhia fechada; e) condição da companhia, se fechada ou aberta; f) advertência, no caso de companhia fechada, de que as ações somente poderão ser negociadas por seus adquirentes através de transações privadas; g) demais características da operação. §1º O disposto neste artigo aplica-se somente à alienação de participação societária minoritária que não configure distribuição secundária sujeita a prévio registro na CVM, nos termos da Instrução CVM nº 88/88 (art. 6º). §2º O edital a que se refere o inciso II deve ser publicado pelo menos uma vez em jornal de grande circulação na localidade em que será realizado o leilão e na capital do Estado em que a entidade pública tiver sua sede, com antecedência mínima de cinco dias. §3º O aviso e o edital mencionados nos incisos I e II devem fazer referência ao ato do poder legislativo ou executivo dos respectivos entes federativos, à disposição legal ou estatutária que autorize a alienação das ações; [...]".

[341] ICVM nº 400/03: "Art. 4º Considerando as características da oferta pública de distribuição de valores mobiliários, a CVM poderá, a seu critério e sempre observados o interesse público, a adequada informação e a proteção ao investidor, dispensar o registro ou alguns dos requisitos, inclusive divulgações, prazos e procedimentos previstos nesta Instrução".

de distribuição de valores mobiliários, em que se insere a venda de ações das empresas estatais, ou de suas participações em empresas privadas.

Ao fim e ao cabo, o efeito da alteração foi solidificar um tratamento em pé de igualdade dessas empresas em relação às "demais" empresas privadas no ambiente regulatório em que todas elas trafegam negociando seus títulos e ações.

Com isso, como não poderia deixar de ser, a Comissão de Valores Mobiliários oficializa a identidade e o *status* dessas empresas de propriedade do Estado e dos títulos por elas detidos em outras sociedades anônimas congêneres, sem discriminação em razão da origem pública ou privada de seu capital.

Daí que a referência à Lei nº 8.666/1993 no art. 5º, inc. I, alínea "b", da instrução não afeta o regime jurídico dos desinvestimentos, mesmo porque as licitações e contratos das empresas estatais – e, com mais fundamento, seus desinvestimentos – não se submetem mais à Lei de Licitações, mas ao regime próprio de governança e de licitações e contratos de que foram dotadas pela Lei nº 13.303/2016, com a alternativa, ainda, da adesão ao Decreto nº 9.188/2017, adiante examinado.

De resto, as instruções normativas da CVM são normas de hierarquia e competência distintas e inferiores em relação à lei federal de regência das alienações das estatais federais, a Lei nº 13.303/2016.

Ao que tudo indica, a menção à Lei nº 8.666/1993 no texto da instrução terá decorrido de falha redacional inadvertida.

Mesmo que assim não fosse, o que se admite meramente para fins dialéticos, ao tratar da alienação de ações, que *poderão ser negociadas em bolsa*, o art. 76, II, alínea "c", da atual Lei de Licitações arremata com o comando *observada a legislação específica*, qual seja, a legislação do mercado de capitais em vigor.

Finalmente, ao se referir a *leilão organizado por entidade administradora de mercado organizado*, a parte final do mesmo dispositivo, que fazia menção à Lei nº 8.666/1993, remete, por decorrência e em última instância, à B3 S.A. – Brasil, Bolsa, Balcão, única entidade autorizada a exercer a atividade de administradora de mercado organizado.[342]

A Resolução CVM nº 160, de 13.07.2022, revogou e substitui ambas essas instruções, sendo o atual arcabouço regulatório das ofertas

---

[342] Como se trata da única entidade autorizada, não se pode excluir a consideração dos custos a serem assumidos pela estatal na hipótese da venda em leilão, alternativamente à venda direta.

públicas de distribuição primária ou secundária de valores mobiliários e da negociação dos valores mobiliários ofertados nos mercados regulamentados.[343]

Enfim, caso se opte pelo leilão, que, como visto, não é regra geral, mormente nas sociedades alienantes que tenham compromissos a cumprir com acionistas preferenciais, o *modus operandi* de sua realização deverá ser detalhado juntamente com a entidade responsável por sua condução, especialmente no que se refere ao conteúdo dos acordos de acionistas que regulam o direito de preferência, sem se descurar dos princípios que norteiam a atividade administrativa, à luz, dentre estes, da razoabilidade, da proporcionalidade e da economicidade.

Dentre essas condições especiais, deverão ser indicadas como condição de eficácia do leilão as regras de efetivação do direito de preferência dos demais acionistas, que poderão adquirir as ações nos mesmos termos e condições do lance vencedor no leilão, o que será suficiente ao adimplemento da obrigação assumida pelo acionista público nos acordos de acionistas formalizados.

Por se tratar de direito exclusivamente patrimonial e disponível, não há impedimento a que o titular deixe de exercê-lo; renuncie previamente ao seu exercício durante ou após o leilão; renuncie à observância das regras de sua efetivação pactuadas no próprio acordo de acionistas, por exemplo, aceitando exercê-lo exclusivamente no âmbito do leilão; ou dele disponha livremente, nos limites autorizados.[344]

Considerando sua natureza contratual negocial, os acordos de acionistas podem prever desenhos variados para o exercício do direito de preferência, como acima indicado.

A título de exemplo, podem ser citados alguns arranjos: (i) caso o acionista deseje alienar suas ações, deve acessar primeiramente o

---

[343] Revoga as Instruções CVM nº 400, de 29 de dezembro de 2003, CVM nº 471, de 8 de agosto de 2008, CVM nº 476, de 16 de janeiro de 2009, CVM nº 530, de 22 de novembro de 2012, e as Deliberações CVM nº 476, de 25 de janeiro de 2005, CVM nº 533, de 29 de janeiro de 2008, CVM nº 809, de 19 de fevereiro de 2019, CVM nº 818, de 30 de abril de 2019, e CVM nº 850, de 7 de abril de 2020 (publicada no *DOU* de 14.07.2022 e retificada no *DOU* de 05.12.2022). Disponível em: https://conteudo.cvm.gov.br/legislacao/resolucoes/resol160.html.

[344] Um precedente de leilão concebido nesses termos foi a alienação da participação detida por Furnas Centrais Elétricas S.A. no Complexo de Aracati, realizada em 2014, na qual a Alupar Investimento S.A., sócia de Furnas em tal empreendimento, assinou termo de declaração expressa por meio do qual: (i) comprometeu-se a exercer o seu direito de preferência, outorgado pelo acordo de acionistas celebrado com Furnas, exclusivamente no âmbito do leilão, por meio da apresentação de proposta igual ou superior à proposta vencedora, caso desejasse adquirir a participação; e (ii) renunciou a qualquer prerrogativa de exercer o direito de preferência após o encerramento do leilão.

outro, sob pena de nulidade, que poderá adquiri-las em igualdade de condições de preço e pagamento, na proporção das ações detidas pelo outro acionista; ou (ii) caso o acionista receba oferta firme de terceiro para a aquisição das ações ou tenha a intenção de aliená-las, deverá oferecê-las primeiro aos demais, em igualdade de condições, com relação à totalidade das ações ofertadas.

Enfim, são várias hipóteses a serem consideradas à luz dos negócios possíveis no âmbito da Lei das Sociedades Anônimas, observada a legislação do mercado de capitais.

Em qualquer caso de desinvestimentos mediante procedimento competitivo de leilão a ser levado a efeito segundo as normas da Comissão de Valores Mobiliários, a estatal alienante deve atentar para as determinações iniciais do Tribunal de Contas da União e as disposições do Decreto nº 9.188/2017, na condição de fonte legítima de inspiração para os desinvestimentos das estatais que optem por não aderir ao regime especial ali instituído.

Foi anotado em tópico anterior deste trabalho que todos esses *inputs* impostos pela realidade de mercado e efetivados pela Lei nº 13.303/2016 exigirão uma postura compatível dos órgãos de controle, em linha com a administração gerencial trazida pela Reforma Administrativa de 1998 e efetivada pelas regras de governança introduzidas pela Lei nº 13.303/2016, que viabilizam, enfim, um controle indireto de resultados sobre essas empresas:

> Essa estrutura tende a reforçar o controle nos resultados, sob a ótica do empreendedorismo, e administrativo, como anotado, à luz da *eficiência* e da *boa administração*.
> Na verdade, o controle haverá de se adaptar a uma nova conotação, com uma fiscalização de visão mais ampla, considerando o aspecto empresarial dos resultados obtidos por estas empresas, na roupagem de Estado-Empresário, e na latitude de sua atuação nesse ambiente de novos paradigmas introduzidos pela Lei 13.303/16, em especial em consonância com a agilidade de seus negócios.[345]

As operações que efetivarão os processos de desinvestimento têm natureza comercial, negocial e privada e devem ser tuteladas pela

---

[345] BICALHO, Alécia Paolucci Nogueira. A ressignificação da eficiência nas empresas estatais à luz da Lei 13.303. *In*: WALD, Arnoldo; JUSTEN FILHO, Marçal; PEREIRA, César Augusto Guimarães (Coord.). *O direito administrativo na atualidade*: estudos em homenagem ao centenário de Hely Lopes Meirelles (1917-2017). São Paulo: Malheiros, 2017. p. 87.

qualidade de sua governança, segundo as circunstâncias e a dinâmica do mercado de capitais.[346]

Essa foi a orientação do legislador da Lei nº 13.303/2016, que determinou a criação dos órgãos de direção encarregados de recomendar inclusive sobre a formação ou a extinção de relações societárias, em consonância com os objetivos e planos de desempenho da empresa estatal, na condição de decisões de gestão, atos *interna corporis*, com tutela reforçada nas regras de governança.

Os desinvestimentos das setenta SPEs da Eletrobras levados a efeito por meio do Edital nº 1/2018 possibilitaram amplo exame do tema, como anotado nas diversas peças que compõem o Processo TC nº 031.986/2017-0.

Constou dos autos a menção quanto à oportunidade de negócios na condição de instrumento legitimador da venda direta, em especial, conforme o caso, sob a ótica de seu objeto, identificado na extinção das parcerias mediante alienação de participações acionárias detidas em empresas coparticipadas e desde que comprovada a inviabilidade de competição.

A esse respeito, o Tribunal de Contas da União trouxe outro viés ao processo e reorientou em termos essa premissa ao enfatizar tanto no Racom quanto no Acórdão nº 1.765/2018 o fato de que, na realidade, as alienações em tela não eram motivadas por decisões estratégicas de cunho operacional, mas, sim, econômico-financeiro, na medida em que, como justificou a própria estatal, se destinam a melhorar o perfil de endividamento da *holding*, reduzindo-se a relação "dívida líquida/EBITDA".[347]

Essa constatação decerto não conduziu o tribunal a um entendimento na linha da potencial inaplicabilidade do conceito de oportunidade de negócios aos desinvestimentos da Eletrobras.

A corte limitou-se a enfatizar a necessidade de comprovação, caso a caso, da *inviabilidade* de competição como condição de juridicidade do

---

[346] *Vide* sobre o tema SCHWIND, Rafael Wallbach. *O Estado acionista*: empresas estatais e empresas privadas com participação estatal. São Paulo: Almedina, 2017. p. 260 e ss.

[347] Acórdão nº 1.765/2018. Os processos de acompanhamento dos processos de desinvestimentos Petrobras e Eletrobras foram classificados como sigilosos. Disponível em: https://pesquisa.apps.tcu.gov.br/#/documento/acordao-completo/*/KEY:%22ACORDAO-COMPLETO-2415682%22/DTRELEVANCIA%20desc,%20NUMACORDAOINT%20desc/0/%20. *Vide* BRASIL. Controladoria-Geral da União. *Relatório de Avaliação – Relatório de Auditoria nº 825966 – Petróleo Brasileiro S/A Exercício 2021 – Avaliação do Desinvestimento na Área de E&P da Petrobras*. Disponível em: https://eaud.cgu.gov.br/relatorios/download/1053637.

uso da *inaplicabilidade* de licitação e, assim, acabou por conduzir algumas alienações ao procedimento competitivo previsto da sistemática de desinvestimentos, com inspiração no Decreto nº 9.188/2017, e outras à venda direta por oportunidade de negócios.[348]

Quanto às normas da alienação, propriamente ditas, dos desinvestimentos por alienação de ações de empresa participadas para extinção de parcerias societárias por oportunidade de negócios, os regulamentos de licitações e contratos e normativos internos das empresas devem tratar do procedimento.

Essas normas são objeto de nossos comentários nos tópicos seguintes, em que examinamos o processo de construção das sistemáticas de desinvestimento da Petrobras e da Eletrobras e, mais recentemente, da Caixa Econômica Federal, com sua evolução, conforme diretrizes do Tribunal de Contas da União e à luz do Decreto nº 9.188/2017.

De forma geral, nos casos em que a escolha do parceiro esteja associada a suas características particulares, vinculada a oportunidades de negócio, a área técnica demandante deverá (i) avaliar e demonstrar as razões do enquadramento da situação no art. 28, §4º, da Lei nº 13.303/2016, da inviabilidade de competição; (ii) apresentar motivação da justificativa da escolha do parceiro; (iii) demonstrar a vantajosidade buscada, inclusive com avaliação econômico-financeira da oportunidade.

O procedimento segue as seguintes fases, com divulgação por meio eletrônico: (i) preparação; (ii) consulta de interesse; (iii) apresentação de propostas preliminares; (iv) apresentação de propostas vinculantes; (v) negociação; e (vi) resultado e assinatura dos instrumentos jurídicos negociais. A fase de apresentação de propostas preliminares poderá ser dispensada mediante decisão motivada da autoridade competente, devendo o instrumento de convocação informar esse fato.

O critério de seleção da melhor proposta é o melhor retorno econômico, analisado com base no valor da proposta e em outros fatores relevantes para o negócio (*e.g.*, responsabilidades e condições comerciais, contratuais, fiscais, trabalhistas, ambientais, entre outros que possam ser reputados relevantes, desde que justificados e objetivamente especificados no instrumento de divulgação de oportunidade).

---

[348] *Vide* Relatório no Processo TC nº 031.986/2017-0, que remete ao voto condutor do Acórdão nº 2.645/2017 – TCU – Plenário e item 259 da conclusão.

4.6 Tratamento do leilão deserto

Outro dado que merece nota quanto aos desinvestimentos se relaciona à resolutividade do processo, caso, feito o leilão, os ativos não recebam propostas.

Incide na hipótese a venda direta, com amparo no inc. III do art. 29, que dispensa a licitação:

> Quando não acudirem interessados à licitação anterior e essa, justificadamente, não puder ser repetida sem prejuízo para a empresa pública ou a sociedade de economia mista, bem como para suas respectivas subsidiárias, desde que mantidas as condições preestabelecidas.

Com pequenas mutações, essa hipótese de dispensa de licitação já era conhecida desde o Decreto nº 2.300/1986 (art. 22), foi mantida no texto da Lei nº 8.666/1993 (art. 24, inc. V) e fez sua aparição na Lei nº 13.303/2016, sem alterações em relação ao dispositivo paradigma.

Na síntese de Marçal Justen Filho, são os seguintes os requisitos da aplicação do dispositivo: (i) a manutenção das condições estabelecidas no instrumento convocatório anterior, cuja alteração importaria violação ao princípio da isonomia; (ii) a validade do certame anterior, ou seja, não configuração de anulação, pressupondo a validade e regularidade da licitação; (iii) a conveniência do certame anterior ou não configuração de revogação.[349]

Em comentário ao art. 24 da Lei nº 8.666/93, o autor alerta que o inc. V deve ser aplicado com a cautela de examinar se a causa da ausência de interessados na licitação anterior residia na fixação de regras inadequadas à satisfação do interesse sob tutela estatal, ou se as condições inicialmente adotadas restringiam inadequadamente o universo de licitantes ou retratavam contrato desinteressante para a Administração; nesses casos, a contratação direta não será autorizada com fulcro no dispositivo mencionado.

Além de licitação válida, embora com resultados frustrados em razão da ausência de participantes, a juridicidade da aplicação do dispositivo pressupõe que a renovação do certame acarrete prejuízos ao interesse público, e a repetição dos atos da licitação com sua reedição deve ser motivadamente prejudicial ao interesse da empresa estatal.

---

[349] JUSTEN FILHO, Marçal. *Comentários à Lei de Licitações e Contratos Administrativos*. 17. ed. São Paulo: Revista dos Tribunais, 2016. p. 490.

O autor cita Jorge Ulisses Jacoby Fernandes, segundo o qual são requisitos de aplicação do inc. V do art. 24 da Lei de Licitações: (i) ocorrência de licitação anterior (ausência de interessados); (ii) risco de prejuízo caracterizado ou demasiadamente aumentado pela demora decorrente do processo licitatório; (iii) evitabilidade do prejuízo mediante contratação direta; e (iv) manutenção das condições ofertadas no ato convocatório anterior.[350]

A gênese do art. 29, inc. III, da lei é a mesma do art. 24, inc. V, da Lei nº 8.666/1993, de forma que a doutrina construída sobre este serve de esteio para a aplicação daquele.[351]

E alguns doutrinadores, como Sidney Bittencourt e Edgar Guimarães, já comentaram especificamente o inc. III do art. 29 da Lei nº 13.303/2016, sem inovações em relação ao seu paradigma da Lei de Licitações, como se observa dos trechos adiante transcritos, da lavra desses autores, respectivamente:

> O desinteresse na licitação caracteriza-se quando não acudirem interessados a certame plenamente divulgado, tendo-se, assim o que se acostumou a chamar de 'licitação deserta'. Na sua ocorrência, é permitida a contratação direta, desde que haja justificativa formal de que sua repetição seria prejudicial ao interesse público e manutenção de todas as condições preestabelecidas. O dispositivo impõe os seguintes requisitos para o perfeito enquadramento da dispensa licitatória: a) existência de licitação anterior válida; b) ausência de interessados nessa licitação; c) risco de prejuízo caracterizado em função da demora decorrente de novo processo licitatório; e d) manutenção das condições ofertadas no ato convocatório anterior.[352]
>
> Essa hipótese de contratação direta é voltada para casos denominados de licitação deserta, ou seja, quando nenhum interessado acode ao chamamento público, autorizando a dispensa mediante o atendimento das seguintes condições legais: (i) anterior tentativa de uma licitação frustrada pelo não comparecimento de interessados em contratar. A licitação, embora programada e realizada em conformidade com o ordenamento jurídico, resta inutilizada pelo livre desinteresse de

---

[350] *Apud* JUSTEN FILHO, Marçal. *Comentários à Lei de Licitações e Contratos Administrativos*. 17. ed. São Paulo: Revista dos Tribunais, 2016. p. 490.

[351] "A redação do dispositivo é equivalente àquela do art. 24, V, da Lei 8.666/1993. Aplica-se no caso do entendimento consagrado relativamente ao tema, no âmbito da Lei 8.666/1993" (JUSTEN FILHO, Marçal (Org.). *Estatuto Jurídico das Empresas Estatais*: Lei nº 13.303/2016 – Lei das Estatais. São Paulo: RT, 2016. p. 310).

[352] BITTENCOURT, Sidney. *A nova Lei das Estatais*: novo regime de licitações e contratos nas empresas estatais. São Paulo: JH Mizuno, 2017. p. 77.

participantes; (ii) impossibilidade de instauração de um novo processo licitatório, sob pena de prejuízo à empresa pública ou à sociedade de economia mista, especialmente quando a nova licitação, em face das formalidades temporais e demais requisitos legais a serem cumpridos se mostrar inoportuna e inconveniente para o atendimento do interesse público. Não é necessário, nesse caso, a caracterização da urgência ou emergência; (iii) as condições do edital da licitação anterior sejam exatamente as mesmas para a contratação direta, ou seja, objeto, condições de habilitação, prazos, etc. serão idênticos para o contrato ser formalizado e justificados por meio da dispensa de licitação.[353]

A manutenção das condições do edital da licitação anterior – não revogada ou anulada – é condição *sine qua non* da dispensa de licitação amparada no inc. III do art. 29 da Lei nº 13.303/2016, pois qualquer alteração das condições anteriores implicará violação ao princípio da isonomia.

Além disso, em outras vertentes, caso as propostas apresentadas não atendam às condições da venda pretendida, poderá ser avaliada, ainda, a possível ocorrência, em cada situação, das circunstâncias autorizativas de inviabilidade de competição que sustentem a venda direta com amparo no art. 30, por inexigibilidade de licitação, ou por oportunidade de negócios fundada no art. 28, §3º, inc. II, e §4º – situações perante as quais a estatal poderá negociar com os ofertantes condições de alienação distintas daquelas adotadas em leilão.

Outra questão que poderá surgir vinculada aos desinvestimentos é a perspectiva de alienação para controladas e subsidiárias, que encontra base legal no art. 29 da Lei nº 13.303/2016, cujo inc. XI dispensa a licitação entre empresas públicas e sociedades de economia mista.[354]

O dispositivo admite a alienação, dação em pagamento, permuta ou qualquer forma de transferência da propriedade dos ativos a outros órgãos ou entidades da Administração Pública, de forma direta, sem licitação, com enquadramento no inc. XVI do art. 29 da Lei nº 13.303/2016.

---

[353] SANTOS, José Anacleto Abduch; GUIMARÃES, Edgar. *Lei das Estatais*: comentários ao regime jurídico licitatório e contratual da Lei nº 13.303/2016. Belo Horizonte: Fórum, 2017. p. 51.

[354] Lei nº 13.303/2016: "Art. 29. É dispensável a realização de licitação por empresas públicas e sociedades de economia mista: [...] XI - nas contratações entre empresas públicas ou sociedades de economia mista e suas respectivas subsidiárias, para aquisição ou alienação de bens e prestação ou obtenção de serviços, desde que os preços sejam compatíveis com os praticados no mercado e que o objeto do contrato tenha relação com a atividade da contratada prevista em seu estatuto social; [...]".

Essa hipótese vem reproduzida a partir do art. 24, inc. XXIII, também da Lei nº 8.666/1993,[355] com a correção da redundância *subsidiárias e controladas* e o incremento da exigência de *pertinência temática* entre o objeto da contratação e as atividades sociais da contratada,[356] em linha com a Súmula nº 265 do Tribunal de Contas da União,[357] e que haverá de ser motivada, nesse caso, por compradora e vendedora.

Há que se atentar para a qualificação da compradora.

Caso se trate de empresa incluída no Plano Nacional de Desestatização, atrairá para si o regime da Lei nº 9.491/1997 e do Decreto nº 2.594/1998, submetendo-se às regras e consequências do PND, dentre as quais:

(i) o depósito pela União – e por suas entidades da Administração indireta –, junto ao Fundo Nacional de Desestatização, das ações representativas de suas participações direta ou indireta na empresa a ser privatizada, em observância ao art. 10 da Lei nº 9.491/1997;

(ii) uma vez efetivado o depósito, o direcionamento de sua estratégia para o atendimento dos objetivos da desestatização, conforme art. 16 da mesma lei; e

---

[355] Lei nº 13.303/2016: "Art. 24. É dispensável a licitação: [...] XXIII - na contratação realizada por empresa pública ou sociedade de economia mista com suas subsidiárias e controladas, para a aquisição ou alienação de bens, prestação ou obtenção de serviços, desde que o preço contratado seja compatível com o praticado no mercado".

[356] Aplica-se a essa hipótese o que já vinha sendo dito na regência da Lei nº 8.666/1993 (JUSTEN FILHO, Marçal. A contratação sem licitação nas empresas estatais. *In*: JUSTEN FILHO, Marçal (Org.). *Estatuto Jurídico das Empresas Estatais*: Lei nº 13.303/2016 – Lei das Estatais. São Paulo: RT, 2016. p. 313; BITTENCOURT, Sidney. *A nova Lei das Estatais*: novo regime de licitações e contratos nas empresas estatais. São Paulo: JH Mizuno, 2017. p. 96-97).

[357] "SÚMULA Nº 265: A contratação de subsidiárias e controladas com fulcro no art. 24, inciso XXIII, da Lei nº 8.666/93 somente é admitida nas hipóteses em que houver, simultaneamente, compatibilidade com os preços de mercado e pertinência entre o serviço a ser prestado ou os bens a serem alienados ou adquiridos e o objeto social das mencionadas entidades. Fundamento legal – Constituição Federal, art. 37, inciso XXI; – Lei nº 8.666/1993, art. 24, inciso XXIII. Precedentes: Acórdão 3219/2010 – Plenário – Sessão de 01/12/2010 – Ata nº 47, Proc. 007.049/2004-6, in DOU de 14/12/2010; Acórdão 2635/2010 – Plenário – Sessão de 05/12/2007 – Ata nº 51, Proc. 006.075/2005-0, in DOU de 11/12/2007; Acórdão 2436/2007 – Segunda Câmara – Sessão de 11/09/2007 – Ata nº 32, Proc. 006.026/2004-7, in DOU de 13/09/2007; Acórdão 1705/2007 – Plenário – Sessão de 22/08/2007 – Ata nº 35, Proc. 006.023/2004-5, in DOU de 29/08/2007; Acórdão 0267/2007 – Plenário – Sessão de 07/03/2007 – Ata nº 08, Proc. 011.320/2003-2, in DOU de 09/03/2007; Acórdão 127/2007 – Segunda Câmara – Sessão de 13/02/2007 – Ata nº 4, Proc. 006.026/2004-7, in DOU de 15/02/2007; Acórdão 2254/2005 – Plenário – Sessão de 13/12/2005 – Ata nº 49, Proc. 016.520/1999-8, in DOU de 03/01/2006; Decisão 645/2002 – Plenário – Sessão de 19/06/2002 – Ata nº 21, Proc. 006.023/2004-5, in DOU de 08/07/2002. Dados de aprovação: Acórdão nº 1602 – TCU – Plenário, 15 de junho de 2011".

(iii) a obtenção de autorização prévia do Ministério da Fazenda para a aquisição das ações, caso seus valores sejam iguais ou superiores a 5% (cinco por cento) de seu patrimônio líquido, conforme art. 58, §1º, VI, do Decreto nº 2.594/1998.[358]

Em síntese do que foi dito, caso não acudam interessados no leilão e sejam modificadas as condições da licitação que interdite a aplicação do art. 29, inc. III, a estatal poderá alienar o ativo (i) à controlada ou subsidiária por dispensa de licitação prevista no art. 29, inc. XI, da lei; (ii) a terceiros, com fundamento em inexigibilidade de licitação em suas formas ditas "tradicionais", com amparo no art. 30, ou "qualificadas", na hipótese de caracterização de oportunidade de negócios, nos moldes do art. 28, §3º, inc. II, e §4º – nesses dois últimos casos, sempre mediante comprovação dos elementos caracterizadores da inviabilidade de competição em maior ou menor grau de especificidade, conforme exigido pelos respectivos dispositivos.

O enquadramento das vendas diretas nas hipóteses de inaplicabilidade de licitação, do art. 28, ou de inexigibilidade de licitação, do art. 30, comportará condições negociais ou de preços distintas daquelas que nortearam o leilão.

Em qualquer caso, as providências e as negociações diretas deverão ser documentadas segundo as formalidades adotadas para a contratação direta, nos termos do art. 30, §3º, da lei, ou conforme as regras de governança adotadas pela empresa para os casos de oportunidade de negócios.

Arrematando: (i) caso o certame não seja anulado ou revogado e prevalecendo a intenção da estatal em perfazer a venda nas mesmas condições ali adotadas, a alienação poderia ser realizada sob a modalidade direta, por dispensa de licitação com amparo no inc. III do art. 29 da Lei nº 13.303/2016; (ii) caso a empresa opte por alterar as condições do leilão para prosseguir à alienação, poderá fazê-lo (ii.a) por oportunidade de negócios prevista no art. 28, §3º, inc. II c/c §4º da lei, sem licitação, desde que comprovada a inviabilidade de competição; (ii.b) por inexigibilidade de licitação prevista no *caput* do art. 30 da lei, igualmente condicionada à comprovação de inviabilidade de

---

[358] Lei nº 9.491/1997: "Art. 59. [...] §1º A partir de sua inclusão no PND a sociedade não poderá praticar os seguintes atos, sem a autorização prévia do Ministro de Estado da Fazenda: [...] V - adquirir ou alienar ativos em montante igual ou superior a cinco por cento do patrimônio líquido da empresa".

competição; ou (iii) no caso específico de transação entre órgãos e entidades da Administração Pública, por exemplo, para os fins de dação em pagamento ou permuta, caberá, ainda, a dispensa de licitação com amparo no art. 29, inc. XVI, da lei.

CAPÍTULO 5

OS DESINVESTIMENTOS NA PRÁTICA

5.1 A sistemática para desinvestimentos de ativos e empresas do sistema Petrobras

O regime aplicado aos desinvestimentos da Petrobras – consolidado no Decreto nº 9.188/2017, que estabeleceu *regras de governança, transparência e boas práticas de mercado para a adoção de regime especial de desinvestimento de ativos pelas sociedades de economia mista federais* – deve ser compreendido a partir de sua raiz histórica, como consignado na análise levada a efeito pelo Tribunal de Contas da União sobre a sistemática originariamente utilizada pela companhia.

Em meados de 2016, a Petrobras encontrava-se em fase de implementação das medidas programadas para atingir suas metas divulgadas ao mercado no Plano de Negócios e Gestão (PNG) 2015-2019, visando aumentar a liquidez de curto prazo e reduzir a alavancagem da empresa mediante a obtenção de recursos projetados na ordem de US$15,1 bilhões, que resultariam de desinvestimentos de ativos.

A alienação de empresas e ativos – alguns dos quais já se encontravam em avançado estágio de negociação, como era o caso de Paraty 1, Paraty 3, Ópera, Portfólio e Sabará – vinha sendo conduzida segundo normativo próprio, para tanto desenvolvido pela companhia com inspiração na modalidade convite, do Decreto nº 2.745/1998, a chamada *sistemática para desinvestimentos de ativos e empresas do sistema Petrobras*.

A sistemática adotou rito procedimental em três fases.

Na fase de *estruturação*, deveriam ser definidos os procedimentos de venda aplicáveis e do modelo de negócio, com venda total ou parcial; a preparação da sociedade ou do ativo para a venda; e a composição do grupo de projeto e da comissão de alienação, encarregada da condução dos processos.

A fase seguinte, de *desenvolvimento do projeto*, compreendia a contratação do assessor financeiro; a seleção e envio da divulgação de oportunidade (*teaser*) aos potenciais compradores; o envio do memorando descritivo (*infomemo*); o recebimento de ofertas não vinculantes; o envio de carta-convite (*process letter*); a realização de *due diligence*; e o recolhimento de ofertas vinculantes. Na sequência dessas providências, ocorriam a negociação do contrato, as aprovações internas e a assinatura do contrato com divulgação ao mercado.

O *fechamento* compreendia a submissão dos documentos aos órgãos externos para aprovação ou conhecimento da transação; a verificação dos direitos dos sócios e credores sobre os ativos alienados; a implementação das condições precedentes, nos termos do contrato de compra e venda; a efetivação dos investimentos negociados, de forma a manter o curso ordinário dos negócios até sua transferência para o comprador; e, finalmente, a verificação dos ajustes de preços em relação ao valor da oferta negociado para a compra e venda.

5.1.1 A representação da SeinfraPetróleo. A sistemática revisada e os Acórdãos nº 442-08/17 e 477-07/19 do Plenário do TCU

Em 06.05.2016, a SeinfraPetróleo formulou representação[359] ao Plenário do Tribunal de Contas da União a respeito da referida sistemática, que contemplaria procedimentos contrários aos princípios da Administração Pública.

Dentre as conclusões iniciais apresentadas, a SeinfraPetróleo suscitou a *ilegalidade formal* da sistemática, já que o Decreto nº 2.745/1998 careceria de natureza normativa adequada para disciplinar tais negócios envolvendo matéria licitatória reservada à lei *stricto sensu*, nos termos do art. 37, inc. XXI c/c art. 173, §1º, inc. III, da Constituição Federal.

---

[359] Processo TC nº 013.056/2016-6. Os seguintes processos foram posteriormente relacionados a este: (i) TC nº 001.504/2016-9 e TC nº 033.890/2016-1, acompanhamento de desinvestimentos da Petrobras pela SecexEstatais-RJ e a SeinfraPetróleo; (ii) TC nº 011.595/2014-0, sobre denúncia versando a respeito dos desinvestimentos na África e à formação da *joint venture* entre a Petrobras e o BTG Pactual; (iii) TC nº 016.174/2016-0, que trata de solicitação do Congresso Nacional para realização de fiscalização sobre a venda da Petrobras Argentina (Pesa) para a Pampa Energia S.A.; e (iv) TC nº 020.657/20161, que trata de representação relacionada à venda da Liquigás.

A Seinfra apontou na mesma linha também vício de *legalidade material* do documento, uma vez que a delegação conferida ao chefe do Poder Executivo pelo art. 67 da Lei nº 9.478/1997 para a criação de procedimento licitatório simplificado para a Petrobras se referia tão somente à aquisição de bens e serviços, e não às alienações da companhia.

Foram ainda questionadas a possível necessidade de autorização legislativa para a realização dos desinvestimentos e a eventual obrigatoriedade de aplicação da Lei nº 9.491/1997, a Lei do Programa Nacional de Desestatização, aos processos de desinvestimentos da Petrobras.

O ministro relator, José Múcio Monteiro, decidiu pela suspensão cautelar dos desinvestimentos então em curso, à exceção dos cinco projetos mencionados, determinando que a companhia se abstivesse de assinar os respectivos contratos, bem como de iniciar novos processos, até que o tribunal deliberasse sobre o mérito da representação.[360]

No acórdão que veio a julgar mérito, o tribunal manifestou especial preocupação com a *transparência* dos procedimentos, revisitando os fundamentos da representação, com destaque aos vícios de *transparência* ali apontados, relacionados à:

(i) ausência de publicação da oportunidade de negócio;
(ii) possibilidade de escolha do assessor financeiro sem consulta ao mercado;
(iii) discricionariedade do gestor para a escolha de potenciais compradores, em processo sigiloso, e risco de restrição arbitrária do número de participantes;
(iv) permissão para a alteração do objeto alienado, a qualquer tempo, ainda que em etapas avançadas de negociação, sem que se conferissem oportunidades iguais para os licitantes se manifestarem sobre as alterações promovidas;
(v) não condução à deliberação de órgãos diretivos da companhia de parcela considerável de atos relacionados às alienações; e
(vi) não divulgação a todos os interessados dos esclarecimentos prestados na etapa de perguntas e respostas.

---
[360] *Idem, ibidem.*

5.1.2 Base legal da sistemática

Ao tempo do julgamento, o art. 67 da Lei nº 9.478/1997 – base legal do Decreto nº 2.745/1998 – havia sido revogado pelo art. 96 da Lei nº 13.303/2016.

Esse fato superveniente à representação suscitou questionamento posterior a respeito de qual deveria ser, a partir de então, a adequada base legal e material de governança para a realização dos desinvestimentos da Petrobras iniciados durante o período de transição do sistema da Lei nº 8.666/1993 – do Decreto nº 2.745/1998, no caso da Petrobras – para o novo regime instituído pela Lei nº 13.303/2016.

Sobre esse aspecto, o tribunal foi objetivo: registrou seu posicionamento histórico relativamente à inconstitucionalidade do decreto e o fato de o tema se encontrar judicializado junto ao Supremo Tribunal Federal.[361] Com isso, decidiu que, qualquer que fosse o esteio do normativo de regência dos desinvestimentos da Petrobras, a companhia deveria observar os princípios constitucionais aplicáveis à Administração Pública.

Traçada esta premissa, o TCU passou a examinar o conteúdo da representação[362] a partir do reconhecimento da Petrobras, já então manifestado nos autos, sobre a pertinência de se rever e aprimorar a sistemática, como de fato veio a fazer.

5.1.3 O tratamento da transparência

No relatório do Acórdão nº 442-08/17 – Plenário, foram listados um a um todos os aspectos sobre os quais o tribunal considerou ter havido avanços na versão revisada do documento, especialmente no que se refere à *transparência*:

(i) a publicidade passou a ser a regra, e as eventuais exceções deveriam ser previamente aprovadas pela diretoria executiva (itens 6.2.4 e 6.5.2 do normativo e seus subitens);

(ii) foi definida a obrigação de divulgação ao mercado dos principais atos relacionados aos desinvestimentos: o inteiro teor do *teaser*; o início da fase não vinculante e de *due diligence*; o início da fase vinculante; a concessão de exclusividade para

---

[361] Sobre o histórico das decisões do TCU e do STF a respeito do Decreto nº 2.745/98, *vide* Processo TC nº 013.056/2016/6, Acórdão nº 442/2017 – TCU – Plenário.

[362] Processo TC nº 013.056/2016/6, Acórdão nº 442/2017 – TCU – Plenário, p. 12-18.

negociação; a aprovação interna pelos órgãos diretivos e assinatura dos contratos; e a conclusão do projeto.

5.1.4 O sigilo

O tribunal pontuou, então, que, mesmo em casos excepcionais, o *sigilo* não encontrava, em tese, possibilidade de aplicação, haja vista seu confronto com um princípio constitucional.

Como anotado adiante, essa regra de sigilo absoluto veio a ser posteriormente mitigada, à luz da natureza das operações.

O Decreto nº 9.188/2017 passou a admitir a excepcional declaração pelos órgãos estatutários de sigilo da operação, de suas etapas ou de documentos, desde que a revelação de informações apresente potencial lesivo à companhia ou ao ativo alienado.

5.1.5 A escolha de potenciais compradores

No que se refere à discricionariedade do gestor para a *escolha de potenciais compradores*, o item 6.4 da sistemática revisada passou a prever que a seleção de empresas seria realizada mediante a adoção de *critérios objetivos*, razoáveis, impessoais, devidamente justificados, comprovados e registrados, amplamente divulgados por meio do *teaser* e submetidos à aprovação pela diretoria executiva – que ficou responsável também pela aceitação da lista das empresas que seriam desde logo convidadas a participar do certame, mediante o atendimento desses critérios.

5.1.6 Sistema eletrônico

Previu-se ainda a adoção de *sistema eletrônico* – preferencialmente o Petronect – para o recebimento de propostas, evitando-se que o ato ocorresse em datas e horários discrepantes daqueles previamente estabelecidos (itens 6.7.9.1 e 6.10.2.1).

5.1.7 Alteração do objeto dos desinvestimentos no curso do procedimento

A sistemática revisada adotou um novo padrão no que se refere à *alteração do objeto* alienado, antes possível a qualquer tempo.

Esse foi um dos temas de preocupação por parte do tribunal, que demandava uma acomodação capaz de conciliar o inevitável dinamismo do mercado e o necessário respeito à publicidade, à isonomia e à competitividade. Isso porque as operações do porte dos desinvestimentos de grandes empresas estatais, como é o caso destes, conduzidos pela Petrobras, despertam amplos movimentos de mercado, que, a seu turno, podem desvendar outras possibilidades nem sempre vislumbradas no momento do anúncio do respectivo portfólio.

Há sempre a perspectiva de o alienante rever esse conteúdo, seja em função do recebimento de propostas por parte de outros acionistas, seja de terceiros não acionistas, bem como dirigidas à aquisição de ativos não inseridos na carteira originária dos desinvestimentos.

Como anotamos em tópico anterior, a definição da carteira de ativos contemplados nesses programas expressa uma decisão estruturada de gestão empresarial adotada com base em fluxos deliberativos e pertinentes aprovações dos órgãos internos, em compatibilidade com os estatutos e com os planos estratégico e de negócios e gestão das companhias.

Tais deliberações partem de uma construção racional com fundamentos vinculados à política empresarial e aos rumos definidos para os negócios da empresa, no momento da aprovação do programa de desinvestimentos.

A rotina empresarial, no entanto, é dinâmica e se altera de acordo com as tendências de um mercado veloz, cujas oscilações e oportunidades demandam constante revisão de estratégias e ágeis tomadas de decisão.

Por isso, um programa voltado à alienação de determinados ativos ali especificados não pode ser considerado no âmbito de uma organização empresarial como uma espécie de trava à negociação de outros ativos ali não contemplados.

Essa perspectiva iria de encontro à natureza empresarial privada das sociedades sob foco; à realidade do ambiente de mercado em que essas empresas trafegam quotidianamente; e, sobretudo, à vontade do legislador da Lei nº 13.303/2016, que afastou as formalidades da licitação nas transações envolvendo a compra e venda de ações e de ativos das empresas estatais, habilitando-as a negociarem no ritmo ligeiro imposto por esse mercado.

Diante disso, o recebimento de propostas de terceiros, a possibilidade de alienação de outros ativos não incluídos originariamente no portfólio dos desinvestimentos e a eventual mudança das regras do processo, conquanto tenham que ser atendidos com agilidade, não poderiam, nos casos de alienante estatal, passar ao largo dos princípios caros à Administração Pública.

Embora a decisão de mérito sobre essas intercorrências tenha natureza tipicamente gerencial, inerente à liberdade empresarial a que as estatais fazem jus, essa decisão revisional de conteúdo do objeto do desinvestimento deve observar os mesmos fluxos deliberativos e de aprovações pertinentes que tenham servido de plataformas à origem do processo.

Daí que os itens 6.4.5, 6.8.5, 6.10.4, 6.11.1.2 e 6.11.3 da sistemática da Petrobras passaram a prever o *reinício* do processo em caso de alteração do objeto e a *repetição da fase vinculante* em caso de aprovação da alteração de escopo pela diretoria executiva.

Foi como determinou o tribunal para os casos em que sobrevenham alterações no objeto dos desinvestimentos que possam impactar as condições da disputa na busca do melhor resultado econômico.

A sistemática passou a prever uma nova rodada de propostas vinculantes no caso de haver propostas com até 10% de diferença em relação à melhor oferta. Previu ainda o chamado procedimento designado *rebid*, que compreende a possibilidade de se realizar nova rodada de propostas com *sale purchase agreement* (SPA) negociado por adesão, também no caso da existência de propostas com até 10% de diferença em relação à melhor oferta.

Esse *rebid* tem sido alvo de severas críticas pelo mercado por constituir um desestímulo à oferta, na medida em que o detentor da melhor proposta despenderá tempo e esforço em negociações com a estatal para, ao final, disputar com terceiros o preço da contratação com base nas condições por ele próprio negociadas; ou seja, uma vitória inglória.[363]

5.1.8 Aprovação pelos órgãos deliberativos

Retomando as alterações realizadas pela Petrobras em sua sistemática, o tribunal questionou a ausência de previsão na versão original do documento quanto à deliberação dos órgãos diretivos de parcela considerável de atos relacionados aos desinvestimentos.

A sistemática revisada supriu a falha, passando a prever a obrigatória aprovação pela diretoria executiva do início de cada etapa relevante do desinvestimento, nomeadamente: a entrada do projeto na carteira (já prevista na versão anterior); a estruturação do modelo de negócio (incorporada à versão revista); a definição dos critérios objetivos para o convite (*idem*); a lista de potenciais compradores (*idem*); a classificação das propostas não vinculantes recebidas (*idem*); a classificação das

---

[363] O Decreto nº 9.188/2017 não manteve esse recurso de "negociação representada".

propostas vinculantes recebidas (*idem*); a concessão de exclusividade à negociação, se cabível (já prevista anteriormente); a assinatura de contratos (também prevista na versão original).

5.1.9 A escolha do assessor financeiro

No que se refere à escolha do assessor financeiro sem consulta ao mercado, a versão revista da sistemática incluiu previsão de que a contratação das modalidades de assessoria financeira – assessor financeiro e *fairness opinion/valuation report* – passaria a contar com regras mais específicas, a saber: (i) obrigatoriedade de observação dos preceitos do Manual Petrobras de Contratação e demais normas corporativas aplicáveis; (ii) instrução de processo com documentação específica destinada a subsidiar a justificativa da contratação; (iii) rotatividade da escolha do assessor, tomando como base para identificação inicial dos eventuais prestadores os *rankings* publicados e periodicamente atualizados por instituições especializadas em *M&A*; (iv) análise prévia pela área jurídica, caso a caso, nas situações de identificação de hipóteses de contratação direta; e (v) submissão da contratação do assessoramento financeiro à aprovação pelas autoridades competentes (item 6.3.6 da sistemática revisada).

O tribunal registrou alerta sobre as hipóteses de contratação direta nos casos de inviabilidade de competição, remetendo ao art. 30 da Lei nº 13.303/2016 – e, então, à Lei nº 8.666/1993 –, que preveem tais institutos, cuja juridicidade se condiciona, contudo, à demonstração, caso a caso, da inviabilidade de competição, nos termos da lei.

A propósito, foi destacada ainda a submissão dos gestores às penalidades cabíveis nas hipóteses de indevida contratação direta, além da assunção de responsabilidade solidária por eventual dano causado.

5.1.10 Perguntas e respostas

A sistemática passou a contar ainda com novas regras sobre a divulgação de perguntas e respostas formuladas pelos licitantes: (i) a possibilidade de solicitação de esclarecimentos pelos potenciais compradores à comissão de alienação; (ii) a divulgação, mediante circular de esclarecimentos, das perguntas e respostas relativas aos esclarecimentos solicitados que não prejudicassem o valor da empresa ou do ativo; e (iii) a disponibilização das perguntas e respostas relativas aos esclarecimentos sobre o projeto por meio de *data room* (itens 6.7.7 e 6.9.6).

Em atenção ao princípio da isonomia, a não divulgação das respostas permaneceu como exceção, no caso de prejuízo ao valor do ativo em virtude das especificidades do mercado de *M&A*, que, de toda forma, deveria ser justificada, evitando-se as interpretações pela comissão de alienação capazes de restringir o acesso de interessados a informações relevantes sobre o processo.

5.1.11 Conclusões

O tribunal concluiu ao final que, com algumas ressalvas, em seu conjunto, as medidas saneadoras incorporadas à sistemática após sua revisão passaram a assegurar uma mais ampla observância dos princípios da transparência, publicidade, isonomia, impessoalidade, competitividade e moralidade.

O Plenário reputou eficientes as regras destinadas a aperfeiçoar a rastreabilidade dos atos associados aos desinvestimentos, que contribuíram para a melhoria da governança dos processos de venda, com elevação do limite de competência para aprovação das principais decisões ou, ainda, a passagem dos projetos pelos comitês estatutários e pela diretoria executiva em fases intermediárias dos processos, sem prejuízo da eficiência e da economicidade.

No que se refere à sistemática propriamente dita e após sua versão *revisada*, o TCU determinou à estatal que aplicasse aos projetos de desinvestimento a versão aprovada pela diretoria executiva da companhia, nos termos da Ata nº 5.345, Pauta nº 85, de 23.01.2017.[364]

Uma importante diretriz trazida pelo tribunal foi a avaliação pela estatal da pertinência do levantamento de informações sobre os potenciais compradores, relativamente à integridade e conformidade com regulações e práticas internacionais de prevenção à fraude e corrupção.

A realização desses procedimentos foi recomendada pelo tribunal em todas as operações do processo, garantido, ainda, o padrão de *Due diligence de integridade de contrapartes nas operações de aquisições e investimentos*, com vista a alcançar a verificação sobre a licitude da origem dos recursos utilizados na operação.

A necessidade de precedência de lei autorizativa dos desinvestimentos e a possível submissão do processo à legislação do Programa

---

[364] Sobre o aspecto da aplicação temporal da nova sistemática, o tribunal decidiu, conforme voto do relator, reportando-se à medida cautelar antes concedida: itens 40-46 (Processo TC nº 013.056/2016/6, Acórdão nº 442/2017 – TCU – Plenário, p. 5-6).

Nacional de Desestatização foram detalhadamente examinadas no julgamento do mérito da representação, entendendo o tribunal pelo descabimento de ambas as medidas, conforme comentado em tópico anterior.

Isso porque os arts. 64 e 65 da Lei nº 9.478/1997 já conferiram à Petrobras a autorização legal necessária para adotar a decisão – discricionária, melhor dizendo, de gestão empresarial – no que se refere à criação de empresas subsidiárias e à participação em empresas privadas.

Daí que, como também já entendeu o Supremo Tribunal Federal em oportunidades anteriores, não havendo exigência constitucional de lei específica para o desfazimento dessas providências de cunho gerencial, não haveria razão para que, no exercício de suas atividades negociais de gestão de portfólio, a empresa não pudesse dispor desses ativos, conforme a conveniência empresarial e segundo o seu poder de autogestão.

De toda forma, no que se refere ao questionamento apresentado pela SeinfraPetróleo sobre a eventual necessidade de aplicação da Lei nº 9.491/1997 aos desinvestimentos que constituíram o objeto da representação, o tribunal afastou tal interpretação, como registrado em tópico precedente.

Como anotado, aqueles desinvestimentos então realizados pela Petrobras não se confundem com as desestatizações, uma vez que não guardaram pertinência com os objetivos do Programa Nacional de Desestatização ao não expressarem um imperativo da vontade estatal, como comprova a própria não inclusão daqueles ativos e empresas no âmbito do mencionado programa, com base em recomendação do CPPI e decreto presidencial, inexistentes *in casu*.

Finalmente, o tribunal decidiu recomendar "à Casa Civil da Presidência da República que avalie a conveniência e oportunidade de propor, com a urgência que considerar adequada, norma específica que disponha sobre alienações e desinvestimentos de sociedades de economia mista".

Essa recomendação foi o mote da edição do Decreto nº 9.188/2017, construído a partir do próprio conteúdo da sistemática de desinvestimentos da Petrobras, e cujo texto reflete os avanços da revisão ali empreendida, conforme pontualmente examinados e debatidos pelo

Tribunal de Contas da União no Acórdão nº 442/2017 – Plenário ora comentado.[365]

Os projetos de desinvestimento seguem o rito previsto na sistemática e "visam à transferência de titularidade, total ou parcial de bens e/ou direitos pertencentes à Petrobras ou às empresas integrantes do Sistema Petrobras relacionados à Empresa/Ativo", compondo-se das seguintes fases:

(i) Fase 1 – Estruturação: destina-se ao planejamento do Projeto de Desinvestimento;
(ii) Fase 2 – Desenvolvimento: destina-se à realização do processo competitivo; e
(iii) Fase 3 – Encerramento: destina-se à obtenção das aprovações externas, implementação das condições precedentes e ao fechamento do Projeto de Desinvestimento.

Figura 1 – Fluxograma da sistemática de desinvestimentos da Petrobras[366]

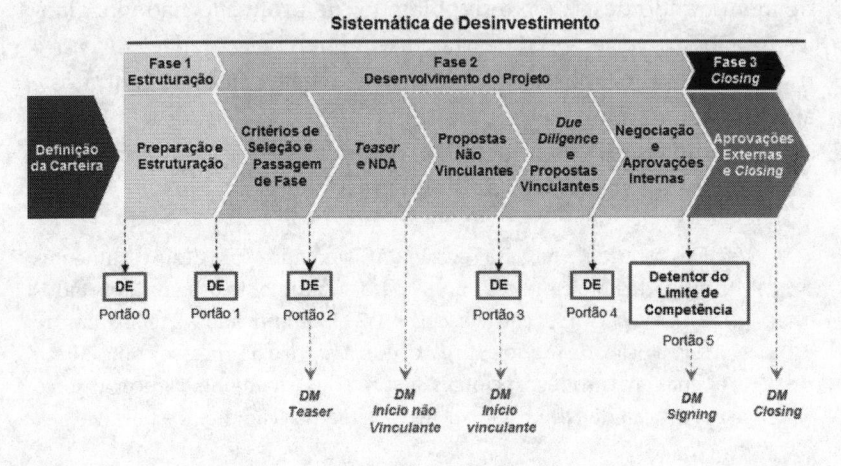

O fluxograma é explicado em portões e fases. Após a passagem do portão 0, o projeto passa a integrar a Carteira de Desinvestimentos e avança à Fase 1 – Estruturação para definição dos seguintes aspectos:

---

[365] No Acórdão nº 477/2016 – Plenário, o tribunal analisou o acompanhamento da carteira de desinvestimentos da estatal, com avaliação de casos concretos de vendas de ativos e a implementação de ações de controle.
[366] Acórdão nº 477-07/19 – Plenário.

(a) motivação do desinvestimento; (b) modelo de negócio proposto; (c) percentual de participação a ser alienado; (d) estimativa do valor de venda; (e) exposição financeira no horizonte do Plano de Negócios e Gestão (PNG); (f) estimativa de desoneração de Capex; (g) estimativa do impacto contábil do modelo de negócio proposto; (h) estimativa de ganho/perda de capital para fins de tributação e demais potenciais impactos tributários; (i) fator de sucesso previsto; (j) cronograma do projeto, incluindo seus principais marcos conforme regido pela sistemática; (k) cronograma de ações da área de negócio para preparação da empresa/ativo para alienação; e (l) impacto no Plano de Negócios e Gestão (PNG): investimento, custos, metas físicas, fluxo de caixa, impacto em outros projetos, entre outros.

Passado o portão 1 com a aprovação pela diretoria executiva, o projeto ingressa na Fase 2 – Desenvolvimento do Projeto, composta das seguintes etapas: (a) seleção de potenciais compradores e definição dos critérios objetivos para passagem de fase; (b) divulgação da oportunidade e assinatura de acordo de confidencialidade; (c) envio de memorando descritivo e recebimento de propostas não vinculantes (opcional); (d) envio de carta-convite/*process letter*, *due diligence* e recebimento de propostas vinculantes; e (e) negociação de contratos e aprovações internas.

Como registrado no acórdão, na terceira revisão[367] foram adaptados os seguintes aspectos da sistemática:

> 90. Dessa forma, a terceira revisão da Sistemática para desinvestimentos foi alterada nos seguintes pontos para atendimento os itens levantados pelo TCU (peça 19, arquivo: 2017-01-23-Comunicado – 3ª sistemática):
> 90.1. Previsão, de modo expresso, que a regra é o processo competitivo e apenas em casos excepcionais, justificados e mediante parecer jurídico e aprovação da Diretoria Executiva, a negociação direta é possível;

---

[367] O TCU contribuiu de forma decisiva na evolução dessa metodologia, que foi alterada significativamente após a atuação da Corte de Contas. Após a prolação do Acórdão nº 442/2017 – TCU – Plenário, de relatoria do ministro José Múcio Monteiro, a Petrobras reiniciou os projetos que estavam em desenvolvimento para que passassem a seguir, desde o início, o regramento aperfeiçoado na sistemática, de acordo com a sua terceira revisão, aprovada em 23.01.2017 pelo Conselho de Administração da companhia. Início Definição da Carteira Preparação e Estruturação Portão 0 Portão 1 Portão 2 Portão 3 Portão 4 Portão 5 Contratação de Assessores Financeiros Critérios de Pré Seleção e Passagem de Fase Teaser e NDA (Non Disclosure Agreement) 4 2 5 Fase 1: Estruturação Fase 2: Desenvolvimento do Projeto Fase 3: Closing 0 1 Propostas não-vinculantes Due Diligence e Propostas Vinculantes Negociações e Aprovações Internas Aprovações Externas e Closing.

90.2. A publicidade passa a ser a regra. Exceções à publicação das principais etapas de cada projeto deverão ser previamente aprovadas pela Diretoria Executiva nos casos em que possa haver prejuízos financeiros para a Petrobras;

90.3. Publicação via fato relevante ou comunicado ao mercado, e disponível no site Petrobras: teor do teaser, início da fase não-vinculante, início da fase vinculante, concessão de exclusividade para negociação, aprovação interna e fechamento da transação;

90.4. Critérios objetivos de seleção aprovadas pela DE e tornados públicos;

90.5. Empresas não selecionadas podem solicitar participação, se cumprirem os critérios, até o recebimento das propostas;

90.6. Sistema eletrônico de recebimento de propostas, permitindo o resguardo do sigilo antes da abertura das propostas, sistema informatizado via Petronect;

90.7. Reinício do processo em caso de alteração do objeto;

90.8. Repetição da fase em caso de alteração de escopo pela DE;

90.9. Nova rodada de propostas vinculantes caso haja propostas com até 10% de diferença em relação à melhor oferta;

90.10. Possibilidade de nova rodada de propostas de valor com Sale and Purchase Agreement - SPA negociado (adesão), quando houver propostas com até 10% de diferença em relação à melhor oferta.

90.11. DE aprova início de cada etapa relevante do processo: entrada do projeto na carteira, estruturação do modelo de negócio, definição dos critérios objetivos para convite, lista de potenciais compradores, classificação das propostas não vinculantes recebidas, classificação das propostas vinculantes recebidas, concessão de exclusividade quando for o caso, assinatura dos instrumentos contratuais para a alienação;

90.12. Reuniões de Análise Crítica dos Desinvestimentos com Diretores das Áreas de Negócio obrigatoriamente registrados em ata e com a participação do Gerente Executivo da Conformidade;

90.13. Negociação direta para contratação do assessor financeiro deve obedecer a rodízio de assessores e deve utilizar, para seleção, publicações do mercado para ranqueamento das instituições para a área de atuação do ativo/empresa objeto do Projeto de Desinvestimento;

90.14. Os questionamentos feitos por um dos participantes que melhorem o entendimento do processo e não prejudiquem o valor do ativo devem ser divulgados aos demais;

91. Adicionalmente, a terceira revisão contemplou as propostas do grupo de trabalho peça 19, arquivo: 2017-01-23-Comunicado – 3a sistemática):

91.1. Formato de norma, como já é feito no Manual Petrobras de Contratação (MPC) e no Manual de Contratação de Bens e Serviços (MCBS), e redução da discricionariedade nas decisões pelos gestores por meio da substituição de recomendações na Sistemática para Desinvestimentos por obrigações;

91.2. Aumento da clareza das responsabilidades dos participantes do processo de desinvestimento por meio da substituição de termos como 'isto deverá ser feito' por 'gestor x deverá fazer', com maior controle de quem faz o que e quando;

91.3. Necessidade de emissão de Relatório de Avaliação Econômico-Financeira antes do evento de abertura das propostas não-vinculantes e vinculantes;

91.4. Criação de conteúdo mínimo para Relatório de Entrada do Projetos de Desinvestimento na Carteira de Desinvestimentos: descrição do ativo, motivação estratégica para a venda, contribuição para metas e resultados do PNG, condições de risco, valor contábil, indicativo de valor preliminar, histórico de negociações anteriores;

91.5. Emissão do Relatório de Entrada passa a ser condição necessária para aprovação pela Diretoria Executiva de entrada do Projeto de Desinvestimento na Carteira de Desinvestimentos;

91.6. Para projetos acima de US$ 1 bilhão deverão ser solicitadas duas ou mais Fairness Opinions, além daquela emitida pelo assessor financeiro do projeto. Para projetos com valor de até US$ 1 bilhão, será solicitada a Fairness Opinion do assessor financeiro e de outra instituição financeira independente. Poderá haver Fairness Opinions adicionais, desde que devidamente justificadas;

91.7. Explicitação de que o parecer da Conformidade é condição precedente para proposição de assinatura dos instrumentos contratuais de alienação aos órgãos deliberativos da Petrobras;

91.8. Transferência da metodologia de elaboração da avaliação econômico-financeira, anteriormente prevista em anexo da Sistemática para Desinvestimento, para padrão de processo específico, sob gestão da área de Estratégia, possibilitando, assim, o aprimoramento técnico deste padrão sem a necessidade de revisão da Sistemática para Desinvestimentos;

As informações sobre os processos de acompanhamento dos desinvestimentos da Petrobras podem ser encontradas no próprio tribunal e nos relatórios de auditoria da Controladoria-Geral da União.[368]

---

[368] BRASIL. Tribunal de Contas da União. Fiscalização do desinvestimento em refino pela Petrobras: Alienação da Refinaria Landulpho Alves / Tribunal de Contas da União; Relator Ministro Walton Alencar Rodrigues; Apresentação, Alexandre Carlos Leite de Figueiredo. Brasília: TCU, Secretaria-Geral de Controle Externo (Segecex), Secretaria de Fiscalização de Infraestrutura de Petróleo e Gás Natural (SeinfraPetróleo), 2022. 21 p. (Sumário Executivo). A fiscalização, na modalidade Relatório de Acompanhamento (Racom), foi realizada no processo TC nº 024.763/2020-9 e derivou do Acórdão nº 1.177/2020 – TCU – Plenário (TC nº 009.508/20198), de relatoria do ministro Walton Alencar Rodrigues. 1. Petróleo – exploração – regulação. 2. Petrobras – desinvestimento. I. Petróleo brasileiro. II. Título. III. Série. "A fiscalização, na modalidade Relatório de Acompanhamento (Racom), foi

5.2 A sistemática de desinvestimentos da Caixa Econômica Federal

Em 2022, o tribunal acompanhou a construção da sistemática e a realização dos processos de desinvestimentos da Caixa Econômica Federal, nos termos dos Acórdãos nº 365/2022 – Plenário e 2.706/2022 – Plenário, citados no capítulo 1, a propósito das parcerias societárias.

No que se refere especificamente à sistemática, o Acórdão nº 365/2022 – Plenário informa que o acompanhamento teve como objetivo avaliar a governança do processo de desinvestimento da Caixa Econômica Federal e a aderência às normas e à jurisprudência do tribunal, com foco na análise da OR nº 163 – Sistemática de Desinvestimento da Caixa – e na identificação de fragilidades e riscos, com potenciais de melhorias e mitigação.

As análises resultaram em oportunidades de melhorias organizadas em 7 (sete) temas, adiante sintetizados.

O tema 1 tratou da *motivação e normatização suficiente do processo decisório*, sobre o qual o relatório apurou insuficiência do processo decisório quanto à escolha da modalidade de desinvestimento com os princípios da motivação e do *business judgement rule*. Não havia na sistemática fase preliminar com o objetivo de avaliar qual seria a modalidade de desinvestimento mais adequada para o caso concreto. Adotava-se como "padrão" os desinvestimentos via oferta pública de ações.

A CEF informou ao tribunal que pretendia aprovar alterações e complementações na MN OR nº 163 para incluir as seguintes modalidades de desinvestimento: IPO (oferta pública); *Follow-On* (oferta

---

realizada no processo TC 024.763/2020-9, e derivou do Acórdão 1.177/2020-TCUPlenário (TC 009.508/2019-8), de minha relatoria. De modo geral, a fiscalização constatou que a Petrobras atendeu à norma regulatória na condução do processo de desinvestimento, não identificando impropriedades ou irregularidades nos demais aspectos avaliados, entre eles: a adequação do preço ofertado para a venda, a oportunidade do momento de venda, e a devida fundamentação e informação do processo decisório. A despeito disso, foi identificado risco na definição da principal referência interna de valor do ativo. Para a mitigação desse risco, o Acórdão 2.479/2021-TCU-Plenário, também de minha relatoria, expressou recomendação para que a Petrobras ajuste sua Sistemática de Desinvestimentos de maneira que a justificativa pela vantajosidade do desinvestimento considere como referência principal o valuation interno, calculado a partir do cenário Base (intermediário) do seu plano estratégico" (Walton Alencar Rodrigues). Disponível em: https://portal.tcu.gov.br/data/files/30/26/80/89/6C6F0810B4FE0FF7E18818A8/Alienacao%20RLAM%20SE.pdf. Para acesso ao Relatório da CGU, *vide*: https://www.google.com/search?q=sistem%C3%A1tica+para+desinvestimentos+de+ativos+e+empresas+do+sistema+petrobras&rlz=1C1SQJL_enBR891BR892&oq=siste&aqs=chrome.1.69i57j69i59j0i131i433i512j0i433i512l3j0i131i433i512l2j0i433i512l2.2454j0j15&sourceid=chrome&ie=UTF-8.

pública); e Oferta Privada de Ações, com anexo contendo a descrição dos procedimentos para cada modalidade. Além disso, a definição do modelo passaria a ser submetida a voto do Conselho Diretor, do Conselho de Administração e da Assembleia Geral, conforme estudo da melhor opção de desinvestimento para o ativo.

O tema 2 tratou da *segregação de funções críticas, balanceamento de poder e tempestividade da atuação da Alta Administração*, sobre o qual o relatório registrou que as decisões de maiores relevância e riscos estavam concentradas em fase avançada do processo, o que poderia prejudicar a atuação tempestiva da Alta Administração; ainda, o rito da sistemática apresentava fragilidades quanto à independência na elaboração da avaliação econômico-financeira, além de estabelecer exigências insuficientes relacionadas à elaboração da avaliação econômico-financeira, como a ausência de metodologia para o cálculo de prêmio em casos de alienação do controle acionário e ausência de contratação de empresa especializada independente para atestar valor justo da alienação.

Após tecer considerações, a CEF apresentou proposta de aprimoramento da norma, no sentido de atender às recomendações do Tribunal de Contas, de modo a incluir avaliações econômico-financeiras internas e independentes, além da estimativa de faixa de valores, por meio da metodologia de fluxo de caixa descontado e/ou análise por múltiplos (itens 43-53 da instrução).

Sobre o tema 3, relacionado à *contratação de consultores especializados/sindicato de bancos*, o relatório apurou que a sistemática não tratava das especificidades relacionadas à prospecção, seleção e contratação de consultores especializados (assessores financeiros) e/ou sindicato de bancos, assim afastando da normatização as etapas de prospecção, seleção e contratação da consultoria técnica especializada e do sindicato dos bancos, e fragilizando uma das fases substanciais para garantir a transparência, balanceamento de poder, confiabilidade e integridade do processo de desinvestimento, uma vez que esses são os agentes responsáveis pela execução dos desinvestimentos (estudos técnicos e execução da distribuição da oferta pública de ações).

Foi recomendado que a Caixa Econômica Federal adequasse os normativos internos para garantir que, quando se tratar de procedimentos de contratação de consultoria técnica especializada para atuar no âmbito de processos de desinvestimento, em especial se for deliberado com justificativa pela contratação pela via direta, deve-se prever de forma objetiva e clara a segregação de funções, no mínimo, nas seguintes etapas: i) definição dos critérios de seleção; ii) prospecção de mercado e levantamento dos potenciais participantes; iii) seleção e contratação da consultoria.

Além disso, a sistemática deveria prever a submissão dos critérios utilizados e do processo de prospecção e seleção à homologação das instâncias de governança superiores, no mínimo, do Conselho Diretor, com fundamento no Acórdão nº 2.824/2015 – TCU – Plenário, metodologia COSO-II, metodologia FEL (*Front end Loading*) criada pelo IPA – *Independent Project Analysis*, combinado com a Lei nº 13.303/2016, art. 6º, além do Referencial Básico de Governança do TCU – 2ª versão – 2014, e a essência do Decreto nº 9.188, de 1º de novembro de 2017, combinado com o Acórdão nº 1.765/2018 – TCU – Plenário e nos princípios da competitividade, transparência e impessoalidade, além da Lei nº 13.303/2016, art. 30, em especial §1º c/c §3º, II e III c/c art. 37 da Constituição Federal.

O tema 4 trata do *conflito de interesses*, em que se observou ausência de regras específicas que mitiguem os potenciais conflitos existentes entre os envolvidos com o processo de desinvestimento (executivos/funcionários e agentes externos, como os assessores financeiros, sindicato dos bancos ou potenciais compradores).

Foi recomendada adequação do normativo para incluir as propostas de melhoria apontadas na oitiva, de modo a tornar os mecanismos de combate ao conflito de interesse mais claros e robustos no âmbito da sistemática.

O tema 5 se refere ao *processo de seleção de participantes e julgamento de propostas*. Como era previsto que os desinvestimentos seriam operacionalizados apenas via Oferta Pública de Ações, não foi possível aplicar de forma direta análises que seriam adequadas para os casos de Oferta Privada – como o fluxo do processo de seleção dos participantes, julgamento das propostas, bem como o funcionamento do ambiente controlado do processo.

Entendeu-se relevante dar ciência ao Conselho Diretor da Caixa Econômica Federal, nos termos do art. 7º da Resolução TCU nº 265/2014, sobre a necessidade de estabelecer procedimentos robustos para a etapa de recebimento das propostas, prevendo ambiente controlado e com a participação de órgãos estatutários, tendo por referência as regras do Decreto nº 9.188/2017, em especial as subseções III e IV do procedimento competitivo de alienação, no caso de aperfeiçoamentos na sistemática de desinvestimento, com vistas à adoção de providências internas (peça 35, p. 29).

O tema 6 abordou a *gestão de riscos*, sobre a qual o relatório apontou a ausência de procedimentos e controles internos, demonstrando que a norma não foi elaborada com base em metodologia de análise e gestão de riscos.

O tema 7 tratou da *transparência e rastreabilidade*, sobre as quais o relatório observou que a classificação quanto ao sigilo da norma contendo a Sistemática de Desinvestimento da Caixa (OR nº 163) iria de encontro aos princípios da Administração Pública, em especial a publicidade e transparência, além da Lei nº 12.527/2011, Lei de Acesso à Informação.

Para respeitar a consideração da Caixa de que a sistemática corresponde a uma norma interna e explícita, a organização do banco e os desdobramentos da estratégia na implementação de projetos de desinvestimentos; e, ao mesmo tempo, garantir transparência e publicidade ao processo de alienação de ativos via desinvestimento, foi proposta recomendação de disponibilização no *site*, de forma pública e, no mínimo, em linhas gerais, do funcionamento do processo de desinvestimento, indicando as etapas e áreas envolvidas.

Da fl. 31 do voto do ministro relator, Bruno Dantas, consta o esquema-resumo do fluxo do processo de desinvestimentos da CEF, conforme a 6ª versão da OR nº 163 (peça 93).

5.3 Análise da sistemática de desinvestimentos em SPE da Eletrobras pelo Tribunal de Contas da União

Ao tempo de análise da Sistemática de Desinvestimentos da Petrobras, a Eletrobras já havia dado início ao processo de desinvestimento de participações acionárias – em sua maioria minoritárias, exceto em algumas eólicas, que haviam passado para seu controle – detidas em setenta sociedades de propósito específico.[369]

---

[369] O objeto desses desinvestimentos foi o segmento de distribuição e de parcerias em geração e transmissão, que, como esclarecido pela companhia, não altera a definição de segmentos de geração e de transmissão como *core business* da companhia. Foi definida também a privatização das distribuidoras da Eletrobras, que foi objeto de análise no âmbito do TC nº 035.916/2016-8.

Naquela ocasião, a empresa ainda não dispunha de regulamento de licitações e contratos com base na Lei nº 13.303/2016, que se encontrava em fase de elaboração.[370]

Também àquela altura não havia sido editado o Decreto nº 9.188/2017.

Assim como a Petrobras, a Eletrobras também adotou sistemática própria para os seus desinvestimentos, que já se encontravam em fase avançada quando sobreveio a publicação do referido decreto.

A SeinfraElétrica conduziu fiscalização para verificar a conformidade da sistemática de desinvestimentos em SPE, de 07.12.2017, especialmente visando apurar se estariam presentes os mesmos riscos apontados no TC nº 013.056/2016-6, o processo paradigma, que analisou a sistemática de desinvestimentos da Petrobras, acima visitado.

Os desinvestimentos em tela se vinculavam ao Plano Diretor de Negócios e Gestão (PDNG) 2017-2021, lastreado no Plano Estratégico 2015-2030 da estatal, contendo três pilares estratégicos: governança e conformidade, disciplina financeira e excelência operacional.

O PDNG 2017-2021 apresentou dezoito iniciativas estratégicas para garantir sustentabilidade empresarial à empresa, dentre as quais, conforme demonstrado no pilar financeiro, a necessidade de reduzir o nível de endividamento da *holding* e de suas controladas, medido pelo múltiplo dívida líquida/EBITDA.

A alienação dessas participações em SPE foi definida como uma das providências destinadas a reduzir a alavancagem da empresa.

O Relatório de Acompanhamento (Racom),[371] elaborado pela fiscalização do Tribunal de Contas da União, registrou o histórico da avaliação financeira e da modelagem da reestruturação das participações societárias em SPE.

O documento relata, a propósito, que a decisão da estatal de inicialmente realizar as alienações mediante negociação direta com os detentores dos direitos de preferência oriundos de acordos de acionistas formalizados no âmbito das empresas foi revista e que a empresa optou pela modalidade de leilão.

---

[370] Anotamos em tópico anterior que, embora a Eletrobras houvesse sido igualmente autorizada a editar o mencionado regulamento, nos termos do art. 15, §2º, da Lei nº 3.890-A/1961, com a redação dada pela Lei nº 11.943/2009 (igualmente revogada pela Lei nº 13.303/2016), não dispunha do instrumento.

[371] Relatório de Acompanhamento – Processo – TC nº 031.986/2017-0.

Sem entrar no mérito do modelo, naquele momento, o Racom assinalou que quaisquer das opções – venda direta ou leilão – teriam como pressupostos básicos:

(i) submeter a alienação às regras e preços de mercado, de acordo com os procedimentos aplicáveis às sociedades anônimas;

(ii) zelar pela adoção de estratégias de venda capazes de potencializar seus benefícios e o valor das ações oferecidas, na busca de maior retorno na operação, de acordo com as condições de mercado vigentes; e

(iii) respeitar os compromissos assumidos junto aos demais acionistas, por força de contratos firmados entre as partes.

Dentre os fatos relevantes relacionados à alienação, registrados nos exames procedidos pelo TCU quanto aos desinvestimentos da Eletrobras, merecem destaque os seguintes, adiante detalhados:

(i) a estatal fixou que adotaria um regime híbrido para a efetivação dos desinvestimentos, de forma que algumas SPEs seriam alienadas no âmbito do Leilão B3 e outras seriam negociadas por venda direta, em especial nos casos de oportunidades de negócios de que trata o art. 28, §3º, inc. II, e §4º da Lei nº 13.303/16, desde que justificada a inviabilidade de competição;

(ii) a companhia acatou prontamente, antes da divulgação do Edital nº 1/2018, as recomendações e determinações expedidas pelo Tribunal de Contas da União no Processo TC nº 031.986/2017-0 relacionadas ao Programa de Desinvestimentos e ao Leilão B3, então em fase de preparação, nos termos do Acórdão nº 1.765/2018 relatado pelo ministro Aroldo Cedraz;

(iii) foi solidamente registrada na fase interna do processo a nítida distinção existente entre o regime jurídico a que se submetem os desinvestimentos, conforme sistemática de desinvestimentos da Eletrobras, e o processo de desestatização de seis empresas distribuidoras incluídas no Programa de Parcerias de Investimentos do Governo Federal (PPI) por meio do Decreto nº 8.893/16;[372] e

---

[372] *Vide* Resolução CPPI nº 20, alterada pelas Resoluções CPPI nº 28 e 29 e Edital do Leilão nº 2/2018.

(iv) foi igualmente fundamentada a ausência de impactos no processo de desinvestimentos da medida cautelar então deferida pelo ministro Ricardo Lewandowski, do Supremo Tribunal Federal, nos autos da ADI nº 5.624/DF, que conferiu *interpretação conforme à Constituição* a alguns dispositivos da Lei das Estatais.[373]

A sistemática de desinvestimentos da Eletrobras foi estruturada com base na Lei nº 13.303/2016 e nos princípios básicos do direito público da publicidade, isonomia, ampla competitividade e impessoalidade, além da eficiência e da finalidade.

A empresa informou que adotaria um modelo híbrido de alienações, segundo o qual, nas situações em que concorressem os requisitos da venda direta, com amparo no art. 28, §3º, inc. II, e §4º – as oportunidades de negócios –, este seria o caminho; e, de maneira geral, as participações acionárias seriam levadas a leilão com condução e procedimentos cometidos à B3 – Brasil, Bolsa, Balcão, observados os direitos de preferência dos acionistas, onde pactuados.

A proposta de encaminhamento apresentada no Racom, examinada pelo Plenário do tribunal, que resultou no Acórdão nº 1.765/2018 contemplou providências relacionadas ao fornecimento da documentação do leilão antes de sua realização, aos aspectos financeiros das operações (item 9.1 e seus subitens), além de alguns ajustes à sistemática, de forma que os normativos de suporte aos desinvestimentos passassem a prever que (item 9.2 e seus subitens):

(i) nas alienações enquadradas como oportunidade de negócio, a venda direta deveria se condicionar à prévia justificada da inviabilidade de competição, nos termos do art. 28, §3º, inc. II, e §4º, da Lei nº 13.303/2016;

(ii) a estipulação do preço mínimo deveria ser utilizada no leilão e nas possíveis vendas diretas, caracterizadas como oportunidade de negócio, como condição da aceitação da proposta e da venda, de forma a se evitar destruição de valor, tendo em vista os princípios da economicidade e da *vantajosidade* econômica.

---

[373] Esse tema foi comentado no capítulo 4, no qual informamos as circunstâncias do não prevalecimento desse entendimento inicial.

No que se refere ao conteúdo do edital do leilão, o tribunal tutelou os princípios da competitividade, isonomia, transparência, publicidade e impessoalidade determinando que não se estabelecessem exigências capazes de comprometer, restringir ou frustrar o caráter competitivo do processo; e que se previssem a ampla disponibilização de respostas a questionamentos dos participantes e o acesso dos interessados a *data room* com informações necessárias e suficientes para que pudessem apresentar suas ofertas.

Quanto à contratação do assessor financeiro ou consultor financeiro para subsidiar os processos de desinvestimentos, repetiu-se a mesma preocupação manifestada quanto à Petrobras, e o TCU determinou a constituição de processo específico, com realização de análise prévia pela área jurídica, caso a caso, sempre que identificada hipótese de contratação direta, tendo em vista o art. 30, inc. II, alínea "c", da Lei nº 13.303/2016 e os princípios da competitividade, transparência e impessoalidade.

Nesse caso, o tribunal foi além e determinou a previsão no normativo de mecanismos capazes de evitar conflitos de interesses entre os assessores e consultores financeiros e potenciais compradores, tanto nos casos de venda em leilão quanto nas vendas diretas por oportunidades de negócio, tendo em vista os princípios da economicidade e da seleção da proposta mais vantajosa.

O tribunal recomendou ainda que, nos casos de vendas diretas, fosse contratada *fairness opinion* junto ao assessor ou consultor financeiro, e que se incluíssem nos normativos previsões destinadas a garantir a ausência de subordinação entre a equipe que elabora a avaliação do ativo e a comissão de alienação, de forma a evitar vieses na condução do processo, capazes de impedir ainda a influência das avaliações externas naquelas internas e vice-versa – de modo a ter de fato avaliações com óticas distintas que permitam a estipulação de um preço mínimo adequado.[374]

Os aspectos de atenção do tribunal quanto à sistemática dos desinvestimentos da Eletrobras tiveram a mesma ênfase observada no exame do normativo da Petrobras, relacionada, em especial, à transparência, à isonomia e à ampla competitividade.

---

[374] Acórdão nº 1.765/18 – TCU – Plenário, p. 104-105. Outras recomendações ali contidas se referiram ao aspecto econômico-financeiro, às formas de cálculo do valor dos ativos, à ampla pesquisa na busca de transações similares e à prática do mercado acionário brasileiro.

O acórdão deu destaque às cautelas relacionadas à correta aferição dos valores de venda e sua proteção, mediante delimitação das funções e restrições às comunicações entre as equipes internas e externas responsáveis pela avaliação e pela venda, de forma a evitar conflito de interesses, além dos cuidados na contratação direta do consultor financeiro ou da própria alienação, com máxima atenção à comprovação da inviabilidade de competição.[375]

5.4 O regime especial de desinvestimento de ativos do Decreto nº 9.188/2017

Os debates em torno do marco legal e dos procedimentos adotados nos processos de desinvestimentos da Petrobras e da Eletrobras, ora comentados, ocorreram num momento de transição entre a Lei nº 8.666/1993 – no caso da Petrobras, do Decreto nº 2.745/1998 – e a Lei nº 13.303/2016.

Como anotado, o conteúdo e o deslinde, ora visitados, do exame da representação da SeinfraPetróleo[376] versando sobre a sistemática de desinvestimentos da Petrobras culminaram com a edição do Decreto nº 9.188/2017, que estabeleceu as *regras de governança, transparência e boas práticas de mercado para a adoção de um regime especial de desinvestimento de ativos pelas sociedades de economia mista federais*.

O normativo é uma consolidação da versão aprimorada da sistemática de desinvestimentos da Petrobras, a que foram agregados os aperfeiçoamentos refletidos no acórdão do TCU, que julgou a

---

[375] Os desinvestimentos em SPE da Eletrobras foram realizados em setembro de 2018 pela Comissão de Alienação, nas instalações e com o suporte técnico da B3, por meio do Edital do Leilão nº 1/2018. O edital foi divulgado ao mercado e as informações foram disponibilizadas em *data-room*, com possibilidade de impugnação e divulgação das perguntas e respostas a todos os interessados. O procedimento desenvolveu-se em três etapas: prestação de garantia de propostas no valor de 5% (cinco por cento) do valor do preço mínimo (Envelope 1, apresentado dois dias antes da abertura das propostas); e disputa aberta com lances viva voz e habilitação (Envelopes 2 e 3, entregues em conjunto). O exercício do direito de preferência foi garantido a seus detentores após o recebimento da melhor oferta pela companhia. A modelagem e a avaliação dos ativos foi contratada junto a assessor financeiro, que preparou os *valuations* adotados como parâmetro do estabelecimento dos preços mínimos. Os procedimentos adotados e o edital do leilão foram previamente aprovados pelo tribunal de contas, nos termos do acórdão ora examinado, cujas recomendações e determinações foram integralmente atendidas pela companhia antes do início do leilão (ELETROBRAS. *Leilão Eletrobras nº 01/2018*. Disponível em: http://eletrobras.com/pt/ri/Paginas/leilao.aspx).

[376] Item 9.5 do Acórdão nº 442-08/17 – TCU – Plenário, Processo TC nº 013.056/2016-6AC-3166-50/16-P. Rel. Min. José Múcio Monteiro.

representação apresentada pela SeinfraPetróleo e recomendou à Casa Civil da Presidência da República que ponderasse a utilidade da edição de procedimento padrão de regência desses processos.

5.4.1 Base legal e abrangência

O Decreto nº 9.188/2017 tem por base legal o art. 29, inc. XVIII, da Lei nº 13.303/2016, que dispensa a realização de licitação por empresas públicas e sociedades de economia mista na *compra e venda de ações, de títulos de crédito e de dívida e de bens que produzam ou comercializem*.

Sua abrangência está indicada no conteúdo do art. 1º:

> Art. 1º Fica estabelecido, com base na dispensa de licitação prevista no art. 29, caput, inciso XVIII, da Lei nº 13.303, de 30 de junho de 2016, e no âmbito da administração pública federal, o regime especial de desinvestimento de ativos das sociedades de economia mista, com a finalidade de disciplinar a alienação de ativos pertencentes àquelas entidades, nos termos deste Decreto.
> §1º As disposições previstas neste Decreto aplicam-se às sociedades subsidiárias e controladas de sociedades de economia mista. [...]
> §3º O regime de que trata o caput poderá abranger a alienação parcial ou total de ativos.
> §4º Para os fins do disposto neste Decreto, consideram-se: I - ativos – as unidades operacionais e os estabelecimentos integrantes do seu patrimônio, os direitos e as participações, diretas ou indiretas, em outras sociedades; [...].

Como relatado, o art. 29, inc. XVIII, da Lei das Estatais e o próprio Decreto nº 9.188/2017 foram alcançados, por arrastamento, pela medida cautelar concedida pelo ministro Lewandowski,[377] do STF, na ADI nº 5.264 – posteriormente revogada –, a que foi apensada a ADI nº 5.846/DF, para apreciação conjunta dos pedidos cautelares voltados à suspensão do art. 29, *caput*, inc. XVIII, da Lei nº 13.303/2016 e dos arts. 1º, *caput* e §§1º, 3º e 4º, I, do Decreto nº 9.188/2017. Sobre o assunto, assim se manifestou o ministro:

> Diante do exposto, com base no art. 10, §3º, da Lei 9.868/1999, e no art. 21, V, do RISTF, concedo parcialmente a medida cautelar pleiteada, ad

---

[377] Esse tema foi comentado no capítulo 4, no qual informamos as circunstâncias do não prevalecimento desse entendimento inicial.

referendum do Plenário deste Supremo Tribunal, para, liminarmente, conferir interpretação conforme à Constituição ao art. 29, caput, XVIII, da Lei 13.303/2016, afirmando que a venda de ações de empresas públicas, sociedades de economia mista ou de suas subsidiárias ou controladas exige prévia autorização legislativa, sempre que se cuide de alienar o controle acionário, bem como que a dispensa de licitação só pode ser aplicada à venda de ações que não importem a perda de controle acionário de empresas públicas, sociedades de economia mista ou de suas subsidiárias ou controladas.

Nesses termos, conferindo interpretação conforme a Constituição ao mencionado dispositivo da Lei de Responsabilidade das Empresas Estatais, o ministro determinou que a hipótese de dispensa de licitação prevista no inc. XVIII do art. 29 da lei fosse aplicável apenas nos casos de alienação de ações "que não importem a perda de controle acionário de empresas públicas, sociedades de economia mista ou de suas subsidiárias ou controladas".[378]

Atente-se que a decisão não suspendeu o Decreto nº 9.188/2017,[379] seus dispositivos ou o próprio art. 29, inc. XVIII, da lei.

Nesse aspecto, a liminar circunscreveu a aplicação do procedimento competitivo ali erigido, estritamente aos casos em que as alienações não envolvessem alienação de controle acionário.

Essa interpretação proposta pelo autor da ADI e acolhida na decisão liminar se vinculava muito mais à formalidade da origem legal do decreto – que remete a uma hipótese de dispensa de licitação – do que a seu conteúdo propriamente dito. Isso porque, a despeito de regulamentar o inc. XVIII do art. 29, o decreto, na realidade, não estabeleceu um procedimento de exceção à regra geral da licitação, ou seja, de venda direta.

O conteúdo do texto indica justamente o contrário: o estabelecimento do rito de um *procedimento competitivo de alienação* aplicável aos desinvestimentos das estatais, voltado à obtenção do melhor retorno econômico para essas empresas.[380]

---

[378] STF. Medida Cautelar na ADI nº 5.624. Rel. Min. Ricardo Lewandowski, j. 27.06.2018, public. 29.06.2018.

[379] Tramitou no Congresso Nacional o Projeto de Decreto Legislativo nº 827, de 06.11.2017, tendo por objetivo sustar os efeitos do Decreto nº 9.188/2017, sob a alegação de extrapolação do poder normativo do chefe do Executivo Federal, que foi arquivado pela Mesa Diretora da Câmara dos Deputados em 31.01.2019, sem aprovação, em razão do encerramento da legislatura.

[380] *Vide* Capítulo II, arts. 5º e seguintes, do Decreto nº 9.188/2017.

Embora não se trate de modalidade licitatória, o regime especial pressupõe a disputa e a seleção isonômica da melhor oferta, mediante a divulgação da oportunidade e a adoção de processo seletivo transparente, em atendimento aos princípios do art. 37 da Constituição Federal, dentre os quais a própria regra geral da ampla competição entre diversos ofertantes.

Ao retratar essa concepção, o decreto não confrontava com o conteúdo da liminar, porque não estabeleceu *ipso facto* um procedimento de "venda direta", mas um processo competitivo de rito especial.

Na prática, o conteúdo material do normativo parece até dissociado do dispositivo legal que o texto regulamenta, pois não estabelece regras relativas a um procedimento de exceção – dispensa –, mas um procedimento público competitivo típico e transparente.

Houvesse o texto regulamentado o art. 49 da lei – que trata das alienações remetendo reflexamente ao art. 29 –, talvez não houvesse espaço para toda a celeuma instaurada em torno do decreto.

De toda forma, a despeito de ter sua base legal – art. 29, inc. XVIII, da Lei nº 13.303/2016 – alcançada então por arrastamento na cautelar citada, os desinvestimentos efetivados com amparo no normativo, mesmo na vigência da cautelar, não tiveram sua legalidade comprometida, uma vez que o texto, além de haver resultado de esforço conjunto entre o TCU e o Executivo, após pontual revisão da sistemática da Petrobras, assegura a adoção de um procedimento competitivo isonômico, transparente, pautado nos princípios do art. 37 da Constituição, cunhado para assegurar a eficácia na obtenção do melhor resultado econômico nos processos de desinvestimentos.

Essa afirmativa comporta ressalva, *ad cautelam*, nos casos em que a alienação tenha por objeto o controle acionário de empresa controlada, subsidiária ou privada, que, por qualquer razão, tenha passado às mãos do acionista estatal.

A medida tutela a alienação de controle com base na hipótese de dispensa de licitação, conforme natureza atribuída ao decreto, por força de atração de sua base legal, o art. 29, inc. XVIII, da Lei nº 13.303/2016.

A liminar mirou as "alienações de controle", sem distinguir entre aquelas levadas a efeito de forma vinculada a processos conduzidos com base no Programa Nacional de Desestatização, da Lei nº 9.491/2997, ou no âmbito de programas de desinvestimentos moldados pelas próprias estatais, cujos objetivos não guardavam compatibilidade com aqueles próprios do PND, como comentado em tópico anterior deste trabalho.

5.4.2 Objeto e objetivos

O Decreto nº 9.188/2017 estabelece o "regime especial de desinvestimento de ativos pelas sociedades de economia mista federais" aplicável às estatais federais, suas controladas e subsidiárias – que deverão comunicar suas controladoras dos desinvestimentos realizados, podendo com estas compartilhar políticas, estruturas, custos e mecanismos.

O texto disciplina a *alienação parcial ou total de ativos*, assim compreendidas as unidades operacionais e os estabelecimentos integrantes do patrimônio das sociedades de economia mista, além dos direitos e participações diretas ou indiretas detidas em outras sociedades.

Os objetivos do regime especial são norteados pelo atingimento de metas de boa governança, nas quais deve se pautar a gestão empresarial de qualquer sociedade atuante no mercado, seja ela pública ou privada.

Além de incentivar a adoção de métodos de governança corporativa que assegurem a realização do objeto social das companhias e suas controladas, o decreto estimula a eficiência, a produtividade e o planejamento de longo prazo das atividades e dos negócios a elas afetos.

Novamente, a intenção é aproximar a gestão das estatais às melhores práticas reconhecidas pelo setor privado, inclusive com vistas a proporcionar um ambiente de previsibilidade e racionalidade para a tomada de decisão.

Em correlação com esses objetivos, o decreto reforça uma das finalidades de uma boa governança nas empresas estatais: permitir a fiscalização, nos termos da legislação.

Esse foi um dos aspectos destacados pelo Tribunal de Contas da União no processo de desinvestimentos da Petrobras analisado, em que o tribunal abordou o aperfeiçoamento das dinâmicas para fins de uma mais eficiente rastreabilidade dos atos associados aos projetos de desinvestimentos.

Os objetivos perfilhados nos incisos do art. 2º do decreto[381] compreendem, portanto, as mesmas premissas de boa gestão encontradas na Lei nº 13.303/2016, que inaugurou uma nova fase histórica das estatais

---

[381] Esses objetivos compreendem: (i) adoção de métodos de governança corporativa que assegurem a realização do objeto social da companhia e que aproximem sua gestão às melhores práticas de governança e gestão reconhecidas pelo setor privado; (ii) transparência e impessoalidade nas alienações; (iii) segurança jurídica dos processos de desinvestimento; (iv) qualidade e probidade da fase decisória do desinvestimento; (v) obtenção do maior retorno econômico; (vi) eficiência, produtividade e planejamento de longo prazo das atividades e

brasileiras, pautadas nas melhores práticas de gestão do setor privado e de um controle indireto.

A segurança jurídica promovida com essas medidas foi há muito elevada à condição de princípio da Administração Pública,[382] reforçada pelas alterações realizadas na Lei de Introdução às Normas do Direito Brasileiro (LINDB), cujo art. 30 prescreve o dever de as autoridades públicas atuarem de forma a elevar a segurança jurídica na aplicação das normas, inclusive por meio de regulamentos, enfatizando-se o aspecto da certeza que lhe é ínsita:[383] "As autoridades públicas devem atuar para aumentar a segurança jurídica na aplicação das normas, inclusive por meio de regulamentos, súmulas administrativas e respostas a consultas".

---

dos negócios da companhia; (vii) previsibilidade e racionalidade para a tomada de decisão; e (viii) sustentabilidade econômica e financeira da companhia.

[382] *Vide*, a propósito, o art. 2º da Lei nº 9.784/1999, que regulamenta os processos administrativos em nível federal: "Art. 2º A Administração Pública obedecerá dentre outros, aos princípios da legalidade, finalidade, motivação, razoabilidade, proporcionalidade, moralidade, ampla defesa, contraditório, segurança jurídica, interesse público e eficiência". A propósito do referido princípio, veja-se: "Nessa linha, a doutrina nacional e a estrangeira anotam que a incidência do princípio da segurança jurídica (lato sensu), como derivação do princípio do Estado de Direito, relaciona-se com os seguintes temas: [...] Dever de o Estado dispor sobre regras transitórias em razão de alterações abruptas de regimes jurídicos setoriais (v.g., ordem econômica, exercício profissional, servidores públicos)" (FERRAZ, Luciano. Segurança política positivada: interpretação, decadência e prescritibilidade. *Revista Eletrônica sobre a Reforma do Estado (RERE)*, Salvador, n. 22, jun./ago. 2010. Disponível em: http://www.direitodoestado.com/revista/RERE-22-JUNHO-2010-LUCIANO-FERRAZ.pdf). "O princípio se justifica pelo fato de ser comum, na esfera administrativa, haver mudança de interpretação de determinadas normas legais, com a conseqüente mudança de orientação, em caráter normativo, afetando situações já reconhecidas e consolidadas na vigência da orientação anterior. Essa possibilidade de mudança de orientação é inevitável, porém gera insegurança jurídica, pois os interessados nunca sabem quando sua situação será passível de contestação pela própria Administração Pública" (DI PIETRO, Maria Sylvia Zanella. *Direito administrativo*. 16. ed. São Paulo: Atlas, 2003).

[383] "É comum dividir-se o princípio da segurança jurídica em dois aspectos, não obstante, também com freqüência, não se leve conseqüentemente tal distinção. Segundo nos parece, a classificação que expõe com maior clareza e abrangência este princípio leva em conta os dois núcleos conceituais por ele agasalhados, quais sejam: a certeza e a estabilidade. O aspecto da certeza reflete uma idéia comezinha e ínsita à fenomenologia do Direito. Os comandos jurídicos, como se sabe, mercê de sua abstração, estabelecem, para o futuro, a ligação de dados fatos a certas conseqüências jurídicas. Ampliativas ou restritivas, tais conseqüências orientam o agir de todos os destinatários das normas jurídicas, sejam os indivíduos em intersubjetividade, sejam em contato com a Administração Pública. Contudo, tal previsibilidade pressupõe, antes de tudo, a cognoscibilidade, dentro de padrões de razoabilidade, do conteúdo do comando jurídico. Em outras palavras, é imperioso que o indivíduo saiba, dentro de critérios objetivos e de antemão, as normas jurídicas que incidirão sobre o seu comportamento e sobre o comportamento dos demais, sem o quê não é dado exigir os respectivos comportamentos" (VALIM, Rafael. *O princípio da segurança jurídica no direito administrativo brasileiro*. Dissertação (Mestrado) – PUC-SP, São Paulo, 2009).

Além da segurança jurídica, o decreto reforça outros temas que também foram pontos de especial preocupação do tribunal durante a análise da sistemática de desinvestimentos da Petrobras, relacionados à transparência e à impessoalidade dos processos de alienação, à garantia da qualidade e da probidade do processo decisório que determina o desinvestimento.

O art. 7º do texto faz referência à observância dos princípios da publicidade e da transparência no procedimento competitivo de alienação, de forma a assegurar a fiscalização, a conformidade e o controle dos atos praticados pela empresa.

Sob o aspecto dos resultados, as normas do decreto buscam instituir mecanismos que assegurem a obtenção do maior retorno econômico à empresa, além da formação de parcerias estratégicas, com vistas à sustentabilidade econômica e financeira dessas empresas.

A referência à formação de parcerias traduz uma ação de fomento aos bons resultados das empresas, potencializando a utilização do instituto das oportunidades de negócios, previsto no art. 28, §3º, inc. II, e §4º, da Lei nº 13.303/2016.

Em seu conjunto, os objetivos traçados no decreto buscam compatibilizar a eficiência das decisões gerenciais e os princípios da Administração Pública, provendo os processos de desinvestimentos de qualidade de governança e maior segurança jurídica aos investidores.

Um avanço notado no decreto, sob a ótica estratégica inerente à gestão eficiente dessas empresas e à segurança jurídica em seus empreendimentos, bastante sensível nos negócios com o setor privado, em razão da natureza dessas transações, se relaciona ao tratamento dado à questão do sigilo.

A esse respeito, o texto admite que o sigilo de etapas ou de documentos do procedimento seja excepcionalmente declarado pelo órgão estatutário competente sempre que a revelação de informações possa gerar prejuízos para a companhia ou para o ativo alienado.

As avaliações econômico-financeiras serão sigilosas, exceto quando sua publicidade for a regra, segundo a legislação societária.

Em hipótese alguma o sigilo será oponível ao Tribunal de Contas da União.

5.4.3 Caráter facultativo e hipóteses de não aplicação

A despeito de padronizar os procedimentos de desinvestimentos, o §1º do art. 3º do decreto prevê que a adesão ao regime especial é *facultativa*, cabendo ao conselho de administração ou ao órgão diretivo máximo da companhia aprovar a adesão e comunicá-la ao ministério supervisor.

Essa disposição confere às empresas a opção de adotar em seus desinvestimentos as normas de suas próprias sistemáticas e regulamentos de licitações e contratos construídos com base no art. 40 da Lei de Responsabilidade das Empresas Estatais.

As diretrizes para a elaboração de sistemáticas próprias estão traçadas nos dispositivos dedicados às alienações, na Lei nº 13.303/2016, que podem ser complementadas segundo as peculiaridades de cada empresa, já que seu conteúdo é exemplificativo, como se deflui do art. 40.

Nesse caso, os documentos deverão considerar as análises e conclusões do Tribunal de Contas da União nos processos paradigma, da Petrobras e da Eletrobras.

As disposições do decreto não se aplicam: (i) às alienações de ativos relacionadas aos objetivos sociais das companhias, às empresas de participação controladas pelas instituições financeiras públicas e aos bancos de investimentos, hipóteses que continuarão regidas pelo art. 28, §3º, inc. I, da Lei nº 13.303/16, segundo o conceito de oportunidades de negócios (art. 1º, §2º); e (ii) às operações de alienação entre a sociedade de economia e suas subsidiárias e controladas, e entre subsidiárias e controladas (art. 1º, §5º).[384]

Atento ao regime privado sob o qual essas empresas operam, o §1º do art. 5º prevê que, *quando conflitantes com o regime especial, serão respeitados*: (i) os direitos dos acionistas e as obrigações decorrentes de acordos previamente estabelecidos relativamente à participação ou ao ativo, que prevalecerão sobre o procedimento competitivo de alienação de que trata o decreto; e (ii) a confidencialidade de informações estratégicas protegidas por sigilo legal da sociedade, da participação societária ou do ativo, ou ainda de informações relacionadas ao procedimento competitivo de alienação.

---

[384] O art. 29, inc. XI, da Lei nº 13.303/2016 dispensa a licitação nas contratações entre as estatais e suas subsidiárias, nas aquisições ou alienações de bens e prestação ou obtenção de serviços, desde que os preços sejam compatíveis com os praticados no mercado e que o objeto do contrato tenha relação com a atividade da contratada, prevista em seu estatuto social.

Já o art. 6º afasta a aplicação do procedimento competitivo de alienação:

(i) nas alienações de ativos que devam observar procedimentos disciplinados por órgãos ou entidades reguladoras, quando serão afastadas as regras do decreto que sejam conflitantes com tais normas específicas;
(ii) na formação de consórcios com empresas nacionais ou estrangeiras, na condição ou não de empresa líder, com o objetivo de expandir atividades, reunir tecnologias e ampliar investimentos aplicados à indústria;
(iii) na dação em pagamento, na permuta e em outras hipóteses de inviabilidade de competição, inclusive aquelas decorrentes de direitos previstos em acordos de acionistas; e
(iv) similarmente, nos casos em que, de acordo com a legislação, seja justificada a inviabilidade de realização do procedimento competitivo de alienação.

De acordo com o inc. II do §4º do art. 1º, para os fins do texto, *alienação* significa qualquer forma de transferência total ou parcial de ativos para terceiros.

Essa definição parece alcançar quaisquer institutos do direito civil que possam servir de amparo para tal transferência – mas não é bem este o caso.

O dispositivo citado deve ser lido juntamente com os incisos do art. 6º, que, como anotado, excluem a aplicação do procedimento competitivo instituído pelo decreto *às dações em pagamento, permutas e outras hipóteses de inviabilidade de competição*, inclusive decorrentes de direitos previstos em acordos de acionistas (inc. III), além dos casos em que seja *justificada a inviabilidade de realização do procedimento competitivo de alienação*, nos termos da lei (inc. IV).

O decreto engloba nessas disposições as situações que reputa "contratáveis sem licitação", ali indicadas exemplificativamente, como é o caso da dação em pagamento, da permuta e "outras" em que seja inviável a competição, inclusive decorrentes de direitos previstos em acordos de acionistas.

O normativo exclui também quaisquer outras situações que se enquadrem na inviabilidade de competição, embora não lastreadas nesses fundamentos.

Essas últimas hipóteses invocam naturalmente as "inexigibilidades genéricas" e, ainda, o afastamento da licitação na formalização de parcerias societárias e contratuais.

Ao se reportarem à *inviabilidade de competição* como condição de afastamento do regime especial de desinvestimentos, esses dispositivos remetem, por decorrência lógica, às contratações diretas amparadas no art. 30, *caput* e incs. I e II, e às hipóteses de não aplicação de licitação fundadas no §3º, inc. II, e §4º do art. 28, todos da Lei nº 13.303/2016.

Além disso, o procedimento competitivo instituído pelo Decreto nº 9.188/2017 poderá ser utilizado como metodologia padronizada de alienação de ativos das sociedades de economia mista, inclusive mediante o *afastamento* de normativos internos que já regulem o assunto.

Essa perspectiva terá sido cunhada para admitir, nas estatais que venham a aderir ao decreto, a convivência simultânea entre os regulamentos de licitações e contratos aprovados em cumprimento à Lei nº 13.303/2016, ou, ainda, as sistemáticas próprias de desinvestimentos – cujas regras poderão ser, se não substituídas, seletivamente afastadas pelo regime especial.

A regra de transição preservou os desinvestimentos já concluídos antes da publicação do decreto, com contratos assinados, e conferiu ao gestor a faculdade de aderir ao procedimento competitivo, ressalvando, nessa hipótese, a validade dos atos anteriormente praticados.

5.4.4 Rito procedimental dos desinvestimentos

5.4.4.1 Aprovações internas

De acordo com o decreto, cabe à diretoria executiva das empresas elaborar e propor o programa de desinvestimentos de ativos, indicando para tanto elementos mínimos de conteúdos inerentes à decisão empresarial estruturada de alienação de ativos, elencados de forma exemplificativa nos incs. I a VI do art. 3º.

Devem ser abordados os segmentos de negócio nos quais o desinvestimento será concentrado; os objetivos e as metas a serem alcançados, além da compatibilidade da medida com o interesse da empresa estatal, em linha com a conveniência e a oportunidade da alienação, considerados o plano estratégico, o plano de negócios, o plano plurianual ou instrumentos similares.

As informações devem considerar ainda as perspectivas e as premissas macroeconômicas envolvidas e o procedimento específico interno de apoio ao desinvestimento.

Esse fluxo decisório foi desenhado em consonância com os preceitos de governança traçados na Lei nº 13.303/2016, que exige planejamento na condução dos negócios sociais, com base em horizonte que considere os objetivos buscados pelo organismo empresarial e aqueles de políticas públicas que, em última instância, expressam o interesse público a ser realizado pela empresa, respeitadas as razões que motivaram a autorização legislativa de sua criação.

A referência à indicação do procedimento interno de apoio ao desinvestimento se justifica em razão da natureza facultativa de adoção do regime especial instituído pelo Decreto nº 9.188/2017 e, mesmo nesse caso, eventuais diretrizes sobre a aplicação de demais normativos, como é o caso do regulamento de licitações e contratos e da sistemática de desinvestimentos.

Além das aprovações do conselho ou órgão diretivo máximo, as alienações de ativos deverão ser aprovadas caso a caso pelos órgãos estatutários competentes.

No que se refere ao controle do Tribunal de Contas da União, ao contrário do que ocorre nos processos de desestatização da Administração Pública Federal, e exceto se se referirem a ativos incluídos no Programa Nacional de Desestatização, em princípio, os desinvestimentos são objeto de controle concomitante, não se submetendo ao procedimento prévio, condicionante, consignado na Instrução Normativa nº 81/2018 aplicável aos processos de desestatização segundo o PND e às prorrogações e relicitações de contratos de parceria de investimentos de que trata a Lei nº 11.445/2017.[385]

Como já anotado, de maneira geral, a própria conotação empresarial dos desinvestimentos não se enquadra nos objetivos básicos do mencionado programa, a que se dedica a citada instrução normativa.

De toda forma, as empresas terão 30 (trinta) dias, a contar da assinatura dos instrumentos jurídicos de cada alienação, para encaminhar ao Tribunal de Contas da União as cópias dos respectivos documentos para ciência.

---

[385] Processos de privatizações, de concessões e permissões de serviço público, de contratação das parcerias público-privadas (PPP) e de outorgas de atividades econômicas reservadas ou monopolizadas pelo Estado.

5.4.4.2 Regras gerais

O procedimento competitivo de alienação apresentado a partir do art. 5º do Decreto nº 9.188/2017 tem inspiração na sistemática de desinvestimento da Petrobras.

A sociedade de economia mista de capital aberto deverá dar publicidade aos desinvestimentos, informando o mercado sobre as etapas do procedimento competitivo de alienação, na forma da legislação e das normas editadas por órgãos e entidades reguladoras.

Reitere-se, em sede de regras gerais, importante disposição na linha da segurança jurídica e da prevalência do direito privado em relação às disposições de direito público a serem observadas pelas empresas em seus processos de desinvestimentos, conforme previsto no §1º do art. 5º do decreto.

Segundo o dispositivo, caso sejam conflitantes com o procedimento, devem ser respeitados: os direitos dos acionistas e as obrigações decorrentes de acordos previamente estabelecidos relacionados à participação societária ou ao ativo; e a confidencialidade de informações estratégicas protegidas por sigilo legal da empresa estatal, da participação societária ou do ativo, ou, ainda, de informações relacionadas ao próprio procedimento competitivo de alienação.

Como anotado em outra passagem deste trabalho, os direitos garantidos a terceiros por força de instrumentos formalizados no âmbito das empresas têm precedência sobre as regras do procedimento competitivo aberto; trata-se de derrogação inerente à roupagem societária das sociedades de economia mista, como condição da coparticipação privada em seu capital.

De acordo com o art. 9º, a apresentação do objeto e sua definição de forma clara devem ocorrer em dois momentos: no documento de solicitação de propostas preliminares e no documento de solicitação de propostas firmes.

Como decidiu o Tribunal de Contas da União a propósito da sistemática da Petrobras, a eventual alteração do objeto no curso do procedimento implicará repetição de todo o procedimento, a partir do momento da alteração.

Além disso, as alterações de condições relevantes da alienação que ocorrerem posteriormente a cada fase acarretarão, igualmente, a repetição da própria fase.

É possível antever certo grau de subjetividade no conceito do que sejam estas "condições relevantes", cujos parâmetros, a nosso ver, devem ser buscados nas características do próprio negócio, caso a caso, segundo os parâmetros e as práxis de mercado, adotados em operações similares.

As modificações promovidas no documento de solicitação de propostas preliminares e firmes serão divulgadas nos mesmos meios em que houverem sido veiculados os atos originais, devendo ser restabelecido *ab initio* o prazo para apresentação das propostas.

Essa é uma regra básica de publicidade voltada à preservação da isonomia encontrada no §4º do art. 21 da Lei nº 8.666/1993.

Ainda em sede de regras gerais, o decreto prevê que a empresa estatal deverá anular seus próprios atos quando eivados de vício de legalidade, podendo revogá-los por motivos de conveniência ou oportunidade, sem que essas medidas impliquem obrigação de indenizar.

O art. 13 do texto traz a prática saneadora da realização de diligências para a obtenção de esclarecimentos relacionados ao procedimento competitivo – também inspirada na anterior Lei de Licitações e em outras leis que a perenizaram e ampliaram para admitir a correção de defeitos, em benefício da finalidade.

5.4.4.3 Seleção dos interessados

Dentre os requisitos de participação nos procedimentos competitivos de alienação de que trata o decreto, os interessados deverão comprovar a conformidade com regulações e práticas de prevenção à fraude e à corrupção, além da aderência aos critérios objetivos de seleção.

Esses critérios serão elaborados pela comissão de alienação, em observância aos princípios da transparência, da impessoalidade e da isonomia, e submetidos à aprovação pelo órgão societário competente, anteriormente ao início do procedimento.

O §3º do art. 18 traça para tanto uma diretriz, a que deverão ser agregados os critérios próprios e adequados a cada caso. Poderão ser considerados, entre outros, como fator de seleção de interessados a capacidade econômico-financeira, à luz do valor do ativo, e as informações e dados estratégicos a ele concernentes.[386]

---

[386] A título de exemplo, cite-se o Edital do Leilão Eletrobras nº 1/2018: "ALIENAÇÃO DAS PARTICIPAÇÕES SOCIETÁRIAS DA ELETROBRAS E CONTROLADAS EM SOCIEDADES DE PROPÓSITO ESPECÍFICO, cujo procedimento de Alienação foi iniciado pela abertura da

5.4.4.4 Fases do procedimento

O procedimento competitivo de desinvestimentos se desenvolverá segundo as seguintes fases: preparação, consulta de interesse, apresentação de propostas preliminares, apresentação de propostas firmes, negociação, resultado e assinatura dos instrumentos jurídicos negociais.

A fase de preparação interna envolve o planejamento do procedimento competitivo e deve contemplar a justificativa contendo a motivação da alienação; a proposta de estrutura de negócio; e o percentual do ativo ou da sociedade a ser alienada, com o indicativo de valor.

Devem ser ali aportados ainda dados de avaliação sobre impactos comerciais, fiscais, contábeis, trabalhistas, ambientais, societários e contratuais da alienação; a avaliação quanto à necessidade de licenças e autorizações governamentais; e a verificação da aderência da alienação aos objetivos estratégicos da estatal.

O órgão interno competente deverá receber o relatório contendo a descrição detalhada dos elementos de planejamento do procedimento de alienação para aprovação, previamente ao início do procedimento.

O início do prazo da consulta de interesse e para a apresentação de propostas preliminares e firmes será divulgado por meio eletrônico em portal mantido pela empresa na internet.

A comissão de alienação poderá dispensar a realização da fase de apresentação de propostas preliminares, seguindo direto para a coleta das propostas firmes.

Os desinvestimentos serão efetivados pelo *critério de julgamento do melhor retorno econômico*, cuja aferição não se limitará ao valor da proposta, podendo alcançar outros fatores, citados exemplificativamente no decreto, como a análise das responsabilidades e condições comerciais, contratuais, fiscais, trabalhistas, ambientais, entre outros parâmetros devidamente justificados e reputados relevantes para a análise da melhor proposta.

A aferição da melhor proposta se dará em duas etapas, na fase inicial de proposição e naquela final de negociação, momento em que

---

Sala de Informação Virtual pela Eletrobras, em 08 de agosto de 2018, 'Data Room' contendo as informações e documentos referentes às SPE objeto do Leilão, necessárias a subsidiar a precificação pelos Pretendentes Proponentes. Para evitar especulações, o acesso à Sala de Informação Virtual se condicionou ao recolhimento pelo interessado do montante de R$25.000,00 e à checagem das instruções de acesso constantes do Anexo 15 – Manual de Procedimentos de Diligências dos Interessados".

serão também avaliadas as condições econômicas, comerciais, contratuais, entre outras consideradas relevantes à alienação.

Para a realização do procedimento, deverão ser compostas duas comissões distintas, com atribuições próprias.

A comissão de avaliação ou estrutura equivalente será composta por, no mínimo, 3 (três) membros com competência técnica para elaborar a avaliação econômico-financeira do ativo.

A comissão de alienação ou estrutura equivalente, também composta por, no mínimo, 3 (três) membros, terá a atribuição de conduzir o procedimento.

Em compatibilidade com a recomendação do Tribunal de Contas da União nos processos analisados, os membros da comissão de avaliação não terão vínculo de subordinação e não poderão compor a comissão de alienação.

No art. 19, o decreto autoriza a contratação de instituição financeira especializada independente para a preparação da avaliação econômico-financeira formal e independente do ativo, e para o assessoramento da comissão de alienação durante a execução e o acompanhamento da alienação.

A avaliação preliminar do ativo poderá ser preparada pela comissão de avaliação e, em qualquer caso, deverá ser conhecida pela citada comissão, antes da abertura das propostas preliminares.

De acordo com o decreto, o valor justo da alienação, sob o aspecto econômico-financeiro, deverá ser atestado na fase de negociação por, no mínimo, uma instituição financeira independente especializada, que emitirá a *fairness opinion*, providência esta que poderá ser dispensada caso apresente custo desproporcional em relação ao valor total da alienação do ativo.

O item 91.6 da Sistemática da Petrobras exige pelo menos duas *fairness opinions* para os projetos acima de R$1 bilhão, e uma para aqueles abaixo desse valor.

De toda forma, em função dos custos temporal e financeiro envolvidos na obtenção das *fairness opinions*, é intuitiva a possibilidade de os normativos internos da empresa dispensarem a providência, nos casos de incompatibilidade com o porte ou a natureza ativos – e desde que a venda tenha sido precedida de consistente *valuation*.

5.4.4.5 Fase externa

A fase externa do procedimento se inicia com a verificação do interesse do mercado mediante informação da oportunidade contendo os critérios objetivos de participação, em observância à publicidade e transparência, e de forma a possibilitar a fiscalização sobre a conformidade e o controle dos atos.

Essa consulta de interesse, que deverá anteceder o envio do documento de solicitação de propostas, será precedida de instrumento, preferencialmente por meio eletrônico, em portal mantido na internet, de divulgação da oportunidade, contendo o resumo do objeto da alienação.

O instrumento de divulgação da oportunidade disponibilizará também as informações não sigilosas sobre o ativo, em observância ao princípio da publicidade, além daquelas necessárias para que o interessado possa manifestar seu interesse em participar do procedimento de alienação, como o prazo e a forma de realização dos atos.

Os interessados que manifestarem seu interesse por escrito à companhia deverão comprovar o atendimento aos critérios objetivos estabelecidos no instrumento de divulgação da oportunidade; celebrar acordo de confidencialidade; e fornecer outras declarações que atestem seus compromissos com a integridade e a conformidade exigidas.

Encerrada a fase de consultas, a comissão de alienação terá a faculdade de solicitar propostas preliminares aos interessados, informando o momento em que deverão ser apresentadas, a data e o horário de abertura, além das informações e instruções consideradas necessárias para sua formulação.

As propostas preliminares não obrigam os interessados, que poderão delas desistir sem ônus ou penalidades.

As propostas – preliminares ou firmes – deverão ser abertas simultaneamente, em benefício da isonomia e da impessoalidade.

A comissão de alienação classificará as propostas preliminares recebidas, segundo os critérios para tanto previamente estabelecidos, e realizará as avaliações necessárias para garantir – quando possível – que possam participar da fase seguinte no mínimo três interessados, cuja ausência não comprometerá o prosseguimento do procedimento.

Ultrapassada essa etapa, a comissão de alienação encaminhará documento de solicitação de propostas firmes.

Em benefício da ampliação da competitividade, o decreto prevê que as propostas firmes poderão ser solicitadas pela companhia não apenas dos interessados previamente classificados que tenham apresentado propostas preliminares, mas também de quaisquer outros que tenham manifestado seu interesse na fase de consulta.

Na fase de solicitação de propostas firmes, a comissão deverá renovar a descrição do objeto da alienação; caso este tenha sofrido alteração, deverá repetir o procedimento, total ou parcialmente, a partir da fase na qual a alteração tenha se revelado.

O documento deverá indicar ainda o modo de apresentação, o limite e a modalidade de prestação de garantias, quando necessário, além das minutas dos instrumentos jurídicos negociais.

As propostas poderão conter sugestões de alteração dos termos das minutas dos instrumentos jurídicos negociais, que serão avaliadas conforme o interesse da companhia.

Assim como as propostas preliminares, uma vez abertas, as propostas firmes serão classificadas pela comissão de alienação em atenção aos critérios para tanto previamente estabelecidos e vincularão os proponentes – ressalvadas as alterações que sobrevierem na fase de negociação.

Antes da abertura dessas propostas, a comissão de alienação obterá a avaliação econômico-financeira final do ativo, a *fairness opinion*.

Promovida a classificação das propostas, a comissão poderá negociar com o interessado mais bem classificado ou, sucessivamente, com os demais interessados, segundo a ordem de classificação, condições melhores e mais vantajosas para a empresa, que poderão contemplar condições econômicas, comerciais, contratuais ou outras consideradas relevantes à alienação.

Ultrapassada a negociação, a comissão elaborará o relatório final do procedimento, cabendo ao órgão estatutário competente deliberar sobre a alienação, nos termos e nas condições propostas pelo interessado mais bem classificado.

Nesses termos, aprovada a alienação, a comissão de alienação convocará o interessado mais bem classificado para assinatura do contrato, cuja recusa e desistência ensejarão a incidência das penalidades previstas no documento de solicitação de propostas.

O Decreto nº 9.188/2017 não prevê o *rebid*, consistente no procedimento previsto na sistemática de desinvestimentos da Petrobras, que permite o chamamento de terceiros para a formulação de nova proposta, por adesão às condições do *S-PA – sale purchase agreement* negociadas pelo mais bem classificado; ou no caso da existência de propostas com até 10% de diferença em relação à melhor oferta. Como anotado anteriormente, esse expediente foi alvo de fundadas críticas por parte do mercado, como procedimento desvirtuador da essência da disputa efetiva.

5.4.4.6 Efeitos da adesão ao regime especial em relação aos normativos internos

Foi visto que a adesão ao regime especial criado pelo Decreto nº 9.188/2017 é facultativa.

Cabe questionar se, caso a empresa possua sistemática de desinvestimentos própria ou trate de seus desinvestimentos segundo normas próprias previstas em seu regulamento de licitações e contratos, a eventual adesão ao regime especial implicaria revogação expressa ou tácita de tais normativos, no que tange a tais procedimentos de desinvestimentos; e culminaria na adoção do regime especial na condição de procedimento competitivo exclusivo, com supressão de outras modalidades (*e.g.*, o leilão, o chamamento público ou procedimentos correlatos admitidos com base na Lei nº 13.303/2016).

A partir disso, fica ainda o questionamento sobre a viabilidade de utilização do leilão nas oportunidades de negócios definidas pelo art. 28, §4º, da Lei nº 13.303/2016 para os fins de realização de operações no âmbito do mercado de capitais, respeitada a regulação pelo respectivo órgão competente; e, em caso positivo, se essa medida seria lastreada também no art. 6º, inc. I, do Decreto nº 9.811/2017 – que afasta o procedimento competitivo de que cuida o normativo nas alienações de ativos que adotem procedimentos disciplinados por órgãos ou entidades reguladoras, tais como a Comissão de Valores Mobiliários e a B3.

Como comentado, muitos dos conteúdos cujos ajustes o Tribunal de Contas da União recomendou à Eletrobras com base no exame do processo paradigma, da Petrobras, foram, ao fim e ao cabo, consolidados no texto do Decreto nº 9.188/2017.

Observam-se ali destaques especialmente relacionados à transparência do processo, ao fomento à competitividade, à adequada avaliação do ativo, aos conflitos de interesses entre as comissões de avaliação e de alienação, e à comprovação da inviabilidade de competição nos casos de contratações fundadas nas oportunidades de negócios.[387]

Conforme registrado no Acórdão nº 1.765/2018, essas determinações foram parametrizadas com base nas seguintes fontes:

> 1.2. Metodologia e critérios. [...]
> 8. A análise documental apoiou-se em critérios fundados na legislação vigente no país, em princípios aplicáveis à Administração Pública e na própria jurisprudência do TCU.
> Quanto aos principais normativos utilizados, destacam-se: (i) Decreto 9.188/2017 – normativo que estabelece regras de governança,

---

[387] Vide Acórdão nº 1.765/2018: "9.1.2.1. que, nas situações que venham a ser enquadradas como oportunidade de negócio, somente deixe de promover processos competitivos após restar justificada a inviabilidade desses procedimentos, tendo em vista o disposto no art. 28, §4º, da Lei 13.303/2016; 9.1.2.2. que a estipulação do preço mínimo nas vendas de participações em SPE seja utilizada não apenas no caso de leilão, mas também em vendas caracterizadas como oportunidade de negócio, de modo que a venda só ocorra se ultrapassado ou igualado o preço mínimo, evitando-se destruição de valor, tendo em vista os princípios da economicidade e da vantajosidade econômica; 9.1.2.3. que eventual edital do leilão (i) não estabeleça exigências que possam, de alguma forma, admitir condições que comprometam, restrinjam ou frustrem o caráter competitivo do processo; (ii) preveja a ampla disponibilização de respostas a questionamentos dos participantes; e (iii) disponibilize data room com informações necessárias e suficientes para que os participantes possam fazer suas ofertas, tendo em vista os princípios da competitividade, isonomia, transparência, publicidade e impessoalidade; 9.1.2.4. que, nos casos de contratação de assessor ou consultor financeiro para subsidiar seus processos de desinvestimentos, seja constituído processo específico de contratação, com realização de análise prévia pela área jurídica, caso a caso, quando for identificada hipótese de contratação direta, tendo em vista o art. 30, inciso II, alínea c, da Lei 13.303/2016, e os princípios da competitividade, transparência e impessoalidade; e 9.1.2.5. mecanismos no sentido de evitar que haja conflito de interesses entre os assessores/consultores financeiros e potenciais compradores no caso das alienações de participações societárias em SPE e em outros desinvestimentos, não apenas no caso de serem realizados por meio de leilão, mas principalmente nos casos em que sejam realizados com base na fundamentação de oportunidades de negócio, tendo em vista os princípios da economicidade e da seleção da proposta mais vantajosa; [...] 9.2. recomendar às Centrais Elétricas Brasileiras S.A., com fundamento no art. 250, III, do Regimento Interno do TCU (RI/TCU), que: 9.2.1. nos casos de venda de participações em SPE sem ser pelo formato do leilão, como no caso das chamadas oportunidades de negócio, proceda com a contratação de *fairness opinion* junto ao assessor ou consultor financeiro; 9.2.2. inclua nos normativos dos seus desinvestimentos previsões de modo a não haver subordinação de quem faz a avaliação do ativo à comissão de alienação para evitar vieses na condução do processo; 9.2.3. nos processos de desinvestimentos, preveja em seus normativos mecanismos que impeçam a influência das avaliações externas nas avaliações internas e vice-versa, de modo a ter de fato avaliações com óticas distintas que permitam a estipulação de um preço mínimo adequado; 9.2.4. em relação ao cálculo do custo de capital da companhia, formalize critérios técnicos e/ou situações justificáveis para eventual modificação metodológica, definindo previamente a periodicidade de revisões, buscando evitar risco de alterações em função de situações conjunturais; 9.2.5. em próximas avaliações econômico-financeiras, o prêmio estabelecido pelo controle acionário das empresas a serem vendidas seja embasado em um maior número de transações similares e ainda com a prática do mercado acionário brasileiro; [...]".

transparência e boas práticas de mercado para a adoção de regime especial de desinvestimento de ativos pelas sociedades de economia mista federais; (ii) Lei 13.303/2016 – Lei que estabelece o estatuto jurídico das estatais; (iii) Decreto 8.945/2016 – normativo que regulamenta a Lei 13.303/2016 no âmbito da União; (iv) Art. 37, CF/1988 – Princípios constitucionais aplicáveis à Administração Pública.[388]

Cotejando-se os dispositivos do decreto, em relação ao conteúdo de ambos os acórdãos relacionados às sistemáticas da Petrobras e da Eletrobras, nota-se com facilidade que a regulamentação visou consolidar as melhores práticas em desinvestimentos, conforme concebidas pelo tribunal na experiência desenvolvida sobretudo a partir dos trabalhos realizados na Petrobras.

O tribunal registrou que, muito embora a adesão ao decreto seja uma faculdade, nos termos de seu art. 3º, §1º, os dispositivos de governança e transparência contidos no texto são de observância obrigatória, por força dos princípios constitucionais aplicáveis à Administração Pública.

Considerando esse histórico do conteúdo de estruturação do decreto, poder-se-ia supor que, nas empresas que possuam sistemática própria que vierem a aderir ao regime especial, a consequência lógica e jurídica dessa medida poderia ser a aplicação do decreto, em substituição à sistemática.

Isso decorreria do próprio objetivo central do Decreto nº 9.188/2017, relacionado à padronização de um sistema único – um regime especial – para os desinvestimentos das estatais federais, cujo mote de instituição foi a demanda por segurança jurídica, princípio expressamente previsto entre os objetivos do normativo, indicados no art. 2º.[389]

Para atingir esse *mister*, o decreto admite, inclusive, o afastamento de normativos internos e de seus procedimentos quando conflitantes com direitos previamente assegurados em acordos relacionados à participação societária ou ao ativo objeto de desinvestimento (§§1º e 2º do art. 5º).

---

[388] *Vide* Relatório de Acompanhamento da SeinfraElétrica.

[389] Decreto nº 9.188/2017: "Art. 2º O regime especial de desinvestimento de ativos previsto neste Decreto tem os seguintes objetivos: [...] III - garantir segurança jurídica aos processos de alienação por meio da observância da legislação e das demais normas aplicáveis; [...] IX - proporcionar ambiente de previsibilidade e racionalidade para a tomada de decisão pelos agentes envolvidos no setor; e [...]".

Não há razões, porém, para que a adesão ao decreto conduza em linha reta à revogação tácita ou expressa de sistemática própria, mesmo porque esses textos podem ser complementares, e não excludentes entre si.

A título de exemplo, uma análise comparativa dos textos do decreto e da sistemática da Eletrobras demonstra que o conteúdo desta última é bem mais amplo, atendendo a uma maior diversidade de situações em relação àquele primeiro – inclusive as próprias hipóteses de não aplicação do decreto, indicadas no art. 6º do texto.

Por outro lado, por exemplo, os procedimentos previstos no item 5.3.3 da mencionada sistemática – venda competitiva por chamada pública – podem ser talvez considerados menos completos do que o procedimento competitivo erigido no decreto.

Além disso, o Decreto nº 9.188/2017 não tem o condão de derrogar procedimentos competitivos previstos em lei, como o leilão, o chamamento público ou outras modalidades de desestatização que devam ser conduzidas no mercado de capitais, e cuja natureza recomende a observância de procedimentos disciplinados por órgãos ou entidades, segundo regras e tratamento conferidos por regulamentos próprios.

Por isso, o texto do decreto concilia sua aplicação simultânea com demais normativos, como se deflui do art. 6º, inc. I c/c parágrafo único, que indica que a incidência de normas específicas (*e.g.*, procedimentos disciplinados por órgãos ou entidades reguladoras) afasta a aplicação do regime especial instituído pelo decreto apenas naquilo em que conflitarem.

A manutenção de normativos internos que regulamentem os desinvestimentos será útil quando os processos alcançarem as situações fáticas a que não seja aplicável o regime do Decreto nº 9.188/2017, conforme indicado no art. 6º, incs. I a IV.

Com isso, não se vislumbra impedimento lógico ou jurídico na adesão ao decreto com simultânea preservação de sistemática ou de normas próprias de desinvestimentos.

Tanto os normativos internos poderão ser aplicados às situações não cobertas pelo decreto quanto, *a contrario sensu*, este último terá finalidade instrumental quando, sendo suas regras consideradas mais adequadas, no caso concreto, seja ele aplicado mediante o afastamento de normativos internos, conforme permissivo do §2º do art. 5º do decreto.

Registre-se, por fim, que, além do Decreto nº 9.188/2017, o Decreto nº 9.355/2018:

Estabelece regras de governança, transparência e boas práticas de mercado para a cessão de direitos de exploração, desenvolvimento e produção de petróleo, gás natural e outros hidrocarbonetos fluidos pela Petróleo Brasileiro S.A. – Petrobras, na forma estabelecida no art. 29, no art. 61, caput e §1º, e art. 63, da Lei nº 9.478, de 6 de agosto de 1997, e no art. 31 da Lei nº 12.351, de 22 de dezembro de 2010.

Em 19.12.2018, esse normativo teve seus efeitos suspensos por força de decisão liminar concedida pelo ministro Marco Aurélio, do Supremo Tribunal Federal, nos autos da Ação Direta de Inconstitucionalidade (ADI) nº 5.942, de autoria do Partido dos Trabalhadores, que foi posteriormente revertida pelo ministro Dias Toffoli.[390]

5.4.4.7 Fiscalização

A fiscalização sobre as alienações promovidas pelas empresas estatais será exercida pelos órgãos de controle externo e interno das três esferas de governo quanto à economicidade e à eficácia da aplicação do decreto, sob o ponto de vista contábil, financeiro, operacional e patrimonial.[391]

Os órgãos de controle terão acesso – restrito e individualizado – aos documentos e às informações para tanto necessários, incluídos aqueles classificados como sigilosos, nos termos da Lei nº 12.527/2011, cujo grau de confidencialidade será atribuído pelas empresas no ato de sua entrega e por cuja manutenção o órgão será corresponsável.

As informações que sejam revestidas de sigilo bancário, estratégico, comercial ou industrial serão assim identificadas, e o servidor responsável pela atividade fiscalizatória responderá administrativa, civil e penalmente pelos danos causados às sociedades de economia mista e a seus acionistas em razão de eventual divulgação indevida.

---

[390] A decisão ensejou a suspensão pela estatal dos desinvestimentos então já programados. A ação se referia às vendas de ativos de E&P (exploração e produção) da Petrobras (APÓS decisão do STF, Petrobrás suspenderá novas vendas de ativos de exploração e produção. *Petronotícias*, 21 dez. 2018. Disponível em: https://petronoticias.com.br/apos-decisao-do-stf-petrobras-anuncia-que-suspendera-novas-vendas-de-ativos-de-exploracao-e-producao/. Acesso em: 26 dez. 2018).

[391] *Vide* arts. 85 e seguintes da Lei nº 13.303/2016.

5.5 O papel do TCU nas desestatizações. Instrução Normativa nº 81/2018

Na condição de lei-quadro do Programa Nacional de Desestatizações, a Lei nº 9.194/1997 autoriza o Poder Executivo, a partir da edição de decreto presidencial, incluir a empresa ou ativo no programa, em atendimento à recomendação contida em resolução do Conselho de Parcerias em Investimentos, e assim dar impulso às providências necessárias à respectiva licitação.

Entre as condições prévias à desestatização, alinha-se a aprovação do modelo pelo Tribunal de Contas da União, no exercício de sua competência constitucional conferida pelo art. 71, inc. IV, da Constituição e conforme o art. 3º da Lei nº 8.443/1992, inc. III do art. 2º c/c inc. VIII do art. 18 da Lei nº 9.491/1997.

O Tribunal de Contas da União exerce o acompanhamento, a fiscalização e a avaliação dos processos de desestatização.

Essa atividade foi originariamente regulamentada pelo tribunal nos termos da Instrução Normativa nº 27/1998, aplicável aos processos de desestatização realizados pela Administração Pública Federal, compreendendo as privatizações de empresas, inclusive instituições financeiras, e as concessões, permissões e autorizações de serviço público.

O rito ali previsto é desenvolvido segundo procedimento em cinco estágios para as privatizações; e quatro estágios na fiscalização das concessões, permissões e autorizações de serviços públicos.

A fiscalização incide, ainda, na fase de execução contratual, com acompanhamento da aplicação da legislação, das cláusulas contratuais e aditivos firmados com a concessionária ou com a permissionária, ou constantes do termo de obrigações, além da avaliação da ação exercida pelo órgão, pela entidade federal concedente ou pela respectiva agência reguladora, bem como as diretrizes por ele estabelecidas.

Com exceção da liquidação de empresa incluída no Programa Nacional de Desestatização – com fiscalização a cargo da unidade técnica a que esta estiver jurisdicionada, por meio de seu processo de prestação de contas anual –, a instrução normativa citada incidia ainda sobre os processos de outorga de concessão ou de permissão de serviços públicos efetivados por licitação na modalidade leilão público; e sobre os processos de outorga de subconcessão de serviços públicos, autorizados pelo órgão ou pela entidade federal concedente.

Esses processos e pautas temáticas foram se avolumando e especializando com o passar do tempo, o que levou o tribunal anos depois a editar outras duas instruções normativas sobre o tema: (i) Instrução Normativa nº 46/2004, aplicável especificamente à fiscalização dos processos de concessão para exploração de rodovias federais, inclusive as rodovias ou trechos rodoviários delegados pela União a estado, ao Distrito Federal, a município ou a consórcio formado por esses entes; e (ii) a Instrução Normativa nº 52/2007, que dispôs sobre o controle e a fiscalização de procedimentos de licitação, contratação e execução contratual de parcerias público-privadas (PPP).

Em 2018, o tribunal revogou essas três instruções normativas, substituindo-as pela Instrução Normativa nº 81/2018,[392] que instituiu uma nova sistemática para o acompanhamento do controle das desestatizações.

O novo texto reduz a complexidade das atividades desenvolvidas, eliminando os múltiplos estágios de acompanhamento previstos nas instruções antecedentes, de que constitui nítido aprimoramento, com o objetivo de desburocratizar a dinâmica fiscalizatória.

Essa linha de desburocratização tem sido a tendência no governo federal, como se observa de outros normativos, como é o caso da Portaria nº 293, de 27.09.2018, da AGU, que dispõe sobre o assessoramento jurídico prestado pelos órgãos jurídicos da Advocacia-Geral da União nos processos e atos administrativos de que trata a Lei nº 13.334/2016, a Lei do PPI.

Segundo a portaria, será considerada prioritária a análise jurídica de processos e atos administrativos relativos a empreendimentos qualificados, por decreto, no Programa de Parcerias de Investimentos (PPI).

O normativo visa ainda uniformizar as competências e os procedimentos a cargo das consultorias jurídicas junto aos ministérios e as procuradorias federais dos entes com competência para atuar na análise dos empreendimentos abrangidos pelo PPI, que deverão informar aos órgãos assessorados eventuais oportunidades de equalização de competências e procedimentos no âmbito do PPI e do PND.

Sempre que possível, esses órgãos deverão elaborar: pareceres referenciais, conforme previsto na Orientação Normativa nº 55, de 23.05.2014; minutas de pareceres parametrizados; e, em conjunto com

---

[392] *DOU* de 25.06.2018.

a Administração, minutas padrão de editais, contratos e atos administrativos.

Retomando os comentários sobre a Instrução Normativa nº 18/2018, do Tribunal de Contas da União, o objetivo de simplificação surge de início, na parte do texto que destaca a finalidade inerente ao princípio da significância, de acordo com os critérios de materialidade, relevância, oportunidade e risco.[393]

Isso significa que o tribunal priorizará as desestatizações de maior risco e dimensão *lato sensu*, e que o escopo do acompanhamento deve ser aprovado pelo dirigente da unidade técnica, pelo diretor ou pelo supervisor, com base no princípio da significância, a partir de proposta da equipe de fiscalização, nos termos do item 3 dos Padrões de Auditoria de Conformidade do Tribunal de Contas da União, observados os critérios acima mencionados.[394]

A providência permite que o tribunal concentre seus esforços na análise dos temas em que seu *input* apresenta maior relevância, mais proximamente relacionados, por exemplo, aos aspectos da competitividade dos procedimentos do que a questões de cunho eminentemente técnico relacionadas à viabilidade e ao modelo de empreendimento, além de temas não menos importantes, mas tangenciais em relação à competência técnica do tribunal, como é o caso dos aspectos ambientais e dos reflexos tributários dos projetos de desestatização.

A fiscalização de que trata a Instrução Normativa nº 81/2018 alcança os seguintes escopos:

(i) as ações previstas no Programa Nacional de Desestatização (PND), conforme disposto no art. 2º c/c art. 18, inc. VIII, da Lei nº 9.491/1997;

(ii) os empreendimentos incluídos no Programa de Parcerias de Investimentos (PPI), nos termos dos arts. 5º e 6º, IV, da Lei nº 13.334/2016; e

---

[393] Portaria nº 293/2018 – AGU: "Art. 2º O controle das desestatizações será realizado por meio da sistemática prevista nesta Instrução Normativa e dos instrumentos de fiscalização definidos no Regimento Interno do Tribunal de Contas da União. §1º O controle previsto no caput deste artigo observará o princípio da significância, de acordo com os critérios de materialidade, relevância, oportunidade e risco. [...] §5º O relator, com base no princípio da significância e mediante proposta da unidade técnica, poderá determinar o arquivamento do processo".

[394] TRIBUNAL DE CONTAS DA UNIÃO. *Auditoria de Conformidade*. Disponível em: https://portal.tcu.gov.br/controle-externo/normas-e-orientacoes/normas-de-fiscalizacao/auditoria-de-conformidade.htm. Acesso em: 05 fev. 2019.

(iii) as prorrogações e relicitações de contratos de parceria de investimentos de que trata o art. 11 da Lei nº 13.448/2017.

Nos casos de outorga de concessão ou de permissão de serviços públicos realizados com fundamento em inexigibilidade ou dispensa de licitação, além das informações estabelecidas no art. 4º, o órgão gestor deverá encaminhar ainda documento contendo a motivação para a dispensa ou inexigibilidade da licitação.

No que se refere aos procedimentos, propriamente ditos, adotados na nova instrução normativa, os órgãos gestores dos processos fiscalizados devem encaminhar ao tribunal, em até 150 (cento e cinquenta) dias anteriormente à data prevista para a publicação do edital, extrato contendo as informações relacionadas à descrição do objeto, previsão do investimento projetado, relevância e localização do empreendimento, além do cronograma do processo licitatório.

Os gestores deverão encaminhar ao tribunal no mesmo prazo, com 150 (cento e cinquenta) dias de antecedência em relação à data de sua assinatura, os extratos dos contratos ou termos aditivos relacionados aos instrumentos de prorrogação ou renovação de concessões ou permissões, inclusive de caráter antecipado, contendo informações sobre a descrição sucinta do objeto, as condicionantes econômicas, a localização, o cronograma da prorrogação e as normas autorizativas.

Deverão ser encaminhados também ao tribunal, com antecedência de 90 (noventa) dias da data da publicação do edital, os estudos de viabilidade técnica e econômico-financeira (EVTEA), as minutas de edital e seus anexos, as minutas de contrato e o caderno de encargos, os resultados das audiências públicas e demais documentos pertinentes à desestatização, elencados nos arts. 3º, 4º e 5º da instrução normativa.

A unidade técnica do tribunal disporá de 75 (setenta e cinco) dias do recebimento de todos os documentos do processo de acompanhamento da desestatização para remeter a proposta de mérito ao relator que, em casos de maior complexidade, poderá fixar prazo superior para a análise do acompanhamento.

Além desse normativo, devem ser observadas demais normas e decisões aplicáveis do TCU,[395] bem como as normas gerais para a

---

[395] Súmula TCU nº 179: no exercício da auditoria financeira e orçamentária sobre as contas das entidades que lhe são jurisdicionadas, cumpre ao Tribunal de Contas da União acompanhar a transferência, transformação e desativação de empresa sob controle do governo federal, consoante o chamado "programa de privatização ou desestatização", com vistas à observância

tomada e prestação de contas dos administradores e responsáveis da Administração Pública Federal a partir de 2020, contidas na Instrução Normativa TCU nº 84/2020.

---

dos preceitos legais e regulamentares aplicáveis. Súmula TCU nº 196: no caso de transferência, transformação e desativação de empresa sob controle do governo federal, de acordo com o chamado "programa de privatização ou desestatização", prevalece, para a apresentação da prestação de contas ao tribunal, o prazo de cento e oitenta (180) dias, contados da data da venda das ações ou dos ativos da entidade, devendo – tal como no caso de liquidação de empresa ou de encerramento do exercício financeiro – ser elaboradas, na forma do art. 176 da Lei nº 6.404, de 15.12.1976, as demonstrações financeiras, sobre as quais se pronunciará a Secretaria de Controle Interno competente.

REFERÊNCIAS

AGENDA Brasil. *Senado Federal*, 12 ago. 2015. Disponível em: https://www12.senado.leg.br/noticias/materias/2015/08/12/agenda-brasil. Acesso em: 28 dez. 2018.

ALTOUNIAN, Claudio Sarian. *Obras públicas*: licitação, contratação, fiscalização e utilização. 5. ed. Belo Horizonte: Fórum, 2016.

ALVES, Alaôr Caffé. *Planejamento metropolitano e autonomia*. São Paulo: Bushatsky, 1981.

ANDRADE, Landolfo. Autocomposição na esfera de improbidade administrativa. *Genjurídico*, 11 abr. 2018. Disponível em: http://genjuridico.com.br/2018/04/11/autocomposicao-na-esfera-de-improbidade-administrativa/. Acesso em: 31 dez. 2018.

ARAGÃO, Alexandre Santos de. Empresa público-privada. *Revista dos Tribunais*, v. 890, 2009.

ARAGÃO, Alexandre Santos de. *Empresas estatais, o regime jurídico das empresas públicas e sociedades de economia mista*: de acordo com a Lei 13.303/2016. Rio de Janeiro: Forense, 2017.

BANDEIRA DE MELLO, Celso Antônio. *Curso de direito administrativo*. 27. ed. São Paulo: Malheiros, 2010.

BANDEIRA DE MELLO, Celso Antônio. *Curso de direito administrativo*. São Paulo: Malheiros, 2000.

BANDEIRA DE MELLO, Celso Antônio. *Licitação*. São Paulo: Revista dos Tribunais, 1980.

BARROSO, Luís Roberto. *O novo direito constitucional brasileiro*: contribuições para a construção teórica e prática da jurisdição constitucional no Brasil. 1. reimpr. Belo Horizonte: Fórum, 2013.

BARROSO, Luís Roberto. Saneamento básico: competências constitucionais da União, Estados e Municípios. *IDAF – Informativo de Direito Administrativo e Responsabilidade Fiscal*, ano II, n. 15, out. 2002/2003.

BAUMAN, Zygmunt; BORDONI, Carlo. *Estado de crise*. Tradução de Renato Aguiar. 1. ed. Rio de Janeiro: Zahar, 2016.

BEMQUERER, Marcos. *O regime jurídico das empresas estatais após a Emenda Constitucional nº 19/1998*. Belo Horizonte: Fórum, 2012.

BICALHO, Alécia Paolucci Nogueira. A interpretação do conceito de empresa estatal dependente na Lei de Responsabilidade Fiscal. *FCGP*, ano 1, n. 3, mar. 2002.

BICALHO, Alécia Paolucci Nogueira. A privatização dos aeroportos nacionais. *Estado de Minas*, Belo Horizonte, 19 set. 2011. Coluna Opinião.

BICALHO, Alécia Paolucci Nogueira. A ressignificação da eficiência nas empresas estatais à luz da Lei 13.303. *In*: WALD, Arnoldo; JUSTEN FILHO, Marçal; PEREIRA, César Augusto Guimarães (Coord.). *O direito administrativo na atualidade*: estudos em homenagem ao centenário de Hely Lopes Meirelles (1917-2017). São Paulo: Malheiros, 2017.

BICALHO, Alécia Paolucci Nogueira. Lei de Responsabilidade das Estatais: fomento e perspectivas às estatais prestadoras de serviço público de saneamento básico. *Boletim de Licitações e Contratos – BLC*, maio 2017.

BICALHO, Alécia Paolucci Nogueira. Lei de Responsabilidade das Estatais: fomento e perspectivas às estatais prestadoras de serviço público de saneamento básico. *Revista de Direito Administrativo Contemporâneo*, São Paulo, ano 4, v. 27, p. 211-236, nov./dez. 2016.

BICALHO, Alécia Paolucci Nogueira. Serviços públicos de saneamento básico: condições de resolutividade das parcerias societárias entre o Poder Público e a iniciativa privada. *Parecer*, set. 2015. Mimeo.

BICALHO, Alécia Paolucci Nogueira; GONÇALVES, Andreia Barroso. Organização administrativa brasileira. *In*: MOTTA, Carlos Pinto Coelho (Coord.). *Curso prático de direito administrativo*. 3. ed. Belo Horizonte: Del Rey, 2011.

BICALHO, Alécia Paolucci Nogueira; MOTTA, Carlos Pinto Coelho (*in memoriam*). *RDC*: Comentários ao Regime Diferenciado de Contratações: Lei nº 12.462/2011 – Decreto 7.581/2011. Belo Horizonte: Fórum, 2014.

BITTENCOURT, Sidney. *A nova Lei das Estatais*: novo regime de licitações e contratos nas empresas estatais. São Paulo: JH Mizuno, 2017.

BORBA, José Edwaldo Tavares. *Direito societário*. 15. ed. São Paulo: Atlas, 2017.

BORBA, José Edwaldo Tavares. *Direito societário*. 6. ed. Rio de Janeiro: Renovar, 2001.

BORBA, José Edwaldo Tavares. *Sociedade de economia mista e privatização*. Rio de Janeiro: Lumen Juris, 1997.

BORGES, Alice Maria Gonzalez. Concessões de serviço público de abastecimento de água aos Municípios. *RDA – Revista de Direito Administrativo*, Rio de Janeiro, abr./jun. 1998.

BORGES, Alice Maria Gonzalez. O Estatuto Jurídico das Empresas Estatais na Emenda Constitucional nº 19/98. *RDA – Revista de Direito Administrativo*, Rio de Janeiro, v. 217, p. 1-12, jul./set. 1999.

BORGES, Alice Maria Gonzalez. Operações urbanas consorciadas: os consórcios intermunicipais como instrumentos de realização do Estatuto da Cidade. *In*: WAGNER JUNIOR, Luiz Guilherme Costa (Coord.). *Direito público*: estudos em homenagem ao Professor Adilson Abreu Dallari. Belo Horizonte: Del Rey, 2004.

BRASIL. Ministério do Planejamento, Desenvolvimento e Gestão. *Relatórios estratégicos*. Disponível em: http://www.planejamento.gov.br/transicao/relatorios-estrategicos. Acesso em: 27 dez. 2018.

CALASANS JUNIOR, José. Obras e serviços de engenharia: o RDC versus a Lei n. 8.666/93. *Revista Zênite ILC*, Curitiba, n. 592, jun. 2012.

CALDAS, Roberto Correia da Silva Gomes. As parcerias público-privadas e suas tendências em dez anos de existência legal quanto a endividamento público e criação de infraestrutura. *In*: DAL POZZO, Augusto Neves; VALIM, Rafael; AURÉLIO, Bruno; FREIRE, André Luiz. *Parcerias público-privadas*: teoria geral e aplicação nos setores de infraestrutura. Belo Horizonte: Fórum, 2014.

CAMPELO, Valmir; CAVALCANTI, Rafael Jardim. *Obras públicas, comentários à jurisprudência do TCU*. Belo Horizonte: Fórum, 2012.

CARVALHO FILHO, José dos Santos. *Manual de direito administrativo*. São Paulo: Atlas, 2014.

CARVALHO FILHO, José dos Santos. Paradigmas do direito administrativo contemporâneo. *In*: PEIXINHO, Manoel Messias; PEREIRA JUNIOR, Jesse Torres; MOURA, Emerson Affonso da Costa. *Mutações do direito administrativo*: estudos em homenagem ao Professor Diogo de Figueiredo Moreira Neto. Rio de Janeiro: Lumen Juris, 2018.

CARVALHO, André Castro. *Direito da infraestrutura*: perspectiva pública. São Paulo: Quartier Latin, 2014.

CARVALHO, Gabriela. A nova Administração Pública e o direito administrativo. *Fórum Administrativo – FA*, Belo Horizonte, ano 14, n. 158, abr. 2014.

CHEVALLIER, Jacques. *O Estado de direito*. Tradução de Antônio Araldo Ferraz Dal Pozzo e Augusto Neves Dal Pozzo. Belo Horizonte: Fórum, 2013.

COELHO, Sacha Calmon Navarro. Levando o país a sério. *Blog do Sacha*, 3 maio 2017. Disponível em: http://blogdosacha.com.br/coluna-opiniao/levando-o-pais-a-serio/.

COELHO, Sacha Calmon Navarro; COELHO, Eduardo Junqueira. Parceria público-privada e o aporte de recursos pelo poder público. *In*: BICALHO, Alécia Paolucci Nogueira; DIAS, Maria Tereza Fonseca (Coord.). *Contratações públicas*: estudos em homenagem ao Professor Carlos Pinto Coelho Motta. Belo Horizonte: Fórum, 2014.

COUTO E SILVA, Almiro. Controle das empresas estatais. *RDP*, n. 55/56.

COUTO E SILVA, Almiro. Os indivíduos e o Estado na realização de tarefas públicas. *RDA – Revista de Direito Administrativo*, Rio de Janeiro, n. 209, 1997.

CUNHA FILHO, Alexandre Jorge Carneiro; ISSA, Rafael Hamze; SCHWIND, Rafael Wallbach (Coord.). *A Lei de Introdução às Normas do Direito Brasileiro –* Anotada: Decreto-Lei nº 4.657, de 4 de setembro de 1942. v. 2. São Paulo: Quartier Latin, 2019.

CUNHA, Cláudia Polto; MASTROBUONO, Cristina M. Wagner. 12. Privatizações, participações minoritárias e subsidiárias. *In*: PINTO JUNIOR, Mario Engler; MASTROBUONO, Cristina M. Wagner; MEGNA, Bruno Lopes (Coord.). *Empresas estatais*: regime jurídico e experiência prática na vigência da Lei n. 13.303/2016. São Paulo: Almedina, 2022.

DAL POZZO, Augusto; MARTINS, Ricardo Marcondes (Coord.). *Estatuto jurídico das empresas estatais*. São Paulo: Contracorrente, 2018.

DAL POZZO, Augusto Neves. *O direito administrativo da infraestrutura*. São Paulo: Editora Contracorrente, 2020.

DE PALMA, Juliana Bonacorsi. 10. Cláusulas exorbitantes na lei das empresas estatais: uma revisitação a partir das sanções administrativas. *In*: PINTO JUNIOR, Mario Engler; MASTROBUONO, Cristina M. Wagner; MEGNA, Bruno Lopes (Coord.). *Empresas estatais*: regime jurídico e experiência prática na vigência da Lei n. 13.303/2016. São Paulo: Almedina, 2022.

DIAS, Luciana. 6. Estado-Acionista e política de propriedade. *In*: PINTO JUNIOR, Mario Engler; MASTROBUONO, Cristina M. Wagner; MEGNA, Bruno Lopes (Coord.). *Empresas estatais*: regime jurídico e experiência prática na vigência da Lei n. 13.303/2016. São Paulo: Almedina, 2022.

DI PIETRO, Maria Sylvia Zanella. Da franquia na administração pública. *BDA*, n. 3, 1995.

DI PIETRO, Maria Sylvia Zanella. *Direito administrativo*. 16. ed. São Paulo: Atlas, 2003.

DI PIETRO, Maria Sylvia Zanella. *Direito administrativo*. 21. ed. São Paulo: Atlas, 2008.

DI PIETRO, Maria Sylvia Zanella. *Direito administrativo*. 34. ed. Rio de Janeiro: Forense, 2021.

DI PIETRO, Maria Sylvia Zanella. *Parcerias na Administração Pública*. São Paulo: Atlas, 1996.

DI PIETRO, Maria Sylvia Zanella; MOTTA, Fabrício (Coord.). *O direito administrativo nos 30 anos da Constituição*. Belo Horizonte: Fórum, 2018.

DUTRA, Pedro Paulo de Almeida. *Controle de empresas estatais*. São Paulo: Saraiva, 1991.

EIRAS, Guilherme A. Vezaro. As regras aplicáveis aos contratos celebrados no âmbito do estatuto das empresas estatais (Lei 13.303/16). *In*: JUSTEN FILHO, Marçal (Org.). *Estatuto jurídico das empresas estatais*. São Paulo: RT, 2016.

FECURI, Ana Cristina. A nova Lei das Estatais: aspectos gerais licitatórios. *In*: DAL POZZO, Augusto; MARTINS, Ricardo Marcondes (Coord.). *Estatuto jurídico das empresas estatais*. São Paulo: Contracorrente, 2018.

FERRAZ, Luciano. Além da sociedade de economia mista. *RDA – Revista de Direito Administrativo*, Rio de Janeiro, v. 266, p. 49-68, maio/ago. 2014.

FERRAZ, Luciano. Segurança política positivada: interpretação, decadência e prescritibilidade. *Revista Eletrônica sobre a Reforma do Estado (RERE)*, Salvador, n. 22, jun./ago. 2010. Disponível em: http://www.direitodoestado.com/revista/RERE-22-JUNHO-2010-LUCIANO-FERRAZ.pdf.

FERRAZ, Luciano; ALMEIDA, Thiago Ferreira. Panorama dos programas brasileiros de privatizações: trinta anos depois da Constituição. *In*: DI PIETRO, Maria Sylvia Zanella; MOTTA, Fabrício (Coord.). *O direito administrativo nos 30 anos da Constituição*. Belo Horizonte: Fórum, 2018.

FERRARI, Vinícius da Cunha. *Barreiras de saída para reposicionamento estratégico de empresas de capital misto*: um estudo de caso de desinvestimento em ativos maduros de baixa produtividade. Fundação Getulio Vargas. Escola Brasileira de Administração Pública e de Empresas. Mestrado em gestão empresarial. Rio de Janeiro – 2022. Dissertação apresentada à Escola Brasileira de Administração Pública e de Empresas para obtenção do grau de mestre. Disponível em: https://bibliotecadigital.fgv.br/dspace/bitstream/handle/10438/31906/Disserta%C3%A7%C3%A3o%20Final%20-20Vinicius%20Ferrari_FINAL.pdf?sequence=1. Acesso em: 30 nov. 2022.

FERRAZ, Luciano; MOTTA, Fabrício. Empresas estatais e suas subsidiárias: requisitos constitucionais para a transferência do controle acionário. *Int. Públ. – IP*, Belo Horizonte, ano 20, n. 112, p. 15-35, nov./dez. 2018.

FERREIRA, Aurélio Buarque de Holanda. *Novo Aurélio, o dicionário da língua portuguesa*. Século XXI. 3. ed. Rio de Janeiro: Nova Fronteira, 1999.

FERREIRA, Sérgio de Andréa. História e regime constitucional da atividade empresarial estatal. *In*: FERRAZ, Sérgio (Org.). *Comentários sobre a Lei das Estatais*. São Paulo: Malheiros, 2019.

FIDALGO, Carolina Barros. *O Estado empresário*. São Paulo: Almedina, 2017.

FIGUEIREDO, Lúcia Valle. *Curso de direito administrativo*. 6. ed. São Paulo: Malheiros, 2003.

FIGUEIREDO, Marcelo. O saneamento básico e o direito: uma visão dos principais problemas. *In*: WAGNER JUNIOR, Luiz Guilherme Costa (Coord.). *Direito público*: estudos em homenagem ao Professor Adilson Abreu Dallari. Belo Horizonte: Del Rey, 2004.

FORTINI, Cristiana. Novo marco legal sobre abuso de autoridade é mais do que oportuno. *Conjur*, 20 abr. 2017. Disponível em: https://www.conjur.com.br/2017-abr-20/interesse-publico-marco-legal-abuso-autoridade-oportuno.

FORTINI, Cristiana; FAJARDO, Gabriel. Um olhar histórico-constitucional sobre as concessões de serviço público e as parcerias público-privadas: surgimento e incentivo. *In*: DI PIETRO, Maria Sylvia Zanella; MOTTA, Fabrício (Coord.). *O direito administrativo nos 30 anos da Constituição*. Belo Horizonte: Fórum, 2018.

FORTINI, Cristiana; NÓBREGA, Marcos; CAVALCANTI, Caio Mário Lana. Matriz de riscos dos contratos de parceria público-privada: alteração consensual. *SLC*, ano 5, n. 57, dez. 2022.

FURTADO, Lucas Rocha. *Curso de licitações e contratos administrativos*. 5. ed. rev. atual. e ampl. Belo Horizonte: Fórum, 2015.

GANDRA, Alana. Desembolsos do BNDES registram queda de 46% no primeiro trimestre de 2016. *Agência Brasil*, 26 abr. 2016. Disponível em: http://agenciabrasil.ebc.com.br/economia/noticia/2016-04/desembolsos-do-bndes-caem-46-no-primeiro-trimestre.

GONZALES, Alice Borges. O estatuto jurídico das empresas estatais na Emenda Constitucional nº 19/98. *RDA – Revista de Direito Administrativo*, Rio de Janeiro, v. 217, p. 10, jul./set. 1999.

GUIMARÃES, Bernardo Strobel. A nova Lei das Estatais e seu caráter original. *Revista Zênite ILC*, Curitiba, n. 271, set. 2016.

HORTA, Raul Machado. *Estudos de direito constitucional*. Belo Horizonte: Del Rey, 1995.

INFRAERO planeja venda de 49% do capital por R$14 bi, diz presidente da estatal. *O Globo*, 14 ago. 2018. Disponível em: https://oglobo.globo.com/economia/infraero-planeja-venda-de-49-do-capital-por-14-bi-diz-presidente-da-estatal-22977382. Acesso em: 18 dez. 2018.

INFRAERO. *Relatório anual – 2017*. Disponível em: https://www4.infraero.gov.br/media/674585/relatorio_anual_2017.pdf. Acesso em: 24 jan. 2019.

JACOBY FERNANDES, Murilo Queiroz Melo. Lei nº 13.303/2016: novas regras de licitações e contratos para as estatais. *Revista Síntese – Licitações, Contratos e Convênios*, ano VI, n. 34, p. 9-13, ago./set. 2016.

JUSTEN FILHO, Marçal (Org.). *Estatuto jurídico das empresas estatais*: Lei nº 13.303/2016 – Lei das Estatais. São Paulo: RT, 2016.

JUSTEN FILHO, Marçal. A contratação sem licitação nas empresas estatais. *In*: JUSTEN FILHO, Marçal (Org.). *Estatuto jurídico das empresas estatais*: Lei nº 13.303/2016 – Lei das Estatais. São Paulo: RT, 2016.

JUSTEN FILHO, Marçal. Ainda a questão da mutabilidade dos contratos administrativos. *In*: BICALHO, Alécia Paolucci Nogueira; DIAS, Maria Tereza Fonseca (Coord.). *Contratações públicas*: estudos em homenagem ao Professor Carlos Pinto Coelho Motta. Belo Horizonte: Fórum, 2013.

JUSTEN FILHO, Marçal. *Comentários à Lei de Licitações e Contratos Administrativos*. 17. ed. São Paulo: Revista dos Tribunais, 2016.

JUSTEN FILHO, Marçal. *Curso de direito administrativo*. 10. ed. São Paulo: Revista dos Tribunais, 2014.

JUSTEN FILHO, Marçal. *Curso de direito administrativo*. 13. ed. São Paulo: Revista dos Tribunais; Thomson Reuters, 2018.

JUSTEN FILHO, Marçal. *Curso de direito administrativo*. 17. ed. São Paulo: Thomson Reuters, 2018.

JUSTEN FILHO, Marçal. Empresas estatais e a superação da dicotomia na prestação de serviço público/exploração da atividade econômica. *In*: FIGUEIREDO, Marcelo; PONTES FILHO, Valmir (Org.). *Estudos de direito público em homenagem a Celso Antônio Bandeira de Mello*. São Paulo: Malheiros, 2006.

JUSTEN FILHO, Marçal; PEREIRA, César A. Guimarães. Concessão dos serviços públicos de limpeza urbana. *JAM – Jurídica Administração Municipal*, ano V, n. 9.

LANDRISCINA, Giulia. Conheça os quatro princípios da governança corporativa. *Instituto Brasileiro de Governança Corporativa (IBGC)*, 27 jan. 2020. Disponível em: https://www.ibgc.org.br/blog/principios-de-governanca-corporativa.

LIMA, Paulo B. de Araújo. As regiões metropolitanas e seus aspectos institucionais. *RDA – Revista de Direito Administrativo*, Rio de Janeiro, jul./set. 1977.

LUNA, Guilherme *et al.* (Dir.). Coordenação de Saneamento Básico do Conselho Federal da Ordem dos Advogados do Brasil (Gestão 2011-2016) (Org.). *Saneamento básico*: temas fundamentais, propostas e desafios. São Paulo: Lumen Juris, 2017.

MÂNICA, Fernando Borges; MENEGAT, Fernando. *Teoria jurídica da privatização*: fundamentos, limites, técnicas de interação público-privada no direito brasileiro. Rio de Janeiro: Lumen Juris, 2017.

MARTINS, Ricardo Marcondes. Estatuto das empresas estatais à luz da Constituição. *In*: DAL POZZO, Augusto; MARTINS, Ricardo Marcondes Martins (Coord.). *Estatuto jurídico das empresas estatais*. São Paulo: Contracorrente, 2018.

MEDAUAR, Odete. *O direito administrativo em evolução*. 3. ed. Brasília: Gazeta Jurídica, 2017.

MEIRELLES, Hely Lopes. Construção para incorporação de condomínio – A entrega de terreno para pagamento em área construída caracteriza contrato de permuta e não de compra e venda [...] – A empresa construtora só é responsável pela construção nas condições constantes das especificações do projeto, devendo ser ressarcida dos acréscimos introduzidos nas unidades autônomas no interesse dos permutantes e condôminos. *Estudos e Pareceres de Direito Público*, São Paulo, v. VI, 1982.

MEIRELLES, Hely Lopes. *Direito administrativo brasileiro*. 14. ed. São Paulo: Revista dos Tribunais, 1989.

MEIRELLES, Hely Lopes. *Direito administrativo brasileiro*. 26. ed. São Paulo: Malheiros, 2001.

MEIRELLES, Hely Lopes. *Direito administrativo brasileiro*. 35. ed. São Paulo: Malheiros, 2009.

MEIRELLES, Hely Lopes. *Direito municipal brasileiro*. v. II. São Paulo: Revista dos Tribunais, 1957.

MORAES, Luiza Rangel de. Considerações sobre BOT – Project Finance e suas aplicações em concessões de serviços públicos. *RDA – Revista de Direito Administrativo*, Rio de Janeiro, n. 212.

MOREIRA NETO, Diogo de Figueiredo (Coord.). *Uma avaliação das tendências contemporâneas do direito administrativo/Una evalución de las tendências del derecho administrativo*. Rio de Janeiro: Renovar, 2003.

MOREIRA NETO, Diogo de Figueiredo. A Lei de Responsabilidade Fiscal e seus princípios jurídicos. *RDA – Revista de Direito Administrativo*, Rio de Janeiro, v. 221, p. 71-93, jul./set. 2000.

MOREIRA NETO, Diogo de Figueiredo. Administração privada temporária de caráter interventivo em banco estadual negociada consensualmente com o Banco Central: implicações da Lei n. 8.666/93. *BDA*, abr. 1996.

MOREIRA NETO, Diogo de Figueiredo. Coordenação Gerencial da Administração Pública (Administração Pública e autonomia gerencial. Contrato de gestão. Organizações Sociais. A gestão associada de serviços públicos: consórcios e convênios de cooperação). *RDA – Revista de Direito Administrativo*, Rio de Janeiro, out./dez. 1998.

MOREIRA NETO, Diogo de Figueiredo. *Mutações do direito administrativo*. 2. ed. Rio de Janeiro: Renovar, 2001.

MOREIRA NETO, Diogo de Figueiredo. Poder concedente para o abastecimento de água. *RDA – Revista de Direito Administrativo*, Rio de Janeiro, jul./set. 1998.

MOREIRA NETO, Diogo Figueiredo. Corrupção, democracia e aparelhamento partidário do Estado. *RDA – Revista de Direito Administrativo*, Rio de Janeiro, v. 273, p. 485, set./dez. 2016.

MOREIRA, Egon Bockmann. Duas polêmicas da nova Lei de Responsabilidade das Empresas Estatais: conflito federativo e direito intertemporal. *Gazeta do Povo*, 4 jul. 2016. Disponível em: http://www.gazetadopovo.com.br/vida-publica/justica-e-direito/colunistas/egon-bockmann-moreira/duas-polemicas-da-nova-lei-de-responsabilidade-das-empresas-estatais-conflito-federativo-e-direito-intertemporal-3lzym9s4gpos25w70x deeovxj. Acesso em: 20 set. 2016.

MOREIRA, Egon Bockmann; GUIMARÃES, Fernando Vernalha. *Licitação pública*: a Lei Geral de Licitação – LGL e o Regime Diferenciado de Contratação – RDC. São Paulo: Malheiros, 2012.

MOTTA, Carlos Pinto Coelho. *Aplicação do Código Civil às licitações e contratos*. Belo Horizonte: Del Rey, 2010.

MOTTA, Carlos Pinto Coelho. *Conselho Municipal de Educação e autonomia municipal*. Contagem: Prefeitura Municipal, 1984.

MOTTA, Carlos Pinto Coelho. *Eficácia nas concessões, permissões e parcerias*. 2. ed. Belo Horizonte: Del Rey, 2011.

MOTTA, Carlos Pinto Coelho. *Eficácia nas licitações e contratos*. 11. ed. Belo Horizonte: Del Rey, 2011.

MOTTA, Carlos Pinto Coelho. *Gestão fiscal e resolutividade nas licitações*. Belo Horizonte: Del Rey, 2001.

MOTTA, Fabrício. Lei de Licitações de Estatais peca pelo excesso de regras. *Conjur*, 21 jul. 2016. Disponível em: https://www.conjur.com.br/2016-jul-21/interesse-publico-lei-licitacoes-estatais-peca-excesso-regras. Acesso em: 30 abr. 2017.

NARDES, Augusto. *Da governança à esperança*. 1. reimpr. Belo Horizonte: Fórum, 2018.

NARDES, João Augusto; ALTOUNIAN, Claudio Sarian; VIEIRA, Luís Afonso Gomes. *Governança pública*: o desafio do Brasil. 2. ed. Belo Horizonte: Fórum, 2016.

NESTER, Alexandre Wagner. A MP 727/16: será o retorno do estado regulador? *Migalhas*, 13 jun. 2016. Disponível em: https://www.migalhas.com.br/dePeso/16,MI240574,101048-A+MP+72716+sera+o+retorno+do+estado+regulador. Acesso em: 9 jan. 2018.

NIEBHUR, Joel Menezes. O regime jurídico das oportunidades de negócios para as estatais. *In*: WALD, Arnoldo; JUSTEN FILHO, Marçal; PEREIRA, Cesar Augusto Guimarães (Org.). *O direito administrativo na atualidade*: estudos em homenagem ao centenário de Hely Lopes Meirelles (1917-2017). São Paulo: Malheiros, 2017.

NIEBUHR, Karlin Olberetz; JUSTEN NETO, Marçal. Normas específicas para aquisição e alienação de bens pelas empresas estatais. *In*: JUSTEN FILHO, Marçal. *Estatuto jurídico das empresas estatais*: Lei 13.303/2016 – Lei das Estatais. São Paulo: Revista dos Tribunais, 2016.

OECD. *Privatisation in the 21st Century*: recent experiences of OECD countries. Report on Good Practices. Paris: OECD, jan. 2009. Disponível em: https://www.oecd.org/daf/ca/corporategovernanceofstate-ownedenterprises/48476423.pdf. Acesso em: 22 jan. 2019.

OLIVEIRA, Rafael Carvalho Rezende. As licitações na Lei 13.303/2016 (Lei das Estatais): mais do mesmo? *Direito do Estado*, n. 230, 9 ago. 2016. Disponível em: http://www.direitodoestado.com.br/colunistas/rafael-carvalho-rezende-oliveira/as-licitacoes-na-lei-133032016-lei-das-estatais-mais-do-mesmo. Acesso em: 26 set. 2016.

PEREIRA JÚNIOR, Jessé Torres. *Da reforma administrativa constitucional*. Rio de Janeiro: Renovar, 1999.

PINHEIRO, Armando Castelar. Privatização no Brasil: por quê? Até onde? Até quando? *In*: GIAMBIAGI, Fabio; MOREIRA, Maurício Mesquita (Org.). *A economia brasileira nos anos 90*. 1. ed. Rio de Janeiro: Banco Nacional de Desenvolvimento Econômico e Social, 1999. Disponível em: https://web.bndes.gov.br/bib/jspui/handle/1408/11317. Acesso em: 9 fev. 2019.

PINTO JÚNIOR, Mario Engler. *Empresa estatal*: função econômica e dilemas societários. 2. ed. São Paulo: Atlas, 2013.

PONDÉ, Lafayette. *Estudos de direito administrativo*. Belo Horizonte: Del Rey, 1995.

RIBEIRO, Maurício Portugal. Contabilização pública do aporte e da contraprestação em PPP e o seu controle fiscal. *Portugal & Ribeiro Advogados*, 1º fev. 2013. Disponível em: http://www.portugalribeiro.com.br/contabilizacao-publica-do-aporte-e-da-contraprestacao-em-ppp-e-o-seu-controle-fiscal/.

RIBEIRO, Cássio; LOURAL, Marcelo Sartorio; MORTARI, Valéria Silva, Reflexões sobre os desinvestimentos da Petrobras no segmento de refino. *Revista Organizações em Contexto*, dez. 2021. Disponível em: https://www.researchgate.net/publication/357402103. DOI: 10.15603/1982-8756/roc.v17n34p219-243.

RODRIGUES, Ana Carolina; DAUD, Felipe Taufik. O Estado como acionista minoritário. *Revista de Direito Público da Economia – RDPE*, Belo Horizonte, ano 10, n. 40, out./dez. 2012.

RYDLEWSKI, Carlos. Área econômica do governo articula desestatização, mas privatizações se mostram complexas. *Valor*, ano 19, n. 954, p. 10-15, 15 mar. 2019. Suplemento Eu & Fim de Semana.

SANTOS, Alexandre Aragão. Considerações sobre as relações do Estado e do direito na economia. *In*: WALD, Arnoldo; JUSTEN FILHO, Marçal; PEREIRA, César Augusto Guimarães (Coord.). *O direito administrativo na atualidade*: estudos em homenagem ao centenário de Hely Lopes Meirelles (1917-2017). São Paulo: Malheiros, 2017.

SANTOS, José Anacleto Abduch; GUIMARÃES, Edgar. *Lei das Estatais*: comentários ao regime jurídico licitatório e contratual da Lei nº 13.303/2016. Belo Horizonte: Fórum, 2017.

SANTOS NETO, Raul Dias dos. *Formação de parcerias empresariais entre estatais e empresas privadas*. Dissertação apresentada à Escola de Direito de São Paulo da Fundação Getúlio Vargas, como requisito para a obtenção do título de Mestre em Direito. Campo do conhecimento: Direito Público Orientadora: Vera Cristina Caspari Monteiro, São Paulo, 2022. Disponível em: https://bibliotecadigital.fgv.br/dspace;handle/bitstream/handle/10438/31858/Disserta%C3%A7%C3%A3o%20de%20Mestrado%20-%20Vers%C3%A3o%20Final%20-%20Raul%20Dias%20dos%20Santos%20Neto.pdf?sequence=5.

SCHWARCZ, Lilia M.; STARLING, Heloísa. *Brasil*: uma biografia. 1. ed. São Paulo: Companhia das Letras, 2015.

SCHWIND, Rafael Wallbach. *O Estado acionista*: empresas estatais e empresas privadas com participação estatal. São Paulo: Almedina, 2017.

SCHWIND, Rafael Wallbach. *Participação estatal em empresas privadas*: as "empresas público-privadas". Orientadora: Professora Titular Maria Sylvia Zanella Di Pietro. Tese (Doutorado) – Faculdade de Direito da Universidade de São Paulo, São Paulo, 2014.

SILVA, Maria Hermínio Penteado Pacheco e. O controle das empresas estatais. *In*: DAL POZZO, Augusto; MARTINS, Ricardo Marcondes Martins (Coord.). *Estatuto jurídico das empresas estatais*. São Paulo: Contracorrente, 2018.

SOARES, Fernando Antônio Ribeiro; BOCORNY, Leonardo Raupp. 2. Fundamentos Jurídicos e Econômicos para a legitimidade das empresas estatais: uma análise sobre o art. 173 da Constituição Federal de 1988 e o Princípio da Transitoriedade. *In*: PINTO JUNIOR, Mario Engler; MASTROBUONO, Cristina M. Wagner; MEGNA, Bruno Lopes (Coord.). *Empresas estatais*: regime jurídico e experiência prática na vigência da Lei n. 13.303/2016. São Paulo: Almedina, 2022.

SOUTO, Marcos Juruena Villela. *Desestatização*: privatização, concessões, terceirizações e regulação. 4. ed. Lumen Juris: Rio de Janeiro, 2001.

SOUTO, Marcos Juruena Villela. *Direito administrativo regulatório*. Rio de Janeiro: Lumen Juris, 2002.

SOUZA, Guilherme Carvalho e. Contrato: formalização, alteração, responsabilidade, subcontratação. *In*: NORONHA, João Otávio; FRAZÃO, Ana; MESQUITA, Daniel Augusto (Coord.). *Estatuto jurídico das estatais*: análise da Lei nº 13.303/2016. Belo Horizonte: Fórum, 2017.

SOUZA, Rodrigo Pagani de. A experiência brasileira nas concessões de saneamento básico. *In*: SUNDFELD, Carlos Ari (Coord.). *Parcerias público-privadas*. São Paulo: Malheiros, 2005.

TÁCITO, Caio. Saneamento básico – Região metropolitana – Competência estadual. *RDA – Revista de Direito Administrativo*, Rio de Janeiro, jul./set. 1998.

TÁCITO, Caio. *Temas de direito público*: estudos e pareceres. v. 2. Rio de Janeiro: Renovar, 1997.

TÁCITO, Caio. Saneamento básico – Região metropolitana – Competência estadual. *RDA – Revista de Direito Administrativo*, Rio de Janeiro, jul./set. 1998.

VALIM, Rafael; CARVALHO, Gustavo Marinho. O caráter subsidiário das parcerias público-privadas. *In*: DAL POZZO, Augusto Neves; VALIM, Rafael; AURÉLIO, Bruno; FREIRE, André Luiz. *Parcerias público-privadas*: teoria geral e aplicação nos setores de infraestrutura. Belo Horizonte: Fórum, 2014.

VALIM, Rafael. *O princípio da segurança jurídica no direito administrativo brasileiro*. Dissertação (Mestrado) – PUC-SP, São Paulo, 2009.

WALD, Arnoldo *et al*. *O direito de parceria e a nova Lei de Concessões*. São Paulo: Revista dos Tribunais, 1996.

WALD, Arnoldo. Novas tendências do direito administrativo: a flexibilidade no mundo da incerteza. *RDA – Revista de Direito Administrativo*, Rio de Janeiro, n. 202, 1995.

ANEXOS

ANEXO A

LEI Nº 13.303, DE 30 DE JUNHO DE 2016

Mensagem de veto
Regulamento
(Vide ADIN 5624)

Dispõe sobre o estatuto jurídico da empresa pública, da sociedade de economia mista e de suas subsidiárias, no âmbito da União, dos Estados, do Distrito Federal e dos Municípios.

O VICE-PRESIDENTE DA REPÚBLICA, no exercício do cargo de PRESIDENTE DA REPÚBLICA Faço saber que o Congresso Nacional decreta e eu sanciono a seguinte Lei:

TÍTULO I
DISPOSIÇÕES APLICÁVEIS ÀS EMPRESAS PÚBLICAS E ÀS SOCIEDADES DE ECONOMIA MISTA

CAPÍTULO I
DISPOSIÇÕES PRELIMINARES

Art. 1º Esta Lei dispõe sobre o estatuto jurídico da empresa pública, da sociedade de economia mista e de suas subsidiárias, abrangendo toda e qualquer empresa pública e sociedade de economia mista da União, dos Estados, do Distrito Federal e dos Municípios que explore atividade econômica de produção ou comercialização de bens ou de prestação de serviços, ainda que a atividade econômica esteja sujeita ao regime de monopólio da União ou seja de prestação de serviços públicos.

§1º O Título I desta Lei, exceto o disposto nos arts. 2º, 3º, 4º, 5º, 6º, 7º, 8º, 11, 12 e 27, não se aplica à empresa pública e à sociedade de economia mista que tiver, em conjunto com suas respectivas subsidiárias, no exercício social anterior, receita operacional bruta inferior a R$90.000.000,00 (noventa milhões de reais).

§2º O disposto nos Capítulos I e II do Título II desta Lei aplica-se inclusive à empresa pública dependente, definida nos termos do inciso III do art. 2º da Lei Complementar nº 101, de 4 de maio de 2000, que explore atividade econômica, ainda que a atividade econômica esteja sujeita ao regime de monopólio da União ou seja de prestação de serviços públicos.

§3º Os Poderes Executivos poderão editar atos que estabeleçam regras de governança destinadas às suas respectivas empresas públicas e sociedades de economia mista que se enquadrem na hipótese do §1º, observadas as diretrizes gerais desta Lei.

§4º A não edição dos atos de que trata o §3º no prazo de 180 (cento e oitenta) dias a partir da publicação desta Lei submete as respectivas empresas públicas e sociedades de economia mista às regras de governança previstas no Título I desta Lei.

§5º Submetem-se ao regime previsto nesta Lei a empresa pública e a sociedade de economia mista que participem de consórcio, conforme disposto no art. 279 da Lei nº 6.404, de 15 de dezembro de 1976, na condição de operadora.

§6º Submete-se ao regime previsto nesta Lei a sociedade, inclusive a de propósito específico, que seja controlada por empresa pública ou sociedade de economia mista abrangidas no caput.

§7º Na participação em sociedade empresarial em que a empresa pública, a sociedade de economia mista e suas subsidiárias não detenham o controle acionário, essas deverão adotar, no dever de fiscalizar, práticas de governança e controle proporcionais à relevância, à materialidade e aos riscos do negócio do qual são partícipes, considerando, para esse fim:

I - documentos e informações estratégicos do negócio e demais relatórios e informações produzidos por força de acordo de acionistas e de Lei considerados essenciais para a defesa de seus interesses na sociedade empresarial investida;

II - relatório de execução do orçamento e de realização de investimentos programados pela sociedade, inclusive quanto ao alinhamento dos custos orçados e dos realizados com os custos de mercado;

III - informe sobre execução da política de transações com partes relacionadas;

IV - análise das condições de alavancagem financeira da sociedade;

V - avaliação de inversões financeiras e de processos relevantes de alienação de bens móveis e imóveis da sociedade;

VI - relatório de risco das contratações para execução de obras, fornecimento de bens e prestação de serviços relevantes para os interesses da investidora;

VII - informe sobre execução de projetos relevantes para os interesses da investidora;

VIII - relatório de cumprimento, nos negócios da sociedade, de condicionantes socioambientais estabelecidas pelos órgãos ambientais;

IX - avaliação das necessidades de novos aportes na sociedade e dos possíveis riscos de redução da rentabilidade esperada do negócio;

X - qualquer outro relatório, documento ou informação produzido pela sociedade empresarial investida considerado relevante para o cumprimento do comando constante do caput.

Art. 2º A exploração de atividade econômica pelo Estado será exercida por meio de empresa pública, de sociedade de economia mista e de suas subsidiárias.

§1º A constituição de empresa pública ou de sociedade de economia mista dependerá de prévia autorização legal que indique, de forma clara, relevante interesse coletivo ou imperativo de segurança nacional, nos termos do caput do art. 173 da Constituição Federal.

§2º Depende de autorização legislativa a criação de subsidiárias de empresa pública e de sociedade de economia mista, assim como a participação de qualquer delas em empresa privada, cujo objeto social deve estar relacionado ao da investidora, nos termos do inciso XX do art. 37 da Constituição Federal.

§3º A autorização para participação em empresa privada prevista no §2º não se aplica a operações de tesouraria, adjudicação de ações em garantia e participações autorizadas pelo Conselho de Administração em linha com o plano de negócios da empresa pública, da sociedade de economia mista e de suas respectivas subsidiárias.

Art. 3º Empresa pública é a entidade dotada de personalidade jurídica de direito privado, com criação autorizada por lei e com patrimônio próprio, cujo capital social é integralmente detido pela União, pelos Estados, pelo Distrito Federal ou pelos Municípios.

Parágrafo único. Desde que a maioria do capital votante permaneça em propriedade da União, do Estado, do Distrito Federal ou do Município, será admitida, no capital da empresa pública, a participação de outras pessoas jurídicas de direito público interno, bem como de entidades da administração indireta da União, dos Estados, do Distrito Federal e dos Municípios.

Art. 4º Sociedade de economia mista é a entidade dotada de personalidade jurídica de direito privado, com criação autorizada por lei, sob a forma de sociedade anônima, cujas ações com direito a voto pertençam em sua maioria à União, aos Estados, ao Distrito Federal, aos Municípios ou a entidade da administração indireta.

§1º A pessoa jurídica que controla a sociedade de economia mista tem os deveres e as responsabilidades do acionista controlador, estabelecidos na Lei nº 6.404, de 15 de dezembro de 1976, e deverá exercer o poder de controle no interesse da companhia, respeitado o interesse público que justificou sua criação.

§2º Além das normas previstas nesta Lei, a sociedade de economia mista com registro na Comissão de Valores Mobiliários sujeita-se às disposições da Lei nº 6.385, de 7 de dezembro de 1976.

CAPÍTULO II
DO REGIME SOCIETÁRIO DA EMPRESA PÚBLICA E DA SOCIEDADE DE ECONOMIA MISTA

Seção I
Das Normas Gerais

Art. 5º A sociedade de economia mista será constituída sob a forma de sociedade anônima e, ressalvado o disposto nesta Lei, estará sujeita ao regime previsto na Lei nº 6.404, de 15 de dezembro de 1976.

Art. 6º O estatuto da empresa pública, da sociedade de economia mista e de suas subsidiárias deverá observar regras de governança corporativa, de transparência e de estruturas, práticas de gestão de riscos e de controle interno, composição da administração e, havendo acionistas, mecanismos para sua proteção, todos constantes desta Lei.

Art. 7º Aplicam-se a todas as empresas públicas, as sociedades de economia mista de capital fechado e as suas subsidiárias as disposições da Lei nº 6.404, de 15 de dezembro de 1976, e as normas da Comissão de Valores Mobiliários sobre escrituração e elaboração de demonstrações financeiras, inclusive a obrigatoriedade de auditoria independente por auditor registrado nesse órgão.

Art. 8º As empresas públicas e as sociedades de economia mista deverão observar, no mínimo, os seguintes requisitos de transparência:

I - elaboração de carta anual, subscrita pelos membros do Conselho de Administração, com a explicitação dos compromissos de consecução de objetivos de políticas públicas pela empresa pública, pela sociedade de economia mista e por suas subsidiárias, em atendimento ao interesse coletivo ou ao imperativo de segurança nacional que justificou a autorização para suas respectivas criações, com definição clara dos recursos a serem empregados para esse fim, bem como dos impactos econômico-financeiros da consecução desses objetivos, mensuráveis por meio de indicadores objetivos;

II - adequação de seu estatuto social à autorização legislativa de sua criação;

III - divulgação tempestiva e atualizada de informações relevantes, em especial as relativas a atividades desenvolvidas, estrutura de controle, fatores de risco, dados econômico-financeiros, comentários dos administradores sobre o desempenho, políticas e práticas de governança corporativa e descrição da composição e da remuneração da administração;

IV - elaboração e divulgação de política de divulgação de informações, em conformidade com a legislação em vigor e com as melhores práticas;

V - elaboração de política de distribuição de dividendos, à luz do interesse público que justificou a criação da empresa pública ou da sociedade de economia mista;

VI - divulgação, em nota explicativa às demonstrações financeiras, dos dados operacionais e financeiros das atividades relacionadas à consecução dos fins de interesse coletivo ou de segurança nacional;

VII - elaboração e divulgação da política de transações com partes relacionadas, em conformidade com os requisitos de competitividade, conformidade, transparência, equidade e comutatividade, que deverá ser revista, no mínimo, anualmente e aprovada pelo Conselho de Administração;

VIII - ampla divulgação, ao público em geral, de carta anual de governança corporativa, que consolide em um único documento escrito, em linguagem clara e direta, as informações de que trata o inciso III;

IX - divulgação anual de relatório integrado ou de sustentabilidade.

§1º O interesse público da empresa pública e da sociedade de economia mista, respeitadas as razões que motivaram a autorização legislativa, manifesta-se por meio do alinhamento entre seus objetivos e aqueles de políticas públicas, na forma explicitada na carta anual a que se refere o inciso I do caput.

§2º Quaisquer obrigações e responsabilidades que a empresa pública e a sociedade de economia mista que explorem atividade econômica assumam em condições distintas às de qualquer outra empresa do setor privado em que atuam deverão:

I - estar claramente definidas em lei ou regulamento, bem como previstas em contrato, convênio ou ajuste celebrado com o ente público competente para estabelecê-las, observada a ampla publicidade desses instrumentos;

II - ter seu custo e suas receitas discriminados e divulgados de forma transparente, inclusive no plano contábil.

§3º Além das obrigações contidas neste artigo, as sociedades de economia mista com registro na Comissão de Valores Mobiliários sujeitam-se ao regime informacional estabelecido por essa autarquia e devem divulgar as informações previstas neste artigo na forma fixada em suas normas.

§4º Os documentos resultantes do cumprimento dos requisitos de transparência constantes dos incisos I a IX do caput deverão ser publicamente divulgados na internet de forma permanente e cumulativa.

Art. 9º A empresa pública e a sociedade de economia mista adotarão regras de estruturas e práticas de gestão de riscos e controle interno que abranjam:

I - ação dos administradores e empregados, por meio da implementação cotidiana de práticas de controle interno;

II - área responsável pela verificação de cumprimento de obrigações e de gestão de riscos;

III - auditoria interna e Comitê de Auditoria Estatutário.

§1º Deverá ser elaborado e divulgado Código de Conduta e Integridade, que disponha sobre:

I - princípios, valores e missão da empresa pública e da sociedade de economia mista, bem como orientações sobre a prevenção de conflito de interesses e vedação de atos de corrupção e fraude;

II - instâncias internas responsáveis pela atualização e aplicação do Código de Conduta e Integridade;

III - canal de denúncias que possibilite o recebimento de denúncias internas e externas relativas ao descumprimento do Código de Conduta e Integridade e das demais normas internas de ética e obrigacionais;

IV - mecanismos de proteção que impeçam qualquer espécie de retaliação a pessoa que utilize o canal de denúncias;

V - sanções aplicáveis em caso de violação às regras do Código de Conduta e Integridade;

VI - previsão de treinamento periódico, no mínimo anual, sobre Código de Conduta e Integridade, a empregados e administradores, e sobre a política de gestão de riscos, a administradores.

§2º A área responsável pela verificação de cumprimento de obrigações e de gestão de riscos deverá ser vinculada ao diretor-presidente e liderada por diretor estatutário, devendo o estatuto social prever as atribuições da área, bem como estabelecer mecanismos que assegurem atuação independente.

§3º A auditoria interna deverá:

I - ser vinculada ao Conselho de Administração, diretamente ou por meio do Comitê de Auditoria Estatutário;

II - ser responsável por aferir a adequação do controle interno, a efetividade do gerenciamento dos riscos e dos processos de governança e a confiabilidade do processo de coleta, mensuração, classificação, acumulação, registro e divulgação de eventos e transações, visando ao preparo de demonstrações financeiras.

§4º O estatuto social deverá prever, ainda, a possibilidade de que a área de compliance se reporte diretamente ao Conselho de Administração em situações em que se suspeite do envolvimento do diretor-presidente em irregularidades ou quando este se furtar à obrigação de adotar medidas necessárias em relação à situação a ele relatada.

Art. 10. A empresa pública e a sociedade de economia mista deverão criar comitê estatutário para verificar a conformidade do processo de indicação e de avaliação de membros para o Conselho de Administração e para o Conselho Fiscal, com competência para auxiliar o acionista controlador na indicação desses membros.

Parágrafo único. Devem ser divulgadas as atas das reuniões do comitê estatutário referido no caput realizadas com o fim de verificar o cumprimento, pelos membros indicados, dos requisitos definidos na política de indicação, devendo ser registradas as eventuais manifestações divergentes de conselheiros.

Art. 11. A empresa pública não poderá:

I - lançar debêntures ou outros títulos ou valores mobiliários, conversíveis em ações;

II - emitir partes beneficiárias.

Art. 12. A empresa pública e a sociedade de economia mista deverão:

I - divulgar toda e qualquer forma de remuneração dos administradores;

II - adequar constantemente suas práticas ao Código de Conduta e Integridade e a outras regras de boa prática de governança corporativa, na forma estabelecida na regulamentação desta Lei.

Parágrafo único. A sociedade de economia mista poderá solucionar, mediante arbitragem, as divergências entre acionistas e a sociedade, ou entre acionistas controladores e acionistas minoritários, nos termos previstos em seu estatuto social.

Art. 13. A lei que autorizar a criação da empresa pública e da sociedade de economia mista deverá dispor sobre as diretrizes e restrições a serem consideradas na elaboração do estatuto da companhia, em especial sobre:

I - constituição e funcionamento do Conselho de Administração, observados o número mínimo de 7 (sete) e o número máximo de 11 (onze) membros;

II - requisitos específicos para o exercício do cargo de diretor, observado o número mínimo de 3 (três) diretores;

III - avaliação de desempenho, individual e coletiva, de periodicidade anual, dos administradores e dos membros de comitês, observados os seguintes quesitos mínimos:

a) exposição dos atos de gestão praticados, quanto à licitude e à eficácia da ação administrativa;

b) contribuição para o resultado do exercício;

c) consecução dos objetivos estabelecidos no plano de negócios e atendimento à estratégia de longo prazo;

IV - constituição e funcionamento do Conselho Fiscal, que exercerá suas atribuições de modo permanente;

V - constituição e funcionamento do Comitê de Auditoria Estatutário;

VI - prazo de gestão dos membros do Conselho de Administração e dos indicados para o cargo de diretor, que será unificado e não superior a 2 (dois) anos, sendo permitidas, no máximo, 3 (três) reconduções consecutivas;

VII – (VETADO);

VIII - prazo de gestão dos membros do Conselho Fiscal não superior a 2 (dois) anos, permitidas 2 (duas) reconduções consecutivas.

Seção II
Do Acionista Controlador

Art. 14. O acionista controlador da empresa pública e da sociedade de economia mista deverá:

I - fazer constar do Código de Conduta e Integridade, aplicável à alta administração, a vedação à divulgação, sem autorização do órgão competente da empresa pública ou da sociedade de economia mista, de informação que possa causar impacto na cotação dos títulos da empresa pública ou da sociedade de economia mista e em suas relações com o mercado ou com consumidores e fornecedores;

II - preservar a independência do Conselho de Administração no exercício de suas funções;

III - observar a política de indicação na escolha dos administradores e membros do Conselho Fiscal.

Art. 15. O acionista controlador da empresa pública e da sociedade de economia mista responderá pelos atos praticados com abuso de poder, nos termos da Lei nº 6.404, de 15 de dezembro de 1976.

§1º A ação de reparação poderá ser proposta pela sociedade, nos termos do art. 246 da Lei no 6.404, de 15 de dezembro de 1976, pelo terceiro prejudicado ou pelos demais sócios, independentemente de autorização da assembleia-geral de acionistas.

§2º Prescreve em 6 (seis) anos, contados da data da prática do ato abusivo, a ação a que se refere o §1º.

Seção III

Do Administrador

Art. 16. Sem prejuízo do disposto nesta Lei, o administrador de empresa pública e de sociedade de economia mista é submetido às normas previstas na Lei nº 6.404, de 15 de dezembro de 1976.

Parágrafo único. Consideram-se administradores da empresa pública e da sociedade de economia mista os membros do Conselho de Administração e da diretoria.

Art. 17. Os membros do Conselho de Administração e os indicados para os cargos de diretor, inclusive presidente, diretor-geral e diretor-presidente, serão escolhidos entre cidadãos de reputação ilibada e de notório conhecimento, devendo ser atendidos, alternativamente, um dos requisitos das alíneas "a", "b" e "c" do inciso I e, cumulativamente, os requisitos dos incisos II e III:

I - ter experiência profissional de, no mínimo:

a) 10 (dez) anos, no setor público ou privado, na área de atuação da empresa pública ou da sociedade de economia mista ou em área conexa àquela para a qual forem indicados em função de direção superior; ou

b) 4 (quatro) anos ocupando pelo menos um dos seguintes cargos:

1. cargo de direção ou de chefia superior em empresa de porte ou objeto social semelhante ao da empresa pública ou da sociedade de economia mista, entendendo-se como cargo de chefia superior aquele situado nos 2 (dois) níveis hierárquicos não estatutários mais altos da empresa;

2. cargo em comissão ou função de confiança equivalente a DAS-4 ou superior, no setor público;

3. cargo de docente ou de pesquisador em áreas de atuação da empresa pública ou da sociedade de economia mista;

c) 4 (quatro) anos de experiência como profissional liberal em atividade direta ou indiretamente vinculada à área de atuação da empresa pública ou sociedade de economia mista;

II - ter formação acadêmica compatível com o cargo para o qual foi indicado; e

III - não se enquadrar nas hipóteses de inelegibilidade previstas nas alíneas do inciso I do caput do art. 1º da Lei Complementar nº 64, de 18 de maio de 1990, com as alterações introduzidas pela Lei Complementar nº 135, de 4 de junho de 2010.

§1º O estatuto da empresa pública, da sociedade de economia mista e de suas subsidiárias poderá dispor sobre a contratação de seguro de responsabilidade civil pelos administradores.

§2º É vedada a indicação, para o Conselho de Administração e para a diretoria:

I - de representante do órgão regulador ao qual a empresa pública ou a sociedade de economia mista está sujeita, de Ministro de Estado, de Secretário de Estado, de Secretário Municipal, de titular de cargo, sem vínculo permanente com o serviço público, de natureza especial ou de direção e assessoramento superior na administração pública, de dirigente estatutário de partido político e de titular de mandato no Poder Legislativo de qualquer ente da federação, ainda que licenciados do cargo;

II - de pessoa que atuou, nos últimos 36 (trinta e seis) meses, como participante de estrutura decisória de partido político ou em trabalho vinculado a organização, estruturação e realização de campanha eleitoral;

III - de pessoa que exerça cargo em organização sindical;

IV - de pessoa que tenha firmado contrato ou parceria, como fornecedor ou comprador, demandante ou ofertante, de bens ou serviços de qualquer natureza, com a pessoa político-administrativa controladora da empresa pública ou da sociedade de economia mista ou com a própria empresa ou sociedade em período inferior a 3 (três) anos antes da data de nomeação;

V - de pessoa que tenha ou possa ter qualquer forma de conflito de interesse com a pessoa político-administrativa controladora da empresa pública ou da sociedade de economia mista ou com a própria empresa ou sociedade.

§3º A vedação prevista no inciso I do §2º estende-se também aos parentes consanguíneos ou afins até o terceiro grau das pessoas nele mencionadas.

§4º Os administradores eleitos devem participar, na posse e anualmente, de treinamentos específicos sobre legislação societária e de mercado de capitais, divulgação de informações, controle interno, código de conduta, a Lei nº 12.846, de 1º de agosto de 2013 (Lei Anticorrupção), e demais temas relacionados às atividades da empresa pública ou da sociedade de economia mista.

§5º Os requisitos previstos no inciso I do caput poderão ser dispensados no caso de indicação de empregado da empresa pública ou da sociedade de economia mista para cargo de administrador ou como membro de comitê, desde que atendidos os seguintes quesitos mínimos:

I - o empregado tenha ingressado na empresa pública ou na sociedade de economia mista por meio de concurso público de provas ou de provas e títulos;

II - o empregado tenha mais de 10 (dez) anos de trabalho efetivo na empresa pública ou na sociedade de economia mista;

III - o empregado tenha ocupado cargo na gestão superior da empresa pública ou da sociedade de economia mista, comprovando sua capacidade para assumir as responsabilidades dos cargos de que trata o caput.

Seção IV
Do Conselho de Administração

Art. 18. Sem prejuízo das competências previstas no art. 142 da Lei nº 6.404, de 15 de dezembro de 1976, e das demais atribuições previstas nesta Lei, compete ao Conselho de Administração:

I - discutir, aprovar e monitorar decisões envolvendo práticas de governança corporativa, relacionamento com partes interessadas, política de gestão de pessoas e código de conduta dos agentes;

II - implementar e supervisionar os sistemas de gestão de riscos e de controle interno estabelecidos para a prevenção e mitigação dos principais riscos a que está exposta a empresa pública ou a sociedade de economia mista, inclusive os riscos relacionados à integridade das informações contábeis e financeiras e os relacionados à ocorrência de corrupção e fraude;

III - estabelecer política de porta-vozes visando a eliminar risco de contradição entre informações de diversas áreas e as dos executivos da empresa pública ou da sociedade de economia mista;

IV - avaliar os diretores da empresa pública ou da sociedade de economia mista, nos termos do inciso III do art. 13, podendo contar com apoio metodológico e procedimental do comitê estatutário referido no art. 10.

Art. 19. É garantida a participação, no Conselho de Administração, de representante dos empregados e dos acionistas minoritários.

§1º As normas previstas na Lei nº 12.353, de 28 de dezembro de 2010, aplicam-se à participação de empregados no Conselho de Administração da empresa pública, da sociedade de economia mista e de suas subsidiárias e controladas e das demais empresas em que a União, direta ou indiretamente, detenha a maioria do capital social com direito a voto.

§2º É assegurado aos acionistas minoritários o direito de eleger 1 (um) conselheiro, se maior número não lhes couber pelo processo de voto múltiplo previsto na Lei nº 6.404, de 15 de dezembro de 1976.

Art. 20. É vedada a participação remunerada de membros da administração pública, direta ou indireta, em mais de 2 (dois) conselhos, de administração ou fiscal, de empresa pública, de sociedade de economia mista ou de suas subsidiárias.

Art. 21. (VETADO).

Parágrafo único. (VETADO).

Seção V
Do Membro Independente do Conselho de Administração

Art. 22. O Conselho de Administração deve ser composto, no mínimo, por 25% (vinte e cinco por cento) de membros independentes ou por pelo menos 1 (um), caso haja decisão pelo exercício da faculdade do voto múltiplo pelos acionistas minoritários, nos termos do art. 141 da Lei nº 6.404, de 15 de dezembro de 1976.

§1º O conselheiro independente caracteriza-se por:

I - não ter qualquer vínculo com a empresa pública ou a sociedade de economia mista, exceto participação de capital;

II - não ser cônjuge ou parente consanguíneo ou afim, até o terceiro grau ou por adoção, de chefe do Poder Executivo, de Ministro de Estado, de Secretário de Estado ou Município ou de administrador da empresa pública ou da sociedade de economia mista;

III - não ter mantido, nos últimos 3 (três) anos, vínculo de qualquer natureza com a empresa pública, a sociedade de economia mista ou seus controladores, que possa vir a comprometer sua independência;

IV - não ser ou não ter sido, nos últimos 3 (três) anos, empregado ou diretor da empresa pública, da sociedade de economia mista ou de sociedade controlada, coligada ou subsidiária da empresa pública ou da sociedade de economia mista, exceto se o vínculo for exclusivamente com instituições públicas de ensino ou pesquisa;

V - não ser fornecedor ou comprador, direto ou indireto, de serviços ou produtos da empresa pública ou da sociedade de economia mista, de modo a implicar perda de independência;

VI - não ser funcionário ou administrador de sociedade ou entidade que esteja oferecendo ou demandando serviços ou produtos à empresa pública ou à sociedade de economia mista, de modo a implicar perda de independência;

VII - não receber outra remuneração da empresa pública ou da sociedade de economia mista além daquela relativa ao cargo de conselheiro, à exceção de proventos em dinheiro oriundos de participação no capital.

§2º Quando, em decorrência da observância do percentual mencionado no caput, resultar número fracionário de conselheiros, proceder-se-á ao arredondamento para o número inteiro:

I - imediatamente superior, quando a fração for igual ou superior a 0,5 (cinco décimos);

II - imediatamente inferior, quando a fração for inferior a 0,5 (cinco décimos).

§3º Não serão consideradas, para o cômputo das vagas destinadas a membros independentes, aquelas ocupadas pelos conselheiros eleitos por empregados, nos termos do §1º do art. 19.

§4º Serão consideradas, para o cômputo das vagas destinadas a membros independentes, aquelas ocupadas pelos conselheiros eleitos por acionistas minoritários, nos termos do §2º do art. 19.

§5º (VETADO).

Seção VI

Da Diretoria

Art. 23. É condição para investidura em cargo de diretoria da empresa pública e da sociedade de economia mista a assunção de compromisso com metas e resultados específicos a serem alcançados, que deverá ser aprovado pelo Conselho de Administração, a quem incumbe fiscalizar seu cumprimento.

§1º Sem prejuízo do disposto no caput, a diretoria deverá apresentar, até a última reunião ordinária do Conselho de Administração do ano anterior, a quem compete sua aprovação:

I - plano de negócios para o exercício anual seguinte;

II - estratégia de longo prazo atualizada com análise de riscos e oportunidades para, no mínimo, os próximos 5 (cinco) anos.

§2º Compete ao Conselho de Administração, sob pena de seus integrantes responderem por omissão, promover anualmente análise de atendimento das metas e resultados na execução do plano de negócios e da estratégia de longo prazo, devendo publicar suas conclusões e informá-las ao Congresso Nacional, às Assembleias Legislativas, à Câmara Legislativa do Distrito Federal ou às Câmaras Municipais e aos respectivos tribunais de contas, quando houver.

§3º Excluem-se da obrigação de publicação a que se refere o §2º as informações de natureza estratégica cuja divulgação possa ser comprovadamente prejudicial ao interesse da empresa pública ou da sociedade de economia mista.

Seção VII
Do Comitê de Auditoria Estatutário

Art. 24. A empresa pública e a sociedade de economia mista deverão possuir em sua estrutura societária Comitê de Auditoria Estatutário como órgão auxiliar do Conselho de Administração, ao qual se reportará diretamente.

§1º Competirá ao Comitê de Auditoria Estatutário, sem prejuízo de outras competências previstas no estatuto da empresa pública ou da sociedade de economia mista:

I - opinar sobre a contratação e destituição de auditor independente;

II - supervisionar as atividades dos auditores independentes, avaliando sua independência, a qualidade dos serviços prestados e a adequação de tais serviços às necessidades da empresa pública ou da sociedade de economia mista;

III - supervisionar as atividades desenvolvidas nas áreas de controle interno, de auditoria interna e de elaboração das demonstrações financeiras da empresa pública ou da sociedade de economia mista;

IV - monitorar a qualidade e a integridade dos mecanismos de controle interno, das demonstrações financeiras e das informações e medições divulgadas pela empresa pública ou pela sociedade de economia mista;

V - avaliar e monitorar exposições de risco da empresa pública ou da sociedade de economia mista, podendo requerer, entre outras, informações detalhadas sobre políticas e procedimentos referentes a:

a) remuneração da administração;

b) utilização de ativos da empresa pública ou da sociedade de economia mista;

c) gastos incorridos em nome da empresa pública ou da sociedade de economia mista;

VI - avaliar e monitorar, em conjunto com a administração e a área de auditoria interna, a adequação das transações com partes relacionadas;

VII - elaborar relatório anual com informações sobre as atividades, os resultados, as conclusões e as recomendações do Comitê de Auditoria Estatutário, registrando, se houver, as divergências significativas entre administração, auditoria independente e Comitê de Auditoria Estatutário em relação às demonstrações financeiras;

VIII - avaliar a razoabilidade dos parâmetros em que se fundamentam os cálculos atuariais, bem como o resultado atuarial dos planos de benefícios mantidos pelo fundo de pensão, quando a empresa pública ou a sociedade de economia mista for patrocinadora de entidade fechada de previdência complementar.

§2º O Comitê de Auditoria Estatutário deverá possuir meios para receber denúncias, inclusive sigilosas, internas e externas à empresa pública ou à sociedade de economia mista, em matérias relacionadas ao escopo de suas atividades.

§3º O Comitê de Auditoria Estatutário deverá se reunir quando necessário, no mínimo bimestralmente, de modo que as informações contábeis sejam sempre apreciadas antes de sua divulgação.

§4º A empresa pública e a sociedade de economia mista deverão divulgar as atas das reuniões do Comitê de Auditoria Estatutário.

§5º Caso o Conselho de Administração considere que a divulgação da ata possa pôr em risco interesse legítimo da empresa pública ou da sociedade de economia mista, a empresa pública ou a sociedade de economia mista divulgará apenas o extrato das atas.

§6º A restrição prevista no §5º não será oponível aos órgãos de controle, que terão total e irrestrito acesso ao conteúdo das atas do Comitê de Auditoria Estatutário, observada a transferência de sigilo.

§7º O Comitê de Auditoria Estatutário deverá possuir autonomia operacional e dotação orçamentária, anual ou por projeto, dentro de limites aprovados pelo Conselho de Administração, para conduzir ou determinar a realização de consultas, avaliações e investigações dentro do escopo de suas atividades, inclusive com a contratação e utilização de especialistas externos independentes.

Art. 25. O Comitê de Auditoria Estatutário será integrado por, no mínimo, 3 (três) e, no máximo, 5 (cinco) membros, em sua maioria independentes.

§1º São condições mínimas para integrar o Comitê de Auditoria Estatutário:

I - não ser ou ter sido, nos 12 (doze) meses anteriores à nomeação para o Comitê:

a) diretor, empregado ou membro do conselho fiscal da empresa pública ou sociedade de economia mista ou de sua controladora, controlada, coligada ou sociedade em controle comum, direta ou indireta;

b) responsável técnico, diretor, gerente, supervisor ou qualquer outro integrante com função de gerência de equipe envolvida nos trabalhos de auditoria na empresa pública ou sociedade de economia mista;

II - não ser cônjuge ou parente consanguíneo ou afim, até o segundo grau ou por adoção, das pessoas referidas no inciso I;

III - não receber qualquer outro tipo de remuneração da empresa pública ou sociedade de economia mista ou de sua controladora, controlada, coligada ou sociedade em controle comum, direta ou indireta, que não seja aquela relativa à função de integrante do Comitê de Auditoria Estatutário;

IV - não ser ou ter sido ocupante de cargo público efetivo, ainda que licenciado, ou de cargo em comissão da pessoa jurídica de direito público que exerça o controle acionário da empresa pública ou sociedade de economia mista, nos 12 (doze) meses anteriores à nomeação para o Comitê de Auditoria Estatutário.

§2º Ao menos 1 (um) dos membros do Comitê de Auditoria Estatutário deve ter reconhecida experiência em assuntos de contabilidade societária.

§3º O atendimento às previsões deste artigo deve ser comprovado por meio de documentação mantida na sede da empresa pública ou sociedade de economia mista pelo prazo mínimo de 5 (cinco) anos, contado a partir do último dia de mandato do membro do Comitê de Auditoria Estatutário.

Seção VIII
Do Conselho Fiscal

Art. 26. Além das normas previstas nesta Lei, aplicam-se aos membros do Conselho Fiscal da empresa pública e da sociedade de economia mista as disposições previstas na Lei nº 6.404, de 15 de dezembro de 1976, relativas a seus poderes, deveres e responsabilidades, a requisitos e impedimentos para investidura e a remuneração, além de outras disposições estabelecidas na referida Lei.

§1º Podem ser membros do Conselho Fiscal pessoas naturais, residentes no País, com formação acadêmica compatível com o exercício da função e que tenham exercido, por prazo mínimo de 3 (três) anos, cargo de direção ou assessoramento na administração pública ou cargo de conselheiro fiscal ou administrador em empresa.

§2º O Conselho Fiscal contará com pelo menos 1 (um) membro indicado pelo ente controlador, que deverá ser servidor público com vínculo permanente com a administração pública.

CAPÍTULO III
DA FUNÇÃO SOCIAL DA EMPRESA PÚBLICA E DA SOCIEDADE DE ECONOMIA MISTA

Art. 27. A empresa pública e a sociedade de economia mista terão a função social de realização do interesse coletivo ou de atendimento a imperativo da segurança nacional expressa no instrumento de autorização legal para a sua criação.

§1º A realização do interesse coletivo de que trata este artigo deverá ser orientada para o alcance do bem-estar econômico e para a alocação socialmente eficiente dos recursos geridos pela empresa pública e pela sociedade de economia mista, bem como para o seguinte:

I - ampliação economicamente sustentada do acesso de consumidores aos produtos e serviços da empresa pública ou da sociedade de economia mista;

II - desenvolvimento ou emprego de tecnologia brasileira para produção e oferta de produtos e serviços da empresa pública ou da sociedade de economia mista, sempre de maneira economicamente justificada.

§2º A empresa pública e a sociedade de economia mista deverão, nos termos da lei, adotar práticas de sustentabilidade ambiental e de responsabilidade social corporativa compatíveis com o mercado em que atuam.

§3º A empresa pública e a sociedade de economia mista poderão celebrar convênio ou contrato de patrocínio com pessoa física ou com pessoa jurídica para promoção de atividades culturais, sociais, esportivas, educacionais e de inovação tecnológica, desde que comprovadamente vinculadas ao fortalecimento de sua marca, observando-se, no que couber, as normas de licitação e contratos desta Lei.

TÍTULO II
DISPOSIÇÕES APLICÁVEIS ÀS EMPRESAS PÚBLICAS, ÀS SOCIEDADES DE ECONOMIA MISTA E ÀS SUAS SUBSIDIÁRIAS QUE EXPLOREM ATIVIDADE ECONÔMICA DE PRODUÇÃO OU COMERCIALIZAÇÃO DE BENS OU DE PRESTAÇÃO DE SERVIÇOS, AINDA QUE A ATIVIDADE ECONÔMICA ESTEJA SUJEITA AO REGIME DE MONOPÓLIO DA UNIÃO OU SEJA DE PRESTAÇÃO DE SERVIÇOS PÚBLICOS.

CAPÍTULO I
DAS LICITAÇÕES

Seção I
Da Exigência de Licitação e dos Casos de Dispensa e de Inexigibilidade

Art. 28. Os contratos com terceiros destinados à prestação de serviços às empresas públicas e às sociedades de economia mista, inclusive de engenharia e de publicidade, à aquisição e à locação de bens, à alienação de bens e ativos integrantes do respectivo patrimônio ou à execução de obras a serem integradas a esse patrimônio, bem como à implementação de ônus real sobre tais bens, serão precedidos de licitação nos termos desta Lei, ressalvadas as hipóteses previstas nos arts. 29 e 30.

§1º Aplicam-se às licitações das empresas públicas e das sociedades de economia mista as disposições constantes dos arts. 42 a 49 da Lei Complementar nº 123, de 14 de dezembro de 2006.

§2º O convênio ou contrato de patrocínio celebrado com pessoas físicas ou jurídicas de que trata o §3º do art. 27 observará, no que couber, as normas de licitação e contratos desta Lei.

§3º São as empresas públicas e as sociedades de economia mista dispensadas da observância dos dispositivos deste Capítulo nas seguintes situações:

I - comercialização, prestação ou execução, de forma direta, pelas empresas mencionadas no caput, de produtos, serviços ou obras especificamente relacionados com seus respectivos objetos sociais;

II - nos casos em que a escolha do parceiro esteja associada a suas características particulares, vinculada a oportunidades de negócio definidas e específicas, justificada a inviabilidade de procedimento competitivo.

§4º Consideram-se oportunidades de negócio a que se refere o inciso II do §3º a formação e a extinção de parcerias e outras formas associativas, societárias ou contratuais, a aquisição e a alienação de participação em sociedades e outras formas associativas, societárias ou contratuais e as operações realizadas no âmbito do mercado de capitais, respeitada a regulação pelo respectivo órgão competente.

Art. 29. É dispensável a realização de licitação por empresas públicas e sociedades de economia mista:

I - para obras e serviços de engenharia de valor até R$100.000,00 (cem mil reais), desde que não se refiram a parcelas de uma mesma obra ou serviço ou ainda a obras e serviços de mesma natureza e no mesmo local que possam ser realizadas conjunta e concomitantemente;

II - para outros serviços e compras de valor até R$50.000,00 (cinquenta mil reais) e para alienações, nos casos previstos nesta Lei, desde que não se refiram a parcelas de um mesmo serviço, compra ou alienação de maior vulto que possa ser realizado de uma só vez;

III - quando não acudirem interessados à licitação anterior e essa, justificadamente, não puder ser repetida sem prejuízo para a empresa pública ou a sociedade de economia mista, bem como para suas respectivas subsidiárias, desde que mantidas as condições preestabelecidas;

IV - quando as propostas apresentadas consignarem preços manifestamente superiores aos praticados no mercado nacional ou incompatíveis com os fixados pelos órgãos oficiais competentes;

V - para a compra ou locação de imóvel destinado ao atendimento de suas finalidades precípuas, quando as necessidades de instalação e localização condicionarem a escolha do imóvel, desde que o preço seja compatível com o valor de mercado, segundo avaliação prévia;

VI - na contratação de remanescente de obra, de serviço ou de fornecimento, em consequência de rescisão contratual, desde que atendida a ordem de classificação da licitação anterior e aceitas as mesmas condições do contrato encerrado por rescisão ou distrato, inclusive quanto ao preço, devidamente corrigido;

VII - na contratação de instituição brasileira incumbida regimental ou estatutariamente da pesquisa, do ensino ou do desenvolvimento institucional ou de instituição dedicada à recuperação social do preso, desde que a contratada detenha inquestionável reputação ético-profissional e não tenha fins lucrativos;

VIII - para a aquisição de componentes ou peças de origem nacional ou estrangeira necessários à manutenção de equipamentos durante o período de garantia técnica, junto ao fornecedor original desses equipamentos, quando tal condição de exclusividade for indispensável para a vigência da garantia;

IX - na contratação de associação de pessoas com deficiência física, sem fins lucrativos e de comprovada idoneidade, para a prestação de serviços ou fornecimento de mão de obra, desde que o preço contratado seja compatível com o praticado no mercado;

X - na contratação de concessionário, permissionário ou autorizado para fornecimento ou suprimento de energia elétrica ou gás natural e de outras prestadoras de serviço público, segundo as normas da legislação específica, desde que o objeto do contrato tenha pertinência com o serviço público.

XI - nas contratações entre empresas públicas ou sociedades de economia mista e suas respectivas subsidiárias, para aquisição ou alienação de bens e prestação ou obtenção de serviços, desde que os preços sejam compatíveis com os praticados no mercado e que o objeto do contrato tenha relação com a atividade da contratada prevista em seu estatuto social;

XII - na contratação de coleta, processamento e comercialização de resíduos sólidos urbanos recicláveis ou reutilizáveis, em áreas com sistema de coleta seletiva de lixo, efetuados por associações ou cooperativas formadas exclusivamente por pessoas físicas de baixa renda que tenham como ocupação econômica a coleta de materiais recicláveis, com o uso de equipamentos compatíveis com as normas técnicas, ambientais e de saúde pública;

XIII - para o fornecimento de bens e serviços, produzidos ou prestados no País, que envolvam, cumulativamente, alta complexidade tecnológica e defesa nacional, mediante parecer de comissão especialmente designada pelo dirigente máximo da empresa pública ou da sociedade de economia mista;

XIV - nas contratações visando ao cumprimento do disposto nos arts. 3º, 4º, 5º e 20 da Lei nº 10.973, de 2 de dezembro de 2004, observados os princípios gerais de contratação dela constantes;

XV - em situações de emergência, quando caracterizada urgência de atendimento de situação que possa ocasionar prejuízo ou comprometer a segurança de pessoas, obras, serviços, equipamentos e outros bens, públicos ou particulares, e somente para os bens necessários ao atendimento da situação emergencial e para as parcelas de obras e serviços que possam ser concluídas no prazo máximo de 180 (cento e oitenta) dias consecutivos e ininterruptos, contado da ocorrência da emergência, vedada a prorrogação dos respectivos contratos, observado o disposto no §2º;

XVI - na transferência de bens a órgãos e entidades da administração pública, inclusive quando efetivada mediante permuta;

XVII - na doação de bens móveis para fins e usos de interesse social, após avaliação de sua oportunidade e conveniência socioeconômica relativamente à escolha de outra forma de alienação;

XVIII - na compra e venda de ações, de títulos de crédito e de dívida e de bens que produzam ou comercializem.

§1º Na hipótese de nenhum dos licitantes aceitar a contratação nos termos do inciso VI do caput, a empresa pública e a sociedade de economia mista poderão convocar os licitantes remanescentes, na ordem de classificação, para a celebração do contrato nas condições ofertadas por estes, desde que o respectivo valor seja igual ou inferior ao orçamento estimado para a contratação, inclusive quanto aos preços atualizados nos termos do instrumento convocatório.

§2º A contratação direta com base no inciso XV do caput não dispensará a responsabilização de quem, por ação ou omissão, tenha dado causa ao motivo ali descrito, inclusive no tocante ao disposto na Lei nº 8.429, de 2 de junho de 1992.

§3º Os valores estabelecidos nos incisos I e II do caput podem ser alterados, para refletir a variação de custos, por deliberação do Conselho de Administração da empresa pública ou sociedade de economia mista, admitindo-se valores diferenciados para cada sociedade.

Art. 30. A contratação direta será feita quando houver inviabilidade de competição, em especial na hipótese de:

I - aquisição de materiais, equipamentos ou gêneros que só possam ser fornecidos por produtor, empresa ou representante comercial exclusivo;

II - contratação dos seguintes serviços técnicos especializados, com profissionais ou empresas de notória especialização, vedada a inexigibilidade para serviços de publicidade e divulgação:

a) estudos técnicos, planejamentos e projetos básicos ou executivos;

b) pareceres, perícias e avaliações em geral;

c) assessorias ou consultorias técnicas e auditorias financeiras ou tributárias;

d) fiscalização, supervisão ou gerenciamento de obras ou serviços;

e) patrocínio ou defesa de causas judiciais ou administrativas;

f) treinamento e aperfeiçoamento de pessoal;

g) restauração de obras de arte e bens de valor histórico.

§1º Considera-se de notória especialização o profissional ou a empresa cujo conceito no campo de sua especialidade, decorrente de desempenho anterior, estudos, experiência, publicações, organização, aparelhamento, equipe técnica ou outros requisitos relacionados com suas atividades, permita inferir que o seu trabalho é essencial e indiscutivelmente o mais adequado à plena satisfação do objeto do contrato.

§2º Na hipótese do caput e em qualquer dos casos de dispensa, se comprovado, pelo órgão de controle externo, sobrepreço ou superfaturamento, respondem solidariamente pelo dano causado quem houver decidido pela contratação direta e o fornecedor ou o prestador de serviços.

§3º O processo de contratação direta será instruído, no que couber, com os seguintes elementos:

I - caracterização da situação emergencial ou calamitosa que justifique a dispensa, quando for o caso;

II - razão da escolha do fornecedor ou do executante;

III - justificativa do preço.

Seção II

Disposições de Caráter Geral sobre Licitações e Contratos

Art. 31. As licitações realizadas e os contratos celebrados por empresas públicas e sociedades de economia mista destinam-se a assegurar a seleção da proposta mais vantajosa, inclusive no que se refere ao ciclo de vida do objeto, e a evitar operações em que se caracterize sobrepreço ou superfaturamento, devendo observar os princípios da impessoalidade, da moralidade, da igualdade, da publicidade, da eficiência, da probidade administrativa, da economicidade, do desenvolvimento nacional sustentável, da vinculação ao instrumento convocatório, da obtenção de competitividade e do julgamento objetivo.

§1º Para os fins do disposto no caput, considera-se que há:

I - sobrepreço quando os preços orçados para a licitação ou os preços contratados são expressivamente superiores aos preços referenciais de mercado, podendo referir-se ao valor unitário de um item, se a licitação ou a contratação for por preços unitários de serviço, ou ao valor global do objeto, se a licitação ou a contratação for por preço global ou por empreitada;

II - superfaturamento quando houver dano ao patrimônio da empresa pública ou da sociedade de economia mista caracterizado, por exemplo:

a) pela medição de quantidades superiores às efetivamente executadas ou fornecidas;

b) pela deficiência na execução de obras e serviços de engenharia que resulte em diminuição da qualidade, da vida útil ou da segurança;

c) por alterações no orçamento de obras e de serviços de engenharia que causem o desequilíbrio econômico-financeiro do contrato em favor do contratado;

d) por outras alterações de cláusulas financeiras que gerem recebimentos contratuais antecipados, distorção do cronograma físico-financeiro, prorrogação injustificada do prazo contratual com custos adicionais para a empresa pública ou a sociedade de economia mista ou reajuste irregular de preços.

§2º O orçamento de referência do custo global de obras e serviços de engenharia deverá ser obtido a partir de custos unitários de insumos ou serviços menores ou iguais à mediana de seus correspondentes no Sistema Nacional de Pesquisa de Custos e Índices da Construção Civil (Sinapi), no caso de construção civil em geral, ou no Sistema de Custos Referenciais de Obras (Sicro), no caso de obras e serviços rodoviários, devendo ser observadas as peculiaridades geográficas.

§3º No caso de inviabilidade da definição dos custos consoante o disposto no §2º, a estimativa de custo global poderá ser apurada por meio da utilização de dados contidos em tabela de referência formalmente aprovada por órgãos ou entidades da administração pública federal, em publicações técnicas especializadas, em banco de dados e sistema específico instituído para o setor ou em pesquisa de mercado.

§4º A empresa pública e a sociedade de economia mista poderão adotar procedimento de manifestação de interesse privado para o recebimento de propostas e projetos de empreendimentos com vistas a atender necessidades previamente identificadas, cabendo a regulamento a definição de suas regras específicas.

§5º Na hipótese a que se refere o §4º, o autor ou financiador do projeto poderá participar da licitação para a execução do empreendimento, podendo ser ressarcido pelos custos aprovados pela empresa pública ou sociedade de economia mista caso não vença o certame, desde que seja promovida a cessão de direitos de que trata o art. 80.

Art. 32. Nas licitações e contratos de que trata esta Lei serão observadas as seguintes diretrizes:

I - padronização do objeto da contratação, dos instrumentos convocatórios e das minutas de contratos, de acordo com normas internas específicas;

II - busca da maior vantagem competitiva para a empresa pública ou sociedade de economia mista, considerando custos e benefícios, diretos e indiretos, de natureza econômica, social ou ambiental, inclusive os relativos à manutenção, ao desfazimento de bens e resíduos, ao índice de depreciação econômica e a outros fatores de igual relevância;

III - parcelamento do objeto, visando a ampliar a participação de licitantes, sem perda de economia de escala, e desde que não atinja valores inferiores aos limites estabelecidos no art. 29, incisos I e II;

IV - adoção preferencial da modalidade de licitação denominada pregão, instituída pela Lei nº 10.520, de 17 de julho de 2002, para a aquisição de bens e serviços comuns, assim considerados aqueles cujos padrões de desempenho e qualidade possam ser objetivamente definidos pelo edital, por meio de especificações usuais no mercado;

V - observação da política de integridade nas transações com partes interessadas.

§1º As licitações e os contratos disciplinados por esta Lei devem respeitar, especialmente, as normas relativas à:

I - disposição final ambientalmente adequada dos resíduos sólidos gerados pelas obras contratadas;

II - mitigação dos danos ambientais por meio de medidas condicionantes e de compensação ambiental, que serão definidas no procedimento de licenciamento ambiental;

III - utilização de produtos, equipamentos e serviços que, comprovadamente, reduzam o consumo de energia e de recursos naturais;

IV - avaliação de impactos de vizinhança, na forma da legislação urbanística;

V - proteção do patrimônio cultural, histórico, arqueológico e imaterial, inclusive por meio da avaliação do impacto direto ou indireto causado por investimentos realizados por empresas públicas e sociedades de economia mista;

VI - acessibilidade para pessoas com deficiência ou com mobilidade reduzida.

§2º A contratação a ser celebrada por empresa pública ou sociedade de economia mista da qual decorra impacto negativo sobre bens do patrimônio cultural, histórico, arqueológico e imaterial tombados dependerá de autorização da esfera de governo encarregada da proteção do respectivo patrimônio, devendo o impacto ser compensado por meio de medidas determinadas pelo dirigente máximo da empresa pública ou sociedade de economia mista, na forma da legislação aplicável.

§3º As licitações na modalidade de pregão, na forma eletrônica, deverão ser realizadas exclusivamente em portais de compras de acesso público na internet.

§4º Nas licitações com etapa de lances, a empresa pública ou sociedade de economia mista disponibilizará ferramentas eletrônicas para envio de lances pelos licitantes.

Art. 33. O objeto da licitação e do contrato dela decorrente será definido de forma sucinta e clara no instrumento convocatório.

Art. 34. O valor estimado do contrato a ser celebrado pela empresa pública ou pela sociedade de economia mista será sigiloso, facultando-se à contratante, mediante justificação na fase de preparação prevista no inciso I do art. 51 desta Lei, conferir publicidade ao valor estimado do objeto da licitação, sem prejuízo da divulgação do detalhamento dos quantitativos e das demais informações necessárias para a elaboração das propostas.

§1º Na hipótese em que for adotado o critério de julgamento por maior desconto, a informação de que trata o caput deste artigo constará do instrumento convocatório.

§2º No caso de julgamento por melhor técnica, o valor do prêmio ou da remuneração será incluído no instrumento convocatório.

§3º A informação relativa ao valor estimado do objeto da licitação, ainda que tenha caráter sigiloso, será disponibilizada a órgãos de controle externo e interno, devendo a empresa pública ou a sociedade de economia mista registrar em documento formal sua disponibilização aos órgãos de controle, sempre que solicitado.

§4º (VETADO).

Art. 35. Observado o disposto no art. 34, o conteúdo da proposta, quando adotado o modo de disputa fechado e até sua abertura, os atos e os procedimentos praticados em decorrência desta Lei submetem-se à legislação que regula o acesso dos cidadãos às informações detidas pela administração pública, particularmente aos termos da Lei nº 12.527, de 18 de novembro de 2011.

Art. 36. A empresa pública e a sociedade de economia mista poderão promover a pré-qualificação de seus fornecedores ou produtos, nos termos do art. 64.

Art. 37. A empresa pública e a sociedade de economia mista deverão informar os dados relativos às sanções por elas aplicadas aos contratados, nos termos definidos no art. 83, de forma a manter atualizado o cadastro de empresas inidôneas de que trata o art. 23 da Lei nº 12.846, de 1º de agosto de 2013.

§1º O fornecedor incluído no cadastro referido no caput não poderá disputar licitação ou participar, direta ou indiretamente, da execução de contrato.

§2º Serão excluídos do cadastro referido no caput, a qualquer tempo, fornecedores que demonstrarem a superação dos motivos que deram causa à restrição contra eles promovida.

Art. 38. Estará impedida de participar de licitações e de ser contratada pela empresa pública ou sociedade de economia mista a empresa:

I - cujo administrador ou sócio detentor de mais de 5% (cinco por cento) do capital social seja diretor ou empregado da empresa pública ou sociedade de economia mista contratante;

II - suspensa pela empresa pública ou sociedade de economia mista;

III - declarada inidônea pela União, por Estado, pelo Distrito Federal ou pela unidade federativa a que está vinculada a empresa pública ou sociedade de economia mista, enquanto perdurarem os efeitos da sanção;

IV - constituída por sócio de empresa que estiver suspensa, impedida ou declarada inidônea;

V - cujo administrador seja sócio de empresa suspensa, impedida ou declarada inidônea;

VI - constituída por sócio que tenha sido sócio ou administrador de empresa suspensa, impedida ou declarada inidônea, no período dos fatos que deram ensejo à sanção;

VII - cujo administrador tenha sido sócio ou administrador de empresa suspensa, impedida ou declarada inidônea, no período dos fatos que deram ensejo à sanção;

VIII - que tiver, nos seus quadros de diretoria, pessoa que participou, em razão de vínculo de mesma natureza, de empresa declarada inidônea.

Parágrafo único. Aplica-se a vedação prevista no caput:

I - à contratação do próprio empregado ou dirigente, como pessoa física, bem como à participação dele em procedimentos licitatórios, na condição de licitante;

II - a quem tenha relação de parentesco, até o terceiro grau civil, com:

a) dirigente de empresa pública ou sociedade de economia mista;

b) empregado de empresa pública ou sociedade de economia mista cujas atribuições envolvam a atuação na área responsável pela licitação ou contratação;

c) autoridade do ente público a que a empresa pública ou sociedade de economia mista esteja vinculada.

III - cujo proprietário, mesmo na condição de sócio, tenha terminado seu prazo de gestão ou rompido seu vínculo com a respectiva empresa pública ou sociedade de economia mista promotora da licitação ou contratante há menos de 6 (seis) meses.

Art. 39. Os procedimentos licitatórios, a pré-qualificação e os contratos disciplinados por esta Lei serão divulgados em portal específico mantido pela empresa pública ou sociedade de economia mista na internet, devendo ser adotados os seguintes prazos mínimos para apresentação de propostas ou lances, contados a partir da divulgação do instrumento convocatório:

I - para aquisição de bens:

a) 5 (cinco) dias úteis, quando adotado como critério de julgamento o menor preço ou o maior desconto;

b) 10 (dez) dias úteis, nas demais hipóteses;

II - para contratação de obras e serviços:

a) 15 (quinze) dias úteis, quando adotado como critério de julgamento o menor preço ou o maior desconto;

b) 30 (trinta) dias úteis, nas demais hipóteses;

III - no mínimo 45 (quarenta e cinco) dias úteis para licitação em que se adote como critério de julgamento a melhor técnica ou a melhor combinação de técnica e preço, bem como para licitação em que haja contratação semi-integrada ou integrada.

Parágrafo único. As modificações promovidas no instrumento convocatório serão objeto de divulgação nos mesmos termos e prazos dos atos e procedimentos originais, exceto quando a alteração não afetar a preparação das propostas.

Art. 40. As empresas públicas e as sociedades de economia mista deverão publicar e manter atualizado regulamento interno de licitações e contratos, compatível com o disposto nesta Lei, especialmente quanto a:

I - glossário de expressões técnicas;

II - cadastro de fornecedores;

III - minutas-padrão de editais e contratos;

IV - procedimentos de licitação e contratação direta;

V - tramitação de recursos;

VI - formalização de contratos;

VII - gestão e fiscalização de contratos;

VIII - aplicação de penalidades;

IX - recebimento do objeto do contrato.

Art. 41. Aplicam-se às licitações e contratos regidos por esta Lei as normas de direito penal contidas nos arts. 89 a 99 da Lei nº 8.666, de 21 de junho de 1993.

Seção III
Das Normas Específicas para Obras e Serviços

Art. 42. Na licitação e na contratação de obras e serviços por empresas públicas e sociedades de economia mista, serão observadas as seguintes definições:

I - empreitada por preço unitário: contratação por preço certo de unidades determinadas;

II - empreitada por preço global: contratação por preço certo e total;

III - tarefa: contratação de mão de obra para pequenos trabalhos por preço certo, com ou sem fornecimento de material;

IV - empreitada integral: contratação de empreendimento em sua integralidade, com todas as etapas de obras, serviços e instalações necessárias, sob inteira responsabilidade da contratada até a sua entrega ao contratante em condições de entrada em operação, atendidos os requisitos técnicos e legais para sua utilização em condições de segurança estrutural e operacional e com as características adequadas às finalidades para as quais foi contratada;

V - contratação semi-integrada: contratação que envolve a elaboração e o desenvolvimento do projeto executivo, a execução de obras e serviços de engenharia, a montagem, a realização de testes, a pré-operação e as demais operações necessárias e suficientes para a entrega final do objeto, de acordo com o estabelecido nos §§1º e 3º deste artigo;

VI - contratação integrada: contratação que envolve a elaboração e o desenvolvimento dos projetos básico e executivo, a execução de obras e serviços de engenharia, a montagem, a realização de testes, a pré-operação e as demais operações necessárias e suficientes para a entrega final do objeto, de acordo com o estabelecido nos §§1º, 2º e 3º deste artigo;

VII - anteprojeto de engenharia: peça técnica com todos os elementos de contornos necessários e fundamentais à elaboração do projeto básico, devendo conter minimamente os seguintes elementos:

a) demonstração e justificativa do programa de necessidades, visão global dos investimentos e definições relacionadas ao nível de serviço desejado;

b) condições de solidez, segurança e durabilidade e prazo de entrega;

c) estética do projeto arquitetônico;

d) parâmetros de adequação ao interesse público, à economia na utilização, à facilidade na execução, aos impactos ambientais e à acessibilidade;

e) concepção da obra ou do serviço de engenharia;

f) projetos anteriores ou estudos preliminares que embasaram a concepção adotada;

g) levantamento topográfico e cadastral;

h) pareceres de sondagem;

i) memorial descritivo dos elementos da edificação, dos componentes construtivos e dos materiais de construção, de forma a estabelecer padrões mínimos para a contratação;

VIII - projeto básico: conjunto de elementos necessários e suficientes, com nível de precisão adequado, para, observado o disposto no §3º, caracterizar a obra ou o serviço, ou o complexo de obras ou de serviços objeto da licitação, elaborado com base nas indicações dos estudos técnicos preliminares, que assegure a viabilidade técnica e o adequado tratamento do impacto ambiental do empreendimento e que possibilite a avaliação do custo da obra e a definição dos métodos e do prazo de execução, devendo conter os seguintes elementos:

a) desenvolvimento da solução escolhida, de forma a fornecer visão global da obra e a identificar todos os seus elementos constitutivos com clareza;

b) soluções técnicas globais e localizadas, suficientemente detalhadas, de forma a minimizar a necessidade de reformulação ou de variantes durante as fases de elaboração do projeto executivo e de realização das obras e montagem;

c) identificação dos tipos de serviços a executar e de materiais e equipamentos a incorporar à obra, bem como suas especificações, de modo a assegurar os melhores resultados para o empreendimento, sem frustrar o caráter competitivo para a sua execução;

d) informações que possibilitem o estudo e a dedução de métodos construtivos, instalações provisórias e condições organizacionais para a obra, sem frustrar o caráter competitivo para a sua execução;

e) subsídios para montagem do plano de licitação e gestão da obra, compreendendo a sua programação, a estratégia de suprimentos, as normas de fiscalização e outros dados necessários em cada caso;

f) (VETADO);

IX - projeto executivo: conjunto dos elementos necessários e suficientes à execução completa da obra, de acordo com as normas técnicas pertinentes;

X - matriz de riscos: cláusula contratual definidora de riscos e responsabilidades entre as partes e caracterizadora do equilíbrio econômico-financeiro inicial do contrato, em termos de ônus financeiro decorrente de eventos supervenientes à contratação, contendo, no mínimo, as seguintes informações:

a) listagem de possíveis eventos supervenientes à assinatura do contrato, impactantes no equilíbrio econômico-financeiro da avença, e previsão de eventual necessidade de prolação de termo aditivo quando de sua ocorrência;

b) estabelecimento preciso das frações do objeto em que haverá liberdade das contratadas para inovar em soluções metodológicas ou tecnológicas, em obrigações de resultado, em termos de modificação das soluções previamente delineadas no anteprojeto ou no projeto básico da licitação;

c) estabelecimento preciso das frações do objeto em que não haverá liberdade das contratadas para inovar em soluções metodológicas ou tecnológicas, em obrigações de meio, devendo haver obrigação de identidade entre a execução e a solução pré-definida no anteprojeto ou no projeto básico da licitação.

§1º As contratações semi-integradas e integradas referidas, respectivamente, nos incisos V e VI do caput deste artigo restringir-se-ão a obras e serviços de engenharia e observarão os seguintes requisitos:

I - o instrumento convocatório deverá conter:

a) anteprojeto de engenharia, no caso de contratação integrada, com elementos técnicos que permitam a caracterização da obra ou do serviço e a elaboração e comparação, de forma isonômica, das propostas a serem ofertadas pelos particulares;

b) projeto básico, nos casos de empreitada por preço unitário, de empreitada por preço global, de empreitada integral e de contratação semi-integrada, nos termos definidos neste artigo;

c) documento técnico, com definição precisa das frações do empreendimento em que haverá liberdade de as contratadas inovarem em soluções metodológicas ou tecnológicas, seja em termos de modificação das soluções previamente delineadas no anteprojeto ou no projeto básico da licitação, seja em termos de detalhamento dos sistemas e procedimentos construtivos previstos nessas peças técnicas;

d) matriz de riscos;

II - o valor estimado do objeto a ser licitado será calculado com base em valores de mercado, em valores pagos pela administração pública em serviços e obras similares ou em avaliação do custo global da obra, aferido mediante orçamento sintético ou metodologia expedita ou paramétrica;

III - o critério de julgamento a ser adotado será o de menor preço ou de melhor combinação de técnica e preço, pontuando-se na avaliação técnica as vantagens e os benefícios que eventualmente forem oferecidos para cada produto ou solução;

IV - na contratação semi-integrada, o projeto básico poderá ser alterado, desde que demonstrada a superioridade das inovações em termos de redução de custos, de aumento da qualidade, de redução do prazo de execução e de facilidade de manutenção ou operação.

§2º No caso dos orçamentos das contratações integradas:

I - sempre que o anteprojeto da licitação, por seus elementos mínimos, assim o permitir, as estimativas de preço devem se basear em orçamento tão detalhado quanto possível, devendo a utilização de estimativas paramétricas e a avaliação aproximada baseada em outras obras similares ser realizadas somente nas frações do empreendimento não suficientemente detalhadas no anteprojeto da licitação, exigindo-se das contratadas, no mínimo, o mesmo nível de detalhamento em seus demonstrativos de formação de preços;

II - quando utilizada metodologia expedita ou paramétrica para abalizar o valor do empreendimento ou de fração dele, consideradas as disposições do inciso I, entre 2 (duas) ou mais técnicas estimativas possíveis, deve ser utilizada nas estimativas de preço-base a que viabilize a maior precisão orçamentária, exigindo-se das licitantes, no mínimo, o mesmo nível de detalhamento na motivação dos respectivos preços ofertados.

§3º Nas contratações integradas ou semi-integradas, os riscos decorrentes de fatos supervenientes à contratação associados à escolha da solução de projeto básico pela contratante deverão ser alocados como de sua responsabilidade na matriz de riscos.

§4º No caso de licitação de obras e serviços de engenharia, as empresas públicas e as sociedades de economia mista abrangidas por esta Lei deverão utilizar a contratação semi-integrada, prevista no inciso V do caput, cabendo a elas a elaboração ou a contratação do projeto básico antes da licitação de que trata este parágrafo, podendo ser utilizadas outras modalidades previstas nos incisos do caput deste artigo, desde que essa opção seja devidamente justificada.

§5º Para fins do previsto na parte final do §4º, não será admitida, por parte da empresa pública ou da sociedade de economia mista, como justificativa para a adoção da modalidade de contratação integrada, a ausência de projeto básico.

Art. 43. Os contratos destinados à execução de obras e serviços de engenharia admitirão os seguintes regimes:

I - empreitada por preço unitário, nos casos em que os objetos, por sua natureza, possuam imprecisão inerente de quantitativos em seus itens orçamentários;

II - empreitada por preço global, quando for possível definir previamente no projeto básico, com boa margem de precisão, as quantidades dos serviços a serem posteriormente executados na fase contratual;

III - contratação por tarefa, em contratações de profissionais autônomos ou de pequenas empresas para realização de serviços técnicos comuns e de curta duração;

IV - empreitada integral, nos casos em que o contratante necessite receber o empreendimento, normalmente de alta complexidade, em condição de operação imediata;

V - contratação semi-integrada, quando for possível definir previamente no projeto básico as quantidades dos serviços a serem posteriormente executados na fase contratual, em obra ou serviço de engenharia que possa ser executado com diferentes metodologias ou tecnologias;

VI - contratação integrada, quando a obra ou o serviço de engenharia for de natureza predominantemente intelectual e de inovação tecnológica do objeto licitado ou puder ser executado com diferentes metodologias ou tecnologias de domínio restrito no mercado.

§1º Serão obrigatoriamente precedidas pela elaboração de projeto básico, disponível para exame de qualquer interessado, as licitações para a contratação de obras e serviços, com exceção daquelas em que for adotado o regime previsto no inciso VI do caput deste artigo.

§2º É vedada a execução, sem projeto executivo, de obras e serviços de engenharia.

Art. 44. É vedada a participação direta ou indireta nas licitações para obras e serviços de engenharia de que trata esta Lei:

I - de pessoa física ou jurídica que tenha elaborado o anteprojeto ou o projeto básico da licitação;

II - de pessoa jurídica que participar de consórcio responsável pela elaboração do anteprojeto ou do projeto básico da licitação;

III - de pessoa jurídica da qual o autor do anteprojeto ou do projeto básico da licitação seja administrador, controlador, gerente, responsável técnico, subcontratado ou sócio, neste último caso quando a participação superar 5% (cinco por cento) do capital votante.

§1º A elaboração do projeto executivo constituirá encargo do contratado, consoante preço previamente fixado pela empresa pública ou pela sociedade de economia mista.

§2º É permitida a participação das pessoas jurídicas e da pessoa física de que tratam os incisos II e III do caput deste artigo em licitação ou em execução de contrato, como consultor ou técnico, nas funções de fiscalização, supervisão ou gerenciamento, exclusivamente a serviço da empresa pública e da sociedade de economia mista interessadas.

§3º Para fins do disposto no caput, considera-se participação indireta a existência de vínculos de natureza técnica, comercial, econômica, financeira ou trabalhista entre o autor do projeto básico, pessoa física ou jurídica, e o licitante ou responsável pelos serviços, fornecimentos e obras, incluindo-se os fornecimentos de bens e serviços a estes necessários.

§4º O disposto no §3º deste artigo aplica-se a empregados incumbidos de levar a efeito atos e procedimentos realizados pela empresa pública e pela sociedade de economia mista no curso da licitação.

Art. 45. Na contratação de obras e serviços, inclusive de engenharia, poderá ser estabelecida remuneração variável vinculada ao desempenho do contratado, com base em metas, padrões de qualidade, critérios de sustentabilidade ambiental e prazos de entrega definidos no instrumento convocatório e no contrato.

Parágrafo único. A utilização da remuneração variável respeitará o limite orçamentário fixado pela empresa pública ou pela sociedade de economia mista para a respectiva contratação.

Art. 46. Mediante justificativa expressa e desde que não implique perda de economia de escala, poderá ser celebrado mais de um contrato para executar serviço de mesma natureza quando o objeto da contratação puder ser executado de forma concorrente e simultânea por mais de um contratado.

§1º Na hipótese prevista no caput deste artigo, será mantido controle individualizado da execução do objeto contratual relativamente a cada um dos contratados.

§2º (VETADO).

Seção IV
Das Normas Específicas para Aquisição de Bens

Art. 47. A empresa pública e a sociedade de economia mista, na licitação para aquisição de bens, poderão:

I - indicar marca ou modelo, nas seguintes hipóteses:

a) em decorrência da necessidade de padronização do objeto;

b) quando determinada marca ou modelo comercializado por mais de um fornecedor constituir o único capaz de atender o objeto do contrato;

c) quando for necessária, para compreensão do objeto, a identificação de determinada marca ou modelo apto a servir como referência, situação em que será obrigatório o acréscimo da expressão "ou similar ou de melhor qualidade";

II - exigir amostra do bem no procedimento de pré-qualificação e na fase de julgamento das propostas ou de lances, desde que justificada a necessidade de sua apresentação;

III - solicitar a certificação da qualidade do produto ou do processo de fabricação, inclusive sob o aspecto ambiental, por instituição previamente credenciada.

Parágrafo único. O edital poderá exigir, como condição de aceitabilidade da proposta, a adequação às normas da Associação Brasileira de Normas Técnicas (ABNT) ou a certificação da qualidade do produto por instituição credenciada pelo Sistema Nacional de Metrologia, Normalização e Qualidade Industrial (Sinmetro).

Art. 48. Será dada publicidade, com periodicidade mínima semestral, em sítio eletrônico oficial na internet de acesso irrestrito, à relação das aquisições de bens efetivadas pelas empresas públicas e pelas sociedades de economia mista, compreendidas as seguintes informações:

I - identificação do bem comprado, de seu preço unitário e da quantidade adquirida;

II - nome do fornecedor;

III - valor total de cada aquisição.

Seção V
Das Normas Específicas para Alienação de Bens

Art. 49. A alienação de bens por empresas públicas e por sociedades de economia mista será precedida de:

I - avaliação formal do bem contemplado, ressalvadas as hipóteses previstas nos incisos XVI a XVIII do art. 29;

II - licitação, ressalvado o previsto no §3º do art. 28.

Art. 50. Estendem-se à atribuição de ônus real a bens integrantes do acervo patrimonial de empresas públicas e de sociedades de economia mista as normas desta Lei aplicáveis à sua alienação, inclusive em relação às hipóteses de dispensa e de inexigibilidade de licitação.

Seção VI
Do Procedimento de Licitação

Art. 51. As licitações de que trata esta Lei observarão a seguinte sequência de fases:

I - preparação;

II - divulgação;

III - apresentação de lances ou propostas, conforme o modo de disputa adotado;

IV - julgamento;

V - verificação de efetividade dos lances ou propostas;

VI - negociação;

VII - habilitação;

VIII - interposição de recursos;

IX - adjudicação do objeto;

X - homologação do resultado ou revogação do procedimento.

§1º A fase de que trata o inciso VII do caput poderá, excepcionalmente, anteceder as referidas nos incisos III a VI do caput, desde que expressamente previsto no instrumento convocatório.

§2º Os atos e procedimentos decorrentes das fases enumeradas no caput praticados por empresas públicas, por sociedades de economia mista e por licitantes serão efetivados preferencialmente por meio eletrônico, nos termos definidos pelo instrumento convocatório, devendo os avisos contendo os resumos dos editais das licitações e contratos abrangidos por esta Lei ser previamente publicados no Diário Oficial da União, do Estado ou do Município e na internet.

Art. 52. Poderão ser adotados os modos de disputa aberto ou fechado, ou, quando o objeto da licitação puder ser parcelado, a combinação de ambos, observado o disposto no inciso III do art. 32 desta Lei.

§1º No modo de disputa aberto, os licitantes apresentarão lances públicos e sucessivos, crescentes ou decrescentes, conforme o critério de julgamento adotado.

§2º No modo de disputa fechado, as propostas apresentadas pelos licitantes serão sigilosas até a data e a hora designadas para que sejam divulgadas.

Art. 53. Quando for adotado o modo de disputa aberto, poderão ser admitidos:

I - a apresentação de lances intermediários;

II - o reinício da disputa aberta, após a definição do melhor lance, para definição das demais colocações, quando existir diferença de pelo menos 10% (dez por cento) entre o melhor lance e o subsequente.

Parágrafo único. Consideram-se intermediários os lances:

I - iguais ou inferiores ao maior já ofertado, quando adotado o julgamento pelo critério da maior oferta;

II - iguais ou superiores ao menor já ofertado, quando adotados os demais critérios de julgamento.

Art. 54. Poderão ser utilizados os seguintes critérios de julgamento:

I - menor preço;

II - maior desconto;

III - melhor combinação de técnica e preço;

IV - melhor técnica;

V - melhor conteúdo artístico;

VI - maior oferta de preço;

VII - maior retorno econômico;

VIII - melhor destinação de bens alienados.

§1º Os critérios de julgamento serão expressamente identificados no instrumento convocatório e poderão ser combinados na hipótese de parcelamento do objeto, observado o disposto no inciso III do art. 32.

§2º Na hipótese de adoção dos critérios referidos nos incisos III, IV, V e VII do caput deste artigo, o julgamento das propostas será efetivado mediante o emprego de parâmetros específicos, definidos no instrumento convocatório, destinados a limitar a subjetividade do julgamento.

§3º Para efeito de julgamento, não serão consideradas vantagens não previstas no instrumento convocatório.

§4º O critério previsto no inciso II do caput:

I - terá como referência o preço global fixado no instrumento convocatório, estendendo-se o desconto oferecido nas propostas ou lances vencedores a eventuais termos aditivos;

II - no caso de obras e serviços de engenharia, o desconto incidirá de forma linear sobre a totalidade dos itens constantes do orçamento estimado, que deverá obrigatoriamente integrar o instrumento convocatório.

§5º Quando for utilizado o critério referido no inciso III do caput, a avaliação das propostas técnicas e de preço considerará o percentual de ponderação mais relevante, limitado a 70% (setenta por cento).

§6º Quando for utilizado o critério referido no inciso VII do caput, os lances ou propostas terão o objetivo de proporcionar economia à empresa pública ou à sociedade de economia mista, por meio da redução de suas despesas correntes, remunerando-se o licitante vencedor com base em percentual da economia de recursos gerada.

§7º Na implementação do critério previsto no inciso VIII do caput deste artigo, será obrigatoriamente considerada, nos termos do respectivo instrumento convocatório, a repercussão, no meio social, da finalidade para cujo atendimento o bem será utilizado pelo adquirente.

§8º O descumprimento da finalidade a que se refere o §7º deste artigo resultará na imediata restituição do bem alcançado ao acervo patrimonial da empresa pública ou da sociedade de economia mista, vedado, nessa hipótese, o pagamento de indenização em favor do adquirente.

Art. 55. Em caso de empate entre 2 (duas) propostas, serão utilizados, na ordem em que se encontram enumerados, os seguintes critérios de desempate:

I - disputa final, em que os licitantes empatados poderão apresentar nova proposta fechada, em ato contínuo ao encerramento da etapa de julgamento;

II - avaliação do desempenho contratual prévio dos licitantes, desde que exista sistema objetivo de avaliação instituído;

III - os critérios estabelecidos no art. 3º da Lei nº 8.248, de 23 de outubro de 1991, e no §2º do art. 3º da Lei nº 8.666, de 21 de junho de 1993;

IV - sorteio.

Art. 56. Efetuado o julgamento dos lances ou propostas, será promovida a verificação de sua efetividade, promovendo-se a desclassificação daqueles que:

I - contenham vícios insanáveis;

II - descumpram especificações técnicas constantes do instrumento convocatório;

III - apresentem preços manifestamente inexequíveis;

IV - se encontrem acima do orçamento estimado para a contratação de que trata o §1º do art. 57, ressalvada a hipótese prevista no caput do art. 34 desta Lei;

V - não tenham sua exequibilidade demonstrada, quando exigido pela empresa pública ou pela sociedade de economia mista;

VI - apresentem desconformidade com outras exigências do instrumento convocatório, salvo se for possível a acomodação a seus termos antes da adjudicação do objeto e sem que se prejudique a atribuição de tratamento isonômico entre os licitantes.

§1º A verificação da efetividade dos lances ou propostas poderá ser feita exclusivamente em relação aos lances e propostas mais bem classificados.

§2º A empresa pública e a sociedade de economia mista poderão realizar diligências para aferir a exequibilidade das propostas ou exigir dos licitantes que ela seja demonstrada, na forma do inciso V do caput.

§3º Nas licitações de obras e serviços de engenharia, consideram-se inexequíveis as propostas com valores globais inferiores a 70% (setenta por cento) do menor dos seguintes valores:

I - média aritmética dos valores das propostas superiores a 50% (cinquenta por cento) do valor do orçamento estimado pela empresa pública ou sociedade de economia mista; ou

II - valor do orçamento estimado pela empresa pública ou sociedade de economia mista.

§4º Para os demais objetos, para efeito de avaliação da exequibilidade ou de sobrepreço, deverão ser estabelecidos critérios de aceitabilidade de preços que considerem o preço global, os quantitativos e os preços unitários, assim definidos no instrumento convocatório.

Art. 57. Confirmada a efetividade do lance ou proposta que obteve a primeira colocação na etapa de julgamento, ou que passe a ocupar essa posição em decorrência da desclassificação de outra que tenha obtido colocação superior, a empresa pública e a sociedade de economia mista deverão negociar condições mais vantajosas com quem o apresentou.

§1º A negociação deverá ser feita com os demais licitantes, segundo a ordem inicialmente estabelecida, quando o preço do primeiro colocado, mesmo após a negociação, permanecer acima do orçamento estimado.

§2º (VETADO).

§3º Se depois de adotada a providência referida no §1º deste artigo não for obtido valor igual ou inferior ao orçamento estimado para a contratação, será revogada a licitação.

Art. 58. A habilitação será apreciada exclusivamente a partir dos seguintes parâmetros:

I - exigência da apresentação de documentos aptos a comprovar a possibilidade da aquisição de direitos e da contração de obrigações por parte do licitante;

II - qualificação técnica, restrita a parcelas do objeto técnica ou economicamente relevantes, de acordo com parâmetros estabelecidos de forma expressa no instrumento convocatório;

III - capacidade econômica e financeira;

IV - recolhimento de quantia a título de adiantamento, tratando-se de licitações em que se utilize como critério de julgamento a maior oferta de preço.

§1º Quando o critério de julgamento utilizado for a maior oferta de preço, os requisitos de qualificação técnica e de capacidade econômica e financeira poderão ser dispensados.

§2º Na hipótese do §1º, reverterá a favor da empresa pública ou da sociedade de economia mista o valor de quantia eventualmente exigida no instrumento convocatório a título de adiantamento, caso o licitante não efetue o restante do pagamento devido no prazo para tanto estipulado.

Art. 59. Salvo no caso de inversão de fases, o procedimento licitatório terá fase recursal única.

§1º Os recursos serão apresentados no prazo de 5 (cinco) dias úteis após a habilitação e contemplarão, além dos atos praticados nessa fase, aqueles praticados em decorrência do disposto nos incisos IV e V do caput do art. 51 desta Lei.

§2º Na hipótese de inversão de fases, o prazo referido no §1º será aberto após a habilitação e após o encerramento da fase prevista no inciso V do caput do art. 51, abrangendo o segundo prazo também atos decorrentes da fase referida no inciso IV do caput do art. 51 desta Lei.

Art. 60. A homologação do resultado implica a constituição de direito relativo à celebração do contrato em favor do licitante vencedor.

Art. 61. A empresa pública e a sociedade de economia mista não poderão celebrar contrato com preterição da ordem de classificação das propostas ou com terceiros estranhos à licitação.

Art. 62. Além das hipóteses previstas no §3º do art. 57 desta Lei e no inciso II do §2º do art. 75 desta Lei, quem dispuser de competência para homologação do resultado poderá revogar a licitação por razões de interesse público decorrentes de fato superveniente que constitua óbice manifesto e incontornável, ou anulá-la por ilegalidade, de ofício ou por provocação de terceiros, salvo quando for viável a convalidação do ato ou do procedimento viciado.

§1º A anulação da licitação por motivo de ilegalidade não gera obrigação de indenizar, observado o disposto no §2º deste artigo.

§2º A nulidade da licitação induz à do contrato.

§3º Depois de iniciada a fase de apresentação de lances ou propostas, referida no inciso III do caput do art. 51 desta Lei, a revogação ou a anulação da licitação somente será efetivada depois de se conceder aos licitantes que manifestem interesse em contestar o respectivo ato prazo apto a lhes assegurar o exercício do direito ao contraditório e à ampla defesa.

§4º O disposto no caput e nos §§1º e 2º deste artigo aplica-se, no que couber, aos atos por meio dos quais se determine a contratação direta.

Seção VII
Dos Procedimentos Auxiliares das Licitações

Art. 63. São procedimentos auxiliares das licitações regidas por esta Lei:

I - pré-qualificação permanente;

II - cadastramento;

III - sistema de registro de preços;

IV - catálogo eletrônico de padronização.

Parágrafo único. Os procedimentos de que trata o caput deste artigo obedecerão a critérios claros e objetivos definidos em regulamento.

Art. 64. Considera-se pré-qualificação permanente o procedimento anterior à licitação destinado a identificar:

I - fornecedores que reúnam condições de habilitação exigidas para o fornecimento de bem ou a execução de serviço ou obra nos prazos, locais e condições previamente estabelecidos;

II - bens que atendam às exigências técnicas e de qualidade da administração pública.

§1º O procedimento de pré-qualificação será público e permanentemente aberto à inscrição de qualquer interessado.

§2º A empresa pública e a sociedade de economia mista poderão restringir a participação em suas licitações a fornecedores ou produtos pré-qualificados, nas condições estabelecidas em regulamento.

§3º A pré-qualificação poderá ser efetuada nos grupos ou segmentos, segundo as especialidades dos fornecedores.

§4º A pré-qualificação poderá ser parcial ou total, contendo alguns ou todos os requisitos de habilitação ou técnicos necessários à contratação, assegurada, em qualquer hipótese, a igualdade de condições entre os concorrentes.

§5º A pré-qualificação terá validade de 1 (um) ano, no máximo, podendo ser atualizada a qualquer tempo.

§6º Na pré-qualificação aberta de produtos, poderá ser exigida a comprovação de qualidade.

§7º É obrigatória a divulgação dos produtos e dos interessados que forem pré-qualificados.

Art. 65. Os registros cadastrais poderão ser mantidos para efeito de habilitação dos inscritos em procedimentos licitatórios e serão válidos por 1 (um) ano, no máximo, podendo ser atualizados a qualquer tempo.

§1º Os registros cadastrais serão amplamente divulgados e ficarão permanentemente abertos para a inscrição de interessados.

§2º Os inscritos serão admitidos segundo requisitos previstos em regulamento.

§3º A atuação do licitante no cumprimento de obrigações assumidas será anotada no respectivo registro cadastral.

§4º A qualquer tempo poderá ser alterado, suspenso ou cancelado o registro do inscrito que deixar de satisfazer as exigências estabelecidas para habilitação ou para admissão cadastral.

Art. 66. O Sistema de Registro de Preços especificamente destinado às licitações de que trata esta Lei reger-se-á pelo disposto em decreto do Poder Executivo e pelas seguintes disposições:

§1º Poderá aderir ao sistema referido no caput qualquer órgão ou entidade responsável pela execução das atividades contempladas no art. 1º desta Lei.

§2º O registro de preços observará, entre outras, as seguintes condições:

I - efetivação prévia de ampla pesquisa de mercado;

II - seleção de acordo com os procedimentos previstos em regulamento;

III - desenvolvimento obrigatório de rotina de controle e atualização periódicos dos preços registrados;

IV - definição da validade do registro;

V - inclusão, na respectiva ata, do registro dos licitantes que aceitarem cotar os bens ou serviços com preços iguais ao do licitante vencedor na sequência da classificação do certame, assim como dos licitantes que mantiverem suas propostas originais.

§3º A existência de preços registrados não obriga a administração pública a firmar os contratos que deles poderão advir, sendo facultada a realização de licitação específica, assegurada ao licitante registrado preferência em igualdade de condições.

Art. 67. O catálogo eletrônico de padronização de compras, serviços e obras consiste em sistema informatizado, de gerenciamento centralizado, destinado a permitir a padronização dos itens a serem adquiridos pela empresa pública ou sociedade de economia mista que estarão disponíveis para a realização de licitação.

Parágrafo único. O catálogo referido no caput poderá ser utilizado em licitações cujo critério de julgamento seja o menor preço ou o maior desconto e conterá toda a documentação e todos os procedimentos da fase interna da licitação, assim como as especificações dos respectivos objetos, conforme disposto em regulamento.

CAPÍTULO II
DOS CONTRATOS

Seção I
Da Formalização dos Contratos

Art. 68. Os contratos de que trata esta Lei regulam-se pelas suas cláusulas, pelo disposto nesta Lei e pelos preceitos de direito privado.

Art. 69. São cláusulas necessárias nos contratos disciplinados por esta Lei:

I - o objeto e seus elementos característicos;

II - o regime de execução ou a forma de fornecimento;

III - o preço e as condições de pagamento, os critérios, a data-base e a periodicidade do reajustamento de preços e os critérios de atualização monetária entre a data do adimplemento das obrigações e a do efetivo pagamento;

IV - os prazos de início de cada etapa de execução, de conclusão, de entrega, de observação, quando for o caso, e de recebimento;

V - as garantias oferecidas para assegurar a plena execução do objeto contratual, quando exigidas, observado o disposto no art. 68;

VI - os direitos e as responsabilidades das partes, as tipificações das infrações e as respectivas penalidades e valores das multas;

VII - os casos de rescisão do contrato e os mecanismos para alteração de seus termos;

VIII - a vinculação ao instrumento convocatório da respectiva licitação ou ao termo que a dispensou ou a inexigiu, bem como ao lance ou proposta do licitante vencedor;

IX - a obrigação do contratado de manter, durante a execução do contrato, em compatibilidade com as obrigações por ele assumidas, as condições de habilitação e qualificação exigidas no curso do procedimento licitatório;

X - matriz de riscos.

§1º (VETADO).

§2º Nos contratos decorrentes de licitações de obras ou serviços de engenharia em que tenha sido adotado o modo de disputa aberto, o contratado deverá reelaborar e apresentar à empresa pública ou à sociedade de economia mista e às suas respectivas subsidiárias, por meio eletrônico, as planilhas com indicação dos quantitativos e dos custos unitários, bem como do detalhamento das Bonificações e Despesas Indiretas (BDI) e dos Encargos

Sociais (ES), com os respectivos valores adequados ao lance vencedor, para fins do disposto no inciso III do caput deste artigo.

Art. 70. Poderá ser exigida prestação de garantia nas contratações de obras, serviços e compras.

§1º Caberá ao contratado optar por uma das seguintes modalidades de garantia:

I - caução em dinheiro;

II - seguro-garantia;

III - fiança bancária.

§2º A garantia a que se refere o caput não excederá a 5% (cinco por cento) do valor do contrato e terá seu valor atualizado nas mesmas condições nele estabelecidas, ressalvado o previsto no §3º deste artigo.

§3º Para obras, serviços e fornecimentos de grande vulto envolvendo complexidade técnica e riscos financeiros elevados, o limite de garantia previsto no §2º poderá ser elevado para até 10% (dez por cento) do valor do contrato.

§4º A garantia prestada pelo contratado será liberada ou restituída após a execução do contrato, devendo ser atualizada monetariamente na hipótese do inciso I do §1º deste artigo.

Art. 71. A duração dos contratos regidos por esta Lei não excederá a 5 (cinco) anos, contados a partir de sua celebração, exceto:

I - para projetos contemplados no plano de negócios e investimentos da empresa pública ou da sociedade de economia mista;

II - nos casos em que a pactuação por prazo superior a 5 (cinco) anos seja prática rotineira de mercado e a imposição desse prazo inviabilize ou onere excessivamente a realização do negócio.

Parágrafo único. É vedado o contrato por prazo indeterminado.

Art. 72. Os contratos regidos por esta Lei somente poderão ser alterados por acordo entre as partes, vedando-se ajuste que resulte em violação da obrigação de licitar.

Art. 73. A redução a termo do contrato poderá ser dispensada no caso de pequenas despesas de pronta entrega e pagamento das quais não resultem obrigações futuras por parte da empresa pública ou da sociedade de economia mista.

Parágrafo único. O disposto no caput não prejudicará o registro contábil exaustivo dos valores despendidos e a exigência de recibo por parte dos respectivos destinatários.

Art. 74. É permitido a qualquer interessado o conhecimento dos termos do contrato e a obtenção de cópia autenticada de seu inteiro teor ou de qualquer de suas partes, admitida a exigência de ressarcimento dos custos, nos termos previstos na Lei nº 12.527, de 18 de novembro de 2011.

Art. 75. A empresa pública e a sociedade de economia mista convocarão o licitante vencedor ou o destinatário de contratação com dispensa ou inexigibilidade de licitação para assinar o termo de contrato, observados o prazo e as condições estabelecidos, sob pena de decadência do direito à contratação.

§1º O prazo de convocação poderá ser prorrogado 1 (uma) vez, por igual período.

§2º É facultado à empresa pública ou à sociedade de economia mista, quando o convocado não assinar o termo de contrato no prazo e nas condições estabelecidos:

I - convocar os licitantes remanescentes, na ordem de classificação, para fazê-lo em igual prazo e nas mesmas condições propostas pelo primeiro classificado, inclusive quanto aos preços atualizados em conformidade com o instrumento convocatório;

II - revogar a licitação.

Art. 76. O contratado é obrigado a reparar, corrigir, remover, reconstruir ou substituir, às suas expensas, no total ou em parte, o objeto do contrato em que se verificarem vícios, defeitos ou incorreções resultantes da execução ou de materiais empregados, e responderá por danos causados diretamente a terceiros ou à empresa pública ou sociedade de economia mista, independentemente da comprovação de sua culpa ou dolo na execução do contrato.

Art. 77. O contratado é responsável pelos encargos trabalhistas, fiscais e comerciais resultantes da execução do contrato.

§1º A inadimplência do contratado quanto aos encargos trabalhistas, fiscais e comerciais não transfere à empresa pública ou à sociedade de economia mista a responsabilidade por seu pagamento, nem poderá onerar o objeto do contrato ou restringir a regularização e o uso das obras e edificações, inclusive perante o Registro de Imóveis.

§2º (VETADO).

Art. 78. O contratado, na execução do contrato, sem prejuízo das responsabilidades contratuais e legais, poderá subcontratar partes da obra, serviço ou fornecimento, até o limite admitido, em cada caso, pela empresa pública ou pela sociedade de economia mista, conforme previsto no edital do certame.

§1º A empresa subcontratada deverá atender, em relação ao objeto da subcontratação, as exigências de qualificação técnica impostas ao licitante vencedor.

§2º É vedada a subcontratação de empresa ou consórcio que tenha participado:

I - do procedimento licitatório do qual se originou a contratação;

II - direta ou indiretamente, da elaboração de projeto básico ou executivo.

§3º As empresas de prestação de serviços técnicos especializados deverão garantir que os integrantes de seu corpo técnico executem pessoal e diretamente as obrigações a eles imputadas, quando a respectiva relação for apresentada em procedimento licitatório ou em contratação direta.

Art. 79. Na hipótese do §6º do art. 54, quando não for gerada a economia prevista no lance ou proposta, a diferença entre a economia contratada e a efetivamente obtida será descontada da remuneração do contratado.

Parágrafo único. Se a diferença entre a economia contratada e a efetivamente obtida for superior à remuneração do contratado, será aplicada a sanção prevista no contrato, nos termos do inciso VI do caput do art. 69 desta Lei.

Art. 80. Os direitos patrimoniais e autorais de projetos ou serviços técnicos especializados desenvolvidos por profissionais autônomos ou por empresas contratadas passam a ser propriedade da empresa pública ou sociedade de economia mista que os tenha contratado, sem prejuízo da preservação da identificação dos respectivos autores e da responsabilidade técnica a eles atribuída.

Seção II
Da Alteração dos Contratos

Art. 81. Os contratos celebrados nos regimes previstos nos incisos I a V do art. 43 contarão com cláusula que estabeleça a possibilidade de alteração, por acordo entre as partes, nos seguintes casos:

I - quando houver modificação do projeto ou das especificações, para melhor adequação técnica aos seus objetivos;

II - quando necessária a modificação do valor contratual em decorrência de acréscimo ou diminuição quantitativa de seu objeto, nos limites permitidos por esta Lei;

III - quando conveniente a substituição da garantia de execução;

IV - quando necessária a modificação do regime de execução da obra ou serviço, bem como do modo de fornecimento, em face de verificação técnica da inaplicabilidade dos termos contratuais originários;

V - quando necessária a modificação da forma de pagamento, por imposição de circunstâncias supervenientes, mantido o valor inicial atualizado, vedada a antecipação do pagamento, com relação ao cronograma financeiro fixado, sem a correspondente contraprestação de fornecimento de bens ou execução de obra ou serviço;

VI - para restabelecer a relação que as partes pactuaram inicialmente entre os encargos do contratado e a retribuição da administração para a justa remuneração da obra, serviço ou fornecimento, objetivando a manutenção do equilíbrio econômico-financeiro inicial do contrato, na hipótese de sobrevirem fatos imprevisíveis, ou previsíveis porém de consequências incalculáveis, retardadores ou impeditivos da execução do ajustado, ou, ainda, em caso de força maior, caso fortuito ou fato do príncipe, configurando álea econômica extraordinária e extracontratual.

§1º O contratado poderá aceitar, nas mesmas condições contratuais, os acréscimos ou supressões que se fizerem nas obras, serviços ou compras, até 25% (vinte e cinco por cento) do valor inicial atualizado do contrato, e, no caso particular de reforma de edifício ou de equipamento, até o limite de 50% (cinquenta por cento) para os seus acréscimos.

§2º Nenhum acréscimo ou supressão poderá exceder os limites estabelecidos no §1º, salvo as supressões resultantes de acordo celebrado entre os contratantes.

§3º Se no contrato não houverem sido contemplados preços unitários para obras ou serviços, esses serão fixados mediante acordo entre as partes, respeitados os limites estabelecidos no §1º.

§4º No caso de supressão de obras, bens ou serviços, se o contratado já houver adquirido os materiais e posto no local dos trabalhos, esses materiais deverão ser pagos pela empresa pública ou sociedade de economia mista pelos custos de aquisição regularmente comprovados e monetariamente corrigidos, podendo caber indenização por outros danos eventualmente decorrentes da supressão, desde que regularmente comprovados.

§5º A criação, a alteração ou a extinção de quaisquer tributos ou encargos legais, bem como a superveniência de disposições legais, quando ocorridas após a data da apresentação da proposta, com comprovada repercussão nos preços contratados, implicarão a revisão destes para mais ou para menos, conforme o caso.

§6º Em havendo alteração do contrato que aumente os encargos do contratado, a empresa pública ou a sociedade de economia mista deverá restabelecer, por aditamento, o equilíbrio econômico-financeiro inicial.

§7º A variação do valor contratual para fazer face ao reajuste de preços previsto no próprio contrato e as atualizações, compensações ou penalizações financeiras decorrentes das condições de pagamento nele previstas, bem como o empenho de dotações orçamentárias suplementares até o limite do seu valor corrigido, não caracterizam alteração do contrato e podem ser registrados por simples apostila, dispensada a celebração de aditamento.

§8º É vedada a celebração de aditivos decorrentes de eventos supervenientes alocados, na matriz de riscos, como de responsabilidade da contratada.

Seção III
Das Sanções Administrativas

Art. 82. Os contratos devem conter cláusulas com sanções administrativas a serem aplicadas em decorrência de atraso injustificado na execução do contrato, sujeitando o contratado a multa de mora, na forma prevista no instrumento convocatório ou no contrato.

§1º A multa a que alude este artigo não impede que a empresa pública ou a sociedade de economia mista rescinda o contrato e aplique as outras sanções previstas nesta Lei.

§2º A multa, aplicada após regular processo administrativo, será descontada da garantia do respectivo contratado.

§3º Se a multa for de valor superior ao valor da garantia prestada, além da perda desta, responderá o contratado pela sua diferença, a qual será descontada dos pagamentos eventualmente devidos pela empresa pública ou pela sociedade de economia mista ou, ainda, quando for o caso, cobrada judicialmente.

Art. 83. Pela inexecução total ou parcial do contrato a empresa pública ou a sociedade de economia mista poderá, garantida a prévia defesa, aplicar ao contratado as seguintes sanções:

I - advertência;

II - multa, na forma prevista no instrumento convocatório ou no contrato;

III - suspensão temporária de participação em licitação e impedimento de contratar com a entidade sancionadora, por prazo não superior a 2 (dois) anos.

§1º Se a multa aplicada for superior ao valor da garantia prestada, além da perda desta, responderá o contratado pela sua diferença, que será descontada dos pagamentos eventualmente devidos pela empresa pública ou pela sociedade de economia mista ou cobrada judicialmente.

§2º As sanções previstas nos incisos I e III do caput poderão ser aplicadas juntamente com a do inciso II, devendo a defesa prévia do interessado, no respectivo processo, ser apresentada no prazo de 10 (dez) dias úteis.

Art. 84. As sanções previstas no inciso III do art. 83 poderão também ser aplicadas às empresas ou aos profissionais que, em razão dos contratos regidos por esta Lei:

I - tenham sofrido condenação definitiva por praticarem, por meios dolosos, fraude fiscal no recolhimento de quaisquer tributos;

II - tenham praticado atos ilícitos visando a frustrar os objetivos da licitação;

III - demonstrem não possuir idoneidade para contratar com a empresa pública ou a sociedade de economia mista em virtude de atos ilícitos praticados.

CAPÍTULO III
DA FISCALIZAÇÃO PELO ESTADO E PELA SOCIEDADE

Art. 85. Os órgãos de controle externo e interno das 3 (três) esferas de governo fiscalizarão as empresas públicas e as sociedades de economia mista a elas relacionadas, inclusive aquelas domiciliadas no exterior, quanto à legitimidade, à economicidade e à eficácia da aplicação de seus recursos, sob o ponto de vista contábil, financeiro, operacional e patrimonial.

§1º Para a realização da atividade fiscalizatória de que trata o caput, os órgãos de controle deverão ter acesso irrestrito aos documentos e às informações necessários à realização dos trabalhos, inclusive aqueles classificados como sigilosos pela empresa pública ou pela sociedade de economia mista, nos termos da Lei nº 12.527, de 18 de novembro de 2011.

§2º O grau de confidencialidade será atribuído pelas empresas públicas e sociedades de economia mista no ato de entrega dos documentos e informações solicitados, tornando-se o órgão de controle com o qual foi compartilhada a informação sigilosa corresponsável pela manutenção do seu sigilo.

§3º Os atos de fiscalização e controle dispostos neste Capítulo aplicar-se-ão, também, às empresas públicas e às sociedades de economia mista de caráter e constituição transnacional no que se refere aos atos de gestão e aplicação do capital nacional, independentemente de estarem incluídos ou não em seus respectivos atos e acordos constitutivos.

Art. 86. As informações das empresas públicas e das sociedades de economia mista relativas a licitações e contratos, inclusive aqueles referentes a bases de preços, constarão de bancos de dados eletrônicos atualizados e com acesso em tempo real aos órgãos de controle competentes.

§1º As demonstrações contábeis auditadas da empresa pública e da sociedade de economia mista serão disponibilizadas no sítio eletrônico da empresa ou da sociedade na internet, inclusive em formato eletrônico editável.

§2º As atas e demais expedientes oriundos de reuniões, ordinárias ou extraordinárias, dos conselhos de administração ou fiscal das empresas públicas e das sociedades de economia mista, inclusive gravações e filmagens, quando houver, deverão ser disponibilizados para os órgãos de controle sempre que solicitados, no âmbito dos trabalhos de auditoria.

§3º O acesso dos órgãos de controle às informações referidas no caput e no §2º será restrito e individualizado.

§4º As informações que sejam revestidas de sigilo bancário, estratégico, comercial ou industrial serão assim identificadas, respondendo o servidor administrativa, civil e penalmente pelos danos causados à empresa pública ou à sociedade de economia mista e a seus acionistas em razão de eventual divulgação indevida.

§5º Os critérios para a definição do que deve ser considerado sigilo estratégico, comercial ou industrial serão estabelecidos em regulamento.

Art. 87. O controle das despesas decorrentes dos contratos e demais instrumentos regidos por esta Lei será feito pelos órgãos do sistema de controle interno e pelo tribunal de contas competente, na forma da legislação pertinente, ficando as empresas públicas e as sociedades de economia mista responsáveis pela demonstração da legalidade e da regularidade da despesa e da execução, nos termos da Constituição.

§1º Qualquer cidadão é parte legítima para impugnar edital de licitação por irregularidade na aplicação desta Lei, devendo protocolar o pedido até 5 (cinco) dias úteis antes da data fixada para a ocorrência do certame, devendo a entidade julgar e responder à impugnação em até 3 (três) dias úteis, sem prejuízo da faculdade prevista no §2º.

§2º Qualquer licitante, contratado ou pessoa física ou jurídica poderá representar ao tribunal de contas ou aos órgãos integrantes do sistema de controle interno contra irregularidades na aplicação desta Lei, para os fins do disposto neste artigo.

§3º Os tribunais de contas e os órgãos integrantes do sistema de controle interno poderão solicitar para exame, a qualquer tempo, documentos de natureza contábil, financeira, orçamentária, patrimonial e operacional das empresas públicas, das sociedades de economia mista e de suas subsidiárias no Brasil e no exterior, obrigando-se, os jurisdicionados, à adoção das medidas corretivas pertinentes que, em função desse exame, lhes forem determinadas.

Art. 88. As empresas públicas e as sociedades de economia mista deverão disponibilizar para conhecimento público, por meio eletrônico, informação completa mensalmente atualizada sobre a execução de seus contratos e de seu orçamento, admitindo-se retardo de até 2 (dois) meses na divulgação das informações.

§1º A disponibilização de informações contratuais referentes a operações de perfil estratégico ou que tenham por objeto segredo industrial receberá proteção mínima necessária para lhes garantir confidencialidade.

§2º O disposto no §1º não será oponível à fiscalização dos órgãos de controle interno e do tribunal de contas, sem prejuízo da responsabilização administrativa, civil e penal do servidor que der causa à eventual divulgação dessas informações.

Art. 89. O exercício da supervisão por vinculação da empresa pública ou da sociedade de economia mista, pelo órgão a que se vincula, não pode ensejar a redução ou a supressão da autonomia conferida pela lei específica que autorizou a criação da entidade supervisionada ou da autonomia inerente a sua natureza, nem autoriza a ingerência do supervisor em sua administração e funcionamento, devendo a supervisão ser exercida nos limites da legislação aplicável.

Art. 90. As ações e deliberações do órgão ou ente de controle não podem implicar interferência na gestão das empresas públicas e das sociedades de economia mista a ele submetidas nem ingerência no exercício de suas competências ou na definição de políticas públicas.

TÍTULO III
DISPOSIÇÕES FINAIS E TRANSITÓRIAS

Art. 91. A empresa pública e a sociedade de economia mista constituídas anteriormente à vigência desta Lei deverão, no prazo de 24 (vinte e quatro) meses, promover as adaptações necessárias à adequação ao disposto nesta Lei.

§1º A sociedade de economia mista que tiver capital fechado na data de entrada em vigor desta Lei poderá, observado o prazo estabelecido no caput, ser transformada em empresa pública, mediante resgate, pela empresa, da totalidade das ações de titularidade de acionistas privados, com base no valor de patrimônio líquido constante do último balanço aprovado pela assembleia-geral.

§2º (VETADO).

§3º Permanecem regidos pela legislação anterior procedimentos licitatórios e contratos iniciados ou celebrados até o final do prazo previsto no caput.

Art. 92. O Registro Público de Empresas Mercantis e Atividades Afins manterá banco de dados público e gratuito, disponível na internet, contendo a relação de todas as empresas públicas e as sociedades de economia mista.

Parágrafo único. É a União proibida de realizar transferência voluntária de recursos a Estados, ao Distrito Federal e a Municípios que não fornecerem ao Registro Público de Empresas Mercantis e Atividades Afins as informações relativas às empresas públicas e às sociedades de economia mista a eles vinculadas.

Art. 93. As despesas com publicidade e patrocínio da empresa pública e da sociedade de economia mista não ultrapassarão, em cada exercício, o limite de 0,5% (cinco décimos por cento) da receita operacional bruta do exercício anterior.

§1º O limite disposto no caput poderá ser ampliado, até o limite de 2% (dois por cento) da receita bruta do exercício anterior, por proposta da diretoria da empresa pública ou da sociedade de economia mista justificada com base em parâmetros de mercado do setor específico de atuação da empresa ou da sociedade e aprovada pelo respectivo Conselho de Administração.

§2º É vedado à empresa pública e à sociedade de economia mista realizar, em ano de eleição para cargos do ente federativo a que sejam vinculadas, despesas com publicidade e patrocínio que excedam a média dos gastos nos 3 (três) últimos anos que antecedem o pleito ou no último ano imediatamente anterior à eleição.

Art. 94. Aplicam-se à empresa pública, à sociedade de economia mista e às suas subsidiárias as sanções previstas na Lei nº 12.846, de 1º de agosto de 2013, salvo as previstas nos incisos II, III e IV do caput do art. 19 da referida Lei.

Art. 95. A estratégia de longo prazo prevista no art. 23 deverá ser aprovada em até 180 (cento e oitenta) dias da data de publicação da presente Lei.

Art. 96. Revogam-se:

I - o §2º do art. 15 da Lei nº 3.890-A, de 25 de abril de 1961, com a redação dada pelo art. 19 da Lei nº 11.943, de 28 de maio de 2009;

II - os arts. 67 e 68 da Lei nº 9.478, de 6 de agosto de 1997.

Art. 97. Esta Lei entra em vigor na data de sua publicação.

Brasília, 30 de junho de 2016; 195º da Independência e 128º da República.
MICHEL TEMER
Alexandre de Moraes
Henrique Meirelles
Dyogo Henrique de Oliveira

Este texto não substitui o publicado no DOU de 1º.7.2016

ANEXO B

LEI Nº 9.491, DE 9 DE SETEMBRO DE 1997

Altera procedimentos relativos ao Programa Nacional de Desestatização, revoga a Lei nº 8.031, de 12 de abril de 1990, e dá outras providências.

O PRESIDENTE DA REPÚBLICA Faço saber que o Congresso Nacional decreta e eu sanciono a seguinte Lei:

Art. 1º O Programa Nacional de Desestatização – PND tem como objetivos fundamentais:

I - reordenar a posição estratégica do Estado na economia, transferindo à iniciativa privada atividades indevidamente exploradas pelo setor público;

II - contribuir para a reestruturação econômica do setor público, especialmente através da melhoria do perfil e da redução da dívida pública líquida;

III - permitir a retomada de investimentos nas empresas e atividades que vierem a ser transferidas à iniciativa privada;

IV - contribuir para a reestruturação econômica do setor privado, especialmente para a modernização da infra-estrutura e do parque industrial do País, ampliando sua competitividade e reforçando a capacidade empresarial nos diversos setores da economia, inclusive através da concessão de crédito;

V - permitir que a Administração Pública concentre seus esforços nas atividades em que a presença do Estado seja fundamental para a consecução das prioridades nacionais;

VI - contribuir para o fortalecimento do mercado de capitais, através do acréscimo da oferta de valores mobiliários e da democratização da propriedade do capital das empresas que integrarem o Programa.

Art. 2º Poderão ser objeto de desestatização, nos termos desta Lei:

I - empresas, inclusive instituições financeiras, controladas direta ou indiretamente pela União, instituídas por lei ou ato do Poder Executivo;

II - empresas criadas pelo setor privado e que, por qualquer motivo, passaram ao controle direto ou indireto da União;

III - serviços públicos objeto de concessão, permissão ou autorização;

IV - instituições financeiras públicas estaduais que tenham tido as ações de seu capital social desapropriadas, na forma do Decreto-lei nº 2.321, de 25 de fevereiro de 1987.

V - bens móveis e imóveis da União. (Incluído pela Medida Provisória nº 2.161-35, de 2001).

§1º Considera-se desestatização:

a) a alienação, pela União, de direitos que lhe assegurem, diretamente ou através de outras controladas, preponderância nas deliberações sociais e o poder de eleger a maioria dos administradores da sociedade;

b) a transferência, para a iniciativa privada, da execução de serviços públicos explorados pela União, diretamente ou através de entidades controladas, bem como daqueles de sua responsabilidade.

c) a transferência ou outorga de direitos sobre bens móveis e imóveis da União, nos termos desta Lei. (Incluído pela Medida Provisória nº 2.161-35, de 2001)

§2º Aplicam-se os dispositivos desta Lei, no que couber, às participações minoritárias diretas e indiretas da União no capital social de quaisquer outras sociedades e às ações excedentes à participação acionária detida pela União representativa do mínimo necessário à manutenção do controle acionário da Petróleo Brasileiro S.A. - Petrobrás, nos termos do artigo 62 da Lei nº 9.478, de 06.08.97.

§3º O Banco Nacional de Desenvolvimento Econômico e Social - BNDES, por determinação do Conselho Nacional de Desestatização, definido nesta Lei, e por solicitação de Estados ou Municípios, poderá firmar com eles ajuste para supervisionar o processo de desestatização de empresas controladas por aquelas unidades federadas, detentoras de concessão, permissão ou autorização para prestação de serviços públicos, observados, quanto ao processo de desestatização, os procedimentos estabelecidos nesta Lei.

§4º Na hipótese do parágrafo anterior, a licitação para a outorga ou transferência da concessão do serviço a ser desestatizado poderá ser realizada na modalidade de leilão.

§5º O Gestor do Fundo Nacional de Desestatização deverá observar, com relação aos imóveis da União incluídos no Programa Nacional de Desestatização, a legislação aplicável às desestatizações e, supletivamente, a relativa aos bens imóveis de domínio da União, sem prejuízo do disposto no inciso VII do art. 6º. (Incluído pela Medida Provisória nº 2.161-35, de 2001)

Art. 3º Não se aplicam os dispositivos desta Lei ao Banco do Brasil S.A., à Caixa Econômica Federal, e a empresas públicas ou sociedades de economia mista que exerçam atividades de competência exclusiva da União, de que tratam os incisos XI e XXIII do art. 21 e a alínea "c" do inciso I do art. 159 e o art. 177 da Constituição Federal, não se aplicando a vedação aqui prevista às participações acionárias detidas por essas entidades, desde que não incida restrição legal à alienação das referidas participações.

Art. 4º As desestatizações serão executadas mediante as seguintes modalidades operacionais:

I - alienação de participação societária, inclusive de controle acionário, preferencialmente mediante a pulverização de ações;

II - abertura de capital;

III - aumento de capital, com renúncia ou cessão, total ou parcial, de direitos de subscrição;

IV - alienação, arrendamento, locação, comodato ou cessão de bens e instalações;

V - dissolução de sociedades ou desativação parcial de seus empreendimentos, com a conseqüente alienação de seus ativos;

VI - concessão, permissão ou autorização de serviços públicos.

VII - aforamento, remição de foro, permuta, cessão, concessão de direito real de uso resolúvel e alienação mediante venda de bens imóveis de domínio da União. (Incluído pela Medida Provisória nº 2.161-35, de 2001)

§1º A transformação, a incorporação, a fusão ou a cisão de sociedades e a criação de subsidiárias integrais poderão ser utilizadas a fim de viabilizar a implementação da modalidade operacional escolhida.

§2º Na hipótese de dissolução, caberá ao Ministro da Administração Federal e Reforma do Estado acompanhar e tomar as medidas cabíveis à efetivação da liquidação da empresa.

§2º Na hipótese de dissolução, caberá ao Ministro de Estado do Planejamento, Orçamento e Gestão acompanhar e tomar as medidas cabíveis à efetivação da liquidação da empresa. (Redação dada pela Medida Provisória nº 2.161-35, de 2001)

§3º Nas desestatizações executadas mediante as modalidades operacionais previstas nos incisos I, IV, V, VI e VII deste artigo, a licitação poderá ser realizada na modalidade de leilão. (Redação dada pela Medida Provisória nº 2.161-35, de 2001)

§4º O edital de licitação poderá prever a inversão da ordem das fases de habilitação e julgamento, hipótese em que: (Incluído pela Lei nº 13.360, de 2016)

I - encerrada a fase de classificação das propostas ou de oferecimento de lances, será aberto o invólucro com os documentos de habilitação do licitante mais bem classificado, para verificação do atendimento das condições fixadas no edital; (Incluído pela Lei nº 13.360, de 2016)

II - verificado o atendimento das exigências do edital, o licitante será declarado vencedor; (Incluído pela Lei nº 13.360, de 2016)

III - inabilitado o licitante mais bem classificado, serão analisados os documentos de habilitação do licitante com a proposta classificada em segundo lugar, e assim sucessivamente, até que um licitante classificado atenda às condições fixadas no edital; (Incluído pela Lei nº 13.360, de 2016)

IV - proclamado o resultado do certame, o objeto será adjudicado ao vencedor nas condições técnicas e econômicas por ele ofertadas. (Incluído pela Lei nº 13.360, de 2016)

Art. 5º O Programa Nacional de Desestatização terá como órgão superior de decisão o Conselho Nacional de Desestatização - CND, diretamente subordinado ao Presidente da República, integrado pelos seguintes membros:

I - Ministro de Estado do Desenvolvimento, Indústria e Comércio Exterior, na qualidade de Presidente; (Redação dada pela Medida Provisória nº 2.161-35, de 2001)

II - Chefe da Casa Civil da Presidência da República; (Redação dada pela Medida Provisória nº 2.161-35, de 2001)

III - Ministro de Estado da Fazenda; (Redação dada pela Medida Provisória nº 2.161-35, de 2001)

IV - Ministro de Estado do Planejamento, Orçamento e Gestão. (Redação dada pela Medida Provisória nº 2.161-35, de 2001)

§1º Das reuniões para deliberar sobre a desestatização de empresas ou serviços públicos participará, com direito a voto, o titular do Ministério ao qual a empresa ou serviço se vincule.

§2º Quando se tratar de desestatização de instituições financeiras, participará das reuniões, com direito a voto, o Presidente do Banco Central do Brasil.

§3º Participará também das reuniões, sem direito a voto, um representante do Banco Nacional de Desenvolvimento Econômico e Social – BNDES.

§4º O Conselho deliberará mediante resoluções, cabendo ao Presidente, além do voto de qualidade, a prerrogativa de deliberar, nos casos de urgência e relevante interesse, ad referendum do colegiado.

§5º Quando deliberar ad referendum do Conselho, o Presidente submeterá a decisão ao colegiado, na primeira reunião que se seguir àquela deliberação.

§6º O Presidente do Conselho poderá convidar Ministros de Estado, bem como representantes de entidades públicas ou privadas, para participar das reuniões, sem direito a voto.

§7º O Conselho reunir-se-á, ordinariamente, uma vez por mês, e, extraordinariamente, sempre que for convocado por seu Presidente.

§8º Nas ausências ou impedimentos do Ministro de Estado do Desenvolvimento, Indústria e Comércio Exterior, as reuniões do Conselho serão presididas pelo Chefe da Casa Civil da Presidência da República. (Vide Medida Provisória nº 2.161-35, de 2001)

§9º Nas suas ausências ou impedimentos, os membros do Conselho serão representados por substitutos por eles designados.

Art. 6º Compete ao Conselho Nacional de Desestatização:

I - recomendar, para aprovação do Presidente da República, meios de pagamento e inclusão ou exclusão de empresas, inclusive instituições financeiras, serviços públicos e participações minoritárias, bem como a inclusão de bens móveis e imóveis da União no Programa Nacional de Desestatização; (Redação dada pela Medida Provisória nº 2.161-35, de 2001)

II - aprovar, exceto quando se tratar de instituições financeiras:

a) a modalidade operacional a ser aplicada a cada desestatização;

b) os ajustes de natureza societária, operacional, contábil ou jurídica e o saneamento financeiro, necessários às desestatizações;

c) as condições aplicáveis às desestatizações;

d) a criação de ação de classe especial, a ser subscrita pela União;

e) a fusão, incorporação ou cisão de sociedades e a criação de subsidiária integral, necessárias à viabilização das desestatizações;

f) a contratação, pelo Gestor do Fundo Nacional de Desestatização, de pareceres ou estudos especializados necessários à desestatização de setores ou segmentos específicos.

g) a exclusão de bens móveis e imóveis da União incluídos no PND. (Incluída pela Medida Provisória nº 2.161-35, de 2001)

III - determinar a destinação dos recursos provenientes da desestatização, observado o disposto no art. 13 desta Lei;

IV - expedir normas e resoluções necessárias ao exercício de sua competência;

V - deliberar sobre outras matérias relativas ao Programa Nacional de Desestatização, que venham a ser encaminhadas pelo Presidente do Conselho;

VI - fazer publicar o relatório anual de suas atividades.

VII - estabelecer as condições de pagamento à vista e parcelado aplicáveis às desestatizações de bens móveis e imóveis da União. (Incluído pela Medida Provisória nº 2.161-35, de 2001)

§1º Na desestatização dos serviços públicos, o Conselho Nacional de Desestatização deverá recomendar, para aprovação do Presidente da República, o órgão da Administração direta ou indireta que deverá ser o responsável pela execução e acompanhamento do correspondente processo de desestatização, ficando esse órgão, no que couber, com as atribuições previstas no art. 18 desta Lei. (Vide Decreto nº 8.094, de 2013)

§2º O Conselho Nacional de Desestatização poderá baixar normas regulamentadoras da desestatização de serviços públicos, objeto de concessão, permissão ou autorização, bem como determinar sejam adotados procedimentos previstos em legislação específica, conforme a natureza dos serviços a serem desestatizados.

§3º A desestatização de empresas de pequeno e médio portes, conforme definidas pelo Conselho Nacional de Desestatização, poderá ser coordenada pelo Departamento de Coordenação e Controle das Empresas Estatais, da Secretaria-Executiva do Ministério do Planejamento, Orçamento e Gestão, competindo-lhe, no que couber, as atribuições previstas no art. 18 desta Lei. (Redação dada pela Medida Provisória nº 2.161-35, de 2001)

§4º Compete ao Presidente do Conselho Nacional de Desestatização:

a) presidir as reuniões do Conselho;

b) coordenar e supervisionar a execução do Programa Nacional de Desestatização;

c) encaminhar à deliberação do Conselho as matérias previstas no caput e nos §§1º, 2º e 3º deste artigo;

d) requisitar aos órgãos competentes a designação de servidores da Administração Pública direta e indireta, para integrar os grupos de trabalho de que trata o inciso III do art. 18 desta Lei.

§5º A desestatização de instituições financeiras será coordenada pelo Banco Central do Brasil, competindo-lhe, nesse caso, exercer, no que couber, as atribuições previstas no art. 18 desta Lei.

§6º A competência para aprovar as medidas mencionadas no inciso II deste artigo, no caso de instituições financeiras, é do Conselho Monetário Nacional, por proposta do Banco Central do Brasil.

§7º Fica a União autorizada a adquirir ativos de instituições financeiras federais, financiar ou garantir os ajustes prévios imprescindíveis para a sua privatização, inclusive por conta dos recursos das Reservas Monetárias, de que trata o art. 12, da Lei nº 5.143, de 20 de outubro de 1966, com a redação dada pelo art. 1º do Decreto-lei nº 1.342, de 28 de agosto de 1974.

§8º O disposto no parágrafo anterior se estende às instituições financeiras federais que, dentro do Programa Nacional de Desestatização, adquiram ativos de outra instituição financeira federal a ser privatizada, caso em que fica, ainda, a União autorizada a assegurar à instituição financeira federal adquirente:

a) a equalização da diferença apurada entre o valor desembolsado na aquisição dos ativos e o valor que a instituição financeira federal adquirente vier a pagar ao Banco Central do Brasil pelos recursos recebidos em linha de financiamento específica, destinada a dar suporte à aquisição dos ativos, aí considerados todos os custos incorridos, inclusive os de administração, fiscais e processuais;

b) a equalização entre o valor despendido pela instituição financeira federal na aquisição dos ativos e o valor efetivamente recebido em sua liquidação final;

c) a assunção, pelo Tesouro Nacional, da responsabilidade pelos riscos de crédito dos ativos adquiridos na forma deste parágrafo, inclusive pelas eventuais insubsistências ativas identificadas antes ou após havê-los assumido, respondendo, ainda, pelos efeitos financeiros referentes à redução de seus valores por força de pronunciamento judicial de qualquer natureza.

§9º A realização da equalização ou assunção pelo Tesouro Nacional, de que trata o parágrafo anterior, dar-se-ão sem prejuízo da responsabilidade civil e penal decorrente de eventual conduta ilícita ou gestão temerária na concessão do crédito pertinente.

§10. Fica a Agência Nacional de Energia Elétrica - ANEEL autorizada a anuir com a repactuação, que venha a gerar benefícios potenciais à prestação do serviço público de distribuição de energia, de dívidas setoriais em moeda estrangeira, das empresas incluídas no Programa Nacional de Desestatização - PND, para que seja convertida em moeda nacional, com remuneração mensal pela variação da taxa do Sistema Especial de Liquidação e Custódia - SELIC e prazo máximo de cento e vinte meses considerando períodos de carência e de amortização. (Incluído pela Lei nº 13.182, de 2015)

§11. Será considerado como data-base da repactuação de que trata o §10 o primeiro dia útil do ano em que se deu a inclusão da empresa no PND. (Incluído pela Lei nº 13.182, de 2015)

Art. 7º A desestatização dos serviços públicos, efetivada mediante uma das modalidades previstas no art. 4º desta Lei, pressupõe a delegação, pelo Poder Público, de concessão ou permissão do serviço, objeto da exploração, observada a legislação aplicável ao serviço.

Parágrafo único. Os princípios gerais e as diretrizes específicas aplicáveis à concessão, permissão ou autorização, elaborados pelo Poder Público, deverão constar do edital de desestatização.

Art. 8º Sempre que houver razões que justifiquem, a União deterá, direta ou indiretamente, ação de classe especial do capital social da empresa ou instituição financeira objeto da desestatização, que lhe confira poderes especiais em determinadas matérias, as quais deverão ser caracterizadas nos seus estatutos sociais.

Art. 9º Fica criado o Fundo Nacional de Desestatização - FND, de natureza contábil, constituído mediante vinculação a este, a título de depósito, das ações ou cotas de propriedade direta ou indireta da União, emitidas por sociedades que tenham sido incluídas no Programa Nacional de Desestatização.

§1º As ações representativas de quaisquer outras participações societárias, incluídas no Programa Nacional de Desestatização, serão, igualmente, depositadas no Fundo Nacional de Desestatização.

§2º Serão emitidos Recibos de Depósitos de Ações - RDA, intransferíveis e inegociáveis a qualquer título, em favor dos depositantes das ações junto ao Fundo Nacional de Desestatização.

§3º Os Recibos de Depósitos de Ações, de cada depositante, serão automaticamente cancelados quando do encerramento do processo de desestatização.

§4º Os titulares das ações que vierem a ser vinculadas ao Fundo Nacional de Desestatização manterão as ações escrituradas em seus registros contábeis, sem alteração de critério, até que se encerre o processo de desestatização.

Art. 10. A União e as entidades da Administração Indireta, titulares das participações acionárias que vierem a ser incluídas no Programa Nacional de Desestatização, deverão, no prazo máximo e improrrogável de cinco dias, contados da data da publicação, no Diário Oficial da União, da decisão que determinar a inclusão no referido programa, depositar as suas ações no Fundo Nacional de Desestatização.

Parágrafo único. O mesmo procedimento do caput deverá ser observado para a emissão de ações decorrentes de bonificações, de desdobramentos, de subscrições ou de conversões de debêntures, quando couber.

Art. 11. Para salvaguarda do conhecimento público das condições em que se processará a alienação do controle acionário da empresa, inclusive instituição financeira incluída no Programa Nacional de Desestatização, assim como de sua situação econômica, financeira e operacional, será dada ampla divulgação das informações necessárias, mediante a publicação de edital, no Diário Oficial da União e em jornais de notória circulação nacional, do qual constarão, pelo menos, os seguintes elementos:

a) justificativa da privatização, indicando o percentual do capital social da empresa a ser alienado;

b) data e ato que determinou a constituição da empresa originariamente estatal ou, se estatizada, data, ato e motivos que determinaram sua estatização;

c) passivo das sociedades de curto e de longo prazo;

d) situação econômico-financeira da sociedade, especificando lucros ou prejuízos, endividamento interno e externo, nos cinco últimos exercícios;

e) pagamento de dividendos à União ou a sociedades por essa controladas direta ou indiretamente, e aporte de recursos à conta capital, providos direta ou indiretamente pela União, nos últimos quinze anos;

f) sumário dos estudos de avaliação;

g) critério de fixação do valor de alienação, com base nos estudos de avaliação;

h) modelagem de venda e valor mínimo da participação a ser alienada;

i) a indicação, se for o caso, de que será criada ação de classe especial e os poderes nela compreendidos.

Art. 12. A alienação de ações a pessoas físicas ou jurídicas estrangeiras poderá atingir cem por cento do capital votante, salvo disposição legal ou manifestação expressa do Poder Executivo, que determine percentual inferior.

Art. 13. Observados os privilégios legais, o titular dos recursos oriundos da venda de ações ou de bens deverá utilizá-los, prioritariamente, na quitação de suas dívidas vencidas e vincendas perante a União.

Art. 13-A. (VETADO). (Incluído pela Lei nº 13.360, de 2016)

Art. 14. Os pagamentos para aquisição de bens e direitos no âmbito do Programa Nacional de Desestatização serão realizados por meio de moeda corrente. (Redação dada pela Lei nº 13.360, de 2016)

I - (revogado); (Redação dada pela Lei nº 13.360, de 2016)

II - (revogado); (Redação dada pela Lei nº 13.360, de 2016)

III - (revogado). (Redação dada pela Lei nº 13.360, de 2016)

Parágrafo único. O Presidente da República, por recomendação do Conselho Nacional de Desestatização, poderá autorizar outros meios de pagamento, no âmbito do Programa Nacional de Desestatização. (Redação dada pela Lei nº 13.360, de 2016)

Art. 15. O preço mínimo de alienação das ações deverá ser submetido à deliberação do órgão competente do titular das ações.

§1º A Resolução do Conselho Nacional de Desestatização que aprovar as condições gerais de desestatização será utilizada pelo representante do titular das ações como instrução de voto para deliberação do órgão competente a que alude o caput deste artigo.

§2º O disposto neste artigo não se aplica aos casos de alienação de ações, bens ou direitos quando diretamente detidos pela União.

Art. 16. As empresas incluídas no Programa Nacional de Desestatização que vierem a integrar o Fundo Nacional de Desestatização terão sua estratégia voltada para atender os objetivos da desestatização.

Art. 17. O Fundo Nacional de Desestatização será administrado pelo Banco Nacional de Desenvolvimento Econômico e Social - BNDES, designado Gestor do Fundo.

Art. 18. Compete ao Gestor do Fundo:

I - fornecer apoio administrativo e operacional, necessário ao funcionamento do Conselho Nacional de Desestatização, aí se incluindo os serviços de secretaria;

II - divulgar os processos de desestatização, bem como prestar todas as informações que vierem a ser solicitadas pelos poderes competentes;

III - constituir grupos de trabalho, integrados por funcionários do BNDES e suas subsidiárias e por servidores da Administração direta ou indireta requisitados nos termos da alínea "d" do §4º do art. 6º, desta Lei, para o fim de prover apoio técnico à implementação das desestatizações;

IV - promover a contratação de consultoria, auditoria e outros serviços especializados necessários à execução das desestatizações;

V - submeter ao Presidente do Conselho Nacional de Desestatização as matérias de que trata o inciso II do art. 6º, desta Lei;

VI - promover a articulação com o sistema de distribuição de valores mobiliários e as Bolsas de Valores;

VII - selecionar e cadastrar empresas de reconhecida reputação e tradicional atuação na negociação de capital, transferência de controle acionário, venda e arrendamento de ativos;

VIII - preparar a documentação dos processos de desestatização, para apreciação do Tribunal de Contas da União;

IX - submeter ao Presidente do Conselho outras matérias de interesse do Programa Nacional de Desestatização.

Parágrafo único. Na contratação dos serviços a que se refere o inciso IV deste artigo, poderá o Gestor do Fundo estabelecer, alternativa ou cumulativamente, na composição da remuneração dos contratados, pagamento a preço fixo ou comissionado, sempre mediante licitação.

Art. 19. Os acionistas controladores e os administradores das empresas incluídas no Programa Nacional de Desestatização adotarão, nos prazos estabelecidos, as providências que vierem a ser determinadas pelo Conselho Nacional de Desestatização, necessárias à implantação dos processos de alienação.

Art. 20. Será de responsabilidade exclusiva dos administradores das sociedades incluídas no Programa Nacional de Desestatização o fornecimento, em tempo hábil, das informações sobre as mesmas, necessárias à execução dos processos de desestatização.

Parágrafo único. Será considerada falta grave a ação ou omissão de empregados ou servidores públicos que, injustificadamente, opuserem dificuldades ao fornecimento de informações e outros dados necessários à execução dos processos de desestatização.

Art. 21. Ao Gestor do Fundo Nacional de Desestatização caberá uma remuneração de 0,2% (dois décimos por cento) do valor líquido apurado nas alienações para cobertura de seus custos operacionais, bem como o ressarcimento dos gastos efetuados com terceiros, necessários à execução dos processos de desestatização previstos nesta Lei.

Parágrafo único. Na hipótese de alienação de participações minoritárias, cujo valor seja de pequena monta, a juízo do Gestor do Fundo Nacional de Desestatização, poderão ser dispensados a cobrança de remuneração e o ressarcimento dos gastos de que trata este artigo.

Art. 22. O Fundo Nacional de Desestatização será auditado por auditores externos independentes registrados na Comissão de Valores Mobiliários, a serem contratados mediante licitação pública pelo Gestor do Fundo.

Art. 23. Será nula de pleno direito a venda, a subscrição ou a transferência de ações que impliquem infringência desta Lei.

Art. 24. No caso de o Conselho Nacional de Desestatização deliberar a dissolução de sociedade incluída no Programa Nacional de Desestatização, aplicar-se-ão, no que couber, as disposições da Lei nº 8.029, de 12 de abril de 1990.

Art. 25. O Gestor do Fundo manterá assistência jurídica aos ex-membros da Comissão Diretora do Programa Nacional de Desestatização, na hipótese de serem demandados em razão de prática de atos decorrentes do exercício das suas respectivas funções no referido órgão.

Art. 26. A União transferirá ao Banco Nacional de Desenvolvimento Econômico e Social - BNDES 94.953.982 (noventa e quatro milhões, novecentos e cinqüenta e três mil, novecentos e oitenta e duas) ações ordinárias nominativas e 4.372.154 (quatro milhões, trezentos e setenta e duas mil, cento e cinqüenta e quatro) ações preferenciais nominativas, de sua propriedade no capital da Companhia Vale do Rio Doce.

§1º O BNDES, em contrapartida à transferência das ações pela União, pelo valor nominal equivalente ao valor de venda das ações, deverá, alternativa ou conjuntamente, a critério do Ministro de Estado da Fazenda:

a) assumir dívidas, caracterizadas e novadas da União, nos termos dos atos legais em vigor, relativas ao Fundo de Compensação de Variações Salariais - FCVS;

b) transferir à União debêntures de emissão da BNDES Participações S. A. - BNDESPAR, de sua propriedade, com as mesmas condições de rentabilidade e prazo das dívidas a que se refere a alínea anterior.

§2º Não se aplica ao produto da alienação das ações de que trata o caput deste artigo o disposto no inciso III do art. 6º e no art. 13 desta Lei, e na alínea "a" do §1º do art. 30 da Lei nº 8.177, de 1º de março de 1991, alterada pela Lei nº 8.696, de 26 de agosto de 1993, com a redação ora vigente.

§3º As ações de que trata este artigo permanecerão depositadas no Fundo Nacional de Desestatização, em nome do BNDES.

§4º Até vinte dias antes da realização do leilão público especial de desestatização da Companhia Vale do Rio Doce será efetivada a transferência de 62.000.000 (sessenta e dois milhões) de ações ordinárias nominativas do total de que trata o caput deste artigo, devendo as ações remanescentes ser transferidas no dia útil seguinte ao da liquidação financeira do leilão.

§5º As condições complementares à concretização da operação de que trata este artigo serão regulamentadas por decreto do Presidente da República.

Art. 27. O BNDES destinará o produto da alienação das ações que lhe forem transferidas na forma do art. 26, à concessão de crédito para a reestruturação econômica nacional, de forma a atender os objetivos fundamentais do Programa Nacional de Desestatização, estabelecidos no art. 1º desta Lei, observado ainda que:

I - as operações serão registradas no BNDES, em conta específica;

II - as disponibilidades de caixa serão aplicadas conforme as normas emanadas do Conselho Monetário Nacional;

III - é vedada a concessão de empréstimo ou a concessão de garantias à Administração direta, indireta ou fundacional, excetuando-se:

a) o repasse às empresas subsidiárias integrais do BNDES para a realização dos respectivos objetivos sociais;

b) os empréstimos ao setor privado de que participem, na qualidade de agentes repassadores, instituições financeiras públicas.

Art. 28. Aos empregados e aposentados de empresas controladas, direta ou indiretamente pela União, incluídas no Programa Nacional de Desestatização, é assegurada a oferta de parte das ações representativas de seu capital, segundo os princípios estabelecidos nesta Lei e condições específicas a serem aprovadas pelo Conselho Nacional de Desestatização, inclusive quanto à: (Redação dada pela Lei nº 9.700, de 1998)

I - disponibilidade posterior das ações;

II - quantidade a ser individualmente adquirida.

Parágrafo único. A oferta de que trata o caput deste artigo será de, pelo menos, 10 % (dez por cento) das ações do capital social detidas, direta ou indiretamente, pela União, podendo tal percentual mínimo ser revisto pelo Conselho Nacional de Desestatização, caso o mesmo seja incompatível com o modelo de desestatização aprovado.

Art. 29. A participação dos empregados na aquisição de ações far-se-á, opcionalmente, por intermédio de clube de investimento que constituírem para representá-los legalmente, inclusive como substituto processual, observada a regulamentação baixada pela Comissão de Valores Mobiliários - CVM.

Art. 30. São nulos de pleno direito contratos ou negócios jurídicos de qualquer espécie onde o empregado figure como intermediário de terceiro na aquisição de ações com incentivo, em troca de vantagem pecuniária ou não.

§1º O clube de investimento tem legitimidade ativa para propor ação contra os envolvidos nessa operação fraudulenta, retendo os correspondentes títulos mobiliários, se estatutariamente disponíveis.

§2º O Ministério Público, em tomando conhecimento dessa ação judicial ou instado por representação, adotará as providências necessárias à determinação da responsabilidade criminal, bem como solicitará fiscalização por parte da Receita Federal, do Ministério do Trabalho e do Instituto Nacional do Seguro Social, sem prejuízo de inspeções por órgãos estaduais e municipais, no âmbito de suas competências, com vistas à identificação dos efeitos produzidos pela mesma operação.

§2º O Ministério Público, em tomando conhecimento dessa ação judicial ou instado por representação, adotará as providências necessárias à determinação da responsabilidade criminal, bem como solicitará fiscalização por parte da Receita Federal, do Ministério do Trabalho e Emprego e do Instituto Nacional do Seguro Social, sem prejuízo de inspeções por órgãos estaduais, distritais e municipais, no âmbito de suas competências, com vistas à identificação dos efeitos produzidos pela mesma operação. (Redação dada pela Medida Provisória nº 2.161-35, de 2001)

Art. 31. Os art. 7º, o caput e os §§1º e 3º do art. 18 e o art. 20 da Lei nº 8.036, de 11 de maio de 1990, passam a vigorar com as seguintes alterações e acréscimos: (Regulamento)

"Art. 7º ....

VIII - (VETADO)"

"Art. 18. Ocorrendo rescisão do contrato de trabalho, por parte do empregador, ficará este obrigado a depositar na conta vinculada do trabalhador no FGTS os valores relativos aos depósitos referentes ao mês da rescisão e ao imediatamente anterior, que ainda não houver sido recolhido, sem prejuízo das cominações legais.

§1º Na hipótese de despedida pelo empregador sem justa causa, depositará este, na conta vinculada do trabalhador no FGTS, importância igual a quarenta por cento do montante de todos os depósitos realizados na conta vinculada durante a vigência do contrato de trabalho, atualizados monetariamente e acrescidos dos respectivos juros.

....

§3º As importâncias de que trata este artigo deverão constar da documentação comprobatória do recolhimento dos valores devidos a título de rescisão do contrato de trabalho, observado o disposto no art. 477 da CLT, eximindo o empregador, exclusivamente, quanto aos valores discriminados."

"Art. 20. ....

I - despedida sem justa causa, inclusive a indireta, de culpa recíproca e de força maior, comprovada com o depósito dos valores de que trata o artigo 18.

XII - aplicação em quotas de Fundos Mútuos de Privatização, regidos pela Lei nº 6.385, de 7 de dezembro de 1976, permitida a utilização máxima de 50 % (cinqüenta por cento) do saldo existente e disponível em sua conta vinculada do Fundo de Garantia do Tempo de Serviço, na data em que exercer a opção.

§6º Os recursos aplicados em quotas dos Fundos Mútuos de Privatização, referidos no inciso XII deste artigo, serão destinados a aquisições de valores mobiliários, no âmbito do Programa Nacional de Desestatização, instituído pela Lei nº 8.031, de 12 de abril de 1990, e de programas estaduais de desestatização, desde que, em ambos os casos, tais destinações sejam aprovadas pelo Conselho Nacional de Desestatização.

§7º Os valores mobiliários de que trata o parágrafo anterior só poderão ser integralmente vendidos, pelos respectivos Fundos, seis meses após sua aquisição, podendo ser alienada, em prazo inferior, parcela equivalente a 10 % (dez por cento) do valor adquirido, autorizada a livre aplicação do produto dessa alienação, nos termos da Lei nº 6.385, de 1976.

§8º As aplicações em Fundos Mútuos de Privatização são nominativas, impenhoráveis e, salvo as hipóteses previstas nos incisos I a IV e VI a XI deste artigo e o disposto na Lei nº 7.670, de 8 de setembro de 1988, indisponíveis por seus titulares.

§9º Decorrido o prazo mínimo de doze meses, contados da efetiva transferência das quotas para os Fundos Mútuos de Privatização, os titulares poderão optar pelo retorno para sua conta vinculada no Fundo de Garantia do Tempo de Serviço.

§10. A cada período de seis meses, os titulares das aplicações em Fundos Mútuos de Privatização poderão transferi-las para outro fundo de mesma natureza.

§11. O montante das aplicações de que trata o §6º deste artigo ficará limitado ao valor dos créditos contra o Tesouro Nacional de que seja titular o Fundo de Garantia do Tempo de Serviço.

§12. Desde que preservada a participação individual dos quotistas, será permitida a constituição de clubes de investimento, visando a aplicação em quotas de Fundos Mútuos de Privatização.

§13. A garantia a que alude o §4º do art. 13 desta Lei não compreende as aplicações a que se refere o inciso XII deste artigo.

§14. O Imposto de Renda incidirá exclusivamente sobre os ganhos dos Fundos Mútuos de Privatização que excederem a remuneração das contas vinculadas do Fundo de Garantia do Tempo de Serviço, no mesmo período.

§15. Os recursos automaticamente transferidos da conta do titular no Fundo de Garantia do Tempo de Serviço em razão da aquisição de ações não afetarão a base de cálculo da multa rescisória de que tratam os parágrafos 1º e 2º do art. 18 desta Lei."

Art. 32. Ficam convalidados os atos praticados com base na Medida Provisória nº 1.481-52, de 8 de agosto de 1997.

Art. 33. O Poder Executivo regulamentará o disposto nesta Lei, no prazo de sessenta dias, baixando as instruções necessárias à sua execução.

Art. 34. Esta Lei entra em vigor na data de sua publicação.

Art. 35. Revoga-se a Lei nº 8.031, de 12 de abril de 1990, e demais disposições em contrário.

Brasília, 9 de setembro de 1997; 176º da Independência e 109º da República.
FERNANDO HENRIQUE CARDOSO
Pedro Malan
Antônio Kandir

Este texto não substitui o Publicado no DOU de 10.9.1997 e republicado em 11.09.1997

ANEXO C

LEI Nº 13.334, DE 13 DE SETEMBRO DE 2016

Cria o Programa de Parcerias de Investimentos - PPI; altera a Lei nº 10.683, de 28 de maio de 2003, e dá outras providências.

O PRESIDENTE DA REPÚBLICA

Faço saber que o Congresso Nacional decreta e eu sanciono a seguinte Lei:

CAPÍTULO I
DO PROGRAMA DE PARCERIAS DE INVESTIMENTOS

Art. 1º Fica criado, no âmbito da Presidência da República, o Programa de Parcerias de Investimentos - PPI, destinado à ampliação e fortalecimento da interação entre o Estado e a iniciativa privada por meio da celebração de contratos de parceria para a execução de empreendimentos públicos de infraestrutura e de outras medidas de desestatização.

§1º Podem integrar o PPI:

I - os empreendimentos públicos de infraestrutura em execução ou a serem executados por meio de contratos de parceria celebrados pela administração pública direta e indireta da União;

II - os empreendimentos públicos de infraestrutura que, por delegação ou com o fomento da União, sejam executados por meio de contratos de parceria celebrados pela administração pública direta ou indireta dos Estados, do Distrito Federal ou dos Municípios; e

III - as demais medidas do Programa Nacional de Desestatização a que se refere a Lei nº 9.491, de 9 de setembro de 1997.

§2º Para os fins desta Lei, consideram-se contratos de parceria a concessão comum, a concessão patrocinada, a concessão administrativa, a concessão regida por legislação setorial, a permissão de serviço público, o arrendamento de bem público, a concessão de direito real e os outros negócios público-privados que, em função de seu caráter estratégico e de sua complexidade, especificidade, volume de investimentos, longo prazo, riscos ou incertezas envolvidos, adotem estrutura jurídica semelhante.

Art. 2º São objetivos do PPI:

I - ampliar as oportunidades de investimento e emprego e estimular o desenvolvimento tecnológico e industrial, em harmonia com as metas de desenvolvimento social e econômico do País;

II - garantir a expansão com qualidade da infraestrutura pública, com tarifas adequadas;

III - promover ampla e justa competição na celebração das parcerias e na prestação dos serviços;

IV - assegurar a estabilidade e a segurança jurídica, com a garantia da mínima intervenção nos negócios e investimentos; e

V - fortalecer o papel regulador do Estado e a autonomia das entidades estatais de regulação.

Art. 3º Na implementação do PPI serão observados os seguintes princípios:

I - estabilidade das políticas públicas de infraestrutura;

II - legalidade, qualidade, eficiência e transparência da atuação estatal; e

III - garantia de segurança jurídica aos agentes públicos, às entidades estatais e aos particulares envolvidos.

Art. 4º O PPI será regulamentado por meio de decretos que, nos termos e limites das leis setoriais e da legislação geral aplicável, definirão:

I - as políticas federais de longo prazo para o investimento por meio de parcerias em empreendimentos públicos federais de infraestrutura e para a desestatização;

II - os empreendimentos públicos federais de infraestrutura qualificados para a implantação por parceria; e (Redação dada pela Lei nº 13.502, de 2017)

III - as políticas federais de fomento às parcerias em empreendimentos públicos de infraestrutura dos Estados, do Distrito Federal ou dos Municípios.

Art. 5º Os empreendimentos do PPI serão tratados como prioridade nacional por todos os agentes públicos de execução ou de controle, da União, dos Estados, do Distrito Federal e dos Municípios.

Art. 6º Os órgãos, entidades e autoridades da administração pública da União com competências relacionadas aos empreendimentos do PPI formularão programas próprios visando à adoção, na regulação administrativa, independentemente de exigência legal, das práticas avançadas recomendadas pelas melhores experiências nacionais e internacionais, inclusive:

I - edição de planos, regulamentos e atos que formalizem e tornem estáveis as políticas de Estado fixadas pelo Poder Executivo para cada setor regulado, de forma a tornar segura sua execução no âmbito da regulação administrativa, observadas as competências da legislação específica, e mediante consulta pública prévia;

II - eliminação de barreiras burocráticas à livre organização da atividade empresarial;

III - articulação com o Conselho Administrativo de Defesa Econômica - CADE, bem como com a Secretaria de Acompanhamento Econômico - SEAE do Ministério da Fazenda, para fins de compliance com a defesa da concorrência; e

IV - articulação com os órgãos e autoridades de controle, para aumento da transparência das ações administrativas e para a eficiência no recebimento e consideração das contribuições e recomendações.

CAPÍTULO II
DO CONSELHO DO PROGRAMA DE PARCERIAS DE INVESTIMENTOS DA PRESIDÊNCIA DA REPÚBLICA

Art. 7º Fica criado o Conselho do Programa de Parcerias de Investimentos da Presidência da República - CPPI, com as seguintes competências:

I - opinar, previamente à deliberação do Presidente da República, quanto às propostas dos órgãos ou entidades competentes, sobre as matérias previstas no art. 4º desta Lei;

II - acompanhar a execução do PPI;

III - formular propostas e representações fundamentadas aos Chefes do Poder Executivo dos Estados, do Distrito Federal e dos Municípios;

IV - formular recomendações e orientações normativas aos órgãos, entidades e autoridades da administração pública da União;

V - exercer as funções atribuídas:

a) ao órgão gestor de parcerias público-privadas federais pela Lei nº 11.079, de 30 de dezembro de 2004;

b) ao Conselho Nacional de Integração de Políticas de Transporte pela Lei nº 10.233, de 5 de junho de 2001; e

c) ao Conselho Nacional de Desestatização pela Lei nº 9.491, de 9 de setembro de 1997;

VI - editar o seu Regimento Interno.

1º Serão membros do CPPI, com direito a voto: (Redação dada pela Lei nº 13.502, de 2017)

II - o Ministro de Estado Chefe da Casa Civil da Presidência da República; (Redação dada pela Lei nº 13.502, de 2017)

III - o Ministro de Estado da Economia; (Redação dada pela Medida Provisória nº 870, de 2019)

IV - o Ministro de Estado da Infraestrutura; (Redação dada pela Medida Provisória nº 870, de 2019)

V - o Ministro de Estado de Minas e Energia; (Redação dada pela Lei nº 13.502, de 2017)

VII - o Ministro de Estado do Meio Ambiente; (Redação dada pela Lei nº 13.502, de 2017)

VIII - o Presidente do Banco Nacional de Desenvolvimento Econômico e Social (BNDES); (Redação dada pela Lei nº 13.502, de 2017)

IX - o Presidente da Caixa Econômica Federal; e (Redação dada pela Lei nº 13.502, de 2017)

X - o Presidente do Banco do Brasil. (Redação dada pela Lei nº 13.502, de 2017)

§2º Serão convidados a participar das reuniões do Conselho, sem direito a voto, os ministros setoriais responsáveis pelas propostas ou matérias em exame e, quando for o caso, os dirigentes máximos das entidades reguladoras competentes.

§3º A composição do Conselho do Programa de Parcerias de Investimento da Presidência da República observará, quando for o caso, o §2º do art. 5º da Lei nº 9.491, de 9 de setembro de 1997.

§4º As reuniões do Conselho serão presididas pelo Presidente da República, a quem caberá, nas matérias deliberativas, a decisão final em caso de empate.

§5º Compete ao Secretário Especial do Programa de Parcerias de Investimentos da Secretaria de Governo da Presidência da República atuar como Secretário-Executivo do Conselho do Programa de Parcerias de Investimentos da Presidência da República. (Redação dada pela Medida Provisória nº 870, de 2019)

CAPÍTULO III
DA SECRETARIA DO PROGRAMA DE PARCERIAS DE INVESTIMENTOS

Art. 8º Ao Secretário Especial do Programa de Parcerias de Investimentos da Secretaria de Governo da Presidência da República compete: (Redação dada pela Medida Provisória nº 870, de 2019)

I - dirigir a SPPI, superintender e coordenar suas atividades e orientar-lhe a atuação;

II - (revogado); (Redação dada pela Lei nº 13.502, de 2017)

III - (revogado); (Redação dada pela Lei nº 13.502, de 2017)

IV - exercer orientação normativa e supervisão técnica quanto às matérias relativas às atribuições da SPPI;

V - (revogado); (Redação dada pela Lei nº 13.502, de 2017)

VI - editar e praticar os atos normativos e os demais atos, inerentes às suas atribuições.

Art. 9º A SPPI deverá dar amplo acesso para o Congresso Nacional aos documentos e informações dos empreendimentos em execução do PPI, fornecendo, em até trinta dias, os dados solicitados.

§1º Ao atender ao disposto no caput, a SPPI poderá exigir sigilo das informações fornecidas.

§2º Cabe à SPPI enviar ao Congresso Nacional, até 30 de março do ano subsequente, relatório detalhado contendo dados sobre o andamento dos empreendimentos e demais ações no âmbito do PPI, ocorridos no ano anterior.

CAPÍTULO IV
DA ESTRUTURAÇÃO DOS PROJETOS

Art. 11. Ao ministério setorial ou órgão com competência para formulação da política setorial cabe, com o apoio da SPPI, a adoção das providências necessárias à inclusão do empreendimento no âmbito do PPI.

Art. 12. Para a estruturação dos projetos que integrem ou que venham a integrar o PPI, o órgão ou entidade competente poderá, sem prejuízo de outros mecanismos previstos na legislação:

I - utilizar a estrutura interna da própria administração pública;

II - contratar serviços técnicos profissionais especializados;

III - abrir chamamento público;

IV - receber sugestões de projetos, sendo vedado qualquer ressarcimento; ou

V - celebrar diretamente com o Fundo de Apoio à Estruturação de Parcerias - FAEP contrato de prestação de serviços técnicos profissionais especializados.

Art. 13. Observado o disposto no art. 3º da Lei nº 9.491, de 9 de setembro de 1997, e no §3º do art. 10 da Lei nº 11.079, de 30 de dezembro de 2004, a licitação e celebração de parcerias dos empreendimentos públicos do PPI independem de lei autorizativa geral ou específica.

CAPÍTULO V
DO FUNDO DE APOIO À ESTRUTURAÇÃO DE PARCERIAS

Art. 14. Fica o BNDES autorizado a constituir e participar do Fundo de Apoio à Estruturação de Parcerias - FAEP, que terá por finalidade a prestação onerosa, por meio de contrato, de serviços técnicos profissionais especializados para a estruturação de parcerias de investimentos e de medidas de desestatização.

§1º O FAEP terá natureza privada e patrimônio próprio separado do patrimônio dos cotistas, será sujeito a direitos e obrigações próprios e terá capacidade de celebrar, em seu nome, contratos, acordos ou qualquer ajuste que estabeleça deveres e obrigações e que seja necessário à realização de suas finalidades.

§2º O FAEP possuirá prazo inicial de dez anos, renovável por iguais períodos.

§3º O administrador e os cotistas do FAEP não responderão por qualquer obrigação do Fundo, salvo pela integralização das cotas que subscreverem.

§4º O FAEP será administrado, gerido e representado judicial e extrajudicialmente pelo BNDES.

§5º O FAEP poderá se articular com os órgãos ou entidades da União, dos Estados, do Distrito Federal e dos Municípios cuja atuação funcional seja ligada à estruturação, liberação, licitação, contratação e financiamento de empreendimentos e atividades, para troca de informações e para acompanhamento e colaboração recíproca nos trabalhos.

§6º Constituem recursos do FAEP:

I - os oriundos da integralização de cotas, em moeda corrente nacional, por pessoas jurídicas de direito público, organismos internacionais e pessoas naturais ou jurídicas de direito privado, estatais ou não estatais;

II - as remunerações recebidas por seus serviços;

III - os recebidos pela alienação de bens e direitos, ou de publicações, material técnico, dados e informações;

IV - os rendimentos de aplicações financeiras que realizar; e

V - os recursos provenientes de outras fontes definidas em seu estatuto.

§7º O FAEP destinará parcela do preço recebido por seus serviços como remuneração ao BNDES pela administração, gestão e representação do Fundo, de acordo com o seu estatuto.

§8º O FAEP não pagará rendimentos a seus cotistas, assegurado a qualquer deles o direito de requerer o resgate total ou parcial de suas cotas, fazendo-se a liquidação com base na situação patrimonial do Fundo, sendo vedado o resgate de cotas em valor superior ao montante de recursos financeiros disponíveis ainda não vinculados às estruturações integradas já contratadas, nos termos do estatuto.

§9º O estatuto do FAEP deverá prever medidas que garantam a segurança da informação, de forma a contribuir para a ampla competição e evitar conflitos de interesses nas licitações das parcerias dos empreendimentos públicos.

Art. 15. O FAEP poderá ser contratado diretamente por órgãos e entidades da administração pública para prestar serviços técnicos profissionais especializados visando à estruturação de contratos de parceria e de medidas de desestatização.

Art. 16. Para a execução dos serviços técnicos para os quais houver sido contratado, o FAEP poderá contratar, na forma da legislação, o suporte técnico de pessoas naturais ou jurídicas especializadas, cabendo aos agentes públicos gestores do Fundo, com o apoio da SPPI, a coordenação geral dos trabalhos e a articulação com os demais órgãos e entidades envolvidos.

CAPÍTULO VI
DA LIBERAÇÃO DE EMPREENDIMENTOS DO PPI

Art. 17. Os órgãos, entidades e autoridades estatais, inclusive as autônomas e independentes, da União, dos Estados, do Distrito Federal e dos Municípios, com competências de cujo exercício dependa a viabilização de empreendimento do PPI, têm o dever de atuar, em conjunto e com eficiência, para que sejam concluídos, de forma uniforme, econômica e em prazo compatível com o caráter prioritário nacional do empreendimento, todos os processos e atos administrativos necessários à sua estruturação, liberação e execução.

§1º Entende-se por liberação a obtenção de quaisquer licenças, autorizações, registros, permissões, direitos de uso ou exploração, regimes especiais, e títulos equivalentes, de natureza regulatória, ambiental, indígena, urbanística, de trânsito, patrimonial pública, hídrica, de proteção do patrimônio cultural, aduaneira, minerária, tributária, e quaisquer outras, necessárias à implantação e à operação do empreendimento.

§2º Os órgãos, entidades e autoridades da administração pública da União com competências setoriais relacionadas aos empreendimentos do PPI convocarão todos os órgãos, entidades e autoridades da União, dos Estados, do Distrito Federal ou dos Municípios, que tenham competência liberatória, para participar da estruturação e execução do projeto e consecução dos objetivos do PPI, inclusive para a definição conjunta do conteúdo dos termos de referência para o licenciamento ambiental.

CAPÍTULO VII
DISPOSIÇÕES FINAIS

Art. 18. A Lei nº 10.683, de 28 de maio de 2003, passa a vigorar com as seguintes alterações:

"Art. 1º ....

....

XIV - pela Secretaria do Programa de Parcerias de Investimentos.

....

§3º Integram, ainda, a Presidência da República a Câmara de Comércio Exterior - CAMEX e o Conselho do Programa de Parcerias de Investimentos." (NR)

"Art. 24-F. Compete à Secretaria de Parcerias de Investimento da Presidência da República - SPPI:

I - coordenar, monitorar, avaliar e supervisionar as ações do Programa de Parcerias de Investimentos e o apoio às ações setoriais necessárias à sua execução, sem prejuízo das competências legais dos Ministérios, órgãos e entidades setoriais;

II - acompanhar e subsidiar, no exercício de suas funções de supervisão e apoio, a atuação dos Ministérios, órgãos e entidades setoriais, assim como do Fundo de Apoio à Estruturação de Parcerias - FAEP;

III - divulgar os projetos do PPI, de forma que permita o acompanhamento público;

IV - celebrar ajustes com o Conselho Administrativo de Defesa Econômica - CADE, bem como com a Secretaria de Acompanhamento Econômico - SEAE do Ministério da Fazenda, para o recebimento de contribuições técnicas visando à adoção das melhores práticas nacionais e internacionais de promoção da ampla e justa competição na celebração das parcerias e na prestação dos serviços; e

V - celebrar ajustes ou convênios com órgãos ou entidades da administração pública da União, dos Estados, do Distrito Federal ou dos Municípios, para a ação coordenada ou para o exercício de funções descentralizadas.

§1º A SPPI terá as mesmas prerrogativas ministeriais quanto à utilização de sistemas, em especial, aqueles destinados à tramitação de documentos.

§2º A SPPI tem como estrutura básica o Gabinete, a Secretaria Executiva e até três Secretarias."

Art. 19. Fica criado o Cargo de Natureza Especial - CNE de Secretário-Executivo da SPPI.

Art. 20. A Empresa de Planejamento e Logística - EPL passa a ser vinculada à SPPI, cabendo-lhe prestar apoio ao CPPI.

Art. 21. Aplicam-se as disposições desta Lei, no que couber, aos empreendimentos empresariais privados que, em regime de autorização administrativa, concorram ou convivam, em setor de titularidade estatal ou de serviço público, com empreendimentos públicos a cargo de entidades estatais ou de terceiros contratados por meio das parcerias de que trata esta Lei.

Art. 22. Esta Lei entra em vigor na data de sua publicação.

Brasília, 13 de setembro de 2016; 195º da Independência e 128º da República.
MICHEL TEMER
Henrique Meirelles
Maurício Quintella
Fernando Coelho Filho
Dyogo Henrique de Oliveira
José Sarney Filho

Este texto não substitui o publicado no DOU de 13.9.2016 - Edição extra e retificado em 15.9.2016

ANEXO D

DECRETO Nº 9.188, DE 1º DE NOVEMBRO DE 2017

Estabelece regras de governança, transparência e boas práticas de mercado para a adoção de regime especial de desinvestimento de ativos pelas sociedades de economia mista federais.

O PRESIDENTE DA REPÚBLICA, no uso das atribuições que lhe confere o art. 84, caput, incisos IV e VI, alínea "a", da Constituição, e tendo em vista o disposto no art. 28, §3º, inciso II, e §4º, e no art. 29, caput, inciso XVIII, da Lei nº 13.303, de 30 de junho de 2016, DECRETA:

CAPÍTULO I
DO REGIME ESPECIAL DE DESINVESTIMENTO DAS SOCIEDADES DE ECONOMIA MISTA

Art. 1º Fica estabelecido, com base na dispensa de licitação prevista no art. 29, caput, inciso XVIII, da Lei nº 13.303, de 30 de junho de 2016, e no âmbito da administração pública federal, o regime especial de desinvestimento de ativos das sociedades de economia mista, com a finalidade de disciplinar a alienação de ativos pertencentes àquelas entidades, nos termos deste Decreto.

§1º As disposições previstas neste Decreto aplicam-se às sociedades subsidiárias e controladas de sociedades de economia mista.

§2º As disposições previstas neste Decreto não se aplicam às hipóteses em que a alienação de ativos esteja relacionada aos objetos sociais das entidades previstas no caput e no §1º, às empresas de participação controladas pelas instituições financeiras públicas e aos bancos de investimentos, que continuarão sendo regidos pelo disposto no art. 28, §3º, inciso I, da Lei nº 13.303, de 2016.

§3º O regime de que trata o caput poderá abranger a alienação parcial ou total de ativos.

§4º Para os fins do disposto neste Decreto, consideram-se:

I - ativos - as unidades operacionais e os estabelecimentos integrantes do seu patrimônio, os direitos e as participações, diretas ou indiretas, em outras sociedades; e

II - alienação - qualquer forma de transferência total ou parcial de ativos para terceiros.

§5º O disposto neste Decreto não se aplica às operações de alienação entre a sociedade de economia mista e as suas subsidiárias e controladas e às operações entre as subsidiárias e as controladas.

Art. 2º O regime especial de desinvestimento de ativos previsto neste Decreto tem os seguintes objetivos:

I - incentivar a adoção de métodos de governança corporativa que assegurem a realização do objeto social pela sociedade de economia mista;

II - conferir transparência e impessoalidade aos processos de alienação;

III - garantir segurança jurídica aos processos de alienação por meio da observância da legislação e das demais normas aplicáveis;

IV - permitir a fiscalização, nos termos da legislação;

V - garantir a qualidade e a probidade do processo decisório que determina o desinvestimento;

VI - permitir a obtenção do maior retorno econômico à sociedade de economia mista e a formação de parcerias estratégicas;

VII - estimular a eficiência, a produtividade e o planejamento de longo prazo das atividades e dos negócios afetos à sociedade de economia mista;

VIII - aproximar as sociedades de economia mista das melhores práticas de governança e gestão reconhecidas pelo setor privado;

IX - proporcionar ambiente de previsibilidade e racionalidade para a tomada de decisão pelos agentes envolvidos no setor; e

X - garantir a sustentabilidade econômica e financeira da sociedade de economia mista.

Art. 3º A Diretoria-Executiva das sociedades de economia mista poderá elaborar e propor programa de desinvestimento de ativos, o qual indicará, no mínimo:

I - os segmentos de negócio nos quais o desinvestimento será concentrado;

II - os objetivos e as metas a serem alcançados;

III - a compatibilidade da medida com o interesse da sociedade de economia mista;

IV - a conveniência e a oportunidade na alienação, considerados o plano estratégico, o plano de negócios, o plano plurianual ou instrumentos similares;

V - as perspectivas e as premissas macroeconômicas envolvidas; e

VI - o procedimento específico interno de apoio ao desinvestimento.

§1º A adesão da sociedade de economia mista ao regime especial de desinvestimento de ativos previsto neste Decreto será facultativa e dependerá de aprovação do Conselho de Administração ou do órgão diretivo máximo e de comunicação ao Ministério supervisor.

§2º Sem prejuízo da aprovação do Conselho de Administração ou do órgão diretivo máximo, caberá aos órgãos estatutários competentes a aprovação de cada alienação prevista no programa de desinvestimento.

§3º As subsidiárias e as controladas da sociedade de economia mista deverão comunicá-la sobre os desinvestimentos realizados.

§4º As subsidiárias e as controladas poderão conduzir seus desinvestimentos por meio de compartilhamento de políticas, estruturas, custos e mecanismos de divulgação com sua controladora.

Art. 4º A sociedade de economia mista, no prazo de trinta dias, contado da data de assinatura dos instrumentos jurídicos negociais de cada alienação, encaminhará cópias desses documentos para ciência do Tribunal de Contas da União.

Parágrafo único. Os instrumentos jurídicos negociais firmados no processo de alienação serão regidos pelos preceitos de direito privado.

CAPÍTULO II
DO PROCEDIMENTO COMPETITIVO DE ALIENAÇÃO

Seção I
Das normas gerais

Art. 5º As alienações serão realizadas por meio de procedimento competitivo para obtenção do melhor retorno econômico para a sociedade de economia mista.

§1º Quando conflitantes com o procedimento regido por este Decreto, serão respeitados os direitos dos acionistas e as obrigações decorrentes de acordos previamente estabelecidos relativos à participação societária ou ao ativo, bem como a confidencialidade de informações estratégicas protegidas por sigilo legal da sociedade de economia mista, da participação societária ou do ativo ou de informações relacionadas ao próprio procedimento competitivo de alienação.

§2º Os sócios, os acionistas ou os parceiros poderão afastar normativos internos de procedimento competitivo de alienação para adotar o procedimento de que trata este Decreto, com vistas à padronização da sistemática de alienação de participação societária ou de ativo em comum.

Art. 6º O procedimento competitivo de alienação de que trata este Decreto não se aplica às seguintes hipóteses:

I - as alienações de ativos que sigam procedimentos disciplinados por órgãos ou entidades reguladoras;

II - a formação de consórcios com empresas nacionais ou estrangeiras, na condição ou não de empresa líder, com objetivo de expandir atividades, reunir tecnologias e ampliar investimentos aplicados à indústria;

III - a dação em pagamento, a permuta e outras hipóteses de inviabilidade de competição, inclusive aquelas decorrentes de direitos previstos em acordos de acionistas; e

IV - os casos em que, de acordo com a legislação, seja justificada a inviabilidade de realização do procedimento competitivo de alienação.

Parágrafo único. A incidência das normas específicas a que se refere o inciso I do caput afasta a aplicação do procedimento competitivo de alienação de que trata este Decreto apenas naquilo em que conflitarem.

Art. 7º O procedimento competitivo de alienação observará os princípios da publicidade e da transparência, que possibilitarão a fiscalização, a conformidade e o controle dos atos praticados pela sociedade de economia mista.

§1º Excepcionalmente, o órgão estatutário competente da sociedade de economia mista poderá classificar a operação, as suas etapas ou os documentos como sigilosos, desde que a revelação de informações possa gerar prejuízos financeiros para a sociedade de economia mista ou para o ativo objeto da alienação.

§2º As avaliações econômico-financeiras serão sigilosas, exceto quando exigida a sua publicidade pela legislação societária em vigor.

§3º O sigilo não será oponível à fiscalização realizada pelo Tribunal de Contas da União.

Art. 8º Caberá à sociedade de economia mista de capital aberto informar o mercado acerca das etapas do procedimento competitivo de alienação, na forma estabelecida na legislação e nas normas editadas por órgãos ou entidades reguladoras.

Art. 9º O objeto da alienação será definido de forma clara no documento de solicitação de propostas preliminares e no documento de solicitação de propostas firmes.

Art. 10. Durante o procedimento competitivo de alienação, as eventuais alterações no objeto da alienação demandarão a repetição de todo o procedimento.

Parágrafo único. As alterações de condições relevantes da alienação que ocorrerem posteriormente a cada fase demandarão a repetição desta fase.

Art. 11. As modificações promovidas no documento de solicitação de propostas preliminares e no documento de solicitação de propostas firmes serão divulgadas nos mesmos meios em que forem veiculados os atos originais e será concedido novo prazo para apresentação das propostas.

Art. 12. A sociedade de economia mista anulará seus próprios atos quando eivados de vício de legalidade e poderá revogá-los por motivo de conveniência ou oportunidade, hipótese em que não haverá obrigação de indenizar.

Art. 13. A qualquer tempo, a sociedade de economia mista poderá determinar a realização de diligências para obtenção de esclarecimentos relacionados ao procedimento competitivo.

Art. 14. Os interessados em participar dos procedimentos competitivos de alienação previstos neste Decreto deverão comprovar a sua conformidade com regulações e práticas de prevenção à fraude e à corrupção e a aderência aos critérios objetivos para seleção de interessados previstos no §1º do art. 18.

Seção II
Do procedimento competitivo de alienação

Art. 15. O procedimento de alienação observará as seguintes fases:

I - preparação;

II - consulta de interesse;

III - apresentação de propostas preliminares;

IV - apresentação de propostas firmes;

V - negociação; e

VI - resultado e assinatura dos instrumentos jurídicos negociais.

§1º O início das fases II a IV do caput será divulgado por meio eletrônico em portal mantido pela sociedade de economia mista na internet.

§2º A apresentação de propostas preliminares poderá ser dispensada a critério da Comissão de Alienação ou da estrutura equivalente.

Art. 16. Para fins de seleção da melhor proposta, será utilizado o critério de julgamento de melhor retorno econômico, que será analisado com base no valor da proposta e em outros fatores, tais como responsabilidades e condições comerciais, contratuais, fiscais, trabalhistas, ambientais, entre outros que possam ser reputados relevantes para análise de melhor proposta, desde que devidamente justificado.

Subseção I
Da preparação

Art. 17. A fase de preparação interna destina-se ao planejamento do procedimento competitivo de alienação e contemplará:

I - justificativa, que conterá motivação para a alienação, proposta de estrutura de negócio, percentual do ativo ou da sociedade a ser alienada e indicativo de valor;

II - avaliação de impactos comerciais, fiscais, contábeis, trabalhistas, ambientais, societários e contratuais da alienação;

III - avaliação da necessidade de licenças e autorizações governamentais; e

IV - verificação da aderência da alienação aos objetivos estratégicos da sociedade de economia mista.

§1º A Comissão de Avaliação ou a estrutura equivalente será composta por, no mínimo, três membros com competência técnica, e lhe competirá a elaboração da avaliação econômico-financeira do ativo.

§2º Os membros da Comissão de Avaliação não terão vínculo de subordinação com a Comissão de Alienação.

§3º O relatório com os elementos indicados nos incisos I a IV do caput, descritos de forma detalhada, será submetido à aprovação do órgão societário competente previamente ao início do procedimento competitivo de alienação.

Art. 18. A Comissão de Alienação ou a estrutura equivalente será composta por, no mínimo, três membros, e lhe competirá a condução do procedimento competitivo de alienação.

§1º Os membros da Comissão de Avaliação não poderão compor a Comissão de Alienação.

§2º A Comissão de Alienação será responsável por:

I - elaborar critérios objetivos para seleção de interessados, com base nos princípios da transparência, da impessoalidade e da isonomia; e

II - submeter os critérios de que trata o inciso I à aprovação pelo órgão societário competente anteriormente ao início do procedimento competitivo de alienação.

§3º Poderá ser estabelecido, entre outros, o critério de capacidade econômico-financeira como fator de seleção de interessados, de maneira a considerar o valor do ativo e as informações e os dados estratégicos a ele concernentes.

Art. 19. Poderá ser contratada instituição financeira especializada independente para efetuar avaliação econômico-financeira formal e independente do ativo e/ou para assessorar a execução e o acompanhamento da alienação.

Art. 20. Após a fase de negociação, será contratada, no mínimo, uma instituição financeira especializada independente para atestar o valor justo da alienação sob o ponto de vista econômico-financeiro.

Parágrafo único. Fica dispensada a contratação prevista no caput na hipótese de o custo da contratação da instituição financeira ser desproporcional ao valor total da alienação do ativo.

Subseção II
Da consulta de interesse

Art. 21. Anteriormente ao envio do documento de solicitação de propostas, a sociedade de economia mista verificará o interesse do mercado na alienação pretendida por meio de instrumento de divulgação da oportunidade, observados os termos estabelecidos no §1º do art. 7º.

Art. 22. O instrumento de divulgação da oportunidade conterá o resumo do objeto da alienação, informará os critérios objetivos para participação no procedimento competitivo de alienação e disponibilizará as informações não sigilosas sobre o ativo, em observância ao princípio da publicidade.

Parágrafo único. O instrumento de divulgação da oportunidade conterá as informações necessárias para a manifestação de interesse em participar do procedimento de alienação, tais como o prazo e a forma de realização dos atos, e será publicado preferencialmente por meio eletrônico, em portal mantido na internet, observados os termos estabelecidos no §1º do art. 7º.

Art. 23. Aqueles que manifestarem interesse, por escrito, à sociedade de economia mista deverão comprovar o atendimento aos critérios objetivos estabelecidos no instrumento de divulgação da oportunidade, celebrar acordo de confidencialidade e fornecer outras declarações que atestem seus compromissos com a integridade e a conformidade exigidas pela sociedade de economia mista.

Subseção III

Da apresentação de propostas preliminares

Art. 24. Encerrada a fase de consulta de interesse, é facultado à Comissão de Alienação solicitar propostas preliminares aos interessados.

Art. 25. O instrumento de solicitação das propostas preliminares informará o momento em que as propostas preliminares serão apresentadas, a data e o horário de abertura dessas propostas e as informações e as instruções consideradas necessárias para a formulação das propostas.

Parágrafo único. Os interessados que apresentarem proposta preliminar na fase a que se refere o art. 24 poderão desistir dessas propostas sem incorrer em ônus ou penalidades.

Art. 26. Anteriormente ao evento de abertura das propostas preliminares, a Comissão de Alienação obterá a avaliação econômico-financeira preliminar do ativo, a ser elaborada pela Comissão de Avaliação e ou pela instituição financeira de que trata o art. 19, se existente.

Art. 27. Competirá à Comissão de Alienação, para garantir a isonomia e a impessoalidade, proceder à abertura simultânea das propostas preliminares apresentadas.

Art. 28. Ao final da fase a que se refere o art. 24, a Comissão de Alienação classificará as propostas preliminares recebidas, conforme os critérios por ela estabelecidos previamente.

Parágrafo único. A Comissão de Alienação realizará as avaliações necessárias para garantir, quando possível, que possam participar da próxima fase, no mínimo, três interessados.

Subseção IV

Da apresentação de propostas firmes

Art. 29. Competirá à Comissão de Alienação encaminhar documento de solicitação de propostas firmes àqueles que tenham manifestado interesse na fase de consulta de interesse ou àqueles que tenham sido classificados na fase de solicitação de propostas preliminares.

Art. 30. O documento de solicitação de propostas firmes conterá, no mínimo:

I - descrição do objeto da alienação;

II - modo de apresentação, limite e modalidade de prestação de garantias, quando necessário; e

III - minutas dos instrumentos jurídicos negociais.

Parágrafo único. As propostas poderão conter sugestões de alteração dos termos das minutas dos instrumentos jurídicos negociais, as quais serão avaliadas conforme o interesse da sociedade de economia mista.

Art. 31. As propostas oferecidas na fase a que se refere o art. 29 vincularão os proponentes, ressalvadas as alterações decorrentes da fase de negociação.

Art. 32. Anteriormente ao evento de abertura das propostas, a Comissão de Alienação obterá a avaliação econômico-financeira final do ativo, a ser elaborada pela Comissão de Avaliação.

Art. 33. Competirá à Comissão de Alienação, para garantir a isonomia e a impessoalidade, proceder à abertura simultânea das propostas apresentadas.

Art. 34. Ao final da fase a que se refere o art. 29, a Comissão de Alienação classificará as propostas recebidas, conforme os critérios estabelecidos no documento de solicitação de proposta.

Subseção V
Da negociação

Art. 35. Realizada e definida a classificação das propostas, a Comissão de Alienação poderá negociar com o interessado mais bem classificado ou, sucessivamente, com os demais interessados, segundo a ordem de classificação, condições melhores e mais vantajosas para a sociedade de economia mista.

Parágrafo único. A negociação poderá contemplar condições econômicas, comerciais, contratuais, além de outras consideradas relevantes à alienação.

Subseção VI
Do resultado e da assinatura dos contratos

Art. 36. Competirá à Comissão de Alienação elaborar o relatório final do procedimento competitivo de alienação.

Art. 37. Competirá ao órgão estatutário competente da sociedade de economia mista deliberar sobre a alienação nos termos e nas condições propostas pelo interessado mais bem classificado.

Art. 38. Aprovada a alienação pelo órgão estatutário competente, a Comissão de Alienação convocará o interessado mais bem classificado para assinatura dos contratos.

Parágrafo único. Na hipótese de desistência do interessado mais bem classificado, serão aplicadas as penalidades previstas no documento de solicitação de propostas.

CAPÍTULO III
DA FISCALIZAÇÃO

Art. 39. Os órgãos de controle externo e interno das três esferas de governo fiscalizarão as alienações promovidas pelas sociedades de economia mista, suas subsidiárias e suas controladas, incluídas aquelas domiciliadas no exterior, quanto à economicidade e à eficácia da aplicação do disposto neste Decreto, sob o ponto de vista contábil, financeiro, operacional e patrimonial.

§1º Para a realização da atividade fiscalizatória de que trata o caput, os órgãos de controle terão acesso aos documentos e às informações necessários à realização dos trabalhos, incluídos aqueles classificados como sigilosos pelas sociedades de economia mista, nos termos da Lei nº 12.527, de 18 de novembro de 2011.

§2º O grau de confidencialidade será atribuído pelas sociedades de economia mista no ato de entrega dos documentos e das informações solicitados e o órgão de controle com o qual foi compartilhada a informação sigilosa será corresponsável pela manutenção do seu sigilo.

§3º O acesso dos órgãos de controle às informações referidas neste Capítulo será restrito e individualizado.

§4º As informações que sejam revestidas de sigilo bancário, estratégico, comercial ou industrial serão assim identificadas e o servidor responsável pela atividade fiscalizatória responderá administrativa, civil e penalmente pelos danos causados às sociedades de economia mista e a seus acionistas em razão de eventual divulgação indevida.

§5º Os tribunais de contas e os órgãos integrantes do sistema de controle interno poderão solicitar para exame, a qualquer tempo, documentos de natureza contábil, financeira, orçamentária, patrimonial e operacional das sociedades de economia mista no Brasil e no exterior, e os jurisdicionados ficarão obrigados à adoção das medidas corretivas pertinentes que, em função desse exame, forem determinadas a elas.

Art. 40. Os procedimentos competitivos de alienação já concluídos anteriormente à data de publicação deste Decreto ou cujos contratos definitivos já tenham sido assinados não se submeterão ao disposto neste Decreto, nos termos do art. 6º do Decreto-Lei nº 4.657, de 4 de setembro de 1942.

§1º Em relação aos procedimentos competitivos de alienação já iniciados na data de publicação deste Decreto, caso exercida a faculdade de adesão prevista no art. 3º, §1º, ficam preservados os atos anteriormente praticados.

§2º Na hipótese de adesão facultativa aludida no §1º, será aplicado o procedimento competitivo de alienação disposto neste Decreto às fases posteriores à sua publicação.

Art. 41. Este Decreto entra em vigor na data de sua publicação.

Brasília, 1º de novembro de 2017; 196º da Independência e 129º da República.
MICHEL TEMER
Dyogo Henrique de Oliveira

Este texto não substitui o publicado no DOU de 3.11.2017

ANEXO E

INSTRUÇÃO NORMATIVA Nº 81, DE 20 DE JUNHO DE 2018

Dispõe sobre a fiscalização dos processos de desestatização.

O TRIBUNAL DE CONTAS DA UNIÃO, no exercício da competência prevista no art. 71, inciso IV, da Constituição Federal de 1988;

Considerando o poder regulamentar que lhe confere o art. 3º da Lei 8.443, de 16 de julho de 1992;

Considerando que deverá prestar contas qualquer pessoa física ou jurídica, pública ou privada, que utilize, arrecade, guarde, gerencie ou administre dinheiros, bens e valores púbicos ou pelos quais a União responda, ou que, em nome desta, assuma obrigações de natureza pecuniária, como previsto no parágrafo único do art. 70 da Constituição Federal, com redação dada pelo art. 12 da Emenda Constitucional nº 19, de 5 de maio de 1998;

Considerando a competência para apreciar os processos de desestatização incluídos (i) no Programa Nacional de Desestatização (PND), conforme disposto no art. 2º, c/c artigo 18, VIII da Lei nº 9.491, de 9 de setembro de 1997, e (ii) no Programa de Parcerias de Investimentos, conforme disposto nos artigos. 5º e 6º, IV da Lei nº 13.334, de 13 de setembro de 2016, bem como as prorrogações e relicitações de contratos de parceria de investimentos, conforme disposto no art. 11 da Lei nº 13.448, de 5 de junho de 2017, resolve:

CAPÍTULO I
DISPOSIÇÕES PRELIMINARES

Art. 1º Ao Tribunal de Contas da União compete fiscalizar os processos de desestatização realizados pela Administração Pública Federal, compreendendo as privatizações de empresas, as concessões e permissões de serviço público, a contratação das Parcerias Público-Privadas (PPP) e as outorgas de atividades econômicas reservadas ou monopolizadas pelo Estado.

Art. 2º O controle das desestatizações será realizado por meio da sistemática prevista nesta Instrução Normativa e dos instrumentos de fiscalização definidos no Regimento Interno do Tribunal de Contas da União.

§1º O controle previsto no caput deste artigo observará o princípio da significância, de acordo com os critérios de materialidade, relevância, oportunidade e risco.

§2º Para fins de planejamento das ações de controle, os órgãos gestores dos processos de desestatização deverão encaminhar ao Tribunal de Contas da União extrato do planejamento da desestatização prevista, em que conste a descrição do objeto, previsão do valor dos investimentos, sua relevância, localização e respectivo cronograma licitatório, com antecedência mínima de cento e cinquenta dias da data prevista para publicação do edital.

§3º Nos casos em que vários direitos de outorga de um mesmo serviço forem licitados simultaneamente, a análise poderá ser realizada a partir de número selecionado de outorgas, conforme os critérios fixados no §1º deste artigo, se assim autorizado pelo Ministro Relator.

§4º Os órgãos gestores dos processos de desestatização deverão comunicar ao Tribunal de Contas da União quaisquer alterações posteriores havidas no extrato do planejamento da outorga previsto no §2º deste artigo.

§5º O relator, com base no princípio da significância e mediante proposta da unidade técnica, poderá determinar o arquivamento do processo.

§6º A sistemática prevista nesta Instrução Normativa não se aplica aos processos de outorga para exploração de portos secos.

CAPÍTULO II
ACOMPANHAMENTO DO PROCESSO DE DESESTATIZAÇÃO

Art. 3º O Poder Concedente deverá disponibilizar, para a realização do acompanhamento dos processos de desestatização, pelo Tribunal de Contas da União, os estudos de viabilidade e as minutas do instrumento convocatório e respectivos anexos, incluindo minuta contratual e caderno de encargos, já consolidados com os resultados decorrentes de eventuais consultas e audiências públicas realizadas, materializados nos seguintes documentos, quando pertinentes ao caso concreto:

I - deliberação competente para abertura de procedimento licitatório;

II - objeto, área de exploração e prazo do contrato ou do ato administrativo;

III - documentos e planilhas eletrônicas desenvolvidos para avaliação econômico-financeira do empreendimento, inclusive em meio magnético, com fórmulas discriminadas, sem a exigência de senhas de acesso ou qualquer forma de bloqueio aos cálculos, e, quando for o caso, descrição do inter-relacionamento das planilhas apresentadas;

IV - relação de estudos, investigações, levantamentos, projetos, obras e despesas ou investimentos já efetuados, vinculados ao objeto a ser licitado, quando houver, com a discriminação dos custos correspondentes;

V - estudo de demanda atualizado e desenvolvido a partir das características do empreendimento a ser licitado;

VI - projeção das receitas operacionais, devidamente fundamentada no estudo de demanda previsto no item anterior;

VII - relação de possíveis fontes de receitas alternativas, complementares, acessórias ou decorrentes de projetos associados, bem como a descrição de como serão apropriadas durante a execução do contrato a fim de promover a modicidade tarifária;

VIII - relação das obras e dos investimentos obrigatórios a serem realizados pela delegatária durante a execução do termo de ajuste, acompanhados dos respectivos cronogramas físico-financeiros, bem como das obras e dos investimentos que caberá ao Poder Concedente realizar, se for o caso;

IX - relação de obras e investimentos não obrigatórios, mas que são vinculados ao nível de serviço, acompanhados da estimativa de sua implantação, por meio de cronogramas físico-financeiros sintéticos;

X - orçamento detalhado e atualizado das obras e dos investimentos a serem realizados obrigatoriamente pela delegatária, de forma que os elementos de projeto básico e o nível de atualização dos estudos apresentados permitam a plena caracterização da obra, do investimento ou do serviço;

XI - discriminação fundamentada das despesas e dos custos estimados para a prestação dos serviços;

XII - discriminação das garantias exigidas da delegatária para cumprimento do plano de investimentos do empreendimento, adequadas a cada caso;

XIII - definição da metodologia a ser utilizada para a aferição do equilíbrio econômico-financeiro no primeiro ciclo de revisão do contrato de concessão ou permissão e sua forma de atualização, bem como justificativa para a sua adoção;

XIV - definição da metodologia para recomposição do equilíbrio econômico-financeiro afetado;

XV - descrição da metodologia a ser utilizada para aferir a qualidade dos serviços prestados pela delegatária, incluindo indicadores, períodos de aferição e outros elementos necessários para definir o nível de serviço;

XVI - obrigações contratuais decorrentes de financiamentos previamente concedidos por organismos ou instituições internacionais que tenham impacto no empreendimento;

XVII - cópia da licença ambiental prévia, das diretrizes para o licenciamento ambiental do empreendimento ou das condicionantes fixadas pelo órgão ambiental responsável, na forma do regulamento setorial, sempre que o objeto da licitação assim o exigir;

XVIII - relação das medidas mitigadoras e/ou compensatórias dos impactos ao meio ambiente, inclusive do passivo ambiental existente, acompanhada de cronograma físico-financeiro e da indicação do agente responsável pela implementação das referidas medidas;

XIX - discriminação dos custos para adequação do projeto às exigências ou condicionantes do órgão competente de proteção ao meio ambiente;

XX - relatório com manifestação do órgão gestor acerca das questões suscitadas durante a audiência pública sobre os estudos de viabilidade, caso ocorra, e sobre a minuta do instrumento convocatório e anexos;

XXI - estudo contendo descrição exaustiva de todos os elementos que compõem a matriz de repartição de riscos do empreendimento, fundamentando a alocação de cada risco mapeado para cada uma das partes envolvidas no contrato a ser firmado.

Parágrafo Único. O Poder Concedente poderá disponibilizar e/ou o Tribunal de Contas da União poderá solicitar outros documentos que entenda necessário para o complemento das informações tratadas neste artigo.

Art. 4º Quando a desestatização se referir à privatização, serão exigidos os seguintes documentos:

I - razões e fundamentação legal da proposta de privatização;

II - Recibo de Depósito de Ações a que se refere o §2º, do art. 9º da Lei nº 9.491/97;

III - mandato que outorga poderes específicos ao gestor para praticar todos os atos inerentes e necessários à privatização;

IV - edital de licitação para contratação dos serviços de consultoria a que se refere o art. 31 do Decreto nº 2.594/98.

V - processo licitatório para contratação dos serviços de consultoria, incluindo os respectivos contratos;

VI - processo licitatório para contratação dos serviços de auditoria a que se refere o art. 21 do Decreto nº 2.594/98, incluindo o respectivo contrato;

VII - processos licitatórios para contratação de serviços especializados;

VIII - relatórios dos serviços de avaliação econômico-financeira e de montagem e execução do processo de privatização;

IX - relatório do terceiro avaliador a que se refere o §2º do art. 31 do Decreto nº 2.594/98, se houver.

X - relatório contendo data, valor, condições e forma de implementação dos títulos e meios de pagamentos utilizados, a partir da autorização legal da privatização, para o saneamento financeiro da empresa ou instituição;

XI - relatório contendo data, valor, condições, forma de implementação, títulos e meios de pagamentos utilizados, a partir da autorização legal da privatização, para investimentos ou inversões financeiras de qualquer natureza realizados na empresa por órgãos ou entidades da administração pública federal ou por ela controlada, direta ou indiretamente;

XII - relatório contendo data, valor, condições e forma de implementação de renúncia de direitos, a partir da autorização legal para a privatização da empresa, contra entidade privada ou pessoa física, cujo montante supere 1% (um por cento) do patrimônio líquido;

XIII - proposta e ato de fixação do preço mínimo de venda, acompanhados das respectivas justificativas;

XIV - cópia de ata da assembleia de acionistas que aprovou o preço mínimo de venda;

XV - minuta do edital de privatização.

Art. 5º Quando a desestatização se referir a PPP, serão exigidos, além das informações mencionadas nos incisos constantes do art. 3º, os seguintes documentos:

I - pronunciamento prévio e fundamentado do Ministério do Planejamento, Desenvolvimento e Gestão (art. 14, §3º, inciso I, da Lei nº 11.079/2004 c/c o art. 8º, §2º, inciso I, do Decreto nº 5.385/2005), ou do Conselho do Programa de Parcerias de Investimentos da Presidência da República - CPPI (art. 7º, inciso I da Lei nº 13.334/2016), conforme o caso, sobre o mérito do projeto;

II - autorização legislativa específica, no caso de concessões patrocinadas em que mais de 70% (setenta por cento) da remuneração do parceiro privado seja paga pela Administração Pública (art. 10, §3º, da Lei n.º 11.079/2004);

III - autorização competente para abertura de procedimento licitatório devidamente fundamentada em estudo técnico, em que fique caracterizada a conveniência e a oportunidade da contratação mediante identificação das razões que justifiquem a opção pela forma de Parceria Público-Privada (art. 10, inciso I, alínea 'a', da Lei n.º 11.079/2004);

IV - laudo de viabilidade das garantias emitido pela instituição financeira responsável pela administração do Fundo Garantidor das Parcerias Público-Privadas (FGP), na forma estabelecida no §3º do art. 24 do Regulamento do FGP ou na legislação superveniente;

V - estudo contendo descrição exaustiva de todos os elementos que compõem a matriz de repartição de riscos do empreendimento, fundamentando a alocação de cada risco mapeado para cada uma das partes envolvidas no contrato a ser firmado;

VI - estudos de impacto orçamentário-fiscal, que contenham as seguintes informações, entre outras que o gestor do processo julgue necessárias:

a) demonstrativo, acompanhado de memória de cálculo analítica, do impacto da contratação da Parceria Público-Privada sobre as metas de resultado nominal e primário e montante da dívida líquida do Governo Federal, para o ano a que se referirem e para os dois anos seguintes, discriminando valores a serem compensados por meio de aumento permanente de receita ou redução permanente de despesa (art. 10, inciso I, alínea 'b', da Lei nº 11.079/2004 e Anexos da LDO);

b) demonstrativo, acompanhado de memória de cálculo analítica, do impacto da contratação sobre:

1. os limites globais para o montante da dívida consolidada da União;

2. as operações de crédito externo e interno da União, de suas autarquias e demais entidades controladas pelo Poder Público federal;

3. os limites e as condições para a concessão de garantia da União em operações de crédito externo e interno (art. 10, inciso I, alínea 'c', da Lei nº 11.079/2004).

c) demonstrativo, com memória de cálculo analítica, do impacto orçamentário-financeiro nos exercícios em que deva vigorar o contrato de Parceria Público-Privada (art. 10, inciso II, da Lei nº 11.079/2004);

d) declaração do ordenador da despesa de que as obrigações contraídas pela Administração Pública no decorrer do contrato são compatíveis com a lei de diretrizes orçamentárias e estão previstas na lei orçamentária anual (art. 10, inciso III, da Lei nº 11.079/2004);

e) demonstrativo, acompanhado de memória de cálculo analítica por exercício financeiro, que contemple a estimativa do fluxo de recursos públicos suficientes para o cumprimento, durante a vigência do contrato e por exercício financeiro, das obrigações contraídas pela Administração Pública (art. 10, inciso IV, da Lei nº 11.079/2004);

f) declaração, acompanhada de documentos comprobatórios, de que o objeto da PPP está previsto no plano plurianual em vigor, no âmbito em que o contrato será celebrado (art. 10, inciso V, da Lei nº 11.079/2004);

g) pronunciamento prévio e fundamentado do Ministério da Fazenda, acompanhado de memória de cálculo analítica, de que a soma das despesas de caráter continuado derivadas do conjunto das parcerias já contratadas não excedeu, no ano anterior, a 1% (um por cento) da receita corrente líquida do exercício, e as despesas anuais dos contratos vigentes, nos 10 (dez) anos subsequentes, inclusive as decorrentes da contratação da parceria em análise, não excederão a 1% (um por cento) da receita corrente líquida projetada para os respectivos exercícios (art. 22 c/c art. 14, §3º, inciso II, da Lei nº 11.079/2004 e art. 8º, §2º, inciso II, do Decreto nº 5.385/2005).

VII - aprovação do edital da licitação pelo Comitê Gestor de Parceria Público-Privada (CGP) (art. 14, inciso III, da Lei nº 11.079/2004 c/c o art. 3º, inciso III, do Decreto nº 5.385/2005), inclusive em relação às alterações porventura realizadas;

VIII - Termo de Repasse, em caso de PPP das esferas estadual e municipal que utilizem recursos do Orçamento Geral da União (OGU);

IX - os projetos básicos das obras e respectivo cronogramas físico-financeiros, caso seja previsto o aporte de recursos do Orçamento Geral da União, nos termos do art. 6º, §2º da Lei nº 11.079/2004.

Art. 6º Os processos de outorga de concessão ou de permissão de serviços públicos que se enquadrem nos casos de inexigibilidade ou dispensa de licitação previstos em lei específica sobre a matéria deverão ser submetidos aos procedimentos previstos nesta Instrução Normativa.

§1º Nos casos previstos no caput deste artigo, além das informações estabelecidas no art. 4º desta Instrução Normativa, também será exigido o encaminhamento, pelo órgão gestor, de documento contendo a motivação para a dispensa ou inexigibilidade da licitação.

Art. 7º Serão submetidas ao rito previsto nesta Instrução Normativa as autorizações precedidas de processo licitatório, nos termos do art. 136, §2º, e art. 164, inciso I, da Lei nº 9.472, de 1997.

Art. 8º O órgão gestor do processo de desestatização encaminhará, obrigatoriamente em meio eletrônico, as informações e os documentos descritos nos arts. 3º, 4º ou 5º desta Instrução Normativa em noventa dias, no mínimo, da data prevista para publicação do edital de licitação.

Parágrafo único. Poderão ser aceitas as informações e os documentos disponibilizados em caráter público em sítio oficial na rede mundial de computadores (Internet) ou por meio de sistema eletrônico de informação oficial, sempre que indicada a fonte.

Art. 9º A unidade responsável pela instrução do processo de acompanhamento da desestatização deverá autuá-lo, analisar os documentos e informações de que trata o art. 8º, e remeter a proposta de mérito ao Relator em prazo de até setenta e cinco dias a contar da data de seu recebimento, a fim de que o Tribunal emita pronunciamento quanto à legalidade, legitimidade e economicidade dos atos fiscalizados.

§1º O prazo para análise do acompanhamento pela unidade responsável somente terá início após o recebimento de toda a documentação descrita neste capítulo.

§2º A unidade responsável realizará avaliação dos documentos encaminhados para fins de acompanhamento e, caso conclua por sua precariedade, informará ao Poder Concedente para que sejam adotadas as medidas cabíveis.

§3º A fim de que sejam consideradas cumpridas as exigências constantes nos parágrafos anteriores deste artigo, a documentação relativa ao processo de desestatização encaminhada pelo Poder Concedente deve estar consolidada com os resultados das audiências ou consultas públicas, no que couber.

§4º Atrasos no encaminhamento de respostas a diligências ou outras medidas saneadoras promovidas pela unidade responsável, para fins de análise do acompanhamento, suspendem o prazo previsto no caput deste artigo, até que as informações solicitadas pela unidade responsável sejam prestadas na íntegra.

§5º Em caso de envio de informações decorrentes de alterações ocorridas por iniciativa do Poder Concedente, após a protocolização dos documentos no Tribunal de Contas da União, a unidade responsável poderá remeter ao Ministro Relator proposta de prazo adicional para análise.

§6º O escopo do acompanhamento deve ser aprovado pelo Dirigente da Unidade Técnica, pelo Diretor ou pelo Supervisor, com base no princípio da significância, a partir de proposta da equipe de fiscalização, nos termos do item 3 dos Padrões de Auditoria de Conformidade do TCU, observando os critérios de materialidade, relevância, oportunidade e risco.

§7º Em casos excepcionais, nos quais a magnitude e a complexidade do empreendimento assim o exijam, o Ministro Relator poderá fixar prazo superior ao previsto no caput deste artigo para análise do acompanhamento da desestatização.

CAPÍTULO III
DISPOSIÇÕES FINAIS

Art. 10. O Poder Concedente deverá encaminhar ao Tribunal de Contas da União, com no mínimo cento e cinquenta dias da assinatura de contratos ou termos aditivos para a prorrogação ou a renovação de concessões ou permissões, inclusive as de caráter antecipado, descrição sucinta do objeto, condicionantes econômicas, localização, cronograma da prorrogação e normativos autorizativos.

§1º O disposto no caput não se aplica à renovação de outorga prevista no art. 223 da Constituição Federal.

§2º Sempre que julgar conveniente e oportuno, a unidade responsável autuará processo de acompanhamento, nos termos do art. 241 do Regimento Interno, em que serão consolidados e analisados os documentos encaminhados (sic).

§4º A qualquer momento, se verificados indícios ou evidências de irregularidade grave, os autos serão encaminhados, desde logo, ao Ministro Relator com proposta para adoção das medidas cabíveis.

Art. 11. Aplica-se, no que couber, o disposto nesta Instrução Normativa aos processos de outorga de subconcessão de serviços públicos, previstos no art. 26 da Lei nº 8.987/1995, autorizados pelo órgão ou pela entidade federal concedente.

Art. 12. A unidade responsável fica autorizada a diligenciar ou inspecionar qualquer órgão ou entidade federal envolvida tecnicamente no processo, com exceção daquelas previstas no art. 15, inciso I, alínea 'j', do Regimento Interno, para a obtenção dos elementos considerados indispensáveis à execução das atividades de acompanhamento da desestatização, fixando prazo para o atendimento das solicitações.

Art. 13. Para fins de cumprimento da Lei nº 12.527/2011, o Poder Concedente deverá, antes de encaminhar qualquer documento referido nesta Instrução Normativa ao Tribunal de Contas da União, proceder à classificação quanto à confidencialidade da informação por ele produzida.

Art. 14. Ficam revogadas as seguintes instruções normativas do Tribunal de Contas das União: Instrução Normativa nº 27, de 2 de dezembro de 1998, Instrução Normativa nº 46, de 25 de agosto de 2004 e Instrução Normativa nº 52, de 4 de julho de 2007.

Art. 15. Esta Instrução Normativa entra em vigor na data de sua publicação.

RAIMUNDO CARREIRO
Presidente

Este conteúdo não substitui o publicado na versão certificada (pdf).

Esta obra foi composta em fonte Palatino Linotype, corpo 10
e impressa em papel Pólen Bold 70g (miolo) e Supremo 250g
(capa) pela Artes Gráficas Formato.